Kenneth Frampton
Die Architektur der Moderne

Kenneth Frampton

Die Architektur der Moderne

Eine kritische Baugeschichte

Büchergilde Gutenberg

Aus dem Englischen übertragen von Antje Pehnt

Lizenzausgabe für die Büchergilde Gutenberg,
Frankfurt am Main, Wien,
mit freundlicher Genehmigung der
Deutschen Verlags-Anstalt GmbH, Stuttgart

Erweiterte Fassung der Originalausgabe: Modern Architecture
© 1980 Thames and Hudson Ltd., London
© 1983 Deutsche Verlags-Anstalt GmbH, Stuttgart
(für die deutsche Ausgabe)
Alle Rechte vorbehalten
Lektorat: Nora von Mühlendahl
Typografische Gestaltung: Marion Winter
Gesamtherstellung: Friedrich Pustet, Regensburg
Printed in Germany 1995
ISBN 3 7632 4415 8

Inhalt

Mehr als in fast allen anderen Epochen und Kulturen kann heute die Architektur als symbolischer Ausdruck ideologischer und politischer Veränderungen gelten. Ideen schufen Bauten, und Ideen zerstörten sie. Dieser Stich zeigt die Arbeiter Baron Haussmanns, die um 1860 die Barrière de l'Etoile von Ledoux niederrissen. Die *barrières* – charakteristische Beispiele aus dem Zeitalter der Vernunft – waren unter dem Ancien régime als Zollhäuser errichtet und während der Revolution als Symbole der Unterdrückung gestürmt und beschädigt worden. Der Arc de Triomphe dahinter war 1811 von Chalgrin zur Erinnerung an Napoleons Siege entworfen worden, wurde aber erst 1836 im Namen des Bürgerkönigs Louis Philippe vollendet. Um 1860 wurde er in Louis Napoleons Pläne für die Umgestaltung der Stadt einbezogen. Ledoux' rustizierte Tempel wurden abgerissen, um dem *rond-point* Platz zu machen, der heute offiziell Place Charles de Gaulle heißt.

Einleitung

»Es gibt ein Bild von Klee, das Angelus Novus heißt. Ein Engel ist darauf dargestellt, der aussieht, als wäre er im Begriff, sich von etwas zu entfernen, worauf er starrt. Seine Augen sind aufgerissen, sein Mund steht offen, und seine Flügel sind ausgespannt. Der Engel der Geschichte muß so aussehen. Er hat das Antlitz der Vergangenheit zugewendet. Wo eine Kette von Begebenheiten vor uns erscheint, da sieht er eine einzige Katastrophe, die unablässig Trümmer auf Trümmer häuft und sie ihm vor die Füße schleudert. Er möchte wohl verweilen, die Toten wecken und das Zerschlagene zusammenfügen. Aber ein Sturm weht vom Paradies her, der sich in seinen Flügeln verfangen hat und so stark ist, daß der Engel sie nicht mehr schließen kann. Dieser Sturm treibt ihn unaufhaltsam in die Zukunft, der er den Rücken kehrt, während der Trümmerhaufen vor ihm zum Himmel wächst. Das, was wir den Fortschritt nennen, ist dieser Sturm.«

Walter Benjamin
Geschichtsphilosophische Thesen, 1940

Wer eine Geschichte der modernen Architektur zu schreiben versucht, sieht sich als erstes der Aufgabe gegenüber, den Beginn dieser Epoche festzulegen. Doch je intensiver man nach dem Ursprung der Moderne forscht, desto weiter zurück scheint er zu liegen. So liegt es nahe, ihn nach rückwärts zu projizieren – wenn nicht bis zur Renaissance, dann doch zu jenem Augenblick in der Mitte des 18. Jahrhunderts, als ein neues Geschichtsbild die Architekten veranlaßte, die klassischen Regeln Vitruvs in Frage zu stellen und die Relikte der Antike dokumentarisch festzuhalten, um eine objektivere Arbeitsgrundlage zu schaffen. Auch die umwälzenden technischen Neuerungen, die im späteren Verlauf dieses Jahrhunderts folgten, weisen darauf hin, daß die Voraussetzungen für die moderne Architektur irgendwann zwischen dem Zeitpunkt gegeben waren, an dem der Anatom und Architekt Claude Perrault gegen Ende des 17. Jahrhunderts die allgemeine Gültigkeit der vitruvianischen Proportionslehren anzweifelte, und jenem der endgültigen Trennung von Architektur und Ingenieurbau. Er wird nicht selten auf die Gründung der Ecole des Ponts et Chaussées, der ersten Ingenieurschule in Paris, im Jahre 1747 datiert.

In diesem Buch kann die Vorgeschichte der Moderne nur in groben Umrissen gezeichnet werden. Deshalb sollten die ersten drei Kapitel anders gelesen werden als der Rest des Buches. Sie handeln von den kulturellen, politischen und technischen Wandlungen, aus denen sich die moderne Architektur entwickelte, und geben einen kurzen Überblick über Architektur, Städtebau und Ingenieurwesen in der Zeit zwischen 1750 und 1939.

Wer eine umfassende, aber knapp gehaltene Architekturgeschichte schreiben will, muß erstens entscheiden, welches Material aufgenommen werden soll; zweitens muß er bei der Interpretation der Fakten eine gewisse Konsequenz einhalten. In beiden Fällen konnte ich zugegebenermaßen nicht immer so folgerichtig handeln, wie ich es gewünscht hätte – teils, weil die Information häufig den Vorrang vor der Interpretation hatte, teils, weil ich nicht alles Material gleichermaßen gründlich analysiert habe, und auch, weil ich unterschiedliche Interpretationskriterien angewendet habe. In manchen Fällen habe ich mich bemüht zu zeigen, daß eine bestimmte Haltung auf sozialen, wirtschaftlichen oder ideologischen Voraussetzungen beruht, während ich mich in anderen Fällen auf eine formale Analyse beschränkt habe. Dieser unterschiedliche Ansatz spiegelt sich auch im Aufbau des Buches wider, das in ein Mosaik relativ kurzer Kapitel über das Werk besonders wichtiger Architekten oder über größere kollektive Leistungen eingeteilt ist.

Soweit möglich, habe ich versucht, den Text so anzulegen, daß er auf verschiedene Weise zu benutzen ist: Man kann ihn als fortlaufenden Bericht verfolgen oder nach Belieben darin blättern. Für die chronologische Lektüre hatte ich den Laien oder Studenten im Auge, doch hoffe ich, daß das eine oder andere Einzelkapitel auch zu wissenschaftlicher Arbeit anregt und sich als nützlich für den Spezialisten erweist, der ein bestimmtes Thema weiterverfolgen möchte.

Darüber hinaus hängt die Struktur des Textes auch mit dem allgemeinen Konzept des Buches zusammen: Ich habe mich nach Möglichkeit bemüht, die Protagonisten für sich selbst sprechen zu lassen. Jedes Kapitel wird durch ein Zitat eingeleitet, das entweder einen Einblick in eine bestimmte kulturelle Situation vermittelt oder den Inhalt des jeweiligen Werkes kennzeichnet. Ich habe diese »Stimmen« herangezogen, um darzustellen, daß die moderne Architektur aus einem ständigen kulturellen Entwicklungsprozeß heraus entstanden ist und daß manche Streitfragen an einem bestimmten Punkt der Geschichte ihre Bedeutung verloren, später aber um so intensiver wieder aufgegriffen wurden. In meinem Buch sind auch viele nie gebaute Projekte vertreten, denn für mich beruht die Geschichte der modernen Architektur ebensosehr auf Bewußtsein und polemischer Absicht wie auf den Bauten selbst.

Wie viele andere meiner Generation bin ich von einer marxistischen Geschichtsinterpretation geprägt worden; schon bei flüchtiger Lektüre meines Textes wird man freilich feststellen, daß keine der etablierten Methoden marxistischer Analyse angewendet worden ist. Andererseits hat meine Vorliebe für die kritische Theorie der Frankfurter Schule zweifellos meine Sicht dieser Epoche bestimmt und mir die Schattenseiten der Aufklärung vor Augen geführt, die im Namen einer unvernünftigen Vernunft den Menschen in eine Situation gebracht haben, in der er sich seiner eigenen Produktion ebenso entfremdete wie der Natur.

Die Entwicklung der modernen Architektur nach der Aufklärung führte einerseits zum Utopismus der Avantgarde, der zuerst zu Beginn des 19. Jahrhunderts in der physiokratischen Idealstadt von Ledoux formuliert wurde, und andererseits zu jenem anti-klassischen, anti-rationalen und anti-utilitaristischen christlichen Reformertum, das zuerst in Pugins *Contrasts* von 1836 seinen Ausdruck fand. Seitdem hat die bürgerliche Kultur in ihrem Versuch, die Arbeitsteilung und die rauhe Wirklichkeit der Industrialisierung und Urbanisierung zu überwinden, zwischen Extremen geschwankt – zwischen total durchgeplanten und industrialisierten Utopien und einer

Verleugnung der historischen Realität der Maschinenproduktion.

Alle Künste unterliegen in einem gewissen Maße Einschränkungen durch ihre Produktions- und Reproduktionsmittel. Besonders trifft dies jedoch auf die Architektur zu, die nicht nur von ihren eigenen technischen Methoden abhängig ist, sondern auch von außerhalb ihrer selbst liegenden Produktivkräften. Das beste Beispiel dafür ist die Stadt. Hier hat die Trennung zwischen Architektur und Stadtentwicklung dazu geführt, daß heute die Architektur über einen längeren Zeitraum hinweg nur noch in ganz geringem Maße zur Stadtentwicklung beitragen kann und umgekehrt. Die Stadt ist immer mehr den Zwängen einer ständig wachsenden Konsumentengesellschaft unterworfen und hat weitgehend die Fähigkeit verloren, ihre Identität als Ganzes aufrechtzuerhalten. Daß sie durch Kräfte zerstört wurde, die außerhalb ihrer Kontrolle liegen, zeigt der schnelle Verfall der amerikanischen Provinzstadt nach dem Ende des Zweiten Weltkriegs als Folge des Baus von Autobahnen, Trabantenstädten und Supermärkten.

Erfolg und Versagen der modernen Architektur bis heute und ihre mögliche Rolle in der Zukunft lassen sich nur vor diesem komplexen Hintergrund beurteilen. In ihrer abstrakten Form hat die Architektur natürlich zur Verarmung der Umwelt beigetragen – vor allem dort, wo sie die Rationalisierung der Bautypen und -methoden förderte und wo sowohl Materialien als auch der Grundriß auf den kleinsten gemeinsamen Nenner reduziert wurden, um die Produktion zu verbilligen und eine größtmögliche Ausnutzung zu erzielen. In ihrem gutgemeinten, aber manchmal irregeleiteten Bestreben, sich den technischen Realitäten des 20. Jahrhunderts anzupassen, hat sich die Architektur eine Sprache angeeignet, die sich fast ausschließlich in sekundären Elementen wie Rampen, Gängen, Aufzügen, Treppen, Rolltreppen,

Schornsteinen, Leitungen und Müllschluckern ausdrückt. Nichts könnte weiter von der Sprache der klassischen Architektur entfernt sein, die solche Elemente stets hinter die Fassade verbannte und dem Hauptvolumen des Bauwerks seine freie Entfaltung erlaubte – eine Unterdrückung empirischer Fakten, die es der Architektur ermöglichte, die Macht der Vernunft durch die Rationalität ihres eigenen Vokabulars zu symbolisieren. Der Funktionalismus beruhte auf dem entgegengesetzten Prinzip und ließ nur noch den Ausdruck der Nützlichkeit oder der Herstellungsverfahren zu.

Angesichts der Extreme dieser modernen, auf Reduktion zielenden Tradition drängt man uns heute wieder, zu traditionellen Formen zurückzukehren und unsere neuen Bauten – nahezu ohne Rücksicht auf ihre Bedeutung – in der Ikonographie eines kitschigen Heimatstils zu halten. Man macht uns deutlich, daß die Allgemeinheit nach den Tröstungen des heimeligen, handwerklichen Komforts verlangt und daß »klassische« Beziehungen, wie abstrakt auch immer, unverständlich und arrogant wirken. Nur selten geht diese Kritik über oberflächliche Stilfragen hinaus und fordert, daß die Architektur sich wieder der Schaffung von *Orten* zuwenden und eine kritische, aber schöpferische neue Definition der konkreten Qualitäten im Bauen vornehmen müsse.

In jüngster Zeit haben die Vulgarisierung der Architektur und ihre fortschreitende Entfremdung von der Gesellschaft die Disziplin auf sich selbst zurückgeworfen. Wir stehen deshalb heute vor der paradoxen Situation, daß viele der intelligenten jüngeren Architekten bereits jede Hoffnung auf Realisierungen aufgegeben haben. Wo diese Tendenz sich mit höchsten intellektuellen Ansprüchen verbindet, reduziert sie die architektonischen Elemente auf rein syntaktische Zeichen, die außerhalb ihres eigenen strukturellen Zusammenhangs nichts aussagen; wo sie sich ganz und gar nostalgisch gibt, zelebriert sie den Verlust der Stadt mit metaphorischen und ironischen Vorschlägen, die entweder in kosmische Weiten projiziert oder im metaphysischen Raum städtischer Pracht à la 19. Jahrhundert angesiedelt werden.

Unter den Möglichkeiten, die der heutigen Architektur noch offenstehen – die auf die eine oder andere Weise bereits erprobt werden –, scheinen nur zwei einen Ausweg zu versprechen. Während die erste voll und ganz den heutigen Produktions- und Konsumgewohnheiten entspricht, steht die zweite in Gegensatz zu beiden. Die erste folgt Mies van der Rohes Ideal des »beinahe Nichts« und sucht die Bauaufgabe auf den Status von Industriedesign in großem Maßstab zu reduzieren. Da es ihr um optimale Produktionsverfahren geht, hat sie wenig oder kein Interesse an der Stadt. Sie basiert auf einem gut funktionierenden, gut verpackten, nicht-rhetorischen Funktionalismus, dessen verglaste »Unsichtbarkeit« die Form zum Schweigen bringt. Die Alternative ist dagegen offenkundig auf »Sichtbarkeit« bedacht und nimmt häufig die Gestalt einer Hülle aus Mauerwerk an, die innerhalb ihres abgegrenzten »klösterlichen« Bezirks relativ offene, aber dennoch konkrete Beziehungen der Menschen untereinander sowie zwischen Mensch und Natur herstellt. Die Tatsache, daß diese »Enklave« oft nach innen orientiert ist und sich zum physischen und zeitlichen Kontinuum ihrer Umwelt relativ gleichgültig verhält, läßt auf den Versuch schließen, den prägenden Perspektiven der Aufklärung wenigstens teilweise zu entkommen. Die einzige Hoffnung für eine fruchtbare Entwicklung in der nächsten Zukunft liegt meiner Meinung nach in einem schöpferischen Dialog zwischen diesen beiden extremen Auffassungen.

Teil I
Kulturelle Entwicklung und technische
Voraussetzungen 1750-1939

1 Soufflot, Ste. Geneviève (heute Panthéon), Paris, 1755–1790; Vierungspfeiler, 1806 durch Rondelet verstärkt.

1. Kapitel
Kulturelle Wandlungen: klassizistische Architektur 1750–1900

»Das System des Barock hatte auf einer Art Doppelstrategie beruht. Es hatte häufig mit rational gestalteten Gärten kontrastiert, aber die Fassaden der Bauten waren mit Pflanzenmotiven dekoriert. Zwar waren das Reich des Menschen und das Reich der Natur voneinander getrennt geblieben, doch hatten sie ihre Charakteristika ausgetauscht und sich um der Dekoration und der prestigefördernden Gesamtwirkung willen einander angenähert. Dagegen sollte der Park im ›englischen Stil‹, der keinen Eingriff von Menschenhand offenbaren durfte, von der Eigenständigkeit der Natur zeugen, während sich im Innern der von Morris und Adam errichteten Häuser, unabhängig vom Park selbst, der Wille des Menschen manifestierte. Die menschliche Vernunft war also deutlich vom irrationalen Bereich der frei sprießenden Vegetation isoliert. An die Stelle der gegenseitigen Durchdringung von Mensch und Natur im Barock trat nun eine Trennung, eine Distanz zwischen Mensch und Natur, die Voraussetzung für eine nostalgische Kontemplation war … Diese kontemplative Isolierung entstand aus einer kompensatorischen Reaktion auf die Haltung der Praktiker gegenüber der Natur. Während der technische Fortschritt der Natur den Krieg erklärte, suchten Häuser und Parks eine Versöhnung, einen örtlichen Waffenstillstand, und träumten den Traum eines unmöglichen Friedens: Mit diesem Ziel suchte der Mensch das Bild einer unberührten … Umgebung aufrechtzuerhalten.«

Jean Starobinski
L'Invention de la liberté, 1964

Die Architektur des Klassizismus ist offenbar aus zwei unterschiedlichen, aber miteinander verbundenen Strömungen entstanden, die das Verhältnis zwischen Mensch und Natur grundlegend änderten. Zum einen verfügte der Mensch plötzlich über größere Möglichkeiten, Herrschaft über die Natur auszuüben, weil er um die Mitte des 17. Jahrhunderts über die technischen Begrenzungen der Renaissance hinausgewachsen war. Zum anderen hatte als Reaktion auf die gesellschaftlichen Veränderungen eine tiefgreifende Wandlung im menschlichen Bewußtsein stattgefunden. Ein neues kulturelles Klima entstand, das dem Lebensstil der an Einfluß verlierenden Aristokratie ebenso entsprach wie dem der aufstrebenden Bourgeoisie. Während die technologischen Veränderungen zu einer neuen Infrastruktur und zur Ausnutzung der gesteigerten Produktionskapazität führten, entwickelten sich aus dem Wandel im menschlichen Bewußtsein neue Wissenskategorien und eine historische Denkweise, deren Reflexionen sogar die eigene Identität in Frage stellten. Die eine, von der Wissenschaft ausgehende Richtung schlug sich direkt in den ausgedehnten Straßen- und Kanalsystemen des 17. und 18. Jahrhunderts nieder und führte zur Entstehung neuer technischer Institutionen wie der 1747 begründeten Ecole des Ponts et Chaussées. Aus der anderen Richtung entwickelten sich die humanistischen Disziplinen der Aufklärung einschließlich der Pionierwerke der modernen Soziologie, Ästhetik, Geschichte und Archäologie

– Montesquieus *De l'esprit des lois* (1748), Baumgartens *Aesthetica* (1750), Voltaires *L'Age de Louis XIV* (1751) und Winckelmanns *Geschichte der Kunst des Altertums* (1764).

Die Überfeinerung der architektonischen Sprache in den Rokoko-Interieurs des Ancien régime und die Säkularisierung des aufklärerischen Denkens zwangen die Architekten des 18. Jahrhunderts, denen nun der Entwicklungsdrang und die Ungewißheiten ihres Zeitalters bewußt wurden, durch eine Neubewertung der Antike zu einem wahren Stil zu finden. Sie wollten dabei nicht lediglich das Alte kopieren, sondern den Prinzipien folgen, auf denen die Werke des Altertums beruht hatten. So betrieben sie archäologische Forschungen, die bald zu einer Streitfrage führten: An welche der vier Mittelmeerkulturen – Ägypter, Etrusker, Griechen und Römer – sollten sie sich auf der Suche nach einem neuen Stil halten?

Die Neueinschätzung der Antike hatte zur Folge, daß die Reiseroute der traditionellen Grand Tour über die Grenzen Roms ausgedehnt wurde. Man studierte nun an der Peripherie der Stadt jene Kulturen, auf denen nach Vitruv die römische Architektur basierte. Nach der Entdeckung und Ausgrabung römischer Siedlungen in Herculaneum und Pompeji in der ersten Hälfte des 18. Jahrhunderts lockten Expeditionen auch in jene Gebiete, und bald wurden Reisen zu allen griechischen Stätten in Sizilien und Griechenland unternommen. Das vitruvianische Diktum der Renaissance –

der Katechismus des Klassizismus – ließ sich nun an den Ruinen selbst überprüfen. Die mit Aufmaßen versehenen Zeichnungen, die in den fünfziger und sechziger Jahren des 18. Jahrhunderts veröffentlicht wurden – *Ruines des plus beaux monuments de la Grèce* (1758) von J.-D. Le Roy, *Antiquities of Athens* (1762) von James Stuart und Nicholas Revett und die Dokumentation über den Diokletianpalast in Split (1764) von Robert Adam und C.-L. Clérisseau zeugen von der Intensität, mit der diese Studien betrieben wurden. Daß Le Roy die griechische Architektur als Ursprung des »wahren Stils« sah, erregte den chauvinistischen Zorn des italienischen Architekten und Kupferstechers Giovanni Battista Piranesi.

Piranesis Werk *Della Magnificenza ed Architettura de' Romani* von 1761 war eine direkte Attacke gegen Le Roys Polemik: Er stellte nicht nur fest, daß die Etrusker vor den Griechen gelebt hatten, sondern auch, daß sie gemeinsam mit ihren Nachfolgern, den Römern, die Architektur auf ein höheres Niveau gehoben hatten. Der einzige Beweis für seine These waren die wenigen etruskischen Bauwerke, welche die Zerstörung Roms überdauert hatten – Grabmäler und Ingenieurbauten. Offenbar beeinflußten sie sein späteres Schaffen nachhaltig. In mehreren Zyklen von Radierungen stellte er die dunkle Seite jener Empfindung dar, die Edmund Burke bereits 1757 als »das Sublime« klassifiziert hatte, jenen stillen Schrecken, den kolossale Größe, extremes Alter und Verfall hervorrufen. In der Grandeur der Bilder, die Piranesi schuf, entwickelten diese Eigenschaften ihre volle Kraft. Wie Manfredo Tafuri bemerkt hat, wurden solche nostalgischen klassischen Bilder freilich »als Mythos, der bekämpft werden mußte« behandelt, » ... als bloße Fragmente, als deformierte Symbole, als halluzinatorische Organismen einer ›Ordnung‹ im Zustand des Verfalls«.

Zwischen seinem Werk *Parere su l'Architettura* aus dem Jahre 1765 und seinen Stichen von Paestum, die erst nach seinem Tod im Jahre 1778 veröffentlicht wurden, wandte sich Piranesi von der naturgetreuen Wiedergabe der Architektur ab und ließ seiner Phantasie freien Lauf. In mehreren aufeinanderfolgenden Publikationen – Höhepunkt war seine extravagante eklektizistische Arbeit über Innendekoration aus dem Jahre 1769 – gab er sich halluzinatorischen Manipulationen historisierender Formen hin. Winckelmanns prohellenische Unterscheidung zwischen angeborener Schönheit und zusätzlichem Ornament blieb ihm gleichgültig. Seine überschäumenden Phantasmagorien übten eine große Anziehungskraft auf seine Zeitgenossen aus; so waren zum Beispiel die griechisch-römischen Interieurs der Brüder Adam seiner Phantasie stark verpflichtet.

In England, wo das Rokoko niemals voll akzeptiert worden war, äußerte sich die Loslösung von den Exzessen des Barock zuerst in dem vom Earl of Burlington eingeführten Palladianismus, wenn man auch ähnliche reinigende Tendenzen in den letzten Arbeiten Nicholas Hawksmoors im Castle Howard erkennen mag. Gegen Ende der fünfziger Jahre des 18. Jahrhunderts suchten die Engländer jedoch ihre Anregungen bereits in Rom selbst, wo zwischen 1750 und 1765 die wichtigsten Vertreter des Klassizismus lebten, von dem prorömischen und proetruskischen Piranesi bis zu den an Griechenland orientierten Gelehrten Winckelmann und Le Roy, deren Einfluß sich noch nicht ausgebreitet hatte. Zu den Briten in Rom zählten James Stuart, der schon 1758 die dorische Säulenordnung anwendete, und der jüngere George Dance, der bald nach seiner Rückkehr nach London das Newgate-Gefängnis entwarf, einen oberflächlich an Piranesi erinnernden Bau, dessen strenge Organisation möglicherweise den neopalladianischen Proportionstheorien von Robert Morris verpflichtet war. Entscheidend für die Entwicklung des Klassizismus war das Werk

von Dances Schüler John Soane, der die unterschiedlichen Einflüsse Piranesis, Adams, Dances und selbst des englischen Barock in erstaunlichem Maße zu vereinen wußte. Popularisiert wurde das »Greek Revival« durch Thomas Hope. Seine Publikation *Household Furniture and Interior Decoration* (1807) stellte eine britische Version jenes napoleonischen Empirestils vor, den Percier und Fontaine gleichzeitig entwickelten.

Nichts lag den Engländern ferner als die Theorien, die zum Aufkommen des Klassizismus in Frankreich führten. So stellte Claude Perrault, der schon im späten 17. Jahrhundert die Relativität der Kultur erkannte, die Proportionen Vitruvs in Frage, weil sie durch die Theorie der Klassik weiterverarbeitet und verfeinert worden seien. Statt dessen legte er seine Thesen von *positiver* Schönheit und von *willkürlicher* Schönheit vor; die erstere spielte dabei die normative Rolle der Standardisierung und Perfektion, während die letztere expressive Funktionen übernahm, wie sie durch besondere Umstände erforderlich werden können.

Diese Herausforderung an die orthodoxen Anhänger Vitruvs bestätigte der Abbé de Cordemoy in seinem *Nouveau Traité de toute l'architecture* (1706), in dem er die vitruvianischen Attribute der Architektur, *utilitas, firmitas* und *venustas* (Nützlichkeit, Solidität und Schönheit), durch seine eigene Dreierordnung von *ordonnance, distribution* und *bienséance* ersetzte. Die ersten beiden Kategorien betrafen die korrekten Proportionen der klassischen Ordnungen und ihre entsprechende Anwendung, während die dritte den Begriff der Angemessenheit einführte. Cordemoy wandte sich damit gegen die unangemessene Anwendung klassischer Elemente bei Zweck- oder Geschäftsbauten. Cordemoys *Traité* stand also nicht nur dem Barock, der letzten rhetorischen öffentlichen Äußerung des Ancien régime, kritisch gegenüber. Er nahm auch Jacques-François Blondels Untersuchungen über den angemessenen formalen Ausdruck und eine differenzierte Physiognomie vorweg, die mit dem unterschiedlichen sozialen *Charakter* der verschiedenen Bau*typen* in Einklang stehen sollte. Die Zeit erforderte es nun, die Bedürfnisse einer viel komplexeren Gesellschaft zu artikulieren.

Cordemoy bestand nicht nur auf der sinnvollen Anwendung klassischer Elemente, sondern setzte sich auch für ihre geometrische Reinheit ein – eine Reaktion auf Formen des Barock wie unregelmäßige Säulenstellung, gebrochene Giebel und gedrehte Säulen. Auch für die Ornamentik galt das Prinzip der Angemessenheit. Cordemoy argumentierte, zweihundert Jahre vor Adolf Loos' *Ornament und Verbrechen*, daß viele Bauwerke überhaupt keine Ornamente brauchten. Er bevorzugte einfaches Mauerwerk und orthogonale Konstruktionen. Für ihn war die freistehende Säule der Inbegriff einer reinen Architektur, wie sie sich in der gotischen Kathedrale und dem griechischen Tempel manifestiert hatte.

Der Abbé Laugier nahm in seinem *Essai sur l'architecture* (1753) Cordemoys Gedanken auf und postulierte eine universale »natürliche« Architektur wie die ursprüngliche »primitive Hütte« aus vier Baumstämmen, die ein schlichtes Steildach trugen. Nach Cordemoy erklärte er diese Primärform zur Grundlage einer Art von klassizistisch uminterpretierter gotischer Konstruktion, bei der es weder Bögen, Pilaster, Sockel noch irgendeine andere formale Artikulation gibt und bei der die Zwischenräume zwischen den Säulen soweit wie möglich verglast sein sollten.

Ein solcher »durchsichtiger« Bau war die Kirche Ste. Geneviève in Paris (begonnen 1755, heute als Panthéon bekannt), von Jacques-Germain Soufflot, der 1750 als einer der ersten Architekten die dorischen Tempel in Paestum besichtigt hatte. Soufflot wollte die Leichtigkeit, die Weite und die Proportionen der gotischen Architek-

2 Boullée, Entwurf eines Kenotaphs für Isaac Newton, ca. 1785. Schnitt durch die »Nacht«.

tur in ein klassisches (um nicht zu sagen römisches) Vokabular übertragen. Deshalb übernahm er den Grundriß des griechischen Kreuzes, wobei Haupt- und Seitenschiffe aus einem System flacher Kuppeln und halbkreisförmiger Bögen bestanden, die von durchgehenden inneren Säulenreihen getragen wurden.

Die Aufgabe, Cordemoys Theorie wie auch das Werk Soufflots in die akademische Tradition Frankreichs zu integrieren, fiel Jacques-François Blondel zu. Nach der Eröffnung seiner Architekturschule in der Rue de la Harpe in Paris im Jahre 1743 wurde er zum Lehrer der sogenannten »visionären« Architektengeneration, der Etienne-Louis Boullée, Jacques Gondoin, Pierre Patte, Marie-Joseph Peyre, Jean-Baptiste Rondelet und der vielleicht größten Visionär von allen, Claude-Nicolas Ledoux, angehörten. Blondel legte seine Vorstellungen über Komposition, Typus und Charakter des Bauwerks in seinen *Cours d'architecture* dar, die zwischen 1750 und 1770 veröffentlicht wurden. Sein idealer Kirchenentwurf, im zweiten Band der *Cours* publiziert, war Ste. Geneviève verwandt und betonte eine repräsentative Frontansicht. Im Innern war jedes Element als Teil eines kontinuierlichen räumlichen Systems aufgefaßt, dessen scheinbar ins

Unendliche führende Durchblicke ein Gefühl der Erhabenheit hervorriefen. Dieses Kirchenprojekt zeugt von der Einfachheit und Grandeur, die sich auch im Werk vieler seiner Schüler wiederfand, vor allem bei Boullée. Dieser widmete sich ab 1772 ganz dem Entwurf von Bauwerken, die wegen ihrer schieren Größe nicht realisiert werden konnten.

Boullée ging nicht nur, der Lehre Blondels entsprechend, von sozialen Aspekten aus, sondern erweckte durch das Pathos seiner Entwürfe auch Empfindungen von Furcht und Ruhe. Unter dem Einfluß von Le Camus de Mézières *Génie de l'architecture, ou l'analogie de cet art avec nos sensations* (1780) begann er sein *genre terrible* zu entwickeln, bei dem die unendlichen Ausblicke und die schmucklose geometrische Reinheit der monumentalen Formen Gefühle der Ehrfurcht und Erhabenheit hervorrufen. Mehr als jeder andere Architekt der Aufklärung setzte Boullée sich mit der Fähigkeit des Lichts auseinander, die Gegenwart des Göttlichen heraufzubeschwören. Das zeigt sich besonders in dem von Sonnenlicht erhellten diaphanen Nebel seiner Metropolitan-Kirche, die teilweise Ste. Geneviève verpflichtet war. Ähnliche Lichtwirkungen treten bei der riesigen Kugel aus Mauerwerk, dem Entwurf eines Kenotaphs für Sir Isaac Newton, auf, wo nachts eine riesige, die Sonne darstellende Lampe angezündet werden sollte. Tagsüber blieb sie dunkel, so daß das Tageslicht, das durch Löcher in der Kalotte einfiel, die Illusion eines gestirnten Firmaments schuf.

Boullée war zwar ein überzeugter Republikaner, doch blieb er von der Idee besessen, die Monumente eines allmächtigen Staates zu entwerfen, die der Anbetung des höchsten Wesens geweiht waren. Im Gegensatz zu Ledoux ließ er sich nicht von den dezentralisierten ländlichen Utopien Morellys oder Jean-Jacques Rousseaus beeindrukken. Dennoch übte er im nachrevolutionären Europa einen starken Einfluß aus, vor allem durch die Arbeiten seines Schülers Jean-Nicolas-Louis Durand. Durand führte Boullées extravagante Vorstellungen auf eine normative und ökonomische Bautypologie zurück, die er in *Précis des leçons données à l'Ecole Polytechnique* (1802–1809) erläuterte.

Nach fünfzehn Jahren eines chaotischen Tausendjährigen Reiches benötigte das Napoleonische Zeitalter Zweckbauten von angemessener Größe und Autorität, vorausgesetzt, daß sie so billig wie möglich erstellt werden konnten. Durand, der erste Lehrer für Architektur an der Ecole Polytechnique, strebte eine universale Baumethodologie an, ein architektonisches Gegenstück zum Code Napoléon. Mit Hilfe modularer Entwurfsreihen aus festgelegten Grundrißtypen und wechselnden Aufrissen sollten wirtschaftlich tragbare, dem Zweck angemessene Bauwerke entstehen. So wurde Boullées Vorliebe für riesige platonische Volumen als Mittel benutzt, zu erträglichen Kosten angemessene Wirkungen zu erzielen. Durand kritisierte zum Beispiel die Kirche Ste. Geneviève mit ihren 206 Säulen und 612 m Umfang und legte einen Gegenvorschlag für einen kreisförmigen Tempel vergleichbarer Größe vor, der mit 112 Säulen und 248 m Umfang auskam – eine beträchtliche Einsparung, durch die

4 *Ledoux, Idealstadt Chaux, 1804.*

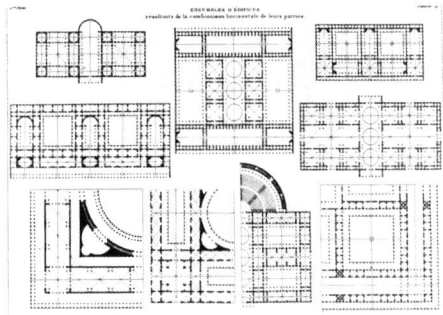

3 *Durand, Kombinationen und Abwandlungen von Grundrißformen, aus* Précis, *1802–1809.*

man laut Durand eine weitaus eindrucksvollere Wirkung erzielt hätte.

Ledoux kehrte, nachdem seine Laufbahn durch die Revolution ein Ende gefunden hatte, während seiner Haftzeit zu dem Projekt der Saline zurück, die er von 1773 bis 1779 für Louis XVI. in Arc-et-Senans errichtet hatte. Er erweiterte den Halbkreis dieses Komplexes zum repräsentativen Kern seiner Idealstadt Chaux (veröffentlicht unter dem Titel *L'Architecture considérée sous le rapport de l'art, des moeurs et de la législation*, 1804). Die Salzraffinerie selbst (die er in das ovale Zentrum seiner Stadt stellte) kann als eines der ersten Beispiele für Industriearchitektur gelten, da Ledoux bewußt Produktionseinheiten und Arbeiterwohnungen in Verbindung brachte. Jeder Bestandteil dieses physiokratischen Komplexes war seinem Charakter entsprechend gestaltet. So trugen die Gebäude für Salzverdampfung in der Achse

hohe Dächer wie landwirtschaftliche Bauten und waren in glattem Haustein mit rustizierten Einfassungen ausgeführt, während das Haus des Direktors in der Mitte, mit einem niedrigen Dach und Ziergiebeln ausgestattet, voll und ganz rustiziert und mit klassischen Säulenhallen versehen war. Hier und dort waren die Wände der Salzspeicher und der Arbeiterhäuser mit grotesken »Wasserspeiern« geschmückt, aus denen versteinerte Salzsole quoll. Sie symbolisierten nicht nur die Grundlage des ganzen Unternehmens, sondern wiesen auch darauf hin, daß Produktionssystem und Arbeitskräfte gleich wichtige Funktionen erfüllten.

Bei der fiktiven Entwicklung dieser begrenzten Typologie, die alle Institutionen seiner Idealstadt umfaßte, führte Ledoux die Idee einer architektonischen »Physiognomie« fort, um die sozialen Absichten seiner an sich abstrakten Formen symbo-

15

5 Schinkel, Altes Museum, Berlin, 1828–1830.

6 Labrouste, Magazin der Bibliothèque Nationale, Paris, 1860–1868.

lisch zum Ausdruck zu bringen. Die Bedeutungen werden entweder durch konventionelle Symbole übermittelt, wie bei den an Gerechtigkeit und Einigkeit erinnernden Liktorenbündeln am Haus des Friedens, dem sogenannten *Pacifère,* oder durch direkte Anspielungen wie im Falle des *Oikema* oder Tempels der Liebe, dessen Grundriß einen Phallus darstellt. Der Tempel der Liebe war der Libertinage gewidmet mit dem merkwürdigen sozialen Ziel, durch sexuelle Übersättigung zur Tugend zu führen.

Welten trennen die Permutationen, denen Durand gegebene klassische Elemente unterwirft, von Ledoux' willkürlichem, aber befreiendem Umgang mit klassischen Fragmenten, wie er sich in den zwischen 1785 und 1789 entworfenen Pariser Zollhäusern spiegelt. Diese *barrières* hatten ebensowenig mit der Kultur ihrer Zeit zu tun wie die idealisierten Bauten von Chaux. Ab 1789 wurden sie nach und nach zerstört und teilten damit das Schicksal der abstrakten und unpopulären Zollmauer, der sie dienen sollten, der Enceinte des Fermiers Généraux, von der es hieß: »Le mur murant Paris rend Paris murmurant.«

Nach der Revolution war die Entwicklung des Klassizismus weitgehend mit dem Bedürfnis verbunden, die neuen Institutionen der bürgerlichen Gesellschaft zu beherbergen und den werdenden neuen Staat der Republik zu repräsentieren. Daß diese

Kräfte zunächst in den Kompromiß der konstitutionellen Monarchie einbezogen wurden, tat der Rolle des Klassizismus bei der Bildung des bürgerlichen imperialistischen Stils keinen Abbruch. Die Entstehung von Napoleons »Style Empire« in Paris und die frankophile »Kulturnation« Friedrichs II. in Berlin sind nur zwei verschiedene Manifestationen der gleichen kulturellen Tendenz. Der Style Empire verwendete in eklektizistischer Weise antike Motive, seien es römische, griechische oder ägyptische, um einer republikanischen Dynastie unmittelbar zu einem Erbe zu verhelfen. Besonders in den theatralischen Zeltinterieurs der Napoleonischen Feldzüge und in den massigen, römisch inspirierten Monumenten der Hauptstadt manifestierte sich dieser Stil, so in Percier und Fontaines Rue de Rivoli und Arc du Carrousel oder Gondoins Säule auf der Place Vendôme, die der Grande Armée gewidmet war. In Deutschland zeigte sich diese Tendenz zuerst beim Brandenburger Tor von Carl Gotthard Langhans, das 1793 als westlicher Zugang nach Berlin errichtet wurde, und bei Friedrich Gillys Entwurf für ein Denkmal Friedrichs des Großen von 1797. Von Ledoux' Primärformen beeinflußt, ahmte Gilly die Strenge der dorischen Ordnung nach und lieferte damit ein architektonisches Pendant zu der »archaischen« Kraft der Sturm- und Drang-Bewegung in der deutschen Literatur. Wie seinem Zeitgenossen Friedrich Weinbrenner schwebte ihm eine spartanische Urzivilisation von hohem moralischem Wert vor, die den Mythos des idealen preußischen Staates feiern sollte. Das eindrucksvolle Monument sollte die Form einer künstlichen Akropolis auf dem Leipziger Platz annehmen. Man hätte diesen Temenos von Potsdam aus durch einen gedrungenen, von einer Quadriga bekrönten Triumphbogen betreten.

Gillys Kollege und Nachfolger, der preußische Architekt Karl Friedrich Schinkel, erwarb seine frühe Begeisterung für die Go-

tik nicht in Berlin oder Paris, sondern durch das Erlebnis italienischer Kathedralen. Dennoch wurde nach der Niederlage Napoleons im Jahre 1815 dieser romantische Geschmack von dem Wunsch überschattet, einen angemessenen Ausdruck für den Triumph des preußischen Nationalismus zu finden. Offenbar erforderte die Kombination von politischem Idealismus und militärischem Heldentum eine Rückkehr zur Klassik. Auf jeden Fall war dies der Stil, der Schinkel nicht nur mit Gilly, sondern auch mit Durand in Verbindung brachte, als er seine Meisterwerke in Berlin schuf: die Neue Wache von 1816, das Schauspielhaus von 1821 und das Alte Museum von 1830. Während sowohl die Neue Wache mit ihrer massiven Eckenausbildung als auch das Schauspielhaus mit seinen durch Pilaster gegliederten Flügeln charakteristisch für Schinkels reifen Stil sind, zeigt sich der Einfluß Durands am deutlichsten bei dem Museum. Sein prototypischer Grundriß ist dem *Précis* entnommen und in der Mitte geteilt – eine Umwandlung, bei der die zentrale Rotunde, Peristyl und Höfe erhalten blieben und die Seitenflügel wegfielen (vgl. S. 202). Die breite Eingangstreppe, das Peristyl und die Adler und Dioskuren auf dem Dach symbolisierten die kulturellen Ziele des preußischen Staates. Schinkel entfernte sich jedoch von den typologischen und repräsentativen Methoden Durands und schuf eine außerordentlich delikate und kraftvolle räumliche Gliederung: Hinter dem weiten Peristyl liegt eine enge Säulenhalle mit einer symmetrischen Eingangstreppe und einem Zwischengeschoß (eine Anordnung, an die sich später Mies van der Rohe erinnerte).

Die klassizistische Richtung Blondels wurde in der Mitte des 19. Jahrhunderts von Henri Labrouste fortgesetzt, der an der Ecole des Beaux-Arts (der Nachfolgeinstitution der Académie Royale d'Architecture nach der Revolution) bei A.-L.-T. Vaudoyer, einem Schüler Peyres, studiert hatte. Nachdem Labrouste 1824 den Prix de Rome gewonnen hatte, blieb er die nächsten fünf Jahre an der Französischen Akademie in Rom und verbrachte viel Zeit damit, die griechischen Tempel in Paestum zu studieren. Er ließ sich von den Arbeiten Hittorffs inspirieren und argumentierte als einer der ersten, daß die klassischen Bauten ursprünglich strahlend farbig gewesen seien. Diese These und die Tatsache, daß er auf der Vorherrschaft der Konstruktion und der Ableitung aller Ornamentik von der Konstruktion bestand, brachten ihn nach der Eröffnung seines eigenen Ateliers im Jahre 1830 in Konflikt mit den akademischen Autoritäten. 1840 wurde Labrouste zum Architekten der Bibliothèque Ste. Geneviève ernannt, die einen Teil der vom französischen Staat 1789 beschlagnahmten Bücher aufnehmen sollte. Labroustes Entwurf beruhte offenbar auf Boullées Projekt für eine Bibliothek im Palais Mazarin aus dem Jahre 1785. Er schuf Wände aus Büchern, die einen rechteckigen Raum umschließen und auf denen die eiserne Dachkonstruktion aufliegt. Die beiden Tonnendächer werden außerdem in der Mitte des Raumes durch eine Reihe gußeiserner Säulen gestützt.

Bei dem Lesesaal und dem Büchermagazin, die Labrouste 1860–1868 für die Bibliothèque Nationale in Paris entwarf, entwickelte er diesen konstruktiven Rationalismus weiter. Der Bibliothekskomplex ist in den Hof des Palais Mazarin eingefügt und besteht aus einem Lesesaal mit einem Dach aus Eisen und Glas, das von sechzehn gußeisernen Stützen getragen wird, und einem mehrgeschossigen Büchermagazin mit Stützen aus Schmiede- und Gußeisen. Labrouste verzichtete hier auf jede Andeutung von Historismus und entwarf das Magazin als einen von Oberlicht erhellten Käfig, in dem das Tageslicht durch das Treppenhaus aus Eisen vom Dach bis ins unterste Geschoß dringt. Diese Lösung war zwar von dem Lesesaal und Büchermagazin aus Gußeisen hergeleitet, die Sydney Smirke 1854 im Hof von Robert Smirkes klassizistischem British Museum errichtet hatte; aber die präzise Ausführung läßt bereits an eine neue Ästhetik denken, deren Möglichkeiten erst in den konstruktivistischen Arbeiten des 20. Jahrhunderts ausgeschöpft wurden.

7 Choisy, Axonometrische Projektion eines Teils des Panthéon, Paris (vgl. Abb. 1), aus Histoire de l'architecture, 1899.

Mitte des 19. Jahrhunderts folgte der Klassizismus zwei unterschiedlichen, wenn auch eng miteinander verwandten Richtungen: dem konstruktiven Klassizismus von Labrouste und dem romantischen Klassizismus Schinkels. Beide »Schulen« sahen sich der Tatsache gegenüber, daß im 19. Jahrhundert neue Institutionen geschaffen wurden, und beide standen vor der Aufgabe, neue Bautypen zu entwerfen. In der Bewältigung dieser Aufgabe zeigten sich ihre großen Unterschiede: Die konstruktiven Klassizisten neigten zur Betonung der Konstruktion – zum Beispiel Cordemoy, Laugier und Soufflot; die romantischen Klassizisten tendierten dagegen dahin, den physiognomischen Charakter der Form zu akzentuieren – zum Beispiel Ledoux, Boullée und Gilly. Während die eine »Schule« sich offenbar auf Bauaufgaben wie Gefängnisse, Hospitäler und Bahnhöfe konzentrierte, wie E.-J. Gilbert und F. A. Duquesney (Architekt des Gare de l'Est, Paris, 1852), wandte sich die andere repräsentativen Bauten zu, wie Charles Robert Cockerell mit seiner Universitätsbibliothek in Cambridge und dem Ashmolean Museum in Oxford oder Leo von Klenze mit seinen grandiosen Bauten in Deutschland – vor allem seiner romantischen Walhalla, die 1842 bei Regensburg vollendet wurde.

Von der Theorie her begann der konstruktive Klassizismus mit Rondelets Traité de l'art de bâtir (1802) und erreichte seinen Höhepunkt gegen Ende des Jahrhunderts mit den Schriften des Ingenieurs Auguste Choisy, vor allem seiner Histoire de l'architecture (1899). Für Choisy ist die Konstruktion das wichtigste Element der Architektur, und alle Stilwandlungen sind lediglich die logische Folge technischer Entwicklungen. »Stolz euren Art Nouveau vorzuführen, heißt alle Lehren der Geschichte ignorieren. Nicht auf diese Weise sind die großen Stile der Vergangenheit entstanden. Der Architekt der großen künstlerischen Epochen fand seine wahre Inspiration in den Anforderungen der Konstruktion.« Choisy illustrierte die konstruktiven Regeln seiner *Histoire* mit axonometrischen Projektionen, die alle wesentlichen Elemente einer Bauform in einem einzigen graphischen Bild mit Grundriß, Schnitt und Aufriß zusammenfaßten. Wie Reyner Banham bemerkt hat, reduzieren diese objektiven Illustrationen die Architektur, die sie darstellen, zur reinen Abstraktion. Dank dieser Qualität und auch aufgrund ihres Informationswertes fanden sie nach der Jahrhundertwende großen Anklang bei den Pionieren der Moderne.

Daß die griechische und die gotische Architektur in Choisys *Histoire* eine Vorrangstellung einnahm, entsprach im ausgehenden 19. Jahrhundert einer Rationalisierung jenes graecogotischen Ideals, das erstmals mehr als ein Jahrhundert zuvor von Cordemoy formuliert worden war. Seine Projektion gotischer Konstruktionselemente auf eine klassische Syntax fand ihre Parallele in Choisys Charakterisierung des Dorischen als einer in Mauerwerk übertragenen Holzkonstruktion. Eine solche Übertragung nahm später auch Choisys Schüler Auguste Perret vor, der darauf bestand, seine Stahlbetonbauten nach der Art traditioneller Holzrahmenkonstruktionen zu konzipieren.

Obwohl ein überzeugter konstruktiver Rationalist, war Choisy auch romantischer Sensibilität fähig, wenn er etwa von der Akropolis schrieb: »Die Griechen sahen ein Bauwerk niemals ohne die Landschaft und die anderen Gebäude, die es umgaben . . . Jedes architektonische Motiv ist in sich symmetrisch, doch wird jede Gruppe wie eine Landschaft behandelt, in der allein die Massen sich gegenseitig ausbalancieren.«

Dieser pittoreske Begriff eines nur teilweise symmetrischen Gleichgewichts wäre der Lehre der Beaux-Arts ebenso fremd gewesen wie der polytechnischen Einstellung Durands. Einen gewissen Reiz hätte er freilich für Julien Guadet besessen, der in seiner Vorlesungsreihe *Eléments et théorie de l'architecture* (1902) einen normativen Zugang zur Komposition von Bauten aus den modernsten technischen Elementen forderte, die soweit wie möglich in der Tradition der Axialität angeordnet sein sollten. Dank Guadets Lehrtätigkeit an der Ecole des Beaux-Arts und dank seines Einflusses auf seine Schüler Auguste Perret und Tony Garnier gingen die Prinzipien der klassischen »elementaren« Komposition auf die Pioniere der Architektur des 20. Jahrhunderts über.

2. Kapitel
Territoriale Wandlungen: Stadtentwicklung 1800–1909

»Die Entwicklung zunehmend abstrakter Kommunikationsmittel hat die Kontinuität der traditionellen Kommunikation durch neue Systeme ersetzt, die sich im 19. Jahrhundert ständig vervollkommneten. So gewann die Bevölkerung mehr Mobilität und wurde mit Informationen versorgt, die präziser mit dem beschleunigten Rhythmus der Geschichte synchronisiert waren. Eisenbahn, Tagespresse und Telegraph übernahmen allmählich die frühere informative Rolle des Raumes.«

Françoise Choay
The Modern City: Planning in the 19th Century, 1969

Die begrenzte Stadt, wie sie in den vorangegangenen fünfhundert Jahren in Europa entstanden war, wurde im Laufe eines Jahrhunderts durch die Einwirkung neuer technischer, sozialer und ökonomischer Faktoren völlig verändert. Viele dieser Neuerungen gingen in der zweiten Hälfte des 18. Jahrhunderts von England aus. Vom technischen Standpunkt her waren Abraham Darbys Massenproduktion von Schienen aus Gußeisen ab 1767 und Jethro Tulls Reihensämaschine, die ab 1731 allgemein verwendet wurde, von besonderer Bedeutung. Darbys Erfindung regte Henry Cort dazu an, 1784 das Puddelverfahren für die vereinfachte Umwandlung von Guß- in Schmiedeeisen zu entwickeln, während Tulls Maschine wichtig für die Vervollkommnung von Charles Townsends Fruchtwechsel-System wurde – ein Anbauprinzip, das damals weit verbreitet war.

Diese produktiven Neuerungen hatten vielerlei Auswirkungen. In der Metallindustrie stieg die Eisenproduktion Englands zwischen 1750 und 1850 um das Vierzigfache (1850 waren zwei Millionen Tonnen jährlich erreicht); in der Landwirtschaft wurden nach dem Enclosures Act von 1771, der die Einfriedung von Gemeindeland vorsah, um es zu Privateigentum zu machen, weniger effiziente Anbaumethoden durch das Fruchtwechselsystem ersetzt. Während die Eisenproduktion durch die Napoleonischen Kriege gefördert wurde, stand hinter den steigenden landwirtschaftlichen Erträgen der Zwang, die schnell wachsende Bevölkerung eines Industrielandes zu ernähren.

Zur gleichen Zeit traten tiefgreifende Veränderungen in der Heimwebeindustrie ein, die in der ersten Hälfte des 18. Jahrhunderts eine Stütze der Agrarwirtschaft gewesen war. Zunächst erfand James Hargreaves 1764 die Feinspinnmaschine, die »Spinning Jenny«, mit der sich die Produktivität des einzelnen beträchtlich erhöhte, dann entwickelte Edmund Cartwright den dampfgetriebenen Webstuhl, der 1784 zum erstenmal in einer Fabrik eingesetzt wurde. Seine Erfindung machte nicht nur die Textilproduktion zu einem großen Industriezweig, sondern führte auch bald zum Bau mehrgeschossiger feuersicherer Fabriken. Die traditionelle Textilmanufaktur mußte ihre vorwiegend ländlichen Standorte aufgeben. Sie konzentrierte Arbeitskräfte und Fabriken zunächst in der Nähe von Wasserläufen, dann mit dem Aufkommen der

Dampfkraft in der Nähe von Kohlelagern. Mit 24 000 mechanischen Webstühlen, die im Jahre 1820 in Betrieb waren, konnte die englische Industriestadt bereits als etabliertes Faktum gelten.

Dieser Entwurzelungsprozeß – Simone Weil nannte ihn *enracinement* – wurde durch die Nutzung der Dampfkraft weiter beschleunigt. Richard Trevithik demonstrierte die Lokomotive auf Schienen aus Gußeisen erstmals im Jahre 1804. Nach der Eröffnung des öffentlichen Schienenverkehrs zwischen Stockton und Darlington im Jahre 1825 entwickelte sich schnell eine völlig neue Infrastruktur. 1860 verfügte Großbritannien bereits über ein Schienennetz von circa 16 000 Kilometern. Als nach 1865 der Dampfschiffverkehr über größere Entfernungen aufgenommen wurde, verstärkte sich die Zahl der Auswanderer nach Amerika, Afrika und Australien beträchtlich. Diese Auswanderungswelle brachte den Kolonien die zur Wirtschaftsexpansion erforderlichen Bevölkerungszahlen und füllte die wachsenden, im Rastersystem errichteten Städte der Neuen Welt. In Europa führte dagegen die militärische, politische und wirtschaftliche Rückständigkeit der traditionellen, von Mauern umschlossenen Stadt nach den liberal-nationalen Revolutionen von 1848 zur Zerstörung der Befestigungsanlagen und zur Erweiterung des zuvor begrenzten Stadtgebiets um die aufstrebenden Vororte.

Zur gleichen Zeit wurde die Sterblichkeitsrate dank eines besseren Ernährungsstandards und besserer medizinischer Versorgung drastisch reduziert. Dadurch wuchsen die Bevölkerungszahlen in bisher unbekanntem Maße an, zuerst in England, dann in unterschiedlichen Graden in der gesamten westlichen Welt. Die Einwohnerzahl von Manchester stieg im Laufe des Jahrhunderts um das Achtfache, von 75 000 im Jahre 1801 auf 600 000 im Jahre 1901, in London um das Sechsfache, von etwa einer Million im Jahre 1801 auf 6 ½ Millionen um die Jahrhundertwende. Paris wuchs in vergleichbarem Maßstab, fing aber bescheidener an: Von 500 000 Einwohnern im Jahre 1801 vergrößerte sich die Stadt auf 3 Millionen im Jahre 1901. Selbst diese sechs- bis achtfachen Zuwachsraten nehmen sich im Vergleich zu New York gering aus. New York wurde 1811 nach dem Commissioners' Plan des gleichen Jahres als Rasterstadt angelegt. Die Einwohnerzahl stieg von 33 000 im Jahre 1801 auf 500 000 im Jahre 1850 und 3½ Millionen im Jahre 1901. Die Zuwachszahlen in Chicago waren noch astronomischer: 300 Bewohner zur Zeit von Thompsons Rasterplan im Jahre 1833, etwa 30 000 (von denen weniger als die Hälfte in den Vereinigten Staaten geboren worden war) um 1850, und schließlich waren es 2 Millionen um die Jahrhundertwende.

Dieses rapide Bevölkerungswachstum führte dazu, daß alte Nachbarschaften sich in Slums verwandelten und unsolide gebaute neue Häuser und Wohnungen entstanden, die angesichts des allgemeinen Mangels an öffentlichen Verkehrsmitteln möglichst billige, aber zahlreiche primitive Unterkünfte schaffen sollten, von denen aus die Produktionszentren zu Fuß zu erreichen waren. Diese zusammengedrängten Ansiedlungen hatten natürlich keine ausreichende Belichtung, Belüftung und Freiräume und nur dürftige sanitäre Anlagen wie gemeinsame Außentoiletten, Waschhäuser und Müllbehälter. Primitive Kanalisation und mangelnde Instandhaltung führten zur Anhäufung von Exkrementen und Abfall und zu Überflutungen, so daß eine

hohe Krankheitsrate zu verzeichnen war – zunächst Tuberkulose und dann, was die Behörden noch mehr alarmierte, in den dreißiger und vierziger Jahren des 19. Jahrhunderts eine Reihe von Choleraepidemien in England und auf dem Kontinent. Diese Epidemien hatten zur Folge, daß die Reform des Gesundheitswesens vorangetrieben wurde und daß einige der ersten Gesetze entstanden, die Bebauung und Instandhaltung dicht besiedelter Städte regeln. Im Jahre 1833 beauftragten die Londoner Behörden die Poor Law Commission unter dem Vorsitz von Edwin Chadwick, die Ursachen einer Choleraepidemie in Whitechapel zu erforschen. Chadwicks Bericht *An Inquiry into the Sanitary Conditions of the Labouring Population in Great Britain* (1842) wurde 1844 der Royal Commission on the State of Large Towns and Populous Districts vorgelegt und führte zur Verabschiedung des öffentlichen Gesundheitsgesetzes im Jahre 1848. Dieses und andere Gesetze machten die örtlichen Behörden verantwortlich für Kanalisation, Müllbeseitigung, Wasserversorgung, Straßen, die Inspektion von Schlachthäusern und Leichenbestattung. Ähnliche Regelungen beschäftigten auch Haussmann bei der Erneuerung von Paris zwischen 1853 und 1870.

In England führte diese Gesetzgebung dazu, daß die Gesellschaft sich vage der Notwendigkeit bewußt wurde, die Wohnverhältnisse der Arbeiterklasse zu verbessern; freilich bestand anfangs wenig Einigkeit darüber, wie dieses Ziel erreicht werden sollte. Immerhin förderte die von Chadwick beeinflußte Society for Improving the Conditions of the Labouring Classes den Bau der ersten Arbeiterwohnungen in London im Jahre 1844 nach dem Entwurf des Architekten Henry Roberts. Danach folgten die Wohnungen in der Streatham Street von 1848–1850 und der Prototyp eines zweigeschossigen Arbeiterhauses mit vier Wohnungen, ebenfalls nach einem Entwurf von Roberts, für die Weltausstellung

von 1851. Dieses Modell für die paarweise Anordnung von Wohnungen um ein gemeinsames Treppenhaus beeinflußte die Planung von Arbeiterhäusern für den Rest des Jahrhunderts.

Nach 1864 suchten der von Amerika unterstützte philanthropische Peabody Trust, verschiedene englische Wohltätigkeitsgesellschaften und die örtlichen Behörden die Qualität der Arbeiterwohnungen zu heben. Doch waren wenig Erfolge zu verzeichnen, bis 1868 und 1875 die Gesetze zur Slum-Sanierung und 1890 das Gesetz über Wohnbauten für die Arbeiterklasse verabschiedet wurden, welche die örtlichen Behörden mit dem öffentlichen Wohnungsbau beauftragten. Als 1893 der 1890 eingerichtete London County Council im Rahmen des letzteren Gesetzes Arbeiterwohnungen zu errichten begann, setzten sich seine Architekten bemerkenswerterweise dafür ein, die Bauten vom institutionellen Imgage zu befreien, indem sie bei den sechsgeschossigen Mietshäusern den heimischen Arts-and-Crafts-Stil (vgl. S. 42) verwendeten. Typisch für diese Entwicklung ist die Wohnanlage Millbank Estate, die 1897 begonnen wurde.

Im 19. Jahrhundert nahm das Bestreben der Industrie, ihren eigenen Weg zu suchen, viele verschiedene Formen an, von der »Modell«-Fabrik, den Eisenbahn- und Industriestädten bis hin zu Projekten utopischer Gemeinschaften, die als Prototypen für einen künftigen aufgeklärten Staat gedacht waren. Zu den Planern, die sich schon früh für integrierte industrielle Siedlungen interessierten, zählten Robert Owen, dessen Siedlung New Lanark in Schottland (1815) eine bahnbrechende Institution der Genossenschaftsbewegung darstellte, und Sir Titus Salt, dessen Saltaire bei Bradford in Yorkshire (gegründet 1850) eine paternalistische Industriestadt mit allen traditionellen städtischen Einrichtungen wie Kirche, Krankenhaus, Gymnasium, Badeanstalt, Armenhaus und Park war.

Keine dieser Gründungen kam nach Umfang und befreiendem Potential der Radikalität von Charles Fouriers »neuer industrieller Welt« nahe, wie er sie in seinem gleichnamigen Essay (*Le Nouveau Monde industriel*) von 1829 nannte. Fouriers nichtrepressive Gesellschaft sollte sich in idealen Gemeinschaften entwickeln, den »Phalangen«. Sie lebten in den »Phalanstères«, wo die Menschen durch Fouriers psychologisches Prinzip der »affektiven Attraktion« miteinander verbunden waren. Da die Phalanstères auf dem Lande entstehen sollten, waren sie vorwiegend auf Landwirtschaft und zusätzliche Kleinbetriebe ausgerichtet. In seinen frühen Schriften beschrieb Fourier die äußeren Attribute seiner Kommune: Sie war am Grundriß von Versailles orientiert, wobei der zentrale Flügel öffentlichen Funktionen (Speisesaal, Bibliothek, Wintergarten usw.) diente, während die Seitenflügel Werkstätten und *caravanseray* aufnahmen. In seinem *Traité de l'association domestique agricole* (1822) bezeichnete Fourier die Phalanstère als eine Miniaturstadt, in deren Straßen man den Vorteil habe, nicht dem Wetter ausgesetzt zu sein. Er sah sie als ein Ensemble, dessen Grandeur – sofern man sie allgemein übernähme – die armselige Kleinbürgerlichkeit der freistehenden Einfamilienhäuschen ersetzen könnte, die damals bereits die Außenbezirke der Stadt füllten.

Fouriers Schüler Victor Considérant brachte in einer Schrift von 1838 die Metapher von Versailles mit der des Dampfers in Verbindung und fragte, ob es leichter sei, »1800 Menschen in der Mitte des Ozeans unterzubringen, sechshundert Seemeilen von jeder Küste entfernt, . . . oder 1800 brave Bauern in einem Kollektivbau im Herzen der Champagne oder fest auf dem Boden der Beauce verankert«. Zu diesem Widerstreit zwischen Kommune und Schiff kehrte mehr als ein Jahrhundert später Le Corbusier mit seiner autonomen Unité d'Habitation zurück, die an Fourier erin-

nert und 1952 in Marseille errichtet wurde (vgl. S. 194).

Was Fouriers Ideen Bestand verlieh, war seine radikale Kritik an der industrialisierten Produktion und der sozialen Organisation; seine eigene neue industrielle Welt blieb ein Traum, trotz zahlreicher Versuche, in Europa und Amerika Phalanstères zu errichten. Am nächsten kam ihnen noch die Familistère, die der Industrielle J.-P. Godin 1859–1870 in der Nähe seiner Fabrik in Guise errichtete. Dieser Komplex umfaßte drei Wohnblöcke, eine Kinderkrippe, einen Kindergarten, Theater, Schulen, Badeanstalten und eine Wäscherei. Jeder Wohnblock umschloß einen von oben belichteten zentralen Hof, der die höher gelegten Korridorstraßen der Phalanstère ersetzte. In seinem Buch *Solutions sociales* (1870) griff Godin die radikalen Aspekte des Fourierismus auf: Er zeigte, wie sich das System dem Gemeinschaftsleben von Familien anpassen ließ, ohne daß dabei auf die exzentrische Theorie der »affektiven Attraktion« zurückgegriffen werden mußte.

Das Londoner Straßen- und Plätzesystem des 18. Jahrhunderts mußte die Massen der Arbeiter aufnehmen, aber es wurde auch das ganze 19. Jahrhundert hindurch ausgeweitet, um den Wohnbedürfnissen einer wachsenden städtischen Mittelschicht zu begegnen. Die von dem Gärtner Humphrey Repton begründete englische Parkbewegung begnügte sich jedoch nicht länger mit Struktur und Ausmaßen der vergleichsweise wenigen begrünten Plätze – die auf allen Seiten von Straßen und durchlaufenden Häuserreihen begrenzt waren – und versuchte, den »landschaftlich gestalteten Landsitz« auf die Stadt zu projizieren. Dies gelang Repton in Zusammenarbeit mit dem Architekten John Nash mit der Anlage des Regent's Park in London (1812–1827). Nach dem Sieg über Napoleon im Jahre 1815 wurde unter königlicher Patronage die um den Park vorgesehene Bebauung um eine durchlaufende

»Schau«-Fassade erweitert. Sie drang in die bestehende städtische Struktur ein und erstreckte sich als mehr oder weniger ununterbrochenes Band aneinandergereihter Häuser von der aristokratischen Lage mit Blick auf den Regent's Park im Norden bis zur luxuriösen Urbanität von St. James's Park und Carlton House Terrace im Süden.

So übertrug Nash das gutsherrliche Konzept eines klassizistischen Landsitzes in natürlich belassener Landschaft (ein Bild, das von den pittoresken Bauten Capability Browns und Uvedale Prices abgeleitet war) auf Reihenhäuser am Rande eines städtischen Parks. Dieses Modell wurde von Sir Joseph Paxton im Birkenhead Park außerhalb Liverpools im Jahre 1844 zum erstenmal systematisch fortgeführt. Frederick Law Olmsteds Central Park in New York, 1857 eingeweiht, war direkt von Paxtons Beispiel beeinflußt, bis hin zur Trennung von Verkehrs- und Fußgängerwegen. Noch weiter entwickelt wurde das Prinzip in den von J. C. A. Alphand geschaffenen Pariser Parks, wo das Zirkulationssystem völlig die Nutzung der Anlage bestimmte. Mit Alphand wurde der Park zu einem zivilisierendem Element für die erst seit kurzem urbanisierte Bevölkerung.

Der unregelmäßig geformte See, den Nash 1828 im St. James's Park aus dem rechteckigen Becken der Brüder Mollet von 1662 geschaffen hatte, kann als Symbol für den Sieg des englischen pittoresken Stils über die kartesianische Landschaftsauffassung Frankreichs gelten, die auf das 17. Jahrhundert zurückging. Die Franzosen, die bisher Grünanlagen als eine weitere architektonische Ordnung betrachtet und ihre Avenuen als Kolonnaden aus Bäumen gestaltet hatten, waren nun von der romantischen, natürlich gewachsenen Landschaft Reptons fasziniert. Nach der Revolution machten sie aus ihren aristokratischen Parks pittoreske Szenenfolgen.

Doch trotz aller Einflüsse des Pittoresken manifestierte sich weiterhin die französi-

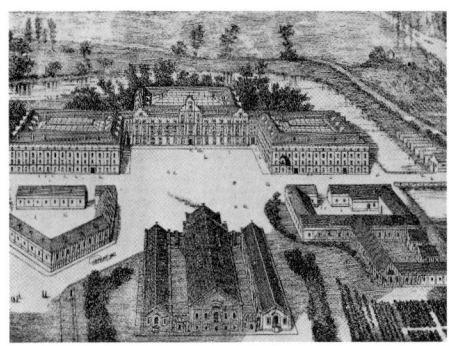

8 Godin, Familistère, Guise, 1859–1870.

sche Neigung zum Rationalismus, zuerst in den *percements* (geradlinige Abbrüche, die völlig neue Straßen schufen) des »Plan d'Artistes« für Paris, den 1793 ein Komitee revolutionärer Künstler unter Führung des Malers Jacques-Louis David aufgestellt hatte, dann in Napoleons mit Arkaden versehener Rue de Rivoli, die nach 1806 nach den Entwürfen von Percier und Fontaine entstand. Die Rue de Rivoli diente als architektonisches Vorbild nicht nur für Nashs Regent Street, sondern auch für die kulissenartige »Fassade« von Paris im Second Empire. Der Plan d'Artistes demonstrierte dagegen die strategischen Möglichkeiten der *allée*, die beim Wiederaufbau der Hauptstadt unter Napoleon III. die wichtigste Rolle spielte.

Napoleon III. und Baron Georges Haussmann hinterließen ihre unauslöschlichen Spuren nicht nur in Paris, sondern auch in einer Reihe von Großstädten Frankreichs und Mitteleuropas, die in der zweiten Hälfte des 19. Jahrhunderts nach dem Rezept Haussmanns umgestaltet wurden. Ihr Einfluß zeigte sich sogar in Daniel Burnhams Plan für die gerasterte Innenstadt von Chicago, über den dieser schrieb: »Die Aufgabe, die Haussmann in Paris erfüllt hat, entspricht der Arbeit, die für Chicago getan werden muß, damit die unerträglichen Verhältnisse überwunden werden, die sich

stets aus einem rapiden Bevölkerungszuwachs ergeben.«

Für Haussmann als neu ernannten »Préfet de la Seine« in Paris bestanden 1853 diese unerträglichen Verhältnisse vor allem in Wasserverschmutzung, mangelnder Kanalisation, nicht ausreichenden Freiflächen für Friedhöfe und Parks, großen Elendsvierteln und nicht zuletzt in verstopften Verkehrswegen. Von diesen Faktoren waren für das Wohlbefinden der Bevölkerung zweifellos die beiden ersteren die wichtigsten. Da Paris sein Wasser hauptsächlich aus der Seine bezog, die zugleich als Hauptsammler für Abwässer diente, hatte die Stadt in der ersten Hälfte des Jahrhunderts zwei schwere Choleraepidemien erlebt. Zugleich war das vorhandene Straßensystem nicht mehr dem Verwaltungszentrum einer expandierenden kapitalistischen Wirtschaft angemessen. Unter der kurzen autokratischen Herrschaft Napoleons III. war Haussmanns radikale Lösung für dieses komplexe Problem das *percement*. Sein Ziel war es, wie Françoise Choay schrieb, »›den riesigen Verbrauchermarkt, die große Werkstatt‹ des Pariser Stadtgebiets zu vereinheitlichen und in ein funktionierendes Ganzes zu verwandeln«. Obwohl der Plan d'Artistes von 1793 und der vorhergehende Plan Pierre Pattes von 1765 bereits die axiale, auf einen Mittelpunkt gerichtete Struktur von Haussmanns Paris vorweggenommen hatten, zeigt sich eine deutliche Veränderung in der Lage der Achsen: von der Stadt, die wie in dem Plan unter David um traditionelle *quartiers* organisiert war, zu einer Metropole, die das »Fieber des Kapitalismus« einte.

An Saint-Simon orientierte Ökonomen und Technokraten, vor allem von der Ecole Polytechnique, beeinflußten die Vorstellungen Napoleons III. von den ökonomischen Mitteln und den systematischen Zielen, die bei der Neugestaltung von Paris eingesetzt werden sollten. Besonders wichtig war ein schnelles, leistungsfähiges Kommunikationssystem. Haussmann verwandelte Paris in eine regionale Metropole. Mit den Straßen, die er durch die bestehende Stadtstruktur schnitt, verband er über die traditionelle Barriere der Seine hinweg gegenüberliegende wichtige Verkehrsknotenpunkte und Bezirke. Vorrang hatten bei ihm die Schaffung aufnahmefähiger Nord-Süd- und Ost-West-Achsen, der Boulevard Sébastopol und die östliche Fortsetzung der Rue de Rivoli. Dieses Hauptkreuz, das die Bahnhöfe für den Verkehr nach Norden und Süden bediente, war von einem ringförmigen Boulevard umschlossen, der seinerseits in Haussmanns wichtigsten Verteilerkreis eingebunden war, den um Chalgrins Arc de Triomphe errichteten Komplex des Etoile.

In Haussmanns Amtszeit baute die Stadt Paris etwa 137 Kilometer neuer Boulevards, die beträchtlich breiter, dichter mit Bäumen gesäumt und besser beleuchtet waren als die 536 Kilometer alter Durchgangsstraßen, die sie ersetzten. Zur gleichen Zeit kamen Standardgrundrisse für Wohnungen und genormte Fassaden auf, ebenso eine standardisierte Straßenmöblierung – Pissoirs, Bänke, Schutzdächer, Kioske, Uhren, Laternenpfähle, Schilder, die von Haussmanns Ingenieuren Eugène

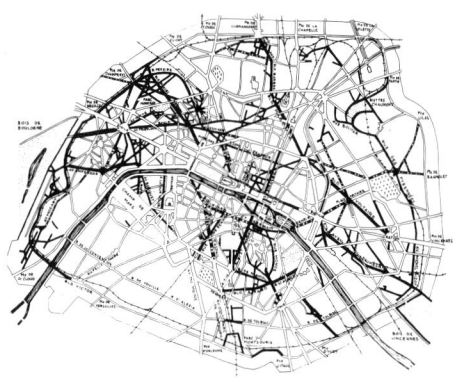

9 Straßenplanung in Paris: Die von Haussmann durchgebrochenen Straßen sind dunkel abgebildet.

Belgrand und Alphand entworfen wurden. Das Straßensystem wurde, wo immer möglich, durch große öffentliche Grünanlagen »ventiliert«, wie den Bois de Boulogne und den Bois de Vincennes. Außerdem wurden neue Friedhöfe und zahlreiche kleine Parks, wie der Parc des Buttes Chaumont und der Parc Monceau, entweder neu geschaffen oder innerhalb der erweiterten Stadtgrenzen aufgewertet. Vor allem gab es nun ein ausreichendes Kanalisationssystem, und das Trinkwasser wurde aus dem Dhuis-Tal in die Stadt geleitet. Freilich weigerte sich Haussmann, ein unpolitischer Administrator par excellence, bei der Ausführung seiner umfassenden Planung die politische Logik des Regimes anzuerkennen, dem er diente. So wurde er schließlich durch eine doppelzüngige Bourgeoisie gestürzt, die während seiner Amtszeit seine profitbringenden Verbesserungen unterstützte, gleichzeitig aber ihre Eigentumsrechte gegen seine Eingriffe verteidigte.

Schon vor dem Zusammenbruch des Zweiten Kaiserreiches wurde das Konzept der »Regularisierung« auch an anderen Orten praktiziert, vor allem in Wien, wo der Ersatz abgerissener Befestigungsanlagen durch repräsentative Boulevards mit der prunkvollen Ringstraße (zwischen 1858 und 1914 um den alten Stadtkern erbaut) ein Extrem erreichte. Die freistehenden Monumente der erweiterten »offenen« Stadt, die um eine halbkreisförmige, sehr breite Hauptverkehrsstraße angeordnet waren, riefen die Kritik des Architekten Camillo Sitte hervor. In seinem einflußreichen Werk *Der Städtebau nach seinen künstlerischen Grundsätzen* (1889) plädierte er dafür, die größeren Monumente der Ringstraße mit Bauten und Arkaden zu umschließen. Sittes Verbesserungsvorschläge lassen sich nicht einleuchtender charakterisieren als durch seinen kritischen Vergleich der verkehrsgeplagten »offenen« Stadt des späten 19. Jahrhunderts mit der ruhigen Stadtmitte des Mittelalters oder der Renaissance:

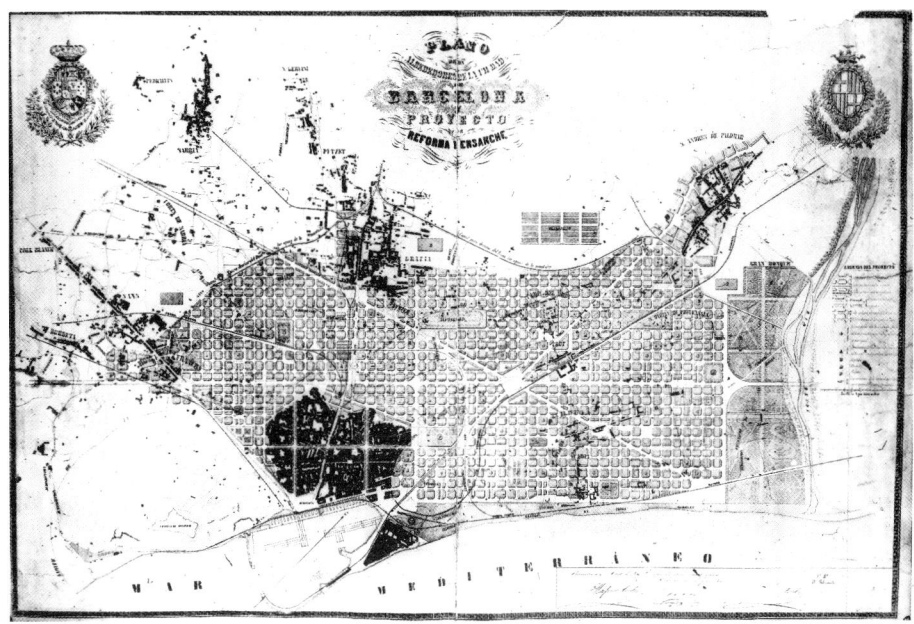

10 Cerdá, Projekt für die Erweiterung Barcelonas, 1858. Die Altstadt ist schwarz abgebildet.

»In Mittelalter und Renaissance (bestand) noch eine lebhafte praktische Verwerthung der Stadtplätze für öffentliches Leben und im Zusammenhange damit auch eine Übereinstimmung zwischen diesen und den anliegenden öffentlichen Gebäuden, während sie heute höchstens noch als Wagenstandplätze dienen und von einer künstlerischen Verbindung zwischen Platz und Gebäuden kaum mehr die Rede ist. Heute fehlt . . . das Menschengedränge . . . bei den Rathhäusern und überhaupt der Verkehr gerade dort, wo er im Alterthume am regsten gewesen ist, nämlich bei den öffentlichen Monumentalbauten.«

Indessen setzte sich in Barcelona der spanische Ingenieur Ildefonso Cerdá, der Erfinder des Ausdrucks *urbanización*, mit den regionalen Folgen der Stadtregulierung auseinander. Im Jahre 1859 plante Cerdá die Erweiterung Barcelonas in Form einer

etwa 22 Blocks tiefen Rasterstadt, die vom Meer begrenzt und von zwei diagonalen Avenuen durchschnitten wurde. Dank der Entwicklung von Industrie und Überseehandel füllte Barcelona dieses Raster nach amerikanischem Maßstab bereits am Ende des Jahrhunderts aus. In seiner *Teoriá general de la urbanización* von 1867 gab Cerdá einem öffentlichen Verkehrssystem im allgemeinen und dem Dampf als Antriebskraft im besonderen den Vorrang. Für ihn war der Verkehr in mehr als einer Hinsicht der Ausgangspunkt jeder wissenschaftlich orientierten Stadtplanung. Léon Jausselys Plan für Barcelona von 1902, der auf Cerdás Projekt zurückging, übertrug diese Betonung der Zirkulation in die Form einer protolinearen Stadt, in der die Wohn- und Transportzonen in Streifen gegliedert sind. Sein Entwurf nahm in manchen Aspekten die linearen russischen Stadtentwicklungsprojekte der zwanziger Jahre unseres Jahrhunderts vorweg.

Ab 1891 konnten die Stadtzentren intensiv genutzt werden, weil zwei für den Bau von Hochhäusern wichtige Entwicklungen vorangetrieben worden waren: der 1853 erfundene Personenaufzug und das 1890 vervollkommnete Stahlskelett. Mit der Einführung der Untergrundbahn (1863), der elektrischen Straßenbahn (1884) und des Vorortzuges (1890) wurde die Gartenvorstadt das »natürliche« Element der künftigen städtischen Erweiterungen. Wie sich diese beiden amerikanischen Formen des Städtebaus – Hochhäuser in der Stadt und niedrige Bebauung in den Gartenvororten – ergänzten, zeigte der Bauboom nach dem Großfeuer in Chicago von 1871.

Der Bau von Vorstädten hatte in Chicago bereits 1869 mit der Anlage des Vororts Riverside nach den pittoresken Plänen Olmsteds eingesetzt. Bei dieser Planung standen sowohl der Gartenfriedhof aus der Mitte des 19. Jahrhunderts als auch die frühen Vorortsiedlungen an der Ostküste Pate. Riverside war durch eine Eisenbahnlinie und einen Reitpfad mit der Stadt Chicago verbunden.

Als 1882 in Chicago die dampfgetriebene Seilbahn eingeführt wurde, stand der Weg für neue Erweiterungen offen, wovon zunächst die South Side von Chicago profitierte. Dennoch nahm die Entwicklung der Vorstädte erst in den neunziger Jahren einen Aufschwung, weil nun dank der Einführung der elektrischen Straßenbahn die Verkehrsmittel schneller, häufiger und in weitem Radius eine Verbindung zur Stadt herstellten. Um die Jahrhundertwende wurde der Chicagoer Vorort Oak Park erschlossen, in dem die frühen Häuser Frank Lloyd Wrights entstanden. Zwischen 1893 und 1897 erhielt die Stadt ein ausgedehntes Hochbahnnetz, das den Stadtkern umschloß. Alle diese Verkehrsformen waren für das Wachstum Chicagos entscheidend. Die wichtigste Rolle spielte jedoch die Eisenbahn, denn sie brachte das erste moderne landwirtschaftliche Gerät – die 1831 von McCormick erfundene mechanische Mähmaschine – in die Prärie. Auf dem Rückweg transportierte sie Vieh und Getreide zu den Silos und Lagerhäusern am See, die ab 1865 an der South Side Chicagos erbaut wurden. Von den achtziger Jahren an verteilte die Eisenbahn die Güter (in Gustavus Swifts Kühlwagen), und der daraus resultierende Aufschwung im Handel führte zu einer starken Zunahme des Passagierverkehrs nach Chicago. So vollzogen sich im 19. Jahrhundert tiefgreifende Veränderungen in Städtbau und Verkehrswesen – Veränderungen, die, zusammen mit dem Rasterplan, die traditionelle Stadt bald in eine sich ständig ausweitende Großstadtregion verwandelten, in der die zerstreut liegenden Wohnstätten und der konzentrierte Kern durch Vorortverkehr miteinander verbunden waren.

Der puritanische Unternehmer George Pullman, der nach dem Brand am Wiederaufbau Chicagos mitwirkte, hatte als einer der ersten die zunehmende Bedeutung des Fernverkehrs erkannt und brachte 1865 seinen ersten Pullman-Schlafwagen heraus. Als 1869 die transkontinentale Bahnlinie vollendet wurde, erlebte Pullmans Palace Car Company eine Blüte. In den frühen achtziger Jahren errichtete er seine ideale Industriestadt Pullman im Süden Chicagos, eine Siedlung, die neben Arbeiterwohnungen eine ganze Skala kommunaler Einrichtungen beherbergte, Theater und Bibliothek ebenso wie Schulen, Parks und Spielplätze, alles in unmittelbarer Nachbarschaft der Pullman-Fabrik. Dieser wohlgeordnete Komplex bot weit mehr als die Siedlung, die Godin über zwanzig Jahre zuvor in Guise errichtet hatte. Er ging in seiner Klarheit und Großzügigkeit auch weit über die pittoresken Modellstädte hinaus, die in England von dem Süßwarenhersteller George Cadbury in Bournville, Birmingham (1879), und dem Seifenfabrikanten W. H. Lever in Port Sunlight bei Liverpool (1888) begründet wurden. Die paternalistische, autoritäre Präzision der Stadt Pullman erinnert eher an Saltaire oder an die Arbeitersiedlungen, die Krupp im Rahmen seiner Gesellschaftspolitik während der späten sechziger Jahre in Essen errichtete.

Bahnverkehr in einem viel kleineren Maßstab – als Straßen- oder Eisenbahn – wurde bestimmend für die beiden unterschiedlichen Modelle der europäischen Gartenstadt. Das eine war die axial angelegte, lineare spanische Gartenstadt, die der Erfinder Arturo Soria y Mata in den frühen achtziger Jahren beschrieb, das andere die konzentrische englische Gartenstadt, wie sie, von einer Bahnlinie umschlossen, in Ebenezer Howards *Tomorrow: A Peaceful Path to Real Reform* (1898) dargestellt ist. Soria y Matas dynamische, zusammenhängende *ciudad lineal* enthielt nach seinen eigenen Worten von 1882 »eine einzige, etwa 500 m breite Straße, die so lang ist wie notwendig ... (eine Stadt), die sich bis

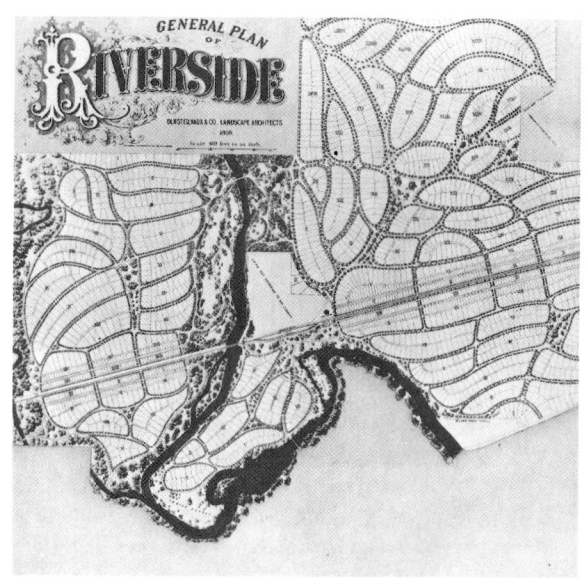

11 Olmsted, Generalplan für Riverside, Chicago, 1869.

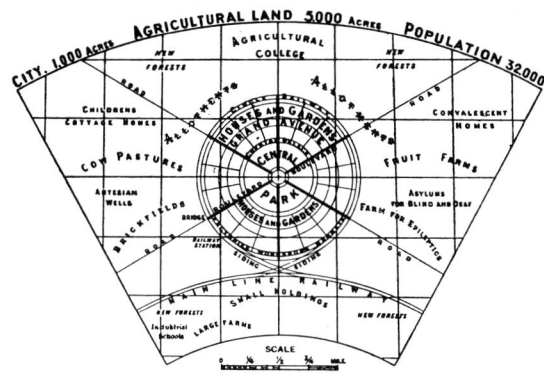

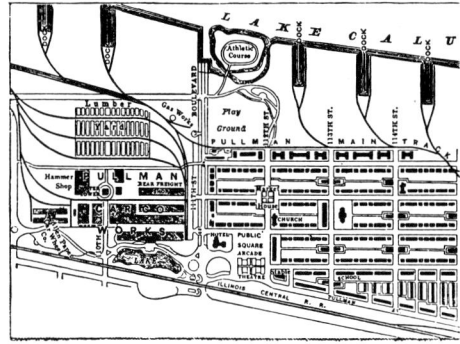

12 Howard, Rurisville, Schema einer Gartenstadt, aus Tomorrow, *1898.*

13 S. S. Beman, Fabrik (links) und Industriestadt Pullman, Chicago, Illustration von 1885.

nach Cadiz oder St. Petersburg oder Peking oder Brüssel erstrecken könnte«. Howards statisches, aber als autonom betrachtetes »Rurisville« war dagegen von Schienen umgeben, so daß es auf eine gegebene Größe (32 000 bis 58 000 Einwohner) festgelegt war. Während das spanische Modell die Region einbegriff, nicht fixiert war und sich auf den Kontinent orientierte, war die englische Version in sich unabhängig, begrenzt und provinzialistisch. Soria y Mata sah vor, daß seine »Fortbewegungsschiene« außer

dem Durchgangsverkehr auch noch die wichtigsten Versorgungsleitungen der Stadt im 19. Jahrhundert – Wasser, Gas, Elektrizität und Kanalisation – aufnehmen sollte, entsprechend den Bedürfnissen der industriellen Produktion.

Die lineare Stadt, eine Antithese zur radial geplanten Stadt, hätte entlang einem vorhandenen Straßennetz im Dreiecksraster gebaut werden und traditionelle regionale Zentren miteinander verbinden können. Obwohl das Diagramm von Howards Stadt als einer Satellitenstadt auf dem Lande ebenfalls auf die Region bezogen war, wirkte die Form der Stadt selbst weniger dynamisch. Nach dem Vorbild von Ruskins wenig erfolgreicher St. George's Guild aus dem Jahre 1871 faßte Howard seine Stadt als wirtschaftlich unabhängige, kooperative Gemeinschaft auf, die über ihren eigenen Bedarf hinaus wenig produzierte. Der grundsätzliche Unterschied dieser Stadtmodelle offenbarte sich in ihrer Einstellung zum Schienenverkehr: Während Howards Rurisville die Fahrt zur Arbeit überflüssig machen sollte – die Eisenbahn war eher für Güter als für Menschen gedacht –, war die *ciudad lineal* bewußt so geplant, daß die Kommunikation erleichtert wurde.

Allgemein akzeptiert wurde jedoch die englische Gartenstadt in modifizierter Form und nicht das lineare Modell, für das sich Soria y Mata mit seiner Compania Madrilena de Urbanización einsetzte. Die Gesellschaft baute nur 22 Kilometer des 55 Kilometer langen »Halsbands«, das ursprünglich Madrid umschließen sollte. Das Scheitern dieses einzigen Beispiels verdammte die lineare Stadt zu einer Zukunft der Theorie und nicht der Praxis. Auf dieser Ebene lebte sie fort, von den linearen Städten der Russen in den späten zwanziger Jahren bis zu Le Corbusiers Planungsthese ASCORAL, die erstmals 1945 unter dem Titel *Les Trois Etablissements humains* veröffentlicht wurde.

Die radikale Neuinterpretation von Howards ursprünglichen Diagrammen, wie sie

sich in der Anlage der ersten Gartenstadt, Letchworth in Hertfordshire (begonnen 1903) äußerte, leitete in der englischen Gartenstadtbewegung eine neue, an Sitte orientierte Phase ein. Daß der Ingenieur und Planer Raymond Unwin von Sitte beeinflußt war, zeigt sein folgenreiches Buch *Town Planning in Practice*, veröffentlicht 1909. Der pittoreske Plan für Hampstead Garden Suburb von 1907 läßt deutlich erkennen, wie sehr sich Unwin und sein Kollege Barry Parker für »imaginäre unregelmäßige Städte« interessierten, die sie in mittelalterlichen deutschen Städten wie Nürnberg und Rothenburg ob der Tauber verkörpert sahen. Doch trotz aller Verachtung für die »Statuten-Architektur« war Unwin ebenso wie jeder andere Planer den Zwängen unterworfen, die sich aus den modernen Hygiene- und Verkehrsstandards ergaben. So geht trotz des großen »empirischen« Erfolgs dieser bahnbrechenden Gartenstädte die kraftlose Umweltgestaltung durch die spätere Schule der englischen Stadtplaner auf das Unvermögen Unwins zurück, diese Dichotomie aufzulösen: Es gelang ihm nicht, die Nostalgie nach dem Mittelalter mit den bürokratischen Regelungen in Einklang zu bringen. Zu den dauernden Folgen seines Scheiterns sind die derangierten Wohnblock-Layouts des 20. Jahrhunderts zu zählen.

3. Kapitel
Technische Wandlungen: Ingenieurbau 1775–1939

»Erstmals in der Geschichte der Architektur tritt mit dem Eisen ein künstlicher Baustoff auf. Er unterliegt einer Entwicklung, deren Tempo sich im Laufe des Jahrhunderts beschleunigt. Sie erhält den entscheidenden Anstoß, als sich herausstellt, daß die Lokomotive, mit der man seit Ende der zwanziger Jahre Versuche anstellte, nur auf eisernen Schienen verwendbar ist. Die Schiene wird der erste montierte Eisenteil, die Vorgängerin des Trägers. Man vermeidet das Eisen bei Wohnbauten und verwendet es bei Passagen, Ausstellungshallen, Bahnhöfen – Bauten, die transitorischen Zwecken dienen. Gleichzeitig erweitert sich das architektonische Anwendungsgebiet des Glases. Die gesellschaftlichen Voraussetzungen für seine gesteigerte Verwendung als Baustoff finden sich aber erst hundert Jahre später. Noch in der ›Glasarchitektur‹ von Scheerbart (1914) tritt es in den Zusammenhängen der Utopie auf.«

Walter Benjamin
Paris, die Hauptstadt des XIX. Jahrhunderts, 1930

Dampfantrieb und Eisenskelett wurden etwa zur gleichen Zeit eingeführt und gehen auf die voneinander abhängigen Leistungen dreier Männer zurück: James Watt, Abraham Darby und John Wilkinson, der »Eisenmeister« seiner Tage. Wilkinsons Erfindung der Zylinderbohrmaschine im Jahre 1775 war entscheidend für die Vervollkommnung von Watts Dampfmaschine im Jahre 1789. Seine Erfahrungen in der Eisenverarbeitung erwiesen sich auch bei

der ersten konstruktiven Verwendung von Eisen als wichtig: Er unterstützte Darby und seinen Architekten T. F. Pritchard beim Entwurf und Bau der ersten Brücke aus Gußeisen (1779), die sich 30,50 m lang über den Fluß Severn bei Coalbrookdale spannte. Das Bauwerk erregte beträchtliches Aufsehen. Sieben Jahre später entwarf der angloamerikanische Revolutionär Tom Paine ein Denkmal für die amerikanische Revolution in Form einer Brücke aus Gußeisen, die den Fluß Schuylkill überspannte. Paine ließ die Brückenteile in England herstellen, wo sie 1791 ausgestellt wurden, ein Jahr, bevor er des Verrats beschuldigt wurde und nach Frankreich ins Exil gehen mußte. Im Jahre 1796 wurde eine 71 m lange Gußeisenbrücke über den Wear in Sunderland gebaut; der Entwurf stammte von Thomas Wilson, der entsprechend Paines Plänen das Prinzip des Steingewölbes auf die Eisenkonstruktion übertrug. Ungefähr zu gleichen Zeit hatte Thomas Telford sein Debut als Brückenbauer mit seiner 39,5 m langen Buildwas Bridge über den Severn. Er brauchte für die Konstruktion nur 176 Tonnen Eisen, während in Coalbrookdale noch 384 Tonnen erforderlich gewesen waren.

In den nächsten dreißig Jahren erwies sich Telford als ein unvergleichlicher Meister des Straßen- und Brückenbaus und als der letzte große Kanalingenieur der ausgehenden Wasserweg-Epoche. Am Ende seiner Laufbahn standen die Lagerhäuser des St. Katherine's Dock in London, Eisenskelett-Konstruktionen mit Backsteinmauer-

werk, die er zusammen mit dem Architekten Philip Hardwick entwarf und 1829 errichtete. Sie beruhen auf dem System des feuersicheren, mehrgeschossigen Fabrikgebäudes, das im letzten Jahrzehnt des 18. Jahrhunderts in den Midlands entwickelt worden war. Die wichtigsten konstruktiven Vorbilder für St. Katherine's waren William Strutts sechsgeschossige Kattun-Fabrik, die 1792 in Derby entstand, und Charles Bages Flachsspinnerei, die 1796 in Shrewsbury gebaut wurde. Bei beiden Bauten waren Stützen aus Gußeisen verwendet worden, und auch die Holzträger in Derby mußten nach vier Jahren aus Gründen des Brandschutzes durch T-Träger aus Eisen ersetzt werden. Auf den Trägern lagen in beiden Fabriken flache Backsteingewölbe auf. Ausgesteift wurde die Konstruktion durch eine äußere Schale sowie durch Zugstangen aus Schmiedeeisen, die den Bau gegen seitlich wirkende Kräfte sicherten. Diese Wölbetechnik ist offenbar direkt von den Gewölben des Roussillon oder Kataloniens abgeleitet, die während des 18. Jahrhunderts in Frankreich weiterentwickelt wurden. Sie sollten Feuersicherheit gewährleisten und fanden zum erstenmal im Château Bizy in Vernon (erbaut 1741 von Contant d'Ivry) Anwendung.

Von den Kathedralen des 13. Jahrhunderts abgesehen, hatte die Aussteifung des Mauerwerks durch Schmiedeeisen in Frankreich ihren Ursprung in Paris: in der Ostfassade des Louvre von Perrault (1667) und in Soufflots Säulenvorhalle von Ste. Geneviève (1772). Beide Werke nahmen die

Entwicklung des Stahlbetons vorweg. Im Jahre 1776 schlug Soufflot für einen Teil des Louvre eine Dachkonstruktion mit schmiedeeisernen Bindern vor, die den Weg für die Pionierarbeit von Victor Louis bereitete, das heißt für Louis' schmiedeeisernes Dach des Théâtre Français von 1786 und für sein Theater im Palais-Royal von 1790. Bei diesem Theater kombinierte er ein Eisendach mit einer hohlen, feuersicheren Fußbodenkonstruktion, ein System, das ebenfalls von der Gewölbetechnik des Roussillon hergeleitet war. Daß das Risiko von Bränden in der Großstadt stieg, zeigt die Halle au Blé in Paris, deren ausgebrannter Dachstuhl 1808 durch eine von dem Architekten François-Joseph Bélanger und dem Ingenieur F. Brunet entworfene Kuppel mit Eisenrippen ersetzt wurde – übrigens eines der ersten Beispiele für eine klare Arbeitsteilung zwischen Architekt und Konstrukteur. Inzwischen war Eisen zum erstenmal in Frankreich beim Bau einer Brücke verwendet worden, und zwar bei dem eleganten Pont des Arts über die Seine, der 1803 nach dem Entwurf von L. A. de Cessart errichtet wurde.

Mit der Gründung der Ecole Polytechnique im Jahre 1795 strebten die Franzosen eine Technokratie an, die den Errungenschaften des Napoleonischen Reiches entsprechen sollte. Daß hier das Schwergewicht auf die angewandte Technik gelegt wurde, förderte zwar die zunehmende Spezialisierung von Architekt und Ingenieur (eine Trennung, die bereits durch Perronets Ecole des Ponts et Chaussées vollzogen worden war). Andererseits begannen aber auch Architekten wie J.-B. Rondelet, der nach Soufflots Tod die Fertigstellung von Ste. Geneviève überwacht hatte, die bahnbrechenden Arbeiten von Soufflot, Louis, Brunet, de Cessart und anderen zu dokumentieren. Und während Rondelet in seinem *Traité de l'art de bâtir* (1802) von den »Mitteln« berichtete, führte Jean-Nicolas Durand, Dozent für Architektur an der Ecole Polytechnique, in seinem *Précis des leçons données à l'Ecole Polytechnique* (1802–1809) die »Ziele« auf. Durands Publikation half, ein System zu verbreiten, nach dem klassische Formen, als modulare Elemente aufgefaßt, beliebig zu neuen Bauprogrammen zusammengesetzt werden konnten, zum Beispiel zu den Markthallen, Bibliotheken und Kasernen des Napoleonischen Reiches. Rondelet und später Durand kodifizierten ein Entwurfsverfahren, das einen rationalisierten klassizistischen Stil nicht nur für neue soziale Bedürfnisse, sondern auch für neue Techniken geeignet machte. Ihr umfassendes Programm übte einen starken Einfluß auf Schinkel aus, der 1816 am Beginn seiner architektonischen Laufbahn kunstvolle Eisenelemente in seine klassizistischen Berliner Bauten aufnahm.

Zur gleichen Zeit hatte sich unabhängig davon die Technik der Hängekonstruktionen aus Eisen fortentwickelt, beginnend mit der Erfindung der ausgesteiften Hängebrücke mit flacher Fahrbahnplatte durch den Amerikaner James Finlay im Jahre 1801. Sein Werk wurde durch Thomas Popes 1811 veröffentlichten *Treatise on Bridge Architecture* bekannt. Höhepunkt von Finlays kurzer, aber schwieriger Laufbahn war seine 74,50 m überspannende, an Eisenketten aufgehängte Brücke über den Fluß Merrimac in Newport aus dem Jahre 1810. Finlays Arbeiten übten durch die Dokumentation Popes einen unmittelbaren Einfluß auf die Entwicklung der Kettenhängebrücke in England aus, eine Technik, die vor allem Samuel Brown und Thomas Telford weiterentwickelten. Browns Gelenkkette aus Flacheisen wurde 1817 patentiert und mit Erfolg bei seiner 115 m langen Union Bridge verwendet, die 1820 über den Tweed gebaut wurde. Eine kurze Zeit arbeiteten Telford und Brown zusammen an einer Kettenbrücke für Runcorn. Diese Zusammenarbeit hat sich zweifellos auf Telfords Entwurf für die 177 m überspannende Menai Straits Bridge ausgewirkt, die nach acht Jahren angestrengter Arbeit schließlich 1825 eröffnet wurde. Höhepunkt der britischen Hängekonstruktionen aus Schmiedeeisen war Isambard Kingdom Brunels 214 m lange Clifton Bridge in Bristol, die 1829 entworfen, aber erst 1864, fünf Jahre nach Brunels Tod, fertiggestellt wurde. Da die Herstellung zugbeanspruchter Glieder aus Schmiedeeisen mit hohen Kosten und Risiken verbunden war, lag die Idee nahe, Kabel aus gezogenem Draht anstelle von Ketten zu benutzen. Zum erstenmal wurden sie 1816 von White und Hazard bei ihrer Fußgängerbrücke über die Schuylkill Falls in Pennsylvania angewendet, dann bei den Brüdern Séguin, die 1825 in Tain-Tournon eine Drahtseil-Hängebrücke über die Thône bauten. Das Werk der Séguins war Thema einer gründlichen analytischen Studie, die L.-J. Vicat für die Ecole des Ponts et Chaussées durchführte. Mit der Veröffentlichung dieser Untersuchung im Jahre 1831 begann das goldene Zeitalter der Hängebrücken in Frankreich, wo im Laufe des nächsten Jahrzehnts mehr als hundert solcher Konstruktionen errichtet wurden. Vicat empfahl, daß alle künftigen Hängeglieder aus Draht und nicht aus Stangeneisen hergestellt werden sollten; zu diesem Zweck erfand er ein besonderes Verfahren, Drahtkabel an Ort und Stelle zu drehen.

Eine ähnliche Technik wandte später der amerikanische Ingenieur John Augustus Roebling an, dessen eigenes Patent für die Herstellung von Drahtkabeln 1842 eingetragen wurde, nur zwei Jahre, bevor er dieses Material für die Aufhängung eines Aquädukts über den Fluß Allegheny in Pittsburgh benutzte. Roeblings Kabel waren wie die Vicats spiralförmig gezogen. Er wendete sie im Lauf seiner erfolgreichen Karriere immer wieder an, von seinem 243,50 m langen Eisenbahnviadukt über die Niagara Falls (1855) bis zu der 487 m überspannenden Brooklyn Bridge in New York, die nach seinem Tode von seinem Sohn Washington Roebling im Jahre 1883 vollendet wurde.

14 *J. A. und W. A. Roebling, Brooklyn Bridge, New York, im Bau, ca. 1877. Kabelflechten am ersten Tragseil.*

Als um 1860 die Infrastruktur der britischen Eisenbahn praktisch vollendet war, begann für das Ingenieurwesen in England eine wenig fruchtbare Periode, die bis zum Ende des Jahrhunderts andauerte. Nur wenige wirklich hervorragende Bauwerke konnten nach der Jahrhundertwende errichtet werden; dazu zählten die Britannia Bridge über die Menai Straits (1852) von Stephenson und Fairbairn und Brunels Saltash Viaduct von 1859. Beide verwendeten Platten aus Schmiedeeisen, das heißt genietete, gewalzte Metalltafeln, eine Technik, die besonders durch die Studien Eton Hodgkinsons und die Experimente William Fairbairns gefördert worden war. Robert Stephenson hatte die Erfindungen Hodgkinsons und Fairbairns bereits bei seiner Entwicklung des Plattenbinders im Jahre 1846 genutzt, eines Systems, das bei der Britannia Bridge zu voller Geltung kam. Die

Konstruktion bestand aus zwei unabhängigen, aus schmiedeeisernen Tafeln montierten Tunnels von rechteckigem Querschnitt für jeweils eine Gleisspur, die das Wasser in zwei Seitenöffnungen von je 70 m Länge und einer Hauptöffnung von 140 m Länge überspannten. Stephensons Türme aus Mauerwerk sollten ursprünglich die Verankerungen zusätzlicher Ketten für Hängeglieder aufnehmen, doch die Rechteckröhren mit ihren schmiedeeisernen Platten allein erwiesen sich schon als ausreichend für die Spannweite der Brücke. Ähnliche Spannweiten erreichte auch der Saltash Viaduct, wo ein einspuriges Gleis auf zwei von Bögen abgehängten T-Trägern, die je 138,50 m überspannen, über den Fluß Tamar geführt wurde. Auch hier wurden gewalzte, genietete Eisenplatten für die hohlen Bögen benutzt, deren elliptischer Querschnitt in den jeweiligen Achsen 4,90 und

3,70 m betrug. Den Bögen entsprechen daruntergehängte eiserne Ketten, ein System, in das die vertikalen Elemente eingebunden waren. Diese Hänger trugen dann ihrerseits das Straßendeck. In seiner Erfindungskraft kam Brunels letztes Werk den großen Viadukten nahe, die Gustave Eiffel im Massif Central baute, und die Verwendung hohler Walzblechelemente nahm die riesige Stahlrohrkonstruktion vorweg, die später John Fowler und Benjamin Baker bei ihrer 213 m überspannenden Forth Bridge, einer Fachwerk-Auslegerbrücke über den Firth of Forth (vollendet 1890), verwendeten.

Die Entwicklung des Schienenverkehrs, die mit George Stephensons Versuchsfahrt von Stockton nach Darlington im Jahre 1825 begonnen hatte, war im zweiten Viertel des Jahrhunderts rapide fortgeschritten. In England gab es nach weniger als zwanzig Jahren mehr als 3200 Schienenkilometer, während Nordamerika 1842 über 4600 km verlegter Schienen verfügte. In der Zwischenzeit waren die Materialien der Eisenbahn – Schmiede- und Gußeisen – allmählich in das allgemeine Bauvokabular eingegangen. Sie stellten die einzigen verfügbaren feuersicheren Elemente für mehrgeschossige Lagerhäuser dar, welche die industrielle Produktion benötigte.

Seit Boulton und Watt 1801 bei ihrer Spinnerei Salford in Manchester 33 cm starke

15 *Stephenson und Fairbairn, Britannia-Kastenbrücke über die Menai Straits, 1852.*

16 Fontaine, Galerie d'Orléans, Paris, 1829.

Träger aus Gußeisen verwendet hatten, wurden immer neue Versuche unternommen, die Zugfestigkeit von gußeisernen oder schmiedeeisernen Trägern und Schienen zu verbessern. Das typische Eisenbahnprofil wurde in den ersten Jahrzehnten des 19. Jahrhunderts entwickelt, und aus diesem Profil entstand schließlich der standardisierte Doppel-T-Träger. Jessops gußeiserne Schiene von 1789 wurde durch Birkenshaws schmiedeeiserne T-Schiene von 1820 ersetzt, die wiederum zur Entwicklung der ersten amerikanischen Schiene führte. Sie wurde 1831 in Wales gewalzt und hatte ein ⊥-Profil, das an der Basis breiter war als an der Spitze. Diese Form wurde allmählich eingeführt, fand aber erst nach 1854 allgemeine Anwendung, als schwerere Versionen mit größerer Zugfestigkeit gewalzt werden konnten. Inzwischen hatten die Ingenieure nach Wegen gesucht, die Zugfestigkeit des Materials zu verbessern, indem sie aus den standardisierten Winkeln und Platten aus Schmiedeeisen, die im Schiffsbau verwendet wurden, Elemente von größerem Querschnitt aufbauten. Fairbairn hat solche ⊥-Träger angeblich bereits 1839 erprobt.

Diese ingeniösen Versuche, durch die Aussteifung oder Zusammenfügung von Eisenteilen Elemente mit großer Spannweite zu schaffen, wurden um die Mitte des Jahrhunderts durch den ersten gewalzten 17,8 cm starken Träger aus Schmiedeeisen in den Schatten gestellt. Fairbairns Buch *On the Application of Cast and Wrought Iron to Building Purposes* (1854) stellte ein verbessertes System für den Fabrikbau vor, bestehend aus 40,6 cm starken gewalzten Eisenträgern, die flache Gewölbe aus Eisenplatten stützten; das Ganze war mit Zement beschichtet. Da die gußeisernen Zugstangen, die man immer noch zur Stabilisierung der Konstruktion brauchte, in den Zementboden gegossen waren, kam dieser Vorschlag Fairbairns zufällig bereits den Prinzipien des Stahlbetons nahe. In ähnlicher Bauweise wurde auf der Marinewerft von Sheerness ein bemerkenswertes viergeschossiges Gebäude mit einem Gerüst aus Schmiede- und Gußeisen errichtet. Dieses mit Wellblech verkleidete Bootslager war von Colonel Greene entworfen und entstand 1860, etwa zwölf Jahre, bevor Jules Saulnier in Noisiel-sur-Marne die Schokoladenfabrik Menier als Eisenskelettkonstruktion errichtete. Mit seiner systematischen Verwendung eiserner ⊥-Profile im ganzen Gebäude (Gußeisen bei den Stützen und Schmiedeeisen bei den Trägern) nahm das Bootslager in Sheerness sowohl das Standardprofil als auch die Montagetechnik des modernen Stahlskelettbaus vorweg.

Um die Mitte des Jahrhunderts waren Stützen aus Gußeisen und Schienen aus Schmiedeeisen in Verbindung mit modularer Verglasung zur wichtigsten Technik für die schnelle Präfabrikation und Montage städtischer Güterverteilungszentren geworden – Markthallen, Warenbörsen und Passagen. Der letztere Typus wurde in Paris entwickelt. Fontaines Galerie d'Orléans, 1829 im Palais Royal erbaut, war die erste Passage mit einem Tonnengewölbe aus Glas. Da diese Gußeisensysteme vor-

gefertigt wurden, konnten sie nicht nur relativ schnell montiert, sondern auch als Bausätze über größere Entfernungen transportiert werden. So begannen die industrialisierten Länder von der Mitte des 19. Jahrhunderts an, vorgefertigte Gußeisenkonstruktionen in die ganze Welt zu exportieren.

Das plötzliche Aufblühen der Städte und des Handels an der amerikanischen Ostküste in den vierziger Jahren des vorigen Jahrhunderts ermutigte Männer wie James Bogardus und Daniel Badger dazu, in New York Gießereien für die Herstellung mehrgeschossiger Fassaden aus Eisen zu eröffnen. Bis in die späten fünfziger Jahre beruhten ihre »abgepackten« Konstruktionen jedoch auf großen Holzbalken, die den Innenraum überspannten, während das Eisen den inneren Stützen und den Fronten vorbehalten blieb. Eines der besten Werke in Bogardus' langer Laufbahn ist sein Haughwout Building in New York von 1859, das nach Plänen des Architekten John P. Gaynor errichtet wurde. Es war das erste Gebäude, das über einen Personenaufzug verfügte, fünf Jahre, nachdem Elisha Graves Otis 1854 seine historische Demonstration eines Fahrstuhls veranstaltet hatte.

Voll verglaste Bauten, über deren Eigenschaften John Claudius Loudon in seinen *Remarks on Hot Houses* (1817) ausführlich berichtete, wurden relativ selten errichtet, zumindest in England, bis 1845 die Warensteuer auf Glas aufgehoben wurde. Das Palmenhaus in Kew Gardens von Richard Turner und Decimus Burton, 1845–1848 erbaut, war eines der ersten Bauwerke, das von der plötzlichen Verfügbarkeit des Tafelglases profitierte. Danach waren die ersten größeren permanenten Bauten mit weitgehender Verglasung die Bahnhöfe, die in der zweiten Hälfte des 19. Jahrhunderts entstanden – eine Entwicklung, die mit der Lime Street Station in Liverpool (1849/50) von Turner und Joseph Locke einsetzte.

Die Bauaufgabe des Bahnhofs stellte angesichts der überkommenen Architekturprinzipien eine besondere Herausforderung dar, denn es gab keinen Typus, der die Verbindung zwischen Kopfgebäude und Bahnsteighalle angemessen artikuliert hätte. Dieses Problem wurde von der Architektur zum erstenmal mit Duquesneys Gare de l'Est in Paris (1852) gelöst. Es spielte deshalb eine besondere Rolle, weil die Bahnhöfe nun die neuen Zugänge zur Hauptstadt waren. Der Ingenieur Léonce Reynaud, der den ersten Gare du Nord in Paris (1847) entwarf, war sich dieses »Repräsentationseffekts« bewußt, als er in seinem *Traité d'architecture* (1850) schrieb: »Die Kunst kennt nicht den schnellen Fortschritt und die plötzlichen Entwicklungen der Industrie, mit dem Ergebnis, daß die meisten Bauten für das Eisenbahnwesen heute mehr oder weniger zu wünschen übrig lassen, sei es in der Form oder in der Disposition. Einige Bahnhöfe sind offenbar zweckentsprechend angelegt, zeigen aber eher den Charakter eines industriellen oder provisorischen Bauwerks als den eines öffentlich genutzten Gebäudes.«

Nichts könnte dieses Urteil besser bestätigen als der Bahnhof St. Pancras in London. Hier war die riesige, 74 m überspannende Halle, die 1863–1865 nach den Entwürfen von W. H. Barlow und R. M. Ordish errichtet worden war, völlig von dem neugotischen Hotel- und Empfangsgebäude getrennt, das 1874 nach dem Entwurf von Sir Gilbert Scott vollendet wurde. Und was auf St. Pancras zutraf, galt auch für Brunels Entwürfe für Paddington Station in London, wo trotz der intensiven Bemühungen des Architekten Matthew Digby Wyatt das relativ schlichte Bahnhofsgebäude wiederum keine überzeugende Verbindung mit den gewölbten Profilen der Halle einging.

Das freistehende Ausstellungsgebäude war nicht von den Problemen des Bahnhofs betroffen, denn wo sich die Frage des kulturellen Kontextes kaum stellte, konnte der Ingenieur die Herrschaft übernehmen. Das gilt besonders für den Kristallpalast in

London, der für die Weltausstellung von 1851 errichtet wurde. Hier erhielt der Gärtner Joseph Paxton freie Hand, Methoden des Glasbaus anzuwenden, die er in Anlehnung an Loudons Prinzipien für Gewächshauskonstruktionen entwickelt hatte. Paxton hatte sein Verfahren bereits bei einer Reihe von Gewächshäusern für den Duke of Devonshire in Chatsworth erprobt. Als er im letzten Augenblick den Auftrag für den Entwurf des Kristallpalasts erhielt, konnte er nach nur acht Tagen eine riesige orthogonale Glaskonstruktion mit drei übereinanderstehenden Stützenreihen vorweisen. Die Elemente, aus denen sie sich zusammensetzte, waren praktisch identisch mit denen des großen Lilienhauses, das er im Jahr zuvor in Chatsworth errichtet hatte. Abgesehen von drei symmetrisch angeordneten Eingangsbauten, war die umschließende Glashülle nirgendwo durchbrochen. Während der Ausführung mußte jedoch der Plan geändert werden, um eine Gruppe ausgewachsener Bäume zu erhalten. Da sich die noch vorhandene öffentliche Opposition gegen die Weltausstellung von 1851 auf die Frage der Baumerhaltung konzentrierte, fand Paxton schnell heraus, daß sich diese störenden Elemente leicht in einem zentralen Querschiff mit einem hohen, gewölbten Dach unterbringen ließen. Daraus ergab sich die doppelte Symmetrie der endgültigen Bauform.

Die Bedeutung des Kristallpalasts lag freilich weniger in seiner äußeren Form als in dem Bauprozeß, der ein umfassendes System darstellte, vom Grundkonzept, der Fabrikation und dem Transport bis zum Aufbau und der späteren Demontage. Wie die Eisenbahnbauten, denen er verwandt war, bestand dieser Bau aus einem außerordentlich flexiblen Satz von Elementen. Die Ausfachung beruhte auf dem Grundmodul von 2,44 m, die Tragelemente variierten in einer Hierarchie von Maßen zwischen 7,31 und 21,95 m. Es handelte sich also um ein vollkommen präfabriziertes Bauwerk aus Standardelementen, das in

17 Paxton, Kristallpalast, London, 1851, im Bau, mit Gondeln der Glaser.

kaum vier Monaten fertiggestellt werden konnte. Konrad Wachsmann schrieb 1961 in seinem Buch *Wendepunkt im Bauen*: »Bedingt durch technische Notwendigkeiten der Produktion – wozu zum Beispiel auch Gewichtsstudien gehörten: so sollte kein Teil mehr als eine Tonne wiegen, um leicht beweglich zu sein, oder die Ausnutzung der wirtschaftlichen Herstellung größtmöglicher Glasplatten – ergab sich jene modulare Planungsordnung, die alle auftretenden Dimensionen bestimmte.«

Das offene Gitterwerk des Kristallpalasts bot in den Achsen wie in den Diagonalen spektakuläre Perspektiven, deren Linien im Licht verschwammen. Allerdings verursachte die gläserne Hülle von nahezu 93 000 m² auch klimatische Probleme von bisher ungekanntem Ausmaß. Die wünschenswerten Klimaverhältnisse waren die gleichen wie bei Loudons kurvenlinearen Gewächshäusern geblieben – angenehme Luftzirkulation und Schutz gegen Sonneneinstrahlung. Für eine ausreichende Ventilation sorgten die Höhenausmaße des Gebäudes, der Fußboden aus Holzriemen und die Lüftungsklappen in den Wänden. Doch die Stauung der Sonnenhitze stellte ein

18 Dutert und Contamin, Galerie des Machines auf der Pariser Ausstellung, 1889, fahrbare Besucherplattform.

Problem dar, für das der Eisenbahningenieur Charles Fox, verantwortlich für die technischen Details, keine angemessene Lösung fand. Die Markisen aus Segeltuch, die schließlich als provisorischer Sonnenschutz angebracht wurden, konnten kaum als systemgemäß betrachtet werden. Viele der internationalen Aussteller zogen es denn auch vor, sich durch drapierte Baldachine gegen den »Treibhauseffekt« abzuschirmen, die sie zweifellos ebenso gegen die nicht akzeptable »Objektivität« des Gebäudes wie gegen die Sonneneinstrahlung schützen sollten.

Als die Engländer nach dem Erfolg von 1851 und einer weiteren Ausstellung im Jahre 1862 das Feld der internationalen Ausstellungen räumten, waren sofort die Franzosen zur Stelle, die zwischen 1855 und 1900 fünf große Weltausstellungen veranstalteten. In welchem Maße diese Ausstellungen als nationale Plattformen galten, von denen aus die britische Vorherrschaft in Industrie und Handel in Frage gestellt wurde, zeigt die Bedeutung, die jedesmal der Konstruktion und dem Inhalt der »Galerie des Machines« zugemessen wurde. Der junge Gustave Eiffel arbeitete

mit dem Ingenieur J.-B. Krantz an dem wichtigsten nach 1851 entstandenen Ausstellungsgebäude, dem für die Pariser Weltausstellung von 1867. Bei diesem Projekt offenbarten sich nicht nur Eiffels Sensibilität und Ausdruckskraft, sondern auch seine Fähigkeiten als Ingenieur. Bei der Konstruktion der Galerie des Machines mit ihrer Spannweite von 35 m konnte er die Gültigkeit von Thomas Youngs Elastizitätsmodul aus dem Jahre 1807 bestätigen, einer bis dahin lediglich theoretischen Formel für die Bestimmung der Elastizität von zugbeanspruchtem Material. Der ganze ovale Komplex, dessen äußeren Ring die Galerie des Machines bildete, ging seinerseits auf das geniale Konzept von P. G. F. Le Play zurück. Dieser hatte vorgeschlagen, die Bauten in konzentrischen Galerien anzuordnen, die Maschinen, Textilien, Möbel, Geisteswissenschaften, bildende Kunst und die Geschichte der Arbeit präsentieren sollten.

Nach 1867 führten Umfang und Vielfalt der Produkte sowie die durch den internationalen Wettbewerb bedingte Autonomie der Ausstellungsbauten zu vielteiligeren Anlagen. Bei der Weltausstellung von 1889 wurde kein Versuch mehr unternommen, die Ausstellungsgüter in einem einzigen Gebäude unterzubringen. Diese vorletzte Ausstellung des Jahrhunderts wurde von zwei der bemerkenswertesten Konstruktionen beherrscht, die der Ingenieurbau in Frankreich je hervorgebracht hat – die riesige, 107 m überspannende Galerie des Machines von Victor Contamin, in Zusammenarbeit mit dem Architekten C.-L.-F. Dutert entworfen, und Eiffels 300 m hoher Turm, den er zusammen mit den Ingenieuren Nougier und Koechlin sowie dem Architekten Stephen Sauvestre entworfen hatte. Contamins Konstruktion leitete sich von statischen Methoden ab, die Eiffel in den achtziger Jahren bei seinen mit Gelenken konstruierten Viadukten vervollkommnet hatte. Sie war eine der ersten, die den Dreigelenkbogen zur Erzielung einer

großen Spannweite benutzte. In Contamins Halle waren Maschinen nicht nur ausgestellt: Sie selbst war eine »Ausstellungsmaschine«, in der auf hochgelegten Schienen rollende Plattformen die Besucher zu beiden Seiten der Mittelachse über den Ausstellungsbereich transportierten und ihnen einen schnellen und umfassenden Überblick vermittelten.

In der letzten Hälfte des 19. Jahrhunderts hatte man festgestellt, daß im Massif Central genügend Bodenschätze zu finden waren, um den kostspieligen Ausbau eines Eisenbahnnetzes zu rechtfertigen. Die Eisenbahnviadukte, die Eiffel dort zwischen 1869 und 1884 errichtete, illustrieren eine Methodik und eine Ästhetik, die im Entwurf des Eiffelturms ihren Höhepunkt fanden. Die bootsförmige Basis und das parabolische vertikale Profil der Stahlrohrpylonen, die Eiffel für diese Viadukte entwickelte, zeugen von seinen ständigen Versuchen, das dynamische Zusammenwirken von Wasser und Wind unter Kontrolle zu bringen.

Da bei den Flüssen größere Weiten zu überbrücken waren, begaben sich Eiffel und seine Mitarbeiter daran, ein ingeniöses System für die Tragwerke von Viadukten zu entwerfen. Die Anregung dazu war im Jahre 1875 gekommen, als Eiffel den Auftrag erhielt, einen Eisenbahnviadukt über den Fluß Douro in Portugal zu bauen. Ab 1870 stand billiger Stahl zur Verfügung, ein Material, das Lösungen mit großer Spannweite ermöglichte. Deshalb beschloß Eiffel, das Tal mit fünf Öffnungen zu überbrücken: zwei kurze, von Pylonen gestützte Felder auf jeder Seite und eine 160 m lange Hauptöffnung, die von einem Zweigelenkbogen getragen wurde. Beim Bau des Viadukts ging Eiffel ähnlich vor wie einige Jahre später in Garabit. Er errichtete zuerst die flankierenden Abschnitte mit ihren Stahlpylonen und baute dann von dieser durchgehenden Konstruktion aus den Mittelabschnitt. Auf Schienenniveau wurden Fachwerkträger ausgekragt, und gleichzeitig wurden Zweigelenkbogen in zwei Hälften vom Wasser aus montiert. Die Abschnitte zwischen den Gelenken wurden geflutet und hochgewunden und schließlich während der Endmontage durch Kabel, die an den benachbarten Pfeilerköpfen angebracht waren, im richtigen Neigungswinkel gehalten. Der große Erfolg des Viadukts über den Douro (vollendet 1878) brachte Eiffel bald den Auftrag ein, den Garabit-Viadukt über den Fluß Truyère im Massif Central zu bauen.

Wie der Douro-Viadukt die notwendige Erfahrung für den Bau des Garabit vermittelt hatte, war die Garabit-Brücke wichtig für den Entwurf und das Konzept des Eiffelturms. Der Turm wurde ähnlich wie der Kristallpalast unter beträchtlichem Zeitdruck geplant und errichtet. Als Entwurf wurde er im Frühjahr 1885 vorgestellt, war im Sommer 1887 fundamentiert und im Winter 1888 bereits mehr als 200 m hoch. Wie bei Contamins Galerie des Machines mußte das Bauwerk mit einem Zugangssystem für die schnelle Zirkulation von Besuchern ausgestattet werden. Geschwindigkeit war wichtig, denn man konnte nur mit Aufzügen auf den Turm gelangen, die innerhalb seiner Pfeiler auf schrägen Schienen liefen und von der ersten Plattform zur Spitze vertikal emporstiegen. Während der Bauarbeiten wurden die Führungsschienen dieser Aufzüge für Baukräne benutzt, eine wirtschaftliche Arbeitsmethode, die an die Montagetechnik bei den Gelenkbogen-Viadukten erinnert. Sowohl vom Kristallpalast als auch vom Eisenbahnbau beeinflußt, war der Eiffelturm im Grunde ein 300 m hoher Viaduktpylon, dessen Typus ursprünglich aus der Wechselwirkung von Winddruck, Schwerkraft, Wasser und Materialwiderstand entwickelt worden war. Er war eine bis dahin nicht vorstellbare Konstruktion, die man nur dann wirklich erlebte, wenn man das luftige Raumgefüge selbst durchquerte. Angesichts seiner futuristischen Assoziationen zur Luftfahrt – die Flieger Santos Dumon pries, als er

1901 mit seinem Luftschiff den Turm umkreiste – nimmt es nicht wunder, daß der Turm dreißig Jahre danach als wichtigstes Symbol einer neuen sozialen und technischen Ordnung neu interpretiert wurde:

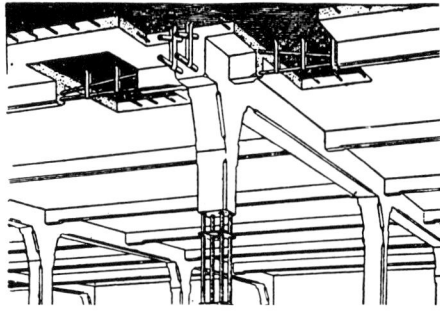

19 Hennebique, monolithische Stahlbetonverbindung, patentiert 1892.

bei Wladimir Tatlins Monument für die III. Internationale, entworfen 1919/20.

Während sich die Technologie des Eisens aus der Ausbeutung mineralischer Bodenschätze entwickelte, geht die Entwicklung der Beton-Technologie oder zumindest des hydraulischen Zements offenbar auf die Schiffahrt zurück. Im Jahre 1774 verwendete John Smeaton für die Fundamente seines Leuchtturms in Eddystone, Großbritannien, eine »Beton«-Mischung aus Kalk, Lehm, Sand und zerschlagener Eisenschlacke. Ähnliche Betonmischungen wurden im letzten Viertel des 18. Jahrhunderts in England für Brücken-, Kanal- und Hafenarbeiten benutzt. Doch trotz Joseph Aspdins bahnbrechender Erfindung des Portlandzements als Steinersatz (1824) und vieler anderer englischer Vorschläge für metallverstärkte Betonkonstruktionen – wie sie der stets erfindungsreiche Loudon 1792 vorgelegt hatte –, ging die Führung in der Fortentwicklung des Materials allmählich auf Frankreich über.

In Frankreich waren durch die wirtschaftlichen Einschränkungen nach der Revolution von 1789, durch Vicats hydraulische Zementmischung um 1800 und durch die Tradition des Bauens in *pisé* (Stampferde) die besten Vorbedingungen für die Erfindung des Stahlbetons gegeben. Konsequent verwendete das neue Material zum erstenmal François Coignet, der bereits mit dem *pisé*-Verfahren der Gegend um Lyon vertraut war. Im Jahre 1861 entwickelte er eine Technik für die Aussteifung von Beton mit Metallnetzen und gründete die erste Gesellschaft mit beschränkter Haftung, die sich auf den Eisenbetonbau spezialisierte. Coignet arbeitete in Paris unter Haussmanns Leitung; er baute Kanäle und andere öffentliche Anlagen in Eisenbeton – unter anderem auch bemerkenswerte sechsgeschossige Mietshausblöcke. Trotz dieser Aufträge konnte Coignet sein Patent nicht aufrechterhalten, und am Ende des Zweiten Kaiserreiches wurde seine Gesellschaft aufgelöst.

Ein weiterer französischer Pionier auf dem Gebiet des Betonbaus war der Gärtner Joseph Monier. Nachdem er 1850 erfolgreich Blumenkübel aus Zement mit eingelegten Drahtnetzen hergestellt hatte, erhielt er nach 1867 eine Reihe von Patenten für metallverstärkte Konstruktionen, deren Teilrechte er, schlecht beraten, 1880 an die Ingenieure Schuster und Wayss verkaufte. 1884 erhielt die Firma Freytag weitere Rechte von Monier, und bald danach entstand der große deutsche Ingenieurkonzern Wayss und Freytag. Sein Monopol auf das Monier-System wurde durch das 1887 veröffentlichte Standardwerk von G. A. Wayss (Monierbau) bekräftigt. Mit den Publikationen der bedeutenden deutschen Theoretiker Neumann und Koenen über die statische Berechnung des Eisenbetons erwies sich die Vorherrschaft Deutschlands in diesem Konstruktionsbereich.

Besonders intensiv wurde die Entwicklung des Stahlbetons zwischen 1870 und 1900 vorangetrieben, als Deutschland, Ameri-

20 Berg, Jahrhunderthalle, Breslau, 1913.

ka, England und Frankreich gleichzeitig Pionierarbeiten leisteten. Mit seinem Haus aus armiertem Beton am Hudson River (1873) wurde der Amerikaner William E. Ward der erste Bauunternehmer, der sich die Zugfestigkeit des Stahls zunutze machte, indem er Bewehrungseisen in die Zugzone des Trägers verlegte. Kurz darauf wurden die konstruktiven Vorteile dieses Verfahrens durch Experimente mit Betonträgern bestätigt, die Thaddeus Hyatt und Thomas Rickets in England durchführten und 1877 publizierten.

Trotz dieser internationalen Entwicklungen blieb jedoch die systematische Nutzung der modernen Stahlbetontechnik dem genialen Erfinder François Hennebique vorbehalten. Hennebique, ein Autodidakt und Bauunternehmer in Frankreich, wendete Beton zum erstenmal im Jahre 1879 an. Er führte dann umfangreiche private Untersuchungen durch, bevor er 1892 sein System patentieren ließ. Vor Hennebique war das große Problem des Eisenbetons die Schaffung einer monolithischen Verbindung gewesen. Die Verbundsysteme aus Beton und Stahl, die Fairbairn 1845 zum Patent anmeldete, waren alles andere als monolithisch, was auch auf die Arbeiten von Hyatt und Rickets zutrifft. Hennebique überwand diese Schwierigkeit, indem

er Eisen mit zylindrischem Profil benutzte, das sich biegen und ineinanderhaken ließ. Zu seinem speziellen System gehörten auch das Abbiegen der Armierungen entsprechend den Momenten und die Einführung der Stützenberechnungen in die Deckenkonstruktion, um punktuelle Belastungen zu vermeiden. Als die monolithische Verbindung vervollkommnet war, konnte auch der monolithische Rahmen realisiert werden. Zum erstenmal wurde dieses System bald darauf in größerem Maßstab bei den drei Spinnereien angewendet, die Hennebique 1896 in der Umgebung von Tourcoing und Lille errichtete. Sie hatten einen so großen Erfolg, daß Hennebiques Unternehmen einen schnellen Aufschwung nahm. Sein Partner L.-G. Mouchel führte das System 1897 in England ein. Er baute dort 1901 die erste Straßenbrücke aus Beton und zeigte auf der Franco-Britischen Ausstellung von 1908 eine spektakuläre freistehende Wendeltreppe aus Stahlbeton.

Der Ruf der Firma Hennebique gründete sich auch auf das ab etwa 1898 regelmäßig erscheinende Hausmagazin *Le Béton armé* und auf die eklektizistischen Bauten der Pariser Ausstellung von 1900, die nach seinem System errichtet wurden. Trotz der falschen Fassaden des Château d'Eau, die der Sohn François Coignets in Eisenbeton ausführte, erfuhr der Betonbau nach der Pariser Ausstellung von 1900 einen ungeheuren Auftrieb. Im Jahre 1902, ein Jahrzehnt nach ihrer Gründung, war die Firma Hennebique bereits zu einem großen internationalen Konzern geworden. Inzwischen wurden zahllose Betonbauten in ganz Europa errichtet, wobei Hennebique als Generalbauunternehmer auftrat. Im Jahre 1904 baute er sein eigenes Haus in Bourg-la-Reine mit Dachgarten und Minarett. Die massiven Wände bestanden aus Eisenbeton, der in situ zwischen vorgegossene permanente Betonschalungen gefüllt wurde. Die nahezu völlig verglaste Fassade kragte dramatisch von der Hauptebene des

Gebäudes aus. Um die Jahrhundertwende begann Hennebiques Monopol über sein System zu wanken, obwohl seine Patente erst einige Jahre später ausliefen. 1902 machte Paul Christophe, sein wichtigster Mitarbeiter, das System durch die Publikation *Le Béton armé et ses applications* bekannt. Vier Jahre später wurde Armand-Gabriel Considéré, der bereits für das Ministerium Ponts et Chausées Betonforschung betrieben hatte, Vorsitzender des nationalen Ausschusses, in dem die französischen Normen für die Verwendung von Stahlbeton festgelegt wurden.

Im Jahre 1890 ließ der Ingenieur Cottancin sein eigenes System des *ciment armé* patentieren, das auf der Aussteifung von Ziegeln und Beton beruht; die Ziegel wurden durch Drahtarmierungen mit dem Beton verbunden. Bei diesem Mischsystem hatte der Eisenbeton hauptsächlich die Aufgabe, in Bereichen hoher Zugbeanspruchung die statische Kontinuität zu erhalten. In druckbeanspruchten Bereichen übernahm der Ziegel die Hauptfunktion. Dieses Verfahren faszinierte besonders den rationalistischen Architekten Anatole de Baudot, der als Schüler des Theoretikers der Konstruktion, Eugène Viollet-le-Duc, die offen gezeigte Konstruktion für die einzig gültige Grundlage des Ausdrucks in der Architektur hielt. Deshalb verwies de Baudot den monolithischen *béton armé* in das Gebiet des Ingenieurbaus, während er dem Architekten die statisch ausdrucksvollere und deutlicher artikulierte Technik des *ciment armé* vorbehielt. Die expressiven Eigenschaften dieser Technologie zeigen sich am eindrucksvollsten in der Kirche St. Jean de Montmartre in Paris (begonnen 1894). Die komplizierten Gewölbe der Kirche waren eng verwandt mit einer Reihe von Projekten für *grandes salles*, die de Baudot zwischen 1910 und 1914 entwarf. Nach Viollet-le-Duc setzte er sich mit dem Problem des großen Raumes auseinander, den er als notwendiges Erprobungsfeld einer architektonischen Kultur ansah. In diesem Zusammenhang kann seine *Grande-salle*-Serie, die mit einem umfangreichen Projekt für die Ausstellung von 1900 begann, als Vorwegnahme der netzförmig gegliederten Flachdecken und der präfabrizierten Schalenfaltwerke gelten, wie sie ein halbes Jahrhundert später der italienische Ingenieur Pier Luigi Nervi realisierte, vor allem bei der Turiner Ausstellungshalle von 1948 und der Wollfabrik Gatti in einem Vorort Roms von 1953.

Anders als de Baudot mit seinem Prinzip der netzartig gestalteten Form löste Max Berg das Problem des großen Raumes. Bei seiner Jahrhunderthalle, die Konwiarz und Trauer für die Breslauer Ausstellung von 1913 bauten, benutzte er riesige Stahlbetonelemente. In der weiten Halle mit 65 m Durchmesser gingen die Betonrippen der Kuppel von einem ringförmigen Träger aus, der seinerseits von massiven Bogen mit Kuppelzwickeln getragen wurde. Diese plumpe, massive Konstruktion wurde außen durch konzentrische Glasbänder überdeckt; aufgesetzte klassizistische Elemente überspielten den organischen Grundriß und die dynamische Konstruktion.

Bis 1895 wurde das Bauen mit Eisenbeton in Nordamerika dadurch behindert, daß Zement von Europa eingeführt werden mußte. Bald danach begann jedoch das Zeitalter der Getreidesilos und der ausgedehnten Fabrikanlagen, zuerst in Kanada mit den Stahlbetonsilos von Max Toltz, dann ab 1900 in den Vereinigten Staaten mit den Arbeiten von Ernest L. Ransome, der die gedrehte Armierung erfand. Seine 91 m lange Maschinenfabrik in Greensburg, Pennsylvania (1902), machte Ransome zum Pionier des monolithischen Betonskeletts in Amerika. Hier wendete er zum erstenmal, entsprechend den Theorien Considérés, das Prinzip der spiralförmigen Stützenarmierung an. Es spricht für Frank Lloyd Wrights frühes technisches Interesse, daß er etwa zur gleichen Zeit Stahlbetonbauten zu entwerfen begann: sein nicht ausgeführtes Projekt für die Village

Bank (1901), die E-Z Polish Factory (1905) und den Unity Temple (1906).

Inzwischen hatten in Paris die Brüder Perret ihre ersten Betonbauten errichtet, beginnend mit Auguste Perrets grundlegendem Mietshausblock an der Rue Franklin von 1903 und seinem Théâtre des Champs-Elysées von 1913. Ungefähr zur gleichen Zeit nutzte Henri Sauvage die plastischen Ausdrucksmöglichkeiten dieses neuen monolithischen Materials bei seinen Appartementhäusern in der Rue Vavin, vollendet 1912.

Das Stahlbetonskelett war zum allgemein üblichen Konstruktionssystem geworden, und seine Weiterentwicklung beschränkte sich hauptsächlich auf das Ausmaß und die expressiven Möglichkeiten. Im Maßstab einer Megastruktur wurde es zum erstenmal in Matté Truccos 40 ha umfassender Fiat-Fabrik in Turin (begonnen 1915) angewendet; als wichtigstes Ausdruckselement eines architektonischen Idioms fand es sich zur gleichen Zeit in Le Corbusiers Projekt »Maison Dom-Ino«. Während Trucco demonstrierte, daß Flachdächer aus Beton die Vibration dynamischer Lasten tragen können – die Fiat-Werke haben eine Versuchspiste auf dem Dach –, ging Le Corbusier von dem System Hennebiques als allgemein anwendbarer Primärkonstruktion aus, auf die sich, wie bei Laugiers primitiver Hütte, die Entwicklung der neuen Architektur zu beziehen hatte.

Im Ingenieurwesen erreichte diese Epoche ihren Höhepunkt mit dem Frühwerk von Robert Maillart und Eugène Freyssinet. Im Jahre 1905 hatte der große Schweizer Konstrukteur Maillart mit seiner Rheinbrücke bei Tavanasa bereits seine charakteristische Brückenform verwirklicht – einen Dreigelenkbogen mit ausgehöhltem, kastenähnlichem Querschnitt, in dessen Seiten dreieckige Öffnungen geschnitten waren, um das Gewicht zu verringern und der Konstruktion einen Eindruck von Leichtigkeit zu verleihen. 1912 hatte Maillart die erste unterzuglose Decke in Europa ge-

21 Matté Trucco, Fiat-Fabrik, Turin, 1915–1921.

baut, in einem fünfgeschossigen Warenhaus, das er in Altdorf errichtete. Seine Konstruktion war offenbar ein Fortschritt gegenüber dem Pilzsystem, das der amerikanische Ingenieur C. A. P. Turner kurz zuvor entwickelt hatte. Bei Turners vierbahniger Armierung mußten im Gegensatz zu Maillarts zweibahniger Armierung alle Eisen über die Stützenköpfe geführt werden, so daß der Stahl nicht ökonomisch in

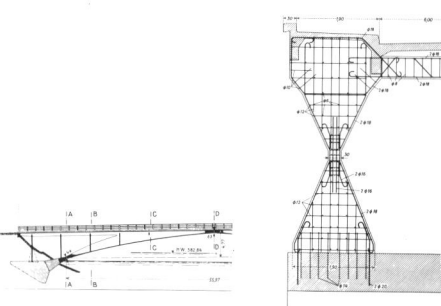

22 Maillart, Aare-Brücke, Aarburg, 1911. Längsschnitt des halben Brückenbogens und Querschnitt einer »Hüfte« mit Armierungsschema.

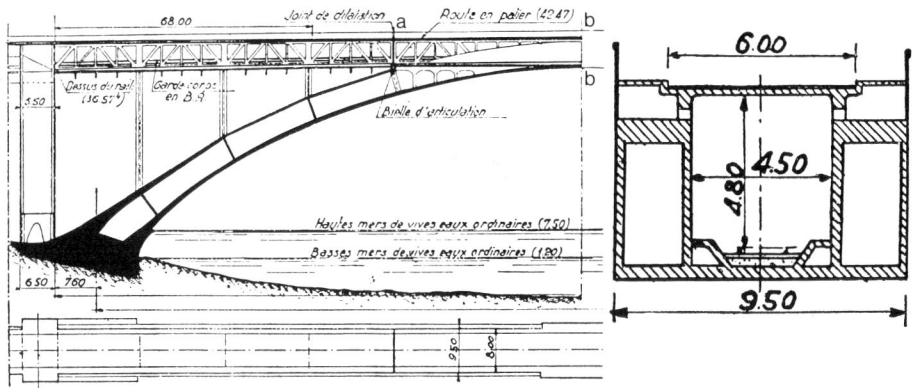

23 Freyssinet, Plougastel-Brücke, Bretagne, 1926–1929. Längsschnitt durch einen halben Brückenbogen und Querschnitt durch Scheitelpunkt (b–b) mit Bahngleisen auf dem unteren Niveau und Fahrbahn auf dem oberen. Wo sich Bogen und Bahngleise trennen, ist ein Dehnungsgelenk (a) eingebaut.

den Kopfständern angeordnet werden konnte, wenn man die Tendenz der Stütze, die Platte zu durchstoßen, aufheben wollte. Turners Deckenkonstruktion bestand also aus einem System stark armierter flacher Balken mit großen Pfeilerköpfen, die den Schub aufnahmen. Maillarts unterzugloses System war leichter und erzeugte weit weniger Schubkräfte, so daß die Dimensionen sowohl der Deckenplatte als auch der Stützenköpfe reduziert werden konnten.

Bei seiner Brücke über die Aare in Aarburg (1911) gelang es Maillart, die Brückenplatte von ihrem Stützbogen abzuheben. Er steifte die Platte durch quergestellte Rahmen aus, die er in den Schenkel des Bogens setzte, und paßte dann die Widerlager der Gesamtform der Brücke an. Bei fast allen Brücken, auch wenn sie durch Bogenrippen gestützt waren, entwarf Maillart die Fahrbahnplatten kastenförmig, so daß sie sich soweit wie möglich selbst trugen. Den Höhepunkt seiner Brückenbaukunst erreichte er mit seiner 90 m überspannenden Salginatobel-Brücke, doch das System, das er zuerst in Aarburg angewendet hatte, fand seinen klarsten

Ausdruck in der Arve-Brücke, die 1936 in Vessey bei Genf entstand.

Die beiden riesigen Luftschiffhallen in Orly, die der französische Ingenieur Freyssinet zwischen 1916 und 1924 errichtete – jede 62,5 m hoch und 300 m lang –, zählten nach de Baudots Projekten zu den ersten Versuchen, monolithische Konstruktionen aus selbsttragenden Elementen zu entwerfen. Diese bahnbrechenden präfabrizierten Faltwerke übten Einfluß auf eine Reihe von Flugzeughangars aus, die Nervi in der zweiten Hälfte der dreißiger Jahre errichtete. Während Freyssinet noch in Orly baute, entwarf er für den Betonunternehmer Limousin mehrere Lagerhäuser aus Stahlbeton, darunter einige Flugzeughangars und Fabrikgebäude, die durch Oberlichter im Schalendach belichtet wurden. Höhepunkt seines Werkes waren zwei große Bogenbrücken aus Stahlbeton, in St. Pierre-du-Vauvray (1923) und Plougastel (1926–1929). Die Brücke in Plougastel überspannte mit drei insgesamt 975 m langen Jochen die Elorn-Mündung in der Bretagne. Das Problem der intensiven Zug- und Druckbeanspruchung, das bei großen Pa-

rabolbögen entsteht, führte Freyssinet in der Mitte der zwanziger Jahre zu Experimenten, bei denen vor dem Gießen künstliche Spannung in der Armierung erzeugt wurde. Wenige Jahre später war der vorgespannte Beton erfunden, wie wir ihn heute kennen. Freyssinet erhielt 1939 ein Patent für dieses außerordentlich ökonomische System bei großen Spannweiten, das die Balkentiefe bei sonst gleichen Bedingungen um etwa die Hälfte reduzierte.

Teil II
Eine kritische Architekturgeschichte 1836-1967

24 Terragni, Casa del Fascio, Como, während einer Demonstration (vgl. S. 176).

1. Kapitel
Nachrichten von Nirgendwo: England 1836–1924

»Der Enthusiasmus der Anhänger des Gothic Revival schwand, als sie erkannten, daß sie einer Gesellschaft angehören, die keinen Lebensstil haben kann und will. Denn für ihre Existenz ist es wirtschaftlich notwendig, daß das normale Tagewerk ihrer Bevölkerung aus mechanischer Arbeit besteht; und wenn Harmonie im normalen Tagewerk der Bevölkerung Gotik hervorbringt, das heißt lebendige architektonische Kunst, dann kann mechanische Arbeit nicht zur Kunst harmonisiert werden. Die Hoffnung unserer Unwissenheit ist geschwunden, aber an ihre Stelle ist die Hoffnung neuen Wissens getreten. Die Geschichte hat uns die Entwicklung der Architektur gelehrt, nun lehrt sie uns die Entwicklung der Gesellschaft. Es ist uns klar, und es ist sogar vielen klar, die es nicht zugeben wollen, daß ... die neue Gesellschaft nicht wie wir von der Notwendigkeit zermürbt werden wird, immer mehr Waren für den Profit zu produzieren, ob irgend jemand sie braucht oder nicht; daß sie produzieren wird, um zu leben, und nicht leben, um zu produzieren, wie wir es tun.«
William Morris
The Revival of Architecture, 1888

Wie schon zuvor die puritanischen und apokalyptischen Werke Miltons und Blakes brachten der schottische Philosoph Thomas Carlyle und der englische Architekt Augustus W. N. Pugin unabhängig voneinander ihr Unbehagen an der geistigen und kulturellen Situation in der zweiten Hälfte des 19. Jahrhunderts zum Ausdruck. Carlyle war Atheist und engagierte sich in den späten dreißiger Jahren in der radikalen chartistischen Reformbewegung; Pugin war ein katholischer Konvertit, der eine Rückkehr zu den geistigen Werten und den architektonischen Formen des Mittelalters befürwortete. 1836 veröffentlichte er seine Schrift *Contrasts; or a parallel between the noble edifices of the 14th and 15th centuries and similar buildings of the present day*, ein Werk, das sogleich großen Einfluß ausübte. Ihm vor allem verdanken wir die Homogenität der Neugotik, die im 19. Jahrhundert das englische Bauen nachhaltig beeinflußte. Carlyle stand in mancher Hinsicht in Opposition zu Pugin. Seine Publikation *Past and Present* von 1843 enthielt versteckte Kritik an der Dekadenz des Katholizismus und trat für eine Art paternalistischen Sozialismus nach dem Modell von Saint-Simons »Nouveau Christianisme« von 1825 ein. Während Carlyles Radikalismus politisch und sozial progressiv war, wenn auch letztlich autoritär, war Pugins Reformismus im wesentlichen konservativ und orientierte sich an der rechtsgerichteten High-Church-Oxford-Bewegung, die zwei Jahre vor seinem Übertritt zum Katholizismus im Jahre 1835 gegründet wurde. Was Carlyle und Pugin gemeinsam hatten, war ihre Verachtung für das materialistische Zeitalter; ihr Antagonismus beeinflußte Mitte des 19. Jahrhunderts den Propheten des kulturellen Untergangs und der Erlösung, John Ruskin, der 1868 Professor für bildende Kunst an der Universität Oxford wurde.
Ruskin gewann seine intellektuelle Anhängerschaft durch den zweiten Band seines Werkes *Modern Painters*, der 1846 erschien. Doch erst 1853 nahm er konsequent und ausführlich zu sozial-kulturellen und ökonomischen Problemen Stellung, als er *The Stones of Venice* publizierte. In einem Kapitel, das der Stellung des Handwerkers in Beziehung zur Kunst gewidmet war, sprach sich Ruskin zum erstenmal gegen die industrielle »Arbeitsteilung« und gegen die »Degradierung des Arbeiters zu einer Maschine« aus – ein Text, der als Pamphlet am ersten Working Men's College, an dem Ruskin später lehrte, neu herausgegeben wurde. Nach Adam Smith verglich Ruskin in diesem Kapitel das traditionelle Handwerk mit der mechanischen Arbeit der Massenproduktion. Er schrieb: »In Wahrheit wird nicht die Arbeit geteilt, sondern der Mensch ..., so daß das kleine Stück Intelligenz, das einem Mann verblieben ist, nicht dazu ausreicht, eine Nadel oder einen Nagel herzustellen, sondern sich darin erschöpft, die Spitze einer Nadel oder den Kopf· eines Nagels herzustellen.« Damit führte er seine Vorstellungen vom Ornament weiter, die er bereits in *The Seven Lamps of Architecture* (1849) dargelegt hatte. Er schrieb dort: »Die richtige Frage, die man in bezug auf alle Ornamente stellen muß, ist einfach diese: Wurde es freudig hergestellt?« Mit diesem Radikalismus begann Ruskin, sich von seiner früheren Vorliebe für den Anglikanismus zu entfernen, und näherte sich der Position Carlyles. Als 1860 seine Essays über politische Ökonomie, *Unto this Last*, erschienen, entpuppte

er sich schließlich als kompromißloser Sozialist.

Durch ihren über Pugin vermittelten Einfluß auf das kulturelle Klima Großbritanniens wurden Friedrich Overbeck – den Pugin als »jenen Fürsten der christlichen Maler« beschrieb – und die deutschen Nazarener zum moralischen und künstlerischen Vorbild für die kurzlebige, chartistisch inspirierte Präraffaelitische Bruderschaft, die 1848 auf Anregung der Brüder Dante Gabriel und William Michael Rossetti von Holman Hunt und John Everett Millais gegründet wurde.

Im Jahre 1851 schloß sich Ruskin der Bewegung an, die eine Malschule gründen wollte, um ihre Ideen und Gefühle auszudrücken. Ihr Ideal war eine Kunstform, die sich unmittelbar von der Natur und nicht von den künstlerischen Konventionen der Renaissance herleitete. Diese stark antiklassischen, romantischen Vorstellungen propagierten die Künstler 1850 in der präraffaelitischen Zeitschrift *The Germ*. Doch der Bruderschaft fehlten die mönchische Strenge und Überzeugung der Nazarener. Sie war, wie ihre Zeitschrift, zu individualistisch, um lange zu überdauern, und im Jahre 1853 hörten die Präraffaeliten als kollektive Bewegung auf zu existieren.

Die zweite, am Handwerk orientierte Phase der Präraffaeliten begann 1853 mit der Begegnung von William Morris und Edward Burne-Jones, die beide in Oxford studierten. Dort hörten sie die Vorlesungen Ruskins und waren dem übermächtigen Einfluß Pugins ausgesetzt. Nach ihrem Examen im Jahre 1856 schlossen sie sich eng an den Dichter und Maler Dante Gabriel Rossetti an. 1857 arbeiteten sie mit ihm bei Wandbildern für das Union Society Building zusammen, die bewußt an die Fresken der Nazarener in Rom anknüpften. Während Burne-Jones bereits beschlossen hatte, Maler zu werden, dauerte es einige Monate, bis Rossetti Morris von seiner Tätigkeit im Oxforder Büro des Gothic-Revival-Architekten G. E. Street nach London

locken konnte. Paradoxerweise geht Morris' Laufbahn als Entwerfer auf seinen Entschluß Ende 1856 zurück, die Architektur aufzugeben und sich der Malerei zuzuwenden. Entscheidend war allerdings erst die Einrichtung seiner Räume in London, für die er seine ersten, stark »mittelalterlichen Möbel« entwarf, »so schwer und fest wie ein Felsen«. Er schuf diese einfachen Möbelstücke, die zweifellos von den handwerklichen Idealen Ruskins inspiriert waren, unter der Anleitung Philip Webbs, mit dem er zuvor in Streets Büro zusammengearbeitet hatte. Die präraffelitische Einrichtungskultur kristallisierte sich 1858 in Morris' einzigem bekannten Tafelbild, einem Porträt seiner Frau Jane Burden als *Queen Guinevere* oder *La Belle Iseult*, die er in kunstvollen Gewändern in einem idealen präraffelitischen Interieur darstellte. Danach gab Morris die Malerei endgültig auf und widmete sich der Ausstattung seines neuen Hauses, des Red House, das Philip Webb 1859 in Bexley Heath, Kent, für ihn errichtete. Von einigen Details abgesehen, kam der Stil des Hauses dem Werk Streets und besonders den Pfarrhäusern William Butterfields nahe, die dieser im Stil des Gothic Revival in den vierziger und fünfziger Jahren errichtet hatte.

Im Red House (das diesen Namen seinen roten Ziegeln verdankt) führte Webb die Prinzipien ein, die bald Einfluß auf das Werk seiner brillanten Zeitgenossen William Eden Nesfield und Richard Norman Shaw gewannen und für die er während seiner späteren Laufbahn bekannt wurde – sein Interesse am ehrlichen Ausdruck der Konstruktion und sein Bemühen, Bauten in ihre Umgebung und in die lokale Kultur zu integrieren. Er erreichte seine Ziele durch zweckmäßige Entwürfe, sensible Anpassung an das Baugelände und durch Verwendung einheimischer Materialien, wobei er einen tiefen Respekt vor traditionellen Baumethoden bewies. Wie sein erster Bauherr und lebenslanger Kollege

Morris empfand Webb eine geradezu mystische Ehrfurcht vor dem Handwerk und vor der Erde, in der letztlich Leben wie Architektur gründen. Noch konsequenter als Morris trat er gegen die übermäßige Verwendung von Ornamenten ein. Laut seinem Biographen William R. Lethaby beklagte sich Webb einmal darüber, daß ein zu eleganter Kamin »kaum für das heilige Feuer« geeignet sei. Solche Gefühle waren weit entfernt von der manierierten Interpretation, der seine Ideen bei Nesfield und Shaw ausgesetzt waren, zum Beispiel bei Shaws romantischem Landhaus im »Old-English«-Stil in Leyswood, Sussex (entworfen 1866).

Die gesamte »Free-Architecture«-Bewegung in England, von der Exzentrik Arthur H. Mackmurdos und Charles R. Ashbees bis zum verfeinerten Professionalismus der Shaw, Lethaby und Charles F. A. Voysey, läßt sich letztlich auf das Red House zurückführen. Auf jeden Fall wurde dieses Bauwerk entscheidend für Morris' eigentliche Laufbahn: Zwei Jahre später gründete er eine Vereinigung präraffelitischer Künstler, der Webb, Rossetti, Burne-Jones und Ford Madox Brown angehörten. Sie wollten in ihrem Atelier Aufträge ausführen, die von Wandbildern, Glasfenstern und Möbeln bis zu Stickereien, Metallarbeiten und Holzschnitzereien reichten. Wie Pugin bei seiner Ausstattung der Houses of Parliament in den dreißiger und vierziger Jahren hatten sie sich zum Ziel gesetzt, Gesamtkunstwerke zu schaffen. Das machte in aller Bescheidenheit der Firmenprospekt deutlich: »Wir gehen davon aus, daß durch eine solche Zusammenarbeit . . . das Werk notwendigerweise sehr viel vollkommener wird, als wenn nur ein einzelner Künstler per Zufall in der üblichen Weise tätig würde.« Abgesehen von Pugins Vorbild, ist die Gründung dieses Ateliers vielleicht auch durch die Art Manufactures Organization angeregt worden, die Henry Cole unter dem Pseudonym Felix Summerly 1845 ins Leben rief. Auf jeden Fall fand das präraffaelitische Kunsthandwerk, das bis dahin nur spontan aufgetaucht war, nun ein größeres Publikum. Es ist bezeichnend, daß die erste Arbeit, die in den Londoner Geschäftsräumen der Morris Company verkauft wurde, ein von Webb entworfenes Glasgeschirr war.

Obwohl das Unternehmen gedieh, war Morris paradoxerweise 1864 gezwungen, das idyllische Red House zu verlassen und nach London zu ziehen. Ein Jahr später übergab er die Leitung der Firma an Warrington Taylor, um sich ausschließlich der Literatur und flächenbezogenen Entwürfen zu widmen – Aktivitäten, die den Rest seines Lebens ausfüllten. Aus dieser Londoner Zeit stammen seine ersten Tapeten, ebenso wie die frühesten Glasmalereien, bei denen Morris mit Burne-Jones zusammenarbeitete. Seine Vorbilder variierten von persischem Dekor, wie er in Owen Jones' *Grammar of Ornament* von 1856 illustriert war, bis zum mittelalterlichen Stil, den er bei seinen Glasmalereien anwendete – ein Kunstprodukt, für das während seiner ganzen Laufbahn eine stetige, wenn auch begrenzte Nachfrage herrschte. Die Firma Morris, Marshall, Faulkner & Co. erntete 1867 öffentliche Anerkennung mit dem Grünen Speisezimmer oder Teesalon, den Webb für das South Kensington Museum (heute Victoria and Albert Museum) in London entwarf. Der Raum wurde von Morris und den Kunsthandwerkern seines Unternehmens völlig ausgestattet und dekoriert.

Danach begann Webb, selbständig größere Bauaufträge auszuführen. Höhepunkt seines Schaffens war sein letztes großes Haus, Standen bei East Grinstead, Sussex (1891–1894), dessen Möblierung wiederum von der Firma Morris stammte. Morris beschäftigte sich immer mehr mit der Literatur, aus der er fanatisch alle Wörter lateinischen Ursprungs zu tilgen suchte. Mitte der siebziger Jahre publizierte er Übersetzungen isländischer Sagas sowie zahlreiche Bände mit eigener romantischer Lyrik. Zu jener

Zeit schien es, als sei das mittelalterliche Island jenes »Nirgendwo«, nach dem sein idealistischer Geist strebte, während seine Utopie doch der industriellen Realität des 19. Jahrhunderts verhaftet blieb.

Das Jahr 1875 bedeutete einen Wendepunkt in Morris' Leben. Die Firma wurde aufgelöst, unter seiner alleinigen Kontrolle als Morris & Co. neu organisiert und um einige handwerkliche Techniken erweitert. Morris lernte Färben und Teppichweben und richtete 1877 einen Ausstellungsraum in London als Hauptverkaufsstelle ein. Von dieser Zeit an interessierte sich Morris – abgesehen von der Verwaltung der Firma und dem Entwurf von Tapeten, Wandbehängen und Teppichen – allmählich immer weniger für »Poesie« und Handwerk und immer mehr für öffentliche Belange. Er hielt es für seine Pflicht, öffentlich die sozialistischen und auf Erhaltung des Bestehenden gerichteten Prinzipien Ruskins aufzugreifen, der inzwischen geisteskrank geworden war. So schrieb Morris 1877 sein erstes politisches Pamphlet und gründete die Society for the Protection of Ancient Buildings – ein erfolgreicher Versuch, Sir George Gilbert Scotts Absichten zu vereiteln, der die Tewkesbury Abbey restaurieren oder vielmehr teilweise wiederaufbauen wollte.

In dem Jahrzehnt nach der Reorganisation seiner Firma widmete sich Morris gleicherweise der Politik und dem Entwerfen. Seinem ersten Biographen Mackail zufolge schuf er in dieser Zeit mehr als sechshundert Textilentwürfe. 1883 begann er jedoch mit der Lektüre von Karl Marx und schloß sich der Social Democratic Federation an, die von Engels angeführt wurde und der so überzeugte Sozialisten wie Eleanor Marx und Edward Aveling angehörten. Zwei Jahre später verließ er die Federation und gründete die Sozialistische Liga, womit er seine Interessen praktisch vom Entwerfen auf die Politik verlagerte. Bis zu seinem Tod im Jahre 1896 schrieb und veröffentlichte er zahlreiche Essays über Sozialis-

1 entrance
2 dining room
3 W.C.
4 office
5 kitchen
6 courtyard
7 living room
8 parlour
9 study
10 well

25, 26 Webb, Red House, Bexley Heath, Kent, 1859. Ansicht und Grundrisse des Erdgeschosses und ersten Obergeschosses.

mus, Kultur und Gesellschaft, angefangen bei seinem fourieristischen Aufsatz von 1885 mit dem Titel *How We Live and How We Might Live* bis hin zu seinem berühmten utopischen Roman *News from Nowhere* (1891).

Den nachfolgenden Generationen, Morris' Mitarbeiter Walter Crane, Ruskins Protégé Mackmurdo und den bedeutendsten Schülern Shaws, Lethaby, Prior und Ernest Newton, sogar Shaw selbst und Außenseitern wie Ashbee und Voysey erschien Morris' einigermaßen widersprüchliche Situation völlig konsequent. Vor allem beeindruckte sie seine utopische Vision des »Nirgendwo«, eines Landes, in dem sich der Staat den marxistischen Prophezeiungen entsprechend aufgelöst hatte und in dem jeder Unterschied zwischen Stadt und Land aufgehoben war. Die Stadt war hier keine verdichtete physische Einheit mehr, und die großen technischen Errungenschaften des 19. Jahrhunderts waren abgeschafft worden: Wind und Wasser stellten nun wieder die einzigen Energiequellen dar, Wasserwege und Straßen die einzigen Transportmittel. Die Gesellschaft kannte weder Geld noch Eigentum, weder Verbrechen noch Strafe, kein Gefängnis und kein Parlament, und ihre soziale Ordnung beruhte lediglich auf dem freien Zusammenschluß von Familiengruppen innerhalb der Kommune. Arbeit wurde in dieser Gesellschaft in der kollektiven Werkstatt, der Gilde oder dem »Werkbund«, geleistet, und die Erziehung war frei und wie die Arbeit selbst kein Zwang.

Diese einseitige sozialistische Vision stand in starkem Kontrast zu Morris' eigener Lebensweise und zu seinem in sich inkonsequenten Denken. Seine blühende Firma war ein Phänomen des *laissez-faire*, ihre Luxusprodukte wurden von der oberen Mittelklasse konsumiert. Sein äußerst radikaler Sozialismus hatte wenig mit seinen eigentlichen anarchistischen Neigungen gemeinsam – einem revolutionären Sozialismus, den seine liberaleren Anhänger wie Ashbee keineswegs akzeptieren konnten; und schließlich konnten fabianische Sozialisten wie Architekten bei Morris den evolutionistischen Vorschlag der Gartenstadt als einer Siedlungsform finden, die auf Handwerkergilden oder Genossenschaften beruhte. Die Gartenstadt versprach nicht nur Arbeit, sondern auch soziale Reformen und Umerziehung und damit eine allmähliche öffentliche Anerkennung für beide Bereiche. Im Gegensatz zu diesem progressiven (wenn auch etwas verwirrend breiten) Programm wiesen Morris' eigene Entwürfe Züge dramatischer Verweigerung auf. Vor allem vermied er es beharrlich, sich mit

27 Shaw, Leyswood, Sussex, 1866–1869.

industriellen Produktionsmethoden auseinanderzusetzen, und nahm eine zwiespältige, um nicht zu sagen feindselige Haltung gegenüber aller Architektur nach dem 15. Jahrhundert ein. Er verdammte nicht nur die klassische Vergangenheit, sondern behandelte auch geistesverwandte zeitgenössische Werke mit Gleichgültigkeit: So riefen Webbs schöne Entwürfe bei Morris sonderbarerweise keinerlei öffentliche Reaktion hervor. Wäre es möglich, daß Webbs Eklektizismus Morris schließlich zu viel wurde, daß die klassizistischen und elisabethanischen Elemente, die dieser zwischen 1879 und 1891 bei seinen Häusern verwendete, auf Morris' Ablehnung stießen?

Dem Historismus jener Zeit war es jedenfalls kaum möglich, auf Morris' antiklassische Linie einzuschwenken. In den frühen siebziger Jahren schufen gewandte Architekten wie Shaw bereits im städtischen Kontext eine klassizistische Version des Queen-Anne-Stils, den Morris zusammen mit Webb und Nesfield aus dem traditionellen englischen und holländischen Wohnhausbau entwickelt hatte. Bevor er sich zu Beginn der neunziger Jahre ganz dem Neo-Georgian Style zuwandte, lieferte Shaw respektable Vorbilder für das klassizistische, wenn auch manierierte Wohnhaus in der Stadt wie das Old Swan House, Chelsea (1875–1877) und für das freie, pittoreske, komfortable Landhaus wie Pierrepoint in Frensham, Surrey (1876–1878). Trotz seiner Sophisterei war auch Shaw von den gesellschaftlichen und kulturellen Prinzipien Ruskins beeinflußt. Im Jahre 1877 entwarf er für den künstlerisch interessierten Grundstücksspekulanten Jonathan T. Carr Häuser für die erste Gartenvorstadt, die im westlichen Außenbezirk Londons lag. Der rote Backstein und die Ziegelverkleidungen dieses Garten-»Dorfes« für die obere Mittelklasse, bekannt als Bedford Park, wurden in der frechen »Ballad of Bedford Park« gefeiert, die 1881 in der *St. James's Gazette* erschien:

»Die Bäume grün und rot der Stein,
Hier blickt der Mensch dich heller an,
Laßt unsere künft'gen Gärten sein
Im Stil der guten Kön'gin Anne.
Ein Dörfchen will ich hier begründen
Dank Norman Shaws Geschick.
Die Tugend wird man wiederfinden
Und auch Ästhetenglück.«

Dieser Backstein-Stil erstreckte sich sogar auf die Kirche, die durch das Fehlen jeglicher vertikalen Elemente ausgesprochen weltlich wirkte. Obwohl das Bauwerk neugotische Anklänge zeigte, trug es eine kühne Laterne im Stile Wrens auf dem Dach. Die ersten Häuser von Bedford Park wurden 1876 nach den Entwürfen des von Japan inspirierten Architekten E. W. Godwin errichtet. Im Jahre 1877 übernahm Shaw seine Aufgabe. Unter seinem Einfluß bauten während des nächsten Jahrzehnts zahlreiche Architekten in Bedford Park, darunter zum Schluß auch Voysey, der 1890 ein bemerkenswertes Haus in The Parade entwarf.

1878 veröffentlichte Shaw seine *Sketches for Cottages and Other Buildings*. Dieses einflußreiche Buch zeigte Entwürfe für Arbeiterhäuser in verschiedenen Größen. Außerdem enthielt es eine Typologie der öffentlichen Bauten einer autonomen Dorfgemeinschaft: Schule, Versammlungshalle, Armenhaus und Spital. Im Jahr darauf entstand die erste der paternalistischen Gartenstädte: Bournville, Birmingham, begründet von George Cadbury und entworfen von Ralph Heaton und anderen. W. H. Lever folgte weitgehend dem Modell des Bedford Park, als er kaum zehn Jahre später 1888 Port Sunlight gründete. Das Aufkommen der Gartenstadtbewegung im letzten Jahrzehnt des Jahrhunderts war eng mit der Entwicklung der Arts-and-Crafts-Bewegung verbunden. So wie Ebenezer Howard 1898 die Gartenstadt vor-

stellte, verband sie gesellschaftspolitisch eine Auflockerung der Stadt mit ländlicher Kolonisation und einer dezentralisierten Verwaltung. Als Ergänzung zur Genossenschaftsbewegung forderte die Gartenstadtbewegung, daß eine solche Stadt ihre Einkünfte aus einer ausgewogenen Mischung von Industrie und Landwirtschaft beziehen solle. Howard setzte sich für eine finanzielle Förderung der Wohnbauten durch Gewerkschaften, für Gemeinschaftseigentum an Grund und Boden, umfassende Planung und die Temperenzlerbewegung ein. Er beschränkte die optimale Einwohnerzahl der Gartenstadt, die durch einen Grüngürtel an weiterem Wachstum gehindert werden sollte, auf 32 000. Jede Stadt sollte als regionale Satellitensiedlung durch die Eisenbahn mit einem größeren Zentrum verbunden werden. In dieser Form ergänzte die Gartenstadt die Versuche der Sozialreformer, Lebens- und Arbeitsbedingungen des industriellen Proletariats zu verbessern. Nach seiner Rückkehr aus Amerika im Jahre 1876 hatte Howard sich jenen sozialistischen Kreisen angeschlossen, in denen Bernard Shaw und Sidney und Beatrice Webb verkehrten, einer Gruppe, die später als fabianische Sozialisten anfänglich die Idee der Gartenstadt ablehnte. Praktisch und auf Verbesserungen bedacht, entsprachen Howards Vorschläge zwar dem Geist, nicht aber dem Buchstaben des Fabianismus. Schon der Titel seines Buches von 1898, *Tomorrow: a Peaceful Path to Real Reform*, machte deutlich, daß er ein Mann des Kompromisses war. Howard war für freie Wirtschaft innerhalb der Grenzen sozialer Kontrolle und zog behutsame Reformen revolutionären Aktionen vor. Außer auf Ruskins St. George's Guild von 1871 stützte sich Howard bei dem sozialpolitischen Modell seiner Stadt auf so unterschiedliche Denker wie den Anarchisten Peter Kropotkin und den amerikanischen Ökonomen Henry George, der in seiner Schrift *Progress and Poverty* von 1879 eine einzige Steuer auf alle Grundzinsen befür-

28 Bedford Park, London, mit Shaws Kirche St. Michael, 1879–1882. Prototyp eines englischen Vororts.

wortet hatte. Vorbilder hatte Howard auch beim Planungskonzept seiner Stadt, das von so unterschiedlichen Quellen wie James Silk Buckinghams Idealstadt Victoria (1849) und Paxtons Projekt Great Victorian Way (1855) abgeleitet war.

Es läßt sich kaum etwas vorstellen, was weiter von Howards ursprünglichen Projekt entfernt wäre als der Plan der Gartenstadt Letchworth, der ab 1904 realisiert wurde. Die Eisenbahn durchschneidet die Stadt, der Einkaufsbereich ist dem Wetter ausgesetzt, und die Industrie ist nach rein pragmatischen Gesichtspunkten mit Wohngebieten vermischt. Raymond Unwin und Barry Parker hatten Howard offenbar wenig mehr zu bieten als schwächliche Versuche im Stile Shaws und Webbs. Der Vorort Hampstead Garden, den Unwin 1907 entwarf, wäre ähnlich unbefriedigend ausgefallen, hätte er hier nicht mit Lutyens zusammengearbeitet.

Der Arts-and-Crafts-Tradition von Cole und Morris folgend, gründete Mackmurdo 1882 die Century Guild. Auch hier fand sich eine Gruppe von Künstlern zusammen, die sich mit Entwurf und Herstellung von Wohnbedarf beschäftigten. Mackmurdo arbeitete von Anfang an mit gleicher

Leichtigkeit als Graphiker, Tapeten- und Möbeldesigner. Er publizierte seine Ideen zusammen mit Selwyn Image und gründete 1884 *The Hobby Horse*, die Zeitschrift der Century Guild. In seinen kunstgewerblichen Arbeiten aus den frühen achtziger Jahren entwickelte Mackmurdo einen unverwechselbaren Stil, der den Art Nouveau vorwegnahm – einen Stil, der direkt auf William Blake zurückging und nicht den eleganten, aber strengen Formen seiner Architektur entsprach. Seine konsequentesten Arbeiten sind das äußerst originelle Flachdachhaus, das er um 1883 in Enfield baute, und sein etwas gefälligerer Stand auf der Ausstellung der Century Guild von 1886.

Im Jahre 1887 griff Ashbee das inzwischen etablierte Modell der Gilde auf, indem er im Londoner East End die Guild of Handicraft gründete, die das Ziel der direkten sozialen Reform in ihr Programm aufnahm. Ausdrücklicher Zweck seiner Gilde war es, Londoner Gesellen und ihre Lehrlinge, die sonst ohne Arbeit geblieben wären, zu beschäftigen und auszubilden. Wie das Haus zeigt, das Ashbee 1904 in Chelsea für sich selbst baute, war er ein genauerer und behutsamerer Entwerfer als Mackmurdo. Aufgrund seiner Tätigkeit als Tutor in der Toynbee Hall engagierte er sich auch stärker für Reformen durch direkte soziale Arbeit. Aber obwohl er tief von Morris und Ruskin beeindruckt war, nahm er Anstoß an ihrer dogmatischen Antipathie gegen die Maschine und ihrem revolutionären Sozialismus. Im Gegensatz zu seinen radikaleren Vorgängern sah Ashbee sich selbst als konstruktiven Sozialisten. Nachdem er um die Jahrhundertwende Frank Lloyd Wright begegnet war, glaubte er um so fester daran, daß die Lösung des durch die moderne Industrie geschaffenen Dilemmas in einer richtigen Anwendung der Maschine lag. Wie Howard war Ashbee Kompromissen zugeneigt. Er befürwortete die Dezentralisierung bestehender städtischer Konzentrationen und ihrer Institutionen und trug

damit zu einer noch engeren Verbindung zwischen Arts-and-Crafts-Bewegung und Gartenstadtidee bei. Wie Howard wandte sich auch Ashbee gegen eine Verstaatlichung von Grund und Boden. Da er davon überzeugt war, daß die kulturelle Funktion des Handwerks in der »Selbstverwirklichung« des Menschen bestand, fürchtete Ashbee die regulierenden Eingriffe des radikalen Sozialismus. So begrüßte er später das Scheitern der Sozialistischen Internationale an der »Klippe der Rasse«. Statt dessen trat er für soziale Reformen im leicht antiquierten Stil Disraelis ein und stand deshalb den Tugenden des britischen Imperialismus unverhältnismäßig positiv gegenüber. Sein Sinn für ökonomische Realitäten war nicht besonders stark ausgeprägt, und seine Guild of Handicraft, die er 1906 in Chipping Campden, Gloucestershire, als eine auf Handwerk gegründete landwirtschaftliche Genossenschaft aufbaute, brach schon nach zwei Jahren zusammen. Ein Gesellschafter antwortete auf Ashbees Bitte um weiteres Kapital:

»Cadburys Dorf in Birmingham ist fabelhaft, soweit es die Häuser und das Leben außerhalb der Geschäftsstunden angeht, aber in der Arbeitszeit spielen die modernen Bedingungen billiger Produktion und voller Anwendung von Maschinen die Hauptrolle. Dort hat man die Freizeit menschlicher gemacht, aber Sie haben versucht, auch die Arbeit menschlicher zu machen.«

Solche ehrgeizigen sozialen Ziele lagen Mackmurdos individualistischem Schüler Voysey fern. Die stilistische Kraft und Einfachheit seiner Arbeiten, die er um 1885 erreicht hatte, blieb freilich den meisten seiner Zeitgenossen verborgen. Voysey griff eher auf Webbs Prinzipien – Respekt für traditionelle Methoden und örtliche Materialien – zurück als auf Shaws erfindungsreiche und räumlich virtuose Entwürfe. In einem unrealistischen Hausprojekt von 1885, das er zum eigenen Zeitvertreib anfertigte, formulierte Voysey (trotz der an

Shaw erinnernden teilweisen Fachwerkkonstruktion) die wichtigsten Elemente seines Stils: ein überhängendes Schieferdach, Regenrinnen, die von schmiedeeisernen Klammern gehalten wurden, und rauh verputzte Außenwände mit horizontalen Fensterbändern, die in Abständen durch geböschte Strebepfeiler und Kamine markiert waren. Diese Elemente charakterisierten sein Werk in den nächsten dreißig Jahren. Stilistisch gesehen, unternahm Voysey mit seiner Arbeit den Versuch, die wichtigsten Aspekte des englischen Landhausbaus wiederaufzunehmen. Durch seine frühe Zusammenarbeit mit Mackmurdo entwickelten sich aber auch fließendere, komplizierte Formen, wie sie sich in seinen Tapetenentwürfen und Metallarbeiten um 1890 zeigten. Diese Details setzten in Voyseys sonst strengen Interieurs die Akzente. Im Gegensatz zu Morris war Voysey von einem nahezu extremen Zwang zur Zurückhaltung besessen. So forderte er, daß entweder Textilien oder Tapeten gemustert sein sollten, aber niemals beide zugleich. Sein eigenes Haus »The Orchard« in Chorley Wood, Hertfordshire (1899), illustriert Dezenz und Lebendigkeit seiner Innenausstattungen: lichtdurchflutete Geländergitter, niedrig angebrachte Bilderschienen, Fliesen um den Kamin, einfache Eichenmöbel und dicke Teppiche. Während diese Elemente in seiner ganzen Karriere mit geringfügigen Variationen immer wiederkehrten, wurden seine Entwürfe im Laufe der Jahre weniger figurativ; seine frühen Möbel hatten zum Organischen tendiert, doch seine späteren Stücke gehen auf klassische Themen zurück.

Zwischen 1889 und 1910 entwarf Voysey mehr als vierzig Häuser, von denen einige über den latenten Historismus seines Stils hinauswiesen. Dazu gehören das Wohnhaus eines Künstlers, für J. W. Forster 1890 im Bedford Park errichtet, das Haus Sturgis in Guildford von 1896 und Broadleys am Lake Windermere, sein schönstes Haus, das 1898 gebaut wurde. Nirgendwo

29 Voysey, Broadleys, Cumbria, 1898.

sonst erreichte er eine solche Klarheit des Grundrisses, eine solche Großzügigkeit der Anlage und der Landschaftsgestaltung und eine solche Kühnheit in der Massengliederung und der Anordnung der Fenster. Voyseys Einfluß reichte weit: Zu den Architekten, die sein Werk inspirierte, zählten Mackintosh, Townsend und die Wiener Architekten Olbrich und Hoffmann.

Während der ersten Phase von Voyseys Laufbahn begann sich die Arts-and-Crafts-Bewegung zu institutionalisieren, zunächst mit der Gründung der Art Workers' Guild (1884) auf Anregung von Lethaby und anderen Mitarbeitern aus Shaws Büro, dann 1887 mit der Arts and Crafts Exhibition Society, der Morris' Protegé Walter Crane vorstand. Die letzten fünfundzwanzig Jahre der Bewegung vor dem Ausbruch des Ersten Weltkriegs sind eng mit der Karriere Lethabys verbunden. Nachdem er zwölf Jahre lang als Chefassistent bei Shaw gearbeitet hatte, machte er sich 1895 mit dem Entwurf von Avon Tyrell selbständig, einem großen Herrenhaus im New Forest. Fünf Jahre später wurde er gleichzeitig mit

George Frampton zum ersten Rektor der Central School of Arts and Crafts in London berufen. So brachte er, außer seiner kurzen Laufbahn als Entwerfer, in die Arts-and-Crafts-Bewegung hauptsächlich seine hervorragenden pädagogischen Fähigkeiten ein. Im Jahre 1892 veröffentlichte er sein erstes Buch, *Architecture, Mysticism and Myth*, in dem er darlegte, daß die Architektur der Vergangenheit stets von kosmischen und religiösen Leitbildern beeinflußt worden sei. Er versuchte, einen solchen Symbolismus in sein eigenes Werk einzuführen. Seine Thesen beeinflußten offenbar auch die Arbeit seines befreundeten Kollegen Edward Schroeder Prior, dessen berühmtes Haus mit »Schmetterlingsgrundriß«, The Barn, 1897 in Exmouth errichtet, deutlich symbolistische Züge aufwies. (Ähnliche Grundrisse in Schmetterlingsform schlug Baillie-Scott 1902 für Yellowsands und 1908 für Hampstead Garden Suburb vor.)

Als Lethaby zu lehren begann, verlagerte sich sein Interesse von poetischen Inhalten auf das Problem, die richtige Methode für

die Entwicklung der Form zu finden. So wandte er sich 1910 gegen eine ausdrücklich poetische Reflexion:

»Das Bauen war eine Kunst und kann es sein, phantasievoll, poetisch, selbst mystisch und magisch. Wenn Poesie und Magie im Menschen und in der Zeit sind, erscheinen sie auch in den Künsten ... Es nützt überhaupt nichts zu sagen, laßt uns magische Bauten errichten.«

Für Lethaby schien die Tradition, der er angehört hatte, ganz plötzlich an einem Ende angelangt zu sein. Als letzter in der langen Reihe der Gothic-Revival-Sozialisten setzte er sich um die Jahrhundertwende für einen reinen Funktionalismus ein. Als er 1915 bei der Gründung der Design and Industries Association mitwirkte, drängte er seine Kollegen, den Weg in die Zukunft bei den Deutschen und dem Deutschen Werkbund zu suchen.

Mit dem Ausbruch des Ersten Weltkriegs fand jenes Goldene Zeitalter der verträumten englischen Landhäuser, das Webb, Shaw und Nesfield eingeleitet hatten und zu dessen exotischsten Schöpfungen die kunstvollen *Country-Life*-Entwürfe von Edwin Landseer Lutyens und Gertrude Jekyll zählten, einen endgültigen Abschluß. Doch im Grunde hatte diese Epoche schon früher geendet, mit einer Flut großer neogeorgianischer Häuser für, wie Robert Furneaux Jordan bemerkte, »jene ästhetischen Reichen, die nach dem Burenkrieg aus ihren Schwertern Goldstücke geprägt hatten«. Aber auch ohne den Triumph des Neo-Palladianismus im edwardianischen Geschmack – Lutyens begeisterte sich nach der Jahrhundertwende für das, was er »Wrenaissance« nannte – ist es unwahrscheinlich, daß die Formen und Ideale der englischen Arts-and-Crafts-Bewegung das soziale und kulturelle Trauma des ersten großen industriellen Krieges überlebt hätten. Das läßt sich auch am Schicksal von Liberty & Co. nach 1918 ablesen, denn der Erste Weltkrieg hatte die kunsthandwerkliche Produktion der Firma wie eine Guillo-

30 Lutyens, Denkmal in Thiepval, Picardie, 1924.

tine durchschnitten. Im Zeitraum von etwa fünf Jahren waren die phantasievolle Strenge und die großartige Schönheit von Art-Nouveau-Silbergegenständen banal dekoriertem blauem Porzellan, Tudor-Möbeln und imitierten, pseudo-präraffaelitischen Glasmalereien gewichen. Liberty & Co. entschieden sich selbst in ihren neuen Geschäftsräumen, die 1924 nach den Entwürfen von E. T. und E. S. Hall entstanden, für diesen degenerierten Stil. Dieses zum Teil in Holz errichtete Warenhaus war charakteristisch für das sogenannte »Börsenmakler-Tudor«, wie es sich in verschiedenen Versionen auch in Hausbauten entlang der neugebauten Verbindungsstraßen zwischen London und jenen vorstädtischen Pendlerregionen wiederfand, die für die Hauptstadt später so wichtig wurden.

In der Zwischenzeit sah sich Lutyens, der zur Position des inoffiziellen »Hofarchitekten« emporgestiegen war, mit den Auswirkungen des Krieges konfrontiert. Man konnte sich nicht einmal mehr den relativ bescheidenen Luxus seiner frühen Landhäuser mit ihren kleinen, aber komplexen, von Gertrude Jekyll entworfenen Gärten erlauben (zum Beispiel Prioresque Tig-

bourne Court von 1899). In den zwanziger Jahren fand Lutyens' Neigung zum Palladianismus, die er bei seinem Haus Nashdom von 1905 so geistreich zum erstenmal demonstriert hatte, ihren verfremdeten Ausdruck in der Feierlichkeit des Somme-Denkmals für die britischen Gefallenen in Thiepval (1924) und in der überholten, wenngleich meisterhaften Monumentalität seines Palasts für den Vizekönig in New Delhi, 1923–1931 (Abb. 200). Bei diesen beiden brillanten neoklassizistischen Bauwerken verzichtete Lutyens ganz und gar auf sein Arts-and-Crafts-Erbe. Kaum andere Bauten sind weiter entfernt von Morris' utopischer Vision als diese strengen Monumente, die isoliert inmitten flacher, ferner Landschaften liegen. Die Utopie »Nirgendwo« wurde nun nicht mehr durch Morris' heimelige Wiederbelebung von mittelalterlichen Gilden verkörpert, sondern durch einen Bogen zur Erinnerung an eine Generation von Märtyrern und durch eine barocke Anlage in einem Land, das bald verlorengehen sollte.

2. Kapitel
Adler und Sullivan: das Auditorium und das Hochhaus 1886–1895

»Ich würde sagen, daß es unserem Schönheitssinn sehr gut täte, wenn wir uns für eine Reihe von Jahren völlig der Anwendung von Ornamentik enthielten, damit unser Denken sich ganz auf die Herstellung gut geformter und in ihrer Nacktheit schöner Gebäude konzentrieren könnte. Wir würden dadurch notwendigerweise viele unerwünschte Dinge vermeiden und durch den Kontrast lernen, wie nützlich es ist, auf gesunde und natürliche Weise zu denken ... Dann werden wir freilich gelernt haben, daß das Ornament geistig gesehen Luxus, nicht Notwendigkeit ist, denn wir werden die Beschränkungen wie auch den großen Wert schmuckloser Volumen erkannt haben. Wir haben Romantik in uns und fühlen das Bestreben, sie auszudrücken. Wir fühlen intuitiv, daß unsere starken, athletischen und einfachen Formen mit natürlicher Leichtigkeit das Gewand tragen, von dem wir träumen, und daß unsere Bauten, in das Kleid poetischer Bilder gehüllt und halb verborgen in erlesenen Produkten des Webstuhls und des Bergwerks, eine doppelte Resonanz hervorrufen werden, wie eine Klang-Melodie, die in harmonischer Stimme komponiert ist.«

Louis Sullivan
Ornament in Architecture, 1892

Henry Hobson Richardsons neoromanisches Großhandelsgebäude Marshall Field, begonnen 1885 und vollendet ein Jahr nach seinem Tod im Jahre 1887, war der Ausgangspunkt für die bedeutenden Leistungen der Chicagoer Architekturfirma Adler

und Sullivan. Bevor Louis Sullivan 1879 als Assistent bei Dankmar Adler eintrat (1881 wurde er sein Partner), hatte er eine relativ vielseitige Ausbildung erfahren: an zwei angesehenen Akademien, an denen er jeweils weniger als ein Jahr blieb; am Massachusetts Institute of Technology im Jahre 1872 und in Vaudremers Atelier an der Ecole des Beaux-Arts im Jahre 1874. Zwischen diesen akademischen Eskapaden arbeitete Sullivan ein Jahr lang im Büro von Frank Furness in Philadelphia, eine Zeit, die sich als bedeutungsvoll für seine Laufbahn erwies, nicht nur, weil er Furness' »orientalisierten« gotischen Stil kennenlernte, sondern auch, weil er dort den intellektuellen jungen Architekten John Edelman kennenlernte. Edelman machte ihn nach 1875 mit den wichtigen Architekten Chicagos bekannt – zunächst mit William Le Baron Jenney, der später mit seinem Fair Store (1892) zum Pionier der Stahlskelettkonstruktion wurde, dann mit Dankmar Adler. Edelmans außergewöhnliche Bildung und seine anarchistisch-sozialistischen Ansichten, die von Morris und Kropotkin hergeleitet waren, beeinflußten Sullivans theoretische Entwicklung, wie sich in seinen *Kindergarten Chats* von 1901 zeigt.
In den frühen Jahren ihrer Tätigkeit waren Adler und Sullivan damit beschäftigt, den dringenden Bedarf an Bauten im aufblühenden Chicago zu befriedigen, das damals nach dem großen Brand von 1871 als Hauptstadt des Mittleren Westens wiederaufgebaut wurde. Als Adler in den späten

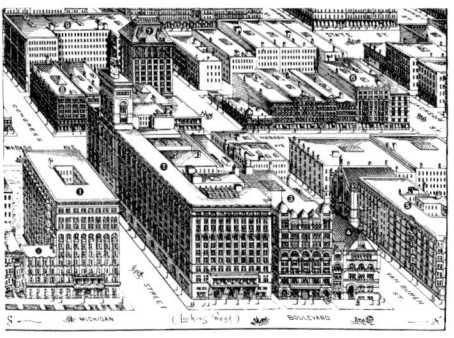

31 Chicago, 1898: Blick vom Michigan Boulevard nach Westen. In der Mitte das Auditorium Building (vgl. Abb. 33).

siebziger Jahren sein Büro etablierte, arbeitete Sullivan für Jenney und wurde dadurch mit den technischen Aspekten des Bauens in Chicago vertraut. In seinem Essay von 1926, *The Autobiography of an Idea*, schrieb Sullivan über die mächtigen Einflüsse, die zu diesen Baumethoden führten:
»Die Geschäftshochhäuser entstanden aus dem Druck der Grundstückspreise, die Grundstückspreise aus dem Bevölkerungsdruck, der Bevölkerungsdruck aus Druck von außen ... Doch ein Bürogebäude konnte sich nicht ohne ein vertikales Transportmittel über die durch Treppen erreichbare Stockwerkszahl erheben. So wurde Druck auf das Gehirn des Ingenieurs ausgeübt, dessen Geschicklichkeit und schöpferische Phantasie zur Entwicklung des

Personenaufzuges führten ... Es lag allerdings in der Natur der Mauerwerkskonstruktion, daß eine neue Höhenbegrenzung festgelegt werden mußte; denn ihre immer dickeren Wände fraßen Grund und Boden zu immer höherem Preis, und der Bevölkerungsdruck nahm schnell zu ... Der Bau von Hochhäusern in Chicago machte schließlich die Verkaufsdirektoren der Walzwerke im Osten aufmerksam, und so gingen ihre Ingenieure ans Werk. Die Fabriken hatten seit einiger Zeit jene Konstruktionselemente gewalzt, die man seit langem für den Brückenbau verwendete. So waren die Grundlagen bereits vorhanden. Wichtig war nun eine zukunftsorientierte Verkaufspolitik, die von Phantasie und technischem Können der Ingenieure ausging. Versuchsweise wurde die Idee eines Stahlskeletts, das alle Lasten tragen sollte, Architekten in Chicago vorgelegt ... Die Sache gelang, und so entstand bald etwas Neues unter der Sonne ... Die Architekten von Chicago begrüßten das Stahlskelett und fingen etwas damit an. Die Architekten des Ostens fühlten sich abgestoßen und konnten keinen Beitrag dazu leisten.«

Wie Sullivan bemerkte, mußten die Chicagoer Architekten der achtziger Jahre sich fortschrittliche Baumethoden aneignen, wenn sie im Geschäft bleiben wollten. Da der große Brand die mangelnde Widerstandskraft von Gußeisen erwiesen hatte, gab der neu entwickelte feuersichere Stahlrahmen – mit dem vielgeschossige Mietflächen geschaffen werden konnten – den Spekulanten die Möglichkeit, Citygrundstücke bis zum absoluten Optimum auszunutzen. Der zeitgenössische Kritiker Montgomery Schuyler sagte 1899: »Der Aufzug verdoppelte die Höhe des Bürogebäudes, und das Stahlskelett verdoppelte sie noch einmal.«

Vor 1886 befaßten sich Adler und Sullivan hauptsächlich mit kleinen Bürobauten, Lagerhäusern und Kaufhäusern, kommerziellen Bauten also, zu denen sich von Zeit zu

Zeit Aufträge für Wohnhäuser gesellten. Bei diesen frühen, meist auf sechs Geschosse begrenzten Bauten hatten sie wenig Gestaltungsmöglichkeiten, außer daß sie das Skelett aus Eisen, Mauerwerk oder einer Kombination beider Materialien zum Ausdruck brachten, und sie konnten wenig

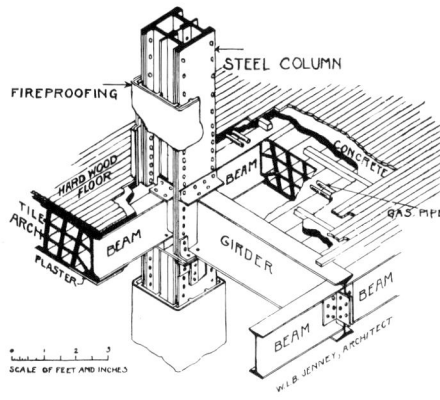

32 Jenney, Fair Store, Chicago, 1890–1891. Detail der feuerfesten Stahlrahmenkonstruktion.

mehr tun, als die klassische Unterteilung der Fassade in Basis, Mitte und Spitze zu variieren.

Das änderte sich 1886, als sie den Auftrag für den Entwurf des Auditorium Building erhielten, eines Bauwerks, das sowohl von der Technik als auch von der Konzeption her einen überaus wichtigen Beitrag zur Architektur von Chicago leistete. Die Anlage dieses Vielzweckgebäudes war exemplarisch. Die Architekten waren aufgefordert worden, in einem halben Block innerhalb des Chicagoer Rasters ein großes, modernes Opernhaus unterzubringen, auf zwei Seiten von elfgeschossigen Hochhäusern flankiert, die teils Büros, teils ein Hotel aufnehmen sollten. Sie realisierten dieses Bauprogramm auf originale Weise, indem sie Neuerungen einführten wie etwa

die Anordnung der Hotelküche und der Speiseräume auf dem Dach, damit keine Dünste die Bewohner belästigten. Zugleich bot aber auch das Auditorium selbst Adler viele Möglichkeiten zur Entfaltung seiner technischen Erfindungskraft. Er entsprach den Forderungen nach Variabilität, indem er faltbare Deckenelemente und vertikale Schirme verwendete, mit deren Hilfe der Saal ebensogut für 2500 Konzertbesucher wie für 7000 Kongreßteilnehmer eingerichtet werden konnte. Welches Vertrauen der Bauherr in Adlers technische Fähigkeiten hatte, spiegelt Adlers eigene Beschreibung des Auditoriums wider: »Die architektonischen und dekorativen Formen des Auditoriums sind extrem unkonventionell und werden weitgehend von der akustischen Wirkung bestimmt, die erzielt werden soll ... Eine Reihe konzentrischer elliptischer Bögen bewirkt die seitliche und vertikale Verbreitung des Klangs von der Proszeniumsöffnung zur Mitte des Hauses. Die Laibungen und Stirnseiten dieser elliptischen Flächen sind mit Reliefs dekoriert, wobei die elektrischen Glühlampen und ... die Auslaßöffnungen des Ventilationssystems einen wichtigen Bestandteil des Dekors bilden ... Viel Aufmerksamkeit wurde der Heizung, Kühlung und Ventilation gewidmet. Frischluft von der Spitze des Gebäudes wird durch einen Ventilator ... von 3 m Durchmesser in das Haus geführt ... Auf diese Art wird die Luft von Staub und Ruß gereinigt ... Ein Leitungssystem transportiert die Luft zu verschiedenen Teilen des Auditoriums, ... der Bühne, ... den Foyers und den Garderoben. Die Luft zirkuliert von der Bühne nach außen und von der Decke nach unten ... Von Öffnungen in den Wangen der Stufen zwischen den Sitzreihen führen Leitungen zu Abluftgebläsen.«

Adler war wahrscheinlich einer der letzten Ingenieurarchitekten, der seine Kompetenz in einem weiten technischen Bereich beweisen konnte. Er überwand eine Fülle von Schwierigkeiten, von der Klimatisie-

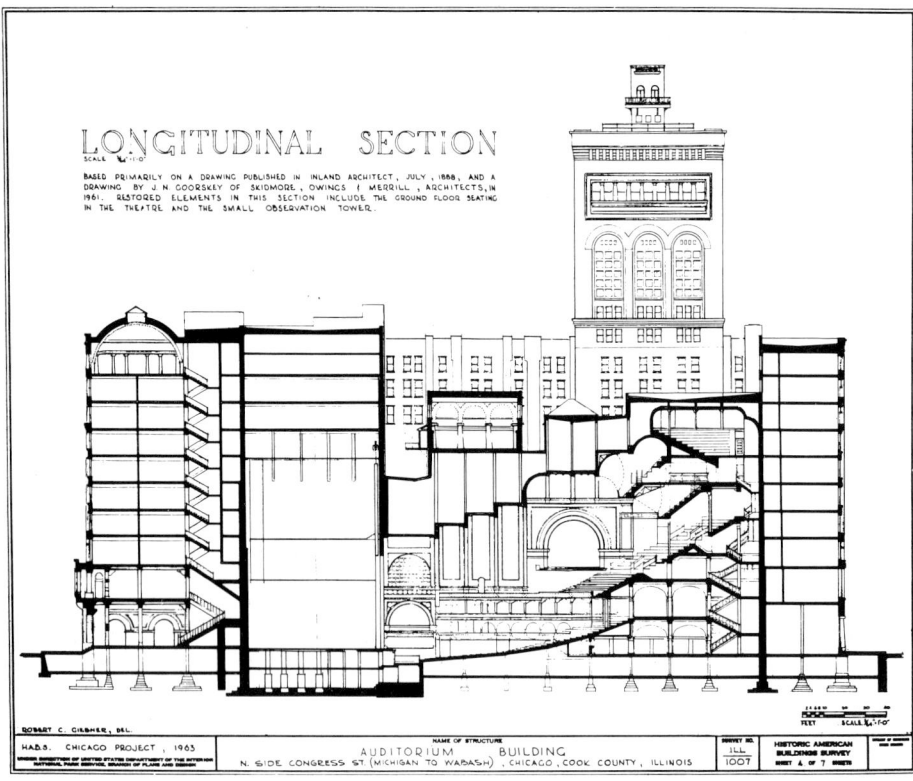

rung des Auditoriums bis zu dem Stahlträger, von dem die akustische Schale abgehängt war, und von der komplizierten Drehbühne bis zu den großzügigen Foyers in Opernhaus und Hotel. Der gesamte Komplex war in einer massiven Konstruktion aus Mauerwerk und Stahl untergebracht, die während der Bauarbeiten zum Ausgleich für die unterschiedliche Belastung der Fundamente mit Ballast versehen wurde.

Das ästhetische Konzept dieses elf Geschosse hohen Komplexes ging auf eine gemilderte Version von Richardson Marshall Field Store zurück. Während Richardson durchgehend rustizierte Stein-

blöcke verwendet hatte, variierte Sullivan das Außenmaterial des Auditorium Building, um Ausgleich für seine größere Höhe und Masse zu schaffen. Über dem dritten Geschoß ging er von rustizierten Steinquadern zu glattem Kalkstein über. Doch die Düsternis und Strenge des fertigen Gebäudes stieß Adler ab. 1892 schrieb er:
»Es ist bedauerlich, daß die strenge Einfachheit ..., die durch die Finanzierungspolitik aus früheren Tagen des Unternehmens notwendig wurde, der tiefe Eindruck, den Richardsons ›Marshall Field Building‹ bei den Direktoren der Auditorium Association hinterließ, und die Reaktion der Architekten auf eine allzu große Vorliebe

für ... höchst dekorative Effekte hier zufällig zusammengetroffen sind ... und dadurch das Äußere des Gebäudes jener Reize berauben, die so charakteristisch für das Innere sind.«

Dennoch wirkt das Bauwerk im ganzen kraftvoll, straff und rhythmisch gegliedert. Die Kolonnade der Hotelterrasse an der Seeseite spiegelt sich in ähnlichen Bogenmotiven des Turmes wider. Der leicht orientalische Einschlag dieser Terrasse nimmt die deutlich türkischen Elemente des Hauses Charnley in Chicago vorweg, das Sullivan 1892 mit seinem Mitarbeiter Frank Lloyd Wright entwarf.

Richardsons Einfluß blieb in Sullivans Frühwerk bestimmend. Sullivan vereinfachte Richardsons feinfühlige Variationen der Romanik geradezu brutal zu einem fast neoklassischen Stil, der sich zum erstenmal in seinem Walker Warehouse von 1888 und seinem Dooly Block von 1890 manifestierte. Beide Gebäude zählten gewiß zu jenen »in ihrer Nacktheit schönen Gebäuden«, von denen er in *Ornament in Architecture* (1892) sprach. Von nun an griff Sullivan bei der Gliederung von Baumassen auf kräftige Mauerbänder und auskragende Kranzgesimse zurück. Die Fenster waren in verlängerten Blendarkaden angeordnet, während die glatten, flächigen Fassaden durch sparsamen Dekor artikuliert waren. Typisch für diesen Stil, den Sullivan weiterentwickelte und verfeinerte, waren die Grabmäler für Getty und Wainwright, entworfen 1890 und 1892, und in größerem Maßstab das Wainwright Building in St. Louis, Missouri, vollendet 1891. Wie im Werk des Wiener Architekten Otto Wagner standen Sullivans strenge stereometrische Formen in Kontrast zu der Ornamentik, die diese Formen bereicherte und artikulierte. Doch im Gegensatz zu Wagners fließendem Dekor wirkte die Anordnung der Ornamente bei Sullivan immer ausgesprochen islamisch. Selbst wenn sein Dekor nicht wirklich geometrisch ist, wird es fast immer von geometrischen Formen

34 Sullivan, Getty-Grabmal, Friedhof Graceland, Chicago, 1890.

umschlossen. Mit diesem Rückgriff auf die ästhetischen und auch symbolischen Werte des Ostens suchte Sullivan die Kluft zwischen Intellekt und Emotion in der westlichen Kultur zu überbrücken – Gegenpole, die er später mit Griechenland und der Gotik assoziierte. Zwischen dem Auditorium und dem Wainwright Building gingen Sullivans Ornamente von organisch freien zu präzisen geometrischen Formen über. Bei dem Transportation Building für die World Columbian Exposition in Chicago (1893) wurde der Dekor vorwiegend geometrisch oder war zumindest streng von einem geometrischen Raster umschlossen. Wie Frank Lloyd Wright in seinem Buch *Genius and the Mobocracy* (1949) schrieb, erreichte diese »Kristallisation« schließlich ihre endgültige Form bei Sullivans Guaranty Building in Buffalo, New York, von 1895.

Weder Sullivan noch Jenney läßt sich die Erfindung des Wolkenkratzers zuschreiben, wenn man mit dieser Bezeichnung lediglich ein sehr hohes, vielgeschossiges Bauwerk meint, denn solche Höhen waren auch schon kurz vor Sullivans Wainwright Building mit tragendem Ziegelmauerwerk erreicht worden, zum Beispiel bei dem sechzehn Geschosse hohen Monadnock Block in Chicago (1889–1892) von Burnham und Root. Immerhin hat Sullivan aber eine architektonische Sprache entwickelt, die dem vielgeschossigen Stahlskelett angemessen war. Erstes Beispiel für dieses Idiom ist das Wainwright Building, bei dem die schon bei Richardsons Marshall Field Warehouse sichtbare Unterdrückung des Balkens zu einem logischen Schluß geführt ist. Die Fassade weist keine Arkaden mehr auf, sondern wird durch ein Raster backsteinverkleideter Pfeiler artikuliert, während die horizontalen Stahlprofile und Brüstungen zurückgesetzt und mit Terrakotta belegt sind, damit sie keinen Kontrast zu den Fenstern bilden. Die Pfeiler erheben sich aus einer straffen, zweigeschossigen Steinbasis und enden abrupt in einem massiven, dekorierten Terrakottasims. Vier Jahre später verfeinerte Sullivan diese Ausdrucksform bei seinem zweiten Meisterwerk, dem Guaranty Building.

Das Guaranty Building zeigt Sullivan auf dem Höhepunkt seines Schaffens: Es realisiert ohne Zweifel am konsequentesten jene Prinzipien, die er 1896 in seinem Aufsatz *The Tall Office Building Artistically Considered* niederlegte. Mit diesem dreizehn Geschosse hohen Bürogebäude schuf Sullivan ein Bauwerk, in dem nach seinen eigenen Worten »das Ornament so angewendet ist, daß es eingeschnitten oder ausgeschnitten wurde ... Dennoch sollte es nach der Fertigstellung so aussehen, als sei (der Dekor) durch das Wirken einer wohltätigen Kraft aus der Substanz des Materials hervorgegangen.« Ornamentierte Terrakottaplatten hüllen die Fassade in ein dichtes Filigran, dessen Motive selbst bis zu den kunstvollen Metallarbeiten der Eingangshalle vordringen. Nur die Spiegelglasfenster im Erdgeschoß und die Marmorwände sind von dieser intensiven, um nicht zu sagen üppig verschwenderischen dekorativen Behandlung ausgeschlossen.

Sullivan sah sich wie sein Schüler Frank Lloyd Wright als einsamen Kulturschöpfer der Neuen Welt. Von Whitman, Darwin und Spencer beeinflußt und von Nietzsche inspiriert, betrachtete er seine Bauten als Produkte einer nicht endenden Lebenskraft. Für Sullivan manifestierte sich die Natur in der Kunst durch Konstruktion und Ornament. Sein berühmter Ausspruch »Die Form folgt der Funktion« fand seinen folgerichtigsten Ausdruck in dem konkaven Gesims des Guaranty Building, wo die ornamentale »Lebenskraft« auf den Sprossen sich in Wirbeln um die kreisrunden Dachfenster zieht. Darin spiegelt sich metaphorisch das technische System des Gebäudes wider, das, um Sullivan zu zitieren, »sich selbst vervollständigt und auf- und absteigend seinen großen Kreis vollendet«. Die fundamentale Bedeutung dieser organischen Metapher legte Sullivan noch deutlicher mit dem geflügelten Samen der Platane dar, dem »Keimling«, den er auf der ersten Seite seiner Abhandlung über das Ornament in der Architektur, *A System of Architectural Ornament According with a Philosophy of Man's Powers*, zeigte. Die Schrift wurde in seinem Todesjahr 1924 veröffentlicht. Unter das Bild stellte Sullivan eine an Nietzsche erinnernde Unterschrift: »Der Keim ist das Reale; er ist der Sitz der Identität. In seinem zarten Mechanismus liegt der Wille zur Kraft, dessen Funktion es ist, seinen vollen Ausdruck in der Form zu suchen und schließlich zu finden.«

Für Sullivan wie für Wright konnte eine solche Form sich nur in einem jahrhundertealten demokratischen Amerika entwickeln, wo sie als eine Kunst erstehen würde, »die fortleben wird, weil sie im Volk, für das Volk und durch das Volk geschaffen ist«. Als selbsternannter kultureller Prophet der Demokratie wurde Sullivan weitgehend ignoriert. Das Volk selbst lehnte seine überidealisierte, egalitäre Kultur ab.

der Trennung von seinem weltgewandten Partner Adler verlor er die Kontrolle über sein berufliches Geschick, so daß er nach der Jahrhundertwende nur noch wenige Aufträge erhielt. Dazu zählten seine erfindungsreichen, exzentrischen, stark ornamentierten Bankgebäude im Mittleren Westen aus der Zeit zwischen 1907 und 1919 und nicht zuletzt sein prächtig proportioniertes und lebendig dekoriertes, zukunftsweisendes Kaufhaus Schlesinger and Mayer (heute Carson, Pirie, Scott), das er zwischen 1899 und 1904 in Chicago errichtete.

35 Adler und Sullivan, Guaranty Building, Buffalo, 1895.

Sein zwanghaftes Streben nach einer neuen, der assyrischen vergleichbaren Zivilisation, das sich vor allem in der Gleichzeitigkeit von Rausch und Zurückhaltung seiner orientalisch inspirierten Architektur ausdrückte, hinterließ Irritation und Verwirrung. Bedroht von einer existenzgefährdenden wirtschaftlichen Depression, einer Grenzsituation ausgesetzt, zogen die Menschen die angenehmen Zerstreuungen eines importierten Barock vor. Sie fanden sie in den Ostküsten-Emblemen der »White City« imperialistischer Prägung, die ihnen auf Daniel Burnhams Columbian Exhibition von 1893 so verführerisch präsentiert wurden. Die Ablehnung des Publikums traf Sullivan schwer, und obwohl ihm noch eine gewisse Brillanz verblieben war, begannen seine Kräfte zu schwinden. Nach

3. Kapitel
Frank Lloyd Wright und der Mythos der Prärie 1890–1916

»Wenn ich in frühen Jahren von dem massiven Steinturm des Auditorium-Gebäudes nach Süden schaute, dem Bleistift in der Hand eines Meisters, dann erfüllte mich die rote Glut der Bessemerbirnen südlich von Chicago mit einem Gefühl des Entsetzens und der Romantik, wie es einst die Geschichten aus Tausendundeine Nacht getan hatten.«

Frank Lloyd Wright
The Nature of Materials,
Architectural Record, Oktober 1928

Diese Äußerung Wrights über die Ausbildungszeit, die er in den frühen neunziger Jahren bei Adler und Sullivan absolvierte, beschwört bereits die exotischen Visionen zu Beginn seiner Laufbahn herauf: die Verwandlung der industriellen Technik durch die Kunst. Wie diese Verwandlung stattfinden sollte, war Wright um die Jahrhundertwende freilich keineswegs klar. Ebenso wie seine Lehrmeister Sullivan und Richardson schwankte er zwischen der Autorität der klassischen Ordnung und der Vitalität der asymmetrischen Form. Richardson hatte, entsprechend dem Landhaus- und dem städtischen Stil Norman Shaws, für Hausbauten asymmetrische Formen verwendet und die Symmetrie den meisten seiner öffentlichen Bauten vorbehalten. Dennoch wirkten Richardsons Wohnhäuser stets einheitlich und geschlossen; wo immer es möglich war, versuchte er, die romanische Schwere von Vaudremers Second-Empire-Stil in eine der Neuen Welt angemessene Formensprache zu übertragen. Selbst bei

seinen frühen Holzhäusern wirkten die mit Schindeln verkleideten Fassaden massiv; bei späteren Wohnbauten wie dem Haus Glessner in Chicago von 1895, wo die Schindeln durch Stein ersetzt wurden, nahm die asymmetrische Komposition einen eindeutig monumentalen Charakter an.

Das Problem der Monumentalität hat offenbar sowohl bei Sullivan als auch bei Wright eine wichtige Rolle gespielt. Sullivan hatte bereits bei seinen Grabmälern für Getty und Wainwright in den neunziger Jahren monumentale Formen verwendet. Aber eigneten sich diese Formen auch dazu, die Lebenden aufzunehmen? Anfänglich bestand die Lösung darin, eine doppelte Formel anzuwenden: klassischer Stil und Stein bei städtischen Bauten, gotischer Stil und Schindeln bei ländlichen. Wright, nach 1890 praktisch für Sullivans Hausbauten verantwortlich, demonstrierte dieses Doppelprinzip zum erstenmal bei seinem eigenen Haus, das 1889 in dem neuen Chicagoer Vorort Oak Park – damals noch die Prärie der amerikanischen Mythologie – errichtet wurde, und bei dem orientalisierenden, von Italien inspirierten Haus Charnley, das er 1892 mit Sullivan zusammen für die Innenstadt von Chicago entwarf. Wrights eigenes Haus war, wie Vincent Scully gezeigt hat, in Grundriß und Aufriß von den an Richardson erinnernden pyramidenförmigen Häusern mit kreuzförmigem oder T-Grundriß abgeleitet, die Bruce Price zu jener Zeit in Tuxedo Park, New York, errichtete.

Für Sullivan und Wright konnte die junge egalitäre Kultur der Neuen Welt nicht auf einem so schwerfälligen und konventionell katholischen Stil wie Richardsons Romanik aufbauen. Deshalb wandten sie sich dem Werk eines anderen Kelten zu, Owen Jones, dessen *Grammar of Ornament* 1856 zum erstenmal veröffentlicht worden war. Mehr als sechzig Prozent von Jones' ornamentalen Beispielen waren exotisch, das heißt indischen, chinesischen, ägyptischen, assyrischen oder keltischen Ursprungs. Auf solche von westlicher Kultur weit entfernte Quellen griffen Wright und Sullivan bei ihrer Suche nach einem Stil zurück, der den Geist der Neuen Welt verkörpern sollte. Draus erklären sich nicht nur die islamischen Motive in Sullivans Arbeit, sondern auch der an Science-fiction erinnernde halbkreisförmige Dekor über dem Spielzimmer in Wrights Studio in Oak Park von 1895, ein Wandbild mit einem kauernden Araber, der gebannt ist von dem himmlischen Traumbild einer erwachenden Zivilisation.

Bei seinem Haus Winslow in River Forest, Illinois (1893), löste Wright das Problem einer egalitären, aber angemessenen Form, indem er zwei deutlich unterschiedene Ansichten einführte: Die Straßenfassade oder »städtische« Fassade war symmetrisch und hatte einen axial angelegten Eingang, während die Garten- oder »ländliche« Seite asymmetrisch war und einen seitlichen Eingang hatte. Damit sind bereits die Charakteristika von Wrights Präriestil vorweggenommen, bei dem die unregelmäßige Glie-

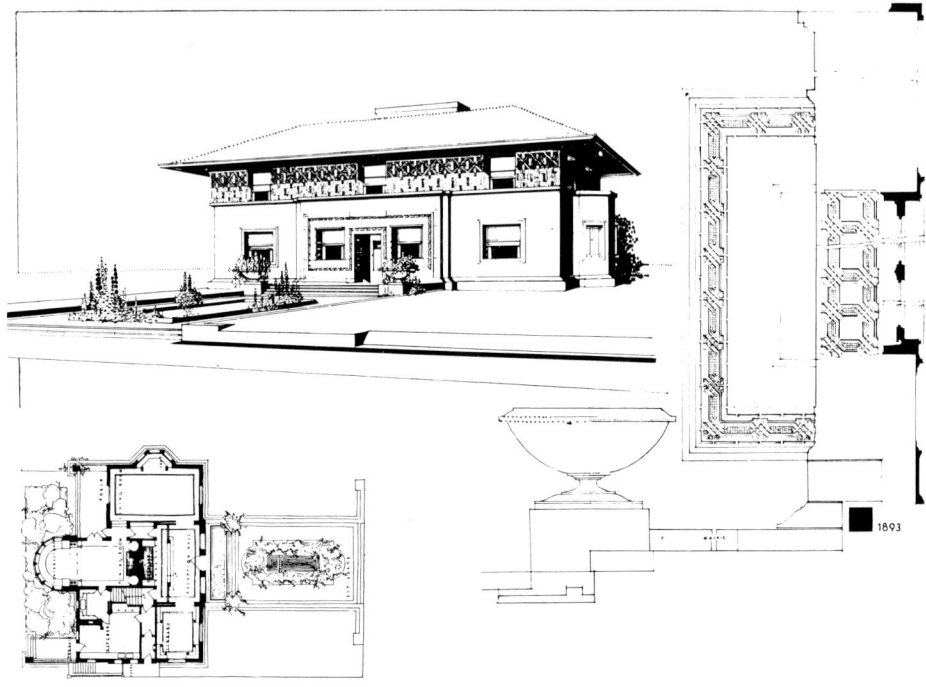

36 Wright, Haus Winslow, River Forest, Illinois, 1893. Ansicht und Lageplan.

derung auf der Rückseite der formalen Fassade der Unterbringung störender Elemente, wie etwa der Serviceeinrichtungen, dient.

Daß das Haus Winslow ein Werk der Übergangszeit war, zeigen die unterschiedlichen Fenster: teils Schiebe- und teils Flügelfenster. Hier begann Wright, wie Grant Carpenter Manson schrieb (in *Frank Lloyd Wright to 1910*, 1958), »dem Schiebefenster das Flügelfenster vorzuziehen, eine Vorbereitung auf den späteren Wechsel von einzelnen Fenstern zu Fensterbändern«. Während das für Wright typische niedrige Walmdach hier zum erstenmal auftritt, zeigt die Belebung der Flächen mit an Sullivan erinnernden Ornamentstreifen und Friesen noch vom Einfluß des Meisters. Die dekorierte Eingangsseite ist offensichtlich von Sullivans Grabmälern aus

den frühen neunziger Jahren beeinflußt; die Bogen der Kaminabschirmung in der Eingangshalle sind dagegen eine introvertierte Version der Fassade von Sullivans Schiller Theatre.

Diese frühe Betonung des Kamins zeugt von einem weiteren wichtigen Einfluß: dem der japanischen Architektur, der Wright nach seiner eigenen Aussage ab 1890 verpflichtet war, und ganz gewiß seit der World's Columbian Exposition in Chicago von 1893, als die japanische Regierung ihre nationale Ausstellung in einer Rekonstruktion des Ho-o-den-Tempels unterbrachte. Welche Rolle dieses Bauwerk in Wrights Entwicklung gespielt haben könnte, beschrieb Manson:

»Wenn wir davon ausgehen, daß die Konfrontation mit japanischen Konzepten an einem bestimmten Punkt seiner Laufbahn

der entscheidende Anstoß war, seiner Architektur ihre endgültige, eindeutige Richtung zu geben, werden manche Schritte seiner Entwicklung rational statt metaphysisch. Zum Beispiel: die Übertragung des *tokonama*, des beständigen Elements in einem japanischen Innenraum und des Mittelpunkts häuslicher Besinnung und Zeremoniells, auf das westliche Gegenstück, den Kamin, und die animistische Bedeutungssteigerung dieses Ortes; die offene Darstellung des Mauerwerks von Kamin und Schornstein als Ausdruck des Schutzes, eine Betonung der einzig erwünschten soliden Substanz in einem fließenden Innenraum; die Öffnung des Raumes vom Kamin ausgehend zu den flexiblen Glasflächen an seinen äußeren Grenzen; die mächtigen Dachtraufen darüber, um die Intensität des Lichtes zu mildern, das die Fensteröffnungen einlassen, und um sie vor dem Wetter zu schützen; die Unterteilung des Innenraums ... durch Abschirmungen anstelle von Trennwänden, womit die wechselnden Bedürfnisse der Benutzer anerkannt und erfüllt werden; der Verzicht auf jeden plastischen und gemalten Dekor zugunsten ebener Flächen und ungestrichenen Holzes – alles das und noch mehr, nützliche Verbesserungen, die bis dahin noch nicht bekannt oder nicht definiert waren, könnte auf das Beispiel des Ho-o-den zurückgehen.«

Ganz abgesehen von der eigentlichen Herkunft des Tokonama-Motivs war der Kamin zur Zeit des Hauses Winslow trotz der Zentralheizung in noch stärkerem Maße der zeremonielle Mittelpunkt als bei Wrights vier Jahre früher entstandenem eigenen Haus in Oak Park. Allerdings hatte sich Wright im Jahre 1893 noch nicht festgelegt, denn er konnte nach wie vor auch eine klassizistische Fassade entwerfen wie bei der Bibliothek in Milwaukee. Zwei Jahre später erweiterte er sein eigenes Haus um ein Studio in jener präkolumbianischen Manier, die wir nach Manson als seinen Fröbel-Stil bezeichnen: ein Hang

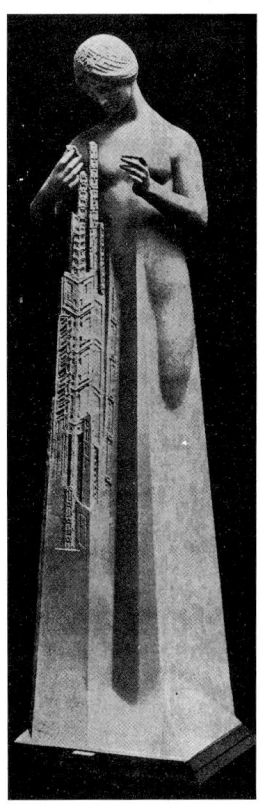

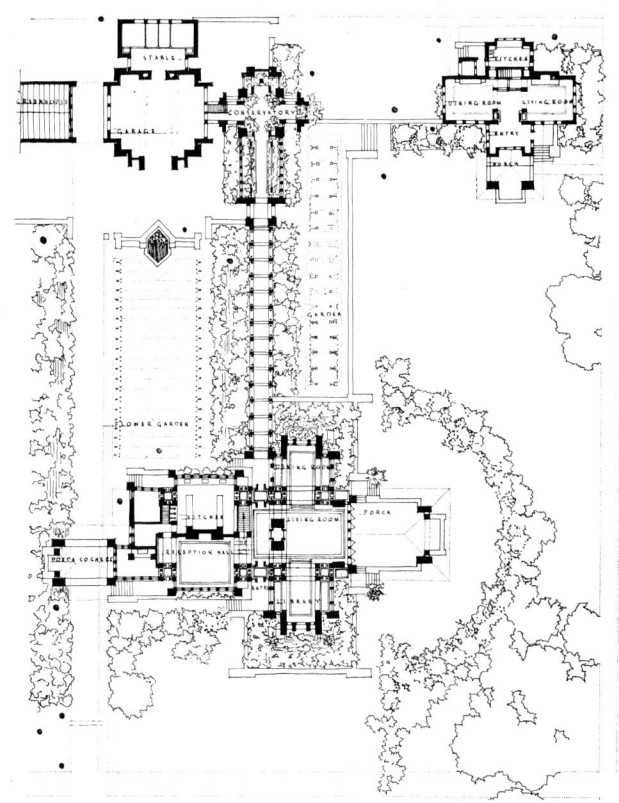

37 Bock, »Muse« für Wrights Haus Dana, Springfield, Illinois, 1902.

38 Wright, Haus Martin, Buffalo, 1904.

zur Geometrie, möglicherweise durch den Einfluß von Fröbel-Spielzeug auf seine Erziehung verursacht. Um 1895 realisierte er auch zwei überraschend radikale Entwürfe, das völlig mit Glas verkleidete Bürogebäude für Luxfer Prism und das Haus McAfee, eine geniale Neuinterpretation von Richardsons Entwurf für die Winn Memorial Library aus dem Jahre 1878. Wright schien zu dieser Zeit geradezu verzweifelt bemüht, den Durchbruch zu einem neuen Stil zu finden: Seine öffentlichen Bauten waren noch teils von Italien, teils von Richardson beeinflußt, während seine Hausbauten nun durch flach geneigte Dächer charakterisiert waren, die auf unter-

schiedlichen Niveaus über länglichen, asymmetrischen Grundrissen lagerten. Typisch für diese beiden Stile sind seine Francisco Terrace Apartments und die Häuser Heller und Husser, die alle zwischen 1895 und 1899 in Chicago entstanden. Wright brauchte noch zwei Jahre, bis er alle diese Einflüsse zu jenem einheitlichen Wohnhausstil verarbeitet hatte, mit dem er seinen Mythos der Prärie zum Ausdruck brachte. 1908 schrieb er: »Die Prärie hat ihre eigene Schönheit, und wir sollten diese natürliche, ruhige Schönheit . . . betonen. Deshalb . . . schützende Überhänge, niedrige Terrassen und ausgreifende Wände, abgesonderte private Gärten.«

Die Entstehung des Präriestils fiel mit Wrights theoretischem Reifungsprozeß zusammen, der sich in seinem berühmten Vortrag von 1901, *The Art and Craft of the Machine*, manifestierte, den er angemessenerweise in Jane Addams' Hull House Settlement in Chicago hielt. Wright ging hier von seiner jugendlichen Verzweiflung bei der Lektüre von Victor Hugos Roman *Notre Dame de Paris* (1832) aus, in dem der Autor zu dem Schluß gekommen war, das Buch werde auf die Dauer das Gebäude töten. Nach Wright dagegen konnte die Maschine intelligent und ihren Gesetzen entsprechend genutzt werden, als ein Mittel zur Abstraktion und Vergeistigung –

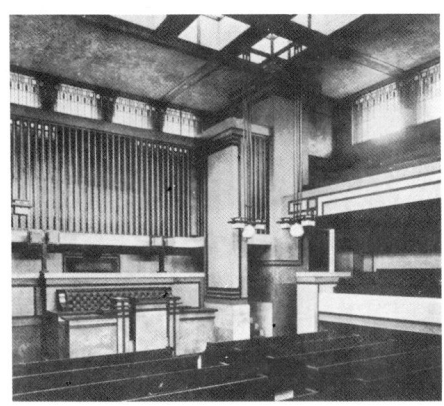

39 *Wright, Unity Temple, Oak Park, Illinois, 1904–1906.*

Prozesse, durch die sich die Architektur von den Verwüstungen der Industrialisierung befreien würde. Er brachte seine Zuhörer dazu, das furchteinflößende Panorama Chicagos als riesige Maschine zu betrachten, und schloß mit dem Ausruf: »So ist das Ding beschaffen, dem die Kräfte der Kunst den Schauer der Idealität einhauchen sollen! *Eine Seele!*«

Vom Beginn der neunziger Jahre an diente der Bildhauer Richard Bock als Ikonograph dieser »Seele«, das heißt als derjenige, der aus Wrights Präriestil plastische Bilder machte. Bocks frühe symbolistische Arbeiten kamen dem europäischen Sezessionsstil nahe und ergänzten, was in Wrights Werk noch von Sullivans Erbschaft übriggeblieben war. Nach 1900 wurde Bocks Plastik jedoch unter Wrights Einfluß zunehmend abstrakter, wie sich an der »Muse« zeigt, die er 1902 für Wrights Haus Dana schuf. Diese in der Eingangshalle aufgestellte Figur setzte Stück für Stück die abstrakten Elemente einer exotischen Maschinenkultur zusammen.

Endgültig kristallisierte sich Wrights Präriestil bei den Häusern heraus, die er 1900 und 1901 für *Ladies' Home Journal* entwarf. Die Elemente lagen nun fest: ein

offener Grundriß in einem horizontal gelagerten Baukörper mit sanft geneigtem Dach und niedrigen Begrenzungsmauern – wobei diese Mauern bewußt in das Gelände integriert wurden, im Gegensatz zu den vertikalen Schornsteinen und den doppelt hohen Raumvolumen im Innern. Dennoch war sich Wright über den äußeren Umriß noch nicht im klaren: Er schwankte zwischen der an Richardson erinnernden Kompaktheit seines Hauses Heurtley von 1902 und der leichten japanischen Rahmenkonstruktion seines Hauses Hickox, das er zwei Jahre zuvor in Kanakee, Illinois, vollendet hatte.

Solche Kontraste zwischen einer monolithischen und einer gegliederten Ausdrucksform zeigten sich nicht mehr, als Wright für die Unternehmerfamilie Martin in Buffalo zu arbeiten begann. Das Larkin Building und das Haus Martin, beide 1904 für Darwin D. Martin, den Inhaber der Larkin Mail Order Company, erbaut, stehen am Beginn von Wrights Reifezeit. 1905 besuchte er zum erstenmal Japan, und 1906 vollendete er sein erstes Betongebäude, den Unity Temple in Oak Park, Illinois. Inzwischen hatte sich das klassische, von Exotismen überlagerte Volkabular in Wrights eigenen Stil verwandelt, eine unverwechselbare Formensprache, die durch die bei Wasmuth in Berlin 1910 und 1911 verlegten Foliomappen über seine Arbeit bald auch in Europa bekannt wurde.

Seine Meisterwerke zwischen 1904 und 1906, ein Haus, eine Kirche und ein Bürogebäude, gehen im wesentlichen von dem gleichen architektonischen System aus. Das Haus Martin ist Wrights erster Bau, der konsequent auf einem quadratischen Modul basiert. Ähnliche gerasterte Gliederungen von Stützen und Luftraum finden sich auch in den Hauptvolumen des Unity Temple und des Larkin Building; während aber die Kirche zentral um zwei Achsen angelegt ist, verfügt das Bürogebäude nur über eine Achse. Beide Bauten umschließen einen einheitlichen Innenraum, der

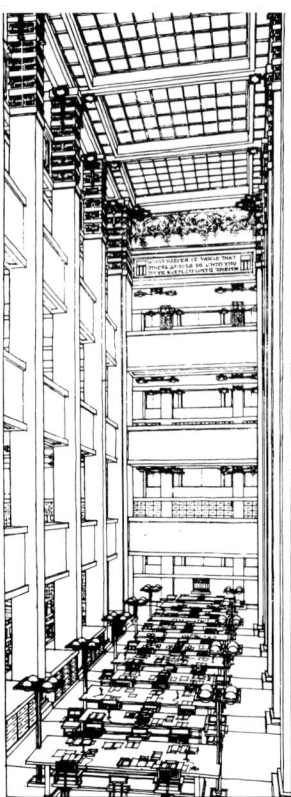

40 *Wright, Larkin Building, Buffalo, 1904. Verglaster Zentralbereich.*

durch Oberlicht erhellt und auf allen vier Seiten von Galerien umgeben ist, zu denen Treppen in den vier Ecken führen. Die Kirche hat, als Symbol der Einheit, auf allen vier Seiten den gleichen Aufriß, während das Larkin Building an den längeren und kürzeren Seiten jeweils unterschiedliche Ansichten bietet. Beide Bauten führten darüber hinaus auch ingeniöse technische Systeme ein. So war der Unity Temple mit einer eingebauten Heißluftheizung ausgestattet, während das Larkin Building zu den ersten Bürobauten mit Klimaanlage gehörte, denn die Luft wurde hier ebenso gekühlt wie erwärmt.

Bei diesen Bauten verband Wright, der Unitarier, seine Vision eines neuen Lebens mit einem umfassenden Gefühl für das Sakrale, vom Sakrament des Familienherdes bis zum Sakrament der Arbeit und dem Haus der religiösen Versammlung. Wie viele seiner europäischen Zeitgenossen hatte er sich zum Ziel gesetzt, ein totales Environment zu schaffen, das die Gesamtheit der Gesellschaft umfaßte. Daraus ließe sich sein enthusiastischer Einsatz für den Herd als moralischen und geistigen Mittelpunkt erklären, der mit Hilfe gut plazierter Inschriften in den in stärkerem Maße öffentlichen Bereichen der Andacht und der Arbeit seine Entsprechung fand. Bezeichnend ist auch Wrights Enttäuschung, als er nach dem Entwurf der Büromöbel für das Larkin Building nicht auch die Telefonapparate neu gestalten durfte. Ebenso führte diese Einstellung zur Ausschmückung des Haupteingangs, wo die Angestellten an einer Wasserkaskade vorbeigingen, die aus einem symbolistischen Relief Bocks quoll. Die paternalistische Inschrift auf dem Relief lautete: »Ehrliche Arbeit braucht keinen Meister, schlichte Gerechtigkeit braucht keine Sklaven.« Der gleiche idealistische Geist äußerte sich in Wrights Empörung über Veränderungen im Larkin Building, die im Laufe der täglichen Nutzung vorgenommen wurden. Über die Direktoren schrieb er bitter: »Sie zögerten nie, sinnlose Veränderungen zu machen ... es war einfach nur eines ihrer Fabrikgebäude.« Trotz seines künstlerischen Mäzenatentums war Martin offenbar nicht in der Lage, der Organisation und Verwaltung seiner Büros Beschränkungen aufzuerlegen, und während sein Heim in seiner ganzen Reinheit erhalten werden konnte, blieb die Arbeitsstätte dem Diktat der Produktion ausgesetzt.

In diesen fruchtbaren Jahren versammelte Wright in seinem Atelier sorgfältig ausgesuchte Techniker und Kunsthandwerker, um seine Vision eines »Gesamtkunstwerks« zu verwirklichen. Zu diesem Team

41 Wright, Haus Robie, Chicago, 1908–1909.

zählten der Ingenieur Paul Mueller, der Landschaftsarchitekt Wilhelm Miller, der Kunstschreiner George Niedecken, die Mosaikentwerferin Catherine Ostertag, die Bildhauer Richard Bock und Alfonso Ianelli und der talentierte Orlando Giannini, der ab 1892 für Wright Glas- und Textilarbeiten anfertigte.

Um 1905 war die Syntax des Präriestils endgültig festgelegt. Seine Ausdrucksformen schwankten freilich ständig zwischen zwei Polen, dem unregelmäßigen, asymmetrischen und pittoresken Bauwerk wie dem Haus Avery Coonley von 1908 einerseits und dem kompakten, gerasterten, symmetrischen und streng architektonischen Gebäude wie dem meisterhaften Haus Robie von 1908/09 andererseits. Das Haus Hardy, 1905 in Racine, Wisconsin, errichtet, ist die reinste Formulierung eines symmetrischen, frontal angelegten Hauses, die Wright je schuf.

Die Midway Gardens von 1914 waren die letzte gemeinsame Arbeit von Wrights Entwurfsteam in Chicago. Zusammen mit dem Imperial Hotel in Tokio waren sie der letzte Versuch in der Frühzeit Wrights, seine Vorstellungen von einem einheitlichen Ganzen zu verwirklichen. Die Midway Gardens wurden in nur neunzig Tagen von dem stets erfindungsreichen Mueller errichtet und waren, wie Wright es formulierte, »eine soziale Antwort auf das Tanzfieber«. Nach dem Vorbild des deutschen Biergartens verkörperten sie eine neue gesellschaftliche Institution. Eine Folge abgestufter Terrassen war axial auf eine Orchestermuschel an einer Seite ausgerichtet und auf der anderen Seite durch seitliche Arkaden mit einem Restaurant mit Galerien und einem Wintergartenkomplex verbunden. Das Bauwerk war in mancher Hinsicht Wrights überzeugendster Versuch auf dem Gebiet der Volkskultur und bot der Rhetorik seines Präriestils genügend Möglichkeiten. Bock und Ianelli entwarfen Figuren, Kreuzblumen und Reliefs, und Giannini war für das Glas zuständig. Im Innern gab es große Reliefs und abstrakte Wandbilder mit konzentrischen Kreisformen, die an Wrights phantasievollen Einfall erinnerten, die Gärten mit gasgefüllten, am Dach befestigten bunten Ballons zu dekorieren. Wrights Prärie-Subkultur entwickelte sich beim Bau des Imperial Hotel in Tokio in den Jahren 1916 bis 1922 zu einem phantasievollen Stil. Das Gebäude war in Grundriß und Schnitt von den Midway Gardens hergeleitet. Restaurant und Wintergarten des Chicagoer Komplexes tauchten in dem Hotel als Auditorium und Vorhalle wieder auf, während die seitlichen Arkaden der Gärten zu Wohnflügeln verwandelt wurden. Auch die Wandbilder und Reliefs im Inneren nahmen Themen der Midway Gardens auf. Die mit Galerien versehenen Zugänge zum Hotel erinnerten an die Caféterrassen der Midway Gardens. Fern von Amerika suchte Wright an die örtliche Maurertradition anzuknüpfen, indem er ein geböschtes, mit Zinnen versehenes Profil anwendete, das in Backstein ausgeführt und mit Oya-Stein verkleidet wurde. Innen war dieser Lavastein so modelliert, daß er wie die Steinblöcke in den Midway Gardens auf präkolumbianische Profile anspielte. Solche exotischen Bezüge wurden bei Wrights Häusern in Hollywood aus den zwanziger Jahren zur theatralischen Formel. Beim Imperial Hotel stellten sie ein zu Stein gewordenes kulturelles Erbe aus der Neuen Welt dar.

Das Imperial Hotel wurde ebenso wegen seiner sinnreichen Konstruktion gerühmt wie wegen seiner Architektur. Daß es 1922 inmitten der Ruinen der Erdbebenkatastrophe von Tokio wunderbarerweise erhalten blieb, ist weitgehend dem Ingenieur Mueller zu verdanken. Dennoch hatte es seinen Sinn, daß Sullivan dieses letzte Werk in der frühen Phase von Wrights brillanter Laufbahn mit mystischen Worten pries. Kurz vor seinem Tod im Jahre 1924 schrieb er über die Rettung des Bauwerks: »Unversehrt steht es heute da, weil Gedanken es so gebaut hatten. Es war den Japanern nicht aufgezwungen, sondern ein freiwilliger Beitrag zu den besten Elementen ihrer Kultur.«

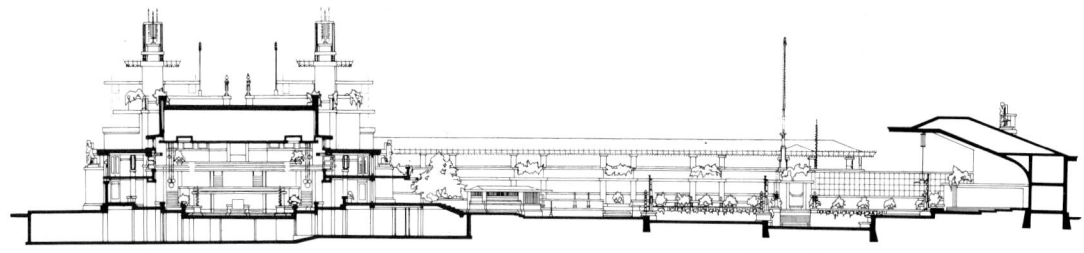

42, 43 Wright, Midway Gardens, Chicago, 1914. Oben Längsschnitt mit Restaurant (links) und Orchestermuschel (rechts); unten Ansicht der Biergärten auf dem Höhepunkt ihrer Beliebtheit.

4. Kapitel
Konstruktiver Rationalismus und der Einfluß Viollet-le-Ducs: Gaudí, Horta, Guimard und Berlage 1880–1910

»In der Architektur gibt es zwei notwendige Arten, wahrhaftig zu sein. Sie muß wahrhaftig gegenüber dem Bauprogramm und wahrhaftig gegenüber den Konstruktionsmethoden *sein. Dem Bauprogramm gegenüber wahrhaftig sein, heißt die von den Bedürfnissen auferlegten Bedingungen genau und klar erfüllen; den Konstruktionsmethoden gegenüber wahrhaftig sein, heißt die Materialien entsprechend ihren Eigenschaften und Besonderheiten verwenden ... Rein künstlerische Fragen der Symmetrie und der äußeren Form sind angesichts unserer Hauptprinzipien nur sekundäre Bedingungen.«*

Eugène Viollet-le-Duc
Entretiens sur l'Architecture, 1863–1872

Diese Prinzipien des großen französischen Architekturtheoretikers Eugène Viollet-le-Duc, die er zum erstenmal in seinen Vorlesungen an der Ecole des Beaux-Arts im Jahre 1853 vorbrachte, wandten sich eindeutig gegen die Tradition des klassischen Rationalismus in Frankreich. Anstelle eines »abstrakten« internationalen Stils befürwortete Viollet-le-Duc eine Rückkehr zum regionalen Bauen. Seine Illustrationen zu den *Entretiens*, in mancher Hinsicht Vorwegnahmen des Art Nouveau, machten deutlich, welche Art von Architektur sich aus seinen Prinzipien eines konstruktiven Rationalismus entwickeln würde. Zu Ruskins Neid lieferte Viollet-le-Duc mehr als eine moralische Argumentation. Er legte nicht nur Modelle vor, sondern auch eine Methode, mit der die Architek-

tur sich der Theorie nach von der eklektizistischen Irrelevanz des Historismus befreien würde. So dienten seine *Entretiens* der Avantgarde im letzten Viertel des 19. Jahrhunderts als Quelle der Inspiration. Seine Theorie drang in jene europäischen Länder vor, wo der kulturelle Einfluß Frankreichs stark, die Tradition des Klassizismus jedoch schwach ausgeprägt war. Schließlich verbreiteten sich seine Ideen sogar in England und beeinflußten Architekten wie Sir George Gilbert Scott, Alfred Waterhouse und sogar Norman Shaw. Außerhalb Frankreichs übten seine Thesen und insbesondere sein kultureller Nationalismus die stärkste Wirkung auf das Werk des Katalanen Antoni Gaudí, des Belgiers Victor Horta und des Holländers Hendrik Petrus Berlage aus.

Gaudís kultureller Hintergrund wurde durch die Arbeiten Viollet-le-Ducs, Ruskins und Richard Wagners geprägt. Abgesehen von diesen nicht-mediterranen Einflüssen, spielten auch zwei eher gegensätzliche Impulse eine Rolle: der Wunsch, die einheimische Architektur wiederzubeleben, und das Bedürfnis, völlig neue Ausdrucksformen zu schaffen. Damit stand Gaudí freilich trotz seiner ungewöhnlichen Phantasie keineswegs allein. Eine solche Antithese fand sich auch in der gesamten Arts-and-Crafts-Bewegung und spiegelte sich in der Renaissance irisch-keltischer Literatur wider, die in den neunziger Jahren einen starken Einfluß auf die Schule von Glasgow ausübte. Eine vergleichbare Rückbesinnung auf das Katalanische hatte

Barcelona bereits in den sechziger Jahren erlebt, als Madrid durch das Verbot der katalanischen Sprache seine Herrschaft über Katalonien zu festigen suchte. Die katalanische Bewegung beschränkte sich zunächst auf sozialpolitische Reformen, forderte bald aber auch die Unabhängigkeit Kataloniens. Obwohl ein solcher Status nie erreicht wurde, tauchte die Forderung nach Autonomie als wichtiger Faktor im spanischen Bürgerkrieg wieder auf und ist auch heute noch lebendig. In der zweiten Hälfte des 19. Jahrhunderts unterstützte die Kirche die Ansprüche Kataloniens auf Souveränität und Sozialreformen, so daß Gaudí nicht in Konflikt zwischen seinem Glauben und seinen politischen Anschauungen geriet.

Sowohl Gaudí als auch sein Mäzen, der Textilfabrikant und Schiffsmagnat Eusebio Güell Bacigalupi, wuchsen unter dem Einfluß der katalanischen Separatistenbewegung auf. Obgleich diese Bewegung durchaus konservative Aspekte hatte, unterstützte sie verschiedene Programme für soziale Reformen, die weitgehend das Werk der katalanischen Intellektuellen waren. Gaudí hatte schon vor seiner Begegnung mit Güell im Jahre 1882 Bekanntschaft mit sozialistischen Ideen gemacht. Unmittelbar nach seinem Studienabschluß hatte er Kontakte zur Arbeitergenossenschaft Mataró, die ihn mit dem Entwurf einer Arbeitersiedlung mit Wohnhäusern, einem Gemeinschaftsgebäude und einer Werkstatt beauftragte. Nur die Werkstatt wurde im Jahre 1878 ausgeführt.

44 Gaudí, Drei Entwurfsphasen der Kirche Sagrada Familia, Barcelona (von links nach rechts 1898, 1915, 1918); rechts außen Viollet-le-Duc, Entwurf für eine Kathedrale, aus L'art russe, 1870.

45 Gaudí, Palau Güell, Barcelona, 1888.

Bald danach begann Gaudí, für die Bourgeoisie zu arbeiten. 1878 baute er die exotische Casa Vicens in einem ans Maurische erinnernden Stil. Dieses Haus zeugte wie die meisten Arbeiten Gaudís von dem Einfluß Viollet-le-Ducs, vor allem von dessen Werk *L'art russe* (1870), in dem der Autor auf die Abhängigkeit nationaler Stilelemente von den Prinzipien des konstruktiven Rationalismus hinwies. Bei der Casa Vicens formulierte Gaudí zum erstenmal die wesentlichen Züge seines Stils, der von der Konstruktion her gotisch, von der Inspiration her jedoch weitgehend mediterran, um nicht zu sagen islamisch war. Wie Ary Leblond 1910 schrieb, suchte Gaudí »eine Gotik voller Sonnenlicht, konstruktiv den großen katalanischen Kathedralen verwandt, mit Farben, wie sie sowohl die

Griechen als auch die Mauren verwendeten, logisch für Spanien; eine halb maritime, halb kontinentale Gotik, durch pantheistische Fülle belebt«. Das Ergebnis war bei der Casa Vicens eine Mudéjar-Imitation, um einen Wintergarten angeordnet. Mit seinen Ziegelstreifen, glasierten Fliesen und dekorativen Eisenarbeiten wirkte das Bauwerk üppiger als jedes andere Haus dieser Zeit (vgl. Shaws Pierrepoint in Frensham, Surrey, von 1876). Dennoch führte die Konstruktion über diese Exotismen hinaus, denn hier wandte Gaudí zum erstenmal das traditionelle katalanische oder Roussillon-Gewölbe an, bei dem durch die Auskragungen schichtweise angeordneter Ziegel bogenähnliche Formen entstehen. Dieses Gewölbe wurde zu einem Schlüsselmotiv seines Stils. Am elegantesten wirkt es bei der dünnen Schalenkonstruktion seiner Schule für die Sagrada Familia in Barcelona von 1909.

Eine wichtige Rolle spielten in Gaudís Frühzeit die Arbeiten, die er mit seinem Kollegen Francesc Berenguer für Eusebio Güell schuf. Graf Güell war ein progressiver Mann, und sein Haus in Barcelona, der Palau Güell, den Gaudí 1888 für ihn entwarf, wurde zum Mekka für die Intellektuellen der neunziger Jahre. Wie die Casa Vicens um einen Wintergarten angelegt war, ordnete sich der Palau Güell um ein Musikzimmer, eine Orgelempore und eine Kapelle an. Diese Raumfolge spiegelte die Form des typisch islamischen Hofes wider und lief durch den gesamten oberen Teil des Hauses. Güell begeisterte sich vor allem für Ruskin und Wagner, und Gaudí war offenbar von den Theorien des einen ebenso beeindruckt wie von den Musikdramen des anderen. Ruskins Ruhm stand um die Jahrhundertwende in seinem Zenit. Sein dem Geiste Wagners so angemessener Ausspruch, ein Architekt, der sich nicht als Bildhauer oder Maler betätige, sei »nichts als ein Rahmenmacher in großem Maßstab«, hätte auch Gaudí gefallen.

Für Güell war die Gartenstadt ein Mittel zur Neugestaltung der Gesellschaft. Deshalb beauftragte er 1891 Gaudí und Berenguer damit, eine Arbeitersiedlung für seine Textilfabrik in Santa Coloma de Cervelló zu entwerfen, die später als Colonia Güell bekannt wurde. 1900 folgt ein Auftrag für eine Wohnsiedlung der Mittelklasse, der Park Güell auf der Montana Pelada oberhalb Barcelonas, ein Projekt, das schließlich ohne den Kranz von Häusern zwischen 1903 und 1914 realisiert wurde. Inzwischen baute Berenguer sporadisch an der Colonia Güell weiter, bis Gaudí ihn 1908 dort ablöste, um die Arbeit an der Kapelle zu vollenden. Zu dieser Zeit hatte bereits Gaudís Laufbahn als Kirchenarchitekt begonnen, denn 1906 hatte er von Juan Martorell die Planung der Kirche Sagrada Familia in Barcelona übernommen.

In Gaudís Park Güell konnten sich seine ekstatischen Visionen frei entfalten. Obwohl der Park einen herrlichen Ausblick bot, wurden nur das Pförtnerhaus, die große Treppe zu dem darüberliegenden überdeckten Marktplatz und Gaudís eigenes Haus realisiert. Das unregelmäßig geformte, wellenartige Gewölbe des Marktes wurde von neunundsechzig grotesken dorischen Säulen getragen; das Dach, von einer durchlaufenden serpentinenförmigen Bank eingefaßt, sollte als Arena oder Freilichtbühne genutzt werden. Diese exotische, mit Mosaiken verkleidete Umrahmung endete in einer Esplanade, die ihrerseits in die aus Bruchstein hergestellten Konstruktionen des Parks mit ihren naturalistischen Zufallswirkungen überging. Der Park selbst war durch serpentinenförmige Wege

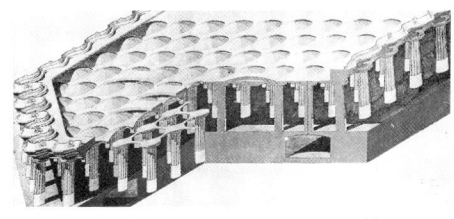

46 Gaudí, Park Güell, 1903–1914. Beschnittenes Diagramm, das die Konstruktion des überdeckten Marktes zeigt. Die überwölbte dorische Kolonnade trägt die Esplanade.

gegliedert, die – soweit nötig – durch überwölbte Strebepfeiler in Form versteinerter Baumstämme abgestützt wurden.

Der Park Güell ist das erste von Gaudís Werken, das mit dem wellenförmigen Profil der Arena direkte Assoziationen zum Montserrat, dem berühmten Berg bei Barcelona, hervorrief, der ihn sein Leben lang faszinierte. Nach der mittelalterlichen Legende, die Wagner im *Parsifal* feierte, war der Heilige Gral im Schloß Monsalvat verborgen, einem Ort, der später mit dem Montserrat und seinem den Schutzheiligen Kataloniens bergenden Kloster identifiziert wurde. Gaudí, der 1866 für das Kloster zu arbeiten begann, war tief von den bizarren Umrissen des Berges beeindruckt.

Schornsteine und Dachskulpturen der Casa Milà erheben sich aus dem rationalen Raster Barcelonas als Krönung eines wellenförmigen Klippengebirges, eine zyklopische Geste, deren überwältigende Schwere der freien, feingliedrigen Anordnung um drei unregelmäßig ausgebildete Innenhöfe zu widersprechen scheint. Widersprüchlich ist auch die Tatsache, daß die Stahlkonstruktion des Gebäudes gegen jede Logik hinter der massiven Steinfassade verborgen ist. Wie beim Park Güell fiel hier die Artikulierung der Konstruktion dem Ausdruck einer ursprünglicheren Kraft zum Opfer. Nichts hätte weiter von Viollet-le-Duc entfernt sein können, denn weder die Struktur noch ihre Zusammensetzung wurden nachvollziehbar wiedergegeben. Statt dessen

47 Gaudí, Casa Milà, Barcelona, 1906–1910.

wurden große Steinblöcke so kunstvoll bearbeitet, daß sie an Jahrtausende alte Felserosionen erinnerten. Ähnliche Assoziationen waren offenbar auch bei den Eisenbalkonen aus Gaudís Atelier beabsichtigt, die an versteinerte Büschel sturmzerzausten Seetangs denken ließen. Gaudí ging von den Prinzipien Viollet-le-Ducs aus, verwandelte aber sein Rohmaterial in eine Fülle kraftvoller Bilder von einer Gefühlsintensität, wie sie sich auch in den Opern Wagners findet. Vom heutigen Standpunkt aus gesehen, scheint die Casa Milà etwas vom Ethos des Expressionismus vorwegzunehmen, der bald danach in Mitteleuropa aufkam. Im Jahre 1910 isolierte die symbolträchtige Feierlichkeit dieses Hauses Gaudí freilich nicht nur vom konstruktiven Rationalismus, sondern auch von den leichteren Formen des Symbolismus, jenen vibrierenden »Abschiedsgesten im Raum«, die den Tenor des katalanischen »Modernismo« bildeten.

Die Situation in Brüssel war um die Jahrhundertwende in mancher Hinsicht der in Barcelona ähnlich. Auch in der flämischen Hauptstadt gab es eine vergleichbare Ballung industriellen Wohlstandes und eine ebenso fanatische Begeisterung für die nationale Identität, doch in Belgien war der Reichtum gleichmäßiger verteilt und der Nationalismus durch die effektive Unabhängigkeit des Landes gemildert. Immerhin setzten sich die belgischen Architekten ebenso energisch wie die Katalanen für die Entwicklung eines wahrhaft modernen, aber nationalen Stils ein. Die avantgardistischen Architekten der siebziger Jahre beschuldigten den Beaux-Arts-Architekten Joseph Poelaert wegen seines neoklassizistischen Palais de Justice in Brüssel (vollendet 1883) der kulturellen Verlogenheit: Das Gebäude war nicht nur megalomanisch und von Piranesi inspiriert, sondern beschwor auch eine Vergangenheit herauf, die international und folglich nicht typisch flämisch war. Ihrer Ansicht nach ließen sich Modelle für eine neue »einheimische«

48 Horta, Hôtel Tassel, Brüssel, 1892.

Architektur in der Backstein-Tradition des 16. Jahrhunderts finden, in der auch die Prinzipien Viollet-le-Ducs zum Tragen kommen konnten.

Ein Jahr nach der Veröffentlichung der *Entretiens* begann die neugegründete Société Centrale d'Architecture de Belgique in ihrer Zeitschrift *L'Emulation* mit einer heftigen Kampagne für einen neuen nationalen Stil. In der Ausgabe von 1872 hieß es: »Wir sind dazu aufgerufen, etwas zu schaffen, das uns eigen ist, etwas, dem wir einen neuen Namen geben können. Wir sind dazu aufgerufen, einen Stil zu erfinden.« Allard, der maßgebliche Theoretiker von *L'Emulation*, schrieb später: »Wir müssen zu allererst belgische Künstler haben – wir müssen uns von ausländischen Einflüssen befreien.« Während der ganzen siebziger

Jahre propagierte *L'Emulation* die Prinzipien eines hypothetischen Stils, der in seinem konstruktiven Rationalismus enger begrenzt war als der Gaudís. »Nichts in der Architektur ist schön, wenn es nicht wahrhaftig ist.« »Meidet bemalten Gips und Stuck.« »Die Architektur treibt auf die Dekadenz zu, auf eine regelrechte Kakophonie.«

Trotz dieser Mahnungen dauerte es einige Zeit, bis sich ein überzeugender Stil entwickelte. In Belgien wurde nichts Nennenswertes erreicht, bis Victor Horta im Jahre 1892 mit dem Bau des Hôtel Tassel in Brüssel begann. Mit diesem schmalen, drei Geschosse hohen Stadthaus in der Größe des traditionellen Reihenhauses ging Horta über die Leistungen seiner frühen Laufbahn hinaus. Er war einer der ersten Architekten, die Eisen im Hausbau anwendeten. Horta behandelte das Eisen, als sei es eine organische Faser, die in die Konstruktion eingeführt würde, um die Schwerkraft des Steins aufzuheben. Wichtiger als die Werke Eiffels und Contamins, die er auf der Pariser Ausstellung von 1889 gesehen haben könnte, waren für Hortas typische Bandornamente die zeitgenössischen Arbeiten des holländisch-indonesischen Künstlers Jan Toorop. Dieser Einfluß macht die Bedeutung der Malerei für den belgischen Art Nouveau deutlich. Toorop war Mitglied jener wichtigen postimpressionistischen Gruppe Les XX, die später nach ihrer Umformierung zur Gruppe La Libre Esthétique eine Schlüsselrolle in der Verbreitung von Zielen und Prinzipien der englischen Arts-and-Crafts-Bewegung spielte.

Bei der offenen Planung des Hôtel Tassel sprengte Horta die Formel des Pariser *hôtel* aus dem 18. Jahrhundert. Die oktogonale Eingangshalle im Erdgeschoß erhob sich über ein Zwischengeschoß zum Garten hin und erweiterte sich seitlich zu einem angrenzenden Foyerbereich, der von einer Eisenkonstruktion überdeckt war. Die freistehenden, mit Ranken aus Eisen dekorier-

49 Horta, Maison du Peuple, Brüssel, 1897–1900. Fassadendetail.

ten Stützen dieses Bereichs greifen die schlangenförmigen Motive auf, die sich bei allen Metallarbeiten des Hauses finden. Von den Balustraden bis zu den Beleuchtungskörpern herrscht überall die gleiche Ästhetik vor, eine Fülle linearer Elemente, die sich auch im Mosaikboden der Wandverkleidung und den farbigen Glasflächen der Tür zum Salon wiederfinden. Disziplinierend wirken bei all diesem ornamentalen Überschwang die Rokoko-Profile, die eine Verbindung zwischen den exotischeren Elementen und der Louis-XV.-Tradition herstellen. Ein Gleichgewicht schuf Horta auch an der Fassade, wo die gleitenden Elemente des inneren Gerüsts diskreteren Ausdruck fanden. Bei der sonst klassischen Fassade waren die Kragsteine eines Erkerfensters aus Eisen so bearbeitet, daß sie die Kräfte der inneren Metallkonstruktion verdeutlichten.

In den nächsten zehn Jahren setzte Horta diesen Dialog zwischen der Zugkraft des Eisens und der Massivität des Steins bei mehreren anderen Stadthäusern in Brüssel fort, darunter Wohnhäuser für den Chemiker Solvay und den Industriellen van Eetvelde und sein eigenes Haus mit Atelier in der Rue Américaine, die alle vor 1900 entstanden. Alle Häuser gründeten auf der Syntax des Hôtel Tassel, doch außer dem Hôtel Solvay war keines so schlicht und eindrucksvoll wie dieses Bauwerk.

Das Maison du Peuple, 1897–1900 für die Sozialistische Arbeiterpartei Belgiens erbaut, ist Hortas originellstes Werk und zugleich das einzige, bei dem er sich frei fühlte, die Prinzipien Viollet-le-Ducs bis zu ihrem logischen Schluß zu verfolgen. Er entwickelte hier aus der einheimischen Stein- und Backsteintradition eine Architektur der offengelegten Konstruktion – Ziegel, der so abgemessen und geformt war, daß er mit Stein alternieren konnte, und Stein, der sich mit Eisen und Stahl verband. Außen manifestierte sich diese Tektonik in der Ablesbarkeit des komplexen Programms an der Fassade und in der Anordnung des konkaven Baukörpers auf dem abfallenden Gelände. Im Innern erzielte Horta durch die freiliegenden Stahlrahmen der größeren Räume, der Büros, der Versammlungsräume, des Vortragssaals und der Cafeteria, eine dramatische, fließende räumliche Wirkung. Diese konsequente, aber dennoch merkwürdig unsichere »neogotische« Kombination von Mauerwerk, Eisen und Glas war Hortas einflußreichste Leistung. Er konnte sie auch mit seinem entschiedeneren letzten Versuch in diesem Idiom, dem Kaufhaus Innovation in Brüssel (1901), nicht übertreffen.

In Frankreich führt die Verbindungslinie von Viollet-le-Duc zu Hector Guimard über Guimards Lehrer Anatole de Baudot, der Schüler von Viollet-le-Duc und Labrouste gewesen war. Im Jahre 1894 hatte de Baudot zusammen mit dem Ingenieur Paul Cottancin die Kirche St. Jean de Montmartre in Paris entworfen, eine Konstruktion aus ausgesteiftem Backsteinmauerwerk und *ciment armé*, die bis zu diesem Zeitpunkt zweifellos die profundeste Aussage zum konstruktiven Rationalismus darstellte. So war Guimard in seinen frühen Arbeiten in Paris sowohl de Baudot als auch Viollet-le-Duc verpflichtet, vor allem bei seiner Ecole du Sacré Coeur und der Maison Carpeaux am Boulevard Exelmans, die beide 1895 vollendet wurden. Während das kleine Schulgebäude mit seinen V-förmigen Stützen bis zum Obergeschoß eine nahezu wörtliche Übertragung der berühmten Illustration zu den *Entretiens* darstellte, zeigte das bürgerliche Stadthaus die gleiche Tendenz zu einem rudimentären Klassizismus, wie sie sich in den Werken Hortas findet.

In einem Brief an Boileau aus dem Jahre

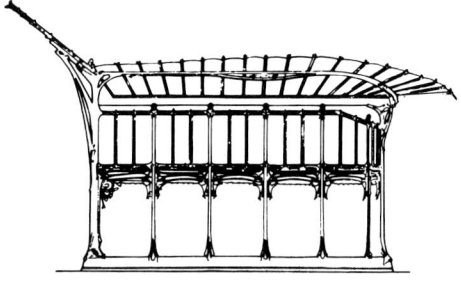

50 Guimard, Métroeingang aus Eisen und Glas, Paris, 1899–1904. Seiten- und Frontansicht.

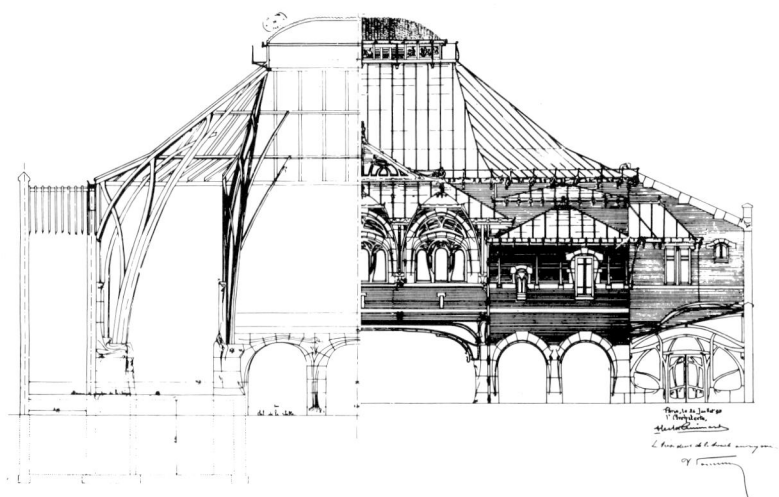

51 Guimard, Konzerthalle Humbert de Romans, Paris, 1901. Kombination von Schnitt und Aufriß.

1898 bekannte Guimard offen seine Verpflichtung gegenüber Viollet-le-Duc: »Vom Dekorativen her sind meine Prinzipien vielleicht neu, aber sie leiten sich von denen ab, die bereits bei den Griechen angewendet wurden ... Ich habe nur die Theorien Viollet-le-Ducs herangezogen, ohne selbst vom Mittelalter fasziniert zu sein.« Dennoch suchte Guimard jenen regionalen Stil zu entwickeln, der nach dem Theoretiker den Sitten, dem Klima und dem nationalen Geist entsprechen sollte, wie auch »dem Fortschritt, der in der Wissenschaft und den praktischen Kenntnissen erzielt worden ist«. So schrieb er 1903:
»Um wahrhaftig zu sein, muß ein Architekturstil das Produkt des Bodens sein, auf dem er existiert, und das Produkt der Zeit, die ihn braucht. Die Prinzipien des Mittelalters und die des 19. Jahrhunderts könnten zusammen mit meiner Lehre die Grundlage für eine französische Renaissance und einen völlig neuen Stil liefern. Sollen doch die Belgier, die Deutschen und die Engländer für sich selbst eine nationale Kunst entwickeln. Gelingt es ihnen, so werden sie sicherlich eine ehrliche, wahrhaftige und nützliche Arbeit leisten.«

Wir können davon ausgehen, daß Guimard wie Gaudí und Horta die »konstituierenden Elemente« eines nationalen Stils weiterzuentwickeln suchte. Doch um die Jahrhundertwende wies Guimards eigener Stil zumindest drei Varianten auf: eine lockere, rustikale Version wie bei den Landhäusern, die zwischen 1899 und 1908 entstanden und für die das Castel Henriette von 1900 typisch ist; eine urbane Form mit präzisem Backsteinmauerwerk und dramatischen Steinskulpturen wie bei seinem eigenen Haus in der Avenue Mozart in Paris von 1910 und schließlich spinnenartige Konstruktionen aus Eisen und Glas, wie sie nach 1899, als er den Auftrag für die Pariser Metrostationen erhielt, in großer Zahl entstanden. Die Eingänge bestanden aus austauschbaren eisernen Standardelementen, die in naturalistischen Formen gegossen waren und emaillierten Stahl oder Glas einrahmten. Paradoxerweise kamen sie der linearen Expressivität Hortas näher als der moralischen Strenge de Baudots. Guimard bezog sogar Typographie und Beleuchtung in die geschwungenen Formen dieser Bauten ein. In den nächsten vier Jahren tauchten diese scheinbar natürlichen Gebilde aus

einer wunderbaren unterirdischen Welt überall in den Straßen von Paris auf und machten Guimard als Schöpfer des »Style Métro« berühmt.
Dieser wohlverdiente Ruhm hat leider dazu beigetragen, Guimards kurzlebiges Meisterwerk, die Konzerthalle Humbert de Romans in Paris (vollendet 1901, abgerissen 1905), in den Schatten zu stellen. Wie Hortas Maison du Peuple zählt dieses Gebäude sicherlich zu den wichtigsten Leistungen des konstruktiven Rationalismus. Ein Text Fernand Mazades aus dem Jahre 1902 kann immer noch die Wirkung des Innenraumes heraufbeschwören, von dem nur noch ein paar vergilbte Fotografien erhalten sind:
»Die Hauptäste, acht an der Zahl, stützen eine ziemlich hohe Kuppel, die wie die Seitenwände von Fenstern mit blaßgelbem Glas durchbrochen ist, so daß eine Flut von Licht in die Halle einfällt. Der Konstruktionsrahmen besteht aus Stahl, aber das Metall ist mit Mahagoni verkleidet ... So ist das kunstvollste Dach entstanden, das je ein französischer Architekt ersonnen hat.«
In den zwei Jahrzehnten vor und nach der Jahrhundertwende blieb der holländische Architekt Hendrik Petrus Berlage, der bis zu seinem Tod 1934 einen konsequenten Stil verfolgte, unauffällig im Hintergrund. Im Gegensatz zu Horta ließ Berlage es nicht zu, daß seine Prinzipien durch den anerzogenen »exotischen« Geschmack einer neureichen Mittelklasse verwässert wurden. In Holland war die Mittelklasse jedenfalls voll in die Gesellschaft integriert, denn soziales Bewußtsein war einem ständig von Überschwemmungen bedrohten Land zur zweiten Natur geworden. In diesem kontinuierlichen Zusammenhang konnte Berlage nahezu fünfzig Jahre lang ununterbrochen tätig sein, in einer Zeit, die dank der Neutralität der Niederlande nicht einmal durch die Wirren des Ersten Weltkriegs beeinträchtigt wurde.
Berlage erhielt seine berufliche Ausbil-

52, 53 Berlage, Börse, Amsterdam. Oben zweiter Entwurf, 1896–1897; unten ausgeführter Bau, 1897–1903.

dung in den späten siebziger Jahren an der Eidgenössischen Technischen Hochschule in Zürich. Er studierte dort unter den unmittelbaren Nachfolgern Gottfried Sempers, die eine extrem rationale und typologisch orientierte Richtung vertreten haben dürften. Nach seiner Rückkehr nach Amsterdam im Jahre 1881 schloß er sich dem fast dreißig Jahre älteren Cuijpers an, einem Schüler Viollet-le-Ducs. Entsprechend den Prinzipien des konstruktiven Rationalismus versuchte Cuijpers, seinen eigenen Eklektizismus rationaler zu gestalten, um einen neuen nationalen Stil zu entwickeln, wie er sich in seinem neoflämischen Rijksmuseum in Amsterdam von 1885 manifestierte. Der Einfluß dieses Bauwerks zeigte sich deutlich bei Berlages Beitrag zum Wettbewerb für die Amsterdamer Börse von 1883, den er – in Zusammenarbeit mit Theodorus Sanders – mit ähnlichen Türmchen und Giebeln ausstattete.

Zwölf Jahre später erhielt Berlage den Bauauftrag für die Börse, obwohl er im Wettbewerb nur den vierten Platz erreicht hatte. Er revidierte seinen Entwurf sogleich, um jene Backsteinbögen zu verwenden, die er inzwischen entwickelt hatte, zuerst bei einer Villa in Groningen aus dem Jahre 1894, dann bei einem Bürogebäude in Den Haag aus dem folgenden Jahr. Diese mit Zinnen versehenen neoromanischen Backsteinbauten, die zweifellos von Richardsons Arbeiten in den Vereinigten Staaten beeinflußt waren, führten zu einer Architektur der klar artikulierten Konstruktion, was sich vor allem an dem mit Backstein überwölbten Treppenhaus des Bürogebäudes zeigte. Doch bei aller Tiefgründigkeit dieser frühen Versuche (die in ihrer konstruktiven Ehrlichkeit an die Strenge de Baudots erinnern) formulierte Berlage seine Formensprache endgültig erst beim Bau der Börse.

Die vier Versionen der Börse, die dem ursprünglichen Projekt folgten, stellen verschiedene Stadien eines mühsamen Vereinfachungsprozesses dar. Berlage war dabei offenbar von unterschiedlichen Theorien geleitet, die teils auf Viollet-le-Duc und Semper zurückgingen und teils auf seinen Kollegen Jan Hessel de Groot, der die Amsterdamer Schule für mathematische Ästhetik begründet hatte. Nach der Eröffnung der Börse im Jahre 1903 begann Berlage, seine eigene Zusammenfassung dieser Ideen in einer Reihe theoretischer Studien zu publizieren, zunächst in seinen *Gedanken über den Stil in der Baukunst* von 1905, dann in seinem Werk *Grundlagen und Entwicklung der Architektur* von 1908. Wie Reyner Banham bemerkte, waren die Hauptprinzipien dieser Schriften »die Dominanz des Raumes, die Bedeutung der Wände als formschaffende Elemente und das Bedürfnis nach systematischen Proportionen«. Der Vorgang, in dem sich die Börse zu ihrer endgültigen Gestalt herauskristallisierte, wird um so bedeutsamer, wenn man sich Berlages Äußerungen über die wichtige Rolle des Mauerwerks vor Augen hält: »Man soll vor allen Dingen die nackte Wand wieder in all ihrer schlichten Schönheit zeigen.« Oder: »Die Kunst des Baumeisters besteht darin, Räume zu schaffen, und nicht, Fassaden zu entwerfen. Eine Raumumschließung wird durch Mauern hergestellt; daher manifestiert sich der Raum ... nach außen als ein mehr oder weniger zusammengestellter Komplex von Mauern.«

Bei seinen Verbesserungsarbeiten am Entwurf der Börse behielt Berlage weitgehend den ursprünglichen Grundriß mit drei durch Oberlichter erhellten rechteckigen Volumen – einem für jede Halle – bei, die von orthogonalen, vier Geschosse hohen Wänden begrenzt wurden. Sein Ziel war es, das Bauwerk und seine Konstruktion so weit wie möglich zu vereinfachen. Zu diesem Zweck reduzierte er nach und nach die Zahl der Giebel und Türmchen und entfernte alle Laternen sowie jede Spur dekorativer Steinschichten. In einem bestimmten Stadium erinnerte das Projekt von ferne an Gulls Landesmuseum, das damals in

54 Berlage, Börse, Amsterdam, 1897–1903. Haupthalle.

Zürich fertiggestellt wurde. Beim vorletzten Entwurf erhielten die reduzierten Elemente ihre endgültige Form durch die Anwendung eines von de Groot hergeleiteten Rasters. Danach blieben die Veränderungen weitgehend auf den Haupteingang und den danebenstehenden Turm beschränkt, die Berlage als wichtigste Repräsentation der Institution wie auch der Stadt betrachtete.

Die selbsttragende Backsteinkonstruktion der Börse war entsprechend den Prinzipien des konstruktiven Rationalismus gegliedert. Die Mosaikfriese oder das Filigran der Leuchten im Innern sind nicht mehr als Modulationen der großen Backsteinvolumen, bei denen Kämpfer-, Eck-, Krag- und Schlußsteine aus Granit konsequent die Punkte besonderer statischer Beanspruchung markieren. Die gleichen Steine, die in einem Fall auskragen, um einen Stahlträger aufzunehmen, artikulieren in einem anderen Fall den Abschluß eines Bogens. So durchdringen Logik und Ethos Viollet-le-

Ducs die gesamte Konstruktion überzeugender als bei jedem anderen Bauwerk des 19. Jahrhunderts.

Berlages philosophisches Konzept eröffnete über das einzelne Gebäude hinaus neue Dimensionen, die sich zunächst auf den unmittelbaren städtischen Zusammenhang und dann auf den Staat im ganzen erstreckten. Zum erstenmal legte er sein Modell für eine ideale städtische Gesellschaft in einer Essayreihe vor, die 1910 veröffentlicht wurde. Besonders ein Aufsatz, *Kunst en Maatschappij* (»Kunst und Gesellschaft«), verdeutlicht sein starkes gesellschaftspolitisches Engagement. Doch obwohl der Sozialismus für Berlage ein wichtiger Glaubensgrundsatz war, unterschrieb er auch Hermann Muthesius' Ansicht, daß das allgemeine kulturelle Niveau nur durch die Herstellung qualitätvoller, gut gestalteter Objekte gehoben werden könne. Andererseits war er von der überragenden kulturellen Bedeutung der Stadt überzeugt und beklagte die stadtzerstörerischen Tendenzen der englischen Gartenstadtbewegung.

Im Jahre 1901 erhielt Berlage die Gelegenheit, seine städtebaulichen Theorien in die Praxis umzusetzen, als die Stadt Amsterdam ihn mit der Planung des Stadtteils Amsterdam-Süd beauftragte. Für Berlage war die Straße im wesentlichen ein Außenraum, eine notwendige Folge der Bebauung, die sie an den Seiten begrenzte. Diesen Aspekt der Umschließung, der sich schon in der mittelalterlichen Stadt manifestierte, hatte Berlage bereits bei seinem Entwurf für die Börse angestrebt. Nach Alphand und den Theorien des deutschen Planers Joseph Stübben unterschieden sich die Straßenräume von Amsterdam-Süd durch ihre Breite und Ausstattung. Die breiteren Straßen hatten Blumenrabatten und Baumalleen an der Seite, während die schmaleren lediglich gepflastert und von Bäumen flankiert waren. An den wichtigen Kreuzungen wurden, wie es auch Stübben und Camillo Sitte (vgl. S. 23) vorgeschlagen hatten, zentralisierende Räume ge-

schaffen. Für die Verkehrserschließung sorgte ein modernes Massenbeförderungsmittel, die elektrische Straßenbahn.

1915 revidierte Berlage seinen Plan, um breite Boulevards mit einem an Haussmann erinnernden Maßstab einzuführen. Zwei dieser Straßen, die am Amstellaan zusammentrafen, wurden mit den dazugehörigen Bauten in den frühen zwanziger Jahren fertiggestellt. Sie gaben ein klares Beispiel für Berlages Interesse an der physischen Kontinuität der städtischen Umgebung, brachten ihn aber schließlich in Konflikt mit der gegen die Straße gerichteten Polemik der Congrès Internationaux d'Architecture Moderne (CIAM), die 1928 gegründet wurden. Heute ist die Bedeutung seines städtebaulichen Konzepts freilich weniger umstritten denn je. So schrieb Giorgio Grassi über den Amstellaan: »Er ist immer noch der Anziehungspunkt in den Außenbezirken Amsterdams, der Punkt, wo das Konzept des kollektiven Wohnens am eindeutigsten verwirklicht ist ... Hier wurden nicht nur die physischen Bedürfnisse der Bewohner nach Ruhe und Erholung berücksichtigt, sondern auch ihr Impuls, Gemeinschaften zu bilden und damit ein Symbol des Lebens zu verwirklichen.«

55 Berlage, Revidierte Planung für Amsterdam-Süd, 1917.

5. Kapitel
Charles Rennie Mackintosh und die Schule von Glasgow 1896–1916

»Im zweiten Geschoß eines bescheidenen Gebäudes in der großen rußigen Industriestadt Glasgow gibt es einen berückend weißen und sauberen Salon. Wände, Decke und Möbel haben die jungfräuliche Schönheit weißen Satins. Überall herrscht Weiß vor – Weiß und Violett. Vom oberen Teil zweier großer violetter Platten, die Dekorationsstücke bilden, hängen lange Schnüre herunter, die mit kleinen Kugeln aus Altsilber durchzogen sind ... Der Teppich und das bleiverglaste Fenster sind violett, und die gleiche Farbtönung findet sich auf den schmalen Rahmen zweier erlesener Zeichnungen ... In der Stille des Raumes, zwischen einer Fülle von Pflanzen und den verstreuten Romanen Maeterlincks, schweben zwei träumerische Seelen in ekstatischer Vereinigung von den Höhen liebender Gemeinschaft noch weiter empor in die himmlischen Regionen der Schöpfung.«

E. B. Kalas
De la Tamise à la Spree,
L'essor des industries d'art, 1905

Im Jahre 1905 hatten Charles Rennie Mackintosh und seine Frau Margaret Macdonald bereits internationale Anerkennung gefunden. In England waren sie 1896 bekannt geworden, als sie mit Herbert McNair und Margarets Schwester Frances Macdonald als »Glasgow Four« ihre frühen Arbeiten auf der Ausstellung der Arts and Crafts Exhibition Society in London ausstellten. Ihr Werk übte zu dieser Zeit eine so starke Wirkung aus, daß sie ungeachtet der offiziellen Mißbilligung Walter Cranes

von Gleeson White, dem Herausgeber von *The Studio*, als »Spukschule« hoch gepriesen wurden. Dieser plötzliche Erfolg, dem 1895 eine Ausstellung ihrer Studentenarbeiten in Lüttich vorausgegangen war, setzte sich 1896 mit der Annahme des Entwurfs für die neue Kunstschule in Glasgow fort. Im folgenden Jahr begann Mackintosh mit der Arbeit an der Schule.

Die Gruppe »The Four« hatte bereits seit 1894 kunsthandwerkliche Objekte hergestellt, so daß Gleeson Whites Artikel in *The Studio* von 1897 außer ihrem graphischen Werk auch gehämmerte Metallarbeiten, Spiegel, Leuchter und Uhren der Schwestern Macdonald sowie Schränke von McNair und Mackintosh zeigen konnte. Sie hatten eine Sensibilität entwickelt, die für White Ausdruck eines »gewissermaßen bösartigen Heidentums« war, ein Stil, dessen Linearität sich vom graphischen Werk William Blakes, Aubrey Beardsleys und Jan Toorops herleitete. Seine teils nationalistische, teils symbolistische Färbung ging auf alte kymrische Motive keltischen Ursprungs und auf Namen aus den mystischen Werken Maurice Maeterlincks und Dante Gabriel Rossettis zurück.

Mackintoshs Architektur hatte auch andere, weniger exotische Quellen. Da er seine Ausbildung in der Blütezeit des Gothic Revival erhalten hatte, war sein Interesse an einer soliden handwerklichen Gestaltung der Bauwerke geweckt worden. Wie Philip Webb waren seine architektonischen Vorläufer, etwa Butterfield und Street, Anhänger des Gothic Revival um die Mitte des

Jahrhunderts. Diese Einflüsse wurden bei seinen frühen Kirchenbauten wie Queen's Cross Church of Scotland in Glasgow von 1897 deutlich. Bei seinen anderen Arbeiten gelang es ihm jedoch, den Einfluß des Gothic Revival zu mildern und zu einem direkteren Stil zu finden, der teils auf Voysey, teils auf die Tradition des Scottish Baronial zurückging (vgl. James MacLarens Fortingall-Häuser von 1892). Seine ersten und letzten Äußerungen dieser Art sind in den nach und nach entstandenen Komplex der Kunstschule in Glasgow inkorporiert.

In Mackintoshs originellem und einflußreichem Schaffen spielte Lethabys Buch *Architecture, Mysticism and Myth* von 1892 eine Schlüsselrolle – nicht nur, weil es die metaphysische Grundlage jedes architektonischen Symbolismus offenbarte, sondern auch, weil es durch die Person des Autors eine Brücke zwischen der Jenseitigkeit des keltischen Mystizismus und der pragmatischeren Arts-and-Crafts-Bewegung schlug. Mackintosh schloß sich der traditionalistischen Linie Ruskins an und argumentierte, daß moderne Materialien wie Eisen und Glas »niemals würdig den Platz von Stein einnehmen können, weil ihnen etwas fehlt, nämlich die Masse«.

Bei der Kunstschule in Glasgow mangelte es nicht an Masse. Sie war auf drei Seiten aus einheimischem grauen Granit und auf der vierten Seite aus grobem Backstein errichtet. Trotz Mackintoshs Vorliebe für Mauerwerk verwendete er bei den großen Nordlichtfenstern der Ateliers, welche die gesamte Länge der Hauptfassade einnehmen, freilich auch ausgiebig Eisen und Glas. Zugleich unternahm er wie sein amerikanischer Zeitgenosse Frank Lloyd Wright jeden Versuch, moderne haustechnische Systeme einzuführen, so zum Beispiel die heute noch funktionierende Heizungs- und Lüftungsanlage, die er schon bei der Planung der Schule vorsah.

Der Tradition des Gothic Revival folgend, entwarf Mackintosh das Hauptvolumen der Schule als locker sitzende Hülle, wobei die Ateliers auf vier Geschossen untergebracht sind. Diese Baumasse, die an der gesamten Hauptfassade als zweigeschossig erscheint, wurde durch weitere Einrichtungen (wie Bibliothek und Museum) ergänzt, die an den Seiten, in der Mitte und auf der Rückseite angeordnet sind. Das Ergebnis war ein E-förmiger Grundriß. Der Aufriß der Frontseite ist exzentrisch ausbalanciert. Leichte Verschiebungen sowohl beim Haupteingang als auch bei den Gittern des Vorhofes lassen sich gleichzeitig als symmetrisch und asymmetrisch interpretieren. Die rückwärtigen Ost- und Westfassaden, die steil zur Rückseite des Geländes abfallen, blieben teilweise kahl, um die Tiefe des Atelierbereiches auszudrücken. Diese Asymmetrie, die durch Fialen, Giebel, vorspringende Türme und eingeschnittene Fenster verstärkt wird, verleiht der Ostfassade einen deutlich neugotischen Charakter, wie er auch an der Westfassade zu finden gewesen wäre, hätte Mackintosh nicht die Planung der zweiten Baustufe von 1906 völlig umgestaltet. Diese Westfassade zeigte nach ihrer Fertigstellung Mackintosh auf dem Höhepunkt seiner Laufbahn. Bei keinem anderen Werk erreichte er eine solche Grandeur und Autorität. Die drei vertikalen Erker mit ihren gerasterten Fenstern heben das kräftige Volumen der Bibliothek und des angrenzenden Obergeschosses dramatisch hervor.

Die in zwei Bauphasen errichtete Bibliothek verdeutlicht die stilistische Entwicklung Mackintoshs von 1896 bis 1909. Der

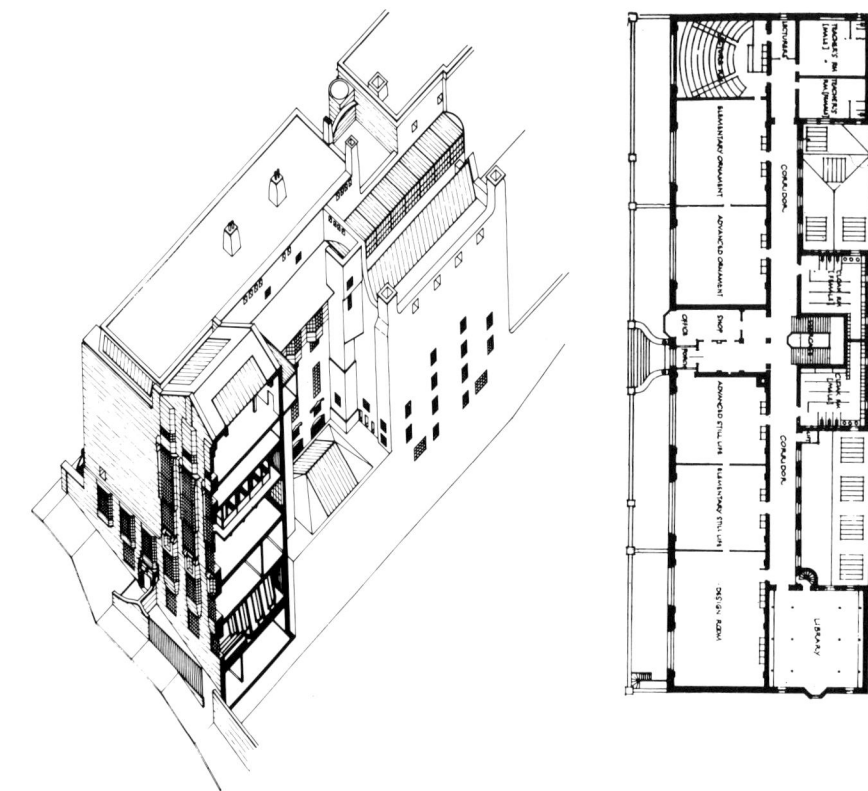

56 Mackintosh, Kunstschule, Glasgow, 1896–1909. Axonometrische Ansicht und Grundriß des Erdgeschosses.

Unterschied zwischen der an Voysey erinnernden Eingangshalle und Treppe aus der ersten Phase und der zwei Geschosse hohen Bibliothek aus dem zweiten Bauabschnitt, die offenkundig von Norman Shaw beeinflußt ist, läßt die ganze Skala seines Schaffens zu dieser Zeit erkennen. Innerhalb weniger Jahre hatte er jene geschwungenen Architekturformen entwickelt, die er zum erstenmal in großem Maßstab bei den Willow Tearooms in Glasgow von 1904 angewendet hatte. Im Gegensatz zu diesen »weißen und fließenden« Innenräumen ist die Bibliothek der Kunstschule streng und geometrisch und ganz mit dunklem Holz verkleidet. Die Artikulierung der Konstruktion läßt an Japan denken. Die Kunstschule muß als ein Werk des Übergangs betrachtet werden, zwischen Mackintoshs Art-Nouveau-Periode und dem späteren modernen, fast an Art Deco erinnernden Stil, der seinen letzten Entwurf für Basset-Lowke kennzeichnet.

Die kurze, eindrucksvolle Phase von Violett und Silber, mit organischen, gegen glatte weiße Flächen abgesetzten Ornamenten, die allgemein als Kriterium für Mackintoshs Architektur gilt und von Kalas 1905 so sehr gepriesen wurde, erreichte ihren Höhepunkt um die Jahrhundertwende. Bei den Möbeln und dem Dekor von Mackintoshs Wohnung in Glasgow (entworfen

der Koch in Darmstadt veranstalteten beschränkten Wettbewerb entwarf.

Das nicht ausgeführte »Haus eines Kunstfreundes« und die Kunstschule in Glasgow waren Mackintoshs wichtigste Beiträge zur Entwicklung der Architektur im 20. Jahrhundert. Mit dem Haus ging er weit über die Beschränkungen der traditionellen Voysey-Manier hinaus und schuf eine nahezu kubistisch anmutende plastische Form. Die Anordnung des Hauses um eine Reihe gegeneinander ausgewogener Achsen und seine Unterteilung in zwei größere, langgestreckte Volumen, die gerade aneinander vorbeizugleiten schienen, führten zu einer spannungsreichen, aber ausgeglichenen Komposition. Die Auflockerung der sonst glatten Flächen durch präzise proportionierte Fenster und gelegentliche ornamentale Reliefs läßt sogleich erkennen, welchen starken Einfluß sie auf Josef Hoffmann ausgeübt haben muß, vor allem auf seinen Entwurf für das Palais Stoclet in Brüssel von 1905. Nichts konnte weiter von der Rustikalität Baillie Scotts entfernt sein, der den ersten Preis erhielt.

57 Mackintosh, Kunstschule, Glasgow, Bibliothek, 1905–1909.

1900) war dieser Stil bereits voll ausgereift. Eine weitere Entwicklung zeigte sich in der Schottischen Abteilung der Wiener Secessionsausstellung vom gleichen Jahr und bei dem Musiksalon für Fritz Wärndorfer, den Mackintosh 1902 in Wien baute. Als voll integrierte Ästhetik, sowohl vom Innern wie vom Äußeren her, kulminierte er in den Willow Tearooms, die zwei Jahre nach dem Salon Wärndorfer fertiggestellt wurden.

Die zurückhaltende, aber plastisch durchgeformte weiße Fassade der Willow Tearooms hatte Ähnlichkeit mit Mackintoshs von Voysey beeinflußten Hausprojekten der Jahrhundertwende oder den beiden an den Baronial Style erinnernden Rauhputzhäusern, die er zwischen 1899 und 1903 in Kilmacolm und Helensburgh errichtete. Wie Robert Macleod schrieb, »waren diese Häuser Ausdruck einer bewußten Plumpheit, einer ungefälligen Haltung, deren wichtigste historische Vertreter William Butterfield und Philip Webb waren«. Mackintoshs perverser Versuch, das Ornamentale mit dem Schwerfälligen zu verbinden, war häufig alles andere als erfolgreich. Die beiden Häuser wirken einigermaßen chaotisch und inkonsequent, wenn man sie mit dem prachtvollen und einflußreichen »Haus eines Kunstfreundes« vergleicht, das Mackintosh für den 1901 von Alexan-

58 Mackintosh, Hill House, Helensburgh, 1902–1903.

Es ist eine Ironie des Schicksals, daß Mackintosh seine Laufbahn als unabhängiger Architekt zwischen 1897 und 1909 mit der Kunstschule in Glasgow begann und beendete. Im Jahre 1914 siedelten die Mackintoshs von Schottland nach England über, wo Mackintosh, der sich plötzlich und einigermaßen unerklärlich als Architekt abgelehnt fand, der Malerei zuwandte. Im Jahre 1916 übernahm er freilich noch einmal einen Auftrag, den brillanten Umbau eines kleinen Reihenhauses für den Unternehmer Bassett-Lowke in Northampton, Derngate 78. Die großzügigen, abstrakten Innenräume halten jedem Vergleich mit zeitgleichen Arbeiten auf dem Kontinent stand. Die einfachen, geometrischen Schlafzimmermöbel und der gestreifte, graphische Dekor, der die Zwillingsbetten miteinander verbindet, waren ihrer Zeit weit voraus. Sie nahmen die räumlichen und plastischen Vorstellungen vorweg, die nach dem Ersten Weltkrieg von der Avantgarde des Kontinents (de Stijl, Art Deco usw.) realisiert wurden. Im Krieg entwarf Mackintosh Uhren, Möbel und Plakate für Bassett-Lowke, aber auch diese Aufträge wurden ihm nach 1918 entzogen.

In Schottland abgelehnt und in England isoliert, konnte Mackintosh weder an die Erfolge seiner frühen Jahre noch an die schöpferischen Impulse seiner Laufbahn vor dem Krieg anknüpfen. Sein letztes Lebensjahrzehnt war eine Zeit des ständigen Niedergangs. Daß der deutsche Architekt Peter Behrens 1925 den Auftrag erhielt, ein neues Haus für Bassett-Lowke zu entwerfen, war nur ein letzter Schlag – ein tragisches Schicksal für einen Mann, der, wie P. Morton Shand schrieb, »der erste britische Architekt seit Adam war, der im Ausland einen Namen besaß, und der einzige, der je zum Bezugspunkt einer kontinentalen Entwurfsrichtung wurde«.

6. Kapitel
Der heilige Frühling: Wagner, Olbrich und Hoffmann 1886–1912

»Eine Reihe von Bauten brachte das Bildungsideal des liberalen Österreich zum Ausdruck: Universität, Museum, Theater und – am großartigsten – die Oper. Die einst auf den Palast beschränkte Kultur hatte sich auf den Marktplatz ergossen, für alle zugänglich. Die Kunst diente nicht mehr nur als Ausdruck aristokratischer Grandeur oder kirchlichen Pomps; sie wurde zum Ornament, zum gemeinsamen Eigentum einer aufgeklärten Bürgerschaft. Die prächtigen Bauten der Ringstraße bezeugten unübersehbar, daß Österreich Despotismus und Religion durch konstitutionelle Politik und weltliche Kultur ersetzt hatte ... Das wirtschaftliche Wachstum Österreichs ermöglichte immer mehr Familien einen aristokratischen Lebensstil. Reiche Bürger oder erfolgreiche Bürokraten, von denen viele wie Stifters Freiherr von Risach (in dem Roman Der Nachsommer von 1857) einen Adelstitel erwarben, errichteten städtische oder vorstädtische Varianten des Rosenhauses, museumsartige Villen, die zum Mittelpunkt eines regen gesellschaftlichen Lebens wurden. In den Salons und auf den Soireen der neuen Elite wurden nicht nur kultivierte Sitten, sondern auch intellektuelle Gespräche gepflegt ... Die englischen Präraffaeliten inspirierten die Art-Nouveau-Bewegung (hier »Secession« genannt) im Österreich des Fin de Siècle, aber weder ihre pseudomittelalterlichen Vorstellungen noch ihr starker sozialreformerischer Impuls drang zu ihren österreichischen Anhängern durch. Kurz, die österreichischen Ästheten waren weder ihrer Gesellschaft so entfremdet wie ihre französischen Gesinnungsgenossen noch gesellschaftlich so engagiert wie die Engländer ... Weder dégagé *noch* engagé, *waren sie nicht ihrer Klasse entfremdet, sondern eine Gesellschaft, die ihre Erwartungen enttäuschte und ihre Wertvorstellungen zurückwies. So war Jung-Österreichs Garten der Schönheit ein Zufluchtsort der* beati possidentes, *ein Garten, der zwischen Realität und Utopie angesiedelt war. In ihm drückte sich sowohl der Selbstgenuß der ästhetischen Kultur als auch der Selbstzweifel der sozial Funktionslosen aus.«*

Carl E. Schorske
The Transformation of the Garden: Ideal and Society in Austrian Literature, 1970

Was sich 1898 mit dem Erscheinen der secessionistischen Zeitschrift *Ver Sacrum* als »heiliger Frühling« ankündigte, hatte, wie Carl Schorske ausführt, seine Ursprünge teilweise in Adalbert Stifters idealistischem Roman *Nachsommer* von 1857. Otto Wagners erste Vorortvilla von 1886 kann als eine Realisierung des Rosenhauses angesehen werden, das Stifter als idealen Ort für ein privates Ästhetendasein erfunden hatte. Obwohl aber Wagner in der gleichen Gesellschaftsschicht geboren worden war wie Stifters Freiherr von Risach, war ihm kein unmittelbarer Erfolg beschieden. Nach einer akademischen Laufbahn, zuerst am Wiener Polytechnischen Institut und dann an der angesehenen Bauakademie in Berlin, Bewahrerin der Schinkel-Tradition, arbeitete er etwa fünfzehn Jahre lang als freier Architekt, bis er seinen ersten staatlichen Auftrag erhielt, die Dekoration für die Silberhochzeit des Kaisers im Jahre 1879. Selbst diese königliche Auszeichnung brachte ihm keine allgemeine Anerkennung. So war er im Jahre 1886, als er seine eigene, an Italien erinnernde Version des Rosenhauses in Hütteldorf errichtete, noch keineswegs beruflich etabliert. Doch vier Jahre später war er nicht nur künstlerisch arriviert, sondern hatte mit dem Bau seines eigenen kleinen, aber großzügig gestalteten Stadthauses in Wien auch profanen Erfolg erzielt.

Wagners einflußreiche Lehrtätigkeit begann, als er 1894 Karl von Hasenauer als Professor an der Architekturschule der Wiener Akademie nachfolgte. Im Jahre 1896 veröffentlichte er im Alter von fünfundvierzig Jahren sein erstes theoretisches Werk, *Moderne Architektur*. Danach folgte 1898 die erste Publikation mit Arbeiten seiner Studenten unter dem Titel *Aus der Wagnerschule*. Da er in Berlin bei einem von Schinkels Assistenten studiert hatte, lagen Wagners architektonische Interessen zu jener Zeit offenbar irgendwo zwischen dem Rationalismus der Schinkelschüler und der rhetorischeren Manier jener letzten großen Architekten der Ringstraße, Gottfried Semper und Karl von Hasenauer, deren Staatsmuseen, Burgtheater und Neue Hofburg im letzten Viertel des Jahrhunderts entstanden.

Wagners Ausbildung am Polytechnikum hatte ihm die technischen und sozialen Realitäten seiner Zeit klar vor Augen geführt. Gleichzeitig fühlte sich seine roman-

59 Olbrich, Secessionsgebäude, Wien, 1898.

tische Vorstellungskraft von den radikalen Regungen seiner talentierteren Schüler angezogen – von der antiakademischen Kunstbewegung, die sein Assistent Joseph Maria Olbrich und sein begabtester Schüler Josef Hoffmann, der 1895 mit einem Prix de Rome sein Studium abgeschlossen hatte, mitbegründeten. Diese Architekten waren nicht nur von der Arbeit der Glasgower Gruppe »The Four« beeinflußt, die damals in The Studio publiziert wurde, sondern waren auch fasziniert von den exotischen Visionen der beiden jungen Wiener Maler Gustav Klimt und Koloman Moser. Unter der Führung Klimts schlossen sich Olbrich, Hoffmann und Moser in ihrer Revolte gegen die Akademie zusammen und gründeten 1897, mit Wagners Segen, die Wiener Secession. Im Jahr darauf erklärte Wagner seine Sympathie für die Secession, indem er für die Fassade seines italienisierenden Majolikahauses an der Linken Wienzeile einen farbenprächtigen Fayencedekor schuf. 1899 sorgte er für Aufruhr beim Establishment, indem er ordentliches Mitglied der Secession wurde.

Im Jahre 1898 baute Olbrich das Secessionsgebäude, offenbar nach einer Skizze von Klimt, von dem die wichtigsten Impulse für die Bewegung ausgingen. Von Klimt kamen die geböschten Wände, die Axialität und vor allem das Lorbeermotiv mit seiner Assoziation zu Apollo. Olbrich gestaltete aus diesem Motiv eine perforierte Metallkuppel, die zwischen vier kurzen Pylonen aufgehängt war und auf flächigen Volumen ruhte, deren strenge Formen an das Werk britischer Architekten wie Voysey und Charles Harrison Townsend erinnern. Ein ähnliches Symbol organischer Vitalität fand sich auf dem Titel der ersten Ausgabe von Ver Sacrum – ein ornamentaler Busch, dessen kräftige Wurzeln durch den Kübel in die Erde darunter drangen. Das war Olbrichs symbolischer Ausgangspunkt – eine bewußte Rückkehr zur Fruchtbarkeit des Unbewußten –, von dem aus er, immer unter dem Einfluß Voyseys und Mackintoshs und der Panerotik von Klimt, seinen eigenen Stil zu entwickeln begann.

Diese Entwicklung vollzog sich hauptsächlich in Darmstadt, wohin Olbrich 1899 vom Großherzog Ernst Ludwig eingeladen worden war. Später im Jahr folgten ihm sechs andere Künstler, die Bildhauer Ludwig Habich und Rudolf Bosselt, die Maler Peter Behrens, Paul Bürck und Hans Christiansen und der Architekt Patriz Huber. Zwei Jahre später stellte diese Künstlerkolonie ihren Lebensstil und ihr »Habitat« als Gesamtkunstwerk unter dem Titel »Ein Dokument deutscher Kunst« vor. Die Ausstellung wurde im Mai 1901 durch eine mystische Zeremonie unter dem Titel »Das Zeichen« eröffnet, die auf den Stufen von Olbrichs Ernst-Ludwig-Haus stattfand. In dieser Zeremonie schritt ein »unbekannter« Prophet vom goldenen Portal des Gebäudes hinunter, um eine kristalline Form zu empfangen, Symbol der Verwandlung niederer Materie, vergleichbar der Verwandlung von Kohle in strahlende Diamanten.

Das Ernst-Ludwig-Haus, 1901 erbaut, war zweifellos das progressivste Werk, das Olbrich während seines neunjährigen Aufenthalts in Darmstadt entwarf. Es bestand aus acht Ateliers, vier auf jeder Seite eines großen Festraumes, und bildete den Kristallisationskern der Kolonie, um den herum schließlich eine Reihe einzelner Künstlerhäuser errichtet wurde. Die hohe, glatte Fassade mit den horizontal angeordneten Fenstern und Nordlicht-Fenstern an der Rückseite und mit dem prächtigen zurückgesetzten Rundbogenportal, das von Kolossalstatuen Habichs flankiert war, monumentalisierte jene Themen, die Olbrich bereits beim Secessionsgebäude aufgegriffen hatte.

Zwischen diesem frühen Meisterwerk und der »klassischen« Ausbildung seines Stils im Jahre 1908 – dem Jahr seines frühen Todes – setzte Olbrich seine Suche nach einer unverwechselbaren Ausdrucksform fort. In seinem letzten Lebensjahrzehnt

60 Olbrich, Ernst-Ludwig-Haus, Darmstadt. »Das Zeichen«, Mai 1901.

schuf er Bauten von außergewöhnlicher Orginalität, vor allem den kryptischen, schweren Hochzeitsturm, der zusammen mit den benachbarten Ausstellungsbauten für die Hessische Landesausstellung 1908 auf der Darmstädter Mathildenhöhe errichtet wurde. Die pyramidenförmige Anordnung der Bauten auf der Mathildenhöhe über dem Wasserreservoir der Stadt nahm als eine »Stadtkrone« bereits den symbolischen Mittelpunkt von Bruno Tauts »Stadtkrone« aus dem Jahre 1919 vorweg. Olbrich zeichnete die Kolonie von abgestuften Betonpergolen umgeben, ein bergiges Labyrinth aus dichtem Blattwerk, dessen Farben mit den Jahreszeiten von Grün nach Rostbraun wechselten. Sie erhob sich auf der Anhöhe wie ein mystischer Berg und bildete einen bewußten Gegensatz zur paradiesischen Ruhe des formellen Platanenhains, der vor ihr lag.

Während seiner gesamten Laufbahn stand Olbrich im Wettstreit mit Peter Behrens, der, ursprünglich Graphiker und Maler, 1899 von der Münchner Sezession nach Darmstadt gekommen war. Beim Bau und der Ausstattung seines eigenen Hauses auf der Mathildenhöhe im Jahre 1901 betätigte er sich zum erstenmal als Architekt und Entwerfer. In ihren rivalisierenden Positionen als »Gesamtkünstler« des Hauses Hessen-Darmstadt war eher Olbrich als Behrens der brillante Entwerfer, während außerhalb Darmstadts Peter Behrens als Architekt der Schöpfer kraftvollerer Formen wurde. Behrens nahm die Rückkehr zu jenem Kryptoklassizismus vorweg, der auch die Arbeit Olbrichs in seinen letzten Jahren charakterisiert, etwa das Kaufhaus Tietz in Düsseldorf und das Wohnhaus, das er für den Zigarrenfabrikanten Feinhals in Köln errichtete (beide 1908 fertiggestellt).

Im Jahre 1899 begann Josef Hoffmann seine Lehrtätigkeit an der Kunstgewerbeschule des Österreichischen Museums für Kunst und Industrie in Wien (das entsprechend Sempers Erziehungsprogramm fünfunddreißig Jahre zuvor gegründet worden

61 Olbrich, Hochzeitsturm und Ausstellungsgebäude, Darmstadt, 1908.

war). Ein Jahr später ersetzte er Olbrich als Architekt des Wiener Elitevororts Hohe Warte, wo er zwischen 1901 und 1905 vier Villen errichtete. Außerdem war er Nachfolger Olbrichs als führender Architekt der Secession geworden. Sein erstes Werk auf diesem Gelände in der Manier der englischen freien Architektur schuf er für Koloman Moser. Um 1902 wandte sich Hoffmann jedoch bereits einer disziplinierteren, klassischen Ausdrucksweise zu, die weitgehend auf das Werk Otto Wagners aus der Zeit vor 1898 zurückging, das heißt auf eine Massen- und Flächenbehandlung, die weit von dem englischen Interesse an mittelalterlichen, rustikalen Formen entfernt war.

Zur Zeit der Wiener Secessionsausstellung von 1900, auf der Mackintoshs neueste Arbeiten zum erstenmal in Österreich gezeigt wurden, war Hoffmann bereits bei Möbelentwürfen mit raffinierten rechtwinkligen Formen angelangt. Damit begann er sich von seiner Vorliebe für kurvenlineare Konstruktionen zu lösen, wie er sie bei seinem Kerzenladen Apollo in Wien aus dem Jahre zuvor angewendet hatte. Um 1901 setzte er sich mit den Möglichkeiten der abstrakten Form auseinander. Er sei besonders am Quadrat und an Schwarz und Weiß als dominierenden Farben interessiert, schrieb

er, weil diese klaren Elemente nie in früheren Stilen aufgetaucht seien. Wie Moser und andere Secessionsmitglieder interessierte er sich für die handwerkliche Herstellung von Objekten der dekorativen und angewandten Kunst nach den Vorstellungen von Ashbees Guild of Handicraft. Im Jahre 1902 hatte er mit seiner Raumausstattung für Klingers Beethoven-Statue, die im Secessionsgebäude ausgestellt wurde, seinen individuellen Stil gefunden, indem er bestimmte Umrisse und Proportionen durch vorstehende Kugeln und Bündel kleiner Quadrate betonte. Ein Jahr später gründeten Hoffmann und Moser mit der Unterstützung Wärndorfers die Wiener Werkstätte für Entwurf, Produktion und Vertrieb qualitätvoller Einrichtungsgegenstände. Die Wiener Werkstätte und ihre Erzeugnisse hatten Weltruhm erlangt, als Hoffmann 1933 vorzeitig und unerklärlicherweise die Schließung veranlaßte.

Die letzte Ausgabe von *Ver Sacrum* wurde 1903 veröffentlicht. Mit der Einstellung dieser Zeitschrift war die hohe Zeit der Secession vorüber. Im Jahre 1904 gaben Hoffmann und Josef August Lux eine neue Zeitschrift mit dem Titel *Hohe Warte* heraus, die nach der Gartenvorstadt benannt war. Sie war zunächst der Propagierung von Gartenstadtideen unter dem Motto »Zurück zur Natur« gewidmet und wurde später, in weniger liberalen Zeiten, zur Plattform der österreichischen nationalsozialistischen Bewegung und ihrer Vorstellung von der Gartenstadt. Im Gegensatz zu Hoffmann reagierte Lux schnell auf die chauvinistische Übertreibung völkischer Werte. Bereits 1908 trat er als Herausgeber zurück, um gegen den »Heimatstil« des Blattes zu protestieren.

Um 1903 war Hoffmann dem Stil seines Lehrmeisters Wagner nähergekommen, vor allem bei seinem Entwurf für das strenge, klassische Sanatorium Purkersdorf, das einen so starken Einfluß auf Le Corbusiers frühe Entwicklung ausübte. Im Jahre 1905 begann Hoffmann mit der Entwurfsarbeit

an seinem Meisterwerk, dem Palais Stoclet, das zwischen 1905 und 1910 in Brüssel
errichtet wurde. Wie bei Perrets Théâtre
des Champs-Elysées war der sparsame
klassische Dekor insgeheim der symbolistischen Ästhetik der Belle Epoque verpflichtet. Doch im Gegensatz zu Perrets Theater
ist das Palais Stoclet (wie Eduard Sekler
bemerkte) im Grunde atektonisch: Seine
dünnen weißen Marmorverkleidungen mit
ihren Metallfassungen haben – in größerem
Maßstab – die manierierte und handwerklich perfekte Eleganz eines Gegenstandes
aus der Wiener Werkstätte. Über die bewußte Verleugnung von Konstruktion und
Masse schrieb Sekler:
»Durch diese artikulierten Metallstreifen
wurde ein stark lineares Element eingefügt, das aber nichts mit den ›Kraftlinien‹
zu tun hat, wie sie in der Architektur Victor
Hortas auftraten. Beim Haus Stoclet gibt es
Linien, die ebenso an horizontalen wie an
vertikalen Kanten entlang verlaufen – sie
sind tektonisch neutral. An den Ecken . . .,
wo zwei oder mehr dieser parallelen Leisten zusammentreffen, scheint die Solidität
des gebauten Volumens negiert zu werden.
Man hat den Eindruck, als seien die Wände
nicht in massiver Bauweise errichtet worden, sondern als bestünden sie aus groben
Tafeln eines dünnen Materials, die an den
Ecken mit Metallstreifen eingefaßt wurden, um die Kanten zu schützen.«
Diese Streifen, die von der Spitze des
Treppenturms ausgehen, wo vier männli-
che Figuren eine secessionistische Kuppel
aus Lorbeerblättern stützen, erinnern von
fern an Wagners stilisierte Seilornamente.
Sie fließen in Kaskaden an den Ecken herunter und fassen mit ihren kontinuierlichen
Säumen die Volumen zu einem einheitlichen Ganzen zusammen.
Wagners reifer Stil entwickelte sich in seinem sechzigsten Lebensjahr, als er 1901
das Wiener Stadtbahnnetz vollendet hatte.
Weder das Depeschenbüro der *Zeit* von
1902 noch die Staustufe Kaiserbad von
1906 weisen noch italienisierende Züge

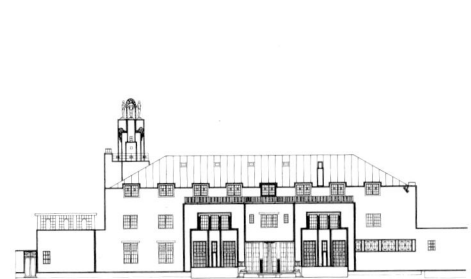

62, 63 Hoffmann, Palais Stoclet, Brüssel, 1905–1910.

auf. Beide Bauwerke erinnern mit ihrer
technischen Eleganz und ihren punktierten
Einfassungen an den atektonischen Stil
Hoffmanns. Doch die Entmaterialisierung
des Palais Stoclet scheint bereits vorweggenommen in Wagners eigenem Meisterwerk, seinem Postsparkassenamt, das er
1904 in Wien errichtete. Im Gegensatz zu
seinen secessionistischen Schülern baute
Wagner immer für die Realität der Gegenwart und nicht für eine ferne symbolistische
Utopie, der eine ästhetische Erlösung des
Menschen vor Augen stand. So war auch
der »Großstadt-Plan« von 1910 mit seiner
Hierarchie von Nachbarschaftseinheiten
rational durchdacht und auf eine künftige
Realisierung in einer Großstadt angelegt.
Bei allen seinen öffentlichen Arbeiten baute Wagner stets mit größter technischer
Präzision für einen bürokratischen Staat,
den er sich nur als ewig fortbestehend vorstellen konnte. So repräsentierte das Postsparkassenamt, von einer Ehrenpergola
mit Lorbeerkränzen überkrönt und von geflügelten Siegesgöttinen mit himmelwärts
erhobenen Armen flankiert, das republika-
nische Patriarchat des Österreichisch-Un-
garischen Reiches auf der Höhe seiner
Macht.
Wie das Palais Stoclet ähnelt das Postsparkassenamt einer riesigen Metallschachtel,

eine Wirkung, die nicht zuletzt auf die dünne Außenhaut aus polierten weißen Ster-
zinger Marmortafeln zurückgeht, die mit
Aluminiumbolzen an der Fassade verankert sind. Die Stützen des Vordachs, die
Eingangstüren, Balustrade und Geländer
sind ebenso in Aluminium ausgeführt wie
die Ausstattung des Schaltersaales. Der
Saal ist keramikverkleidet, durch Oberlicht
erhellt und hat einen Betonboden, in dem
Felder von Glasbausteinen für die Beleuchtung des Untergeschosses sorgen. Bis vor
kurzem existierte der Schaltersaal noch in
seiner ursprünglichen Form. Die undekorierten, genieteten Stahlträger waren formal den Industrieleuchten und den Warm-
luftausbläsern aus Aluminium an den Seitenwänden verwandt. Stanford Anderson
schrieb:
»Die Details eines Ingenieurbaus werden
uns nicht in der sachlichen Manier von
Ausstellungshallen oder Eisenbahndepots
des 19. Jahrhunderts vorgeführt; statt dessen wird uns die Konzeption eines Ingenieurbaus durch die modernistischen Symbole offen gezeigter industrieller Materialien, Konstruktionselemente und Ausstat-
tungsobjekte verdeutlicht.«
Um 1911 war die Secession in ihre »klassische« Phase eingetreten. Obwohl Hoffmann nach wie vor für die Entwicklung

eines angemessenen »Heimatstils« eintrat, vertrat er Österreich auf der Internationalen Kunstausstellung in Rom im gleichen Jahr mit einem Pavillon, dessen atektonischer Klassizismus die rhetorische Monumentalität von Mussolinis Roma Nuova vorwegnahm. Ähnlich prophetisch ging Behrens bei der Repräsentation Preußens in Petersburg vor. Die würdevolle Form seines Botschaftsgebäudes wies bereits auf die offizielle Rhetorik des Dritten Reiches hin. In diesem Klima fiel es Wagner zu, die Ära der Secession so zu beenden, wie sie begonnen hatte, nämlich mit einer außerordentlich strengen, aber elegant proportionierten zweiten Villa, die 1912 in Hütteldorf entstand. In diesem konsequent geplanten Haus, das von Moser lyrisch dekoriert und in gleichem Maße durch die Arbeiten von Wagners eigenen Schülern wie durch die wenig früher veröffentlichten Werke Wrights beeinflußt war, verbrachte Wagner seine letzten sechs Lebensjahre.

64 Wagner, Postsparkassenamt, Wien, 1904. Schaltersaal.

65 Wagner, Postsparkassenamt, Wien, 1904. Fassadendetail.

7. Kapitel
Antonio Sant'Elia und die futuristische Architektur 1909–1914

»Wir haben die ganze Nacht gewacht, meine Freunde und ich, unter den moscheeförmigen Kronleuchtern, die, sternhell wie unsere Seelen, von der inneren Glut ihres elektrischen Herzens erhellt wurden. ... Wir waren allein vor den feindlichen Sternen, allein mit den Heizern, die vor den satanischen Öfen großer Schiffe schwitzen, allein mit jenen schwarzen Phantomen, die im Bauch rotglühender, mit irrsinniger Geschwindigkeit dahinjagender Lokomotiven umherhuschen ... Wir alle schraken auf, als wir eine Bahn vorbeidröhnen hörten, hell erleuchtet von bunten Lichtern, wie ein Dorf im Festkleid, das der über die Ufer getretene Po fortreißt und durch Schlünde und Stromschnellen zum Meer zieht. Danach wurde das Schweigen tiefer. Doch während wir den murmelnden Gebeten des alten Kanals und dem Knarren der arthritischen Paläste mit ihren Efeubärten lauschten, vernahmen wir plötzlich das Aufheulen hungernder Wagen ... Laßt uns gehen, rief ich, laßt uns aufbrechen, Freunde! Mythologie und mystisches Ideal sind endlich besiegt. Wir wohnen der Geburt des Kentauren bei, wir werden die ersten Engel fliegen sehen! Wir müssen an der Tür des Lebens rütteln, die Angeln und die Riegel prüfen! Laßt uns gehen! Dort auf der Erde beginnt die allererste Morgendämmerung, und nichts kommt dem Glanz des roten Sonnenschwertes gleich, das zum erstenmal die Schatten von tausend Jahren durchschlägt.«

Filippo Tommaso Marinetti
Le Futurisme, Le Figaro, Paris,
20. Februar 1909

Mit so bombastischer Rhetorik kündigte der italienische Futurismus der selbstgefälligen Bourgeoisie der Belle Epoque seine bilderstürmerischen Prinzipien an. Dieser pathetischen Einführung Marinettis folgte der Bericht über ein improvisiertes Autorennen in den Außenbezirken Mailands, das mit einem Unfall endete. Wie Reyner Banham bemerkte, war dieser Unfall so etwas wie eine Anspielung auf »die Taufe eines neuen Glaubens«. In einem Text, den er als teilweise autobiographisch bezeichnete, beschrieb Marinetti, wie sein Auto sich überschlagen hatte und im Abwasserkanal einer Fabrik gelandet war:
»Oh mütterlicher Graben, wie gierig habe ich deinen stärkenden Schlamm gekostet, der mich an die heiligen dunklen Brüste meiner sudanesischen Amme erinnerte. Doch als ich durchnäßt und mit zerfetzten Kleidern aus dem umgekippten Fahrzeug stieg, fühlte ich, wie das heiße Eisen einer köstlichen Freude mein Herz durchdrang ... Und so, die Gesichter mit gutem Fabrikschlamm beschmiert, von Schlakken, Schweiß und Ruß verklebt, mit Beulen versehen und die Arme verbunden, aber immer noch unerschrocken, erklärten wir unseren grundsätzlichen Willen allen lebenden Menschen dieser Erde.«
Dann folgten die elf Punkte des Futuristischen Manifests, von denen die ersten vier die Tugenden der Verwegenheit, der Energie und der Kühnheit priesen und gleichzeitig die vollendete Schönheit der mechanischen Geschwindigkeit feierten. Die Passage, in der es hieß, ein Rennwagen sei schö-

ner als die geflügelte Siegesgöttin von Samothrake, ist inzwischen berühmt geworden. Die Punkte fünf bis neun idealisierten den Fahrer eines solchen Fahrzeugs, der in den Bahnen des Universums kreise, und besangen diverse andere Tugenden wie den Patriotismus und die Glorifizierung des Krieges. Punkt zehn forderte die Zerstörung aller akademischen Institutionen, und Punkt elf beschrieb den idealen Kontext einer futuristischen Architektur:
»Wir werden den Aufruhr großer Mengen besingen, der Arbeiter, Vergnügungslustigen, Rebellen. Wir werden das verworrene Meer der Farben und Klänge besingen, wenn die Revolution durch eine moderne Metropole fegt. Wir werden das mitternächtliche Fieber der Arsenale und Schiffswerften besingen, die von grellen elektrischen Monden bestrahlt werden; unersättliche Bahnhöfe, die rauchende Schlangen verschlingen; Fabriken, die mit den gewundenen Fäden ihres Rauchs an den Wolken aufgehängt sind; Brücken, die wie riesige Athleten über Flüsse springen, Flüsse, die wie Messer in der Sonne blitzen; abenteuerlustige Dampfer, die den Horizont wittern, breitbrüstige Lokomotiven, die mit ihren Rädern über den Boden stampfen wie mit Stahlrohren geschirrte Hengste; den leichten Flug der Flugzeuge, deren Propeller den Wind wie Fahnen schlagen, mit einem Geräusch, das an den Applaus einer begeisterten Menschenmenge erinnert.«
Dieser beschwörerische Text, offensichtlich der *aeropoesia* des nationalen Dichters

Gabriele d'Annunzio und den kubistischen Vorstellungen von Simultaneität verpflichtet, war eine eindeutige Huldigung an den Triumph der Industrialisierung – an die technischen und sozialen Phänomene des 19. Jahrhunderts, die zu jener Zeit um Luftfahrt und Elektrizität ergänzt wurden. Im Gegensatz zu den klassischen, an der Vergangenheit orientierten Werten Italiens proklamierte das Manifest die kulturelle Dominanz einer technisierten Umwelt, wie sie später in gleichem Maße die Architekturästhetik des italienischen Futurismus und des russischen Konstruktivismus beeinflußte. Wie Joshua Taylor bemerkte, war der Futurismus im Jahre 1909 eher ein Impuls als ein Stil, so daß trotz aller deutlichen Gegensätze zur Sezession und zur klassisierenden Post-Sezession nicht unmittelbar deutlich war, welche Form eine futuristische Architektur annehmen würde. Schließlich hatte der Futurismus sich selbst zum grundsätzlichen Opponenten jeglicher Kultur erklärt, und von dieser polemischen Negation konnte die Architektur wohl kaum ausgeschlossen werden.

Im Jahre 1910 begann der Futurismus mit dem wichtigen Beitrag Umberto Boccionis seine »anti-kulturelle« Polemik auf das Gebiet der bildenden Kunst auszuweiten. Boccioni lieferte in diesem Jahr zwei futuristische Manifeste über die Malerei, denen im April 1912 sein *Manifesto tecnico della scultura futurista* (Technisches Manifest der futuristischen Skulptur) folgte. Dieser spätere Text zeugte wie die meisten futuristischen Schriften der Vorkriegszeit von einer gesteigerten Sensibilität für die Architektur. So hätte sich Boccionis einführende Kritik, an sich gegen die pompösen Akademiker der zeitgenössischen Plastik gerichtet, ebensogut auf die Werke secessionistischer Architekten wie Joseph Maria Olbrich und Alfred Messel aus der Zeit nach 1904 beziehen können – auf Olbrichs Kaufhaus Tietz in Düsseldorf und auf Messels Kaufhaus Wertheim in Berlin. Boccio-

ni schrieb: »Wir finden in germanischen Ländern eine lächerliche Begeisterung für einen hellenisierten gotischen Stil, der in Berlin industrialisiert und in München verwässert wird.« Auch Boccionis starkes Interesse, den Bereich des plastischen Objekts zu erweitern und seine unmittelbare Umgebung einzubeziehen, schuf Verbindungen zur Architektur. Das brachte er, negativ formuliert, in seinem Vorwort zum Katalog der ersten Ausstellung futuristischer Plastik im Jahre 1913 zum Ausdruck: »Die Suche nach der naturalistischen Form entfernt die Skulptur (und auch die Malerei) sowohl von ihren Ursprüngen als auch von ihrem letzten Ziel: Architektur.«

In seinem Streben nach einer nicht-naturalistischen Ausdrucksform entwickelte Boccioni eine künstlerische Ästhetik, die weit von den Vorstellungen der Secession von 1896 entfernt war. So schrieb er in seinem Katalogvorwort von 1913:

»Alle diese Überzeugungen zwingen mich, in der Skulptur nicht die reine Form zu suchen, sondern den *reinen bildnerischen Rhythmus;* nicht die Konstruktion von Körpern, sondern die *Konstruktion der Aktion von Körpern.* So ist mein Ideal nicht eine pyramidenförmige Architektur (statischer Zustand), sondern eine spiralenförmige Architektur (Dynamik) ... Meine Vorstellung sucht darüber hinaus in unermüdlicher Arbeit durch die gegenseitige Durchdringung von Ebenen eine vollständige Verschmelzung von Objekt und Umgebung zu erzielen.«

Um diese plastische Simultaneität zu erreichen, hatte Boccioni bereits bei seinem Manifest von 1912 empfohlen, daß die Bildhauer fortan auf das nackte, herausgehobene Objekt und auf repräsentative Materialien wie Marmor oder Bronze zugunsten heterogener Mittel verzichten sollten: »Transparente Flächen aus Glas oder Zelluloid, Metallstreifen, Kabel, innere oder äußere elektrische Lichter können die Ebenen, die Tendenzen, die Töne und die Halbtöne einer neuen Realität anzeigen.«

Paradoxerweise hatte dieses Konzept eines spiralförmig konstruierten, nicht-monumentalen Mixed-Media-Objekts, das auf die unmittelbare Umgebung übergreifen sollte, mehr Einfluß auf den nachrevolutionären »kubo-futuristischen« Konstruktivismus der Russen als auf die Entwicklung der futuristischen Architektur.

Dennoch lieferten sowohl Boccionis Skulpturenmanifest von 1912 als auch Marinettis *La Splendeur géometrique et mécanique* von 1914 den intellektuellen und ästhetischen Rahmen, innerhalb dessen eine futuristische Architektur gefordert werden konnte. Marinetti schrieb: »Nichts in der Welt ist schöner als ein großes summendes Kraftwerk, das den hydraulischen Druck einer ganzen Bergkette und die elektrische Kraft für eine ganze Landschaft in sich birgt, zur Synthese gebracht auf Kontrolltafeln, die dicht mit Hebeln und glühenden Transformatoren besetzt sind.« Zu dieser altmodischen Vorstellung vom Glanz der Maschinen paßten die Kraftwerksentwürfe des jungen italienischen Architekten Antonio Sant'Elia aus der gleichen Zeit.

Vor 1912 war Sant'Elia noch relativ isoliert von den Futuristen, weil er sich der italienischen sezessionistischen Bewegung verpflichtet fühlte. Dieser sogenannte Stile Floreale hatte nach dem großen Erfolg von Raimondo D'Aroncos üppig dekoriertem Pavillon für die Ausstellung moderner dekorativer Kunst in Turin von 1902 in Italien eine kurze, aber intensive Popularität genossen. Auch danach folgte D'Aronco in Udine den Spuren Olbrichs, während die Mailänder Architekten des Stile Floreale sich darum bemühten, ihre Vorliebe für den Neo-Barock mit Motiven aus der Wagnerschule in Einklang zu bringen. In Mailand war der wichtigste Vertreter dieser Richtung Giuseppe Sommaruga, der offenbar einen starken Einfluß auf die frühe Laufbahn Sant'Elias ausübte. Zweifellos waren viele charakteristische Elemente von Sant'Elias *dinamismo architettonico* in Sommarugas Hotel in Campo de'Fiori vorweggenommen; außerdem diente Sommarugas Faccanoni-Mausoleum, das 1907 in Sarnico errichtet wurde, offenbar Sant'Elia als Ausgangspunkt für den Entwurf, den er 1912 für einen Friedhof in Monza anfertigte.

Im Jahre 1905 legte Sant'Elia im Alter von siebzehn Jahren seine Prüfung als Baumeister an einer Fachschule in Como ab. Danach zog er nach Mailand und arbeitete dort zunächst für die Kanalbaugesellschaft Villoresi, dann für die Stadt Mailand. 1911 belegte er Architekturkurse an der Accademia di Brera, und im gleichen Jahr entwarf er eine kleine Villa oberhalb Comos für den Industriellen Romeo Longatti. Um 1912 war er wieder in Mailand und arbeitete an einem Wettbewerbsprojekt für den Hauptbahnhof. Zur gleichen Zeit gründete er mit seinen Freunden Ugo Nebbia, Mario Chiattone und anderen die Gruppe Nuove Tendenze. Auf der ersten Ausstellung dieser Gruppe im Jahre 1914 zeigte Sant'Elia seine Zeichnungen für die futuristische »Città Nuova«. Wann er zum erstenmal mit Marinetti und dem futuristischen Kreis in Verbindung kam, bleibt unklar, doch als er mit Hilfe Nebbias sein *Messaggio* als Vorwort zu der Ausstellung von 1914 schrieb, stand er deutlich unter dem Einfluß der Gruppe.

Der *Messaggio,* der nur von Sant'Elia unterzeichnet war, legt deutlich dar – ohne auch nur einmal die Bezeichnung »futuristisch« zu verwenden –, welche strengen Formen die Architektur der Zukunft annehmen sollte. Im wichtigsten Teil dieses Textes, der kategorisch gegen den Sezessionismus Stellung nimmt, heißt es:

»Das Problem der modernen Architektur ist nicht das Problem einer linearen Umgestaltung. Es geht nicht darum, neue Formen, neue Architrave für Türen und Fenster zu finden oder einen Ersatz für Säulen, Pfeiler und Konsolen mit Karyatiden, Hornissen, Fröschen und so weiter ..., sondern es geht darum, das neue Bauwerk auf einem gesunden Grundriß zu errichten und

dabei alle Errungenschaften von Wissenschaft und Technik auszunutzen ..., neue Formen, neue Linien ... zu finden, eine Architektur, die allein auf den besonderen Bedingungen des modernen Lebens beruht und sich als ästhetischer Wert in unseren Empfindungen widerspiegelt.«

Der Text wendet sich dann der anregenden, groß dimensionierten Landschaft einer neuen industriellen Welt zu und paraphrasiert Marinettis Kritik an Ruskin und der ganzen englischen Arts-and-Crafts-Bewegung, die er 1912 vor dem Lyceum Club in London vorbrachte. Gegen die Vergangenheitsgläubigkeit von Morris' *Nowhere* führte Marinetti an, daß »kosmopolitische Reisen, der Geist der Demokratie und der Niedergang der Religionen jene riesigen für die Ewigkeit bestimmten Prachtgebäude völlig überflüssig gemacht haben, die einst königliche Autorität, Theokratie und Mystizismus zum Ausdruck brachten ...

Das Streikrecht, die Gleichheit vor dem Gesetz, die Herrschaft der Menge, die usurpierende Macht des Pöbels, die Geschwindigkeit der internationalen Kommunikation und die Hygiene- und Komfortgewohnheiten erfordern statt dessen große, gut durchlüftete Mietshäuser, absolut zuverlässige Eisenbahnen, Tunnel, Eisenbrücken, riesige, schnelle Überseedampfer, immense Versammlungssäle und Baderäume, die der täglichen schnellen Pflege des Körpers dienen.«

Kurz, er sah zu Recht die unvermeidliche Entwicklung eines neuen kulturellen Milieus voraus, das von einer weitflächig verstreuten, außerordentlich mobilen Gesellschaft bestimmt war – einer Gesellschaft, die nach Sant'Elias detaillierten Angaben im *Messaggio* so leben sollte:

»Die Berechnung der Materialfestigkeit, die Verwendung von Eisenbeton und Eisen machen eine ›Architektur‹ im klassischen oder traditionellen Sinn unmöglich. Die modernen Baumaterialien und unsere wissenschaftlichen Begriffe sind mit der Disziplin historischer Stile absolut nicht in Ein-

66 Sommaruga, Faccanoni-Mausoleum, Sarnico, 1907.

67 Sant'Elia, Entwurf für den Friedhof in Monza, 1912.

klang zu bringen ... Wir fühlen, daß wir nicht länger die Menschen der Kathedralen und der alten Gerichtshallen sind, sondern Menschen der großen Hotels, der Bahnhöfe, der riesigen Straßen, der mächtigen Hafenanlagen, der Markthallen, der lichtsprühenden Arkaden, der Wiederaufbaugebiete und der Slumsanierung. Wir müssen unsere moderne Stadt *ex novo* erfinden und erbauen, wie eine riesige, lärmende Schiffswerft, aktiv, beweglich und überall dynamisch, und das moderne Gebäude muß wie eine gigantische Maschine sein. Aufzüge sollen sich nicht mehr wie einsame Würmer in den Treppenhausschächten verbergen, sondern die – nun überflüssigen – Treppen müssen verschwinden, und die Aufzüge müssen sich wie Schlangen aus Eisen und Glas an den Fassaden emporwinden. Das Haus aus Zement, Eisen und Glas, ohne plastische oder malerische Ornamente, reich allein in der Schönheit seiner Linien und Formen, außerordentlich roh in seiner technischen Einfachheit, so groß, wie es die Notwendigkeit erfordert und nicht, wie es die städtischen Baugesetze erlauben, soll sich am Rande eines lärmenden Abgrundes erheben: der Straße, die nicht mehr wie eine Fußmatte vor den Portierslogen liegt, sondern sich mehrere Stockwerke tief in die Erde gräbt. Die Geschosse sollen den Verkehr der Stadt aufnehmen und durch Metallstege und Rollbänder von hoher Geschwindigkeit miteinander verbunden sein.«

Diese Beschreibung, die Sant'Elias *Casa-a-gradinata*-Entwürfen von 1914 entspricht, zeugt von einer solchen Dynamik, daß sie andere Vorbilder vermuten läßt als Henri Sauvages terassenförmig gestaffelten Mietshausblock, der 1912 in der Pariser Rue Vavin vollendet wurde. Der Untertitel der Ausstellung von Nuove Tendenze, »Milano l'anno due mille«, erinnert an Antoine Moilins Buch *Paris, l'an 2000* (1896), eine Arbeit, die Marinetti durch seinen Kontakt zu dem Pariser Dichter Gustave Kahn bekannt gewesen sein könnte.

68 Sant'Elia, Casa a gradinata für die Città Nuova, 1914.

Sant'Elias Skizzen für die Città Nuova entsprechen nicht immer seiner Konzeption. Obwohl der *Messaggio* sich gegen alle rückwärts gewandte Architektur und damit gegen jede statische und pyramidenartige Form wendete, sind Sant'Elias Zeichnungen voll solcher monumentaler Bilder. Im Rückblick liegt nur ein Schritt zwischen Sommarugas Faccanoni-Mausoleum und den emporschießenden, massiven und oft symmetrischen Kraftwerken und Hochhäusern, die sich wie eine Fata Morgana aus der Landschaft der Città Nuova erheben. So scheint es durchaus passend, daß Sant'Elias mit einem Monument für die Gefallenen des Ersten Weltkrieges gedacht wurde, das 1933 an den Ufern des Comer Sees entstand – nach einem Entwurf von Giuseppe Terragni, der auf Sant'Elias Skizzen beruhte.

Das offizielle *Manifesto dell'architettura futurista,* das im Juli 1914 veröffentlicht wurde, hatte offenbar die öffentliche Anerkennung Sant'Elias als Futurist zum Hauptziel. Es stellte eine neue Version des Messaggio dar und war wahrscheinlich von Marinetti bearbeitet, trug aber nur die Unterschrift Sant'Elias. Abgesehen davon, daß an jeder möglichen Stelle das Wort »futuristisch« hinzugefügt war, brachte dieser Text gegenüber dem Original wenig Neues. Allerdings fanden sich am Ende einige militante Forderungen, etwa der Widerspruch gegen jede Art von Permanenz, denn, so hieß es, »das Leben des Hauses wird nicht so lange währen wie das unsere, und jede Generation wird sich ihre Stadt bauen müssen.«

Inzwischen hatte sich Sant'Elia vollends dem Futurismus zugewendet. 1915 unterzeichnete er mit Boccioni, Marinetti, Piatti und Russolo das proto-faschistische politische Futurismus-Manifest *Orgoglio italiano* (»italienischer Stolz«). Im Juli des gleichen Jahres meldete er sich mit anderen Futuristen freiwillig beim Lombardischen Fahrradbataillon und begann eine militärische Laufbahn, die 1916 mit seinem Tod an der Front endete. Boccioni war schon zwei Monate zuvor (an den Folgen eines Reitunfalls) gestorben, so daß die schöpferische Periode des Futurismus zu einem abrupten Ende kam, weil ihr das wichtigste Talent paradoxerweise durch den ersten industrialisierten Krieg genommen wurde. Marinetti überlebte dieses Desaster der Futuristen, um andere Futuristen wie Balla, Carrà, Severini und Russolo an ihre Pflicht zu erinnern, die Nachriegsgeneration dem Faschismus zuzuführen und die endgültige Erfüllung des italienischen Nationalismus im Triumph des Mussolini-Staates zu erkennen.

Kennzeichnend für die Verworrenheit des Futurismus in seiner Niedergangsphase, die zweifellos mit Mussolinis Annäherung an den Vatikan zusammenfiel, war Marinettis »Manifest der heiligen futuristischen Kunst« von 1931. Er forderte darin, daß Kerzenlichter in Kirchen »durch kraftvolle elektrische Birnen mit strahlendem weißem und blauem Licht« ersetzt werden sollten, daß »die futuristischen Maler bei den Darstellungen der Hölle auf ihre Erinnerungen an granatenübersäte Schlachtfelder zurückgreifen sollten« und daß »nur futuristische Künstler ... der Durchdringung von Raum und Zeit, den überrationalen Mysterien der katholischen Dogmen Form verleihen können.«

Daß dieses absurde Pathos sich bereits in dem ursprünglichen Manifest angekündigt hatte (dessen Heftigkeit an Georges Sorel erinnert), erklärt nicht völlig den Zustand des Verfalls, den die futuristische »Kultur« 1931 erreicht hatte. Nach 1919 waren es die revolutionären russischen Konstruktivisten und nicht die Italiener, die den frühen militanten Modernismus Marinettis, Boccionis und Sant'Elias aufnahmen. Es verging noch einige Zeit, bis die italienische rationalistische Bewegung auf die Bilder der Città Nuova zu reagieren begann, und selbst das geschah nur in einem Klima, das der Integration moderner Werte in die klassischen Traditionen der italienischen Architektur günstig war.

8. Kapitel
Adolf Loos und die Krise der Kultur 1896–1931

»Darf ich sie an die gestade eines bergsees führen? Der himmel ist blau, das wasser grün, und alles liegt in tiefem frieden. Die berge und wolken spiegeln sich im see und die häuser, höfe und kapellen tun es auch. Nicht wie von menschenhand gebaut stehen sie da. Wie aus gottes werkstatt hervorgegangen sind sie, gleich den bergen und bäumen, den wolken und dem blauen Himmel. Und alles atmet schönheit und ruhe . . .

Da, was ist das? Ein mißton in diesem frieden. Wie ein gekreisch, das nicht notwendig ist. Mitten unter den häusern der bauern, die nicht von ihnen, sondern von gott gemacht wurden, steht eine villa. Das gebilde eines guten oder eines schlechten architekten? Ich weiß es nicht. Ich weiß nur, daß friede, ruhe und schönheit dahin sind . . .

Und ich frage wieder: Warum schändet ein architekt, der gute wie der schlechte, den see? Der architekt hat wie fast jeder stadtbewohner keine kultur. Ihm fehlt die sicherheit des bauern, der kultur besitzt. Der stadtbewohner ist ein entwurzelter.

Ich nenne kultur jene ausgeglichenheit des inneren und äußeren menschen, die allein ein vernünftiges denken und handeln verbürgt.«

Adolf Loos
Architektur, 1910

Adolf Loos, Sohn eines Steinmetzen, wurde 1870 in Brünn, Mähren, geboren. Er besuchte das Polytechnikum in Reichenberg und studierte dann an der Technischen Hochschule Dresden. 1893 unternahm er eine Reise in die Vereinigten Staaten, wahrscheinlich, um die World's Columbian Exposition in Chicago zu besuchen. Obgleich er während seines dreijährigen Aufenthalts in Amerika keine Arbeit als Architekt fand, lernte er die bahnbrechenden Leistungen der Schule von Chicago und die theoretischen Schriften Louis Sullivans kennen, vor allem Sullivans Aufsatz *Ornament in Architecture* (1892), der starken Einfluß auf seinen eigenen, sechzehn Jahre später erschienenen Essay *Ornament und Verbrechen* ausübte.

Nach seiner Rückkehr nach Wien im Jahre 1896 widmete sich Loos dem Entwurf von Inneneinrichtungen und schrieb für die liberale *Neue Freie Presse* Artikel über eine Vielzahl von Themen, von Kleidung bis zur Architektur und von den Manieren bis zur Musik.

Im Jahre 1908 veröffentlichte er *Ornament und Verbrechen,* einen Bericht über seine Auseinandersetzungen mit den Künstlern der Wiener Secession. Schon 1900 hatte er dieses Thema mit einer gegen das Gesamtkunstwerk gerichteten Fabel, der Geschichte *Von einem armen reichen Mann,*

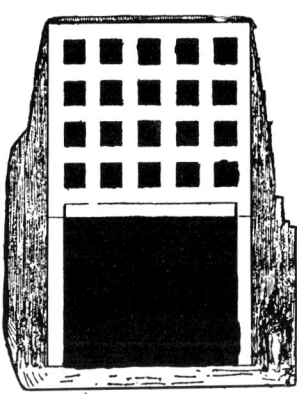

69 Kommentar eines Karikaturisten im Jahre 1911 zu Loos' Fassade für Goldmann & Salatsch. In der Bildunterschrift heißt es, ein sehr moderner Mann wandere, über die Kunst nachdenkend, durch die Straßen. Plötzlich bleibe er wie angewurzelt stehen: Er habe das gefunden, das er so lange gesucht habe.

aufgegriffen. Darin beschrieb er das Schicksal eines reichen Geschäftsmannes, der einen Architekten der Secession damit beauftragt hatte, ein »totales« Haus für ihn zu bauen, was nicht nur die Gestaltung der Möbel, sondern auch der Kleidung seiner Bewohner einbezog.

»Einmal geschah es, daß er seinen geburtstag feierte. Frau und kinder hatten ihn reich beschenkt. Die sachen gefielen ihm ausnehmend und bereiteten ihm herzliche freude. Bald darauf kam der architekt, um nach dem rechten zu sehen und entscheidungen in schwierigen fragen zu treffen. Er trat in das zimmer. Der hausherr kam ihm freudig entgegen, denn er hatte vieles auf dem herzen. Aber der architekt sah die freude des hausherrn nicht. Er hatte etwas ganz anderes entdeckt und erbleichte. ›Was haben sie denn da für hausschuhe an?‹, stieß er mühsam hervor.

Der hausherr besah seine bestickten schuhe. Aber er atmete erleichtert auf. Diesmal fühlte er sich ganz unschuldig. Die schuhe waren nämlich nach einem originalentwurfe des architekten gearbeitet worden. Er antwortete daher überlegen: ›Aber herr architekt! Haben sie das schon vergessen? Die schuhe haben sie ja selbst gezeichnet!‹ ›Gewiß‹, donnerte der architekt, ›aber für das schlafzimmer. Hier zerreißen sie mit diesen zwei unmöglichen farbflecken die ganze stimmung. Sehen sie denn das nicht ein?‹«

Mit dem namenlosen kulturellen Zuchtmeister dieses ironischen Stücks könnte der belgische Künstler Henry van de Velde ebenso gemeint sein wie Joseph Maria Olbrich. Denn er und nicht Olbrich entwarf spezielle Kleider für seine Frau, die mit den Linien ihres 1895 in Uccle erbauten Hauses harmonisieren sollten. Trotzdem blieb Olbrich während des nächsten Jahrzehnts im Mittelpunkt von Loos' antisecessionistischen Attacken: In *Ornament und Verbrechen* bezeichnete Loos ihn sogar namentlich als Schöpfer des »amoralischen« Ornaments. »Wo werden die arbeiten Olbrichs

nach zehn jahren sein?« schrieb er. »Das moderne ornament hat keine eltern und keine nachkommen, hat keine vergangenheit und keine zukunft. Es wird von unkultivierten menschen, denen die größe unserer zeit ein buch mit sieben siegeln ist, mit freuden begrüßt und nach kurzer Zeit verleugnet.«

Loos' Hauptargument gegen das Ornament war neben der Verschwendung von Arbeitskraft und Material die Tatsache, daß es unweigerlich handwerkliche Sklaverei nach sich zog. Eine solche Sklaverei war nur bei jenen zu rechtfertigen, denen die höchsten Errungenschaften bürgerlicher Kultur unerreichbar blieben – jenen Handwerkern also, die ihre ästhetische Befriedigung allein in der spontanen Schöpfung von Ornamenten fanden. Loos schrieb über seine verzierten Maßschuhe – die ihm »glatt« lieber gewesen wären: »Wir gehen nach des tages last und mühen zu Beethoven oder in den Tristan. Das kann mein schuster nicht. Ich darf ihm seine freude nicht nehmen, da ich nichts anderes an ihre stelle zu setzen habe. Wer aber zur neunten symphonie geht und sich dann hinsetzt, um ein tapetenmuster zu zeichnen, ist entweder ein hochstapler oder ein degenerierter.«

Mit solchen herausfordernden ethischen und ästhetischen Verkündigungen isolierte Loos sich nicht nur von der Secession und seinen konservativen Zeitgenossen, sondern auch von seinen Nachfolgern, jenen »Puristen« der neueren Zeit, die bis heute die Tiefgründigkeit seiner Einsichten nicht voll erfaßt haben. Als 1910 sein kritischer Aufsatz *Architektur* erschien, begann Loos bereits die vollen Ausmaße eines modernen Problems zu erkennen, das bis heute fortbesteht. Wenn der städtische Architekt, wie Loos argumentierte, entwurzelt und dadurch zwangsläufig dem ländlichen (oder alpinen) Heimatstil seiner fernen Vorfahren entfremdet war, so konnte er diesen Verlust nicht dadurch wettmachen, daß er vorgab, Erbe der aristokratischen Kultur des westlichen Klassizismus zu sein.

Denn das städtische Bürgertum – dem er unweigerlich entstammte und das er selbstverständlich bediente – war alles andere als aristokratisch. Das war Loos bereits 1898 klar, als er in *Die potemkinsche Stadt*, seiner Satire über die Ringstraße, schrieb: »Wenn ich den ring entlang schlendere, so erscheint es mir immer, als hätte hier ein moderner Potemkin die aufgabe erfüllen wollen, jemandem den glauben beizubringen, er würde in Wien in eine stadt von lauter nobili versetzt. Was immer das Italien der renaissance an herrenpalästen hervorgebracht hat, wurde geplündert, um ihrer majestät, der plebs, ein neues Wien vorzuzaubern, das nur leute bewohnen, die imstande sind, einen ganzen palast vom sockel bis zum hauptgesims allein innezuhaben ... Einen solchen palast zu besitzen, gefiel den wiener hausherren gar wohl, in einem palast zu wohnen, gefiel auch dem mieter.«

Loos' Lösung für dieses Problem, wie er es in *Architektur* darlegte, war das Argument,

70 Titelblatt von Das Andere, *herausgegeben von Loos, Wien, 1903.*

*71, 72 Loos, Haus Steiner, Wien, 1910.
Unten Ansicht des Speisezimmers.*

daß die meisten modernen Bauaufgaben eher in die Kategorie des Bauens als der Architektur fielen: »Nur ein ganz kleiner teil der architektur gehört der kunst an: das grabmal und das denkmal. Alles andere, alles, was einem zweck dient, ist aus dem reiche der kunst auszuschließen.«

Zugleich hing nach Loos' Ansicht die gesamte Kultur von einer gewissen Kontinuität mit der Vergangenheit ab, vor allem aber von einer Übereinstimmung in der Typenbildung. Die romantische Vorstellung von einem hochbegabten Individuum,

das die historischen Grenzen seiner eigenen Epoche überschreitet, konnte er nicht akzeptieren. Anstelle bewußter Ornamentierung zog Loos die zurückhaltende Kleidung, die anonymen Möbel und die leistungsfähigen Installationen der angelsächsischen Mittelklasse vor. Natürlich dachte er hierbei eher an Amerika als an England. Damit nahm er Le Corbusiers Begriff des *objet-type* vorweg, des verfeinerten genormten Gegenstandes, der von den auf dem Handwerk basierenden Industrien der Gesellschaft spontan produziert wurde. In seiner kurzlebigen Zeitschrift *Das Andere* von 1903, der er den bezeichnenden Untertitel »Ein Blatt zur Einführung abendländischer Kultur in Österreich« gab, brachte Loos Anzeigen, die sich auf die angelsächsische Welt bezogen, auf Kleidung, Sportanzüge und persönliche Accessoires.

Trotz seiner Anglophilie stellte der regionalistische Charakter der englischen Arts-and-Crafts-Bewegung (wie er in Hermann Muthesius' Buch *Das Englische Haus* von 1904 dokumentiert ist) Loos vor ein Problem: Wo sollte man eine Trennungslinie ziehen zwischen einer solchen Architektur, wie sensibel und angemessen sie auch war, und den selbstbewußten, vom Handwerk ausgehenden, hermetischen Phantasien der Secession? Da für Loos der letzte bedeutende Architekt des Abendlandes Schinkel gewesen war, mußte es ihm schwerfallen, den informellen Komfort der angelsächsischen Innenraumgestaltung mit der Strenge klassischer Formen zu verbinden.

Bis 1910 beschränkte sich Loos' Tätigkeit weitgehend auf den Umbau von Innenräumen. Seine besten Arbeiten aus dieser Zeit waren die luxuriösen Geschäftslokale, die er um die Jahrhundertwende in Wien entwarf, und seine berühmte Kärntner oder American Bar von 1907. Außen verkleidete er diese Bauten, die für die Lieferanten anglozentrischer Zivilisationsgüter geschaffen waren, mit eleganten, unaufdringlichen Materialien. Im Inneren variierte

sein Stil vom japanischen Ambiente seiner ersten Innendekoration für Goldmann & Salatsch im Graben (1898) bis zur klassischen Klubraum-Eleganz der Kärntner Bar.

Loos' Hausausstattungen waren noch eklektizistischer. Sie reflektierten die Kluft zwischen einer lässigen Rustikalität einerseits und einer strengen Monumentalität andererseits. Loos verkleidete die Wände stets bis zur Höhe des Sockels oder der Bilderschiene mit poliertem Stein oder Holz; darüber blieben sie entweder undekoriert oder trugen ornamentale Muster oder klassische Friese aus Gips. (In *Ornament und Verbrechen* hatte Loos die eklektizistische Aneignung archäologischer Ornamente zugestanden, zugleich aber die Erfindung moderner Dekorationen kategorisch ausgeschlossen.) Decken in öffentlich zugänglichen Räumen blieben häufig ohne Dekor; in Privaträumen waren sie mit Holz oder Metall kassettiert. Gelegentlich waren sie, vor allem in Speisezimmern, mit Holzbalken à la Richardson ausgestattet, die oft groteske Proportionen annahmen, wie im Haus Steiner von 1910. Die Böden bestanden gewöhnlich aus Stein oder Parkett und waren stets mit Orientteppichen bedeckt. Kaminvorplätze, häufig aus Backstein gemauert, bildeten mit ihrer rustikalen Struktur einen Gegensatz zum schimmernden Material von Vitrinen, Spiegeln, Lampen und Metallobjekten. Soweit möglich, wurden die Möbel immer eingebaut. Sonst wurden sie vom Bauherrn ausgesucht. Bei öffentlichen Bauten mit beweglicher Einrichtung beschränkte Loos sich auf die standardisierten Bugholzmöbel von Thonet, so bei seinem an Wagner erinnernden Café Museum von 1899. In seinem Aufsatz über die Abschaffung der Möbel schrieb er: »Die wände eines hauses gehören dem architekten. Hier kann er frei schalten. Und wie die wände auch die möbel, die nicht mobil sind.« Von beweglichen Einrichtungsgegenständen sagte er: »Das messingbett, das eisenbett, tisch und stühle, polstersessel und gelegenheitssitze, schreibtisch und rauchtischchen – alles dinge, die von unseren handwerkern (nie von architekten!) modern erzeugt werden – möge sich jeder nach wunsch, geschmack und neigung selbst besorgen.« Zu dieser kategorischen Ablehnung des Gesamtkunstwerks gesellte sich Loos' Leidenschaft für edle Materialien, über die er im Sinne Sempers schrieb: »Man bedenke, daß edles material und gute arbeit fehlende ornamentik nicht bloß aufwiegen, sondern daß sie ihr an köstlichkeit weit überlegen sind.«

Das Haus Steiner, 1910 in Wien erbaut, stand am Anfang einer Reihe von Häusern, in denen Loos allmählich sein Konzept des »Raumplans« oder »Grundrisses der Volumen« entwickelte, ein komplexes System der inneren Organisation, das seinen Höhepunkt in den Häusern mit verschiedenen Niveaus aus seinen letzten Lebensjahren fand: Haus Moller in Pötzleinsdorf bei Wien und Haus Müller bei Prag. Zur Zeit des Hauses Steiner war Loos bereits bei einer sehr abstrakten äußeren Form angelangt – dem schmucklosen weißen Prisma, das den sogenannten Internationalen Stil um mindestens acht Jahre vorwegnahm. Sein Raumplan-Konzept arbeitete er bei seinem Haus Rufer in Wien (1912) weiter aus, wo die Öffnungen im Gegensatz zu seinen späteren Häusern völlig frei angeordnet sind, der freien Disposition der inneren Volumen folgend – ein kontrapunktisch gegliederter Aufriß, der einen Vorgriff auf die kanonischen Werke von de Stijl darstellte.

Loos verwirklichte seinen Raumplan am konsequentesten bei seinen letzten Wohnbauten, den Häusern Moller (1928) und Müller (1930). Wie schon das offene Treppenhaus des Hauses Rufer, sind diese Bauten um unterschiedliche Niveaus der Hauptgeschosse angeordnet, Verlagerungen, die nicht nur räumliche Bewegung schaffen, sondern auch einen Wohnbereich vom nächsten differenzieren. Zwar hat offensichtlich der in Muthesius' Werk *Das Englische Haus* dokumentierte, typisch unregelmäßige Grundriß des Gothic Revival Loos' völlig neuartige Entwicklung des Raumplans inspiriert; doch bei seiner klassischen Vorliebe für die kubische Form konnte er nicht die pittoreske Massenanordnung akzeptieren, die sich natürlicherweise daraus ergab. Daraus entstand die angestrengte Manipulation des verfügbaren Prismenvolumens, als handele es sich nur um Rohmaterial, aus dem im Schnitt eine dynamische Komposition geschaffen werden sollte.

Solche plastischen Erfindungen waren im Grunde unvereinbar mit einer Architektur, die konsequent zwischen konstruktiven und nicht-konstruktiven Elementen unterschied. Loos suchte diese Unterscheidung zwar bei seinen öffentlichen Arbeiten beizubehalten, gab aber beim privaten Hausbau dem Raumgefühl den Vorrang vor der Offenlegung der architektonischen Konstruktion. Die Prinzipien Viollet-le-Ducs waren ihm jedenfalls fremd. Loos komplizierte seine Grundrisse bewußt, um sinnliche Raumerlebnisse zu schaffen, wie es später Le Corbusier tat. Bei fast allen seinen Häusern sind die konstruktiven Verbindungselemente verkleidet, entweder um ungelöste Probleme zu verbergen oder um ein angemessenes Dekorum zu erzielen.

Während seiner Tätigkeit als Chefarchitekt des Wiener Siedlungsamtes in den harten Nachkriegsjahren 1920 bis 1922 wandte Loos seinen bis dahin noch nicht fertig entwickelten Raumplan auf das Problem des Massenwohnungsbaus an. So entstand eine Reihe bemerkenswerter Mietshausstudien, bei denen er seine bevorzugte Form, den Kubus, in einen abgetreppten, terrassenförmigen Querschnitt verwandelte. 1920 entwarf er einen brillanten, ökonomischen Mietshauskomplex, die Mustersiedlung Heuberg. Zu den Reihenhäusern gehörten Treibhäuser und Kleingärten, in denen die Bewohner ihr eigenes Obst und Gemüse züchten sollten – eine typische städtische Überlebensstrategie der Inflationszeit, die in den zwanziger Jahren allgemein von vielen deutschen Siedlungen übernommen wurde.

73 Loos, Mustersiedlung Heuberg, Wien, 1920, mit Treibhäusern und Kleingärten.

Es gehört zu den paradoxen Zügen in Loos' Laufbahn, daß er, der bürgerliche Architekt und Mann mit Geschmack, seine sensibelsten großen Projekte im Dienst der Unterprivilegierten schuf. Als er 1922 desillusioniert von seinem Posten zurücktrat und später auf Einladung des dadaistischen Dichters Tristan Tzara – für den er 1926 ein Haus entwarf – nach Paris übersiedelte, war er den weltstädtischen Kreisen der gehobenen Bourgeoisie wiedergegeben. Dort schloß er sich dem eleganten Milieu der Tänzerin Josephine Baker an, für die er 1928 eine recht pompöse Villa entwarf. Außer Tzara und seinem alten Wiener Bauherrn, dem international berühmten Schneider Kniže, für den er 1909 ein Geschäft in Wien gestaltet hatte, brachte keiner seiner Pariser Freunde die Mittel oder das Vertrauen auf, eines der größeren Projekte zu verwirklichen, an denen er während seines Auslandsaufenthaltes arbeite-

GROUND FLOOR PLAN

FIRST FLOOR PLAN

74, 75 Villenprojekt für den Lido in Venedig, 1923. Links Querschnitte (durch I–II und III–IV) sowie Grundrisse des Erdgeschosses und ersten Obergeschosses; links Modell.

te. Im Jahre 1928 kehrte er nach Wien zurück, fünf Jahre vor seinem Tod und kurz vor dem Ende seiner Laufbahn.

Loos' Bedeutung als Pionier hing nicht nur von der ungewöhnlichen Klarsicht ab, die er als Kritiker der modernen Kultur bewies, sondern auch von seiner Formulierung des Raumplans, einer architektonischen Strategie, die über das widersprüchliche kulturelle Erbe der bürgerlichen Gesellschaft hinausging. Denn nachdem das Bürgertum sich von lokalen Traditionen befreit hatte, gelang es ihm nicht, im Austausch die Kultur des Klassizismus zu beanspruchen. Niemand war empfänglicher für diese Hypersensibilität als die Pariser Avantgarde der Nachkriegszeit, vor allem der Kreis, der *L'Esprit Nouveau* herausgab: der dadaistische Dichter Paul Dermée und die puristischen Maler Amédée Ozenfant und Charles-Edouard Jeanneret (Le Corbusier), die 1920 die französische Über-

setzung von *Ornament und Verbrechen* neu auflegten. Zwar liegen die Wurzeln des Purismus (wie Reyner Banham bemerkt hat) trotz Marcel Duchamps feinsinnigen »Ready-mades« in den abstrakten, am Klassischen orientierten Tendenzen der Pariser Kultur. Doch läßt sich kaum bezweifeln, daß Loos einen entscheidenden Einfluß auf die typologische Verfeinerung des puristischen Programms hatte, jenen Impuls, die »Typen-Objekte« der modernen Welt in jedem denkbaren Maßstab in Einklang zu bringen.

Vor allem aber muß Loos heute als derjenige gesehen werden, der als erster ein Problem artikulierte, das Le Corbusier später mit seiner Entwicklung des freien Grundrisses löste. Loos stand vor der typologischen Frage, wie die Angemessenheit platonischer Körper mit der Bequemlichkeit unregelmäßiger Volumen zu vereinbaren war. Das lyrische Beispiel seines Konzepts

war sein Entwurf für eine Villa am Lido in Venedig von 1923; und dieses Haus wurde zur Typenform jenes puristischen Hauses, mit dem Le Corbusier Maßstäbe setzte: seiner Villa in Garches von 1927.

9. Kapitel
Henry van de Velde und die Abstraktion der Einfühlung 1895–1914

Der belgische Entwurfskünstler und Theoretiker Henry van de Velde begab sich 1894 auf die *voie sacrée* der Architektur, wie er es nannte, als er im Alter von einunddreißig Jahren nach zehn Jahren Arbeit als neoimpressionistischer Maler seinen berühmten Essay »Déblaiement d'art« in der belgischen, an Nietzsche orientierten Zeitschrift *La Société nouvelle* veröffentlichte. Dieser Aufsatz, der dafür plädierte, die Kunst wieder in den Dienst der Gesellschaft zu stellen, war deutlich von den Vorstellungen der Präraffeliten beeinflußt, die van de Velde durch seine Verbindung zu der avantgardistischen Gruppe Les XX kennengelernt haben könnte. Seit ihrer Gründung im Jahre 1889 hatte diese belgische Künstlergruppe enge Kontakte zu England und insbesondere zu Morris' Protegé Walter Crane gepflegt. Dank Cranes Einfluß verlagerte sich das Interesse der Gruppe von den bildenden Künsten auf die Gestaltung der gesamten Umwelt. Unter der Leitung von Octave Maus wurde die Gruppe Les XX zum »Salon de la Libre Esthétique«, dessen erste Ausstellung im Jahre 1894 das Werk des belgischen Kunsttischlers Gustave Serrurier-Bovy zeigte. Serrurier-Bovy brachte ein an Arts and Crafts geschultes Gespür mit nach Belgien,

76 Maria Sèthe, die Frau van de Veldes, mit einem von ihm entworfenen Kleid, ca. 1898.

das er sich in der zweiten Hälfte der achtziger Jahre in England erworben hatte. 1894 stellte er seine ungewöhnlich qualitätvollen, ungestrichenen Möbel vor – überraschend skulpturenhafte Werke, die an den zwanzig Jahre zuvor von Edward Godwin und Christopher Dresser entwickelten anglo-japanischen Stil erinnerten.

Van de Velde hatte sein Debut als Architekt und Entwerfer im Jahre 1895, als er sein eigenes Haus in Uccle bei Brüssel errichtete. Mit diesem Bauwerk wollte er offensichtlich die völlige Synthese aller Künste demonstrieren, denn er gestaltete nicht nur das ganze Haus mit allen Einrichtungsgegenständen einschließlich des Tafelsilbers einheitlich, sondern bezog in das »Gesamtkunstwerk« auch die fließenden Formen der Kleider ein, die er für seine Frau entwarf. Schnitt, Fall und Applikationen dieser Kleider wiesen bereits jene dynamischen Schlangenlinien auf, die van de Veldes Hauptbeitrag zu dem von Serrurier-Bovy übernommenen Vokabular darstellten. Er hatte sie von Gauguin übernommen und benutzte sie, um den Arts-and-Crafts-Formen eine stärkere Ausdruckskraft zu verleihen.

Für van de Velde waren neben den Reformbestrebungen der englischen Kunstgewerbe-Bewegung die anarchischen, aber ebenfalls reformistischen Visionen Tolstois und Kropotkins von Bedeutung. Er teilte zwar die starke Antipathie der Präraffeliten gegen alle Architektur nach der Gotik, doch konnte er nicht ihre nachdrücklichen Versuche akzeptieren, die Gegenwart wieder ins Mittelalter zu verwandeln. Als Sozialist war er stärker von den militanten jungen Mitgliedern der belgischen Sozialistischen Partei beeinflußt, mit denen er seit der Mitte der achtziger Jahre in Verbindung stand: Emile Vandervelde, der sozialistische Bauherr von Hortas Maison du Peuple, und der Dichter und Kritiker Emi-

77 Van de Veldes Möbelwerkstatt, Brüssel, ca. 1897. Er beugt sich rechts über eine Zeichnung.

78 Van de Veldes Schreibtisch für Meier-Graefe, 1896, und Ferdinand Hodlers symbolistisches Gemälde Tag, ca. 1896.

le Verhaeren, dessen kritische Studie über Städtebau, *Les Villes tentaculaires,* 1895 veröffentlicht worden war. Doch trotz dieser Kontakte zu Radikalen glaubte van de Velde an eine Gesellschaftsreform durch die Gestaltung der Umwelt, das heißt, er hing immer noch einem sensualistischen Glauben an die Vorherrschaft der physischen Form über den programmatischen Inhalt an. Für ihn wie für die gesamte Arts-and-Crafts-Tradition war das Einfamilienhaus das wichtigste soziale Mittel, um die Wertvorstellungen der Gesellschaft allmählich zu verändern. »Häßlichkeit verdirbt nicht nur die Augen, sondern auch Herz und Geist«, schrieb er. In seinem Kampf gegen die Häßlichkeit konzentrierte sich van de Velde darauf, jeden Aspekt der häuslichen Umgebung gestalterisch zu bewältigen. Sowohl vom Temperament wie von der Ausbildung her lag es ihm nicht, in städtischen Maßstäben zu denken: Bei seinem Gesamtplan für die Gartenkolonie Hohenhagen, die 1906 für Karl Ernst Osthaus in Hagen gebaut wurde, gelang es ihm nicht zu demonstrieren, wie Einzelhäuser

in größere, zusammenhängende soziale Einheiten eingefügt werden könnten. Und er vermochte ebensowenig wie William Morris den Widerspruch zwischen seinem sozialen Engagement und seinen engen Kontakten zur oberen Mittelklasse zu lösen.

Ab Mitte der neunziger Jahre wurde van de Velde stark durch die ästhetischen Theorien des Wiener Kunsthistorikers Alois Riegl und des Münchner Psychologen Theodor Lipps beeinflußt. Während der eine die schöpferische Vorherrschaft des individuellen »Kunstwollens« betonte, forderte der andere »Einfühlung« als eine Art mystischer Projektion des schöpferischen Ego auf das Kunstobjekt. Einen spezifischen Kontext erhielten diese beiden sich ergänzenden Vorstellungen durch Nietzsche. In seinem Essay *Die Geburt der Tragödie aus dem Geist der Musik* von 1871 hatte Nietzsche das Apollinische und das Dionysische als unveränderbare Dualität der hellenistischen Kultur gesehen, wobei das erstere das Typische und die Freiheit im Gesetz anstrebte, das letztere rauschhaften Überfluß und pantheistischen Ausdruck. Diese im weiteren Sinne miteinander verwandten Ideen, die van de Veldes Werk nach 1896 beeinflußten, kamen in Wilhelm Worringers Werk *Abstraktion und Einfühlung* von 1908 zu einer gewissen Synthese. Van de Velde studierte Worringers Text intensiv und kam zu dem Schluß, daß sein eigenes Werk die beiden antagonistischen Aspekte von Worringers kulturellem Modell zu einer Einheit verband – einerseits der *einfühlende* Ausdruck vitaler psychischer Zustände und andererseits die Tendenz zur Transzendenz durch *Abstraktion.*

Doch obwohl van de Velde nach einer einfühlenden, vitalen Formenkultur strebte, war er sich auch bewußt, daß die Architektur an sich zur Abstraktion neigt. Deshalb läßt sich sein lebenslanger Respekt vor der Gotik als Sehnsucht nach einer Architektur erklären, bei der die unmittelbare Vitalität

der Formenkraft durch die sublime konstruktive Abstraktion des Ganzen vergeistigt wird. Die Verkörperung einer solchen Kraft war das Hauptziel seiner eigenen Ästhetik, von den ersten Möbeln im sogenannten »Yachting Style«, die er 1895 für Samuel Bings Maison de l'Art Nouveau in Paris entwarf, bis zu seiner theoretischen Formulierung (1902 in Weimar) der Prinzipien eines linearen Strukturornaments.

Van de Velde machte einen feinen Unterschied zwischen *Ornamentierung* und *Ornament.* Seiner Ansicht nach stand die Ornamentierung, weil sie nur appliziert war, in keiner Beziehung zu ihrem Gegenstand, während das Ornament funktionell (das heißt konstruktiv) bestimmt und deshalb in das Objekt integriert war. Dieser Definition des funktionalen Ornaments entsprach die Bedeutung, die van de Velde der gestuellen Linie als notwendiger anthropomorpher Spur der menschlichen Schöpfung beimaß. So schrieb er 1902, die Linie trage die Kraft und die Energie dessen, der sie gezogen habe. Für ihn stellten die sozusagen »exotischen« Impulse, die den Verlauf ei-

79 Van de Velde, Theater auf der Werkbundausstellung, Köln, 1914.

ner Linie bestimmten, eine Literatur ohne Alphabet dar.

Der stark anti-dekorative Aspekt dieser puristischen Auffassung prägte sich 1903 noch deutlicher aus, als van de Velde von einer Reise durch Griechenland und den Mittleren Osten zurückkehrte, überwältigt von der Macht und Reinheit mykenischer und assyrischer Kunst. Von nun an suchte er sowohl die gestenreiche Phantasie des Jugendstils als auch die Rationalität des Klassizismus zu meiden. Er bemühte sich um die »reine« organische Form, eine Form, die seiner Meinung nach nur in der Wiege der Zivilisation oder in den monumentalen kryptischen Werken des neolithischen Menschen zu finden war. Darauf geht zweifellos die erdhafte Form der Häuser zurück, die er zwischen 1903 und 1906 in Chemnitz und Hagen baute. Doch trotz des merkwürdig megalithischen Charakters dieser Bauten blieb in allen Arbeiten van de Veldes nach 1903 eine Spur von Klassizismus erhalten, die nicht völlig durch seinen Sinn für das Archaische überdeckt

wurde. Sie wurde besonders bei den Hausbauten zwischen 1903 und 1915 deutlich, die seine leidenschaftliche Reaktion auf die klassischen, um nicht zu sagen vergänglichen Eigenschaften des Parthenon widerspiegeln:

»Oben auf der Akropolis, da lehren es die (Säulen), die noch stehen geblieben sind, daß sie nicht mehr sind, daß sie keine Last mehr tragen, oder vielmehr, daß diese Funktion nicht mehr zählt, selbst da, wo die Berührungsflächen zweier Steine am oberen Gebälk sich treffen . Sie verkünden es laut, daß keine Säule mehr steht rings um den Parthenontempel; daß aber dazwischen mächtige, vollkommene Vasen erstanden, die in sich das Leben tragen: den Raum und die Sonne, das Meer und die Berge, die Nacht und die Sterne. Die Schwellung der Säulen hat so lange sich gewandelt, bis zwischen zweien von ihnen die negative Silhouette eine Form erreicht hatte, die für alle Ewigkeit vollkommen sein wird.«

Van de Veldes Bekehrung zum Apollini-

schen, um es so auszudrücken, fiel mit dem Höhepunkt seiner Laufbahn in Weimar zusammen. Nachdem er 1901 künstlerischer Beirat für Industrie und Kunstgewerbe am Hofe des Großherzogs von Sachsen-Weimar geworden war, wurde er 1904 zum Professor der neugegründeten Großherzoglich-Sächsischen Kunstgewerbeschule in Weimar ernannt. Damit war der Auftrag verbunden, neue Gebäude für die Schule und die bereits bestehende Hochschule für Bildende Kunst zu entwerfen, die vierzehn Jahre später im Staatlichen Bauhaus vereinigt wurden. Bevor diese Gebäude 1908 eröffnet wurden, hielt van de Velde weiter Vorlesungen in Weimar und setzte sein Kunstseminar fort, das der kulturellen Unterweisung ausgebildeter Handwerker diente. Doch dieser triumphalste Augenblick seiner gesamten Laufbahn war von tiefen inneren Zweifeln überschattet: Er begann das Vorrecht des Künstlers in Frage zu stellen, die Form von Gegenständen zu bestimmen. Im Jahre 1905 schrieb er: »Bis zu welchem Punkt hatte ich das Recht, der Welt einen so persönlichen Geschmack und Willen aufzuzwingen? Plötzlich sah ich keine Beziehung mehr zwischen meinem Ideal und der Welt.«

Nach Gottfried Semper und Peter Behrens hatte van de Velde sich immer bemüht, solche sozialkulturellen Verbindungen durch das Theater herzustellen, denn die Vereinigung von Schauspielern und Zuschauern erschien ihm als die höchste Form des gesellschaftlichen und geistigen Lebens. Unter dem Einfluß von Regisseuren wie Max Reinhardt und Gordon Craig entwickelte er die dreigeteilte Bühne, die er zum erstenmal bei einem Entwurf für das Dumont-Theater in Weimar (1904) vorstellte. Zu diesem Thema kehrte er 1911 mit seinem Kompromiß-Entwurf für das Théâtre des Champs-Elysées in Paris (1913 in abgeänderter Form von Auguste Perret realisiert) und mit dem Kölner Werkbundtheater von 1914 zurück. Das ausdrucksstarke Werkbundtheater, das nur kurze Zeit erhalten blieb, markierte den Höhepunkt seines Schaffens in der Vorkriegszeit. Erich Mendelsohn schrieb darüber: »(Wir empfinden) ... die klare Gefühlstendenz, aus den verschieden hohen Trakten eine geschlossene, sich gegenseitig steigernde Raumbewegung zu gestalten, vom einsaugenden Dunkel des Eingangs bis zur blanken Höhe des Bühnenhauses.« Die wogenden Volumen demonstrierten van de Veldes meisterliche Beherrschung der Form. Sein Stil diente später als Modell für die Massengliederung des Einsteinturms, der 1919 in Potsdam errichtet wurde.

Das vielbewunderte Werkbundtheater war die letzte Formulierung von van de Veldes »Formkraft«-Ästhetik. Da es wie die Freiluftarenen des Neolithikums den Schauspieler mit den Zuschauern und die Zuschauer mit der Landschaft zusammenbrachte, bildete es eine einzige »eingefühlte Abstraktion«. Solche Ausdrucksformen fanden natürlich keinen Platz in dem bescheidenen präfabrizierten Haus, das van de Velde nach dem Ersten Weltkrieg für sich selbst baute. Der Traum des Werkbundes von einer durch gute Form und Industriemonopol verwandelten Welt hatte sich als ebenso eitel erwiesen wie die Hoffnungen, die von den Reformisten auf die sozialbewußte Bourgeoisie gesetzt worden waren. Denn das bürgerliche Mäzenatentum für Arts and Crafts und Art Nouveau fand nach fünfzig Jahren durch den ersten industrialisierten Krieg ein jähes Ende. Man konnte nicht mehr länger von einer durch Kunst, Industriedesign und Theater veränderten Gesellschaft fabulieren, wenn es in allererster Linie darum ging, ein Minimum an Wohnraum zu schaffen.

10. Kapitel
Tony Garnier und die Industriestadt 1899–1918

»Die Stadt ist imaginär: Nehmen wir an, die Städte Rive-de-Gier, St. Etienne, St. Chaumond, Chasse und Givors besäßen ähnliche Voraussetzungen wie dieser Ort. Er liegt im Südosten Frankreichs, und beim Bau wurden Materialien der Umgebung verwendet. Wichtige Faktoren bei der Errichtung einer ähnlichen Stadt sind die Nähe von Rohstoffen oder das Vorhandensein einer natürlichen Kraftquelle, die für die Schaffung von Energie verwendet werden kann, oder günstige Transportwege. In unserem Falle ist der bestimmende Faktor für den Standort der Stadt der Fluß, der als Energiequelle dient; es gibt auch Bergwerke in der Gegend, doch können sie weiter entfernt liegen. Der Fluß ist gestaut; ein Wasserkraftwerk liefert Energie, Licht und Wärme für die Fabriken und die ganze Stadt. Die wichtigsten Fabriken liegen in der Ebene an der Einmündung des Nebenflusses in den Strom. Eine Eisenbahnlinie führt zwischen den Fabriken und der Stadt hindurch, die über den Fabriken auf einem Plateau errichtet ist. Noch höher liegen die Krankenhäuser; sie sind wie die Stadt gegen kalte Winde geschützt, und ihre Terrassen sind nach Süden orientiert. Jedes dieser Hauptelemente (Fabriken, Stadt, Krankenhäuser) ist isoliert, so daß es erweitert werden kann . . . Die Suche nach einem Programm, das die materiellen und moralischen Bedürfnisse des Individuums optimal befriedigt, hat zur Aufstellung von Regeln für Straßennutzung, Hygiene und so weiter geführt; die Annahme ist, daß bereits ein gewisser Fortschritt in der sozialen Ordnung, der eine automatische Anwendung dieser Regeln bewirkt, erzielt worden ist, so daß es nicht notwendig sein wird, eigentliche Gesetze zu erlassen. Die Aufteilung von Grund und Boden sowie alles, was mit der Verteilung von Wasser, Brot, Fleisch, Milch und Medikamenten und mit der Wiederverwendung von Abfall zusammenhängt, geht in den öffentlichen Bereich über.«

Tony Garnier
Vorwort zu *Une Cité industrielle,* 1917

Eine bündigere Zusammenfassung der wirtschaftlichen und technischen Voraussetzungen für die Gründung und Organisation einer modernen Stadt läßt sich kaum denken. Die Klarheit dieses Programms – der einzigen theoretischen Äußerung in Garniers Laufbahn – reflektiert in Inhalt und Ausdruck die radikalen Elemente in seinem Leben und Werk. Garnier, 1869 in Lyon geboren und in einem Arbeiterviertel aufgewachsen, blieb dem Sozialismus konsequent bis zu seinem Tod im Jahre 1948 verpflichtet.

Garniers Erziehung und seine berufliche Laufbahn sind eng mit der Stadt Lyon verbunden. In Lyon blühten radikaler Syndikalismus und Sozialismus, weil die Stadt mit ihren Seiden- und Metallfabriken, die bei Garniers Geburts bereits wohletabliert waren, zu den fortschrittlichsten Industriezentren Frankreichs im 19. Jahrhundert gehörte. Neben der günstigen Lage im Rhône-Saône-Korridor war das Wachstum der Stadt bald nach der Jahrhundertmitte durch eine der ersten großen Eisenbahnlinien Frankreichs gefördert worden. Als in den achtziger Jahren die Elektrifizierung der Straßenbahnen und lokalen Eisenbahnsysteme einsetzte, wurde Lyon zu einem Zentrum technischer und industrieller Neuerungen. Zwischen 1882 und der Jahrhundertwende erlebten dort Photographie, Cinematographie, Wasserkraftwerke, Automobilproduktion und Flugzeugbau ihre ersten Anfänge. Zweifellos schlug sich der Einfluß dieses technischen Milieus auch in Garniers Projekt für eine »Cité industrielle« nieder, das er 1904 vorstellte – ein Entwurf, der seinen Glauben daran zum Ausdruck brachte, daß die Städte der Zukunft auf der Industrie basieren müßten.

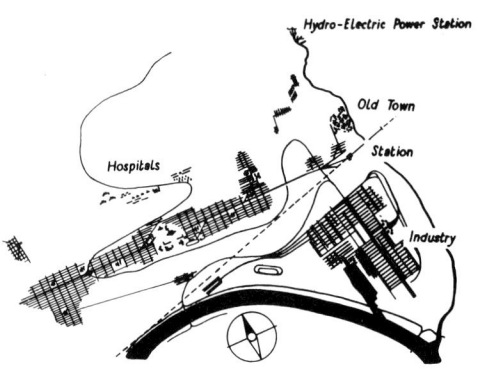

80 Garnier, Industriestadt, schematischer Plan, 1904–1917. Unter dem Krankenhausbereich liegt das Verwaltungs- und Kulturzentrum, von Wohnbauten flankiert.

Auch andere Aspekte der Lyoner Kultur traten in den Plänen von Garniers Cité auf, vor allem die französische regionalistische Bewegung, die lokale Kulturen wiederzubeleben suchte und deshalb die politischen Forderungen nach Föderalismus und Dezentralisierung unterstützte. So berücksichtigte Garnier in seiner Industriestadt einen mittelalterlichen Stadtkern. Welche Bedeutung er solchen geschichtlichen Voraussetzungen beimaß, geht daraus hervor, daß er den Hauptbahnhof in unmittelbarer Nachbarschaft dieses regionalen Zentrums plazierte.

Die Stadt Lyon zeichnete sich zudem bereits in Garniers Jugend durch progressive Ideen auf dem Gebiet des Städtebaus aus. Ihr Straßennetz war zwischen 1853 und 1864 festgelegt worden; nach 1880 begann die Stadt – als Teil eines Slumsanierungsprogramms – das System der Wasserversorgung und der sanitären Anlagen zu verbessern, und um 1883 entstand eine ganze Reihe von Wohlfahrtseinrichtungen, darunter Schulen, Arbeiterwohnungen, Bäder, Krankenhäuser und Schlachthäuser. Garnier trat 1886 in die Ecole des Beaux-Arts in Lyon und 1889 in die Pariser Ecole ein. Dort geriet er unter den Einfluß von Julien Guadet, der ab 1894 als Professor für Architekturtheorie nicht nur die Regeln des rationalen Klassizismus lehrte, sondern auch Programmanalyse und Klassifizierung von Bautypen. Guadets Werk *Eléments et théorie de l'architecture* von 1902 bot eine programmatische Neufassung von Durands Methoden aus dem Jahre 1805, typisierte Architekturformen rational zu kombinieren. Vor allem dieses Denken in Elementen als Entwurfsprinzip beeinflußte Guadets bedeutendste Schüler, Garnier und Auguste Perret. Die beiden Männer hatten freilich sehr unterschiedliche berufliche Laufbahnen, denn während Garnier nach zehn Jahren in Paris 1899 den Prix de Rome erhielt und weitere vier Jahre an der Französischen Akademie in der Villa Medici verbrachte, verließ Perret die Ecole des

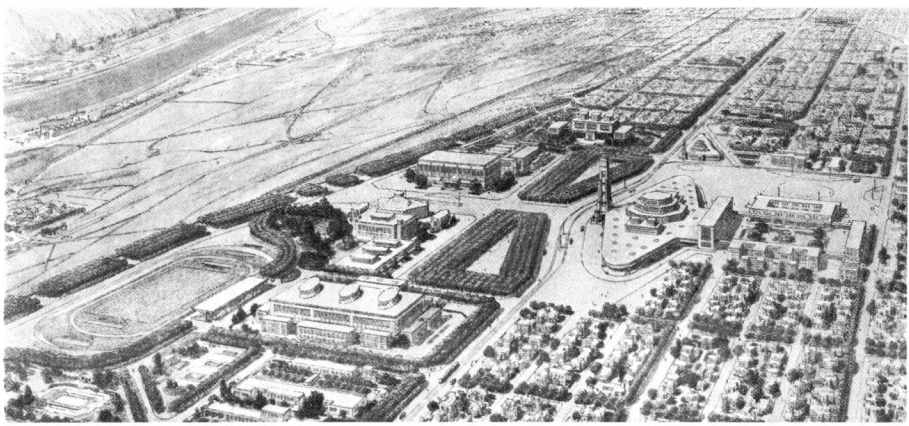

81 Garnier, Industriestadt, Zentrum (mit rautenförmigem Versammlungsgebäude) und Wohnbebauung, 1917.

Beaux-Arts 1897 nach nur drei Jahren Studium, um für seinen Vater zu arbeiten. Als die Cité Industrielle 1904 zum erstenmal vorgestellt wurde, hatte Perret sich bereits mit seinem bahnbrechenden Appartementgebäude in Stahlbeton-Skelettbauweise an der Rue Franklin einen Namen als Architekt gemacht.

Seit seiner ersten Bewerbung um den Prix de Rome im Jahre 1892 bewegte Garnier sich in den immer radikaler werdenden Kreisen in Paris. Die Hauptrolle spielte dort Jean Jaurès, der 1893 sozialistischer Abgeordneter wurde. Nach 1897 wurde die Pariser politische Szene durch die Affäre Dreyfus elektrisiert, ein Ereignis, das Emile Zola zum leidenschaftlichen Anwalt durchgreifender Reformen werden ließ. Daraus entstand Zolas erster utopischer sozialistischer Roman, *Fécondité*, der 1899 in Fortsetzungen in der sozialistischen Zeitschrift *L'Aurore* veröffentlicht wurde. Da Garnier lange mit der Société des Amis d'Emile Zola verbunden war, ist mit Sicherheit anzunehmen, daß er diese Texte gelesen hat. Auf jeden Fall scheinen die frühen Skizzen für die Industriestadt, die er im gleichen Jahr schuf, die Vision einer

neuen sozialen und wirtschaftlichen Ordnung zu reflektieren, die der Schriftsteller in seinem zweiten sozialutopischen Roman *Travail* (1901) ausarbeitete.

Gegen starke Opposition in der Villa Medici entwickelte Garnier während seines Aufenthaltes das Stadtprojekt weiter. Für den erforderlichen »Nachweis akademischer Studien« bereitete er eine phantasievolle, neuartige Rekonstruktion der römischen Hügelstadt Tusculum vor. Tusculum und die erste Version der Cité Industrielle wurden 1904 in Paris ausgestellt, in dem Jahr, in dem er im Triumph nach Lyon zurückkehrte. Während der nächsten fünfunddreißig Jahre arbeitete er ausschließlich in und für Lyon, vor allem auf Veranlassung des progressiven Bürgermeisters Edouard Herriot. In dieser Stadt begegnete ihm 1908 am Anfang seiner öffentlichen Karriere zum erstenmal Le Corbusier.

Garniers Industriestadt für 35 000 Einwohner, am Flußufer in einer bergigen Landschaft gelegen, die weitgehend der Umgebung von Lyon entsprach, war nicht nur ein mittelgroßes, feinfühlig auf die Landschaft bezogenes regionales Zentrum. Mit ihren getrennten Zonen nahm sie auch die Prinzi-

82 *Garnier, Industriestadt, Detail des Versammlungsgebäudes, 1904–1917.*

pien vorweg, die 1933 die CIAM in der Charta von Athen formulierte. Garniers Cité Industrielle war vor allem eine sozialistische Stadt, ohne Mauern oder Privateigentum, ohne Kirche oder Kasernen, ohne Polizeistation oder Gerichtshof – eine Stadt, wo alle unbebauten Flächen öffentliche Parks waren. In dem bebauten Bereich sah Garnier eine Vielzahl von Gebäudetypen vor, deren Belichtung, Belüftung und Grünflächen strengen Standards entsprachen. Durchbrochen wurden diese Typologie und die Kombinationsmuster, die sich aus ihr ergaben, durch eine Hierarchie baumgesäumter Straßen von unterschiedlicher Breite. Bei einer durchschnittlichen Höhe von nur zwei Geschossen lag die Bevölkerungsdichte niedrig, so daß Garnier 1932 eine Variante seines Schemas durch Wohnquartiere mit größerer Flächennutzung ergänzte. Zu den Wohnvierteln gehörten verschiedene Schultypen für bestimmte Bezirke, während die technischen und beruflichen Ausbildungsstätten zwischen den Wohn- und Industriebereichen lagen.

In letzter Zeit wurde nachgewiesen, daß Garnier das Konzept seiner Stadt nicht völlig allein entwickelt hat, sondern daß unter den bedeutenden jungen *pensionnaires,* die an der Französischen Akademie in Rom seine Kollegen waren, vor allem Léon Jaussely erwähnt werden muß. Sein Beitrag für den Prix de Rome von 1903, »Ein großstädtischer Platz in einem großen demokratischen Staat«, entsprach in mancher Hinsicht der Anordnung, dem Inhalt und dem Ethos des Kultur- und Verwaltungszentrums von Garniers Cité, des »Platzes der Öffentlichkeit«, wo ein Museum, eine Bibliothek, ein Theater, ein Stadion und ein großes öffentliches Hallenbad oder *hydrothérapie*-Gebäude um die Achse eines Versammlungskomplexes gruppiert sind. Das wichtigste Organisationsprinzip dieses rautenförmigen Versammlungsbaus ist ein Peristyl aus Stahlbetonstützen, die Versammlungsräume und eine zentrale kreisförmige Halle mit 3000 Plätzen umschließen. Die Halle ist auf einer Seite von einem Auditorium mit 1000 Plätzen und auf der anderen Seite von zwei nebeneinanderliegenden

Amphitheatern mit je 500 Plätzen flankiert. Die verschiedenartigen Versammlungsformen waren deutlich auf unterschiedliche demokratische Zwecke bezogen, von der Parlamentsdebatte bis zu Konferenzen, Ausschußsitzungen und Filmvorführungen. Die Veranstaltungen sollten unter dem rationalistischen Zeichen einer 24-Stunden-Uhr und eines Gesimses stattfinden, das an Courbet erinnernde Reliefs trug und mit zwei Zitaten aus Zolas *Travail* beschriftet war. Der erste dieser Texte bezog sich auf das von Saint-Simon inspirierte Konzept, durch industrielle Produktion internationale Harmonie zu erreichen, der zweite auf die rituelle Feier eines sozialistischen Erntedankfestes:

»Dies war die unaufhörliche Produktion, wie sie für Friedenszeiten geeignet war, Schienen und noch mehr Schienen, so daß alle Grenzen überschritten werden konnten und alle Völker wiedervereint ein einziges Volk bildeten, auf einer Erde, die ganz von Straßen durchfurcht war. Dies waren die großen Stahlschiffe, nicht länger die furchtbaren Kriegsschiffe, die Tod und Verwüstung mit sich brachten, sondern Schiffe der Solidarität und Brüderlichkeit, welche die Produkte von Kontinenten austauschten und den heimischen Reichtum der Menschlichkeit zehnfach vermehrten, bis schließlich überall riesiger Überfluß herrschte.

Es wurde beschlossen, das Fest im Freien stattfinden zu lassen, nahe der Stadt, auf einem großen Feld, wo die hohen Korngarben wie die symmetrischen Säulen eines gigantischen Tempels standen, goldfarben unter der klaren Sonne. Die Säulenreihe erstreckte sich unendlich, bis zum fernen Horizont, Garben und noch mehr Garben, die von der unerschöpflichen Fruchtbarkeit der Erde erzählten. Und dort sangen und tanzten sie, in dem guten Geruch des reifen Korns, inmitten der weiten fruchtbaren Ebene, aus der die Arbeit der endlich miteinander versöhnten Menschen genug Brot für das Glück aller gewann.«

83 Garnier, Abattoir La Mouche, Lyon, 1917.

Dieser letzte Absatz beschwor jenes klassische arkadische Leben und jene Landschaft herauf, die Garnier bei seinem Aufenthalt in Griechenland im Jahre 1903 zum erstenmal wirklich verstanden hatte. Wie die Agora, deren modernes Gegenstück es sein sollte, war die Darstellung von Garniers Versammlungsgebäude mit schattenartigen Figuren bevölkert, deren altmodische Biedermeier-Kleidung eine angemessene klassische Atmosphäre heraufbeschwor. Auch ihre Häuser sollten schlicht sein, ohne Simse und Dekorationen, in vielen Fällen um Höfe angeordnet und durch *impluvia* entwässert. Kurz, trotz der fortschrittlichen Konstruktionsmethoden, der durchgehend verwendeten Stahlbeton-

Bauweise (Hennebique) und der Verwendung großer, an Contamins Maschinenhalle von 1889 erinnernder Stahlbinder im Industriebereich blieb die Cité Industrielle der Inbegriff eines mediterranen sozialistischen Utopia.

Wenn Garnier auch in Rom durch andere wichtige französische Stadtplaner wie Léon Jaussely und Eugène Hénard beeinflußt worden war, deren erste Artikel über die Erneuerung der Stadt 1903 erschienen, ging die Unverwechselbarkeit seiner Stadt ebensosehr auf das außergewöhnliche Niveau der Detailentwicklungen zurück wie auf die »Modernität« seiner Vision. Garnier legte mit seinem Projekt nicht nur die Prinzipien und die Planungsgrundlagen einer hypothetischen Industriestadt fest; er bezeichnete auch in unterschiedlichen Maßstäben die spezifische städtebauliche Typologie und machte zu gleicher Zeit präzise Angaben über die Konstruktionsweise in Beton und Stahl. Ein so umfassender Versuch war seit Ledoux' Idealstadt Chaux aus dem Jahre 1804 nicht mehr unternommen worden. *Une Cité Industrielle* wurde zwar erst 1917 veröffentlicht, doch der Beitrag des Autors zum zeitgenössischen Städtebau fand bereits 1920 Anerkennung, als Le Corbusier Material aus dem Band in der puristischen Zeitschrift *L'Esprit Nouveau* publizierte.

Obwohl die Cité offensichtlich Le Corbusiers städtebauliche Vorstellungen beeinflußte, blieb die allgemeine Wirkung begrenzt. Abgesehen von Garniers Einzelbauten in Lyon wurden die grundsätzlichen Vorschläge des Projekts weder je erprobt noch ausführlich publik gemacht. Im Gegensatz zu Ebenezer Howards Gartenstadtmodell von 1898, das als Planungsstrategie 1903 in Letchworth Garden City realisiert wurde, sind die Prinzipien der Cité keiner Bewährungsprobe unterworfen worden. Die beiden Entwürfe hätten in der Tat nicht unterschiedlicher ausfallen können. Denn während Garniers Cité sich erweitern ließ und dank der Schwerindustrie

über eine gewisse Autonomie verfügte, war Howards Rurisville in der Größe begrenzt und ökonomisch abhängig, weil es auf Leichtindustrie und kleinen landwirtschaftlichen Betrieben basierte. Und während Garniers Cité wie Jausselys Projekt für Barcelona von 1904 die theoretischen Planungsmodelle beeinflußte, die im ersten Jahrzehnt der Sowjetunion entwickelt wurden, führte Howards Schema zu einer Vielzahl reformistischer Gartenstadt-Gemeinschaften und schließlich zu jenem ebenso pragmatischen New-Town-Programm, das nach dem Zweiten Weltkrieg in England folgenreich wurde.

Garniers städtebauliche Vorstellungen fanden Ausdruck in seinen *Grands travaux de la ville de Lyon* von 1920, in den Schlachthäusern von 1906–1932, seinem Spital Grande-Blanche von 1909–1930 und dem Quartier Etats-Unis, das er 1924 entwarf und 1935 ausführte. Jeder dieser Komplexe war so etwas wie eine Miniaturstadt, die durch ihre Annehmlichkeiten die Überlegenheit der Stadt als zivilisierende Kraft demonstrierte – eine Aufgabe, der die angelsächsische Gartenstadt kaum gewachsen war.

11. Kapitel
Auguste Perret: die Entwicklung des klassischen Rationalismus 1899–1925

»Am Anfang ist die Architektur nur ein Rahmen aus Holz. Um Feuer zu bekämpfen, baut man aus hartem Material. Und das Prestige des Holzrahmens ist so groß, daß man alle Elemente reproduziert, selbst die Köpfe der Nägel.«

Auguste Perret
Contribution à une théorie de l'architecture,
Paris 1952

Im Jahre 1897 unterbrach Auguste Perret abrupt eine brillante Laufbahn an der Ecole des Beaux-Arts und verließ seinen akademischen Lehrer Julien Guadet, um für seinen Vater zu arbeiten. Schon vorher hatte er zeitweilig im Bauunternehmen der Familie mitgearbeitet. Von seinen Werken aus dieser Periode, die bereits 1890 begann, sind diejenigen am interessantesten, die er nach dem Verlassen der Ecole des Beaux-Arts entwarf, denn sie setzen Zeichen für seine spätere Karriere. Zwei Bauten sind besonders bedeutsam: ein Kasino in St. Malo von 1899 und ein Appartementgebäude an der Avenue Wagram in Paris von 1902. Das Kasino war ein Beispiel des konstruktiven Rationalismus im »nationalromantischen Stil«, wie ihn damals die rustikalen Villen Hector Guimards populär machten, während das achtgeschossige Mietshaus einen Versuch in Louis XV. plus Art Nouveau aus dekoriertem Stein darstellte. Das Haus in der Avenue Wagram muß als Perrets wichtigster Ausgangspunkt betrachtet werden, denn es demonstrierte seine bewußte Rückkehr zur klassischen Tradition. Er nahm damit sogar um einige

Jahre die »Kristallierung« des Jugendstils in den Werken von Architekten wie Behrens, Hoffmann und Olbrich aus dem Jahre 1907 vorweg.

Das Gebäude in der Avenue Wagram sprang um die Tiefe eines Erkerfensters über die Straße vor und erhob sich bis zum sechsten säulengeschmückten Geschoß. Dieses plastisch wirkende steinerne Profil des Hauses war mit einem feinen Rebenornament dekoriert, das sich von der Schwelle kurvenförmig nach oben schwang und unter dem Sockel der Kolonnade im sechsten Geschoß in versteinerter Üppigkeit aufblühte. Perret stand dem Symbolismus nahe und hatte beim Entwurf des Dekors die florale Bilderwelt der Belle Epoque im Auge gehabt. Zugleich wollte er aber auch nicht die *ordonnance* einer Pariser Straße verletzen und bemühte sich deshalb, die plastisch geformten Öffnungen mit denen der klassischen Fassaden auf beiden Seiten in Einklang zu bringen. Das widersprach freilich wiederum den Regeln der konstruktiven Rationalisten, denn diese Architektur wies offensichtlich nicht jene klar artikulierten Konstruktionselemente auf, wie sie Viollet-le-Duc gefordert hatte. Sie besaß auch nicht die natürliche Ausdruckskraft und die regionalistischen Züge, die sich bei Perrets Kasino in St. Malo offenbart hatten.

Zwei Bücher haben anscheinend Perrets Entschluß beeinflußt, bei seinem Mietshausblock in der Rue Franklin von 1903 eine Beton-Gerüstbauweise anzuwenden: Auguste Choisys monumentale *Histoire de*

84 Perret, Kasino, St. Malo, 1899.

l'architecture (1899) und Paul Christophes Ausführungen über das System Hennebique, *Le Béton armé et ses applications* (1902). Während Choisy die griechische Balkenbauweise als klassisches Vorbild für solche Konstruktionen zitierte, lieferte Christophe definitive technische Angaben für die Herstellung und den Entwurf von Stahlbetongerüsten.

Choisy, Professor für Architektur an der Ecole des Ponts et Chaussées, hatte eine deterministische Auffassung von Architektur: Er argumentierte, die verschiedenen Stile seien nicht als Spielarten der Mode entstanden, sondern als logische Folge bautechnischer Entwicklungen. Seine bevorzugten Beispiele solcher von der Technik bestimmten Stile waren (nach Viollet-le-Duc) die griechische und die gotische Architektur, obwohl natürlich gerade seine Beziehung zur griechischen Baukunst ihn zum letzten einflußreichen Theoretiker des klassischen Rationalismus machte. Er stand am Ende einer langen Reihe von

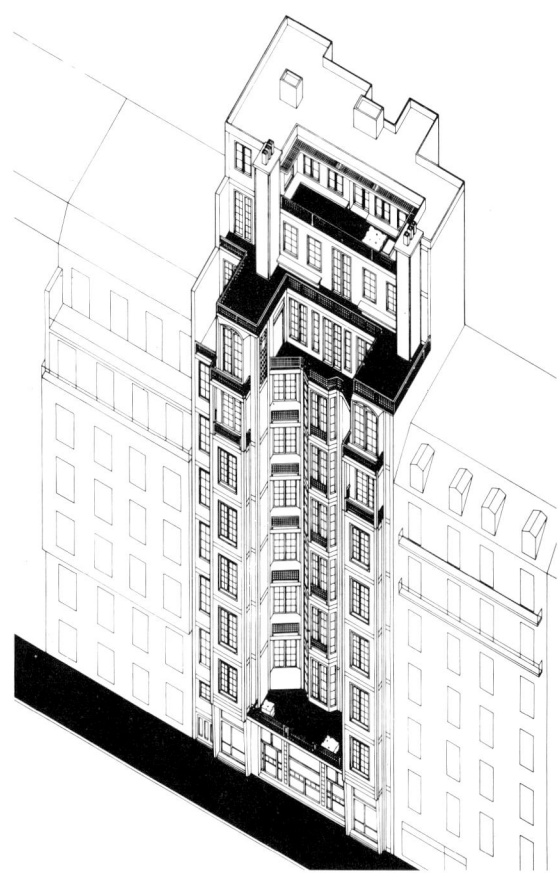

85 Perret, Rue Franklin 25 bis, Paris, 1903.

Rationalisten, die sich wie Guadet und Labrouste auf Cordemoy und Laugier, die
Theoretiker des 18. Jahrhunderts, beriefen. Wie die meisten Vertreter dieser Schule sah Choisy nichts Irrationales in der griechischen Übertragung von Holzformen auf
die Steinelemente der dorischen Ordnung.
Anfangs entsprachen Perrets Eisenbeton-
konstruktionen einigermaßen Choisys
Charakterisierung der Gotik als einer Architektur des Rippenwerks und der Füllun-
gen. Von der Komposition her war der
Block in der Rue Franklin eine kompaktere

Version des ein Jahr zuvor entstandenen
Appartementgebäudes in der Avenue Wagram. Bei beiden Häusern erheben sich die
in fünf Achsen gegliederten Straßenfassa-
den, deren Erker an beiden Enden über die
Straße auskragen, fünf oder sechs Geschosse hoch und schließen mit einem zusätzli-
chen »krönenden« Geschoß ab, bevor sie
zurücktreten. In der Avenue Wagram wird
dieses Geschoß durch eine Kolonnade betont, während es in der Rue Franklin seinen Akzent durch die Betonrahmen zweier
offener Loggien erhält. Damit endet freilich die Gemeinsamkeit, denn das Haus in
der Avenue Wagram ist monolithisch und
horizontal angelegt, das Gebäude in der
Rue Franklin dagegen gegliedert und vertikal akzentuiert. Die Betonung der Stützen
und die steilen, zurückgesetzten Dachauf-
bauten verleihen diesem sonst orthogonalen Gebäude, das an Mansarts Werke aus
dem 17. Jahrhundert erinnert, einen geradezu gotischen Charakter. Hier kam Perret
den detaillierten Vorschriften Viollet-le-
Ducs am nächsten. Der U-förmige Haus-
grundriß mit der offenen Seite an der Straße, der an die Entmaterialisierung der Gotik denken läßt, ging in der Tat weitgehend
auf pragmatische Überlegungen zurück:
Perret erhielt mehr Geschoßfläche, weil er
den vorgeschriebenen Hof auf der Vorderseite und nicht auf der Rückseite anordnete. Ähnlich geschickt verkleidete er die
Rückseite des Gebäudes mit Glasziegeln,
um nicht gegen die Bauvorschriften zu verstoßen.
Nach 1903 betrachtete Perret wie Choisy
die *charpente* oder das Skelett als Quintessenz der gebauten Form. Der Stahlbetonrahmen des Gebäudes in der Rue Franklin
war so verkachelt, daß er wie eine traditionelle Stütz- und Balkenkonstruktion aus
Holz wirkte. Was übrig blieb, waren entweder Fenster oder geschlossene Wandtafeln,
die mit Keramikmosaik verkleidet waren.
Dieser Sonnenblumendekor verlieh dem
Gebäude jenen Anstrich von spätem Art
Nouveau, der die ausgehende Belle Epo-

que kennzeichnete. Das Skelett selbst und
die offene Planung, die es ermöglichte,
wiesen dagegen bereits auf Le Corbusiers
spätere Entwicklung des freien Grundrisses hin.
Die Firma Perret Frères, aus Auguste und
seinem Bruder Gustave bestehend, spielte
eine wichtige Rolle bei der Prägung von
Perrets Stil. Im Jahre 1905 errichteten die
Brüder Perret eine bemerkenswerte viergeschossige Garage mit mechanischer Sta-
pelvorrichtung in der Rue de Ponthieu.
Danach folgte 1912 ein Haus, das Paul
Guadet, der Sohn Julien Guadets, entworfen hatte. Diese in Stahlbeton ausgeführten
Bauten, die mit einem Dachgeschoß oder
einem von einem vorstehenden Sims über-
krönten Fries abschlossen, zeugen von einer ständigen Verfeinerung in Perrets rationaler Skelettbauweise. Die Garage Ponthieu kann als Vorwegnahme von Perrets
späterem Kirchenbaustil gelten; die Maison Guadet ist dagegen ein Prototyp für
Perrets Wohnhausfassaden, eine Form, die
beim Wiederaufbau Le Havres nach dem
Zweiten Weltkrieg ihren endgültigen Ausdruck fand.
In die Jahre 1911–1913 fiel der Kraftakt des
Théâtre des Champs-Elysées, der einer un-
glücklichen Konfrontation zwischen Auguste Perret und Henry van de Velde folgte.
Van de Velde hatte 1910 einen Auftrag von
dem Theaterdirektor G. Astruc erhalten,
stellte aber bald fest, daß auf einem so
begrenzten Grundstück mit Stahlbeton gearbeitet werden mußte. Deshalb zog er die
Firma Perret Frères als Bauunternehmer
hinzu. Diese Entscheidung hatte nachteili-
ge Folgen, denn Perret stellte die konstruktive Durchführbarkeit seines Entwurfs in
Frage und schlug ein ähnliches eigenes Projekt vor. Innerhalb von sechs Monaten hatten Perrets Vorstellungen die Überhand
gewonnen, und van de Veldes Status war
von dem eines mitarbeitenden Architekten
auf den eines *architecte-consultant* reduziert worden.
Grundriß und Aufriß des Théâtre des

Champs-Elysées waren zwar weitgehend durch van de Velde festgelegt worden, doch die Realisierung bewies sowohl Perrets meisterhafte Beherrschung des Details als auch die technische Kühnheit von Perret Frères. Das Programm sah drei Auditorien mit 1250, 500 und 150 Plätzen sowie weitere Räume wie Bühne, Hinterbühne, Foyers, Garderoben und so weiter vor, die alle auf einem Grundstück von 37 m Breite und 95 m Tiefe untergebracht werden sollten. Perret hängte seinen kreisförmigen Hauptsaal zwischen acht Stützen und vier Bogensehnen auf; beide Elemente waren in einen durchgehenden monolithischen Rahmen eingefügt, der sich aus einer Pfahlgründung erhob. Das Grundraster des Skeletts wurde durch intelligent plazierte Auskragungen und versteifte Träger ergänzt, so daß das benötigte Bauvolumen genau in das begrenzte Gelände eingepaßt werden konnte. Von dieser dynamischen Konstruktion läßt sich außen wenig ablesen. Die Rückseite und die Seiten präsentieren sich als mit Backstein ausgefachte Skelettkonstruktion. Die Hauptfassade ist dagegen klassisch behandelt. Sie trägt eine regelmäßige Steinverkleidung, die nur wenig auf die großzügigen Säulenreihen des Foyers im Inneren Bezug nimmt. Gleichzeitig fand auch das symbolistische Erbe der Pariser Belle Epoque innen wie außen in den Flachreliefs und Friesen von Henri Bourdelle und in den Wandmalereien von Maurice Denis noch einen späten Ausdruck. Diese nostalgische Verklärung einer mythologischen Vergangenheit drückte sich auch in den Geländern, Beleuchtungskörpern und Möbeln aus, die Perret selbst entworfen hatte.

In dem Jahrzehnt, das der Einweihung des Theaters im Jahre 1913 folgte, errichteten die Brüder Perret eine Reihe von Nutzbauten aus Eisenbeton, darunter Dockgebäude in Casablanca und Fabriken in der Nähe von Paris. Dann erhielt Auguste Perret plötzlich 1922 seinen ersten Auftrag für eine Kirche, Notre-Dame du Raincy, die

1924 vollendet wurde. Hier formulierte Perret seinen Stahlbetonstil am eindeutigsten, nahezu zwanzig Jahre nachdem er ihn in der Rue Franklin zum erstenmal angewendet hatte. Die Kirche war nicht nur wegen ihrer eleganten Proportionen und ihres syntaktischen Raffinements von Bedeutung, sondern auch, weil sie die zylindrische Stütze in eine nicht-tragende Hülle stellte. Überall waren die Vorstellungen Choisys respektiert, von den perforierten, vorfabrizierten Schirmwänden bis zu den kannelierten, verjüngten Stützen – jedes Element war auf seine klarste konstruktive Grundform reduziert.

Kurz nach Raincy entstanden zwei temporäre Bauten, die den Höhepunkt von Perrets früher Laufbahn bildeten: seine Kunstgalerie, der Palais de Bois, 1924 aus Holzlatten erbaut, die nach dem Abriß wiederverwendet wurden, und sein kleines Theater in der Exposition des Arts Décoratifs von 1925. Die Kunstgalerie war wie die Kirche von Le Raincy einer der ausdrucksvollsten Bauten Perrets. Das in Leichtbauweise errichtete temporäre Theater war dagegen so entworfen, daß es einen schweren monolithischen Gerüstbau simulierte. Die eigentliche Konstruktion bestand aus kreisförmigen Holzstützen, die ein Raster von stahlverstärkten Klinkerträgern in Leichtbauweise trugen. Im Inneren war der Bau mit Latten und Gips verkleidet, außen mit Kunststein. Er war deshalb sicherlich weit von der konstruktiven Reinheit entfernt, die bei den Rationalisten immer eine so wichtige Rolle gespielt hatte. Diese »Täuschung« entschuldigte der Architekt mit dem Argument, für ein permanentes Bauwerk hätte er unzweifelhaft Stahlbeton verwendet.

Trotz aller inkonsequenten Züge war das Théâtre des Arts Décoratifs Perrets klarstes und lyrischstes Werk. Acht freistehende Stützen im Inneren trugen den Ringbalken der Decke, der dank ingeniöser Übergangslösungen an den vier diagonalen Ekken ein kassettenförmiges Oberlicht über

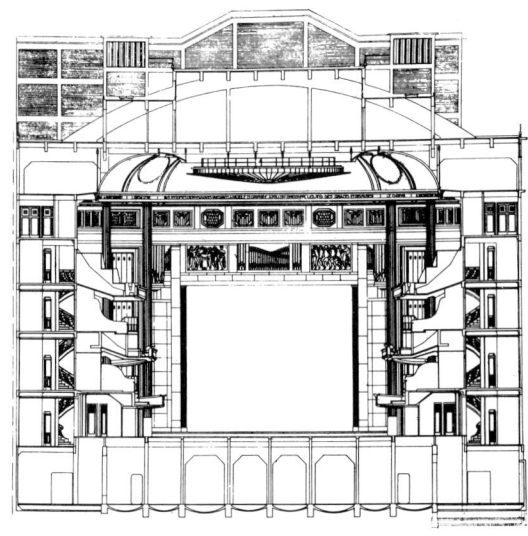

86 Perret, Théâtre des Champs-Elysées, Paris, 1911–1913. Schnitt durch das große Auditorium mit Reliefs von Bourdelle.

dem kreuzförmigen Saal stützte. Die seitlichen Lasten dieser Innenkonstruktion wurden auf einen umlaufenden Träger übertragen, der seinerseits von einem System freistehender, regelmäßig angeordneter Säulen an der Außenseite des Auditoriums gestützt wurde. Von außen wirkte das Bauwerk freilich sperrig. Die scheinbar überflüssigen Stützen, welche die glatten Außenflächen artikulierten, zeugten von Perrets Bemühungen um einen neuen »national-klassischen« Stil, eine Obsession, die seine spätere Stilentwicklung stark beeinträchtigte.

Abgesehen von der Klarheit seiner Architektur und dem Raffinement seiner ausgeführten Bauten lag Perrets Rang als Theoretiker in seinen aphoristischen, dialektischen Gedanken – in der Bedeutung, die er Polaritäten wie Ordnung gegen Unordnung, Gerüst gegen Ausfachung, Permanenz gegen Veränderung, Mobilität gegen Immobilität, Vernunft gegen Phantasie

87 Perret, Theater, Exposition des Arts Décoratifs, Paris, 1925.

und so weiter zuordnete. Ähnliche Gegensätze finden sich auch im gesamten Werk Le Corbusiers. Bei der Exposition des Arts Décoratifs von 1925 begannen sich jedoch die Wege dieser beiden Persönlichkeiten zu trennen, nicht nur bei ihren Ausstellungsbauten, sondern auch im Bereich der Theorie; denn nichts hätte weiter von Perrets Vorstellungen entfernt sein können als *Les 5 points d'une architecture nouvelle,* die Le Corbusier ein Jahr später veröffentlichte.

12. Kapitel
Der Deutsche Werkbund 1898–1927

»Das Pionierland Großbritannien fand es profitabler, seine Überschüsse im Ausland zu investieren, als die eigene Umgebung und Produktion zu modernisieren. Das bedeutete, daß der Aufschwung der Industrialisierung im 20. Jahrhundert nicht von Großbritannien ausging. Er ging von jüngeren Industrienationen aus wie Deutschland, das in neue, bisher traditionell den älteren Seemächten vorbehaltene Überseemärkte vorzudringen suchte. Deutschland studierte systematisch die Produkte seiner Konkurrenten und trug durch typologische Auswahl und Entwurfsüberarbeitung dazu bei, die Maschinenästhetik des 20. Jahrhunderts zu prägen.«

C. M. Chipkin
Lutyens and Imperialism, in RIBA Journal, 1969

Als Preußen 1849 den Maiaufstand in Dresden niederschlug – eine Revolte, bei der sowohl Michail Bakunin als auch Richard Wagner prominente Rollen spielten –, floh Gottfried Semper, der liberale Revolutionär, von Dresden zunächst nach Paris und ging dann zwei Jahre später nach London, wo ihm Aufträge zugesichert worden waren. Dort schrieb er anläßlich der Ausstellung von 1851 seinen berühmten Essay *Wissenschaft, Industrie und Technik,* der 1852 in deutscher Sprache veröffentlicht wurde. Er untersuchte darin die Auswirkungen der Industrialisierung und des Massenkonsums auf das gesamte Gebiet der angewandten Kunst und der Architektur. Ein Jahrzehnt, bevor William Morris und seine Anhänger

ihre ersten Einrichtungsgegenstände herstellten, faßte Semper seine Kritik an der industriellen Zivilisation zusammen: »Wir haben Künstler und keine eigentliche Kunst.« Semper stand in erbitterter Opposition gegen den Traum der Präraffaeliten von einer Rückkehr zu einer vorindustriellen Ära:
»Unausgesetzt bereichert die Wissenschaft sich und das Leben mit neu entdeckten nutzbaren Stoffen und Wunder wirkenden Naturkräften, mit neuen Methoden in der Technik, mit neuen Werkzeugen und Maschinen. Schon zeigt es sich, daß die Erfindungen nicht mehr, wie früher, Mittel sind zur Abwehr der Noth und zum Genusse; vielmehr sind die Noth und der Genuß Absatzmittel für die Erfindungen. Die Ordnung der Dinge hat sich umgekehrt.«
Später im gleichen Text analysierte er die Auswirkungen neuer Methoden und Materialien auf den Entwurf:
»Der härteste Porphyr und Granit schneidet sich wie Kreide, polirt sich wie Wachs, das Elfenbein wird weich gemacht und in Formen gedrückt. Kautschuk und Gutta Percha wird vulcanisiert und zu täuschenden Nachahmungen der Schnitzwerke in Holz, Metall und Stein benutzt, bei denen der natürliche Bereich der fingirten Stoffe weit überschritten wird ... Der Überfluß an Mitteln ist die erste große Gefahr, mit welcher die Kunst zu ringen hat. Dieser Ausdruck ist zwar unlogisch (es giebt keinen Überfluß an Mitteln, wohl aber einen Mangel an Vermögen, ihrer sich zu bemeistern), er rechtfertigt sich aber, insofern er

das Verkehrte unserer Verhältnisse richtig bezeichnet.«
Dann fragte er:
»Wohin führt die Entwerthung der Materie durch ihre Behandlung mit der Maschine, durch Surrogate für sie und durch so viele neue Erfindungen? Wohin die Entwerthung der Arbeit, der malerischen, bildnerischen oder sonstigen Ausstattung, veranlaßt durch die nämlichen Ursachen? ... Wie wird die Zeit oder die Wissenschaft in diese bis jetzt durchaus verworrenen Zustände Gesetz und Ordnung bringen, wie verhindern, daß sich die allgemeine Entwerthung auch auf das wirklich nach alter Weise von Händen ausgeführte Werk erstrecke, und man anderes nicht darin sehe als Affectation, Alterthümelei, apartes Wesen und Eigensinn?«
Auf diese militante und entschiedene Weise nahm Semper Stellung zu den Problemen des Jahrhunderts. Er schnitt eine Reihe kultureller Fragen an, die auch heute noch keineswegs gelöst sind. Seine Ideen faßten allmählich Fuß in der deutschen Kulturtheorie des 19. Jahrhunderts, vor allem durch die Veröffentlichung seiner wichtigen theoretischen Schrift *Der Stil in den technischen und tektonischen Künsten oder praktische Ästhetik* von 1860–1863.
Seine These vom Einfluß gesellschaftspolitischer Faktoren auf den Stil wurde mißverstanden, bis Deutschland im letzten Viertel des Jahrhunderts einen starken industriellen Aufschwung erlebte. Noch auf der Ausstellung zur Hundertjahrfeier der Vereinigten Staaten in Philadelphia im Jahre 1876

galten die deutschen Industrie- und Kunstgewerbeerzeugnisse denen aus England und Amerika als unterlegen. Franz Reuleux, der zehn Jahre lang als Kollege Sempers an der Eidgenössischen Technischen Hochschule in Zürich gearbeitet hatte, schrieb 1877 aus Philadelphia, die deutschen Produkte seien »billig und häßlich«. Die deutsche Industrie müsse den ausschließlich preisorientierten Wettbewerb aufgeben und statt dessen die intellektuellen Kräfte und das Können des Arbeiters ausnutzen, um ihre Erzeugnisse zu verbessern, und das um so mehr, je näher sie der Kunst stünden.

In den zwanzig Jahren, die auf die Reichsgründung im Jahre 1870 folgten, hatte die deutsche Industrie weder Zeit noch Grund, eine solche Kritik zu beherzigen. Unter Bismarcks stabiler Führerschaft beschäftigte sie sich einzig und allein mit Entwicklung und Ausweitung der Produktion. Eine wichtige Rolle spielte dabei die Allgemeine Elektricitäts-Gesellschaft (AEG), die 1883 von Emil Rathenau in Berlin gegründet wurde. Das Unternehmen wuchs im Laufe von sieben Jahren zu einem riesigen Industriekonzern mit einer breiten Palette von Produkten und weltweiten Beziehungen.

Nach Bismarcks Rücktritt im Jahre 1890 veränderte sich das kulturelle Klima Deutschlands. Zahlreiche Kritiker wiesen darauf hin, daß für die künftige Prosperität eine bessere Entwurfsqualität in Handwerk und Industrie unerläßlich sei und daß Deutschland, da ihm billige Rohstoffe oder Absatzmärkte für Niedrigpreiswaren fehlten, nur mit Produkten von außergewöhnlich hohem Niveau einen Anteil am Weltmarkt erringen konnte. Diese Ansicht vertrat auch der nationalistische und christlich-soziale Politiker Friedrich Naumann in seinem 1904 veröffentlichten Essay *Die Kunst im Maschinenzeitalter*. Darin argumentierte er, anders als William Morris mit seiner Maschinenstürmerei, daß eine solche Qualität nur durch ein künstlerisch gebildetes, an der technischen Produktion

orientiertes Volk wirtschaftlich zu erzielen sei.

Industrialismus und pangermanischer Nationalismus führten dazu, daß die preußische Bürokratie gegen das Spießbürgertum des wilhelminischen Deutschland reagierte und die beginnende Wiederbelebung einer germanischen Kultur im Kunsthandwerk ermutigte. So wurde Hermann Muthesius 1896 als Attaché der Deutschen Botschaft nach London gesandt, um englische Architektur und Design zu studieren. 1904 kehrte er nach Deutschland zurück und war als Geheimrat im Preußischen Handelsministerium tätig, mit der besonderen Aufgabe, das Ausbildungsprogramm der preußischen Kunstgewerbeschulen zu reformieren. Diese offizielle Reformbewegung hatte Karl Schmidt bereits 1898 mit der Gründung der Dresdner Werkstätten für Handwerkskunst (später in Hellerau) vorweggenommen. Im Jahre 1903 hatte die Bewegung durch die Ernennung von Peter Behrens zum Leiter der Düsseldorfer Kunstgewerbeschule Auftrieb erhalten. 1904 propagierte Muthesius in seinem Buch *Das Englische Haus* seine Vorstellungen von einer heimischen Handwerkskultur. Ihm erschienen Architektur und Möbelentwürfe der britischen Arts-and-Crafts-Bewegung deshalb vorbildlich, weil sie handwerkliches Können und Sparsamkeit als Grundlage einer guten Entwurfsarbeit voraussetzten.

Zwei Jahre später, im Jahr 1906, schloß sich Muthesius als Arbeitskommissar der Dritten Deutschen Kunstgewerbe-Ausstellung in Dresden mit Naumann und Schmidt gegen die konservative und protektionistische Gruppe von Künstlern und Kunsthandwerkern zusammen, die als »Fachverband für die wirtschaftlichen Interessen des Kunstgewerbes« auftraten. Er kritisierte den Zustand des Kunstgewerbes in Deutschland heftig und trat zugleich für die Hinwendung zur Massenproduktion ein. Im gleichen Jahr gründeten die drei Männer den Deutschen Werkbund, der zu Beginn zwölf unabhängige Künstler und zwölf Unternehmen zu seinen Mitgliedern zählte. Die Künstler waren Peter Behrens, Theodor Fischer, Josef Hoffmann, Wilhelm Kreis, Max Laeuger, Adelbert Niemeyer, Joseph Maria Olbrich, Bruno Paul, Richard Riemerschmid, Jacob Julius Scharvogel, Paul Schultze-Naumburg und Fritz Schumacher, die Unternehmen Peter Bruckmann & Söhne, Deutsche Werkstätten für Handwerkskunst – Dresden, Eugen Diederichs, Gebrüder Klingspor, Kunstdruckerei Künstlerbund – Karlsruhe, Poeschel & Trepte, Saalecker Werkstätten, Vereinigte Werkstätten für Kunst und Handwerk – München, Werkstätten für deutschen Hausrat Theophil Müller – Dresden, Wiener Werkstätten, Wilhelm & Co. und Gottlob Wunderlich.

Die Mitglieder des Werkbundes traten für die Verbesserung der kunstgewerblichen Erziehung und für die Einrichtung einer zentralen Institution ein, die ihre Ziele fördern sollte. Wie sich schon aus der heterogenen Zusammensetzung der Gründungsgruppe erkennen läßt, war der Werkbund keineswegs völlig auf Muthesius' Ideal normativer Entwürfe für die Industrie eingeschworen. Bezeichnenderweise war der Ort, der zuerst für die Gründungszeremonie des Werkbundes vorgeschlagen wurde, Nürnberg – der Schauplatz von Wagners Zunftoper *Die Meistersinger*.

Die weitere Entwicklung des Werkbundes, vor allem seine Beziehung zur Industrie, ist untrennbar mit jener Phase in Behrens' Laufbahn verbunden, die 1907 mit seiner Ernennung zum Architekten und Entwurfsgestalter der AEG begann. Er schuf für die AEG einen Firmenstil, der von der Graphik bis zum Entwurf von elektrischen Geräten und Fabrikgebäuden reichte. Bei dieser schwierigen Aufgabe halfen ihm seine zeichnerische Begabung und seine Erfahrung als Jugendstilentwerfer in der Darmstädter Künstlerkolonie in den Jahren 1899 bis 1903. Sein Darmstädter Stil wandelte sich freilich unter dem Einfluß der geometrischen Proportionslehre, wie sie die Schule von Kloster Beuron und der holländische Architekt Lauweriks praktizierten. Lauweriks kam zu Behrens nach Düsseldorf, als dieser 1903 Direktor der dortigen Kunstakademie wurde.

Behrens' »Einfühlungsstil«, sein sogenannter Zarathustrastil, manifestierte sich besonders deutlich in seiner Vorhalle auf der Internationalen Ausstellung in Turin von 1902. Die dynamischen, geschwungenen Linien und die ausdruckstarken Formen dieses Bauwerks ließen an Nietzsches Willen zur Form denken. Unter dem Einfluß von Lauweriks entwickelte Behrens freilich einen spröderen atektonischen Stil, der zum erstenmal bei seinen Bauten für die Nordwestdeutsche Kunstausstellung in Oldenburg im Jahre 1905 in Erscheinung trat. Bei seinem Entwurf für ein Krematorium, das 1906 in Hagen errichtet wurde, arbeitete Behrens diesen Neo-Quattrocento-Beuron-Stil weiter aus. Er wendete ihn auch, mit klassizistischen Untertönen, bei dem Pavillon an, den er 1908 für die AEG auf der Berliner Schiffbauausstellung baute.

Als Behrens zur AEG ging, wurde er mit den harten Fakten der industriellen Welt konfrontiert. Er konnte nicht mehr seinen frühen Visionen nachhängen, das deutsche Kulturleben durch ein kunstvoll gestaltetes mystisches Ritual wiederzuerwecken, sondern mußte die Industrialisierung als schicksalhafte Bestimmung des deutschen Volkes akzeptieren – oder, wie er es ausdrückte, als Zusammenwirken von Zeitgeist und Volksgeist, wobei er als Künstler die Pflicht hatte, entsprechende Formen zu schaffen. So stellte die Turbinenfabrik, die er 1909 für die AEG in Berlin errichtete, eine bewußte Materialisierung der Industrie als des wichtigsten Impulses im modernen Leben dar. Seine Fabrik war keineswegs eine klare Konstruktion aus Eisen und Glas (wie die Bahnhofshalle des 19. Jahrhunderts), sondern ein Kunstwerk, ein Tempel für die Macht der Industrie. Behrens nahm die Vorherrschaft von Wis-

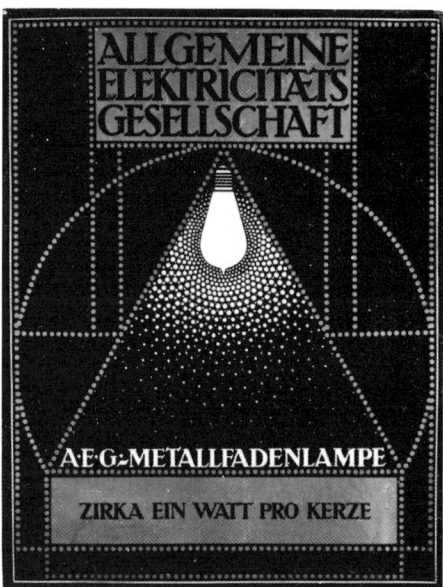

88 Behrens, Plakat für Metallfadenlampe der AEG, vor 1910.

senschaft und Industrie mit pessimistischer Resignation zur Kenntnis, suchte aber die Fabrik unter die Rubrik Gehöft zu bringen. So wollte er der industriellen Produktion zu jenem Sinn für den gemeinsamen Zweck verhelfen, der für die Landwirtschaft kennzeichnend ist, ein Gefühl, das den gerade erst zu Städtern gewordenen Arbeitern in Berlin möglicherweise noch vertraut war. Wie ließen sich sonst das polygonal gebrochene Giebeldach der Turbinenhalle oder der an Sitte erinnernde, hofartige Lageplan der AEG an der Brunnenstraße von 1910 erklären? Als Behrens in die AEG eintrat, hatte er seinen Oldenburger Stil abgewandelt: Er behielt die formale Strenge bei, verzichtete aber auf die strenge Geometrie. So schließt der leichte Stahlrahmen der Straßenfassade bei der Turbinenfabrik mit massiven gebösten Eckpfeilern ab, deren Oberflächen aber nicht erkennen lassen, daß sie Lasten zu tragen vermögen. Diese

atektonische Manier, leichte Skelettkonstruktionen mit massiven Ecklösungen zu flankieren, charakterisiert praktisch alle Industriebauten, die Behrens für die AEG entwarf. Wo das Stahlskelett funktionell nicht notwendig war, wie bei seiner klassizistischen Deutschen Botschaft in Petersburg aus dem Jahre 1912, ist diese an Schinkel erinnernde Betonung der Ecken immer noch vorhanden, aber weniger stark ausgeprägt.

Behrens' im Grunde konservativer Charakter offenbarte sich in seinem Essay *Was ist monumentale Kunst?* aus dem Jahre 1908, in dem er eine solche Kunst als Ausdruck der herrschenden Macht in jeder beliebigen Epoche definierte. Im gleichen Text setzte er sich mit Sempers theoretischer Ableitung der Form von technischen und sachlichen Voraussetzungen auseinander. Er gestand dem typischen tektonischen Element – der expressiven lastentragenden Säule, wie sie in der klassischen Architektur auftritt – nicht die gleiche Bedeutung zu wie Semper. Dagegen war er stark beeinflußt von Alois Riegls elitärer Theorie des »Kunstwollens«, das durch begabte Individuen als bestimmendes »atektonisches« Prinzip wirkt. Laut Riegl war diese Kraft dazu ausersehen, den spezifi-

89 Behrens, Deutsche Botschaft, St. Petersburg (Leningrad), 1912.

schen technischen Tendenzen einer Epoche entgegenzuwirken. Riegls These entsprechend, lag Behrens' Beitrag zur Produktionsgestaltung der AEG eher im stilistischen als im technischen Bereich.

Diese Diskrepanz zwischen »Typus« und »Gestaltung« beschäftigte bald die Mitglieder des Deutschen Werkbundes. Der Konflikt erreichte mit Hermann Muthesius' Ansprache vor den Tagungsteilnehmern auf der Deutschen Werkbundausstellung in Köln von 1914 einen Höhepunkt. Muthesius' zehn Leitsätze, die deutlich durch die Schriften Naumanns beeinflußt waren, konzentrierten sich auf die Notwendigkeit einer Typisierung (vgl. Le Corbusiers *objet-type*). In den Punkten 1 und 2 argumentierte er, Architektur und »das ganze Werkbundschaffensgebiet« könnten nur durch Typisierung wieder Bedeutung erlangen, und in den Punkten 3 bis 10 wies er darauf hin, daß ein nationales Bedürfnis nach qualitätvollen Produkten bestehe, weil sich nur solche auf dem Weltmarkt absetzen ließen. Unter Punkt 9 sagte er: »Für einen etwaigen Export ist das Vorhandensein leistungsfähiger und geschmacklich sicherer Großgeschäfte die Vorbedingung. Mit dem vom Künstler für den Einzelfall entworfenen Gegenstand würde nicht einmal der einheimische Bedarf gedeckt werden können.«

Dieser opportunistischen Einstellung, nach der Kulturobjekte für eine internationale Mittelklasse geschaffen werden sollten, stellte sich sogleich Henry van de Velde entgegen. In seinen Gegenleitsätzen lehnte er eine »aus dem Geiste des Exports« geschaffene Kunst ab und trat für den schöpferischen Individualismus des Künstlers ein. Nach seiner (wie nach Behrens') Meinung konnte nur der natürliche Prozeß von Riegls Kunstwollen allmählich zur Entwicklung eines gültigen Typus führen. Obwohl diese Streitfrage heftig diskutiert wurde, fand van de Velde derart starke Unterstützung bei so verschiedenartigen Persönlichkeiten wie Walter Gropius und Karl

90 Behrens, AEG-Turbinenfabrik, Berlin, 1908–1909.

91 Behrens, AEG-Fabrikkomplex, Berlin, im Jahre 1912. Links die Hochspannungsfabrik, rechts die Montagehalle.

99

Ernst Osthaus, daß Muthesius seine Thesen zurückziehen mußte. In seinen Leitsätzen hatte er seine Vorstellungen von der Typisierung dargelegt: »Die Überführung aus dem Individualistischen ins Typische ist der organische Entwicklungsgang ...«, ähnlich wie es »heute in Fabrik- und Konstruktionsbetrieben der Fall ist, in denen alles daraus hinausläuft, den fabrizierten Gegenstand ... ständig zu vervollkommnen ... Es ist das Eigentümliche der Architektur, daß sie zum Typischen drängt. Die Typisierung aber verschmäht das Außerordentliche und sucht das Ordentliche.« So hatte der »Typus« für Muthesius wie vor ihm für Semper zwei Begriffsinhalte: das produzierte Objekt, das durch Gebrauch und Herstellung allmählich veredelt wird, und das tektonische Objekt, ein unveränderbares Bauelement, das eine Grundeinheit der architektonischen Sprache darstellt.

92 Gropius und A. Meyer, Faguswerk, Alfeld an der Leine, 1911. Detail.

Angesichts des plötzlichen Niedergangs des Jugendstils brachte das Streben nach einer solchen Syntax die meisten Architekten der Werkbundausstellung von 1914, darunter Muthesius, Behrens und Hoffmann, dazu, sich in der Sprache eines neu interpretierten Neoklassizismus auszudrücken. Die beiden einzigen Ausnahmen waren van de Veldes Werkbundtheater, dessen Formenkraft-Ästhetik eine gewisse theosophische Aura ausstrahlte, und Bruno Tauts Glaspavillon, der an den rituellen Mystizismus von Behrens' Turiner Vorhalle von 1902 erinnerte.

Die Ausstellung von 1914 machte das Publikum mit einer neuen Generation von Werkbundkünstlern bekannt, darunter vor allem Gropius und Adolf Meyer, die bis 1910 zusammen im Büro von Behrens gearbeitet hatten. Gropius' Arbeit zwischen 1910 und 1914 ähnelte der von Behrens in dessen Berliner Zeit. Im März 1910 unterbreitete er Emil Rathenau von der AEG ein »Programm zur Gründung einer allgemeinen Hausbaugesellschaft«, dem die Häuser für Landarbeiter, die er 1906 in Janikow (Pommern) geplant hatte, als Beispiel dienen konnten. Dieser Text, den Gropius im Alter von sechsundzwanzig Jahren verfaßte, gehört bis heute zu den umfassendsten und klarsten Untersuchungen über die wichtigsten Voraussetzungen für eine erfolgreiche Präfabrikation, Montage und Verteilung standardisierter Hauselemente. Im Jahre 1911 erhielten die neuen Partner Gropius und Meyer von Karl Benscheidt den Auftrag, die Schuhleistenfabrik Fagus in Alfeld an der Leine zu entwerfen. Zwei Jahre später publizierte das *Jahrbuch des Deutschen Werkbundes* einen Artikel von Walter Gropius über »Industriebaukunst«, der mit anonymen Industriebauten, Getreidesilos und mehrgeschossigen Fabrikgebäuden aus der Neuen Welt illustriert war. Im gleichen Jahr begann Gropius als Industriedesigner zu arbeiten. Er entwarf einen Benzol-Triebwagen für eine Waggonfabrik und übernahm

93 Gropius und A. Meyer, Teilansicht der Modellfabrik auf der Werkbundausstellung, Köln, 1914. Bürogebäude (links) und Garagen.

1914 die Innengestaltung eines Schlafwagens für die Reichsbahn. Schließlich schuf er mit Meyer eine Modellfabrik für die Werkbundausstellung von 1914.

Beim Faguswerk paßten Gropius und Meyer die Syntax von Behrens' Turbinenfabrik einer offeneren architektonischen Ästhetik an. Die Ecken dienen, wie bei allen großen AEG-Bauten von Behrens, immer noch dazu, die Komposition einzufassen, aber während Behrens' Ecken stets aus Mauerwerk bestehen, sind sie hier aus Glas. Die vertikalen Glasflächen, die vor die geböschten Backsteinpfeiler gesetzt sind, wirken so, als seien sie auf wunderbare Weise von der Dachauskragung abgehängt. Dieser schwebende Effekt wie auch die Transparenz der Ecke kehrt die Komposition der Turbinenfabrik um, wobei die Flächigkeit der vertikalen Glasfassade durch die »klassische« Entasis des backsteinverkleideten Rahmens betont wird. Trotz dieser Umwandlungen blieb das Faguswerk mit seiner atektonischen Verglasung und seiner nostalgischen Neigung zum Klassischen Behrens' Einfluß verpflichtet.

Diese Konzeption, die sich in betonten Ecklösungen und Gesimsen ausdrückte, charakterisierte alle öffentlichen Arbeiten von Gropius und Meyer bis hin zu Gropius' Entwurf für das Dessauer Bauhaus im Jahre 1924. Nicht zuletzt bestimmte sie die Modellfabrik für die Werkbundausstellung von 1914. Hier wurde die Körperlichkeit der Glashaut zu einer durchlaufenden Membrane entwickelt, die Spiraltreppen zu beiden Seiten des Gebäudes ummantelte. Innerhalb dieser Glashülle erhob sich eine Backsteinkonstruktion, deren Isolation durch zwei Seitenpavillons betont wurde. Beide Pavillons trugen flache, auskragende Dächer im Stile Frank Lloyd Wrights. Trotz dieser dramatischen Umkehrung der Rollen von Glas und Mauerwerk war der Grundriß der Fabrik höchst konventionell, nicht nur wegen seiner Axialität, sondern auch wegen seiner hierarchischen und syntaktischen Trennung in Verwaltungs- und Produktionsbereiche. Die offizielle, die »klassische«, die Angestellten-Fassade stand im Vordergrund und schirmte dadurch die private, utilitaristische, proletarische Stahlskelettkonstruktion auf der Rückseite ab. Eine solche dualistische Lösung, wie überzeugend sie auch artikuliert war, hätte Behrens nie akzeptiert.

Der Konflikt zwischen Muthesius und van de Velde machte die reaktionären Bestrebungen sichtbar, die bereits bei vielen Arbeiten des Werkbundes auf der Ausstellung von 1914 deutlich wurden. Während die Jahrbücher von 1913 und 1914 der »Kunst in Industrie und Handel« und dem »Verkehr« gewidmet waren und die Ausstattung von Industriebauten, Eisenbahnen, Schiffen und Flugzeugen behandelten, trug das Jahrbuch von 1915 den ominösen Titel »Deutsche Form im Kriegsjahr« und lieferte einen nostalgischen Rückblick auf die vorwiegend neo-biedermeierlichen Arbeiten der Ausstellung von 1914. Daß die Hoffnungen und Triumphe eines progressiven Industriestaates bald in einem von der Industrie bestimmten Krieg zunichte werden würden, sah offenbar kaum jemand voraus. Diese Tragödie war auch nicht durch die künstlerische Qualität der Kriegsgräber zu überwinden, mit deren

Entwurf die Werkbundkünstler beauftragt wurden und die das einzige Thema des Jahrbuchs von 1916/17 bildeten.

Nach dem Krieg war Behrens ein anderer Mann, denn der »Volksgeist« hatte sich offensichtlich verändert. So nahm er Abschied von seinem kühlen Klassizismus und beschäftigte sich nicht mehr damit, die Autorität der industriellen Macht zu symbolisieren. Seine neuerliche Suche nach einer Baukunst, die den wahren Geist des deutschen Volkes ausdrücken sollte, führte über Bruno Tauts Zeitschrift *Frühlicht* und über Behrens' eigene neoromantische, von Nietzsche inspirierte Vergangenheit zurück zu Formen, die am Mittelalter orientiert waren. Sein Glaube an die erlösende Kraft von Riegls »Kunstwollen« blieb freilich unerschüttert. Als der I. G. Farben-Konzern ihn 1920 beauftragte, ein neues Verwaltungsgebäude in Frankfurt-Höchst zu entwerfen, suchte er mit einer Konstruktion aus Ziegel und Stein die verlorene Syntax der bürgerlichen Architektur des Mittelalters neu zu interpretieren. Mittelpunkt des Gebäudes ist ein mystischer Bereich des öffentlichen Rituals und der Erneuerung (der auf Behrens' Turiner Vorhalle von 1902 zurückgeht) – eine facettierte, fünf Geschosse hohe Halle aus auskragendem Backstein, von einem kristallinen Oberlicht überdeckt. Es handelte sich hier um eine Anspielung auf jenen theatralischen öffentlichen Raum, der ihn in seiner Jugend inspiriert hatte, auf jenes »Kultursymbol«, von dem auch Bruno Tauts Gläserne Kette (vgl. nächstes Kapitel) fasziniert war. Von ähnlichen Impulsen gingen seine kleinen Ausstellungsbauten in den zwanziger Jahren aus – seine von einem Steildach überkrönte Dombauhütte mit ihren diagonalen Backsteinbändern, die er für die Münchner Kunstgewerbeschau von 1922 entwarf, und sein an Wright erinnerndes Gewächshaus, das er 1925 für die Exposition des Arts Décoratifs in Paris errichtete. Von da an stand Behrens' Werk dem Art Deco nahe, während die Zukunft des

Deutschen Werkbundes untrennbar mit der Neuen Sachlichkeit verbunden war, die ihren Höhepunkt auf der berühmten Weißenhof-Ausstellung in Stuttgart von 1927 erlebte.

13. Kapitel
Die Gläserne Kette: Architektur des europäischen Expressionismus 1910–1925

»Wollen wir unsre Kultur auf ein höheres Niveau bringen, so sind wir wohl oder übel gezwungen, unsere Architektur umzuwandeln. Und dieses wird uns nur dann möglich sein, wenn wir den Räumen, in denen wir leben, das Geschlossene nehmen. Das aber können wir nur durch Einführung der Glasarchitektur, die das Sonnenlicht und das Licht des Mondes und der Sterne nicht nur durch ein paar Fenster in die Räume läßt – sondern gleich durch möglichst viele Wände, die ganz aus Glas sind – aus farbigen Gläsern.«

Paul Scheerbart
Glasarchitektur, 1914

Die Vision des Dichters Paul Scheerbart von einer Kultur, die dank der Verwendung von Glas ein höheres Niveau erreichen würde, entsprach jenem Streben nach einer nichtrepressiven Sensibilität, das sich zum erstenmal bei der Gründung der Neuen Künstlervereinigung München im Jahre 1909 manifestierte. Diese proto-expressionistische Bewegung, angeführt von dem Maler Wassily Kandinsky, erhielt im folgenden Jahr Unterstützung von zwei anarchistischen Publikationen, Herwarth Waldens Zeitschrift *Der Sturm* und Franz Pfemferts Blatt *Die Aktion.* Diese Berliner Zeitschriften förderten eine Gegenkultur und standen in Opposition zu der Staatskultur, die sich mit der Gründung des Deutschen Werkbundes entwickelt hatte. Im Jahre 1907 hatte Scheerbart unabhängig davon das visionäre Bild einer utopischen Zukunft aufgezeichnet, das sowohl dem

bürgerlichen Reformismus als auch der Kultur des Industriestaates den Kampf ansagte.

Die Kölner Werkbundausstellung von 1914 offenbarte einen ideologischen Konflikt zwischen der kollektiven Anerkennung genormter Formen (Typisierung) einerseits und dem individuellen, expressiven »Kunstwollen« andererseits. Dieser Konflikt, der sich in dem Gegensatz zwischen Behrens' klassizistischer Festhalle und den organischen Formen von van de Veldes Theater widerspiegelte, war in mancher Hinsicht dem Unterschied zwischen der Modellfabrik von Gropius und Meyer und Bruno Tauts phantastischem Pavillon für die Glasindustrie vergleichbar – eine Parallele, die bestätigt, daß dieser Zwiespalt unter den Werkbundmitgliedern nicht nur eine Generationsfrage war. Während Behrens und Gropius zur Typisierung, das heißt zum Klassischen tendierten, zeigten van de Velde und Taut bei ihren Bauten ein offen ausgedrücktes »Kunstwollen«.

Der aphoristische Text von Scheerbarts *Glasarchitektur* war Taut gewidmet, dessen Glaspavillon mit Scheerbarts Sprüchen beschriftet war: »Das Licht will durch das ganze All und ist lebendig im Kristall«; »Ohne einen Glaspalast ist das Leben eine Last«; »Das Glas bringt uns die neue Zeit, Backsteinkultur tut uns nur leid«. Mit diesen Aphorismen war Tauts Pavillon dem Licht gewidmet, das durch die prismenförmige Kugel und die Seitenwände aus Glasziegeln eindrang und einen axialen, in Kaskaden sich ergießenden, von Glasmosaik

umschlossenen Raum erhellte. Taut hatte, wie er selbst sagte, diese kristalline Konstruktion, der sein Leipziger »Monument des Eisens« von 1913 als Vorbild diente, im Geiste der gotischen Kathedralen konzipiert. Sie war in der Tat eine »Stadtkrone«, jene pyramidenartig aufgetürmte Form, die Taut zum Universalbeispiel aller kultischen Bauten erhob. Die religiösen Gefühle, zu denen sie inspirieren sollte, waren als ein wichtiges städtisches Element bei der Neugestaltung der Gesellschaft gedacht.

Über die sozialen und kulturellen Auswirkungen von Scheerbarts Vision schrieb 1918 der Architekt Adolf Behne: »Es ist keine verdrehte Poetenmarotte, daß die Glasarchitektur uns eine neue Kultur bringen würde. *Es ist so!* Nicht neue Fürsorgeorganisationen, Krankenhäuser, Erfindungen oder technische Vereinfachungen und Beschleunigungen bringen uns die neue Architektur ... aber die Glasarchitektur würde sie uns bringen ... Daher hat der Europäer recht, wenn er fürchtet, die Glasarchitektur möchte ungemütlich werden.«

Nach Kriegsende begannen Taut und Behne im November 1918 den Arbeitsrat für Kunst zu organisieren, der sich parallel zu der zur gleichen Zeit gegründeten, etwas größeren Novembergruppe entwickelte. Der Arbeitsrat für Kunst erklärte seine Ziele in Tauts *Architektur-Programm* vom Dezember 1918. Er plädierte für ein neues Gesamtkunstwerk, das unter aktiver Beteiligung des Volkes geschaffen werden sollte. Im Frühjahr 1919 bestätigte das Manifest des Arbeitsrates für Kunst dieses allgemeine Prinzip: »Kunst und Volk müssen eine Einheit bilden. – Die Kunst soll nicht mehr Genuß weniger, sondern Glück und Leben der Masse sein. Zusammenschluß der Künste unter den Flügeln einer großen Baukunst ist das Ziel.« Unter der Führung von Behne, Gropius und Taut und zusammen mit den Malern der Brücke umfaßte der Arbeitsrat für Kunst etwa fünfzig Künstler, Architekten und Mäzene aus Berlin und Umgebung, darunter die Künstler Georg Kolbe, Gerhard Marcks, Lyonel Feininger, Emil Nolde, Herman Finsterlin, Max Pechstein und Karl Schmidt-Rottluff und die Architekten Otto Bartning, Max Taut, Bernhard Hoetger, Adolf Meyer und Erich Mendelsohn. Im April 1919 veranstalteten die Architekten des Arbeitsrats eine Ausstellung architektonischer Phantasien »Für unbekannte Architekten«. Gropius' Einführung in diese Ausstellung war im Grunde der erste Entwurf seines Programms für das Weimarer Bauhaus, das im gleichen Monat veröffentlicht wurde:

»Wollen, erdenken, erschaffen wir *gemeinsam* den neuen Baugedanken. Maler und Bildhauer, durchbrecht also die Schranken zur Architektur und werdet Mitbauende, Mitringende um das letzte Ziel der Kunst: die schöpferische Konzeption der Zukunftskathedrale, die wieder alles in *einer* Gestalt sein wird, Architektur *und* Plastik *und* Malerei.«
Diesen Ruf nach einem neuen kultischen Bauwerk, das wie im Mittelalter die schöpferischen Energien der Gesellschaft in sich vereinigen sollte, nahm Behne 1919 in seiner Antwort auf eine Umfrage auf, die unter dem Titel *Ja! Stimmen des Arbeitsrates für Kunst in Berlin* publiziert wurde:
»Es scheint mir das wichtigste, ein ideales *Gotteshaus* zu bauen, kein konfessionelles, sondern ein *religiöses* Werk ... Wir dürfen nicht warten, bis die neue Religiosität da ist, denn sie wartet vielleicht auf uns, wie wir auf sie.«
Die Unterdrückung des Spartakistenaufstands im Jahre 1919 setzte den öffentlichen Aktivitäten des Arbeitsrates für

Kunst ein Ende, und die geistigen Kräfte der Gruppe kanalisierten sich in einer Korrespondenz, die als »Gläserne Kette« bekannt wurde. Dieser von Bruno Taut organisierte »Utopische Briefwechsel« begann im November 1919 auf Tauts Aufforderung hin: »Jeder von uns zeichnet oder schreibt in kurzen Zeiträumen je nach Neigung und zwanglos ... seine Ideen auf, die er unserm Kreise mitteilen will.« Der Gläsernen Kette gehörten vierzehn Mitglieder an, von denen nur ungefähr die Hälfte Werke schuf, die später fortwirkten. Neben Taut, der sich »Glas« nannte, nahmen Gropius (»Mass«), Finsterlin (»Prometh«) und Bruno Tauts Bruder Max teil, der unter seinem eigenen Namen schrieb. Zu diesem inneren Kreis gesellten sich Architekten, die zuvor nur eine lose Verbindung zum Arbeitsrat unterhalten hatten, wie die Brüder Hans und Wassili Luckhardt und Hans Scharoun. Der utopische Briefwechsel lieferte nicht nur Material für Tauts Zeitschrift *Frühlicht*, sondern legte auch die unterschiedlichen Vorstellungen der Teilnehmer

DER GOTISCHE DOM IST DAS
PRALUDIUM DER GLASARCHITEKTUR

 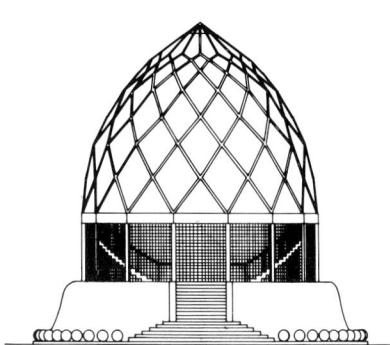 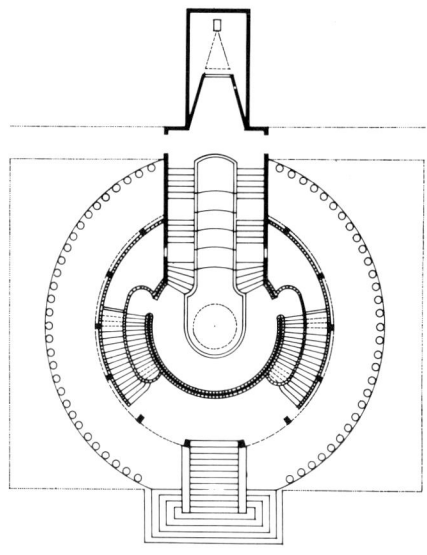

94, 95 Taut, Glaspavillon auf der Werkbundausstellung, Köln, 1914. Rechts Aufriß und Grundriß; links Treppen im Inneren mit Wasserfall.

dar. Vor allem Taut und Scharoun betonten die wichtige schöpferische Rolle des Unterbewußten. So schrieb Scharoun 1919: »Wir formen, müssen formen, wie das Blut unserer Vorfahren Formwellen erzwang; und wollen glücklich sein, wenn wir selbst hernach noch die ganzen Erkenntnisse aus Wesen und Ursächlichkeit unserer Schöpfung ans Licht zu stellen vermögen.«

Um 1920 begann die Solidarität der Gläsernen Kette jedoch auseinanderzubrechen. Hans Luckhardt erkannte, daß die freie, unbewußte Form in mancher Hinsicht nicht mit der rationalen Serienproduktion zu vereinen war. Er schrieb im gleichen Jahr: »Dem tiefinnerlichen Streben nach dem Begreifen des Göttlichen steht der Zug zum Automatischen gegenüber. Die Erfindung des Taylor-Systems ist ein typisches Merkmal dafür. Es wäre gänzlich verfehlt, diesen Zug der Zeit sich nicht eingestehen zu wollen. Er bleibt doch in der Entwicklung eine Tatsache. Außerdem ist in keiner Weise bewiesen, daß er kunstfeindlich ist.«

Luckhardts rationalistische Überlegungen führten die Debatte zu den Fragen zurück, die 1914 den Werkbund gespalten hatten. Taut blieb dagegen bei seinen von Scheerbart inspirierten Visionen, die er zunächst in Büchern wie *Alpine Architektur* und *Die Stadtkrone* von 1919 darlegte. Sein berühmtes Werk *Die Auflösung der Städte* erschien im Jahre 1920. Wie die sozialistischen Stadtplaner der russischen Revolution empfahl er, die Städte aufzulösen und die Stadtbevölkerung wieder auf dem Land anzusiedeln. Zu seinen praktikabelsten Vorschlägen gehörten Modelle für landwirtschaftliche und handwerkliche Genossenschaften, zu seinen phantastischsten der Bau von Glastempeln in den Alpen. Typisch für Tauts an Kropotkin orientierte Projekte war sein Modell einer kreisförmigen, radial gegliederten landwirtschaftlichen Siedlung. In ihrem Mittelpunkt lagen drei verschiedene Wohnbereiche – einer

für jede Gruppe von Bürgern: Künder, Künstler und Kinder –, die um rautenförmige Höfe angeordnet waren. Diese dreigegliederte Anlage führte axial zu dem zentralen kristallinen »Haus des Himmels«, wo die führenden Mitglieder der Gemeinschaft zusammentrafen. Es gehört zu den paradoxen Aspekten von Tauts anarchistischem Sozialismus, daß die hierarchischen, um nicht zu sagen autoritären sozialen Institutionen, die er für diese Ansiedlungen vorsah, bereits die Keime eines Faschismus bargen, der bald in der »Blut-und-Boden«-Kultur der Nationalsozialistischen Bewegung vulgarisiert werden sollte.

Als Taut 1921 Stadtbaurat in Magdeburg wurde, versuchte er seine Stadtkrone in Form einer »Halle für Stadt und Land« (erbaut 1922) zu realisieren. Zu dieser Zeit begann jedoch der Impuls der von *Frühlicht* propagierten Bewegung nachzulassen. Allmählich arrangierte sich Taut, wie vor ihm schon Hans Luckhardt, mit der harten Realität der Weimarer Republik, deren pragmatische soziale Bedürfnisse wenig Spielraum für eine Verwirklichung von Scheerbarts Glasparadies ließen. Das wurde 1923 deutlich, als er mit seinem Bruder am Entwurf der ersten Siedlungsprojekte des subventionierten Wohnungsbaus arbeitete.

Paradoxerweise war es nicht Taut, sondern Hans Poelzig, der das reinste Bild der kristallinen Stadtkrone schuf:

Das Große Schauspielhaus mit 5000 Plätzen, das er 1919 für Max Reinhardt in Berlin entwarf, kam mit seiner Auflösung von Form und Raum durch funkelndes Licht Scheerbart näher als alle Nachkriegsbauten Tauts.

Über den phantastischen stalaktitenartigen Innenraum schrieb Wassili Luckhardt: »Die große Kuppel im Innern ist behangen mit einer unendlichen Vielfalt von Zapfen, die durch die Kuppelrundung, an der sie hängen, in sanft wölbende Bewegung gebracht sind, so daß namentlich beim Erstrahlen der kleinen Glühkörper in jedem

96 Poelzig, *Großes Schauspielhaus, Berlin, 1919.*

97 Poelzig, *Chemische Fabrik, Luban bei Posen, 1912.*

Zapfen der Eindruck einer gewissen Auflösung und Unendlichkeit sich ergibt.«

Nachdem Poelzig sich 1911 als Architekt in Breslau niedergelassen hatte, schuf er zwei wichtige Werke, in denen er die spätere Formensprache Tauts und Mendelsohns vorwegnahm: einen Wasserturm in Posen (ein wahrhaftes Sinnbild der Stadtkrone) und ein Bürogebäude in Breslau, das zum Vorbild für Mendelsohns Gebäude für das Berliner Tagblatt von 1921 wurde. Poelzigs

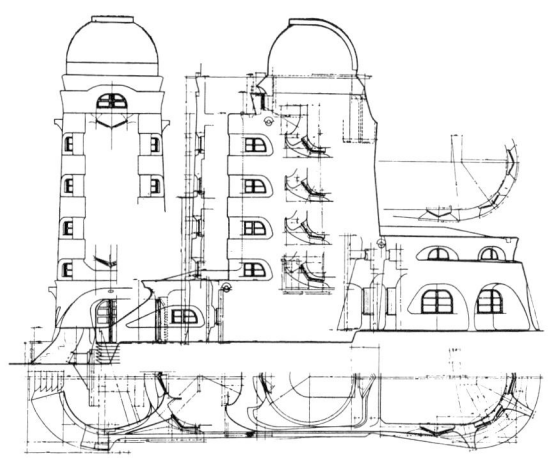

98 Mendelsohn, Einsteinturm, Potsdam, 1917–1921. Front- und Seitenansichten und halber Grundriß.

kraftvoll artikulierte, aus Backstein errichtete Chemische Fabrik in Luban bei Posen (1912) kam dem Industriestil nahe, den Behrens gerade für die AEG erfunden hatte.

Nach dem Ersten Weltkrieg bezog sich Poelzig in seiner Werkbund-Rede von 1919 noch einmal auf die Kontroverse über die Typisierung und setzte sich wiederum für das Prinzip des Kunstwollens ein. Ein Jahr später demonstrierte er seine Verwandtschaft mit den Künstlern der Gläsernen Kette in seinen Entwürfen für das Salzburger Festspielhaus, bei dem sein neu erfundenes Stalaktiten-Motiv zu einer Stadtkrone von heroischen Ausmaßen aufgetürmt war. Wie bei seinem Entwurf für das Haus der Freundschaft in Istanbul (1917) waren die Arkadenformen so übereinandergeschichtet, daß eine Zikkurat entstand, deren Innenraum, eine prismatische Höhle, sich aus solchen Tropfsteinelementen zusammensetzte. Neben seinen Entwürfen für Paul Wegeners Film Der Golem (1920) war das Große Schauspielhaus Poelzigs letztes ganz expressionistisches Werk. Im

Jahre 1925 kehrte er mit seinem Lichtspielhaus Capitol in Berlin bereits wieder zur kryptoklassischen Manier zurück.

Mendelsohn realisierte seine eigene Version der Stadtkrone mit dem Observatorium, das er 1917–1921 für Albert Einstein in Potsdam errichtete. Der Einsteinturm vereinte die plastischen Formen von van de Veldes Werkbundtheater und die Massenbildung von Bruno Tauts Glaspavillon und ging insofern von der Werkbundausstellung des Jahres 1914 aus. In seiner endgültigen Gestalt wies der Turm jedoch eine gewisse formale Verwandtschaft mit dem lokal inspirierten Strohdach-Stil der holländischen Architekten Eijbink und Snellbrand auf, die zusammen mit Theo van Wijdeveld den extremen organisch orientierten Flügel des holländischen Expressionismus um Wijdevelds Zeitschrift Wendingen repräsentierten. So ist es kaum überraschend, daß Mendelsohn bald nach der Fertigstellung des Einsteinturmes auf Wijdevelds Einladung nach Holland reiste, um die Arbeiten des Wendingen-Kreises selbst in Augenschein zu nehmen. In Amsterdam besichtigte er eine Reihe von Siedlungsprojekten, die zu jener Zeit im Rahmen von Berlages Planung für Amsterdam-Süd ausgeführt wurden, darunter Michel de Klerks

Eigen Haard (1913–1919) und Piet Kramers De Dageraad (1918–1923). Die mit Formsteinen und Ziegelverkleidungen realisierten Bauten waren sehr viel stärker von der Konstruktion bestimmt als die hochkünstlerischen Erfindungen in Wijdevelds expressionistischem Heimatstil. Außer den Mitgliedern der Amsterdamer Schule wie Wijdeveld, de Klerk und Kramer lernte Mendelsohn auch Architekten mit völlig anderen Anschauungen kennen, wie etwa den rationalistischen Architekten Oud aus Rotterdam oder den von Wright beeinflußten Architekten Dudok, der in Hilversum arbeitete. In einem Brief an seine Frau erklärte Mendelsohn, warum er weder mit der Amsterdamer noch mit der Rotterdamer Schule völlig übereinstimmte:

»Der Analytiker – Rotterdam – lehnt die Vision ab. Der visionäre Amsterdamer begreift nicht die kühle Sachlichkeit. Gewiß, das primäre Element ist die Funktion, aber Funktion ohne sinnlichen Beistrom bleibt Konstruktion. Mehr als je stehe ich zu meinem Versöhnungsprogramm ... Sonst konstruiert sich Rotterdam in den kühlen Tod, dynamisiert sich Amsterdam in den Verbrennungszauber ... Die funktionelle Dynamik ist das Postulat.«

Wie dieser Brief andeutet, übten diejeni-

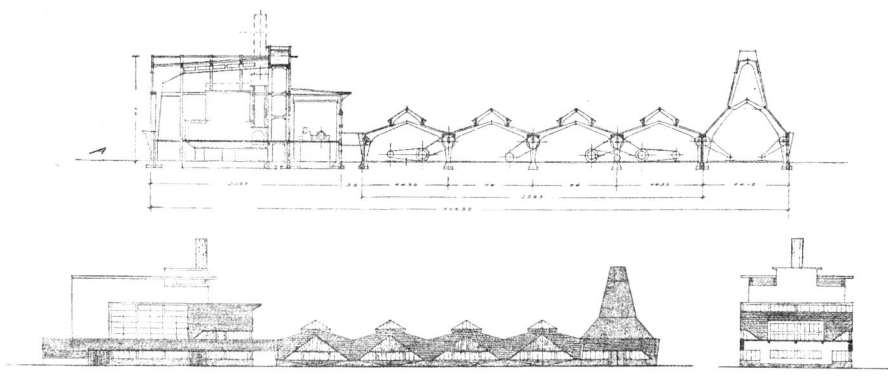

99 Mendelsohn, Hutfabrik, Luckenwalde, 1921–1923. Oben Schnitt; unten Aufriß und Rückansicht des Gebäudes an der Frontseite.

gen holländischen Expressionisten, die stärker an der Konstruktion interessiert waren, einen direkten Einfluß auf Mendelsohns eigene Entwicklung aus: Nach seinem Aufenthalt in Holland wandte er sich von der Plastizität seines Potsdamer Einsteinturms ab und begann sich für die konstruktiven Ausdrucksmöglichkeiten des Baumaterials zu interessieren. Seine Hutfabrik in Luckenwalde (1919–1923) spiegelt diesen Einfluß wider. Die Binderverkleidungen. Oberlichter und Steildächer von Färberei und Fabrikationshallen, die

100 Häring, Gut Garkau, 1924. Stallungen (links oben) und Scheune.

an de Klerk erinnern, bilden einen Kontrast zu der mit einem Flachdach versehenen Kraftstation, deren horizontale »kubistische« Schichtung in Beton und Backstein an die frühen Arbeiten Dudoks denken läßt. Das Prinzip, das Mendelsohn hier einführte – die dramatischen Giebel der Industriebauten, die sich gegen horizontale Verwaltungsbauten absetzten –, nahm er bei seinem Projekt für eine Textilfabrik in Leningrad (1925) wieder auf. Hier ging er freilich einen Schritt weiter, denn die streifenartige horizontale Gliederung des Verwaltungsblocks nahm bereits die waagerechten Bänder seiner Warenhäuser in Breslau, Stuttgart, Chemnitz und Berlin

vorweg, die zwischen 1927 und 1931 entstanden. Von nun an bevorzugte er, wie Reyner Banham schrieb, »die konstruktive Anordnung geometrischer, einfacher Elemente, die sich dem Auge als klar profilierte Kanten darboten.«

Bei Hugo Härings Meisterwerk, dem Gut Garkau von 1924, sind die steilen Dachformen auf ähnlich expressive Weise in Kontrast zu massiven tektonischen Elementen und abgerundeten Ecken gesetzt. Zeitweise teilte Häring mit dem vier Jahre jüngeren Mies van der Rohe ein Büro in Berlin, und es gibt Hinweise darauf, daß die beiden Männer sich über eine kurze Zeit gegenseitig beeinflußten. Das zeigt sich vor allem an ihren Hochhausstudien von 1921/22, wo sie von ähnlichen organischen Formen ausgingen. Wie zu erwarten, war es jedoch Mies und nicht Häring, der eine scheinbar ganz aus Glas bestehende Konstruktion vorlegte. Daß Mies – dank Scheerbarts Einfluß – von den reflektierenden Eigenschaften dieses Materials fasziniert war, zeigte sich auch bei einem weiteren Wolkenkratzer-Entwurf, der zusammen mit dem Projekt für ein Bürogebäude in der Berliner Friedrichstraße 1922 in der letzten Ausgabe von Tauts Zeitschrift *Frühlicht* veröffentlicht wurde.

Obwohl Häring wie Mendelsohn an die Vorherrschaft der Funktion glaubte, suchte er die Primitivität der reinen Nützlichkeit zu überwinden, indem er seine Formen aus einem tieferen Verständnis des Programms heraus entwickelte. Wie bei Scharoun waren seine Bauformen aber auch häufig naive Imitationen biologischer Formen. Scharouns Wohnheim auf der Ausstellung Wohnung und Werkraum in Breslau (1929) war in dieser Hinsicht wahrscheinlich von Härings Entwurf für die Bebauung der Prinz-Albrecht-Gärten (1924) inspiriert. Trotz ausgeprägter expressionistischer Tendenzen setzte sich Häring weiterhin mit den inneren Quellen der Form auseinander, mit dem, was er als »Organwerk« oder als programmatischen Inhalt

101 Mendelsohn, Warenhaus Petersdorff, Breslau, 1927.

des Organismus bezeichnete, im Gegensatz zum äußeren Ausdruck oder dem »Gestaltwerk«. Über diese Dualität schrieb er: »In der natur ist die gestalt das ergebnis einer ordnung vieler einzelner dinge im raum . . . Wollen wir also formfindung, nicht zwangsform, gestaltfindung, nicht gestaltgebung, so befinden wir uns damit im einklange mit der natur, indem wir nicht mehr gegen sie handeln, sonder in ihr.«

Auf der Berliner Sezessionsausstellung von 1923 zeigten Hans und Wassili Luckhardt zusammen mit Mies und einigen seiner Altersgenossen funktionellere und objektivere Bauten, eine Entwicklung, die im folgenden Jahr zur Gründung des Zehnerrings führte. Als 1925 aus dem Zehnerring »Der Ring« wurde (mit Häring als Sekretär), gab es keine Konflikte zwischen den unterschiedlichen Positionen, denn die Mitglieder richteten ihre Energien gemeinsam darauf, die reaktionäre Politik des Berliner Stadtbaurats Ludwig Hoffmann zu bekämpfen.

Nachdem diese Schlacht jedoch 1928 gewonnen war, führte Härings Interesse für das »Organische« zu einer Auseinandersetzung mit Le Corbusier. Als Sekretär des Rings nahm Häring an der Gründung der Congrès Internationaux d'Architecture Moderne (CIAM) in La Sarraz in der Schweiz teil. Während Le Corbusier hier eine Architektur des Funktionalismus und der reinen geometrischen Form proklamierte, versuchte Häring vergeblich, den Kongreß von seiner eigenen Konzeption des »organischen« Bauens zu überzeugen. Daß ihm dies nicht gelang, charakterisiert nicht nur seine dem Normativen abgekehrte, auf den Ort bezogene Bauweise, sondern bedeutete auch das Ende aller Träume à la Scheerbart. Scharoun versuchte zwar, diese Vision in die Nachkriegszeit hinüberzuretten – mit den Wohnhochhäusern Romeo und Julia, die 1954–1959 in Stuttgart entstanden, und mit seinem letzten Meisterwerk, der Berliner Philharmonie (1956–1963); doch erhielt die unverwechselbare Eigenart des organischen Denkens nur wenige Chancen der Bewährung.

14. Kapitel
Das Bauhaus: die Entwicklung einer Idee 1919–1932

»Bilden wir also eine neue Zunft der Handwerker ohne die klassentrennende Anmaßung, die eine hochmütige Mauer zwischen Handwerkern und Künstlern errichten wollte! Wollen, erdenken, erschaffen wir gemeinsam den neuen Bau der Zukunft, der alles in einer Gestalt sein wird: Architektur und Plastik und Malerei, der aus Millionen Händen der Handwerker einst gen Himmel steigen wird als kristallenes Sinnbild eines neuen kommenden Glaubens.«
Aus dem Programm des Staatlichen Bauhauses in Weimar, 1919

Das Bauhaus war ein Ergebnis der ständigen Bemühungen seit der Jahrhundertwende, die kunstgewerbliche Ausbildung in Deutschland zu reformieren. Am Anfang stand die Gründung von Karl Schmidts Dresdner Werkstätten für Handwerkskunst (1898), die später in die Gartenstadt Hellerau übersiedelten, dann wurden 1903 Hans Poelzig und Peter Behrens Leiter der Kunstgewerbeschulen in Breslau und Düsseldorf, und schließlich wurde 1906 die Großherzoglich-Sächsische Kunstgewerbeschule in Weimar unter der Leitung des belgischen Architekten Henry van de Velde gegründet.

Abgesehen von seinen ambitiösen Bauten für die Kunstgewerbeschule und die Großherzoglich-Sächsische Hochschule für Bildende Kunst, tat van de Velde während seiner Amtszeit wenig mehr, als ein relativ bescheidenes »Kunstseminar« für Handwerker einzurichten. Als er 1915 als Ausländer auf sein Amt verzichten mußte, schlug er dem Staatsminister von Sachsen-Weimar Walter Gropius, Hermann Obrist oder August Endell als mögliche Nachfolger vor. Während des Krieges fanden langwierige Verhandlungen zwischen dem Ministerium und Fritz Mackensen, dem Direktor der Großherzoglich-Sächsischen Hochschule für Bildende Kunst, über den jeweiligen pädagogischen Status der bildenden und der angewandten Kunst statt. Gropius plädierte für eine relative Autonomie der angewandten Kunst. Er befürwortete auch eine auf Werkstattarbeit basierende Ausbildung für Entwerfer wie Handwerker, während Mackensen preußischen Idealen anhing und darauf bestand, daß Kunsthandwerker an einer Akademie ausgebildet werden müßten. Dieser ideologische Konflikt wurde 1919 durch einen Kompromiß gelöst: Gropius wurde Direktor einer Institution, die aus der Fusion der Hochschule für Bildende Künste und der Kunstgewerbeschule entstand, eine Lösung, deren Ambivalenz das Bauhaus während seines ganzen Bestehens bestimmte.

Die Prinzipien des Bauhaus-Programms von 1919 waren bereits in Bruno Tauts Architekturprogramm für den Arbeitsrat für Kunst vorweggenommen, das gegen Ende des Jahres 1918 veröffentlicht wurde. Taut argumentierte, daß eine neue kulturelle Einheit nur durch eine neue Baukunst erreicht werden könne, bei der »jede einzelne Disziplin mitbauen« würde. »Dann gibt es keine Grenze zwischen Kunstgewerbe und Plastik oder Malerei«, schrieb er, »alles ist eins: Bauen.«

Diese anarchische Neuformulierung des Ideals vom Gesamtkunstwerk führte Gropius zunächst im Flugblatt zur Ausstellung »Für unbekannte Architekten« im April 1919 fort, die vom Arbeitsrat für Kunst organisiert wurde, dann im Programm des Bauhauses aus etwa der gleichen Zeit. Während das Flugblatt alle bildenden Künstler dazu aufrief, die Salonkunst zu verwerfen und im Dienste einer metaphorischen Zukunftskathedrale zum Handwerk zurückzukehren – »Geht in die Bauten, segnet sie mit Farbenmärchen ... und *baut in der Phantasie,* unbekümmert um technische Schwierigkeiten« –, forderte das Programm die Mitglieder des Bauhauses auf, »eine neue Zunft der Handwerker« zu schaffen, »ohne die klassentrennende Anmaßung, die eine hochmütige Mauer zwischen Handwerkern und Künstlern errichten wollte!«

Selbst das Wort »Bauhaus« als offizielle Bezeichnung der neuen Institution, das Gropius der widerstrebenden Staatsregierung aufnötigte, sollte bewußt an die mittelalterliche Bauhütte erinnern. Daß solche Assoziationen beabsichtigt waren, beweist ein Brief Oskar Schlemmers aus dem Jahre 1922:

»Das Bauhaus wurde gegründet seiner Zeit mit Hinblick auf den zu errichtenden Dom oder Kirche des Sozialismus, und die Werkstätten wurden nach Art der Dombauhütten eingerichtet. Der Gedanke an den Dom ist vorläufig in den Hintergrund getreten, damit ganz bestimmte Gedanken künstlerischer Art. Heute ist es so, daß wir

102 Feininger, Holzschnitt für das Bau-
haus-Manifest, 1919. Die »Zukunftskathe-
drale« als Kathedrale des Sozialismus.

bestenfalls an das Haus denken dürfen, vielleicht nur *denken* dürfen . . . Vielleicht ist es angesichts der wirtschaftlichen Not unsere Aufgabe, Pioniere einer Einfachheit zu sein, das heißt für alles Lebensnotwendige die einfache Form zu finden, die dabei anständig-gediegen ist.«

In den ersten drei Jahren seiner Existenz wurde das Bauhaus vom Charisma des Schweizer Malers und Lehrers Johannes Itten beherrscht, der im Herbst 1919 eintraf. Drei Jahre zuvor hatte er in Wien eine von Franz Cizek inspirierte Kunstschule gegründet. In einem höchst spannungsreichen kulturellen Klima, das durch die anarchischen, anti-sezessionistischen Aktivitä-

ten des Malers Oskar Kokoschka und des Architekten Adolf Loos belebt wurde, hatte Cizek ein neuartiges Ausbildungssystem entwickelt: Er suchte die individuelle Kreativität durch die Herstellung von Collagen aus unterschiedlichen Materialien und Strukturen zu stimulieren. Dank einer allgemeinen Aufgeschlossenheit gegenüber progressiven pädagogischen Theorien – von den Systemen Fröbels und Montessoris bis zu der »Lernen-durch-Tun«-Bewegung des Amerikaners John Dewey, die der Reformpädagoge Georg Kerschensteiner nach 1908 in Deutschland propagiert hatte – fielen seine Ideen auf fruchtbaren Boden. Itten orientierte sich in seiner Wiener Schule wie auch bei dem Vorkurs, den er am Bauhaus einrichtete, an Cizeks Prinzipien, die er freilich noch um die Farb- und Formenlehre seines eigenen Lehrers Adolf Hölzel erweiterte. Mit seinem Vorkurs, der für alle Studenten des ersten Jahrgangs Pflicht war, wollte Itten die schöpferische Kraft des einzelnen wecken und jedem Studenten die Möglichkeit geben, seine spezifischen eigenen Fähigkeiten zu entdecken.

Bis 1920, als auf Ittens Wunsch hin die Künstler Schlemmer, Paul Klee und Georg Muche ans Bauhaus kamen, hielt er neben dem Vorkurs gleichzeitig noch vier weitere Werkstättenkurse als »Meister der Form« ab. Gerhard Marcks und Lyonel Feininger lehrten als Meister der grafischen Druckerei beziehungsweise der keramischen Werkstatt. Welche anarchischen Vorstellungen Itten zu dieser Zeit hatte, zeigt seine Antwort auf eine Umfrage über staatliche Fürsorge für geistig Schaffende (1922):
»Das Geistige steht außerhalb jeder Organisation. Wo es trotzdem organisiert wird (Religion – Kirche) da wird es seinem ureigensten Wesen entfremdet. Der *Staat* sorge dafür daß keiner seiner Bürger verhungert, aber *die Kunst fördere* er nicht.«

Ittens anti-autoritäre, nahezu mystische Neigungen verstärkten sich noch durch seinen längeren Aufenthalt im Mazdaznan-

Zentrum Herrliberg bei Zürich im Jahre 1921. Mitte des Jahres kehrte er ans Bauhaus zurück, um seine Schüler und seinen Kollegen Muche zu dieser modernen Version einer archaischen persischen Religion zu bekehren. Der Kultus verlangte einen strengen Lebensstil, periodisches Fasten und eine vegetarische, mit Käse und Knoblauch gewürzte Diät. Das körperliche und geistige Wohlbefinden, das für eine schöpferische Tätigkeit notwendig schien, wurde außerdem durch Atem- und Entspannungsübungen gefördert. Über diese Orientierung nach innen schrieb Itten später:
»Durch die furchtbaren Tatsachen des Ersten Weltkrieges und ein aufmerksames Studium von Spenglers *Untergang des Abendlandes* war ich zu der Einsicht gekommen, daß wir an einem kritischen Punkt unserer wissenschaftlich-technischen Zivilisation angekommen waren. Schlagworte wie ›Einheit von Kunst und

103 Itten in dem Mazdaznan-Arbeitsge-
wand, das er selbst entworfen hatte, 1921.

Technik‹ und Ähnliches schienen mir fragwürdig. Ich studierte eingehend östliche Philosophie und Lebenspraxis, verglich persischen Mazdaismus mit buddhistischer und Yoga-Praxis und diese mit dem Urchristentum. Ich kam zu der Einsicht, daß unserem nach außen gerichteten wissenschaftlichen Forschen, Denken und Technisieren ein nach innen gerichtetes Denken und Praktizieren das Gegengewicht halten sollte ... Ich suchte für mich und meine Arbeit nach neuen Grundlagen für eine wahre, menschenwürdige Lebenspraxis.«

Die wachsende Entfremdung zwischen Gropius und Itten verstärkte sich noch, als zwei ebenso einflußreiche Persönlichkeiten nach Weimar kamen: der holländische Stijl-Künstler Theo van Doesburg, der sich im Winter 1921 dort niederließ, und der russische Maler Wassily Kandinsky, der sich auf Ittens Einladung hin im Sommer 1922 dem Bauhaus anschloß. Während van Doesburg eine rationale, anti-individualistische Ästhetik forderte, vertrat Kandinsky eine emotionale, letztlich mystische Einstellung zur Kunst. Die zwei Männer gerieten zwar nicht in direkten Konflikt, doch fand die Polemik im Sinne des Stijl, die van Doesburg außerhalb des Bauhauses führte, den Beifall vieler Studierender. Seine Lehren wirkten sich nicht nur unmittelbar auf die Arbeit der Werkstätten aus, sondern stellten auch die Ziele des ursprünglichen Bauhaus-Programms in Frage. Sein Einfluß machte sich sogar in der Ausstattung von Gropius' eigenem Büro und in der asymmetrischen Eingangslösung von Gropius' Beitrag zum Wettbewerb für die *Chicago Tribune* (1922) bemerkbar, den er zusammen mit Adolf Meyer entwarf.

Im Jahre 1922, als van Doesburg seine Ideen neun Monate verbreitet hatte, zwang die allgemein kritische soziale und wirtschaftliche Situation Gropius dazu, von der handwerklichen Orientierung des ursprünglichen Programms abzugehen. Seine erste Attacke gegen Itten erschien in einem Rundbrief an die Bauhaus-Meister, in dem

er Ittens mönchische Weltabgewandtheit indirekt kritisierte. Dieser Text war ein Vorentwurf zu seinem Essay *Idee und Aufbau des Staatlichen Bauhauses Weimar,* der aus Anlaß der Eröffnung der ersten Bauhaus-Ausstellung in Weimar 1923 veröffentlicht wurde. Darin schrieb er:

»Die Werklehre des Bauhauses soll den Lehrling zur Normarbeit vorbereiten. Ausgehend vom einfachen Werkzeug und einfachsten Arbeitsvorgang gewinnt er allmählich Können und Verständnis für kompliziertere Werkvorgänge und für die Anwendung der Maschine, ohne daß er, wie der Fabrikarbeiter, der allein die Teillei-

104 *Gropius und A. Meyer, Entwurf für das Gebäude der* Chicago Tribune, *1922.*

stung kennen und beherrschen lernt, die Beziehung zu dem gesamten Gestaltungsvorgang verlieren muß. Die Verbindung der Bauhauswerkstätten mit bestehenden Industriebetrieben wird deshalb zu gegenseitiger Befruchtung bewußt gesucht.«

Dieses vorsichtig formulierte Plädoyer zugunsten einer Aussöhnung von handwerklicher Arbeit und industrieller Produktion führte zu Ittens sofortigem Rücktritt.

Seine Stellung am Bauhaus übernahm der ungarische Künstler und radikale Sozialist László Moholy-Nagy. Bei seiner Ankunft in Berlin im Jahre 1921 (als Flüchtling der kurzlebigen ungarischen Revolution) hatte Moholy-Nagy Kontakt zu dem russischen Künstler El Lissitzky gefunden, der damals in Deutschland die Russische Ausstellung von 1922 vorbereitete. Diese Begegnung bestärkte ihn in seinen eigenen konstruktivistischen Neigungen. Von nun an zeigten seine Bilder suprematistische Elemente, jene modularen Kreuze und Rechtecke, die bald seine berühmten, in emailliertem Metall ausgeführten »Telefon«-Bilder kennzeichneten. Er schrieb darüber:

»Im Jahre 1922 bestellte ich bei einer Schilderfabrik telefonisch fünf Gemälde in Porzellanemaille. Ich hatte die Farbskala der Fabrik vor mir liegen und ich entwarf meine Gemälde auf Millimeterpapier. Am anderen Ende des Telefons hatte der Abteilungsleiter in der Fabrik das gleiche Papier in Quadrate aufgeteilt. Er nahm die ihm diktierten Formen völlig richtig auf.«

Diese spektakuläre Demonstration einer programmierten Kunstproduktion machte offenbar Eindruck auf Gropius, denn im folgenden Jahr forderte er Moholy-Nagy auf, den Vorkurs und die Metallwerkstatt zu übernehmen. Unter Moholy-Nagys Leitung orientierte sich die Werkstatt bald zu einem »konstruktivistischen Elementarismus« hin, der freilich im Laufe der Jahre durch ein stärkeres Interesse an der Benutzbarkeit der hergestellten Objekte gemildert wurde. Inzwischen führte er im Vorkurs, den er gemeinsam mit Josef Al-

105 Muche und A. Meyer, Versuchshaus, Bauhaus-Ausstellung, Weimar, 1923.

bers leitete, Gleichgewichtsstudien mit verschiedenen Materialien ein, darunter Holz, Metall, Draht und Glas. Ziel war es nicht mehr, ein Gefühl für kontrastierende Materialien und Formen zu demonstrieren, die gewöhnlich als Reliefs zusammengestellt waren, sondern die statischen und ästhetischen Eigenschaften freistehender asymmetrischer Konstruktionen darzustellen. Höhepunkt dieser »Übungen« war der Bau seines eigenen Licht-Raum-Modulators, an dem er von 1922 bis 1930 arbeitete.

Der konstruktive Elementarismus, den Moholy-Nagy teilweise von den sowjetischen Wchutemas (Höhere technische und künstlerische Werkstätten) hergeleitet hatte, verband sich im Bauhaus mit den Stijl-Einflüssen van Doesburgs und mit nachkubistischen Formvorstellungen, wie sie sich in der Werkstatt für Holz- und Steinbildhauerei unter Schlemmers Leitung seit

1922 manifestierten. Ein frühes Beispiel der »elementaristischen« Ästhetik, das unmittelbar nach Ittens Rücktritt als Stil des Hauses übernommen wurde, war die Groteskschrift, die Herbert Bayer und Joost Schmidt für die Bauhaus-Ausstellung von 1923 verwendeten.

Zwei Modellhäuser, die weitgehend von den Werkstätten des Bauhauses gebaut und ausgestattet waren, charakterisierten diese Zeit des Übergangs und machten Gemeinsamkeiten wie Konflikte deutlich: das Haus Sommerfeld, das Gropius und Meyer entwarfen und 1922 in Berlin-Dahlem fertigstellten, und das »Versuchshaus« des Bauhauses, das Muche und Meyer für die Bauhaus-Ausstellung von 1923 entwarfen. Haus Sommerfeld war ein traditionelles Blockhaus im Heimatstil und im Inneren mit Holzwerk und farbigen Glasfenstern ausgestattet, so daß ein »Gesamtkunstwerk« entstand; das Versuchshaus war ein sachlicher, glatter Bau, der die modernsten arbeitssparenden Einrichtungen enthielt, eine »Wohnmaschine«. Dieses Haus der kurzen Wege war um ein »Atrium« angeordnet – kein offener Hof, sondern ein durch hochliegende Fenster erhellter Wohnraum, der auf allen Seiten von Schlafzimmern und Nebenräumen umgeben war. Die Räume an der Außenseite waren nüchtern ausgestattet, mit freistehenden Metallheizkörpern, Fenster- und Türrahmen aus Stahl, Elementmöbeln und unverkleideten Leuchtröhren. Die meisten Einrichtungsgegenstände waren in den Bauhaus-Werkstätten manuell hergestellt worden. Adolf Meyer wies jedoch in seinem Bericht über das Haus in *Bauhausbücher 3* (1923) auf die Ausstattung mit standardisierten Badezimmer- und Küchenelementen und auf die Verwendung völlig neuer Materialien und Methoden hin.

Daß sich die Ideologie des Bauhauses wandelte, wurde auch in Gropius' Artikel »Wohnhaus-Industrie« in der gleichen Ausgabe der *Bauhausbücher* deutlich. Er bildete ein interessantes Rundhaus-Projekt

von Karl Fieger ab, dessen zentralisierte, leichte Konstruktion Buckminster Fullers Dymaxion House von 1927 vorwegnahm. Außerdem veröffentlichte Gropius seine eigenen »Serienhäuser«, die als Prototypen für die Bauhaus-Siedlung gedacht waren, ein Wohngebiet, das er am Rande Weimars zu bebauen hoffte. Diese Serienhäuser wurden schließlich als Wohnbauten für die Bauhausmeister 1926 am Dessauer Bauhaus realisiert.

Nach 1923 zeigte das Bauhaus zunehmend »objektive« Tendenzen, so daß es in die Nähe der Neuen Sachlichkeit geriet. Diese Verwandtschaft, die sich in den Bauten für das Dessauer Bauhaus widerspiegelt (trotz deren relativ formalistischer Massengliederung), manifestierte sich nach Gropius'

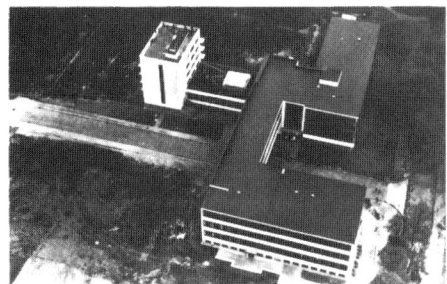

106, 107 Gropius, Bauhaus, Dessau, 1925–1926. Außenansicht, aus der die windmühlenartige Komposition hervorgeht (vgl. S. 121); unten die Brücke zwischen Verwaltungs- und Werkstattflügel am Einweihungstag, 1926.

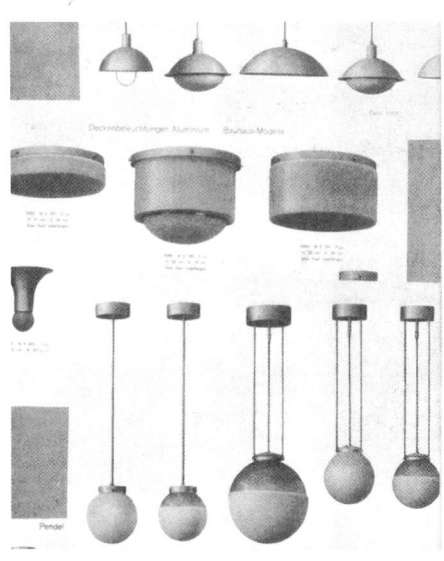

108 Bauhausleuchten aus Preßmetall und Opakglas, unter H. Meyer serienmäßig hergestellt.

Rücktritt 1928 noch deutlicher. In die letzten zwei Jahre von Gropius' Amtszeit fielen drei wichtige Ereignisse: der durch politische Umstände erzwungene, geschickt genutzte Umzug von Weimar nach Dessau, die Fertigstellung des Dessauer Bauhauses und schließlich die allmähliche Entwicklung einer unverwechselbaren Bauhaus-Haltung, die größeren Wert darauf legte, die Form aus dem Produktionsverfahren, den Gegebenheiten des Materials und den Notwendigkeiten des Programms herzuleiten.

Die Werkstatt für Tischlerei unter Marcel Breuers brillanter Leitung begann 1926, Stahlrohrstühle und -tische zu produzieren, die bequem, leicht zu reinigen und ökonomisch waren. Diese Möbel wurden zusammen mit den Lampen aus der Metallwerkstatt für die Innenausstattung der neuen Bauhaus-Gebäude verwendet. Um 1927 war die durch Lizenzvergaben ermöglichte industrielle Produktion solcher Bauhaus-

Entwürfe in vollem Gang, einschließlich der Breuer-Möbel, der Textilgewebe von Gunta Stadler-Stölzl und ihren Mitarbeitern und der eleganten Lampen und Metallarbeiten von Marianne Brandt. Im gleichen Jahr war mit Bayers strengem Layout und seiner Groteskschrift auch die Typographie des Bauhauses ausgereift. Sie wurde bald wegen ihres Verzichts auf Versalien weltberühmt. Ebenfalls 1927 wurde die Architekturabteilung unter der Leitung des Schweizer Architekten Hannes Meyer eingerichtet. Eine Reihe von Breuers Entwürfen für präfabrizierte Häuser aus etwa der gleichen Zeit macht den Einfluß Meyers deutlich. Meyer brachte seinen talentierten Kollegen Hans Wittwer mit, der wie er Mitglied der linken ABC-Gruppe in Basel gewesen war (vgl. S. 116).

Im Februar 1928 überreichte Gropius dem Magistrat der Stadt Dessau sein Rücktrittsgesuch und schlug gleichzeitig Meyer als

110 Jucker, Verstellbare Klavierleuchte, 1923.

seinen Nachfolger vor. Die relativ gesicherte Position des Bauhauses, die unablässigen Angriffe gegen ihn und die »öffentliche Inanspruchnahme außerhalb Dessaus« überzeugten ihn davon, daß es Zeit für einen Wechsel war. Sein Rücktritt führte im Bauhaus zu einem radikalen Wandel. Paradoxerweise orientierte sich das Institut angesichts des zunehmend reaktionären Klimas in Dessau noch weiter nach links und näherte sich gleichzeitig der Position der Neuen Sachlichkeit noch weiter an. Aus unterschiedlichen Gründen folgten Moholy-Nagy, Breuer und Bayer dem Beispiel von Gropius und traten zurück. Wie Moholy-Nagy in seinem Rücktrittsschreiben äußerte, war er nicht mit Meyers sofortiger Durchsetzung strengerer Entwurfsmethoden einverstanden:

»Ich kann es mir weder schöpferisch noch menschlich leisten, auf dieser spezialisierten, rein objektiven und nutzbaren Basis weiterzumachen ... Ich kann damit nur fortfahren, wenn mir ein technischer Spezialist zur Seite gegeben wird. Dies ist aus ökonomischen Gründen unmöglich.«

Als Meyer weitgehend von dem hemmenden Einfluß der Gropiusschen Starfakultät befreit war, konnte er mehr »soziale Verantwortung« in das Programm des Bauhauses einführen. So entstanden einfache, zerlegbare, billige Sperrholzmöbel und eine Reihe von Tapetenentwürfen. Es wurden mehr Bauhausentwürfe industriell produ-

109 Gropius, Bauhaus, Dessau, 1925–1926. Auditorium mit Breuer-Stühlen.

ziert als je zuvor, obwohl der Akzent nun eher auf sozialen als auf ästhetischen Erwägungen lag. Meyer gliederte das Bauhaus in vier Hauptabteilungen: Architektur (nun aus polemischen Gründen Bau-Abteilung genannt), Reklame-Abteilung, Ausbau-Abteilung (Wandmalerei, Metall-Werkstatt und Tischlerei) und Textil-Abteilung. Außerdem wurden in allen Abteilungen Nebenfächer wie Betriebswirtschaft und Psychologie eingeführt. Die Bau-Abteilung legte besonderen Wert auf die optimale ökonomische Errechnung der Grundrisse und auf gute Durchlüftung, Ausleuchtung und Akustik. Für dieses ehrgeizige Programm wurden zusätzliche Lehrkräfte benötigt, so daß sich zu Hans Wittwer, der Vorlesungen über Baulehre hielt, bald der Architekt und Städteplaner Ludwig Hilberseimer, der Bauingenieur Alcar Rudelt sowie Alfred Arndt, Karl Fieger, Edvard Heiberg und Mart Stam gesellten.

Obwohl Meyer zu verhindern suchte, daß das Bauhaus zum Spielball linksorientierter Parteipolitik wurde (er löste die kommunistische Zelle der Studierenden auf), zwang eine erbarmungslose Kampagne gegen ihn den Oberbürgermeister schließlich, ihm zu kündigen. Meyer stellte die Situation aus seiner Sicht in einem offenen Brief an den Oberbürgermeister Fritz Hesse dar:

»Vergeblich meine Erklärung, daß eine ›Ortsgruppe Bauhaus Dessau‹ der KPD ein parteiorganisatorisches Unding sei, vergeblich meine Versicherung, daß meine Tätigkeit immer nur kulturpolitisch, niemals parteipolitisch gewesen sei ... Die städtische Politik verlangt von Ihnen laute Bauhauserfolge, eine glänzende Bauhausfassade und einen repräsentativen Bauhausdirektor.«

Die Kommunalpolitik und der reaktionäre rechte Flügel forderten noch viel mehr. Sie verlangten, das Bauhaus müsse geschlossen und seine »sachliche« Fassade mit einem »arischen« Steildach überkrönt werden. Sie verlangten, daß die Marxisten an-

111 Yamawaki, »Das Ende des Dessauer Bauhauses«, Collage, 1932.

geklagt und die freisinnigen Emigranten zusammen mit ihren obskuren Kunstwerken – später als dekadent bezeichnet – verbannt werden sollten. Der verzweifelte Versuch des Oberbürgermeisters, durch das patriarchalische Direktorat Mies van der Rohes das Bauhaus im Namen der liberalen Demokratie zu konsolidieren, war zum Scheitern verurteilt. Das Bauhaus blieb nur noch zwei Jahre in Dessau. Im Oktober 1932 zogen die noch übriggebliebenen Bauhäusler in eine alte Fabrik am Rande Berlins, doch inzwischen hatte die Reaktion die Überhand gewonnen. Neun Monate später wurde das Bauhaus endgültig geschlossen.

15. Kapitel
Die Neue Sachlichkeit: Deutschland, Holland und die Schweiz 1923–1933

»Den Ausdruck ›Neue Sachlichkeit‹ habe ich in der Tat im Jahre 1924 geprägt. Ein Jahr später kam die Mannheimer Ausstellung, die den gleichen Namen trug. Der Ausdruck sollte dem neuen Realismus mit seinen sozialistischen Anklängen einen Namen geben. Er bezog sich auf das zu jener Zeit in Deutschland vorherrschende Gefühl der Resignation und des Zynismus nach einer Periode überschwenglicher Hoffnungen (die im Expressionismus ihren Ausdruck gefunden hatten). Zynismus und Resignation sind die negative Seite der Neuen Sachlichkeit, die positive Seite ist der Enthusiasmus für die unmittelbare Realität. Sie geht aus dem Wunsch hervor, die Dinge auf sachlicher Basis völlig objektiv zu sehen, ohne sie sogleich mit ideellen Bedeutungen zu befrachten. Diese gesunde Desillusionierung findet in Deutschland ihren klarsten Ausdruck in der Architektur.«

G. F. Hartlaub
Brief an Alfred Barr jr., Juli 1929

Der Ausdruck »Sachlichkeit« war in den kulturellen Kreisen Deutschlands schon lange vor dem Jahre 1924 geläufig, in dem der Kunstkritiker G. F. Hartlaub die Bezeichnung »neue Sachlichkeit« prägte, um eine Nachkriegsströmung der antiexpressionistischen Malerei zu kennzeichnen. Im Zusammenhang mit der Architektur wurde »Sachlichkeit« offenbar zum erstenmal in einer Artikelserie verwendet, die Hermann Muthesius zwischen 1897 und 1903 für die Zeitschrift *Dekorative Kunst* verfaßte. In diesen Artikeln schrieb Muthesius der eng-lischen Arts-and-Crafts-Bewegung Sachlichkeit zu, vor allem den Handwerksgilden (wie der Ashbees) und den frühen Gartenstädten. Für Muthesius bedeutete Sachlichkeit eine objektive, funktionalistische, aufrechte Einstellung gegenüber dem Gegenstand und seiner Gestaltung und tendierte zu einer Reform der Industriegesellschaft. Eine etwas abweichende Deutung des Begriffs gab Heinrich Wölfflin in seinem Buch *Kunstgeschichtliche Grundbegriffe* von 1915, als er über die »lineare« Sehweise um 1800 schrieb, die neue Linie diene einer neuen Objektivität. So war die Sachlichkeit schon durch das Adjektiv »neu« qualifiziert, bevor Hartlaub seiner Ausstellung »magischer Realisten« in Mannheim (1925) den Titel »Die neue Sachlichkeit« verlieh. Seit dem Ersten Weltkrieg hatten die Künstler dieser Ausstellung die Erscheinungsformen und Ursachen einer harten gesellschaftlichen Realität aufgezeigt. Fritz Schmalenbach schrieb freilich:

»In Wirklichkeit sollte die Bezeichnung nicht in allererster Linie die ›Objektivität‹ der neuen Malerei formulieren, sondern etwas Universelles, das dieser Objektivität zugrundelag und sie zum Ausdruck brachte, eine Revolution in der allgemeinen geistigen Einstellung jener Zeit, eine allgemeine neue ›Sachlichkeit‹ des Denkens und Fühlens.«

In den frühen dreißiger Jahren hatte der Begriff »Sachlichkeit« bereits weite Verbreitung gefunden und bezeichnete, wie Hartlaub beabsichtigt hatte, eine unsentimentale Einstellung zur gesellschaftlichen Realität. Im Jahre 1926 wurde diese Bezeichnung zunächst benutzt, um eine neue, objektive, eindeutig sozialistische Einstellung zur Architektur zu charakterisieren. Schmalenbach wies freilich darauf hin, daß diese Übertragung sich nicht von stilistischen Gemeinsamkeiten zwischen dem Magischen Realismus und der neuen Architektur herleiten ließ. Im Nachkriegsdeutschland erhielt das Wort »Gegenstand« durch russische Quellenschriften eine polemische Bedeutung, die der Architektur der Neuen Sachlichkeit einen besonderen sozialpolitischen Beigeschmack verlieh.

Nach der russischen Revolution im Jahre 1917 und dem Zusammenbruch Deutschlands im folgenden Jahr fanden sich Rußland und Deutschland mit den feindlichen Westmächten konfrontiert. Während die Sowjetunion inmitten eines Bürgerkrieges mit ausländischen Interventionen und mit den Schwierigkeiten einer Handelsblockade zu kämpfen hatte, war Deutschland durch die drückenden Reparationszahlungen des Vertrages von Versailles belastet. Als der russische Bürgerkrieg 1921 beendet war und der Druck des Auslandes nachließ, verkündete Lenin seine neue Wirtschaftspolitik, die ausländische Kapitalanleger zur Zusammenarbeit mit der Sowjetunion veranlassen sollte. Bald darauf brachte Deutschland eine Reihe früherer Verhandlungen mit den Sowjets zum Abschluß. Der Vertrag von Rapallo im Jahre 1922 stellte die diplomatischen Beziehungen wieder her und verpflichtete beide Länder zur wirtschaftlichen Zusammenarbeit. Als Ende 1921 die russisch-deutschen Beziehungen wieder aufgenommen wurden, kamen El Lissitzky und Ilja Ehrenburg als inoffizielle Botschafter der Sowjetunion nach Berlin, um eine offizielle Ausstellung avantgardistischer russischer Kunst zu organisieren. Im Mai 1922 veröffentlichten sie die erste Nummer einer dreisprachigen Kunstzeitschrift, *Weschtsch/Gegenstand/Objet*, die auf ihrem Titelblatt zwei wichtige Themen zeigte: das Foto einer Lokomotive mit Schneepflug und die wichtigsten Ikonen des Suprematismus, ein schwarzes Quadrat und einen schwarzen Kreis. So rief *Westsch* Assoziationen zum sachlichen, von Ingenieuren hergestellten Objekt und gleichzeitig zur suprematistischen »nicht-gegenständlichen« Welt hervor.

Im Jahre 1923 war Lissitzky an weiteren kulturellen Aktionen beteiligt: Mit Hans Richter und Werner Graeff arbeitete er an der ersten Ausgabe der Berliner Zeitschrift *G* (für »Gestaltung«) mit. Seine architektonischen Vorstellungen demonstrierte er in dem Prounenraum, den er für die Große Berliner Kunstausstellung des gleichen Jahres gestaltete. Mit seiner selbst erfundenen Bezeichnung »Proun« (von *Pro-Unovis,* »für die Schule der neuen Kunst«) beschwor Lissitzky einen neuen Bereich der Kunst, der irgendwo zwischen Malerei und Architektur angesiedelt war. Über den Prounenraum, eine kleine, rechtwinklige Zelle, die durch ein fortlaufendes, über Boden und Decke führendes Relief gegliedert war, schrieb Lissitzky:

»Der Raum ... ist gestaltet mit elementaren Formen und Materialien ... und Flächen, die auf die Wand flach hingestrichen sind (Farbe), und Flächen, die zur Wand senkrecht gestellt sind (Holz) ... Das Gleichgewicht, das ich im Raum erreichen will, muß beweglich und elementar sein, so daß es nicht durch ein Telefon, ein Stück normalisiertes Büromöbel gestört werden kann. *Der Raum ist für den Menschen da – nicht der Mensch für den Raum.«*

112 Lissitzky, Titelblatt von Weschtsch/Gegenstand/Objet, *1922.*

Hier läßt sich also wie auf dem Titelblatt von *Weschtsch* die suprematistische Abstraktion mit standardisierten Gegenständen vereinen. Anders als Frank Lloyd Wright bei seinem Larkin Building hatte Lissitzky nicht das Bedürfnis, industriell hergestellte Produkte wie Telefone neu zu gestalten, obwohl er bereits 1920 den gegen die Kunst gerichteten Utilitarismus ablehnte, den Tatlins Produktivistische Gruppe proklamierte. Zwar erkannte er an, daß empirisch hergestellte, »sachliche« Konstruktionen sowohl räumliche Schönheit als auch symbolistische Bedeutung besitzen konnten; doch seine Lenin-Tribüne von 1920 zeigte, wie raffiniert er selbst Ingenieurkunst und Suprematismus in Einklang brachte: Die Grundkonstruktion bestand aus einem diagonalen Fachwerkträger mit einem fotomontierten Lenin in der Höhe. Rednerbühne und Basis waren als elementaristi-

sche Formen behandelt, die auf wundersame Weise im Raum schwebten. Diese widersprüchliche Gegenüberstellung abstrakter, nicht-sachlicher Elemente und empirisch produzierter technischer Formen charakterisierte El Lissitzkys Werk bis in die frühen dreißiger Jahre. Obgleich seine Synthese nicht unbedingt mit dem Begriff »Sachlichkeit« zu vereinen war, wurde sie zum Ausgangspunkt für einen internationalen sachlichen Baustil.

Im Jahre 1922 trat der holländische Architekt Mart Stam, damals dreiundzwanzig Jahre alt, in Max Tauts Büro in Berlin ein. Während er dort unabhängig an einem Wettbewerb für einen Bürokomplex in Königsberg arbeitete, lernte er Lissitzky kennen. Während ihres restlichen Aufenthaltes in Berlin blieben die beiden Männer in engem Kontakt. 1923 entwarf Lissitzky sein »schwebendes« Bürogebäude für Moskau, den »Wolkenbügel«. Das Projekt entstand schließlich in zwei unterschiedlichen Versionen, eine von Lissitzky selbst und die andere in Zusammenarbeit mit Mart Stam. Als Lissitzky Ende 1923 an Tuberkulose erkrankte und nach Zürich ziehen mußte, folgte Stam ihm nach. Im nächsten Jahr fanden sie Anhänger in der Schweiz, und 1925 gründeten sie, hauptsächlich auf Lissitzkys Betreiben hin, die linksorientierte ABC-Gruppe mit dem Zentrum Basel. Zu den Schweizer Mitgliedern zählten Emil Roth aus Zürich und Hans Schmidt, Hannes Meyer und Hans Wittwer aus Basel. Sie alle widmeten sich dem Entwurf sozial relevanter Bauten nach wissenschaftlichen Prinzipien.

Ab 1924 publizierte die Gruppe ABC ihre Vorstellungen in der Zeitschrift *ABC: Beiträge zum Bauen,* die Stam, Schmidt und Lissitzky in Zusammenarbeit mit Roth herausgaben. Die erste Nummer enthielt Stams Essay »Kollektive Gestaltung« und Lissitzkys grundlegenden Text »Element und Erfindung«, in dem er die Dualität seiner Prinzipien, seine Synthese von funktionaler Konstruktion und abstrakten Ele-

113 Kritik der Gruppe ABC an Östbergs Rathaus in Stockholm, Bonatz' Stuttgarter Hauptbahnhof und einem Haus von van Doesburg und van Eesteren (1923, vgl. Abb. 128), aus ABC, 1926.

menten darlegte. Die zweite Nummer behandelte – charakteristisch für die Gruppe – Normierung und Standardisierung, vor allem Paul Artaria mit seinem Aufsatz über die Normierung von Papierformaten. Das Heft 2–3, eine Doppelnummer, enthielt einen Artikel über Stahlbetonkonstruktionen nach dem Beispiel von Le Corbusiers »Dom-Ino«-System von 1914–1915, Mies van der Rohes Entwürfe für Glashochhäuser von 1922 und Mart Stams Komplex in Königsberg sowie seine Entwürfe für erweiterbare Häuser aus dem gleichen Jahr. Mit dramatischen Vergleichen des relativen Gewichts und der Dicke von Fensterrahmen aus Holz und Metall wies die Zeitschrift auf die Wirtschaftlichkeit der modernen Bautechnik hin. Bald danach faßte die Gruppe ABC ihr Unbehagen an massiver Architektur in der Gleichung zusammen: »Gebäude × Gewicht = Monumentalität«.

Mit der Veröffentlichung von Meyers und Wittwers Entwurf für die Petersschule in Basel (1926) definierte die Gruppe ABC ihr funktionalistisches und anti-monumentalistisches Programm. Meyers Beschreibung zeugt vom Interesse der Gruppe an präziser Kalkulation und sozialer Relevanz, die sich in der leichtgewichtigen Konstruktion ausdrücken sollten:
»Anzustreben wäre ausschließlich Ober-

lichtbeleuchtung ... und die Bestimmung eines neuen Baugeländes nach Maßgabe planvoller Stadtentwicklung. Gegenwärtig erscheint die Verwirklichung solcher Forderungen aussichtslos, und es ergibt die Auseinandersetzung mit dem alten Schulhaus den umstehenden Kompromiß ... Größtmögliche Entfernung des Schulbetriebes von der Erdoberfläche in die besonnte, durchlüftete und belichtete Höhenlage. Im Erdgeschoß nur Schulbad und Turnbetrieb im geschlossenen Raum. Die verbleibende Hoffläche wird dem öffentlichen Verkehr und dem ›Parking‹ freigegeben. Anstelle eines Hofes sind 2 hängende Freiflächen und alle Oberflächen des Gebäudekörpers der Jugend als Tummelplatz zugewiesen ... Das Eigengewicht des Hauskörpers ist nutzbar verwendet und trägt an 4 Drahtseilen die stützenlose Eisenkonstruktion der 2 schwebenden Freiflächen.«

Diese »konstruktivistische« Stahlrahmenkonstruktion erinnert an ein sowjetisches Wchutemas-Projekt für ein abgehängtes Restaurant, das Stam 1924 in der Zeitschrift *ABC* veröffentlichte. Die vorgesehene maschinenartige Einrichtung der Petersschule, ihre Stahlfenster, Aluminiumtüren, Gummiböden und Asbestzement-Verkleidungen nahmen die Ausbauprinzipien vorweg, die Meyer und Wittwer bei

ihrem Projekt für den Völkerbundpalast in Genf (1927) vorschlugen.

Meyers und Wittwers Behauptung, ihr Entwurf sei eine wissenschaftliche Lösung, verdient nähere Betrachtung. Von der Konstruktion her erscheint sie gerechtfertigt, denn die Verwendung eines durchgehenden Standardmoduls hätte günstige Voraussetzungen für eine Präfabrikation geboten. Wie bei Paxtons Kristallpalast wäre die modulare Erweiterung oder Reduzierung eines jeden Schnittes ohne Änderung der Grundkonstruktion möglich gewesen. Das Gebäude auf Stützen zu stellen, war ebenfalls günstig, weil dadurch ebenerdige Parkplätze entstanden. Meyers vielverkündete Sachlichkeit zeigte sich auch darin, daß er das Wandprofil des Saalbaus durch komplizierte akustische Berechnungen bestimmte. Doch die Sachlichkeit des Designers läßt sich in Frage stellen, wenn die Aufzugschächte (nach dem Vorbild der russischen Konstruktivisten) verglast sind, um die »Ästhetik der Maschine« zu demonstrieren. Zweifel kommen auch angesichts der unleugbar pittoresken Elemente der Komposition auf. Und obwohl Meyer in seinem Bericht behauptete: »Unser Völkerbundsgebäude symbolisiert nichts« und »sucht keinen künstlichen gartenkünstlerischen Anschluß an die Parklandschaft seiner Umgebung«, wird eine gewisse symbolisierende Tendenz deutlich, wenn er schreibt:
»Wenn die Absichten des Völkerbundes wahrhaft sind, so kann er seine neuartige Gesellschaftseinrichtung nicht in ein Gehäuse baulicher Überlieferung quetschen. Keine säulengespickten Empfangsräume für müde Souveräne, sondern hygienische Arbeitsräume für tätige Volksvertreter. Keine Winkelgänge für die Winkelzüge der Diplomaten, sondern offene Glasräume für die öffentlichen Unterhandlungen offener Menschen.«

Die symbolischen Untertöne in Meyers funktionalistisch begründeter Arbeit drücken sich auch in seinem Vorschlag aus, die

Besucher des Versammlungsgebäudes nach ihrer Parkposition zu klassifizieren und sie unauffällig von dort aus zu ihren vorgeschriebenen Plätzen in dem darüberliegenden Saalbau zu leiten.

Daß die Gruppe ABC sich für eine sachliche Einstellung gegenüber dem Bauen und dem Leben einsetzte, ergab sich aus ihrem Entschluß, nur kollektiven Bedürfnissen zu dienen. So schrieb Stam in »Kollektive Gestaltung«:

»Die dualistische Lebensauffassung – Himmel und Erde – Gut und Böse – die Anschauung vom Bestehen einer ewigen innerlichen Zwietracht hat den Nachdruck auf den Einzelmenschen gelegt und sich von der Gesellschaft abgewendet ... Die Absonderung des Einzelmenschen hat hier die Vorherrschaft der nebengeordneten Gefühle zur Folge gehabt. Die moderne

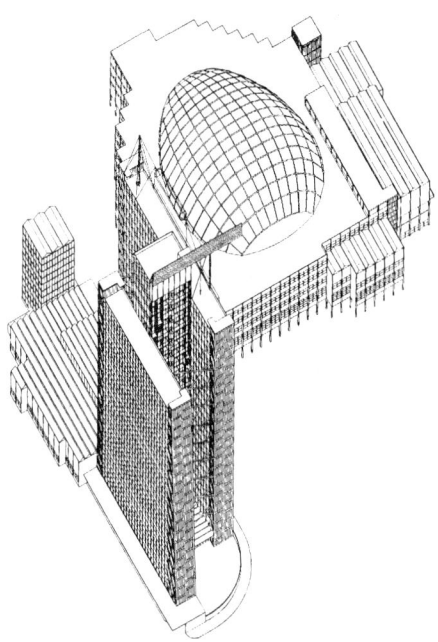

114 H. Meyer und Wittwer, Entwurf für den Völkerbundpalast, Genf, 1926–1927. (Vgl. Le Corbusiers Beitrag, Abb. 144).

Lebensauffassung ... faßt das Leben auf als *eine* sich entfaltende Bewegung der *einen* Kraft. Dies bedeutet, daß das Besondere, das Individualistische den Platz räumt vor dem Allgemeinen.«

Eine ähnliche Ansicht vertrat Meyer in seinem Essay »Die neue Welt« von 1926:

»Die Vereinheitlichung unserer Bedürfnisse erweisen: Der Melonehut, der Bubikopf, der Tango, der Jazz, das Co-op-Produkt, das DIN-Format und Liebigs Fleischextrakt ... Gewerkschaft, Genossenschaft, AG, GmbH, Kartell, Trust und Völkerbund sind die Ausdrucksformen heutiger gesellschaftlicher Ballungen, Rundfunk und Rotationsdruck deren Mitteilungsmöglichkeiten. Cooperation beherrscht die Welt. Die Gemeinschaft beherrscht das Einzelwesen.«

Im Jahre 1925 kehrte Stam nach Holland zurück, um unter L. C. van der Vlugt die Bauleitung für die auf Pilzstützen aus Stahlbeton errichtete Fabrik Van Nelle zu übernehmen, die 1929 fertiggestellt wurde. Wenn Meyers und Wittwers Entwurf für den Völkerbundpalast als kanonisches Werk der Gruppe ABC gelten kann, dann ging auch die Fabrik Van Nelle, in der Tabak, Tee und Kaffee verarbeitet wurden, von ähnlichen technischen und ästhetischen Voraussetzungen aus. Wie bei dem Entwurf von Meyer und Wittwer waren Konstruktion und Zirkulationssystem offengelegt, obwohl für den Verarbeitungsprozeß als Hauptverkehrselemente natürlich nicht Aufzüge installiert wurden, sondern verglaste Förderbänder, die diagonal zwischen dem Curtain Wall des Verpackungsgebäudes und dem Lagerhaus am Kanal verliefen. Die Bedeutung einer so offenen, dynamischen Ausdrucksform blieb einem sensiblen Beobachter wie Le Corbusier, der darin eine Bestätigung seiner eigenen utopischen sozialistischen Überzeugungen sah, nicht verborgen. Er schrieb 1931:

»Die Straße, die zur Fabrik führt, ist glatt, eben, von braunen Ziegelgehsteigen ge-

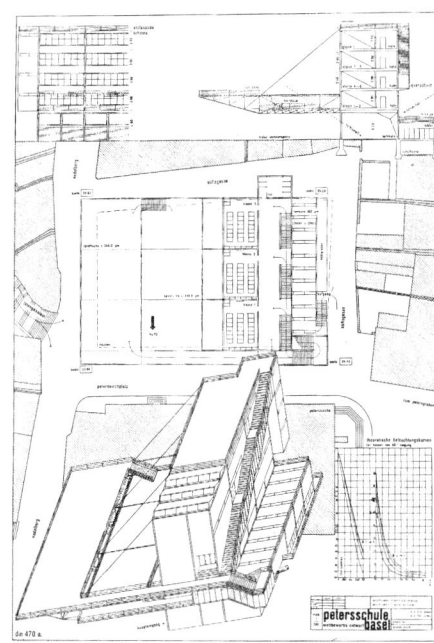

115 H. Meyer und Wittwer, Entwurf für die Petersschule, Basel, 1926.

säumt; sie ist so hell und sauber wie ein Tanzboden. Die klaren Fassaden des Gebäudes, lichtes Glas und graues Metall, erheben sich ... gegen den Himmel ... Der Ort strahlt absolute Heiterkeit aus. *Alles ist nach außen geöffnet* ... Und das ist ungeheuer wichtig für jene, die in den acht Geschossen *im Inneren* arbeiten ... Die Tabakfabrik Van Nelle in Rotterdam, eine Schöpfung des modernen Zeitalters, hat dem Wort ›proletarisch‹ den früheren Beigeschmack von Verzweiflung genommen. Und diese Wandlung des egoistischen Eigentumsinstinkts zu einem Sinn für gemeinsames Handeln hat ein überaus beglückendes Ergebnis: das Phänomen der *persönlichen Teilnahme* an jeder Phase des menschlichen Unternehmens.«

Obwohl Stam den Hauptanteil an diesem Projekt hatte, sollte auch van der Vlugts Rolle nicht unterschätzt werden, vor allem, weil er später ähnlich »sachliche« Bauten ohne Stams Hilfe entwarf – sein Hochhaus Bergpolder in Rotterdam (1933) mit Wohnungen für das Existenzminimum. Immerhin war es aber Stam, der die Polemik der Sachlichkeit in die holländische Architektur einführte, wenn auch Oud zu dieser Zeit bereits zahlreiche funktionalistische Arbeitersiedlungen mit Flachdächern errichtet hatte, vor allem die Siedlung Kiefhoek in Rotterdam, die 1925 entstand. Oud blieb bei allen seinen Arbeiten als Stadtbaurat von Rotterdam Berlages traditionellem städtebaulichem Konzept – die Straße als umschlossener Außenraum – verpflichtet.

Wie stark Stam gegen diese Tradition revoltierte, zeigte sein Projekt für die Bebauung des Rokin in Amsterdam: Die Kontinuität der vorhandenen Straße ist durch einen aufgeständerten, durchgehenden Bürokomplex aufgehoben, der durch Aufzüge und eine ins Obergeschoß verlegte Eisenbahn erschlossen wird. Das Erdgeschoß bleibt Parkplätzen, Schaufenstern und Fußgängerzirkulation vorbehalten. Dieses provokative, wenn auch ökonomisch fragwürdige Projekt war typisch für Stams Bestreben, das traditionelle städtebauliche Konzept umzukehren. Es faßte seine Vorstellungen von einer »offenen Stadt« zusammen, über die er in den späten zwanziger Jahren schrieb: »Das ständig zunehmende Verkehrsvolumen, das auf die wachsenden wirtschaftlichen Schwierigkeiten zurückzuführen ist, macht die Verkehrsorganisation zum beherrschenden Faktor der Stadtplanung. Das Denken der Architekten muß sich von ästhetischen Vorstellungen lösen, die aus früheren Generationen überkommen sind. Das Konzept der Stadt als eines umschlossenen Raumes gehört dazu und muß der Idee der offenen Stadt weichen.«

Stams ausgeprägter Materialismus isolierte ihn von der funktionalistischen Gruppe Opbouw, die bereits 1920 in Rotterdam gegründet worden war. Obwohl sie sich für

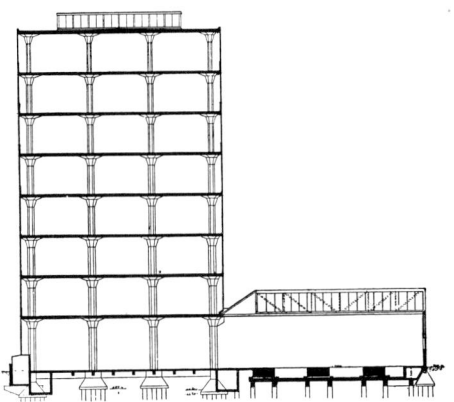

116, 117 Brinkman und van der Vlugt (Bauleitung Stam), Fabrik Van Nelle, Rotterdam, 1927–1929. Querschnitt mit den Pilzstützen aus Stahlbeton und Außenansicht.

die »Nieuwe Zakelijkheid« einsetzten, suchten Mitglieder der Gruppe Opbouw wie Brinkman und van der Vlugt und ihr Bauherr, der Industrielle Kees van der Leeuw, durch ein Interesse an universalen »geistigen« Werten über die reine »Sachlichkeit« hinauszugelangen. So wirkten sie in der holländischen Theosophischen Bewegung mit und bauten 1930 in Ommen einen kleinen Zufluchtsort für Krishnamurti und seine Anhänger.

Ähnliche geistige Inspirationen finden sich im Werk von Johannes Duiker und Bernard Bijvoet, die bei ihrem holzverkleideten Haus in Aalsmeer (1924) von ihrem anfänglich an Wright orientierten Stil abwichen. Dieses asymmetrische, mit Pultdächern versehene Haus stand am Anfang von Duikers »Zakelijkheid«-Periode, die ihren Höhepunkt in zwei eindeutig konstruktivistischen Bauten aus Stahlbeton und Glas fand – seinem Sanatorium Zonnestraal in Hilversum (1928) und seiner Freiluftschule in Amsterdam (1930). Obwohl er auch der Notwendigkeit programmbedingter Änderungen aufgeschlossen gegenüberstand, wie bei dem asymmetrischen Turnhallenflügel der Freiluftschule, fand

Duikers Idealismus in seiner Vorliebe für eine symmetrische Organisation Ausdruck. Erst gegen Ende seines Lebens gab er seine Vorliebe für den »Schmetterlingsstil« in Grundrissen und Lageplänen auf und näherte sich der objektiveren, nichtformalistischen Einstellung Stams. Beispiele dafür sind das Lichtspielhaus Cineac in Amsterdam (1934) und das Hotel Gooiland in Hilversum, das Bijvoet 1936 nach Duikers Tod vollendete.

Nachdem Stam 1927 Reihenhäuser für die Weißenhofsiedlung in Stuttgart gebaut hatte, kehrte er 1928 wiederum von Holland nach Deutschland zurück, diesmal nach Frankfurt, wo er unter dem Dezernenten für Bauwesen Ernst May die Siedlung Hellerhof baute – ein Wohngebiet in Mays Gesamtprojekt eines »Neuen Frankfurt«. Später im gleichen Jahr repräsentierte Stam, kurioserweise zusammen mit Rietveld und Berlage, die Niederlande auf der Gründungsversammlung der Congrès Internationaux d'Architecture Moderne (CIAM) in La Sarraz in der Schweiz. Bald danach konsolidierte sich die holländische Bewegung *Nieuwe Zakelijkheid* durch die Fusion des Amsterdamer Funktionalisten-

118 Duiker und Bijvoet, Einfamilienhaus, Aalsmeer, 1924.

119 Duiker, Sanatorium Zonnestraal, Hilversum, 1928. Komplex für Verwaltung und medizinische Versorgung mit ausstrahlenden Stationsflügeln.

kreises De 8 mit der Gruppe Opbouw. Diese neue Gruppe, die sich De 8 en Opbouw nannte, blieb als holländischer Flügel der CIAM bis 1943 aktiv.

In Deutschland war die Entwicklung der Neuen Sachlichkeit eng mit dem Sofortprogramm der Weimarer Republik für den Wohnungsbau verbunden, das nach der Stabilisierung der Rentenmark im November 1923 eingeführt wurde. Im gleichen Jahr vollendete Otto Haesler, der Pionier

des Zeilenbaus, die Siedlung Italienischer Garten in Celle. Die Flachdächer, die polychromen Fassaden und die moderne Formensprache dieser Bauten benutzte Ernst May als Vorbild für die ersten Siedlungseinheiten, die er 1925 in Frankfurt errichtete. Im Jahre 1924 entwickelte Haesler bei der Siedlung Georgsgarten, seinem zweiten Projekt in Celle, Theodor Fischers Reihenhausmodell Alte Heide von 1919 zu einem eigenen System: Die Häuserreihen waren in einer für Besonnung und Durchlüftung optimalen Entfernung voneinander angelegt. Diese Anordnung basierte auf Heiligenthals Regel (vgl. Abb. 125), daß der Abstand der Reihen mindestens der doppelten Haushöhe entsprechen sollte. Sie wurde zur verbindlichen Formel der Neuen Sachlichkeit und ist bei zahlreichen deutschen Siedlungsprojekten zwischen 1925 und 1933 zu finden. Nach Haeslers Beispiel öffnen sich bei solchen Siedlungen die nach Süden oder Westen orientierten Wohnräume auf öffentliche Grünflächen. In Georgsgarten schloß Haesler kurze, nach Süden orientierte Blocks an die Reihenhäuser an, die von Norden nach Süden liefen. Dadurch entstand eine Reihe L-förmiger grüner Höfe, die ins angrenzende Gelände übergingen. Dieses Gelände war in Familiengrundstücke aufgeteilt, auf denen Obst und Gemüse gezogen wurden (vgl. Adolf Loos' Siedlung am Heuberg in Wien, 1926). In Georgsgarten entwickelte Haesler auch den Wohnungstyp, den er während seiner Laufbahn in vielen Variationen anwandte. Seine typischen Wohnungen wurden in drei Geschossen doppelbündig angeordnet und bestanden aus einem Wohn-Eßzimmer, einer kleinen Küche, einem WC und drei bis sechs Schlafzimmern. Daß die traditionelle Wohnküche durch eine getrennte Kochküche ersetzt wurde, bedeutete einen radikalen Wandel im Massenwohnungsbau. Die soziale Auswirkung war die Verlagerung des Familienlebens in eine Schlichtversion des bürgerlichen »Salons«.

120 Duiker, Freiluftschule, Amsterdam, 1930.

In der Siedlung Friedrich-Ebert-Ring in Rathenow (erbaut 1929) entwickelte Haesler seinen typischen Grundriß weiter, indem er die Standardwohnungen ohne Fahrstuhl mit einem getrennten Badezimmer ausstattete.

Diese beiden frühen Siedlungen verfügten über Gemeinschaftseinrichtungen wie Wäschereien, Versammlungsräume, Bibliotheken, Sportplätze und so weiter. Georgsgarten erhielt darüber hinaus noch einen Kindergarten, ein Café und einen Friseursalon. Die sparsame Ausstattung dieser Räume – Standardmöbel von Thonet, nackte Glühbirnen und sorgfältig detaillierte Leitungen und elektrische Anlagen – war charakteristisch für die Inneneinrichtungen der Neuen Sachlichkeit: kühl und streng und dennoch faszinierend. Ähnlich wirkte das Äußere der Bauten, deren glattverputzte Flächen, Stahlfenster, Isolierverglasung und Metallgeländer sich zu einer Syntax der Sachlichkeit zusammenfanden.

Auch bei der Weißenhofsiedlung des Deutschen Werkbundes in Stuttgart (1927) war diese Ausdrucksform allgemein vorherr-

121 May und Rudloff, Siedlung Bruchfeldstraße, Frankfurt, 1925.

schend, trotz der nationalen und ideologischen Unterschiede zwischen den siebzehn beteiligten Architekten. (Allein aus Deutschland waren so unterschiedliche Persönlichkeiten wie Behrens, Döcker, Gropius, Hilberseimer, Rading, Scharoun, Schneck, Mies van der Rohe und die Brüder Taut beteiligt.)

Haesler selbst sah nun die Siedlung nicht mehr als geschlossene Einheit, sondern entwarf Reihenhausblocks als freistehende, unendlich wiederholbare Einheiten. Sein ursprünglicher Plan für die Siedlung Rothenberg in Kassel von 1929 ist in dieser Hinsicht nicht nur für sein eigenes Werk typisch, sondern auch für die meisten anderen Wohnbauprojekte der gleichen Zeit.

Als May 1925 Stadtbaurat in Frankfurt wurde, nahm dort der Bau von Arbeitersiedlungen ungekannte Ausmaße an. Da May aber sowohl bei Theodor Fischer in München als auch bei Raymond Unwin in England gelernt hatte, wurde sein Rationalismus durch ein Gefühl für Tradition gemildert. Während Haesler in Georgsgarten eine vor- und rückspringende, aber beliebig fortsetzbare Zeilenform und auf dem

Rothenberg eine verdichtete, erweiterungsfähige Anlage geschaffen hatte, setzte sich May (wie Bruno Taut und Martin Wagner bei ihrer gleichzeitigen Siedlung in Berlin-Britz) eher für geschlossene städtische Bereiche nach dem Vorbild des traditionellen preußischen Dorfangers ein. So bestand Mays erste Arbeit in Frankfurt, seine Siedlung Bruchfeldstraße von 1925 (mit C. H. Rudloff), aus zickzackförmig angeordneten Häusern, die eine große, sorgfältig gestaltete öffentliche Grünfläche umschlossen. Diesem ungewöhnlichen städtebaulichen Layout, das an Victor Bourgeois' Cité Moderne in Brüssel (1922) erinnerte, folgten allgemeinere Lösungen wie Mays Bebauungsplan für das Neue Frankfurt von 1926 und seine Siedlungen Römerstadt, Praunheim, Westhausen und Höhenblick, die im Rahmen der Niddatalplanungen zwischen 1925 und 1930 errichtet wurden.

Die 15 000 Wohneinheiten, die unter Mays Leitung gebaut wurden, entsprachen mehr als 90 Prozent der Wohnbauten, die insgesamt in dieser Zeit in Frankfurt entstanden. Diese eindrucksvolle Zahl hätte kaum rea-

lisiert werden können, wenn May nicht auf Ökonomie und technische Präzision bei Entwurf und Bau gedrängt hätte. Die neue sachliche Bauweise und die stark ansteigenden Baukosten führten dazu, daß Raumnormen für das »Existenzminimum« entwickelt wurden – ein Streitpunkt auf der CIAM-Versammlung in Frankfurt im Jahre 1929. Im Gegensatz zu Le Corbusiers idealistischer Forderung nach einem »Existenzmaximum« basierten Mays Minimalstandards auf der großzügigen Verwendung von Einbauschränken und Klappbetten und vor allem auf der funktionstüchtigen, laboratoriumsähnlichen Küche, der »Frankfurter Küche«, entworfen von der Architektin Grete Schütte-Lihotzky. Angesichts der weiter eskalierenden Baupreise führte May ein Plattenbauverfahren mit präfabrizierten Betontafeln ein, das sogenannte »May-System«, das bei den Siedlungen Praunheim und Höhenblick (begonnen 1927) angewendet wurde.

122 Schütte-Lihotzky, Frankfurter Küche, 1926.

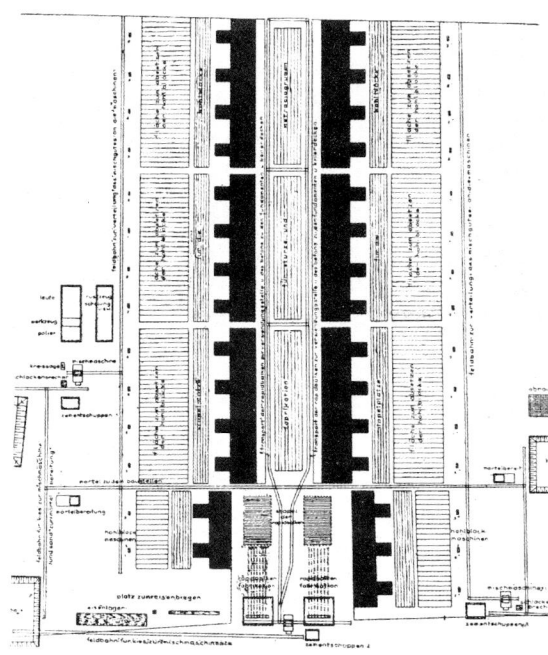

123 Gropius, Siedlung Dessau-Törten, 1928. Das Layout der Anlage ist offensichtlich entsprechend den Bahnen der Turmkräne organisiert.

Walter Gropius' Dessauer Bauhauskomplex und seine Siedlung Törten von 1928 waren zwei Stufen auf seinem Wege zur Neuen Sachlichkeit. Während das »Eisenbahnschienen«-Layout von Törten nicht nur die Standardisierung der präfabrizierten Bauelemente widerspiegelte, sondern auch den linearen Prozeß der Montage mit Laufkränen, war das Dessauer Bauhaus immer noch eine formalistische Komposition asymmetrischer Elemente. Eine ähnliche zentrifugale, windmühlenartige Grundrißform, die an de Stijl denken läßt, hatten Gropius und Meyer zum erstenmal bei ihrem Entwurf für die *Chicago Tribune* von 1922 (vgl. Abb. 104) entwickelt und bei ihrem Projekt für die Akademie in Erlangen von 1924 mit asymmetrischen, horizontalen Baukörpern neu formuliert. Um ei-

ner vergleichbaren ästhetischen Wirkung willen mußte beim Dessauer Bauhaus das Konstruktionsgerüst verborgen bleiben, was aber durch die sachliche Gestaltung von Bauelementen wie Heizkörper, Fenster, Geländer und Beleuchtungskörpern wettgemacht wurde. Dennoch mußten für die Artikulierung dieser großen, sich überschneidenden Baumassen schließlich unterschiedliche Farben und Fassadenvorsprünge verwendet werden, die an die klassizistische Manier des Werkbundgebäudes von Gropius und Meyer (1914) erinnern.
Gropius' eindeutigstes Werk im Stil der Neuen Sachlichkeit war sein Projekt für ein Totaltheater von 1927, das er für Erwin Piscators Volksbühne in Berlin entwarf. Piscator hatte sein Proletariertheater 1924 gegründet, nach dem Vorbild des russischen revolutionären Regisseurs Meyerhold, dessen Oktobertheater 1920 in Moskau proklamiert worden war. So sollte Gropius' »Piscatorbühne« in erster Linie den Anforderungen einer bio-mechanischen Bühneneinrichtung entsprechen und Raum für ein »Aktionstheater« schaffen, wie es Meyerhold und seine vom »Proletkult« überzeugten Kollegen forderten. Der Schauspieler – Akrobat war der ideale Typus für ein solches Theater, das zirkusartige, mechanisierte Vorstellungen auf einer Plattformbühne bot. Meyerholds Vorschriften für eine bio-mechanische Aufführung machten einen politischen Inhalt mehr oder weniger zur Bedingung:
»Der Zuschauer muß ständig erleuchtet sein, damit eine ständige Verbindung zwischen Schauspieler und Publikum aufrechterhalten wird ... Der ›Seelenschutt‹ der bürgerlichen Bühne muß vermieden werden. Das Theater darf nicht als *kulturell unabhängig* gelten. Die Bühne muß als politisches Forum oder als Simulator einer wichtigen gesellschaftlichen Erfahrung genutzt werden.«
Mit seiner bemerkenswert eleganten und flexiblen Lösung schuf Gropius für Piscator ein Theater, das schnell in jede der drei

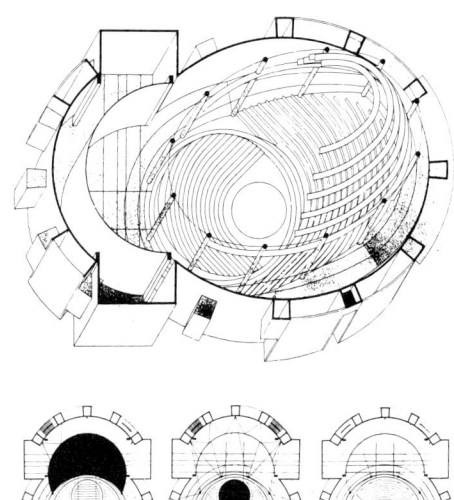

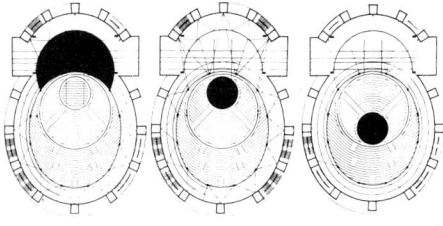

124 Gropius, Projekt für ein Totaltheater, 1927. Blick von oben und alternative Pläne mit Proszenium, Tiefenbühne und Arena.

klassischen Bühnenformen – Proszenium, Tiefenbühne oder Arena – verwandelt werden konnte. Wie und zu welchem Zweck dies vonstatten ging, hat Gropius selbst am besten beschrieben. Auf einem Vortrag in Rom im Jahre 1934 sagte er:
»Eine vollständige Verwandlung des Hauses tritt ... ein, wenn die größere Parkettscheibe um ihren Mittelpunkt um 180 Grad gedreht wird. Dann liegt die in ihr eingebettete, versenkbare kleine Scheibe als allseitig von ansteigenden Zuschauerreihen umgebene Rundarena zentrisch in der Mitte des Hauses. Auch während der Vorstellung kann diese Drehung maschinell vollzogen werden ... Das Ziel dieses Theaters besteht nicht in der materiellen Anhäufung raffinierter Tricks, sondern alles ist lediglich Mittel und Zweck, zu erreichen, *daß*

der Zuschauer mitten in das szenische Geschehen hineingerissen wird.«

Der Theaterraum war außerdem mit einer umlaufenden Bühne ausgestattet, so daß die Handlung die Zuschauer ringförmig umfassen konnte. Dieser »Spielring« konnte aber auch durch einen in Segmente unterteilten Projektionsschirm abgetrennt werden, auf dem »zu gleicher Zeit von rückwärts gefilmt« werden sollte, so daß die Handlung auf der Bühne durch Filmbilder ergänzt wurde. Ähnliche ausfahrbare Projektionsflächen waren auch für die Bühne vorgesehen. Eine Bühne über der zentralen Arena konnte für akrobatische Vorführungen genutzt werden. Durch diese schwebende Bühne wurde Gropius' ovaler Raum ein wirklich dreidimensionaler Spielbereich, wobei die Zuschauer entweder die Akteure umringten oder selbst von ihnen umringt wurden. Der Zuschauerraum war ein transparenter Kasten, der die Konstruktion klar erkennen ließ. Das offene Trägerwerk des eiförmigen Daches war geschickt mit den Köpfen des elliptischen Stützenrings verbunden (ähnlich dem Au-

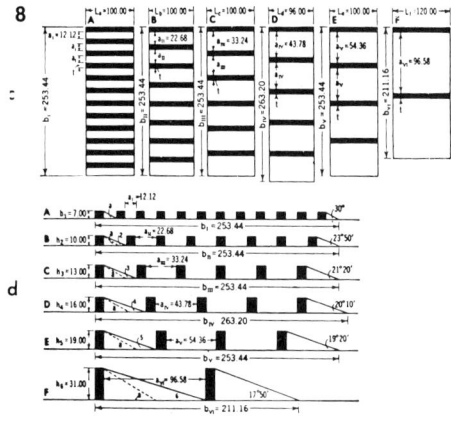

125 Gropius, Diagramm, vorgelegt auf dem CIAM-Kongreß von 1930, zur Demonstration der höheren Wohndichte und größeren Freiräume bei Hochhausbebauung.

ditorium für den Völkerbundpalast von Meyer und Wittwer).

Ungefähr zur gleichen Zeit wie das Totaltheater-Projekt entstanden die Entwürfe für die Siedlung Haselhorst und das Krankenhaus in Elberfeld von Marcel Breuer und Gustav Hassenpflug (1928) und Hannes Meyers Gewerkschaftsschule, die 1930 in Bernau fertiggestellt wurde. Breuers nicht realisiertes Elberfelder Projekt und Meyers Bernauer Schule waren beide von der Neuen Sachlichkeit geprägt, indem sie aus asymmetrischen Folgen sich wiederholender Elemente bestanden, die in abgestufter Formation angeordnet waren, den Voraussetzungen von Programm, Orientierung und Topographie entsprechend. Während die Krankenhausstationen, von einer Betonkonstruktion gestützt, zurückgestaffelt waren, so daß abgestufte Terrassen entstanden, eine für jede Station, setzte sich der Baukörper von Meyers Schule aus dreigeschossigen Wohngebäuden zusammen, die an den Ecken versetzt waren, damit die Front nicht zu lang wirkte. Beide Bauwerke waren entsprechend dem leicht ansteigenden Gelände abgestuft, und doch waren beide frei und funktional auf ihre atypischen Elemente bezogen – Operations- und Röntgenräume bei dem Krankenhaus und Vorlesungssäle sowie Gemeinschaftsräume bei der Schule. Nachdem Gropius 1927 das Bauhaus verlassen hatte, beschäftigte er sich immer intensiver mit dem Wohnungsbau. So baute er in den späten zwanziger Jahren Siedlungen in Dessau, Karlsruhe und Berlin und setzte sich theoretisch mit der Verbesserung der Wohnungsstandards und der Entwicklung des Wohnblocks zu einem klassenlosen System des Siedlungswesens auseinander. Seine nicht realisierten Entwürfe für Berlin von 1929 stellten einen bedeutenden Fortschritt gegenüber seinen früheren Werken dar, denn sie boten höheren Wohnstandard und umfassendere Gemeinschaftseinrichtungen. Gropius' Entwurf für Wohnhochhäuser der Mittelklasse am Berliner Wann-

126 Ein Architekt verläßt Deutschland und geht in die Sowjetunion: Titelblatt von Das Neue Frankfurt, September 1930.

see (1931) war sein erster Versuch, einen autarken Wohnblock zu planen, der mit einem Restaurant sowie Gymnastikraum und Sonnenterrasse auf dem Dach ausgestattet war.

Politisch stand Gropius in den späten zwanziger Jahren links von den Sozialdemokraten, wie sein Essay *Die soziologischen Grundlagen der Minimalwohnung* von 1929 deutlich macht. Er benutzt darin das bekannte sozialistische Argument zugunsten staatlicher Förderung beim Bau von Wohnhäusern:

»Da die Technik im Rahmen von Industrie und Banken arbeitet und jede erzielte Verbilligung in erster Linie für die Rentabilität der Privatwirtschaft ausnutzen muß, kann sie erst dann billigere und differenziertere Wohnungen liefern, wenn der Staat durch erhöhte fürsorgliche Maßnahmen das Interesse der Privatwirtschaft für die Wohnungsproduktion stärkt. Für die Verwirklichung der Minimalwohnung zu erschwinglichen Mietsätzen ist daher an den Staat die Forderung zu richten, daß er 1.) die Vergeudung öffentlicher Gelder für zu große Wohnungen verhindere ... für die *eine obere Wohnungsgröße festzusetzen* ist; 2.) daß er die Aufschließungskosten für die Minimalwohnung herabsetzt; 3.) daß er Bauland bereitstellt und es der Bodenspekulation entzieht und 4.) die städtebaulichen, tiefbautechnischen und hochbautechnischen Bauvorschriften nach Möglichkeit erleichtert.«

Diese Vorschläge gingen kaum über die offizielle Wohnungspolitik der Weimarer Republik hinaus, die zwischen 1927 und 1931 auf dem Weg über Sozialversicherung und Vermögenssteuer den Bau von ungefähr einer Million Wohnungen subventionierte – ungefähr siebzig Prozent aller neuen Wohnbauten, die in dieser Zeit entstanden.

Ein so umfangreiches Subventionsprogramm konnte freilich nach dem Zusammenbruch des Börsenmarktes, der mit der Weltwirtschaftskrise von 1929 einherging, nicht mehr aufrechterhalten werden. Die Exporte erreichten einen Tiefstand, Darlehen wurden gekündigt, und Deutschland fiel in ein wirtschaftliches und politisches Chaos zurück. Die Folge war ein politischer Rechtsruck, der auch das Schicksal der deutschen Architekten der Neuen Sachlichkeit mehr oder weniger besiegelte. Es blieb ihnen nichts übrig als auszuwandern, und das taten sie auch, der Farbe ihrer politischen Gesinnung entsprechend. May ging Anfang 1930 mit einem Team von Architekten und Planern in die Sowjetunion, wo er an der Generalplanung der Stadt Magnitogorsk im Ural arbeitete. Zu seiner Gruppe gehörten Fred Forbat, Gustav Hassenpflug, Hans Schmidt, Walter Schwagenscheidt und Mart Stam. Zur gleichen Zeit nahm Meyer ein Lehramt in Moskau an. Andere Architekten wie Arthur Korn und Bruno Taut folgten in den frühen dreißiger Jahren. Als 1933 die Nationalsozialisten an die Macht kamen, mußten die übrigen gemäßigten Vertreter der Neuen Sachlichkeit zurücktreten oder das Land verlassen. Gropius und Breuer emigrierten 1934 auf dem Weg in die USA zunächst nach England.

16. Kapitel
De Stijl: Aufstieg und Niedergang des Neoplastizismus 1917–1931

»1 Es gibt ein altes und ein neues Zeitbewußtsein.

Das alte richtet sich auf das Individuelle.

Das neue richtet sich auf das Universelle.

Der Streit des Individuellen gegen das Universelle zeigt sich sowohl in dem Weltkriege wie in der heutigen Kunst.

2 Der Krieg zerstört die alte Welt mit ihrem Inhalt: die individuelle Vorherrschaft auf jedem Gebiet.

3 Die neue Kunst hat das, was das neue Zeitbewußtsein enthält, ans Licht gebracht: gleichmäßiges Verhältnis des Universellen und des Individuellen.

4 Das neue Zeitbewußtsein ist bereit, sich in allem, auch im äußerlichen Leben, zu realisieren.

5 Tradition, Dogmen und die Vorherrschaft des Individuellen (des Natürlichen) stehen dieser Realisierung im Wege.

6 Deshalb rufen die Begründer der neuen Bildung alle, die an die Reform der Kunst und der Kultur glauben, auf, diese Hindernisse der Entwicklung zu vernichten, so wie sie in der neuen bildenden Kunst – indem sie die natürliche Form aufhoben – dasjenige ausgeschaltet haben, das dem reinen Kunstausdruck, der äußersten Konsequenz jeden Kunstbegriffs, im Wege steht.«

Aus dem Ersten Manifest von De Stijl, 1918

Die holländische Stijl-Bewegung, die knapp vierzehn Jahre umspannte, formierte sich um das Werk dreier Künstler: der Maler Piet Mondrian und Theo van Doesburg und des Kunsttischlers und Architekten Gerrit Thomas Rietveld. Die anderen Künstler, die 1917 unter van Doesburgs Führerschaft die Gruppe De Stijl bildeten – die Maler Bart van der Leck, Georges Vantongerloo und Vilmos Huszár, die Architekten Johannes Jacobus Pieter Oud, Robert van't Hoff und Jan Wils und der Dichter Anthony Kok – entfernten sich bald von den Hauptzielen der Bewegung. Doch mit Ausnahme van der Lecks und Ouds unterschrieben alle das acht Punkte umfassende Manifest, das 1918 in der zweiten Nummer der Zeitschrift *De Stijl* erschien. Dieses erste Manifest der Stijl-Gruppe forderte ein neues Gleichgewicht zwischen Individuellem und Universellem und die Befreiung der Kunst von den Zwängen der Tradition wie auch vom Kult der Individualität. Ebensosehr von der Philosophie Spinozas wie von dem kalvinistischen Milieu Hollands beeinflußt, dem die Stijl-Künstler alle entstammten, strebten sie nach einer Kultur, die durch ihre Betonung unverrückbarer Gesetze die Tragödie des Individuums überwinden sollte. Dieses universale und utopische Ziel faßten sie in ihrem Aphorismus zusammen: »Das Objekt der Natur ist der Mensch, das Objekt des Menschen ist der Stil.«

Um 1918 stand die Bewegung bereits unter dem Einfluß der neoplatonischen, um nicht zu sagen theosophischen Philosophie des Mathematikers M. H. Schoenmaekers, dessen wichtige Werke *Het nieuwe Wereldbeeld* und *Beginselen der beeldende wiskunde* 1915 und 1916 erschienen waren. Zu Schoenmaekers metaphysischer Weltsicht gesellten sich konkretere Konzepte, die direkt von Berlage und Wright hergeleitet waren. Wright war durch die Publikation der beiden berühmten Wasmuth-Bände über sein Werk (1910 und 1911) in Europa bekannt geworden. Berlage übte dagegen wegen seiner sozialkulturellen Kritik Einfluß auf die Gruppe aus. Von ihm hatten die Künstler des Stijl die Bezeichnung »Der Stil« übernommen, den er seinerseits möglicherweise Gottfried Sempers kritischer Untersuchung *Der Stil in den technischen und tektonischen Künsten oder praktische Ästhetik* von 1860 entlehnt hatte.

Mondrians erste nachkubistische Kompositionen, die sich hauptsächlich aus gebrochenen horizontalen und vertikalen Linien zusammensetzten, entstanden, als er im Juli 1914 aus Paris nach Holland zurückgekehrt war. In dieser Zeit trafen er und van der Leck fast täglich in Laren mit Schoenmaekers zusammen. Von Schoenmaekers stammten die Bezeichnungen *neoplasticismus* und *nieuwe beelding*, und auf ihn geht auch die Beschränkung der Palette auf die Primärfarben zurück, über deren kosmische Bedeutung er in *Het nieuwe Wereldbeeld* schrieb: »Die drei Hauptfarben sind Gelb, Blau und Rot. Sie sind die einzigen existierenden Farben ... Gelb ist die Bewegung des Lichtstrahls (vertikal) ... Blau ist die Kontrastfarbe zu Gelb (horizontales Firmament) ... Rot ist die Verschwisterung von Gelb und Blau.« An anderer Stelle im gleichen Text lieferte er eine ähnliche Rechtfertigung für die Beschränkung der neoplastischen Ausdrucksformen auf orthogonale Elemente: »Die beiden funda-

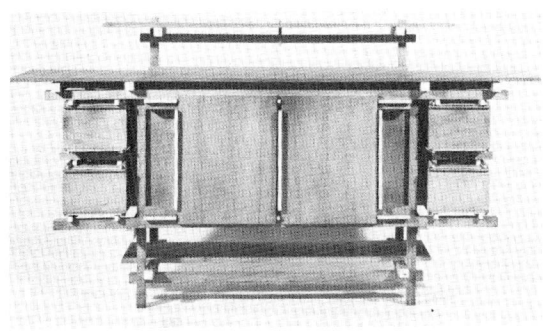

127 Rietveld, Anrichte, 1919.

mentalen, völligen Gegensätze, die unsere Erde und alles auf der Erde formen, sind: die horizontale Kraftlinie, das heißt der Lauf der Erde um die Sonne, und die vertikale, räumliche Bewegung der Lichtstrahlen, die vom Zentrum der Sonne ausgehen.«

Bei allem theoretischen Einfluß spielte Schoenmaekers keine direkte Rolle in der ästhetischen Entwicklung von De Stijl. Das blieb van der Leck und Vantongerloo überlassen, die sich gerade aufgrund ihrer künstlerischen Unabhängigkeit früh von van Doesburg trennten. Doch es fragt sich, ob die charakteristische Stijl-Ästhetik ohne ihren Beitrag in so kurzer Zeit hätte formuliert werden können. So ist zum Beispiel van Doesburgs berühmte Abstraktion *Die Kuh* von 1916 van der Leck verpflichtet, während Vantongerloos Plastik *Wechselbeziehung von Massen* aus dem Jahre 1919 deutlich die Massengliederung der Hausentwürfe van Doesburgs und Cor van Eesterens von 1923 vorwegnahm. Und sogar der autonome Mondrian erkannte in der letzten Nummer von *De Stijl* (1932) – die der Erinnerung an van Doesburg gewidmet war – seine Verpflichtung gegenüber van der Leck an, der bereits 1917 gesättigte Primärfarben verwendet hatte.

In den Jahren 1914 bis 1916 lebte Mondrian in Laren, wo er häufig mit Schoenmaekers zusammentraf. Während dieser Zeit schrieb er seinen grundlegenden theoretischen Text »De Nieuwe Beelding in de Schilderkunst«, der 1917 in der ersten Ausgabe von *De Stijl* erschien. Die erzwungene Isolation der Kriegsjahre gab Mondrian die Möglichkeit zum Nachdenken und führte ihn zu einem neuen Ausgangspunkt. Er schuf eine Reihe von Kompositionen, die aus schwebenden, rechtwinkligen Farbflächen bestanden. Sowohl er als auch van der Leck hatten nun eine, wie es ihnen erschien, völlig neue und reine plastische Ordnung erreicht. Ihrem Vorbild schloß sich der viel jüngere van Doesburg unmittelbar an. Doch während Mondrian bei flächigen Kompositionen blieb, die wie bei seiner *Komposition mit farbigen Flächen auf weißem Grund* von 1917 in den »flachen Raum« der Bildebene gesetzt wurden, nahmen van der Leck und van Doesburg durch die Verwendung schmaler, in ein weißes Feld eingelassener Farbstreifen eine lineare Strukturierung der Bildfläche selbst vor. Aus dieser Zeit stammt van Doesburgs *Kuh*, ebenso wie sein *Rhythmus eines russischen Tanzes* von 1918, Werke, die beide von van der Leck inspiriert sind.

Das erste Bauwerk, das im Zusammenhang mit De Stijl entstand, stammt von Robert van't Hoff, der auf einer Amerikareise vor dem Krieg Wrights Werk kennengelernt hatte. Im Jahre 1916 baute er eine bemerkenswert überzeugende, an Wright erinnernde Villa im Außenbezirk Utrechts. Abgesehen von diesem bahnbrechenden Stahlbetonbau in Huis ter Heide und einer Anzahl weniger eleganter, von Wright beeinflußter Bauten von Wils waren in den frühen Jahren der Stijl-Gruppe verhältnismäßig wenig architektonische Aktivitäten zu verzeichnen. Oud, der 1918 im Alter von 28 Jahren Stadtarchitekt in Rotterdam wurde, war niemals mit ganzem Herzen bei der Bewegung. Nachdem er 1918 das Manifest nicht mitunterzeichnet hatte, bemühte er sich um künstlerische Unabhängigkeit. Offenbar sah er in den Arbeiten des österreichischen Architekten Josef Hoffmann eine Möglichkeit, sich von den »strukturelleren« Interessen des Stijl zu lösen. Einzige Ausnahme war sein Fabrikprojekt in Purmerend von 1919, bei dem sich neoplastische Elemente verhältnismäßig schüchtern auf ein sonst alltägliches Bauvolumen verteilten. So entstand sehr wenig neoplastische Architektur, bis sie 1920 zum erstenmal im Werk Rietvelds auftrat. Vor 1915 hatte Rietveld bei dem Architekten Klaarhamer studiert, der zwar nie der Stijl-Gruppe angehörte, in jener Zeit aber mit van der Leck zusammenarbeitete.

Im Jahre 1917 entstand Rietvelds berühmter »Rot-Blauer« Stuhl. Dieses einfache Möbelstück, das auf ein traditionelles Faltbett zurückging, bot zum erstenmal die Möglichkeit, die neoplastische Ästhetik auf drei Dimensionen zu übertragen. In seiner Konstruktion waren nun die Flächen und Streifen von van der Lecks Kompositionen als artikulierte, in den Raum versetzte Elemente realisiert. Abgesehen von seiner Gliederung zeichnete die ausschließliche Verwendung von Primärfarben in Verbindung mit einem schwarzen Rahmen den Stuhl aus – eine Kombination, die, um Weiß und Grau erweitert, zum Farbschema der Stijl-Bewegung wurde. Mit der Konstruktionsform seines Stuhls demonstrierte Rietveld eine offene architektonische Organisation, die eindeutig nicht von Wright beeinflußt war. Der »Rot-Blaue« stellte immer noch ein Gesamtkunstwerk dar, aber eines, das frei war von den biologischen Analogien des synthetischen Symbolismus im 19. Jahrhundert, das heißt mit Art Nouveau nichts zu tun hatte.

Wohl kaum ein Kollege Rietvelds konnte vorhersehen, welche Auswirkungen die bescheidenen Möbel haben sollten, die er zwischen 1918 und 1920 herstellte – die Anrichte, der Spielkarren und die Schubkarre für Kinder, die als direkte Entwicklungen aus dem »Rot-Blauen« Stuhl ebenfalls aus rechtwinkligen Leisten und Brettern zusammengesetzt und verdübelt sind.

Keines dieser Möbel konnte freilich die architektonische Raumwirkung vorwegnehmen, die Rietveld bei seinem Entwurf für das Arbeitszimmer von Dr. Hartog (1920 in Maarssen realisiert) erzielte. In diesem Raum schien jeder Einrichtungsgegenstand einschließlich der Hängelampen »elementarisiert«. Wie bei Mondrians späteren Bildern entstand die Wirkung einer unendlichen Koordinatenreihe im Raum.

In mancher Hinsicht verkörperte sich die Stijl-Bewegung in van Doesburg, denn um 1921 hatte sich die Zusammensetzung der Gruppe radikal geändert. Van der Leck, Vantongerloo, van't Hoff, Oud, Wils und Kok hatten sich zu dieser Zeit von De Stijl getrennt, während Mondrian sich wieder als selbständiger Künstler in Paris etabliert hatte. Dieser Abfall der Holländer überzeugte van Doesburg, daß es notwendig war, im Ausland für De Stijl zu werben. Die Blutauffrischung der Bewegung im Jahre 1922 kam durch seine internationalen Verbindungen zustande. Unter den neuen Mitgliedern dieses Jahres war nur ein Holländer, der Architekt Cor van Eesteren; die anderen waren ein Russe und ein Deutscher – der Architekt, Maler und Graphiker El Lissitzky und der Filmregisseur Hans Richter. Auf Richters Einladung besuchte van Doesburg 1920 zum erstenmal Deutschland, und bei dieser Gelegenheit lud Gropius ihn ein, im folgenden Jahr ans Bauhaus zu kommen. Van Doesburgs kurzer Aufenthalt in Weimar im Jahre 1921 führte zu einer Krise am Bauhaus, deren Auswirkungen inzwischen legendär geworden sind, denn seine Ideen übten auf Studenten und Lehrer einen direkten und starken Einfluß aus. Selbst Gropius, der unter den gegebenen Umständen jeden Grund zur Besorgnis hatte, entwarf 1923 eine Hängelampe für sein Arbeitszimmer, die eine unleugbare Verwandtschaft mit Rietvelds Lampe für Hartog aufwies.

Wichtiger für die zweite Phase der Stijl-Bewegung, die bis 1925 dauerte, war van

128 Van Eesteren (links) und van Doesburg bei der Vorbereitung für die Rosenberg-Ausstellung in Paris, 1923, mit ihrem Modell für das Haus eines Künstlers.

Doesburgs Begegnung mit Lissitzky. Zwei Jahre zuvor hatte Lissitzky zusammen mit Kasimir Malewitsch an der Suprematistischen Schule von Witebsk seine eigene Form des elementaristischen Ausdrucks entwickelt. Obwohl der russische und der holländische Elementarismus verschiedene Ursprünge hatten – der eine suprematistische, der andere neoplastische –, begann sich van Doesburgs Werk zu wandeln. Nach 1921 entwarfen sowohl er als auch van Eesteren unter dem Eindruck von Lissitzkys Proun-Kompositionen eine Reihe hypothetischer Architekturkonstruktionen, die als axonometrische Zeichnungen flächige Elemente asymmetrisch im Raum um einen volumetrischen Mittelpunkt anordneten. Van Doesburg forderte Lissitzky auf, Mitglied des Stijl zu werden, und 1922 erschien Lissitzkys abstrakt-typographische Kinderfabel von 1920, »Die Geschichte von zwei Quadraten«, in der Zeitschrift

De Stijl. Es ist kein Zufall, daß die Zeitschrift selbst zu diesem Zeitpunkt ihr Format änderte: Van Doesburg ersetzte den von Huszár entworfenen Zeitschriftenkopf und seine Holzschnitt-Typen durch ein asymmetrisches, elementaristisches Layout und einen »konstruktivistischen« Titel.

Im Jahre 1923 führten van Doesburg und van Eesteren den Architekturstil des Neoplastizismus in einer Ausstellung ihrer Arbeiten in Leonce Rosenbergs Galerie l'Effort moderne vor. Die Ausstellung war ein solcher Erfolg, daß sie auch noch an der Ecole spéciale d'architecture in Paris und später in Nancy gezeigt wurde. Neben den zuvor erwähnten axonometrischen Studien enthielt sie ihre Entwürfe für ein Haus, das Rosenberg in Auftrag gegeben hatte, für das Innere einer Universitätshalle und für das Haus eines Künstlers.

Inzwischen arbeiteten in Holland Huszár und Rietveld an dem Entwurf für einen Ausstellungsraum auf der Großen Berliner Kunstausstellung von 1923, für die Rietveld unter anderem seinen wichtigen »Berliner Stuhl« schuf. Zur gleichen Zeit begann Rietveld mit dem Entwurf des Hauses Schröder in Utrecht. Dieses Haus, das am Ende einer Reihenhausbebauung aus dem späten 19. Jahrhundert entstand, realisierte viele Forderungen von van Doesburgs Artikel »Tot een beeldende architectuur« (»Auf dem Wege zu einer gestaltenden Architektur«), der zur gleichen Zeit in De Stijl veröffentlicht wurde.

Es war »elementar«, »ökonomisch« und »funktional«, nicht-monumental und dynamisch, »anti-kubisch« in der Form und »anti-dekorativ« in der Farbe. Der Hauptwohnbereich im Obergeschoß mit seinem offenen »veränderbaren Grundriß« verdeutlichte trotz seiner traditionellen Backstein- und Holzkonstruktion Doesburgs Forderung nach einer dynamischen Architektur, die sich von hinderlichen tragenden Wänden und von den durch Fensteröffnungen auferlegten Beschränkungen befreien

52. Schröder House, plan, upper floor, closed

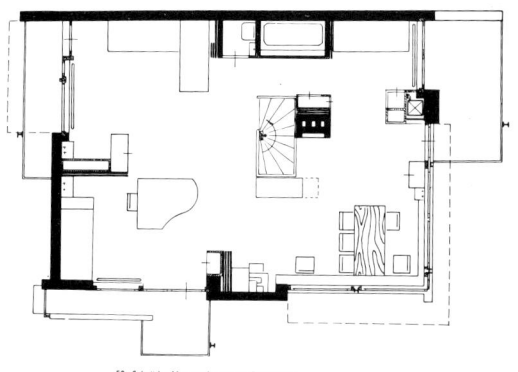

53. Schröder House, plan, upper floor, open

129, 130 Rietveld, Haus Schröder, Utrecht, 1924. Links Grundrisse des Obergeschosses, »geschlossen« (oben) und »offen«.

sollte. Van Doesburgs elfter Punkt liest sich wie eine idealisierte Beschreibung des Hauses:

»Die neue Architektur ist anti-kubisch, d. h. sie strebt nicht danach, die verschiedenen funktionellen Raumzellen in einem einzigen geschlossenen Kubus zusammenzufassen, sondern sie projiziert die funktionellen Raumzellen (wie auch Schutzdachflächen, Balkon-Volumen usw.) aus dem Mittelpunkt des Kubus nach draußen, wodurch Höhe, Breite und Tiefe plus Zeit zu einem völlig neuen bildnerischen Ausdruck in den offenen Räumen kommen. Dadurch erhält die Architektur ... einen mehr oder weniger schwebenden Aspekt, der gewissermaßen die natürliche Schwerkraft aufhebt.«

Die dritte und letzte Phase der Stijl-Bewegung, die von 1925 bis 1931 dauerte, begann mit einem dramatischen Konflikt zwischen Mondrian und van Doesburg, der in einer Reihe von »Kontrakompositionen« aus dem Jahre 1924 die Diagonale eingeführt hatte. Die ursprüngliche Einigkeit war verlorengegangen, was sowohl auf van Doesburgs ständige Polemik als auch auf seine willkürliche Abwandlung des neoplastischen Kanons zurückzuführen war. Aufgrund seiner Beziehungen zu Lissitzky waren für ihn Sozialstrukturen und Technologie zu den wichtigsten formbestimmenden Faktoren geworden, auch wenn er vielleicht noch Interesse an dem Stijl-Ideal der universalen Harmonie hegte. In der Mitte der zwanziger Jahre wurde ihm klar, daß Universalität als solche nur eine künstlich begrenzte Kultur hervorbringen konnte, die wegen ihrer Antipathie alltäglichen Objekten gegenüber das urspüngliche, selbst

von Mondrian unterstützte Ziel des Stijl – die Vereinigung von Kunst und Leben – negieren mußte. Van Doesburg entschied sich offenbar für eine Lösung im Sinne Lissitzkys: Sowohl der Maßstab der Umgebung als auch die Bedeutung des Objekts sollten bestimmend dafür sein, in welchem Grade er in Übereinstimmung mit einem abstrakten Konzept gebracht werden konnte. Während also Möbel und Einrichtungsgegenstände, soweit sie von der Gesellschaft produziert waren, als fertige Objekte der Kultur akzeptiert werden mußten, sollte und konnte die gebaute Umgebung selbst so beschaffen sein, daß sie einer höheren Ordnung entsprach.

Van Doesburg und van Eesteren publizierten 1924 eine idealisierte Version ihrer Vorstellungen in dem Essay »Auf dem Weg zu einer kollektiven Konstruktion«, in dem sie eine objektivere und eher technisch orientierte Lösung für das Problem der architektonischen Synthese befürworteten: »Wir müssen einsehen, daß Kunst und Leben keine getrennten Domänen mehr sind. Deshalb muß die Idee ›Kunst‹ als eine vom realen Leben getrennte Illusion verschwinden. Das Wort ›Kunst‹ sagt uns nichts mehr. Statt dessen fordern wir den Aufbau unserer Umgebung nach schöpferischen Gesetzen, die von einem festen Prinzip ausgehen. Diese Gesetze, die mit den wirtschaftlichen, mathematischen, technischen, hygienischen usw. verknüpft sind, führen zu einer neuen bildnerischen Einheit.«

In der gleichen Ausgabe von *De Stijl* steht unter Punkt VII des Manifests, was van Doesburg bei seinem letzten bedeutenden Werk, dem Cafe L'Aubette in Straßburg von 1928, bewegte:

»Wir wiesen der Farbe in der Architektur ihren richtigen Platz an und erklären, daß die von der architektonischen Konstruktion getrennte Malerei (d. h. das Tafelbild) keine Existenzberechtigung mehr hat.«

Rietveld hatte nach 1925 wenig Verbindung zu van Doesburg. Dennoch entwickelte sich sein Werk in einer ähnlichen Richtung, weg vom Elementarismus des Hauses Schröder und seiner frühen orthogonalen Möbel und hin zu »objektiveren« Lösungen, die sich aus der Anwendung der Technik ergaben. Rietveld entwarf zunächst die Sitze und Rückenlehnen seiner Stühle als gebogene Flächen, nicht nur, weil solche Formen bequemer waren, sondern auch, weil sie eine größere konstruktive Kraft besaßen. Das führte ihn zur Schichtholztechnik, und nachdem er einmal die einengende neoplastische Ästhetik hinter sich gelassen hatte, war es von dort nur noch ein Schritt, bis er einen Stuhl aus einem einzigen Sperrholzblatt formte. Bei seinem zweigeschossigen Haus für einen Hausmeister und Chauffeur, 1927 in Utrecht errichtet, ging Rietveld von ähnlichen Vorstellungen aus. Obwohl – oder gerade

131 Van Doesburg, Café L'Aubette, Straßburg, 1928–1929.

weil – er fortschrittliche Techniken benutzte, blieb wenig von der ursprünglichen Stijl-Ästhetik übrig. Die freiliegenden Stahlträger und die Betonplatten waren nicht in Primärfarben, sondern schwarz gestrichen, und die Platten selbst waren mit einem Raster aus weißen Quadraten überzogen. Im Gegensatz zu van Doesburgs Konzept vom anti-kubischen Raum, das er in seinen »16 Punkten einer plastischen Architektur« formuliert hatte, war Rietvelds Lösung stärker durch die Technik bestimmt als durch das Streben nach der universalen Form.

Das Cafe L'Aubette in Straßburg, entworfen 1928, enthielt eine Folge von zwei großen öffentlichen Räumen und Nebenräumen, die in ein Gebäude aus dem 18. Jahrhundert eingefügt waren. Diese Räume stattete van Doesburg in Zusammenarbeit mit Hans Arp und Sophie Täuber-Arp aus. Van Doesburg bestimmte das allgemeine Thema, überließ es aber den Künstlern, ihre Räume frei zu gestalten. Arps Wandbild ausgenommen, waren alle Räume mit flachen, abstrakten Wandreliefs dekoriert, wobei Farben, Beleuchtung und Einrichtung jeweils in die Komposition einbezogen waren. Van Doesburgs eigener Entwurf war die überarbeitete Version seines Projekts für eine Universitätshalle aus dem

Jahre 1923, in dem er alle Flächen eines teilweise orthogonalen Raumes mit einer diagonalen elementaristischen Komposition überzogen hatte. Sein Raum in L'Aubette wurde auf ähnliche Weise von den Linien eines großen diagonalen Reliefs, einer Kontrakomposition beherrscht, die quer über alle Flächen des Innenraums führte. Im Gegensatz zu dieser Fragmentierung des Raumes durch Reliefs – eine Erweiterung von Lissitzkys räumlichem Proun-Konzept von 1923 – war die Einrichtung frei von jedem elementaristischen Element. Statt dessen entwarf van Doesburg »Standard«-Stühle aus Bugholz und wendete außerordentlich sachliche Details an. Das Stahlrohrgeländer war einfach verschweißt, und die Hauptbeleuchtung bestand aus Reflektoren, die an zwei von der Decke abgehängten Nickelrohren befestigt waren. Über seine Entwürfe schrieb er:

»Die Fährte des Menschen im Raum (von links nach rechts, von vorne nach hinten, von oben nach unten) wurde für die Malerei in der Architektur von prinzipieller Bedeutung . . . Es handelte sich bei dieser Malerei nicht darum, den Menschen an der bemalten Wandfläche herumzuführen, damit er die malerische Entwicklung des Raumes von Wand zu Wand beobachten konnte, sondern vielmehr darum, eine synoptische Wirkung von Malerei und Architektur hervorzurufen.«

L'Aubette, 1929 vollendet, ist das letzte bedeutende Werk der neoplastischen Architektur. Danach gerieten die Künstler, die immer noch der Stijl-Gruppe angehörten, darunter van Doesburg und Rietveld, zunehmend unter den Einfluß der Neuen Sachlichkeit und begannen damit, sich den kulturellen Werten des internationalen Sozialismus zuzuwenden. Van Doesburgs eigenes Haus, das er um 1929 in Meudon baute, entspricht kaum einem der sechzehn Punkte in seinem Manifest von 1924. Es ist ein schlichter, zweckmäßiger, blockartiger Bau mit einem Stahlbetonrahmen und erinnert oberflächlich an die Künstlerwohnungen, die Le Corbusier bereits in den frühen zwanziger Jahren entworfen hatte. Für die Fenster benutzte van Doesburg das industriell hergestellte französische Schiebemodell, und für die Einrichtung entwarf er seine eigene Version eines »sachlichen« Stuhls aus Stahlrohr. Um 1930 hatte er das neoplastische Ideal, die Künste zu vereinen und die Trennung zwischen Kunst und Leben zu überwinden, aufgegeben und kehrte zu seinen Ursprüngen in der abstrakten Malerei zurück, zu dem »Kunstkonzert« seiner Kontrakompositionen, die an der Wand seines Arbeitszimmers in Meudon hingen. Dennoch setzte sich van Doesburg nach wie vor für eine universelle Ordnung ein, denn in seiner letzten Polemik, *Manifeste sur l'art concret* (1930), schrieb er: »Wenn die Ausdrucksmittel von allem Spezifischen befreit werden, dann stehen sie in Einklang mit dem höchsten Ziel der Kunst, nämlich eine universale Sprache zu realisieren.« Wie diese Ausdruckmittel im Falle der angewandten Kunst, etwa bei Möbeln und Einrichtungsgegenständen, befreit werden sollten, wurde nicht klar. Ein Jahr später starb van Doesburg im Alter von 48 Jahren in einem Sanatorium in Davos. Mit ihm endete die treibende Kraft des Neoplastizismus. Unter den ursprünglichen Stijl-Mitgliedern blieb offenbar nur Mondrian den strengen Prinzipien der Bewegung, den Orthogonalen und den Primärfarben verpflichtet, den wichtigsten Elementen seiner reiferen Werke. Mit ihnen stellte er weiterhin die Harmonie eines nicht realisierbaren Utopia dar. Wie er in seiner englischen Schrift *Plastic and Pure Plastic Art* (1937) schrieb: »Die Kunst ist nur ein Ersatz, solange die Schönheit des Lebens noch fehlt. Sie wird allmählich verschwinden, in dem Maße, wie das Leben an Gleichgewicht gewinnt.«

17. Kapitel
Le Corbusier und der Esprit Nouveau 1907–1931

»Man schafft Steine, Holz, Zement herbei; man macht mit ihnen Häuser, Paläste; das ist Sache der Konstruktion. Der Erfindungsgeist ist am Werk. Aber mit einemmal greift es mir ans Herz, tut mir wohl, ich bin glücklich, ich sage: Das ist schön. Das ist Baukunst. Das ist Kunst.
Mein Haus ist praktisch. Dank dafür. Den gleichen Dank wie den Ingenieuren der Eisenbahn und der Telefongesellschaft. Meine Seele habt ihr nicht angerührt.
Aber die Mauern steigen vor dem Himmel in einer Ordnung auf, die mich bewegt. Ich spüre eure künstlerische Absicht. Ihr wart sanft oder gewalttätig, liebenswürdig oder würdevoll. Eure Steine erzählen es mir. Ihr bannt mich an diesen Ort, und meine Augen schauen. Meine Augen sehen etwas, was einen Gedanken verrät. Einen Gedanken, der ohne Worte oder Töne, allein durch die geometrischen Körper klar wird, die in bestimmten Maßverhältnissen zueinander stehen. Diese Körper sind so geformt, daß das Licht jede Einzelheit entschleiert. Ihre Beziehungen untereinander haben nichts gemein mit praktischen, durch Worte zu beschreibenden Bedürfnissen. Sie sind eine mathematische Schöpfung eures Geistes. Sie sind die Sprache der Architektur. Mit rohen Stoffen im Rahmen eines mehr oder weniger zweckbestimmten Programms, über das ihr hinausgegangen seid, habt ihr Beziehungen hergestellt, die mich im Inneren ergriffen haben. Das ist Architektur.«

Le Corbusier
Kommende Baukunst, 1926

Le Corbusiers zentrale Bedeutung für die Entwicklung der Architektur im 20. Jahrhundert gibt Anlaß genug, sein Frühwerk genauer zu untersuchen. Denn welche entscheidende Rolle er spielte, wird nur dann deutlich, wenn man die sehr unterschiedlichen Einflüsse betrachtet, denen er in dem Jahrzehnt zwischen dem Bau seines ersten Hauses in La Chaux-de-Fonds (1905) und seinen letzten Arbeiten dort im Jahre 1916, ein Jahr, bevor er nach Paris ging, ausgesetzt war. Vor allem scheint es notwendig, auf den albigensischen Hintergrund seiner ansonsten kalvinistischen Familie hinzuweisen, auf jenes halbvergessene, aber immer noch latente manichäische Gedankengut, das durchaus der Ursprung seiner »dialektischen« Denkweise gewesen sein könnte. Ich denke dabei an sein ständiges Spiel mit Gegensätzen – Kontraste zwischen Masse und Leere, Licht und Dunkel, Apollo und Medusa –, das für seine Architektur ebenso charakteristisch ist wie für die meisten seiner theoretischen Texte.
Le Corbusier wurde 1887 in der schweizerischen Uhrmacherstadt La Chaux-de-Fonds geboren, die im Jura in der Nähe der französischen Grenze liegt. Zu seinen ersten Jugendeindrücken zählte sicherlich das Bild dieser rationalen, gerasterten Industriestadt, die nach ihrer Zerstörung durch einen Brand zwanzig Jahre vor seiner Geburt wiederaufgebaut worden war. Während seiner Ausbildung als Graveur und Ziseleur an der Kunstgewerbeschule von La Chaux-de-Fonds kam Charles-Edouard Jeanneret (wie er damals noch hieß) mit

den letzten Phasen der Arts-and-Crafts-Bewegung in Berührung. Die Jugendstil-Elemente seines ersten Hauses, der Villa Fallet von 1905, reflektierten, was er von Charles L'Eplattenier, dem Direktor des *cours supérieur* an der Kunstgewerbeschule von La Chaux-de-Fonds, gelernt hatte. L'Eplattenier selbst hatte sich von Owen Jones inspirieren lassen, dessen Buch *The Grammar of Ornament* (1856) ein Kompendium der dekorativen Kunst darstellte. L'Eplattenier wollte eine regionale Architektur- und Kunstgewerbeschule für das Juragebiet schaffen. Im Sinne von Jones lehrte er seine Studenten, alle Ornamente von ihrer unmittelbaren, natürlichen Umgebung abzuleiten. Der lokale Bautypus und der Dekor der Villa Fallet waren in dieser Hinsicht exemplarisch: Die Gesamtform war eine Variante der aus Holz und Stein erbauten Häuser des Jura, während die dekorativen Elemente auf die Flora und Fauna der Umgebung zurückgriffen.
Trotz seiner Bewunderung für Owen Jones hielt der in Budapest ausgebildete L'Eplattenier immer noch Wien für das kulturelle Zentrum Europas, und es war sein Ehrgeiz, daß sein bester Schüler dort bei Josef Hoffmann lernen sollte. So ging Le Corbusier im Herbst 1907 nach Wien. Er wurde freundlich empfangen, lehnte aber offenbar Hoffmanns Arbeitsangebot und damit das Raffinement des nunmehr zum Klassizismus überschwenkenden Jugendstils ab. Jedenfalls zeigen die Hausentwürfe aus Wien, die 1909 in La Chaux-de-Fonds realisiert wurden, kaum Spuren von Hoffmanns

Einfluß. Le Corbusiers Abneigung gegen den späten Jugendstil wurde noch durch seine Begegnung mit Tony Garnier in Lyon im Winter 1907 bestärkt, der gerade begann, sein Projekt für eine Cité Industrielle von 1904 zu erweitern. Le Corbusiers Sympathien für einen utopischen Sozialismus und sein Interesse an einer typologischen – um nicht zu sagen klassischen – Architektur gehen sicherlich auf diese Begegnung zurück. Er schrieb darüber: »Dieser Mann wußte, daß die Geburt einer neuen Architektur von sozialen Phänomenen abhing. Seine Pläne zeigten eine große Einfachheit. Sie waren das Ergebnis von einhundert Jahren architektonischer Entwicklung in Frankreich.«

Das Jahr 1907 kann als Wendepunkt in Le Corbusiers Leben gelten, denn in diesem Jahr traf er nicht nur Garnier, sondern machte auch einen entscheidenden Besuch in der Kartause von Ema in der Toskana. Dort erlebte er zum erstenmal jene »lebendige« Kommune, die zum Modell seiner Neuinterpretation der sozialutopischen, teils von L'Eplattenier und teils von Garnier übernommenen Ideen wurde.

Später beschrieb er die Kartause als eine Institution, die »ein authentisches menschliches Bedürfnis erfüllte: Stille, Einsamkeit, aber auch täglicher Kontakt mit Menschen.«

1908 arbeitete Le Corbusier zeitweilig für Auguste Perret in Paris, der bereits durch die »Domestizierung« des Stahlbetongerüsts bei seinem Appartementgebäude in der Rue Franklin (1904) Ruhm erworben hatte. In den vierzehn Monaten, die Le Corbusier in Paris verbrachte, gewann er eine völlig neue Einstellung gegenüber dem Leben und der Arbeit. Abgesehen davon, daß er die Grundbegriffe der Stahlbetontechnik kennenlernte, bot ihm die Hauptstadt auch die Möglichkeit, seine Kenntnisse der klassischen französischen Kultur durch den Besuch von Museen, Bibliotheken und Vorträgen zu erweitern. Zum Mißfallen L'Eplatteniers gelangte er

durch seinen Kontakt mit Perret zu der Überzeugung, daß *béton armé* das Material der Zukunft sei. Neben dem formbaren, monolithischen Charakter, der Dauerhaftigkeit und der Ökonomie dieses Werkstoffs schätzte Perret den Betonrahmen als Mittel, den uralten Konflikt zwischen der konstruktiven Authentizität der Gotik und den humanistischen Werten der Klassik zu lösen.

Welche Auswirkungen diese unterschiedlichen Erfahrungen hatten, zeigt das Projekt, das Le Corbusier nach seiner Rückkehr nach La Chaux-de-Fonds im Jahre 1909 für seine Abschlußarbeit anfertigte. Dieses Bauwerk, offenbar in Stahlbeton geplant, bestand aus Künstlerstudios in drei abgestuften Höhen, die jeweils über einen eigenen umschlossenen Patio verfügten und um einen zentralen Gemeinschaftsbereich mit einem pyramidenförmigen Glasdach angeordnet waren. Diese freie Abwandlung der Kartäuserzelle und der mit ihr verbundenen Vorstellung gemeinschaftlichen Lebens war das erste Beispiel für ein Verfahren, das Le Corbusier oft benutzte: Die Neuinterpretation eines gegebenen Typus, der dem Programm eines völlig neuen Typus angepaßt wird. Solche typologischen Veränderungen mit ihren räumlichen und ideologischen Konsequenzen wurden zu einem wichtigen Bestandteil seiner Arbeitsmethode. Da dieses synthetische Verfahren von der Natur der Sache her »unrein« war, blieb nicht aus, daß seine Werke zugleich Bezüge zu unterschiedlichen Vorbildern aufwiesen. Wenn dieser Prozeß auch zuweilen unbewußt vor sich ging, muß die Kunstschule doch ebensosehr auf Godins Familistère von 1856 zurückgeführt werden wie auf die Kartause von Ema. Ema hatte sich in Le Corbusiers Erinnerung als Bild der Harmonie eingegraben, das er immer wieder neu interpretierte, zum erstenmal in größerem Maßstab mit seinem Entwurf für die »Immeuble-Villa« von 1922, danach weniger direkt mit den Wohnblocks, die er im nächsten Jahr-

zehnt für seine hypothetischen Stadtplanungen entwarf.

Le Corbusier ging 1910 nach Deutschland, um seine Kenntnisse in der Stahlbetontechnik zu erweitern, erhielt aber während seines Aufenthaltes von der Kunstschule in La Chaux-de-Fonds den Auftrag, die Situation des Kunstgewerbes zu untersuchen. Diese Aufgabe, die zu einer Publikation führte, brachte ihn mit allen wichtigen Persönlichkeiten des Deutschen Werkbundes in Berührung, vor allem mit Peter Behrens und Heinrich Tessenow, den beiden Künstlern, die starken Einfluß auf zwei seiner späteren Bauten in La Chaux-de-Fonds ausübten – die Villa Jeanneret Père von 1912 und das Lichtspieltheater Scala von 1916. Darüber hinaus wurde er über seine Werkbund-Kontakte auf die Errungenschaften der modernen Technik aufmerksam, auf die Schiffe, Automobile und Flugzeuge, die zum Thema seines polemischen Essays *Des Yeux qui ne voient pas* wurden. Am Ende des Jahres, nach fünf Monaten im Büro von Behrens, wo er sicherlich auch Mies van der Rohe begegnete, verließ er Deutschland und trat auf die Aufforderung L'Eplatteniers hin ein Lehramt in La Chaux-de-Fonds an. Bevor er jedoch in die Schweiz zurückkehrte, unternahm er eine ausgedehnte Reise durch den Balkan und Kleinasien, und fortan übte die ottomanische Architektur einen stillen, aber nachhaltigen Einfluß auf sein Werk aus. Das wird in seinem lyrischen Reisebericht, der *Voyage d'Orient* von 1913, deutlich.

Die fünf Jahre vor 1916 waren entscheidend für die Orientierung seiner künftigen Laufbahn in Paris. Durch seinen Bruch mit L'Eplattenier und seine Ablehnung Frank Lloyd Wrights, dessen Arbeit er wahrscheinlich durch die Wasmuth-Publikationen von 1910/11 kannte, blieb er offen gegenüber den Möglichkeiten des rationalisierten Bauens mit Stahlbeton. Im Jahre 1913 eröffnete er sein eigenes Büro in La Chaux-de-Fonds, offensichtlich mit dem Ziel, sich auf *béton armé* zu spezialisieren.

1915 entwickelte er gemeinsam mit seinem Jugendfreund, dem schweizerischen Ingenieur Max du Bois, zwei Ideen, die sein Schaffen während der zwanziger Jahre beeinflußten – die Maison Dom-Ino als Neuinterpretation des Hennebiqueschen Rahmens, die für die meisten seiner Häuser bis 1935 die konstruktive Grundlage lieferte, und die »Villes Pilotis«, auf Stelzen erbaute Städte; das Konzept der aufgeständerten Straße geht offenbar auf Eugène Hénards »Rue Future« (1910) zurück.

Le Corbusiers frühe Laufbahn in La Chaux-de-Fonds erreichte 1916 einen Höhepunkt mit dem Bau der Villa Schwob, die eine Synthese aller seiner bisherigen Erfahrungen darstellte. Das räumliche Potential des Hennebique-Systems war hier geschickt ausgenutzt, so daß er die Skelettkonstruktion mit stilistischen Elementen verbinden konnte, die von Hoffmann, Perret und Tessenow abgeleitet waren. Es gab sogar die erotische Anspielung auf einen Serail, was dem Haus den Spitznamen »Villa Turque« eintrug. Gleichzeitig konzipierte Le Corbusier hier zum erstenmal ein Haus höheren Ranges, das heißt, einen Palast. Die alternierend breiten und schmalen Joche und die symmetrische Organisation des Grundrisses verliehen der Villa Schwob einen unverkennbar palladianischen Charakter. Assoziationen zur Klassik fanden sich auch in dem Text, der die Publikation des Hauses in *L'Esprit Nouveau* (1921) begleitete. Julien Caron schrieb:

»Le Corbusier mußte ein delikates Problem lösen, das mit der beabsichtigten Reinheit des architektonischen Werkes zusammenhing, einen Entwurf, in dem die Massen von einer primären Geometrie ausgingen, dem Quadrat und dem Kreis. Solche Überlegungen beim Hausbau sind selten unternommen worden, außer während der Renaissance.«

Zum erstenmal benutzte Le Corbusier *tracés régulateurs*, jene klassische Formel, die dazu dient, die Kontrolle der Fassade durch Proportionen zu sichern, und die sich zum Beispiel in der Anordnung der Fenster nach dem Goldenen Schnitt äußert. In den folgenden Jahren ging Le Corbusier dieses Thema des »Haus-Palastes« auf zwei verschiedenen Ebenen an; die sozial-kulturellen Aspekte waren verwandt, aber doch unterschiedlich. Einerseits schuf er die freistehende bürgerliche Villa palladianischen Ursprungs, nämlich die meisterlichen Häuser der späten zwanziger Jahre, und andererseits schuf er Wohnanlagen, die als barocke Paläste konzipiert waren und deren gestaffelte Grundrisse an die ideologischen Voraussetzungen eines Phalanstère erinnerten.

Bald nachdem er im Oktober 1916 nach Paris gezogen war, um dort ein Büro zu eröffnen, hatte Le Corbusier das Glück, durch Auguste Perret den Maler Amédée Ozenfant kennenzulernen. Gemeinsam mit ihm entwickelte er die universelle Maschinenästhetik des Purismus. Der Purismus gründete auf der neoplatonischen Philosophie und erstreckte sich auf alle künstlerischen Ausdrucksformen, von der Salonmalerei bis zum technischen Design und der Architektur. Er war nichts weniger als eine umfassende Theorie der Zivilisation, die energisch für die bewußte Verfeinerung aller existierenden Typen eintrat. Deshalb stand der Purismus ebenso dem entgegen, was Le Corbusier und Ozenfant als die ungerechtfertigten Verzerrungen des Kubismus in der Malerei betrachteten (vgl. ihre erste gemeinsame Polemik mit dem Titel *Après le Cubisme* von 1918), wie er die »entwicklungstechnische« Perfektion etwa von Thonets Bugholzmöbeln oder von Standardgeschirr für Restaurants befürwortete. Die erste konsequente Formulierung ihrer Ästhetik war in ihrem Essay »Le Purisme« enthalten, der 1920 im vierten Heft der Zeitschrift *L'Esprit Nouveau* erschien. Diese Literatur- und Kunstzeitschrift gaben sie zusammen mit dem Dichter Paul Dermée bis 1925 heraus. Die zweifellos fruchtbarste Periode ihres gemeinsamen Schaffens war die Arbeit an *Vers un architecture,* 1923 in Buchform publiziert, doch zuvor in Auszügen unter dem doppelten Pseudonym Le Corbusier-Saugnier in *L'Esprit Nouveau* veröffentlicht.

Dieser Text – dessen Buchform Le Corbusier als Autor für sich in Anspruch nahm – artikulierte die Dualität der Konzepte, nach denen sich sein weiteres Werk entwickelte: einerseits die Notwendigkeit, funktionalen Anforderungen durch empirische Formen gerecht zu werden, andererseits der Impuls, abstrakte Elemente zu verwenden, um Geist und Sinnen Nahrung zu bieten. Diese dialektische Betrachtungsweise der Form, die in dem Kapitel »Ingenieur-Ästhetik, Baukunst« zum Ausdruck kam, illustrierte er mit den fortschrittlichsten Ingenieurbauten jener Zeit, mit Eiffels Garabit-Viadukt von 1884 und Giacomo Matté Truccos Fiatwerken (1915–1921).

Der andere Aspekt der Ingenieurästhetik – Produktdesign – war durch Ozeandampfer, Automobile und Flugzeuge repräsentiert, die als getrennte Unterkapitel in dem Abschnitt »Augen, die nicht sehen« zusammengefaßt waren. Der dritte Abschnitt führte den Leser zurück zur Antithese der klassischen Architektur, zu der klaren Poesie der Athener Akropolis, die im vorletzten Kapitel unter dem Titel »Baukunst, reine Schöpfung des Geistes« gepriesen wurde. Le Corbusier bewunderte ingenieurhafte Exaktheit so sehr, daß er die Profile des Parthenon mit den heute von maschinellen Werkzeugen hergestellten Profilen verglich. Er schrieb: »All diese Mechanik in der Durchbildung der Form ist in dem Marmor mit jener Strenge verwirklicht, die wir an der Maschine zu üben gelernt haben. Ein Eindruck nackten und polierten Stahls.«

In den ersten fünf Jahren seiner intensiven Tätigkeiten in Paris – während seiner Freizeit malte und schrieb er –, verdiente Le Corbusier seinen Lebensunterhalt tagsüber als Leiter einer Fabrik für Ziegel und Baumaterialien in Alfortville. 1922 gab er diese

Stellung auf, um mit seinem Vetter Pierre Jeanneret ein Büro zu eröffnen; ihre Zusammenarbeit dauerte bis zum Ausbruch des Zweiten Weltkrieges. Eine der ersten Arbeiten des Büros war die Fortführung der Konstruktionsidee, die sie bereits mit du Bois zu Beginn des Ersten Weltkrieges entwickelt hatten: die Maison Dom-Ino und die Villes Pilotis.

Der Prototyp der Maison Dom-Ino ließ sich auf unterschiedliche Weise interpretieren. Einerseits handelte es sich einfach um ein technisches Produktionssystem, andererseits um ein Spiel mit dem Wort Dom-Ino. Der patentierte Warenname bezeichnete ein Haus, das wie Dominos standardisiert war. Dieses Wortspiel wurde so weit geführt, daß man die freistehenden Stützen im Grundriß als die Punkte der Dominosteine und das Zickzackmuster der Häusergruppen als Spielformation von Dominos betrachten konnte. In symmetrischer Anordnung riefen sie freilich auch andere Assoziationen hervor: Sie glichen entweder dem typischen barocken Palastgrundriß von Fouriers Phalanstère oder Eugène Hénards »boulevard à redans« von 1903. Bei seiner eigenen »rue à redents« von 1920 kombinierte Le Corbusier das Bild der Phalanstère mit seiner eigenen Polemik gegen die Korridorstraße. Zugleich sah er das Dom-Ino als Ausstellungsgegenstand, das in Form und Montagetechnik einem typischen Industrieprodukt ähnelte. Für Le Corbusier waren solche Elemente *objetstypes,* deren Formen bereits den typischen Anforderungen entsprechend verfeinert worden waren. In *Kommende Baukunst* schrieb er:

»Wenn man aus seinem Herzen und Geist die starr gewordenen Vorstellungen vom Haus reißt und die Frage von einem kritischen und sachlichen Standpunkt aus ins Auge faßt, kommt man zwangsläufig zum Haus als Werkzeug, zum Typenhaus, das gesund ist (auch sittlich gesund) und ebenso schön wie die Werkzeuge der Arbeit, die unser Dasein begleiten.«

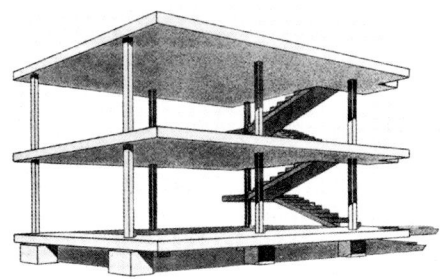

132, 133 Le Corbusier, Maison Dom-Ino, 1915. Unten Konstruktion der »Dom-Ino«-Einheit; oben Perspektive und Lageplan, der eine mögliche Gruppierung der Einheiten zeigt.

In der zweiten Ausgabe von *L'Esprit Nouveau* äußerte sich Le Corbusier enthusiastisch über den Versuch der Flugzeugfabrik Voisin in der Nachkriegszeit, mit der Fließbandproduktion von Holzhäusern in den französischen Wohnbaumarkt einzubrechen. Dabei war ihm freilich klar, daß eine solche Produktion nur von hochqualifizierten Fachkräften unter Fabrikbedingungen durchgeführt werden konnte – eine Kombination, die in der Bauindustrie selten war. Bei seinem Dom-Ino-Projekt, das außer den Schalungsarbeiten und den Stahlarmierungen von Hilfsarbeitern ausgeführt werden sollte, nahm Le Corbusier auf diese Einschränkungen Rücksicht. Bereits 1919 hatte er eine vergleichsweise »collagistische« Einstellung zur Konstruktion, indem er vorschlug, gewellte Asbestplatten als verlorene Schalung für das Betondachgewölbe seiner Maison Monol zu verwenden.

Im Jahre 1922 wurden sowohl die Maison Dom-Ino als auch die Villes Pilotis als »Maison Citrohan« und »Ville Contemporaine« weiterentwickelt; beide Projekte waren auf dem Salon d'Automne des gleichen Jahres ausgestellt. Während die Ville Contemporaine zumindest im Schnitt direkt von Hénards Rue Future von 1910 hergeleitet war, verwendete Le Corbusier bei der Maison Citrohan den Hennebique-Rahmen für ein langgestrecktes, rechtwinkliges, an einem Ende offenes Volumen, das der traditionellen Megaron-Form des Mittelmeeres ähnelte. Bei diesem Grundtyp – den er in zwei verschiedenen Versionen entwarf – sah Le Corbusier zum erstenmal seine charakteristischen, zwei Geschosse hohen Wohnräume vor, mit einem Zwischengeschoß für Schlafräume und Kinderzimmern auf dem Dach. Abgesehen von den Erinnerungen an griechische Wohnkultur ging dieser Typus, den er zum erstenmal 1920 vorstellte, wohl auch auf ein Arbeitercafé in der Pariser Rue de Babylone zurück, in dem er jeden Tag mit seinem Bruder zu Mittag aß. Von diesem kleinen Café übernahmen sie den Schnitt und die Organisation der Maison Citrohan: »Vereinfachung der Lichtquelle; eine einzige Achse an jedem Ende; zwei tragende Seitenwände; darüber ein Flachdach; eine regelrechte Schachtel, die als Haus genutzt werden kann.«

Die auf Stützen gestellte Maison Citrohan nahm fast schon *Les 5 Points d'une architecture nouvelle* vorweg, die Le Corbusier 1926 formulierte. Allerdings ließ die Hausform sich kaum auf andere als vorstädtische Wohnbebauung anwenden. So benutzte er 1926 eine Variante dieses Typs in den Gartenstädten von Lüttich und Pessac. Unter den 130 Häusern mit Stahlbetonrahmen, die er in Pessac für den Industriellen Henri Frugès errichtete, war der vorherrschende Typ ein »Wolkenkratzer« genanntes Haus – eine Kombination der Maison Citrohan und der Rücken an Rücken angeordneten Häuser, die er im gleichen Jahr für die Innenstadt von Audincourt entworfen hatte. Eine buchstabengetreue Version der Maison Citrohan entstand erst auf der Stuttgarter Weißenhofsiedlung von 1927. Pessac war, wie die Mischung von Typene-

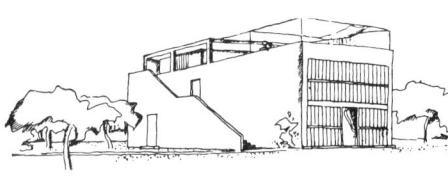

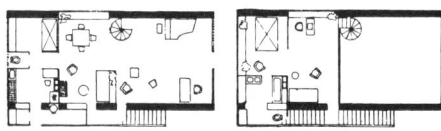

134 Le Corbusier, Maison Citrohan, 1920. Perspektive und Grundrisse des Erdgeschosses und Obergeschosses.

lementen zeigt, in den frühen zwanziger Jahren der Höhepunkt seiner Versuche, seine unterschiedlichen Entwürfe für standardisierte Wohnbauten der Produktion zuzuführen. Der Name Citrohan war ein Wortspiel mit dem Firmennamen der berühmten Automobilfabrik und wies darauf hin, daß ein Haus ebenso standardisiert werden sollte wie ein Auto. In Pessac wurde zum erstenmal bewußt die Farbskala des Purismus in die Architektur eingeführt: »Das Gelände in Pessac ist sehr trocken. Die grauen Betonhäuser bilden eine unerträgliche komprimierte Masse, es fehlt ihnen an Luft. Die Farbe kann uns Raum bringen. So haben wir bestimmte unveränderbare Punkte aufgestellt: Einige Fassaden sind in gebranntem Siena gestrichen. Bei anderen Häusern ließen wir die Linien durch klares Ultramarinblau zurücktreten. Außerdem haben wir einige Abschnitte durch hellgrüne Fassaden in das Blätterwerk der Gärten und Bäume einbezogen.«

Im Gegensatz zu seinen europäischen Zeitgenossen Gropius und Mies van der Rohe legte Le Corbusier großen Wert auf den städtischen Zusammenhang seiner Bauten. Der deutlichste Ausdruck dieses Interesses war bis 1922 die Ville Contemporaine für drei Millionen Einwohner. Le Corbusier war hier ebenso von den gerasterten Wolkenkratzer-Städten der Vereinigten Staaten wie von der *Stadtkrone* beeinflußt, die Bruno Taut 1919 in seinem gleichnamigen Buch dargestellt hatte. Er plante die Ville Contemporaine als eine kapitalistische Elitestadt für Verwaltung und Kontrollfunktionen, wobei die Gartenstädte für die Arbeiter wie die Industrie außerhalb der »Schutzzone« eines Grüngürtels lagen, der die Stadt umgab. Die Stadt selbst hatte das Muster eines Orientteppichs und nahm die vierfache Fläche von Manhattan ein. Sie bestand aus zehn- bis zwölfgeschossigen Wohnblocks und vierundzwanzig sechzig Geschosse hohen Bürotürmen im Zentrum, umgeben von einem pittoresken

135 Le Corbusier, Siedlung Pessac bei Bordeaux, 1926, am Eröffnungstag.

Park, der wie das traditionelle *glacis* für die Klassentrennung zwischen städtischer Elite und vorstädtischem Proletariat sorgte. Die kreuzförmigen Bürotürme selbst – die sogenannten kartesianischen Wolkenkratzer – erinnerten mit ihren gezahnten Profilen an die abgestuften Tempelformen der Khmer oder der Inder. Offensichtlich sollten sie als Zentren weltlicher Macht die religiösen Strukturen der traditionellen Stadt ersetzen. Daß Le Corbusier diesen Formen eine solche Funktion zuschrieb, läßt ihr proportionales Verhältnis zum Raster der Stadt erkennen: Innerhalb des doppelten Quadrats, aus dem der Stadtplan besteht, nehmen sie eine Fläche ein, die dem goldenen Schnitt entspricht.

Dies erkannte auch die kommunistische Zeitung *L'Humanité*, die das gesamte Projekt als reaktionär bezeichnete. Daß Le Corbusier tatsächlich den Verwaltungs- und Kontrollmethoden Saint-Simons verpflichtet war, bestätigte sein Buch *Städtebau* aus dem Jahre 1925, dessen letzte Abbildung Louis XIV. zeigte, wie er den Bau der Invalides überwacht. Selbst Le Corbusier fühlte sich bei dieser Illustration immerhin so geniert, daß er unter die Bildunterschrift die Anmerkung setzte, sie dürfe nicht als Unterstützung für die fanzösische Faschistenpartei *Action Française* verstanden werden.

In der detaillierten Organisation der Wohnbezirke war die Ville Contemporaine nicht weniger ideologisch. Die Bezirke setzten sich aus zwei verschiedenen Blocktypen zusammen – der Randbebauung und den zurückgesetzten oder *redent*-Formen –, die jeweils ein unterschiedliches Konzept voraussetzten. Der erste Typus ging noch von der Idee der von Mauern umgebenen, aus Straßen bestehenden Stadt aus, während der zweite für eine »offene Stadt« ohne Mauern bestimmt war, jene Vision einer dicht bebauten, über eine durchgehende Grünfläche erhobenen Stadt, die später in der Ville Radieuse ihren Ausdruck fand. Daß sich diese Vision gegen die Straße wandte, wurde in einem Essay über die Straße deutlich, den Le Corbusier 1929 für die Gewerkschaftszeitung *L'Intransigeant* schrieb.

Abgesehen davon, daß sie die »wesentlichen Freuden« von Sonnenlicht und Grün

136 Gropius (links), Frau Gropius und Le Corbusier in einem Pariser Café.

bot, sollte die offene Stadt auch die Zirkulation erleichtern, entsprechend Le Corbusiers unternehmerhaftem Aphorismus: »Eine Stadt, die für Schnelligkeit gemacht ist, eine Stadt, die für Erfolg gemacht ist.« Solche rhetorischen Anmerkungen begleiteten seinen »Plan Voisin« für Paris von 1925 – die paradoxe Vorstellung, das Auto könne, nachdem es die große Stadt zerstört habe, nun zu ihrer Rettung beitragen. Trotz finanzieller Unterstützung durch das Auto- und Flugzeugkartell war Voisin sich zweifellos nur zu sehr im klaren darüber, daß es wirtschaftlich und politisch unmöglich war, nahe der Ile de la Cité hohe kreuzförmige Türme zu errichten.

Der wichtigste und folgenreichste Beitrag der Ville Contemporaine war die Immeuble-Villa, eine Anpassung der Maison Citrohan an Vielgeschossigkeit und hohe Wohndichte. Zu diesen Einheiten, die auf sechs Doppelgeschossen übereinander angeordnet waren, gehörten Gartenterrassen, je eine für jede Maisonnettewohnung – ein Lösung, die heute zu den wenigen akzeptablen Vorschlägen für ein Familienleben in Hochhäusern zählt. In den sogenannten »zellulären« Blockrandbebauungen der Ville Contemporaine öffneten sich diese Maisonnettewohnungen im Erdgeschoß auf eine umgrenzte rechteckige Grünfläche, die mit Erholungseinrichtungen für die Allgemeinheit ausgestattet war. Zusätzliche Gemeinschaftsanlagen innerhalb des Blocks und am Rande dieses Bereichs sowie die geplante Versorgung durch Hotelservice siedelten Le Corbusiers Projekt irgendwo zwischen dem bürgerlichen Mietblock und der sozialistischen Kollektivwohnung an (vgl. den Phalanstère und Bories Aérodromes).

Die Wohneinheit Immeuble-Villa wurde schließlich im Detail ausgearbeitet und als Prototyp in Form des Pavillon de l'Esprit Nouveau auf der Exposition des Arts Décoratifs 1925 in Paris errichtet. Leider war allen späteren Versuchen, die Wohneinheit als Eigentumswohnung in der Stadt oder

137 Le Corbusier und Jeanneret, Plan Voisin für Paris, 1925. Die Hand deutet auf das neue Geschäftszentrum der Stadt.

als freistehende Villa in den Vororten auf den Markt zu bringen, kein Erfolg beschieden.

Der Pavillon de l'Esprit Nouveau war ein Musterbeispiel puristischer Sensibilität. Er war technisch und städtebaulich orientiert, da der Entwurf von Massenproduktion und hoher Wohndichte ausging. Die Ausstattung entsprach dem puristischen Kanon der *objets-types* – englische Klubsessel, Bugholzmöbel von Thonet und standardisierte Gußeisenelemente der Pariser Parks sowie *objets-tableaux* puristischen Ursprungs mit Orientteppichen und südamerikanischer Keramik. Dieses geschickt ausbalancierte Arrangement von Objekten der Volkskunst, des Handwerks und der Technik, vom Geiste Adolf Loos' inspiriert, wurde hier unter der Schutzherrschaft des Ministers für bildende Künste als polemische Geste gegen die Art-Deco-Bewegung ausgespielt.

Im Jahre 1925 kehrte Le Corbusier auch zum Thema der bürgerlichen Villa zurück, zunächst mit der Maison Cook, die im folgenden Jahr fertiggestellt wurde und die 1926 erschienenen *5 Points d'une architecture nouvelle* belegte, dann mit dem Projekt für die Villa Meyer, die der Villa in Garches (vollendet 1927) und der Villa Sa-

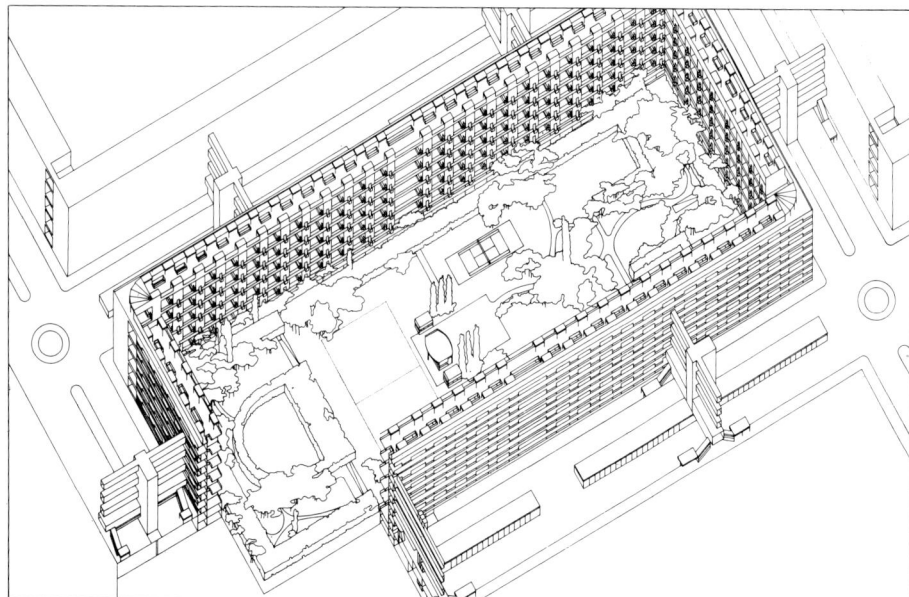

138 Le Corbusier und Jeanneret, Ville Contemporaine, 1922. Randbebauung, die sich aus Immeuble-Villa-Einheiten zusammensetzt.

139 Le Corbusier, Pavillon de l'Esprit Nouveau, Exposition des Arts Décoratifs, Paris, 1925. Ausgestattet mit objets-types und puristischen Bildern von Léger und Le Corbusier.

140 Le Corbusier und Jeanneret, Villa de Monzie, Garches, 1927.

voie in Poissy (vollendet 1929) vorausging.

Alle diese Häuser basierten in ihrer Syntax auf den »fünf Punkten«: 1. den *pilotis,* welche die Baumasse über den Boden erhoben, 2. dem freien Grundriß, der durch die Trennung der tragenden Stützen von den raumteilenden Wänden erzielt wurde, 3. der freien Fassade, dem Gegenstück des freien Grundrisses in der vertikalen Ebene, 4. dem langen horizontalen Schiebefenster oder *fenêtre en longueur* und schließlich 5. dem Dachgarten, der die vom Haus beanspruchte Grundfläche wieder zur Verfügung stellen sollte.

Das Grundpotential aller dieser Häuser war ebenso von dem Hennebique-Rahmen der Maison Dom-Ino wie von den massiven Seitenwänden der Maison Citrohan bestimmt. Freistehende Stützen, Fensterbänder und auskragende Geschoßplatten waren großzügig verwendet. Die konstruktive Einteilung der Maison Dom-Ino (die rhythmische Formel AAB mit zwei breiten Jochen plus einem schmalen, der das Treppenhaus aufnimmt) stellt eine Verbindung zwischen dem offenkundigen Palladianismus der Villa Schwob und dem unterschwelligen Palladianismus der Villa in Garches her. Beide Häuser waren offenbar nach dem klassischen ABABA-Rhythmus Palladis organisiert, auf den Colin Rowe hingewiesen hat. Palladios Villa Malcontenta von 1560 und Le Corbusiers Villa in Garches, die mehr als 350 Jahre später entstand, basieren beide in der Längsrichtung auf einem Wechsel von doppelten und einfachen Jochen, so daß der Rhythmus 2 : 1 : 2 : 1: 2 entsteht. Wie Colin Rowe anmerkte, ist auch in der anderen Dimension der Grundrißfläche eine ähnliche Synkopierung zu verzeichnen:

»In beiden Fällen sind sechs ›quer laufende‹ Unterstützungslinien, rhythmisch wechselnde einfache und doppelte Joche, festgelegt; doch da Le Corbusier Auskragungen verwendete, weist der Rhythmus der parallelen Linien leichte Abweichun-

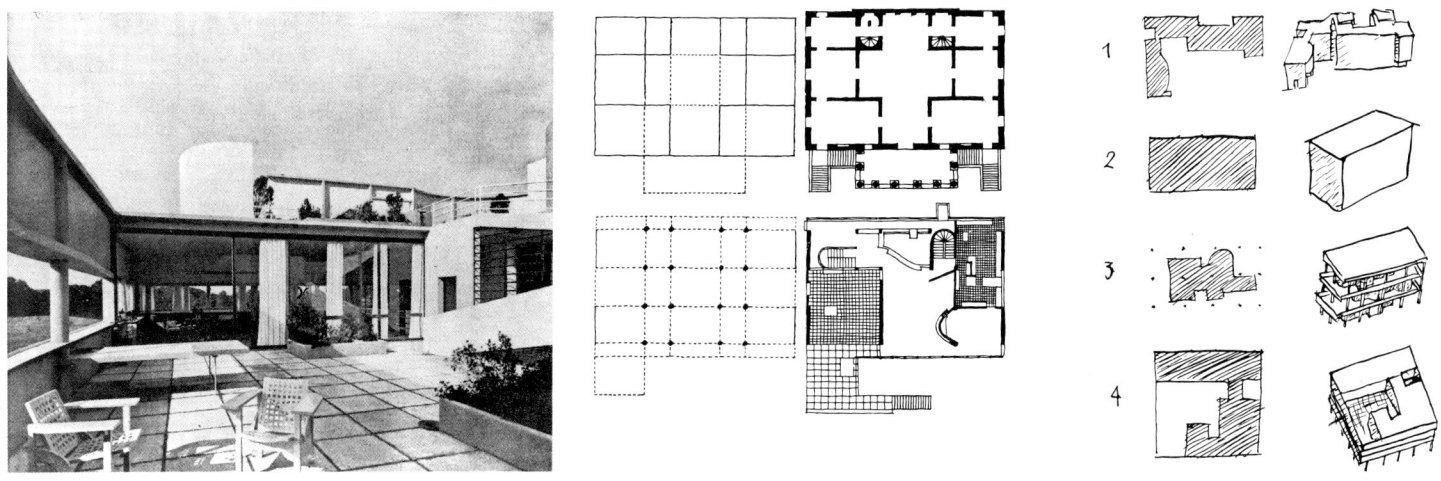

141 *Le Corbusier und Jeanneret, Villa Savoie, Poissy, 1929–1931. Der »jardin suspendu« im Obergeschoß.*

142 *Palladio, Villa Malcontenta, 1560 (oben) und Le Corbusier, Villa de Monzie, Garches, 1927, mit Analysen des Proportionsrhythmus.*

143 *Le Corbusier, die Quatre Compositions von 1929: 1) Maison La Roche, 2) Villa in Garches, 3) Weißenhofsiedlung in Stuttgart, 4) Villa Savoie.*

gen auf: in der Villa in Garches ½ : 1½ : 1½ : 1½ : ½ und in der Malcontenta 1½ : 2 : 2 : 1½. So erzielt Le Corbusier im Grundriß eine Art Einzwängung des mittleren Jochs, und das Interesse scheint auf die äußeren Joche verlagert, die um die zusätzliche halbe Einheit der Auskragung erweitert werden; Palladio läßt dagegen den Mittelteil dominieren und organisiert eine Entwicklung zum Portikus hin, auf den sich das Interesse konzentriert. In beiden Fällen nehmen die hervortretenden Elemente, Terrasse oder Portikus, in der Tiefe 1½ Einheiten ein.«

Rowe stellt dann die Zentralisierung der Villa Malcontenta der Zentrifugalität der Villa in Garches gegenüber:

»In Garches ist das Zentrum konsequent aufgebrochen, die Konzentration auf einen Punkt wird ersetzt durch eine Anordnung von Zufälligem entlang der Seiten. Die einzelnen Fragmente des Mittelpunkts werden also zu einer Reihe von Interessenpunkten an der Peripherie des Grundrisses.«

Abgesehen von der puristischen Aufschichtung der Flächen im Raum und dem Spiel mit Transparenz im wörtlichen und übertragenen Sinne, auf die Rowe und Robert Slutzky hinwiesen, war Garches vor allem deshalb wichtig, weil hier ein Problem gelöst wurde, das Loos als erster zur Diskussion gestellt hatte: wie sich der Komfort und die Informalität des Arts-and-Crafts-Grundrisses mit der Strenge geometrischer, sogar klassizistischer Formen vereinbaren ließ – wie der private Bereich moderner Bequemlichkeiten mit der öffentlichen Fassade der architektonischen Ordnung in Einklang zu bringen war. Wie Le Corbusiers »Quatre Compositions« von 1929 zeigen, wurde diese Lösung in Garches gefunden, in einer Eleganz, wie sie Loos nicht beschieden war. Dazu trug vor allem die Erfindung des freien Grundrisses bei, der eine willkürliche Anordnung der Elemente ermöglichte. Die »Auflösung« des komplexen inneren Bereichs trat dank des Verzichts auf die freie Fassade an der öffentlich einsehbaren Front nicht in Erscheinung.

Wenn man Garches mit der Villa Malcontenta in Verbindung bringt, läßt sich die Villa Savoie, wie wiederum Rowe bemerkte, mit Palladios Villa Rotonda vergleichen. Der nahezu quadratische Grundriß der Villa Savoie mit seinem elliptischen Erdgeschoß und der zentralen Rampe kann als komplexe Metapher für den zentralisierten, zweiachsigen Grundriß der Rotonda interpretiert werden. An dieser Stelle hört freilich jede Verwandschaft auf, denn Palladio bestand auf Zentralität, während Le Corbusier innerhalb seines selbstgewählten Quadrats die Wirkungen von Asymmetrie, Rotation und peripherer Anordnung ausnutzte. Dennoch wurde der verborgen klassizistische Charakter der Villa Savoie in Le Corbusiers Buch *Précisions sur un état présent de l'architecture et de l'urbanisme* (1930) deutlich: »Die Bewohner, die hierher gekommen sind, weil diese ländliche Gegend gerade in ihrer Beschaulichkeit so schön ist, werden sie, die unversehrt geblieben ist, aus der Höhe ihrer *jardins suspendus* oder von ihren *fenêtres en longueur* aus betrachten und ihren Anblick genießen. Es wird ihnen vorkommen, als sei ihr häusliches Leben einem Gesang Vergils entnommen.«

Die Villa Savoie ist das letzte Beispiel in Le Corbusiers »Quatre Compositions« von 1929. Das erste war seine Maison La Roche von 1923, die er 1929 als puristische Version des von der Neugotik abgeleiteten L-förmigen Grundrisses präsentierte – »un genre plutôt facile, pittoresque, mouvementé«; das zweite stellte ein ideales Prisma dar, und das dritte und vierte (die Villa in Garches und die Villa Savoie) waren alternative Strategien für die Verbindung der beiden ersten Typen, wobei die Villa in Garches geschickt die beiden ersten Kompositionen integrierte und die Villa Savoie das erste Projekt mit einem Prisma umschloß.

Ihren ersten Entwurf für ein großes öffentliches Bauwerk lieferten Le Corbusier und Pierre Jeanneret mit ihrem Beitrag zu dem Wettbewerb für den Völkerbundpalast in Genf (1927). Zuvor hatten sie sich auf das Wohnhaus und damit auf die einfache Form des Prismas konzentriert. Nun setzten sie sich mit der Komplexität des »Palastes« als Typus auseinander. Die Wettbewerbsbedingungen forderten zwei Gebäude, eines für das Sekretariat und eines für die Versammlung. Diese Dualität des Programms führte die Architekten zu einer elementaristischen Lösung: Sie legten zunächst Grundelemente fest, die sie dann so manipulierten, daß eine Reihe unterschiedlicher Arrangements entstand. Daß Le Corbusier den Elementarismus, den der Beaux-Arts-Lehrer Julien Guadet um die

Jahrhundertwende proklamiert hatte, in dieser Weise erweiterte, geht wahrscheinlich auf Guadets Schüler Garnier und Perret zurück.

Bei großen Komplexen griff Le Corbusier im allgemeinen auf elementaristische Entwurfsmethoden zurück, wie seine Vorstudien für den Palast der Sowjets von 1931 beweisen. Dort lesen wir unter acht alternativen Vorschlägen die Unterschrift: »Die verschiedenen Phasen des Projekts, bei denen man sieht, wie die bereits unabhängig voneinander entwickelten Elemente allmählich ihre gegenseitigen Plätze einnehmen, um in einer synthetischen Lösung zu kulminieren.« Eine ähnliche Bemerkung begleitet einen Alternativvorschlag für den Völkerbundpalast, den Le Corbusier in seinem Vortrag »Ein Haus – ein Palast« (1929) präsentierte. Unter einem symmetrischen Plan (der von der Nutzung her offenbar rationaler gestaltet ist) liest man: »Alternativvorschlag, bei dem die gleichen Kompositionselemente verwendet werden.« Die asymmetrische Anordnung, zu der er sich schließlich entschloß, läßt einen Konflikt zwischen der logischen Zirkulation des symmetrischen Plans und der klassischen Vorliebe für den axialen Zugang zur repräsentativen Fassade des Hauptgebäudes erkennen.

Das Projekt für den Völkerbundpalast war in Le Corbusiers früher Laufbahn Höhepunkt und Krise zugleich:
Es brachte ihm Beifall ein, doch er wurde (wenn wir ihm Glauben schenken wollen) mit der Begründung disqualifiziert, er habe seinen Beitrag nicht mit den angemessenen graphischen Mitteln ausgeführt. Sein Entwurf stellt den Höhepunkt seiner puristischen Periode dar, denn zur gleichen Zeit führte er in seine Malerei figurative Elemente und, wie er später sagte, *objets à réaction poétique* ein, frei zu übersetzen als »Objekte, die poetische Emotionen hervorrufen«.
Von nun an wurde seine Malerei organisch und figurativ, während seine Architektur,

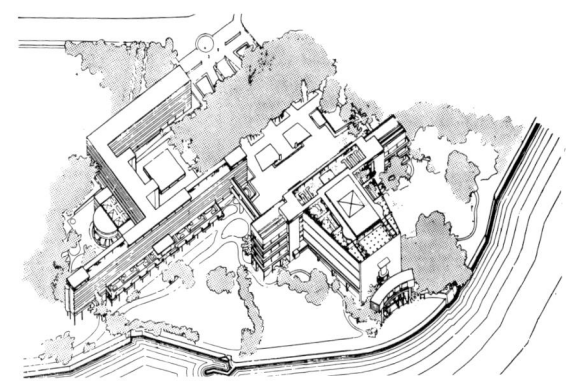

144 Le Corbusier und Jeanneret, Entwurf für den Völkerbundpalast, Genf, 1927 (vgl. den Beitrag von H. Meyer und Wittwer, Abb. 114).

zumindest die öffentlichen Bauten, zunehmend zur Symmetrie tendierte. Im Rückblick erscheint das Projekt für den Völkerbundpalast als Wendepunkt innerhalb seines eigenen Werkes, aber auch als Trennungslinie zwischen ihm und seinen Anhängern in der internationalen Moderne, vor allem, wenn ihre politischen Überzeugungen auf der Linken lagen. Im Jahre 1927 dagegen mußte die konstruktivistische Konzeption des Völkerbundprojekts mit seiner freien Asymmetrie und seinen technischen Neuerungen, seinem Sekretariat auf Pilotis (das an Lissitzkys »Wolkenbügel« erinnerte), seinem mechanisierten Reinigungssystem und seiner Klimaanlage im Großen Saal (mit akustikbedingten Profilen, die von Licht umspült waren) noch auf die enthusiastische Zustimmung der Jungen stoßen, gleichgültig, welcher politischen Richtung sie angehörten. Doch die unleugbare Monumentalität des Bauwerks – die sich in der Steinverkleidung und dem hierarchischen, siebentürigen Eingangssystem ausdrückte, das die verschiedenen Kategorien von Benutzern zu ihren jeweils zugeordneten Plätzen im Auditorium lei-

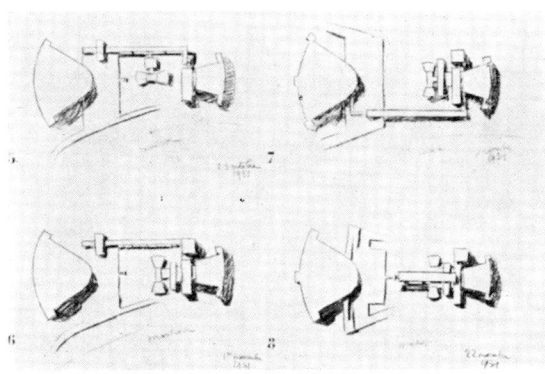

145 *Le Corbusier und Jeanneret, Entwurf für den Palast der Sowjets, Moskau, 1931. Vier alternative Layouts unter Verwendung der gleichen Elemente.*

ten sollte – rief schließlich ein gewisses ideologisches Mißtrauen hervor.

Le Corbusiers Versuch, den Zwiespalt zwischen der Ingenieurästhetik und der Architektur zu überwinden und Zweckmäßigkeit mit der Hierarchie des Mythos zu verbinden, mußte ihn in Konflikt mit den funktionalistischen sozialistischen Architekten der späten zwanziger Jahre bringen. Sein »Mundaneum« oder »Cité Mondiale«, 1929 als Zentrum des Weltdenkens für Genf geplant, rief eine scharfe Reaktion seines tschechischen Bewunderers, des linksorientierten Künstlers und Kritikers Karel Teige, hervor. Weniger der Inhalt als die Form der Cité provozierte Teiges Widerspruch, vor allem die schneckenförmig gewundene Zikkurat des Musée Mondial. 1927 hatte Teige Le Corbusier bei der internationalen Diskussion über sein Projekt für den Völkerbundpalast öffentlich unterstützt und alle tschechischen Künstler aufgefordert, sich ihm anzuschließen. Jetzt, kaum zwei Jahre später, griff er ihn mit solcher Vehemenz an, daß Le Corbusier sich veranlaßt sah, ihm in dem Essay »Die Verteidigung der Architektur« zu antwor-

ten, den er in Teiges Zeitschrift *Stavba* schrieb. Teige hatte in seiner Attacke aus Hannes Meyers Aufsatz von 1928 mit dem Titel »Bauen« zitiert:

»alle dinge dieser welt sind ein produkt der formel: (funktion mal ökonomie). alle diese dinge sind daher keine kunstwerke: alle kunst ist komposition und mithin zweckwidrig. alles leben ist funktion und daher unkünstlerisch. die idee der ›komposition eines seehafens‹ scheint zwerchfellerschütternd? jedoch wie ersteht der entwurf eines stadtplanes? oder eines wohnplanes? komposition oder funktion? kunst oder leben?????«

Le Corbusier setzte dieses Zitat an den Anfang seines Essays und machte damit deutlich, daß seine Entgegnung ebenso an Meyer wie an Teige gerichtet war. Er schrieb:

»Heute hat man in der Avantgarde der Neuen Sachlichkeit zwei Wörter ausgemerzt: *Baukunst* und *Kunst*. Man hat sie ersetzt durch *Bauen* und *Leben* ... Heute, wo die Mechanisierung uns eine gigantische Produktion bringt, ist die Architektur vor allem im Schlachtschiff, Monsieur Hannes Meyer, wie in der Kriegsführung oder in der Form eines Stiftes oder in einem Telefon. Architektur ist ein Phänomen der Schöpfung, einer bestimmten Ordnung entsprechend. Wer die Ordnung festlegt, legt auch die Komposition fest.«

Im gleichen Jahr, in dem Teige ihn attackierte, gab Le Corbusier in seinem Buch *Précisions* zu, daß das Mundaneum bei den linken deutschen Architekten keine gute Aufnahme gefunden hatte, doch sah er keinen Grund, seine Position zu ändern:

»Die geplanten Gebäude sind strikt zweckgebunden, *funktionsbedingt* wie Maschinen: das trifft besonders zu für das schraubenförmige Musée Mondial, das so heftig beschimpft wurde ... Die Entwürfe der Cité Mondiale zeigen mit ihren wirklich als Maschinen ausgebildeten Bauwerken eine gewisse ›Pracht‹ – zeigen sie dort, wo man um jeden Preis archäologische Inspiratio-

nen entdecken möchte. Meiner Meinung nach ist diese Harmonie etwas anderes als nur die Lösung eines gut gestellten Zweckmäßigkeitsproblems.«

Dennoch konnte er nicht leugnen – und leugnete auch nicht –, daß der Plan der Cité Mondiale durch ein Netz von *tracés régulateurs* bestimmt wurde. Er verwendete sie bei der Cité Mondiale, wie er sie bei der Fassade der Villa in Garches verwendet hatte – eine Fassade, die zwar weitgehend dem Kanon der puristischen Maschinenästhetik verpflichtet war, aber ebenso der Klassik verhaftet blieb wie der palladianische Grundriß, auf dem das Bauwerk basierte.

18. Kapitel
Mies van der Rohe und die Bedeutung der Tatsachen 1921–1933

»Dann wurde mir klar, daß es nicht die Aufgabe der Architektur war, Formen zu erfinden. Ich versuchte zu verstehen, worin ihre Aufgabe bestand. Ich fragte Peter Behrens, aber er konnte mir keine Antwort geben. Er stellte sich diese Frage nicht. Die anderen sagten: ›Was wir bauen, ist Architektur‹, doch wir waren mit dieser Antwort nicht zufrieden ... Da wir wußten, daß es sich um eine Frage der Wahrheit handelte, versuchten wir herauszufinden, was wirklich die Wahrheit war. Wir waren sehr beglückt, als wir eine Definition der Wahrheit bei Thomas von Aquin fanden: ›Adaequatio intellectus est rei‹, oder, wie ein moderner Philosoph es in der heutigen Sprache ausdrückt: ›Wahrheit ist die Bedeutung der Tatsachen.‹

Berlage war ein sehr ernsthafter Mensch, der keinen Schwindel akzeptierte. Er sagte auch, nichts könne gebaut werden, das nicht klar konstruiert sei. Und Berlage handelte entsprechend. Er baute so, daß sein berühmtes Gebäude in Amsterdam, die Börse, einen mittelalterlichen Charakter aufweist, ohne mittelalterlich zu sein. Er benutzte Backstein wie die Menschen im Mittelalter. Die Idee der klaren Konstruktion kam mir dort, als eine der Grundlagen, die wir akzeptieren sollten. Wir können leicht darüber sprechen, aber in diesem Sinne zu handeln, ist nicht einfach. Es ist sehr schwierig, an diesem fundamentalen Prinzip festzuhalten und es dann zu einer Konstruktion zu entwickeln. Ich muß klarstellen, daß man in der englischen Sprache alles ›strukturiert‹ nennt. In Europa tun wir das nicht. Wir

nennen eine Hütte eine Hütte und nicht eine Struktur. Für uns ist Struktur mit einer philosophischen Vorstellung verbunden. Die Struktur ist das Ganze von oben bis unten, bis hin zum letzten Detail – mit den gleichen Ideen. Das nennen wir Struktur.«

Mies van der Rohe
(zitiert von Peter Carter in Architectural Design, März 1961)

Wie das obige Zitat deutlich macht, war Ludwig Mies – später fügte er den Namen seiner Mutter, van der Rohe, hinzu – ebenso vom Werk des holländischen Architekten Berlage inspiriert wie von jener preußischen Schule des Klassizismus, deren direkter Erbe er wurde.

Anders als sein Zeitgenosse Le Corbusier war er nicht im Arts-and-Crafts-Ethos des Jugendstils aufgewachsen. Mit vierzehn Jahren trat er in die Steinmetzwerkstatt seines Vaters ein, und nach zwei Jahren Gewerbeschule und anschließender Tätigkeit als Stuckentwerfer für einen örtlichen Bauunternehmer verließ er 1905 seine Heimatstadt Aachen. Er ging nach Berlin, wo er für einen unbedeutenden Architekten arbeitete, der sich auf Holzkonstruktionen spezialisiert hatte.

Danach lernte er bei dem Möbelentwerfer Bruno Paul, bis er sich 1907 für kurze Zeit selbständig machte, um sein erstes Haus in einem disziplinierten englischen Stil zu bauen, der an die Arbeiten des Werkbund-Architekten Hermann Muthesius erinnerte. Im folgenden Jahr trat er in das Büro von Peter Behrens ein, der gerade begann,

einen einheitlichen Firmenstil für die AEG zu entwickeln.

Während seiner dreijährigen Arbeit in Behrens' Büro lernte Mies die Tradition der Schinkelschüler kennen, die neben ihren klassizistischen Tendenzen der Idee der Baukunst verpflichtet waren, nicht nur als Ideal technischer Eleganz, sondern auch als philosophisches Konzept. Mies verglich später Schinkels Backsteinhaus der Bauakademie und ihre an Lagerhäuser erinnernden Details mit der artikulierten Konstruktion von Berlages Börse in Amsterdam, die er zum erstenmal bei einem Besuch in Holland im Jahre 1912 gesehen hatte. Nachdem er 1911 aus dem Büro Behrens ausgeschieden war (für kurze Zeit hatte er als Bauleiter an Behrens' Deutscher Botschaft in Petersburg gearbeitet), eröffnete er sein eigenes Büro mit dem Haus Perls, das er im gleichen Jahr in Berlin-Zehlendorf errichtete. Es war das erste von fünf an Schinkel orientierten Häusern, die Mies vor dem Ausbruch des Ersten Weltkriegs entwarf. 1912 arbeitete er – in der Nachfolge von Behrens – für Frau Helene Kröller, die ein Wohnhaus und eine Galerie in Den Haag für die Aufnahme der berühmten Kröller-Müller-Sammlung in Auftrag gegeben hatte. Mies ließ das Modell in voller Größe aus Holz und Segeltuch ausführen, doch dann wurde das Projekt unerklärlicherweise aufgegeben. Im gleichen Jahr entstand sein an Boullée erinnernder Entwurf für ein Bismarckdenkmal, sein letztes bedeutendes Projekt aus der Zeit vor dem Ersten Weltkrieg.

Der Zusammenbruch des deutschen militärischen und industriellen Imperiums am Ende des Krieges stürzte das Land in ein politisches und wirtschaftliches Chaos. Wie alle anderen Architekten, die am Krieg teilgenommen hatten, suchte Mies nun nach einer Formensprache, die organischer war als der autokratische Kanon der Schinkeltradition. 1919 wurde er Leiter der Architekturabteilung der radikalen »Novembergruppe«, die nach dem Monat der Revolution benannt war und die Wiederbelebung der Künste in Deutschland zum Ziele hatte. Durch diese Gruppe kam er in Kontakt mit dem »Arbeitsrat für Kunst« und mit den Ideen von Tauts »Gläserner Kette« (vgl. 13. Kapitel), und es kann kaum Zweifel daran bestehen, daß sein erster Wolkenkratzer-Entwurf von 1920 eine Antwort auf Paul Scheerbarts *Glasarchitektur* von 1914 war. Den gleichen kristallinen, facettierten Charakter hatte sein Wettbewerbsentwurf für das Hochhaus Friedrichstraße von 1921. Die Publikation dieser beiden Entwürfe in der letzten Ausgabe von Tauts *Frühlicht* demonstrierte seine expressionistische Neigung in der Nachkriegszeit. Es ging ihm in dieser Zeit darum, Glas als eine komplexe reflektierende Fläche zu behandeln, die bei Lichteinfall ständigen Veränderungen ausgesetzt war. Darauf weist auch seine Beschreibung hin, die er in der ersten Veröffentlichung seines Friedrichstraßen-Projekts publizierte:

»Bei meinem Entwurf für das Hochhaus am Friedrichsbahnhof in Berlin, für das ein dreieckiger Bauplatz zur Verfügung stand, schien mir für diesen Bau eine dem Dreieck angepaßte prismatische Form die richtige Lösung zu sein, und ich winkelte die einzelnen Frontflächen leicht gegeneinander, um der Gefahr der toten Wirkung auszuweichen, die sich oft bei der Verwendung von Glas in großen Flächen ergibt. Meine Versuche an einem Glasmodell wiesen mir den Weg, und ich erkannte bald, daß es bei der Verwendung von Glas nicht auf eine Wirkung von Licht und Schatten, sondern auf

146 Mies van der Rohe, Entwurf für ein Bürogebäude an der Friedrichstraße, Berlin, 1921. Erste Fassung.

ein reiches Spiel von Lichtreflexen ankam. Das habe ich bei dem anderen hier veröffentlichten Entwurf angestrebt ... Bei oberflächlicher Betrachtung erscheint die Umrißlinie des Grundrisses willkürlich, und doch ist sie das Ergebnis vieler Versuche an dem Glasmodell. Für die Kurven waren bestimmend die Belichtung des Gebäudeinneren, die Wirkung der Baumasse im Straßenbild und zuletzt das Spiel der erstrebten Lichtreflexe. Umrißlinien des Grundrisses, bei dem die Kurven auf Licht und Schatten berechnet waren, erwiesen sich am Modell bei der Verwendung von Glas als gänzlich ungeeignet.«

In diesem Zusammenhang ist es interessant, Mies' Beitrag mit dem von Hugo Häring zu vergleichen. Der eine ist dreieckig, gewellt und konvex, der andere dreieckig, facettiert und konkav. Im übrigen sind beide Lösungen gleicherweise expressiv, was

sich teilweise dadurch erklären läßt, daß Mies in den frühen zwanziger Jahren ein Büro mit Häring teilte.

Mies van der Rohes sogenannte G-Periode begann 1923 mit seiner Mitwirkung an der ersten Ausgabe der Zeitschrift G, Material zur elementaren Gestaltung, herausgegeben von Hans Richter, Werner Graeff und El Lissitzky. Seine im Vorjahr veröffentlichten Glashochhäuser mit ihren kinetischen Reflexionen auf den Oberflächen transluzider Formen hatten bereits etwas von der für G spezifischen Sensibilität, die konstruktivistische Objektivität mit einer dadaistischen Vorliebe für den Zufall verband. Dennoch eröffnete das siebengeschossige Bürogebäude, das Mies in der ersten Ausgabe von G vorstellte, neue Perspektiven, denn nun war nicht Glas das wichtigste Ausdrucksmaterial, sondern Beton, der in der Form von »Tabletts« über den Stahlbetonrahmen auskragte. Wie bei Frank Lloyd Wrights Larkin Building von 1904 waren die Brüstungen dieser »Tabletts« hoch genug, um Standardaktenschränke aufzunehmen, die unter einem zurückgesetzten hochliegenden Fensterband eingebaut waren. Mit diesem Entwurf wandte Mies sich gegen Formalismus und ästhetische Spekulationen. Er schrieb, deutlich von Hegel inspiriert: »Baukunst ist raumgefaßter Zeitwille. Lebendig. Wechselnd. Neu.« Außerdem erklärte er: »Das Bürohaus ist ein Haus der Arbeit, der Organisation, der Klarheit, der Ökonomie. Helle weite Arbeitsräume, übersichtlich, ungeteilt, nur gegliedert wie der Organismus des Betriebes. Größter Effekt mit geringstem Aufwand an Mitteln. Die Materialien sind Beton, Eisen, Glas.«

Doch obwohl er eine an Le Corbusiers Dom-Ino erinnernde, auf »Haut und Knochen« reduzierte Architektur befürwortete, blieben Spuren der akademischen Tradition sichtbar, zum Beispiel in der Erweiterung der Endjoche, mit der er die Ecken des Bauwerks betonte. Diese Lösung war freilich Mies' letzte offene Anspielung auf

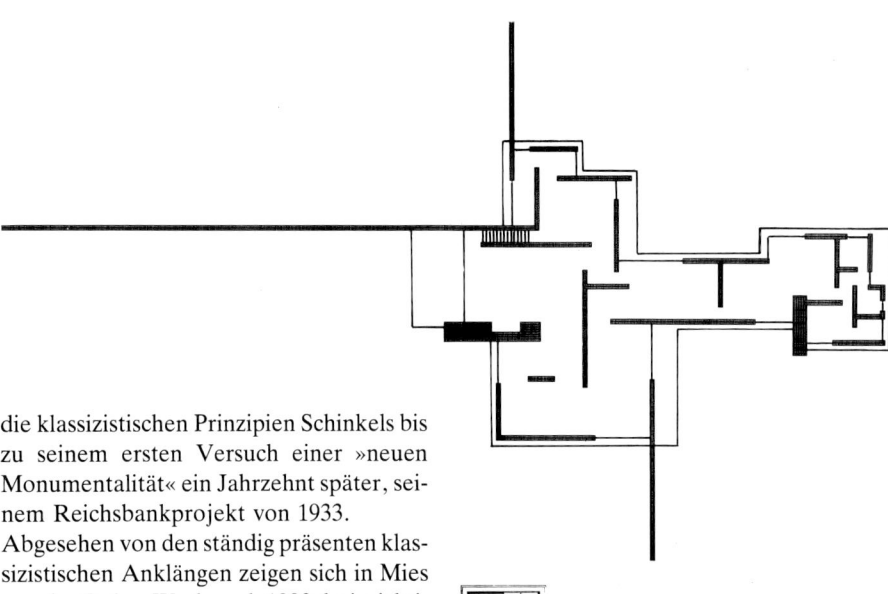

die klassizistischen Prinzipien Schinkels bis zu seinem ersten Versuch einer »neuen Monumentalität« ein Jahrzehnt später, seinem Reichsbankprojekt von 1933.

Abgesehen von den ständig präsenten klassizistischen Anklängen zeigen sich in Mies van der Rohes Werk nach 1923 drei wichtige Einflüsse: 1. die Backsteintradition Berlages und die Überzeugung, daß nichts gebaut werden sollte, was nicht klar konstruiert ist; 2. das Werk Frank Lloyd Wrights vor 1910, nachdem es durch den Filter der Stijl-Gruppe gegangen war – ein Einfluß, der sich in den horizontal ausgreifenden Elementen von Mies' Landhaus (1923) manifestiert; und 3. Kasimir Malewitschs Suprematismus, interpretiert durch das Werk El Lissitzkys. Während Wrights Ästhetik sich leicht auf die Schinkeltradition der »Baukunst« übertragen ließ – das heißt, auf den höchsten Standard der europäischen Maurertechnik –, führte der Suprematismus Mies zur Entwicklung des freien Grundrisses. Sein »Baukunst«-Ideal erfüllte Mies mit dem Denkmal für Karl Liebknecht und Rosa Luxemburg und dem Haus Wolf, beide aus Backstein gebaut und 1926 vollendet. Der freie Grundriß tauchte in aller Konsequenz zum erstenmal bei dem Barcelona-Pavillon von 1929 auf.

Trotz dieser unterschiedlichen Einflüsse hatte Mies offenbar immer noch Schwierigkeiten, sich von seiner expressionistischen Ästhetik aus der Zeit der Novembergruppe zu lösen. Eine ähnliche Sensibilität sowie

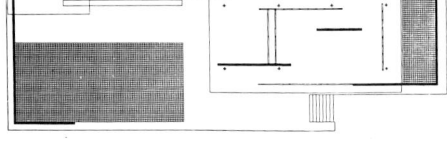

147 Mies van der Rohe, Entwurf für ein Landhaus aus Backstein, 1923.

148 Mies van der Rohe, Deutscher Pavillon, Weltausstellung, Barcelona, 1929.

ein geradezu russisch anmutendes Farbengefühl wies auch noch die Ausstellung der Seidenindustrie in Berlin von 1927 auf, die er zusammen mit der früheren Modeentwerferin Lilly Reich gestaltete. Der schwarze, orangefarbene und rote Samt und die goldene, silberne, schwarze und zitronengelbe Seide spiegelten zweifellos ihren Geschmack wider, ebenso wie die blaßgrünen Bezüge aus Rindsleder im Wohnzimmer von Haus Tugendhat. Nach-klänge des Expressionismus finden sich auch noch in der Siedlung des Werkbun-

des, die im gleichen Jahr in Stuttgart eröffnet wurde. Obwohl Mies sonst jeden Auftrag als freistehendes Objekt entwarf, plante er diese Ausstellung als durchgehende städtische Form, ähnlich einer mittelalterlichen Stadt. Sie hatte sogar die Andeutung einer Stadtkrone, ein an Taut erinnerndes Symbol der Einheit, das freilich aufgegeben werden mußte. In der endgültigen Version teilte Mies das Gelände in rechtwinklige Grundstücke, auf denen freistehende Musterhäuser nach den Entwürfen mehrerer Werkbundarchitekten, darunter Walter Gropius und Hans Scharoun, errichtet wurden. Auch eine Reihe ausländischer Architekten nahm teil, so Le Corbusier, Victor Bourgeois, J. J. P. Oud und Mart Stam.

Die Weißenhofsiedlung, ursprünglich im Geist der Darmstädter Ausstellung von 1901, »Ein Dokument Deutscher Kunst«, konzipiert, war die erste internationale Manifestation jenes weißen, prismatischen Flachdachstils, der seit 1932 als Internationaler Stil bezeichnet wurde. Mies' Beitrag zu Stil und Inhalt der Ausstellung war ein Wohnblock, der das Rückgrat des Geländes bildete. Das viergeschossige Bauwerk war dem standardisierten Zeilenbaublock ähnlich, der zu jener Zeit entwickelt wurde, doch unterschied er sich von der typischen Reihenhausscheibe dadurch, daß er viele unterschiedliche Wohnungsformen und -größen aufnehmen konnte. Mies schrieb 1927 über diese Lösung:

»Wirtschaftliche Gründe fordern heute beim Bau von Mietwohnungen Rationalisierung und Typisierung ihrer Herstellung. Diese immer steigende Differenzierung unserer Wohnbedürfnisse aber fordert auf der anderen Seite größere Freiheit in der Benützungsart. Es wird in Zukunft notwendig sein, beiden Tendenzen gerecht zu werden. Der Skelettbau ist hierzu das geeignetste Konstruktionssystem. Er ermöglicht eine rationelle Herstellung und läßt der inneren Raumaufteilung jede Freiheit. Beschränkt man sich darauf, lediglich Küche und Bad

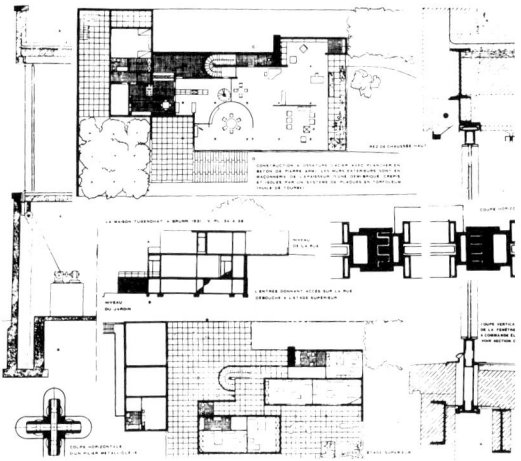

149 Mies van der Rohe, Deutscher Pavillon, Weltausstellung, Barcelona, 1929.

150 Mies van der Rohe, Haus Tugendhat, Brünn, 1930.

ihrer Installation wegen als konstante Räume auszubilden und entschließt man sich dann noch, die übrige Wohnfläche mit verstellbaren Wänden aufzuteilen, so glaube ich, daß mit diesen Mitteln jedem berechtigten Wohnanspruch genügt werden kann.«
Höhepunkte in Mies' frühem Schaffen waren die drei Meisterwerke, die er nach der Fertigstellung der Weißenhofsiedlung schuf: der Deutsche Pavillon auf der Weltausstellung in Barcelona von 1929, das Haus Tugendhat in Brünn, Tschechoslowakei, von 1930 und das Musterhaus für die Berliner Bauausstellung von 1931. Bei allen diesen Arbeiten wurde ein horizontales, zentrifugales Raumgefüge unterteilt und durch freistehende Ebenen und Stützen artikuliert. Diese Raumkonzeption (die Mies bereits in seinen Landhausprojekten von 1922 und 1923 vorweggenommen hatte) ging zwar von Wright aus, war aber von der Sensibilität der G-Gruppe und den metaphysischen Raumvorstellungen des Stijl beeinflußt. Wie Alfred Barr bemerkte, waren die tragenden Wände von Mies' Landhaus aus Backstein wie ein Windrad angeordnet, ähnlich den verdichteten Elementen in van Doesburgs Bild *Rhythmen eines russischen Tanzes* (1917). Trotz der klassischen Assoziationen seines regelmäßigen Rasters mit acht Stützen und der großzügigen Verwendung traditioneller Materialien war der Barcelona-Pavillon unzweifelhaft eine suprematistisch-elementaristische Komposition (vgl. Malewitschs *Künftige Planeten für Erdbewohner* von 1924 und das Werk seines indirekten Schülers Iwan Leonidow). Zeitgenössische Fotografien zeugen von der in Worten nicht zu erfassenden Ambivalenz des Raumes und der Formen. Den Aufnahmen läßt sich entnehmen, daß bestimmte räumliche Verlagerungen des Volumens durch illusionistische Flächen wie etwa Trennwände aus grünem Transparentglas entstanden, die als Spiegelbilder der raumbegrenzenden Hauptwände wirkten. Diese Flächen waren mit poliertem grünem Marmor aus Tinos furniert und reflektierten ihrerseits den Glanz der vertikalen Chromprofile, die das Glas faßten. Ein ähnliches Spiel mit Strukturen und Farben war der Kontrast zwischen der inneren Zwischenwand aus poliertem Onyx (dem Gegenstück zu Wrights zentral angeordnetem Kamin) und der langen Travertinwand neben der Hauptterrasse mit ihrem großen reflektierenden Wasserbassin. Hier verzerrte die gebrochene Wasserfläche, von Travertin eingefaßt und vom Winde bewegt, das Spiegelbild des Bauwerks. Dagegen mündete der von Stützen und Sprossen artikulierte Innenraum des Pavillons in einen umschlossenen Hof, der ein von schwarzem Glas gesäumtes reflektierendes Wasserbecken enthielt. Über und in diesen glatten, perfekten Spiegelflächen erhob sich die gefrorene Form von Georg Kolbes *Tänzerin*. Doch trotz all dieser delikaten ästhetischen Kontraste war das Gebäude einfach um acht freistehende kreuzförmige Stützen konstruiert, die sein flaches Dach trugen. Die Regelmäßigkeit der Konstruktion und die Solidität der hellen Travertinsockel beschworen die Tradition der Schinkelschule herauf, zu der Mies später zurückkehrte.
Wie für den Stijl-Raum von 1923 wurde auch für den Barcelona-Pavillon ein klassisches Möbelstück geschaffen: der Barcelona-Sessel, eines der fünf von Schinkel inspirierten Stücke, die der Architekt zwischen 1929 und 1930 entwarf. Die anderen vier waren der Barcelona-Hocker und -Tisch, der Tugendhat-Sessel und eine Liege mit geknöpftem Lederpolster. Der Barcelona-Sessel , dessen Gestell aus verchromtem Bandstahl und dessen Bezug aus Schweinsleder bestand, war ebenso in den Entwurf des Pavillons integriert wie Rietvelds »Rot-Blauer« Stuhl in den Raum der Berliner Ausstellung.
Das Haus Tugendhat, das Mies 1930 an einem Steilhang über der tschechischen Stadt Brünn gebaut hatte, wendete die räumliche Konzeption des Barcelona-Pavillons auf ein Wohnhausprogramm an. Man kann es auch als Versuch sehen, die geschichtete, mit Raumkompartimenten arbeitende Planung von Wrights Haus Robie – wo der Block mit den Nebenräumen hinter den Hauptwohnbereich gleitet – mit der typischen Loggiaform von Schinkels italienisierenden Villen zu vereinen. Auf

jeden Fall war der freie Grundriß hier allein dem horizontalen Wohnvolumen vorbehalten, das wiederum durch verchromte kreuzförmige Stützen gegliedert war und sich an der Längsseite auf das Stadtpanorama, an der Schmalseite auf ein mit großen Spiegelglasplatten verkleidetes Gewächshaus öffnete. Wurde die lange Glaswand mechanisch in den Boden versenkt, so verwandelte sich der gesamte Wohnbereich in eine Aussichtsterrasse. Das Gewächshaus hatte die Vermittlerrolle in einem symbolischen Schema inne – eine Position zwischen der natürlichen Vegetation und dem fossilen Onyx des Inneren. Der mit Ebenholz furnierte Alkoven des Eßbereichs rief ein Gefühl des Bergenden und Nährenden hervor, das mit der Bestimmung dieses Raumteils zusammenging. Auch die rechtwinklige Onyxwand, die den Wohnbereich vom übrigen Haus trennte, machte den »weltlichen« Charakter der Räume zu ihren beiden Seiten deutlich – des Wohnzimmers und des Arbeitszimmers. Diese Rhetorik erstreckte sich freilich nur auf das untere Erdgeschoß. Die Schlafzimmer auf dem Eingangsniveau wurden als einfache abgeschlossene Volumen behandelt.

Bei dem Haus auf der Berliner Bauausstellung von 1931 demonstrierte Mies dagegen, daß der freie Grundriß auch auf die Schlafzimmer ausgedehnt werden kann. In den nächsten vier Jahren entwickelte er diese Lösung bei einer Reihe außerordentlich eleganter Hofhäuser weiter, die bedauerlicherweise nie gebaut wurden.

Mies van der Rohes Idealismus und seine Wahlverwandtschaft mit dem deutschen romantischen Klassizismus verhinderten, daß er dem auf Massenproduktion angelegten Konzept der Neuen Sachlichkeit nähertrat. Der Begriff Sachlichkeit wurde zu unterschiedlich interpretiert. Was Mies betraf, so legte er seine apolitische, um nicht zu sagen reaktionäre Position dar, als er 1930 als Nachfolger Hannes Meyers Direktor des Bauhauses wurde. In seinem Essay *Die neue Zeit*, den er anläßlich seiner Ernen-

151 Mies van der Rohe, Haus Tugendhat, Brünn, 1930. Eßbereich.

nung schrieb, versuchte er, seine eigene einigermaßen vieldeutige Einstellung zu formulieren. Als Reaktion auf Hannes Meyers »materialistischen« Aufsatz *Bauen* schrieb er:

»Die neue Zeit ist eine Tatsache; sie existiert ganz unabhängig davon, ob wir ›ja‹ oder ›nein‹ zu ihr sagen.
Aber sie ist weder besser noch schlechter als irgendeine andere Zeit. Sie ist eine pure Gegebenheit und an sich wertindifferent. Deshalb werde ich mich nicht lange bei dem Versuch aufhalten, die neue Zeit deutlich zu machen, ihre Beziehungen aufzuzeigen und die tragende Struktur bloßzulegen.
Auch die Frage der Mechanisierung, der Typisierung und Normung wollen wir nicht überschätzen.
Und wir wollen die veränderten wirtschaftlichen und sozialen Verhältnisse als eine Tatsache hinnehmen.
Alle diese Dinge gehen ihren schicksalhaften und wertblinden Gang.
Entscheidend wird allein sein, wie wir uns in diesen Gegebenheiten zur Geltung bringen.
Hier erst beginnen die geistigen Probleme.

Nicht auf das ›Was‹, sondern einzig und allein auf das ›Wie‹ kommt es an. Daß wir Güter produzieren und mit welchen Mitteln wir fabrizieren, besagt geistig nichts.
Ob wir hoch oder flach bauen, mit Stahl und Glas bauen, besagt nichts über den Wert dieses Bauens.
Ob im Städtebau Zentralisation oder Dezentralisation angestrebt wird, ist eine praktische, aber keine Wertfrage.
Aber gerade die Frage nach dem Wert ist entscheidend.
Wir haben neue Werte zu setzen, letzte Zwecke aufzuzeigen, um Maßstäbe zu gewinnen.
Denn Sinn und Recht jeder Zeit, also auch der neuen, liegt einzig und allein darin, daß sie dem Geist die Voraussetzung, die Existenzmöglichkeit bietet.«

Dieses klassizistische Interesse an geistigen Werten hat offenbar zu der idealisierten Monumentalität von Mies’ Reichsbankprojekt von 1933 geführt, ein Wettbewerbsentwurf, den er im Jahr der nationalsozialistischen Machtergreifung einreichte. Die nicht klassischen Impulse, die ihn bis zu dieser Zeit geleitet hatten – der suprematistische Elementarismus, der seine Version des freien Grundrisses inspirierte –, wichen nun einer inaktiven Monumentalität, die nichts als die Verklärung der bürokratischen Autorität beabsichtigte. Die Außenhaut blieb jetzt neutral. Suprematistische Sensibilität spielte in Mies’ Werk keine Rolle mehr, bis sie 1939 nach seiner Emigration in die Vereinigten Staaten für kurze Zeit in den ersten Skizzen für den IIT-Campus in Chicago wieder auftauchte.

19. Kapitel
Die Neue Kollektivität: Kunst und Architektur in der Sowjetunion 1918–1932

»Das einfache, klassische Konzept des Internationalismus machte gegen Ende der zwanziger Jahre eine beträchtliche Wandlung durch, als die Hoffnung auf eine unmittelbar bevorstehende Weltrevolution schwand und die eher autarke Phase des ›sozialistischen Aufbaus in einem Lande‹ begann. Gleichzeitig wich die überschwengliche romantische Vorstellung von der Technik der nüchternen Einsicht, daß der Technik in Rußland ein harter Kampf bevorstand, bis aus einer landwirtschaftlichen Gesellschaft ein moderner industrieller Organismus werden konnte, und daß mit den primitivsten Mitteln begonnen werden mußte.

Daß die Architekten die Bedeutung dieser Veränderungen nicht erfaßten und sich ihnen nicht anpaßten, führte sie, wie früher die Formalisten, an den Rand des völligen Unvermögens.

Die Architekten begaben sich selbst ihrer Mittel, indem sie die gesamte architektonische Tradition verwarfen. Dadurch verloren sie alles Vertrauen in sich selbst und in ihre sozialen Funktionen. Jene Architekten, die am ehrlichsten mit sich selbst waren, zogen ihre eigenen Schlüsse aus der Verehrung des Ingenieurs und der Ablehnung aller architektonischen Traditionen und gaben schließlich ihren Beruf auf, um Bautechniker, Verwalter und Planer zu werden.

Die Diskrepanz zwischen der Vision einer hochentwickelten Technik und der Realität einer primitiven und rückständigen Bauindustrie, in der die idealisierte Technologie
mehr und mehr alltäglichem erfinderischem Geschick auf niedrigerem Niveau weichen mußte, führte andere zu einem seichten, unaufrichtigen Ästhetizismus. Er war nicht von dem der Formalisten zu unterscheiden, den sie hatten abschaffen wollen. Denn sie waren gezwungen, die korrumpierten Formen einer fortgeschrittenen Technik zu reproduzieren, die ihnen selbst nicht zugänglich war.*

Das aggressive Selbstbewußtsein, mit dem die Funktionalisten ihren Glauben verkündeten, konnte weder die Unfruchtbarkeit ihrer Doktrin noch die Sterilität ihrer Praxis verbergen. Die wenigen erhaltenen Gebäude dieser Zeit legen davon Zeugnis ab.«

Berthold Lubetkin
Soviet Architecture: Notes on Development from 1917 to 1932, AAJ, 1956

Die russische panslawische Kulturbewegung, die nach der Aufhebung der Leibeigenschaft 1861 entstand, manifestierte sich in der weitverbreiteten Wiederbelebung der slawischen Künste und des Kunstgewerbes. Diese Tendenz trat zum erstenmal in den frühen siebziger Jahren auf dem Gut Abramzewo außerhalb Moskaus auf, wo der Eisenbahnmagnat Savva Mamontow einen Zufluchtsort für die populistischen oder Narodniki-Maler geschaffen hatte, die sich selbst »Wanderer« nannten. Sie hatten sich 1863 von der Petersburger Akademie zurückgezogen, um Wanderkünstler zu werden, die ihre »Kunst« zum Volke trugen.

1890 gründete die Prinzessin Tenishewa eine Kolonie für Heimindustrie, um die traditionellen slawischen Handwerke wiederzubeleben. Die Arbeiten der Künstler um Mamontow reichten von Rückgriffen auf das Mittelalter (altrussischer Stil), wie etwa W. W. Wasnezows Abramzewo-Kapelle (1882), bis zu Leonid Pasternaks Entwürfen für die Erstaufführung von Rimski-Korssakows Oper »Schneeflöckchen« (1883). Dagegen waren die Produkte der Tenishewa-Kolonie bescheidener; einfache, leichte Häuser aus Gitterwerk, Möbel und Hausgerät, deren Grundformen weitgehend von traditionellen Holzkonstruktionen hergeleitet waren und deren dekorative Elemente auf bäuerliches Kunsthandwerk wie die traditionelle erzählerische Kunstform des als *lubok* bekannten Holzschnittes zurückgingen. Die populistischen, expressiven Malereien des Abramzewo-Kreises waren erste Versuche auf dem Wege zur radikalen russischen Kunst des frühen 20. Jahrhunderts. Sie nahmen sowohl die dadaistische *zaum*-Dichtung Alexej Krucenychs als auch die atonale Musik Matjushins vorweg. Das Kunsthandwerk der Tenishewa-Kolonie war dagegen wegweisend für die konstruktivistische Holzschnitt- und Schablonen-Typographie der nachrevolutionären Proletkult-Bewegung.

Im Gegensatz zu der überquellenden Vitalität der panslawischen Bewegung in den Künsten schwankte die russische Architektur trotz ihrer enormen Leistungen nach 1870 stilistisch (vor allem in Moskau) zwischen den klassischen Standards von St.

Petersburg und der allmählich aufkommenden nationalromantischen Bewegung. Sie war 1838 durch K. A. Thons neobyzantinischen Kremlpalast in Gang gekommen und brachte im letzten Jahrzehnt des Jahrhunderts die sogenannten neorussischen Künstler hervor, wie W. W. Wasnezow, A. W. Stschussew, W. F. Walcot und vor allem F. O. Schechtel, dessen Haus Rajabushinsky von 1900 dem Vergleich mit August Endells besten Werken standhielt. Die Künstler waren stark vom Art Nouveau beeinflußt und bezogen sich auf Persönlichkeiten wie Voysey, Townsend und Richardson. Ihre Ausdrucksformen variierten zwischen Stschussews höchst eklektizistischem, aber letzten Endes nachzüglerischem Kasaner Bahnhof (begonnen 1913) und Wasnezows brillanter Tretjakow-Galerie (1900–1905), die sich trotz ihres Eklektizismus mit Olbrichs Ernst-Ludwig-Haus von 1901 vergleichen läßt. Weitgehend unabhängig von diesen Tendenzen vollzog sich die Entwicklung im Bereich des Ingenieurbaus, wo vor allem der Ingenieur W. G. Schuchow herausragte, der Entwerfer des Glasdaches für A. N. Pomeranzews Neue Handelszeilen in Moskau (1889–1893), der 1926 in Moskau einen Funkturm in Leichtkonstruktion in Form eines Kegels baute.

Wichtiger für die nachrevolutionäre Architektur war die Umwandlung der slawophilen Bewegung in eine volksnahe kulturelle Kraft, die weitgehend von den »wissenschaftlichen« Kulturtheorien des Ökonomen Alexander Malinowsky inspiriert war (Malinowsky nannte sich ab 1895 »Bogdanow«, der Gottbegnadete). Nachdem Bogdanow in der revolutionären Krise von 1903 von den Sozialdemokraten zu den Bolschewiken übergetreten war, gründete er 1906 die Organisation für Proletarische Kultur, sonst als Proletkult bekannt. Diese Bewegung widmete sich der Regeneration der Kultur durch eine neue Einheit von Wissenschaft, Industrie und Kunst. Nach Bogdanow würde eine Superwissenschaft,

die »Tektologie«, der neuen Gemeinschaft die natürlichen Mittel liefern, die traditionelle Kultur und ihre eigenen materiellen Produkte zu einer höheren Einheit zu verbinden. James Billington schrieb:
»Eher im Sinne von Saint-Simon als von Marx argumentierte Bogdanow, die zerstörerischen Konflikte der Vergangenheit würden nie ohne eine positive neue Religion gelöst werden; die einigende Rolle in der Gesellschaft, die einst ein zentraler Tempel der Andacht und des religiösen Glaubens gespielt habe, müsse nun der lebendige Tempel des Proletariats spielen sowie eine pragmatische, sozial orientierte Philosophie des ›Empirio-Monismus‹.«
Bogdanow veröffentlichte den ersten Teil seiner Abhandlung über Tektologie, »Die universale organisatorische Wissenschaft«, im Jahre 1913, dem gleichen Jahr, in dem Krucenychs futuristisches Spiel »Sieg über die Sonne« mit Musik von Matjushin und Kostümen und Bühnenbildern von Kasimir Malewitsch in St. Petersburg uraufgeführt wurde. Malewitschs Vorhang für dieses apokalyptische Spiel zeigte zum erstenmal jenes schwarze Quadratmotiv, das zum wichtigsten Symbol des Suprematismus wurde.
Am Vorabend des Ersten Weltkrieges hatte die avantgardistische russische Kultur sich bereits in zwei unterschiedliche, aber miteinander verbundene Richtungen entwickelt. Die eine war eine nichtutilitaristische, synthetische Kunstform, die versprach, das tägliche Leben in jene tausendjährige Zukunft zu verwandeln, die in den Gedichten Krucenychs und Malewitschs heraufbeschworen wurde. Die zweite, von Bogdanow beeinflußte Richtung war eine auf die Narodniks zurückgehende Hypothese, die aus den materiellen und kulturellen Anforderungen des Gemeinschaftslebens und der Produktion eine neue Einheit herzustellen suchte. Nach dem Oktober 1917 gerieten diese beiden Positionen – die »apokalyptische« und die »synthetische« – in der revolutionären Wirklichkeit des neu-

gegründeten Sowjetstaates in Konflikt, was zu hybriden Formen der sozialistischen Kultur führte. So übernahm Lissitzky Malewitschs »apokalyptische« und stark abstrahierte Kunst für die utilitaristischen Zwecke seines eigenen suprematistischen Elementarismus.
Im Jahre 1920 wurden in Moskau Inkhuk (Institut für künstlerische Kultur) und Wchutemas (Höhere künstlerisch-technische Werkstätten) als Ausbildungsstätten für Kunst, Architektur und Entwerfen gegründet. Beide Institute dienten auch als öffentliche Diskussionsorte, wo mystische Idealisten wie Malewitsch und Wassily Kandinsky und objektive Künstler wie die Brüder Pevsner den sogenannten Produktivisten wie Wladimir Tatlin, Alexander Rodtschenko und Alexej Gan gegenüberstanden. Im Jahre 1920 wurde die Position der reinen Kunst am eloquentesten von Naum Gabo (Pevsner) formuliert, der später über seine kritische Reaktion zum Tatlin-Turm schrieb:
»Ich zeigte ihnen ein Foto des Eiffel-Turmes und sagte: ›Was ihr für neu haltet, ist bereits vollbracht worden. Baut entweder funktionale Häuser und Brücken oder schafft reine Kunst oder beides. Bringt das eine nicht mit dem anderen durcheinander. Eine solche Kunst ist nicht reine konstruktive Kunst, sondern nur eine Imitation der Maschine.‹«
Trotz der überzeugenden Logik solcher Äußerungen fühlten sich Idealisten wie Gabo und Kandinsky gezwungen, die Sowjetunion zu verlassen. Malewitsch war es gelungen, sich in Witebsk einzugraben, wo er kurz nach 1919 seine suprematistische Schule Unovis (Schule der Neuen Kunst) gegründet hatte. Diese Institution übte einen prägenden Einfluß auf Lissitzkys Entwicklung aus, der sich von seiner expressionistischen Graphik abwandte und seine Laufbahn als suprematistischer Entwerfer begann.
Inzwischen war aus den Kommunikationsbedürfnissen der Revolution spontan eine

152 *Agit-Prop-Zug, 1919.*

leicht zerlegbar und demontierbar sein und auf einfachstem Produktionsniveau hergestellt werden. Neben der Verbreitung von Propaganda engagierten sich produktivistische Künstler wie Tatlin und Rodtschenko auch für leichte zusammenlegbare Möbel und strapazierfähige Arbeitskleidung. Tatlin entwarf einen Ofen, der bei einem minimalen Brennstoffverbrauch ein Maximum an Hitze abgeben sollte. Daß das »nomadische« Konzept international verbreitet war, zeigen die leichten Möbel der europäischen Architekten aus den späten zwanziger Jahren – die vom Prinzip her demontierbar gedacht, wenn nicht sogar tatsächlich zerlegbaren Stühle von Mies van der Rohe, Le Corbusier, Mart Stam, Hannes Meyer und Marcel Breuer. Breuer war diesem Einfluß besonders zugänglich: Sein berühmter Wassily-Stuhl von 1926 entstand etwa zur gleichen Zeit wie ein nahezu identischer Stuhl aus Stahlrohr und Segeltuch von Wchutemas.

Aus einem kürzlich entdeckten Briefwechsel zwischen Moholy-Nagy und Rodtschenko geht hervor, daß das Bauhaus nach 1923 unter dem direkten Einfluß von Wchutemas stand.

In den frühen zwanziger Jahren war die umfassendste Ausdrucksform des Proletkults das Theater, vor allem Nikolai Ewreinows »Theatralisierung des täglichen Lebens«. In Form militärischer Schaudarbietungen wurde alljährlich die Erstürmung des Winterpalastes inszeniert. Zu weniger gewichtigen Anlässen wurden Straßenparaden organisiert, bei denen konstruktivistische Gliederpuppen, die stets entweder die Revolution oder ihre kapitalistischen Feinde darstellten, den Mittelpunkt in Massendemonstrationen bildeten. Ähnlich polemische Absichten leiteten Meyerhold bei seiner Proklamierung des »Oktobertheaters«, das die Straßenaktivitäten der Agit-Prop auf die Prinzipien der agitatorischen Bühne übertragen sollte. Meyerholds Oktober-Proklamation von 1920 schrieb ein Theater mit

den folgenden Elementen und Prinzipien vor: 1. eine ständig erleuchtete Arenabühne, die Zuschauer und Schauspieler vereinen sollte; 2. ein anti-naturalistischer, mechanisierter Aufführungsstil mit dem Schauspieler-Akrobat als idealem Typus für Meyerholds »bio-mechanische« Bühne – eine Bühne, deren Form starke Ähnlichkeit mit dem Zirkus aufwies; und schließlich 3. der Verzicht auf Illusionen und auf jenen Symbolismus, der damals noch in bürgerlichen Theatern wie Stanislawskis Moskauer Künstlertheater vorherrschte. Von ähnlichen Grundsätzen ging Erwin Piscator aus, als er 1924 das Berliner Proletariertheater gründete.

Lenin mißtraute Bogdanows radikaler Behauptung, es gebe drei unabhängige Wege zum Sozialismus – den wirtschaftlichen, den politischen und den kulturellen. Doch

153 *Tatlin, Modell eines Monuments für die III. Internationale, 1919–1920. Im Vordergrund Tatlin mit einer Pfeife in der Hand.*

spezifisch proletarische Kultur entstanden. Sie brachte neues Leben in kulturelle Formen, die sonst vielleicht weit von den Lebensbedingungen und den wirklichen Bedürfnissen der überwiegend schlecht untergebrachten, schlecht ernährten und vor allem ungebildeten Bevölkerung entfernt gewesen wären. Die graphische Kunst spielte eine entscheidende Rolle bei der Verbreitung der revolutionären Botschaft. Sie wurde zur Straßenkunst in großem Maßstab, tauchte in den Agit-Prop-Propagandazügen und -booten auf, die von Proletkult-Künstlern gestaltet wurden, und war Teil des »monumentalen Propagandaplans«, den die Behörden kurz nach der Revolution mit dem ausdrücklichen Ziel starteten, jede verfügbare Fläche mit anfeuernden Slogans und gezielter Ikonographie zu bedecken. Die Hauptaufgabe des Proletkults war es zu dieser Zeit, offizielle Informationen durch Theaterstücke, Filme und agitatorische Plakate zu propagieren. Wegen der nomadischen Arbeitsweise mußte alles obwohl Bogdanow 1920 offiziell zurechtgewiesen und die Proletkult-Bewegung später dem Narkompros (Volkskommissariat für Erziehung) unterstellt wurde, blieb der Ethos der Agit-Prop-Kultur erhalten, vor allem in Meyerholds Theater. Er drückte sich auch weiterhin in den zahlreichen Projekten für Kioske, Tribünen und andere didaktische Informationsbauten aus, die von produktivistischen Künstlern wie G. Klutsis und Rodtschenko entworfen wurden. Diese Projekte waren die ersten Versuche, einen nichtprofessionellen sozialistischen Architekturstil zu formulieren. Obwohl nicht auf Realisierung angelegt, stellte Lissitzkys Entwurf für eine Lenin-Tribüne von 1920 (vgl. S. 115), als Proun projektiert, eine Alternative zu dieser Architektur dar. Lissitzky hatte die Bezeichnung Proun – von *Pro-Unovis*, »Für die Schule der Neuen Kunst« – geprägt, um einen völlig neuen schöpferischen Bereich zu definieren, der irgendwo zwischen Malerei und Architektur lag.

Unter diesen Pionierwerken ragte besonders Tatlins Entwurf eines 400 m hohen Gedenkturmes für die III. Internationale (1919/20) hervor. Er bestand aus zwei miteinander verschlungenen Spiralen aus Raumfachwerk, in die vier große transparente Volumen gehängt werden sollten. Die Volumen sollten mit unterschiedlichen Geschwindigkeiten rotieren, so daß sie einmal im Jahr, einmal im Monat, einmal am Tag und wahrscheinlich einmal in der Stunde eine Umdrehung vollzogen. Sie waren der Gesetzgebung, der Verwaltung, der Information und der Filmprojektion gewidmet. Auf einer Ebene war Tatlins Turm ein Monument für die Verfassung und die Funktion des Sowjetstaates; auf einer anderen Ebene sollte er das produktivistisch-konstruktivistische Programm verdeutlichen, das »intellektuelle Materialien« wie Farbe, Linie, Punkt und Ebene sowie »physikalische Materialien« wie Eisen, Glas und Holz als thematisch gleichwertige Elemente betrachtete. Man kann also den Turm

kaum als rein utilitaristisches Objekt betrachten. Trotz der gegen die Kunst und gegen die Religion gerichteten Slogans des »Programms der Produktivistischen Gruppe« von 1920 blieb der Turm eine monumentale Metapher für die Harmonie einer neuen sozialen Ordnung. Zum erstenmal wurde er unter einem Schriftband ausgestellt, das den Slogan trug: »Ingenieure schaffen neue Formen«.

Der futuristische Symbolismus sowohl der Form als auch des Materials wird in einer zeitgenössischen Beschreibung deutlich,

155 Melnikow, Sucharew-Markt, Moskau, 1924–1925.

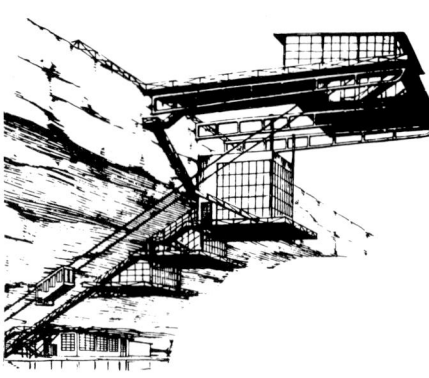

154 Simbirchew im Wchutemas-Atelier Ladowskis, Entwurf für ein aufgehängtes Restaurant, ca. 1922–1923.

die wahrscheinlich Tatlins eigene Worte paraphrasierte:
»Wie das Produkt der Zahl der Schwingungen und der Wellenlänge das räumliche Maß des Klanges ist, so ist die Proportion zwischen Glas und Eisen das Maß des Materialrhythmus. In der Vereinigung dieser fundamental wichtigen Materialien drückt sich eine kompakte und beherrschende Einfachheit und zugleich eine Relation aus, denn diese beiden Materialien, für die Feuer der Spender des Lebens ist, bilden die Elemente der modernen Kunst.«

Mit seinem Spiralenthema, seiner Reihe immer kleiner werdender platonischer Körper und seiner rhetorischen Zurschaustellung von Eisen, Glas und mechanisierter Bewegung als zeittypischen Elementen nahm Tatlins Turm Arbeiten zweier unterschiedlicher Tendenzen in der russischen Avantgardearchitektur vorweg: Die eine war in jener Schule zu Hause, die sich innerhalb der Wchutemas in der Grundstudienabteilung des ersten und zweiten Jahres unter Nikolai Ladowski etablierte. Diese strukturalistische oder vielmehr formalistische Schule versuchte eine völlig neue Syntax der gestalterischen Form zu entwickeln, die auf den Gesetzen der menschlichen Wahrnehmung beruhen sollte. Die andere Schule, die 1925 unter der Führung des Architekten Moisei Ginzburg entstand, vertrat eine sehr viel materialistischere und programmatischere Richtung.

Im Jahre 1921 forderte Ladowski, daß in den Wchutemas ein Forschungsinstitut für das systematische Studium der Wahrnehmung von Formen eingerichtet werden sollte. Entwürfe der Wchutemas, die unter seiner Aufsicht ausgeführt wurden, zeigten immer rhythmische Abweichungen von den Flächen reiner Formen oder waren Studien über Wachstum und Abnahme dynamischer Formen entsprechend den Gesetzen mathematischer Progression. Häufig enthielten diese Übungen Volumen in geometrischer Progression, die in Größe oder Lage stiegen oder fielen. Manchmal waren die Studien auch Entwürfe für Bauten, wie das aufgehängte Restaurant, das Simbirchew um 1923 zeichnete, ein Projekt, dessen Transparenz und extravagantes Zugangssystem den expressiven Utilitarismus der Produktivisten widerspiegelte. Eine so phantastische Konstruktion ging offensichtlich über die Möglichkeiten des sowjetischen Ingenieurbaus jener Zeit hinaus, abgesehen davon, daß die zahlreichen Niveauunterschiede sicherlich die Nutzung des Restaurants eingeschränkt hätten. Ladowskis sogenannter Rationalismus war alles andere als programmatisch, denn schließlich strebte er, wie Lubetkin bemerkte, einen Universalismus à la Larousse an. Ähnlich den klassizistischen Künstlern des späten 18. Jahrhunderts bevorzugte er geometrische Körper wie Kugeln und Kuben, Formen, die hypothetisch mit bestimmten Seelenzuständen in Verbindung gebracht werden konnten. Im Jahre 1923 versuchte Ladowski seine Vorstellungen durch die Gründung der Asnowa (Assoziation Neuer Architekten) zu propagieren, eine professionelle, an den Wchutemas orientierte Gruppe. Diese Organisation erreichte um 1925 ihren größten Einfluß, als Lissitzky und der Architekt Konstantin Melnikow ihr angehörten. Wie bei den zerlegbaren Marktständen aus Holz, die Melnikow 1924 entwarf, faßte er auch beim Pavillon der UdSSR auf der Pariser Exposition des Arts Décoratifs von 1925 die progressiveren Aspekte der modernen sowjetischen Architektur zusammen. Die phantasievolle Verwendung ineinander verschränkter Holzplanken und -dielen erinnerte nicht nur an traditionelle Bauten der Steppe, sondern auch an jene Ausstellungspavillons, die auf der Allrussischen Landwirtschafts- und Handwerksausstellung von 1923 entstanden, einschließlich des *Iswestija*-Kiosks von A. A. Exter, Gladkow und Stenberg und Melnikows

Machorka-Pavillon. In seinem Grundkonzept ging Melnikows Pavillon auf den rhythmischen Formalismus der Ladowski-Schule zurück. Die rechteckige Fläche wurde durch eine diagonale Treppe aktiviert, die das Erdgeschoß in zwei identische Dreiecke teilte. Diese Treppe führte durch eine offene Holzkonstruktion mit sich überkreuzenden Ebenen aufwärts und wieder abwärts und erschloß nur die oberen Niveaus des Bauwerks. Die sich überschneidenden Dachformen wurden in der russischen Avantgarde bald ein ebenso beherrschen-

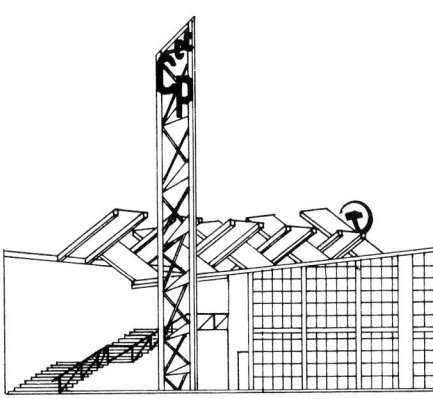

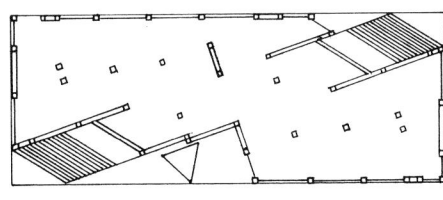

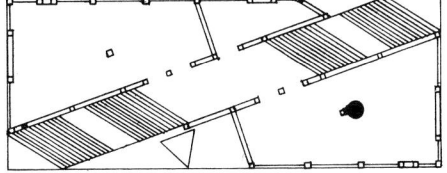

156 Melnikow, Pavillon der UdSSR, Exposition des Arts Décoratifs, Paris, 1925. Grundriß des Erdgeschosses (unten), Grundriß des ersten Obergeschosses und Aufriß.

des »geometrisch progressives« Element wie die logarithmische Spirale des Tatlin-Turms. Melnikows dynamische Holzkonstruktion wurde durch Rodtschenkos Inneneinrichtung für einen idealen Arbeiterklub ergänzt. Zu den typisch produktivistischen leichten Möbeln gehörte ein dialektisch rot und schwarz gehaltenes Schachensemble, das aus einem Tisch und zwei Stühlen bestand.

Der Gruppe Asnowa ging es nicht nur um eine stärker wissenschaftlich orientierte Ästhetik, sondern auch um neue Bauformen, die den Bedingungen des neuen sozialistischen Staates entsprachen. Deshalb beschäftigten sie sich mit Arbeiterklubs und Freizeiteinrichtungen, die der »sozialen Kondensation« dienen sollten. Dieses Streben nach neuen Formen erklärt auch Lissitzkys Versuch, eine sozialistische Version des amerikanischen Wolkenkratzers zu entwerfen. Sein Wolkenbügel von 1924 war als ein aufgeständertes Propylon gedacht, das sich auf den Ringboulevard um das Zentrum Moskaus öffnen sollte. Das bizarre Projekt stellte eine kritische Antithese sowohl zum kapitalistischen Wolkenkratzer als auch zum klassischen Tor dar. Melnikows frühe produktivistische Arbeiten entstanden in der Zeit relativer wirtschaftlicher Stabilität, die auf Lenins Neue Wirtschaftspolitik (NEP) folgte. Sie war nach dem Bürgerkrieg im März 1921 eingeführt worden, um ausländisches Kapital in die Sowjetunion zu ziehen. Lenins Tod im Januar 1924 beendete nicht nur die Periode der NEP-Kultur, sondern konfrontierte die Partei auch mit dem paradoxen Problem, einen angemessenen Stil für sein Grabmal zu finden. Die produktivistische Methode war zwar für die Darstellung der Sowjetunion auf einer internationalen Ausstellung dekorativer Kunst passend, schien aber nicht feierlich genug für den Begründer des ersten sozialistischen Staates. Auch der Klassizismus mit seinen idealistischen Bezügen war nicht geeignet. Diese Unsicherheit spiegelt sich teilweise in den Ent-

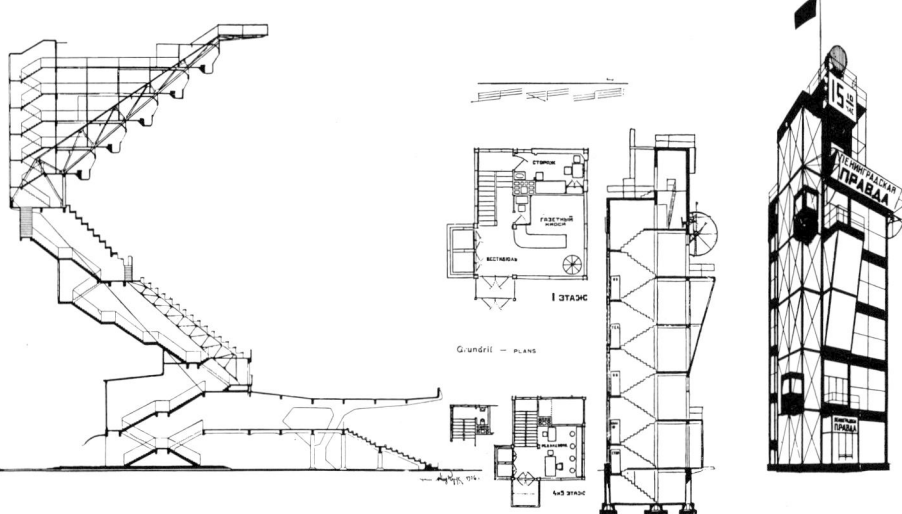

157 Typische konstruktivistische Werke der zwanziger Jahre: Korshew, Spartakiada-Stadion, Moskau, 1926 (links Schnitt durch die Tribüne) und Wesnin, Prawda-Gebäude, Moskau, 1923 (rechts Grundrisse, Schnitt und Aufriß).

158 Stschussew, provisorisches Holzmausoleum für Lenin, Moskau, 1924.

würfen wider, die der Akademiker Stschussew für Lenins Mausoleum schuf. Der erste war eine provisorische Holzkonstruktion, die trotz ihrer Symmetrie Verwandtschaft mit der produktivistischen Ästhetik aufwies. Die zweite, permanente Version in Stein war ein Versuch, die Form eines zentralasiatischen Grabmals wiedererstehen zu lassen.

Mit Lenins Tod ging die heroische Periode der Revolution zu Ende. Inzwischen verfügte die Revolution über ihre eigene Geschichte, von dem schwer errungenen Sieg über die Weißen im Bürgerkrieg bis zur tragischen Unterdrückung der Kronstadt-Revolte gegen die Partei und der Etablierung des Staatskapitalismus innerhalb des proletarischen Staates durch die Neue

Wirtschaftspolitik. Als Lenins Charisma fehlte, standen zunächst eher Konflikte als Lösungen bevor – der Nachfolgekampf innerhalb der Partei, die Modernisierung von Industrie und Landwirtschaft, die Kampagne gegen das Analphabetentum, der tägliche Kampf um Obdach und Nahrung, die Elektrifizierung des Landes und die ständige Notwendigkeit, eine Verbindung zwischen dem industriellen städtischen Proletariat und einer verstreuten, teilweise immer noch feudalen Landbevölkerung herzustellen.

Vor allem aber entbrannte alljährlich der Kampf, dem widerstrebenden, entfremdeten Landvolk, das den Anreizen der Neuen Wirtschaftspolitik hartnäckigen Widerstand entgegensetzte, ausreichend Nah-

rung für die Stadtbewohner abzugewinnen. Vom Standpunkt der Architektur gesehen, war der Wohnungsbau das akuteste Problem. Seit dem Beginn des Ersten Weltkrieges waren keine Neubauten entstanden, und in welchem Ausmaß der Vorkriegsbestand verfallen war, zeigten die Protokolle des 13. Parteikongresses von 1924, in denen der Wohnungsbau als »die wichtigste Frage im materiellen Leben der Arbeiter« bezeichnet wurde. Mit der Aufgabe konfrontiert, diesen Mangel zu beheben, fanden einige Mitglieder der jüngeren Architektengeneration, daß sie sich nicht länger mit den formalistischen Versuchen der Wchutemas abgeben konnten, die immer noch unter dem Einfluß Ladowskis standen.

Diese Reaktion führte zur Bildung einer neuen Gruppe, des Verbandes Moderner Architekten (OSA), zu dessen Gründungsmitgliedern unter der Leitung Ginzburgs M. Barstsch, A. Burow, L. Komarowa, J. Kornfeld, M. Ochitowitsch, A. Pasternak, G. Wegmann, W. Wladimirow und die Brüder A. und W. Wesnin gehörten. Bald nach seiner Gründung begann der OSA Mitglieder aus verwandten Gebieten wie Soziologie und Ingenieurbau zuzulassen. Das Programm des OSA war ebensosehr gegen die produktivistische Kultur des Proletkults gerichtet wie gegen den an Wahrnehmungskriterien orientierten Ästhetizismus Ladowskis. Von Anfang an versuchte der Verband, den Status des Architekten zu ändern: Aus dem Mann, der traditionell ein handwerkerähnliches Verhältnis zu seinem Bauherrn hatte, sollte ein neuer, professioneller Typus werden, der in erster Linie Soziologe, dann Politiker und danach Techniker war.

Im Jahre 1926 begann der OSA seine Ansichten in der Zeitschrift Sowremennaja architektura (»Zeitgenössische Architektur«) darzulegen, die sich für die Einführung wissenschaftlicher Methoden in die architektonische Praxis einsetzte. In der vierten Ausgabe führte der OSA eine internationale Befragung über Flachdächer durch, in der Taut, Behrens, Oud und Le Corbusier die technischen Möglichkeiten und die Vorteile des Flachdaches kommentierten. Der OSA stellte sich auch die Aufgabe, die notwendigen Programme und Typenformen für eine aufstrebende sozialistische Gesellschaft zu formulieren, und setzte sich mit den Problemen der Energieverteilung und der Bevölkerungsstreuung auseinander. Seine wichtigsten Anliegen waren der kollektive Wohnungsbau und die Schaffung entsprechender Sozialeinheiten sowie der Prozeß der Verteilung, nämlich Transportprobleme in allen ihren Formen.

Über den kollektiven Wohnungsbau veranstaltete *OSA* 1927 eine zweite Umfrage, die Anregungen für angemessene Formen der neuen *domkommuna* bringen sollte. Die Antworten wurden als Grundlage für einen brüderlichen Wettbewerb benutzt, in dem ein neuer Prototyp für den Wohnbau ähnlich Fouriers Phalanstère entwickelt werden sollte. Die meisten Beiträge legten den symbolischen und funktionalen Hauptakzent auf einen doppelt genutzten inneren Korridor, ein Volumen, das durch die Verzahnung nach oben und nach unten führender Maisonnettewohnungen entstand. Eine Version des Schnitts übernahm Le Corbusier nach 1932 als typische Lösung für die Blocks seiner Ville Radieuse. Alle diese Aktivitäten veranlaßten die Regierung, eine Forschungsgruppe für die Standardisierung des Wohnbaus einzusetzen, die von Ginzburg geleitet wurde. Die Gruppe entwickelte eine Reihe von *Stroikem*-Einheiten, von denen Ginzburg eine für seinen Miethausblock Narkomfin in Moskau (1929) benutzte. Die innere Straße oder das Decksystem ermöglichten den direkten Zugang zu einem anschließenden Block, der eine Kantine, eine Turnhalle, eine Bibliothek, einen Kinderhort und eine Dachterrasse enthielt. Ginzburg war sich freilich darüber im klaren, daß die damit gegebene kollektive Lebensweise den Bewohnern nicht allein durch die gebaute Form aufge-

zwungen werden konnte. Er schrieb damals:

»Wir können die Bewohner eines bestimmten Gebäudes nicht mehr zwingen, kollektiv zu leben, wie wir es, gewöhnlich mit negativem Ergebnis, in der Vergangenheit versucht haben. Wir müssen die Möglichkeit eines allmählichen, natürlichen Übergangs zu gemeinsamer Nutzung in verschiedenen Bereichen vorsehen. Deshalb haben wir uns bemüht, jede Einheit von der nächsten zu isolieren, und deshalb hielten wir es für notwendig, die Kochnische als Stan-

dardelement in minimaler Größe zu entwerfen. Sie kann aus der Wohnung entfernt werden, wenn zu gegebener Zeit Kantinenessen eingeführt wird. Wir hielten es für absolut notwendig, bestimmte Dinge einzuführen, die den Übergang zu einer sozial höherwertigen Lebensform stimulieren, *stimulieren, aber nicht diktieren*.«

Im Jahr zuvor hatte der OSA sich mit einem anderen Typus der »sozialen Verdichtung« auseinandergesetzt, dem Arbeiterklub. Anatole Kopp bemerkte:

»Im Jahre 1928 trat eine Veränderung in

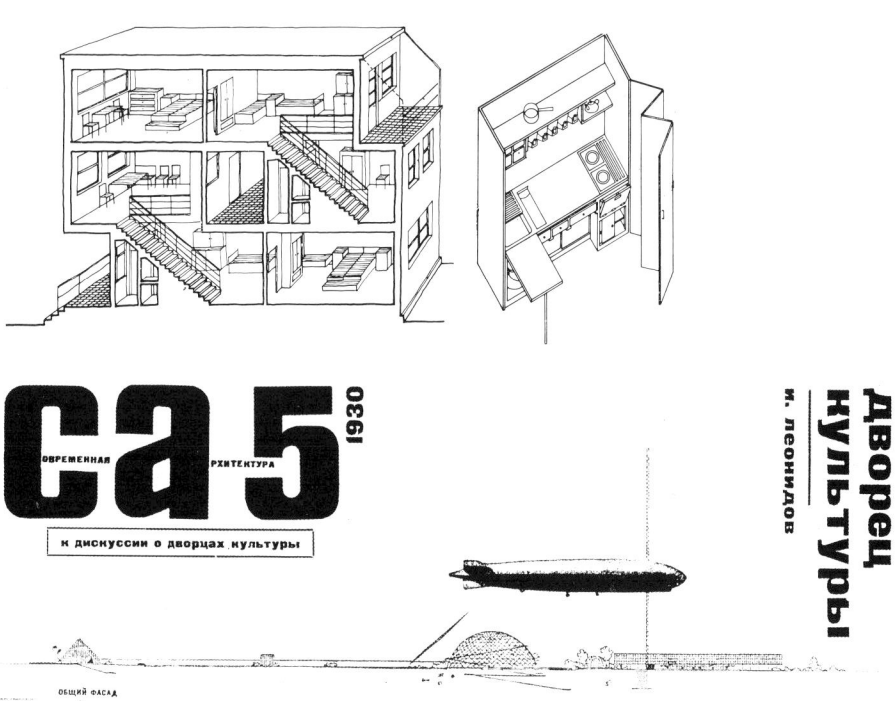

159 Ol, Iwanow und Lawinski, ineinander verzahnte Maisonnettewohnungen mit zentralem Korridor, OSA-Wettbewerb, 1927.

160 Entwurf für eine kompakte Kücheneinheit mit Faltwand vom Bauausschuß des Wirtschaftsrates der UdSSR, 1928.

161 Leonidow, Entwurf für einen Kulturpalast, Titelblatt von SA, 1930. Von links nach rechts: »Sektor für Körperkultur«, »Feld für Demonstrationen« und »Sektor für öffentliche Aktivitäten«.

der Klubarchitektur ein. Trotz aller Neuerungen wurden die bestehenden Klubs, selbst die modernsten wie die von Melnikow und Golossow entworfenen, scharf kritisiert, weil sie auf die Bühne konzentriert und an das professionelle Theater gebunden waren.«

Ginzburgs Protegé Iwan Leonidow reagierte auf diese Situation, indem er einen völlig anderen Klubtyp entwarf, der mehr auf Bildungsinstitutionen und sportliche Einrichtungen abgestellt war. Im Jahre 1928 begann er mit einer Reihe von Entwürfen, die zumeist Varianten seines bemerkenswerten, ein Jahr zuvor für ein Grundstück in den Lenin-Bergen außerhalb Moskaus projektierten Lenin-Instituts waren. Sein Entwurf für dieses Institut für fortgeschrittene Studien bestand aus zwei verglasten Primärformen: einem rechtwinkligen Bibliotheksturm und einem kugelförmigen, an einem einzigen Punkt aufliegenden Auditorium. Der fließende, an Kabeln aufgehängte Komplex sollte durch eine hochgelegte Einschienenbahn mit der Stadt verbunden werden. Leonidows futuristisches Konzept vom Klub als suprematistischer Megastruktur – eine Vision, die deutlich vom Werk Malewitschs beeinflußt war – erreichte seinen Höhepunkt 1930 mit dem Projekt für den Palast der Kultur, dessen verglaste Auditorien, Planetarien, Laboratorien und Wintergärten einem rechtwinkligen Raster folgten, der nur wenige Konzessionen an traditionelle Landschaftsgestaltung machte. Die abgezirkelte, geradezu metaphysische Fläche wurde durch üppige Pflanzengruppen und durch Prismen aufgelockert, deren transparente Formen zwar das Innere enthüllten, aber funktionell nicht festgelegt waren. Der flexible verankerte Mast, der in die Komposition einbezogen war, sollte offensichtlich ein Beispiel für die gleiche Leichtbaukonstruktion darstellen, die bei den erdgebundenen Bauten verwendet worden wäre – Bauten, deren integrierte räumliche Tragwerke die Arbeit von Architekten der fünfziger Jahre

wie Konrad Wachsmann und Buckminster Fuller vorwegnahmen.

Für solche Komplexe sah Leonidow einen ständigen Prozeß der Bildung und Erholung vor: Sport, wissenschaftliche Vorführungen, politische Versammlungen, Kino, botanische Ausstellungen, Kundgebungen, Fliegen, Segelflug, Autorennen und Militärübungen. Die utopischen Aspekte seiner Vision brachten ihm Attacken der prostalinistischen Gruppe Wopra (»Allunionsverband proletarischer Architekten«) ein, die solche Projekte wegen ihres nutzlosen Idealismus verdammten.

Bevor durch den Ukas von April 1932 die Linie der Partei gegenüber der Architektur festgelegt und die außergewöhnlich vielfältigen Strömungen der architektonischen Avantgarde in der Sowjetunion endgültig unterdrückt wurden, befaßte sich der OSA in weit größerem Maßstab mit der Frage der »sozialen Verdichtung«: Es ging um die Regionalplanung, die damals als angewandte Wissenschaft noch in den Kinderschuhen steckte. Für Ochitowitsch, den wichtigsten Planungstheoretiker des OSA, war die projektierte Elektrifizierung der Sowjetunion ein Infrastrukturmodell aller Formen der regionalen Planung. Seine Strategie für die Desurbanisierung des Landes, deren neue Strukturen entlang dem Elektrizitätsnetz und dem Straßensystem verlaufen sollten, war von seiner kritischen Einstellung gegenüber den *domkommuna* und den Superkommunen oder Kombinaten geprägt, wie sie damals von dem wichtigsten Städtebautheoretiker L. Sabsowitsch vorgeschlagen wurden. Ochitowitsch schrieb 1930:

»Wir haben nun einen Augenblick der Ernüchterung über die sogenannte ›Kommune‹ erreicht, die dem Arbeiter zugunsten von Korridoren und geheizten Passagen Wohnraum vorenthält. Die Pseudo-Kommune, die dem Arbeiter lediglich erlaubt, zu Hause zu schlafen, die Pseudo-Kommune, die ihn sowohl des Wohnraums als auch des persönlichen Komforts beraubt

(Schlangen, die sich vor Baderäumen und Garderoben und vor der Kantine bilden), ruft allmählich Unruhe unter den Massen hervor.«

So gerieten die superkollektiven Kommunen in Mißkredit, nicht nur, weil sie sozial inakzeptabel waren, sondern auch, weil ihre Größe den Einsatz komplizierter Technologie und knapper Materialien erfordert hätte. Eine Zeitlang wurden die Desurbanisierungsvorschläge von Ochitowitsch und N. A. Miljutin in offiziellen Kreisen günstig aufgenommen. Es erwies sich jedoch als leichter, Zustimmung für eine theoretische Politik zu gewinnen, als einen wirtschaftlichen Siedlungsplan auszuarbeiten, der auf das ganze Land angewandt werden konnte. Solange der OSA noch existierte, waren die Meinungen geteilt, wie dies am besten bewerkstelligt werden könnte. Nach den linearen Stadtplänen von Soria y Mata schlugen sie schließlich bandartige Siedlungen vor, die zwar phantasievoll, oft aber in völlig willkürlichen Konfigurationen gestaltet waren. Typisch für solche Projekte war der Plan von Barstsch und Ginzburg für die Grüne Stadt, eine Erweiterung Moskaus, der 1930 veröffentlicht wurde. Dieser einigermaßen exzentrische Plan enthielt eine durchlaufende, gebogene Achse mit auf Stelzen gestellten »Junggesellen«-Einheiten, die nicht nur Wohnraum bot, sondern offenbar auch die Präsenz der Stadt symbolisieren sollte. Zu beiden Seiten dieser Achse waren in Abständen von 500 m Gemeinschaftseinrichtungen vorgesehen.

Das bei weitem abstrakteste und theoretisch konsequenteste Projekt war die lineare Stadt Miljutins, der 1930 für eine durchgehende Stadt mit sechs parallelen Streifen oder Zonen plädierte. Diese Zonen sollten in folgender Reihenfolge angeordnet werden: 1. eine Eisenbahnzone; 2. eine Industriezone, die außer Produktionsstätten auch Bildungs- und Forschungszentren enthalten sollte; 3. eine Grünzone mit Autobahn; 4. ein Wohnbereich, unterteilt in

Gemeinschaftseinrichtungen, Wohnungen und eine Zone für Jugendliche mit Schulen und Kindergärten; 5. eine Parkzone mit Sportanlagen und schließlich 6. eine landwirtschaftliche Zone.

Diese Anordnung ging von bestimmten politischen und wirtschaftlichen Absichten aus. Arbeiter aus Landwirtschaft und Industrie sollten im gleichen Wohnbereich untergebracht werden. Überschüsse aus der landwirtschaftlichen oder industriellen Produktion sollten direkt in die Lagerhäuser der Eisenbahnzone oder der grünen Zone fließen, dort vorübergehend gelagert und später im ganzen Land verteilt werden. Dem gleichen »biologischen« Modell entsprechend, sollte fester Abfall aus der Wohnzone direkt in die landwirtschaftliche Zone geleitet und dort wieder für den Nahrungsanbau genutzt werden. Nach den Prinzipien des Kommunistischen Manifests von 1848 sollte jede höhere und technische Ausbildung am Ort der Arbeit stattfinden, um die Einheit von Theorie und Praxis zu gewährleisten. Über dieses biologische Schema schrieb Miljutin:

»Man darf nicht von der Abfolge dieser sechs Zonen abweichen, denn das würde nicht nur den ganzen Plan durcheinanderbringen, sondern auch die Entwicklung und Ausweitung jeder einzelnen Einheit unmöglich machen, ungesunde Lebensbedingungen schaffen und die wichtigen Vorteile für die Produktion, die das lineare System mit sich bringt, völlig zunichte machen.«

Im Januar 1929 erklärte die Sowjetunion ihre Absicht, im östlichen Ural zur Ausbeutung der Eisenvorkommen die Stadt Magnitogorsk zu gründen. Miljutin und andere OSA-Architekten wie Ginzburg und Leonidow unterbreiteten daraufhin Vorschläge für die neue Stadt. Ihre unterschiedlich abstrakten Projekte wurden von den Behörden zurückgewiesen. Statt dessen erhielten der deutsche Architekt Ernst May und sein Frankfurter Team den Auftrag, den offiziellen Plan für die Stadt zu

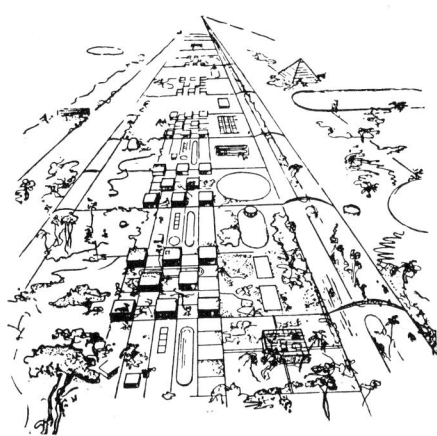

162 Leonidow, Projekt für Magnitogorsk, 1930. Eine 32 km lange Straße verbindet die Fabrikanlage mit einer landwirtschaftlichen Kommune im Inneren.

entwerfen. Die endlosen theoretischen Diskussionen der russischen Avantgardearchitekten, die komplexen Argumente und Gegenargumente der »Urbanisten« und der »Antiurbanisten« brachten die sowjetischen Behörden schließlich dazu, solche Konflikte zu umgehen und die pragmatischeren, erfahreneren linksorientierten Architekten der Weimarer Republik einzuladen, ihre normativen Planungs- und Produktionsmethoden (das heißt ihren Zeilenbau und ihre rationalisierten Bauverfahren) auf die Bauaufgaben des ersten Fünfjahresplans anzuwenden.

Es war dem OSA nicht gelungen, konkrete Vorschläge für Planungen in großem Maßstab vorzutragen oder Wohnbautypen zu entwickeln, die den Bedürfnissen und Möglichkeiten eines bedrängten sozialistischen Staates entsprachen. Da unter Stalin auch noch die paranoide Tendenz zu staatlicher Zensur und Kontrolle aufkam, war die »moderne« Architektur der Sowjetunion zum Niedergang verurteilt. Obwohl Lenin immer wieder das Bedürfnis nach einer proletarischen Kultur rechtfertigte, die auf

der »organischen Entwicklung jenes Fundus an Wissen« aufbauen sollte, »den die Menschheit unter dem Joch des Kapitalismus angesammelt hat«, besteht wenig Zweifel daran, daß seine Unterdrückung des Proletkults im Oktober 1920 ein erster Schritt in die andere Richtung war. Sicherlich war es der erste Versuch, die beachtlichen schöpferischen Kräfte zu kontrollieren, die von der Revolution freigesetzt worden waren. Lenins NEP-Programm war ein zweiter Schritt, denn es setzte dem Ausmaß eines partizipatorischen Kommunismus Grenzen. Vor allem führte der ökonomische Kompromiß des NEP offenbar zur Wiederbeschäftigung »politisch unzuverlässiger« Experten aus der Zeit der Bourgeoisie, von Künstlern wie Stschussew, der ausgerechnet Lenins Mausoleum entwarf. Bei aller Effektivität bedeutete die Arbeit bürgerlicher Künstler unter staatlicher Aufsicht einen tiefgreifenden Kompromiß, der nicht nur die Prinzipien der Revolution verwässerte, sondern auch die Entwicklung einer kollektiven Kultur verhinderte. Andererseits war das Volk unter den gegebenen Umständen weitgehend unfähig, die Lebensweise anzunehmen, die von der sozialistischen Intelligenz gefordert wurde. Außerdem gelang es den avantgardistischen Architekten nicht, ihre visionären Vorschläge für ein solches Leben mit adäquaten technischen Mitteln zu realisieren, so daß sie bei den Behörden ihre Glaubwürdigkeit verloren. Ihr Ruf nach einer internationalen sozialistischen Kultur widersprach zudem der sowjetischen Politik nach 1925, als Stalin den Entschluß verkündete, »Sozialismus in einem Land zu bauen«. Daß Stalin keinerlei Sinn für elitären Internationalismus hatte, wurde offiziell durch Anatol Lunatscharskis nationalistischen und populistischen Kulturslogan von 1932 bestätigt, seine berühmten »Säulen für das Volk«. Ihnen verdankte die sowjetische Architektur jene regressive Form des Historismus, von der sie sich bis heute noch nicht befreien konnte.

20. Kapitel
Le Corbusier und die Ville Radieuse 1928–1946

»Das Räderwerk der Gesellschaft ist ernstlich gestört, es schwankt zwischen einem Aufschwung von historischer Bedeutung und einer Katastrophe. Der Urinstinkt eines jeden Lebewesens ist darauf ausgerichtet, sich eine Ruhestätte zu schaffen. Die verschiedenen arbeitenden Klassen der Gesellschaft haben heute keine angemessene Ruhestätte mehr, weder der Arbeiter der Hand noch der des Geistes. So ist der Schlüssel des heute gestörten Gleichgewichts ein Bauproblem: Baukunst oder Revolution.«

Le Corbusier
Kommende Baukunst, 1926

Nach dem Wettbewerb für den Völkerbundpalast von 1927 schienen die Ingenieurästhetik und die Architektur zunehmend einen Konflikt innerhalb Le Corbusiers eigener Ideologie anzuzeigen und nicht eine Polarität, die zu einer Synthese hätte führen können. Im Jahre 1928 wurde diese Spaltung besonders in dem Gegensatz zwischen der unleugbaren Monumentalität der Cité Mondiale und den leichten Möbeln aus Stahlrohr deutlich, die er zur gleichen Zeit zusammen mit Charlotte Perriand entwarf – *le fauteuil à dossier basculant, le grand confort, la chaise longue, la table »tube d'avion«* und *le siège tournant.* Sie alle waren auf dem Salon d'Automne von 1929 ausgestellt. Auf rationale Weise hatte bereits die ästhetische Theorie des Purismus einen solchen Zwiespalt vorweggenommen. Die Puristen hatten argumentiert, je enger die Beziehung zwischen Mensch und Objekt sei, um so stärker müsse das Objekt die Konturen seiner Form reflektieren, das heißt, um so näher müsse es dem ergonomischen Äquivalent der Ingenieurästhetik kommen. Umgekehrt tendiere das Objekt bei einer distanzierteren Beziehung um so mehr zur Abstraktion – das heißt zur Architektur.

Was das Bauen betraf, so wurde die Be-

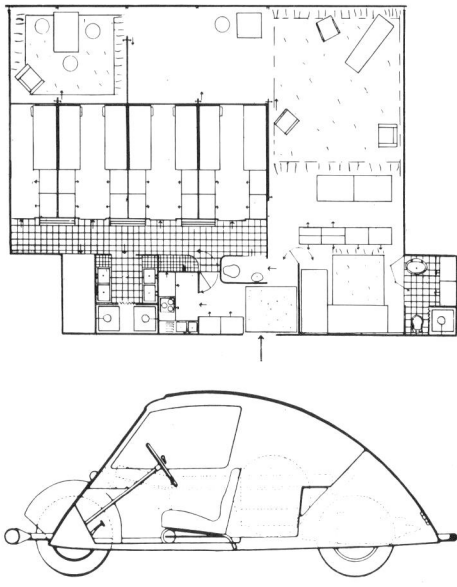

163 Le Corbusier und Jeanneret, Ville Radieuse, 1931. Grundriß einer Einheit mit fünf Schlafzimmern.

164 Le Corbusier und Jeanneret, voiture maximum, *1928.*

stimmung der Form durch Nutzung und enge Mensch-Objekt-Beziehung kompliziert, da die Massenproduktion ihre Anforderungen stellte. Man mußte unterscheiden zwischen der Schaffung eines einzigartigen Monuments und den Vorteilen rationalisierter Produktionsverfahren für den allgemeinen Wohnungsbau. Eine solche Unterscheidung war offenbar der Grund dafür, daß Le Corbusier seine Randblockbebauung, sonst als Immeuble-Villa bekannt, aufgab und sich einer eher für die Serienproduktion geeigneten Bauform zuwandte. In seinen Projekten für eine Ville Radieuse konzipierte er den Block *à redent,* den er als durchlaufendes Band für die Kranbahnen des industrialisierten Wohnungsbaus entwarf. Le Corbusiers *redent*-Form basierte auf Eugène Hénards Boulevard à Redans von 1903 (wobei die Bezeichnung *redan* wie das Wort *boulevard* dem Vokabular des Festungsbaus entlehnt war). Sie bestand in einer durchgehenden Reihenhausbebauung, deren Front in regelmäßigen Abständen zurückgesetzt war beziehungsweise bündig mit der äußeren Straßenbegrenzung verlief.

Die unterschiedliche Organisation der Wohneinheiten in diesen beiden Typen zeigte sich auch in ihrer unterschiedlichen äußeren Form. Während die Immeuble-Villa (wie ihr Name andeutet) auf *qualitatives* Wohnen mit dem »hängenden Garten« als autonomem Element angelegt war, war die Ville Radieuse eher an ökonomischen Kriterien orientiert, das heißt, an den *quantitativen* Standards der Serienproduk-

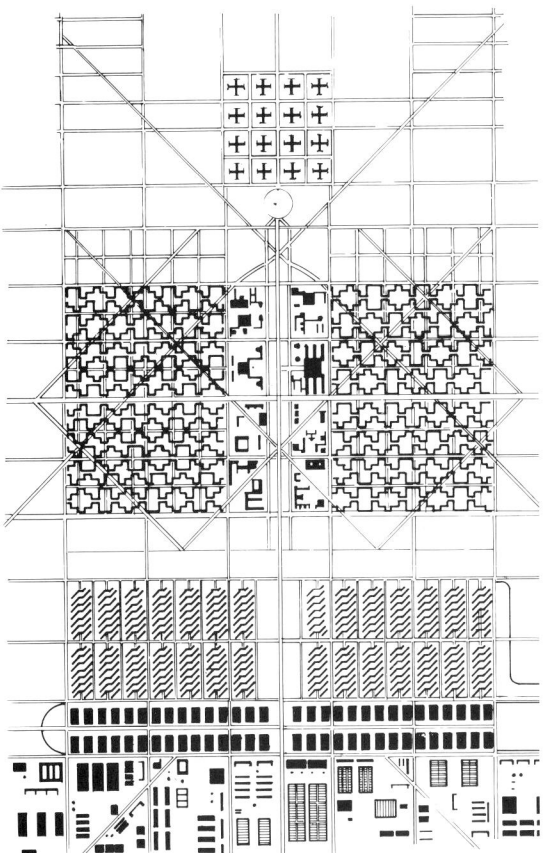

165 Le Corbusier und Jeanneret, Ville Radieuse, 1931. Plan mit der Zonenaufteilung in parallele Bereiche: von Bürobauten (oben) über die Wohnbebauung (Mitte) zur Industrie.

tion. Während die Immeuble-Villa über eine großzügige Gartenterrasse und einen zwei Geschosse hohen Wohnbereich verfügte, deren Dimensionen ohne Rücksicht auf die Familiengröße festgelegt waren, bestand die Wohnungseinheit der Ville Radieuse (VR) aus einem flexiblen eingeschossigen Appartement unterschiedlicher Größe, das wirtschaftlicher war als die Maisonnettewohnungen. Die VR-Einheit nutzte jeden verfügbaren Quadratzentimeter aus: Die Trennwände wurden so dünn, daß sie nicht mehr die akustische Isolierung garantierten. Aus dem gleichen ökonomischen Grund wurden Nebenräume wie Küche und Badezimmer auf ein Minimum reduziert. Außerdem konnte jede Wohnung durch Schiebewände für die Benutzung bei Tag oder bei Nacht verwandelt werden. Waren die Wände geschlossen, unterteilten sie die Schlafbereiche, und wurden sie geöffnet, so entstand ein Kinderspielraum, der dem Wohnraum zugeschlagen werden konnte. Die typische VR-Wohnung war also ergonomisch so effizient geplant wie die Schlafkabinen eines *wagon-lit,* und Le Corbusier verwendete tatsächlich teilweise die gleichen Raumstandards. Klimaanlagen und vollversiegelte Fassaden waren ein deutlicher Versuch, die Normenausstattung des Industriezeitalters zu verwenden. Der VR-Block stand dem Produktdesign nahe und war weit von Architektur im traditionellen Sinne entfernt – ebensoweit wie vom Ethos der Cité Mondiale.

Le Corbusiers Übergang von der autonomen Randblock- zur durchgehenden Reihenhausbebauung und von dem bürgerlichen Standard der »Villa« zu einer industrialisierten Norm war möglicherweise eine Reaktion auf die technokratische Herausforderung durch die linksorientierten CIAM-Mitglieder – jener deutschen und tschechischen Architekten der Neuen Sachlichkeit, denen Le Corbusier auf dem Gründungskongreß der CIAM im Jahre 1928 begegnete (vgl. S. 118). Diese »materialistischen« Planer nahmen auch wie Le Corbusier 1929 in Frankfurt am Main an der ersten Arbeitstagung der CIAM teil, die unter dem Motto »Existenzminimum« optimale Kriterien für eine minimale Standardwohnung festlegen sollte. Le Corbusier wandte sich gegen die Reduktionstendenzen von Architekten wie Ernst May und Hannes Meyer und setzte die Raumnormen seiner *maison maximum* dagegen – ein ironisches Wortspiel mit der *voiture maxi-*

mum, einem wirtschaftlichen Auto, das er im Jahr zuvor gemeinsam mit Jeanneret entworfen hatte. Bei dem Auto behielten sie Recht, denn ihr *voiture maximum* wurde zum Prototyp der ökonomischen Fahrzeuge, die nach dem Zweiten Weltkrieg in Europa in großem Maßstab produziert wurden.

Le Corbusiers Kontakte zur Neuen Sachlichkeit und seine drei Besuche in Rußland zwischen 1928 und 1930 brachten ihn in enge Verbindung zur internationalen Linken; so konnte Alexandre de Senger, ein reaktionärer westlicher Kritiker, ihn bald darauf als das Trojanische Pferd des Bolschewismus bezeichnen.

Folgenreicher für seine spätere Entwicklung waren jedoch die sowjetischen OSA-Prototypen von 1927 mit ihren ineinander verschachtelten Maisonnettewohnungen und das Konzept einer linearen Stadt von N. A. Miljutin.

Diese beiden Ideen tauchten bald auch in seinem Werk auf, der auf einer Wohnungsebene haustiefe zweigeschossige Schnitt im Jahre 1932 und die »lineare Industriestadt« im Jahre 1935. In der Mitte der vierziger Jahre formulierte er sie noch einmal neu: die eine als prototypischen Schnitt seiner Unité d'Habitation und die andere als jene Cité Industrielle, die den Mittelpunkt seiner Regionalplanungsthesen *Les Trois Etablissements humains* darstellte. Umgekehrt versuchte er selbst den gläsernen Curtain Wall in der Sowjetunion einzuführen. Er wandte ihn bei seinem technisch »progressiven«, aber auf längere Sicht problematischen Centrosojus-Gebäude in Moskau an, das 1929 errichtet wurde. Die doppelschichtige Glaswand (ein übliches Verfahren des Schweizer Jura, das er auch bei der Villa Schwob benutzte) konnte auf die Dauer der Härte des russischen Winters nicht widerstehen. Dennoch war sie als technisches Element noch immer in seiner Antwort auf einen Moskauer Fragebogen von 1930 mit dem Titel *Réponse à Moscou* enthalten, ein Dokument, für das offenbar die Illustrationen der Ville Radieuse eigens bearbeitet wurden.

Zu den Wandlungen seiner städtebaulichen Konzepte in den zwanziger Jahren – aus der »hierarchischen« Ville Contemporaine von 1922 wurde die »klassenlose« Ville Radieuse von 1930 – hatten Le Corbusiers neue Vorstellungen von einer Stadt des Maschinenzeitalters gehört. Wichtigster Einschnitt war der Verzicht auf ein zentralisiertes Stadtmodell zugunsten einer theoretisch unbegrenzten Stadtform, deren Ordnungsprinzip wie bei Miljutins Linearstadt auf der Aufteilung in parallele Zonen beruhte. Bei der Ville Radieuse waren die-

se Zonen folgenden Zwecken zugeteilt: 1. Satellitenstädte für Erziehung und Ausbildung, 2. Geschäftszone, 3. Transportzone einschließlich Schienenverkehr für Passagiere und Luftverkehr, 4. Hotel- und Botschaftszone, 5. Wohnzone, 6. Grünzone, 7. Leichtindustrie, 8. Lagerhäuser und Frachtverkehr auf der Schiene und 9. Schwerindustrie. Es war, gelinde gesagt, paradox, daß dieses Modell immer noch gewisse humanistische, anthropomorphe Züge aufwies. Das zeigt sich an seinen erklärenden Skizzen aus der gleichen Zeit, die den isolierten »Kopf« der sechzehn kreuzförmigen Wolkenkratzer über dem »Herz« des Kulturzentrums zeigen, das wiederum zwischen den zwei Hälften oder »Lungen« der Wohnzone liegt. Abgesehen von den Systemwidrigkeiten, die durch solche biologische Metaphern bedingt waren, wurde das lineare Prinzip strikt befolgt. Die verschiedenen Zonen konnten sich unabhängig von hierarchischen Rücksichten ausweiten, ohne miteinander in Konflikt zu geraten. Die Ville Radieuse entwickelte das Konzept der Ville Contemporaine, das heißt das Prinzip der offenen Stadt, logisch weiter. Ein typischer Schnitt durch die Stadt machte deutlich, daß alle Bauten einschließlich der Garagen und der Zugangsstraßen über den Boden erhoben waren.

Durch die Aufständerung auf *pilotis* sollte die Grundfläche zu einem einzigen Park werden, in dem der Fußgänger beliebig umherwandern konnte. Der typische Querschnitt des VR-Blocks und der Curtain Wall oder *pan-verre*, der ihn umhüllte, waren gleichermaßen wichtig für die »wesentlichen Freuden« der »Sonne«, des »Raumes« und des »Grüns«. Für Grünflächen sorgte nicht nur der Park, sondern auch der Dachgarten auf dem durchgehenden *redent*-Block.

Bevor Le Corbusier 1929 seine Pläne für die »Strahlende Stadt« fertigstellte, besuchte er Südamerika, wo er dank der Pionierflieger Mermoz und Saint-Exupéry das stimulierende Erlebnis hatte, eine tropische Landschaft aus der Luft zu betrachten. Aus dieser Sicht beeindruckte ihn Rio de Janeiro als natürliche lineare Stadt, die wie ein schmales Band entlang der *corniche* lag, mit dem Meer auf der einen Seite und steilen vulkanischen Felsen auf der anderen. Die Form dieser Stadtlandschaft brachte Le Corbusier offenbar spontan auf die Idee der Viadukt-Stadt, und so skizzierte er sogleich eine Erweiterung Rios in Form einer etwa 6 km langen Küstenstraße, die sich 100 m über den Boden erhob und unter der Straßenfläche fünfzehn Geschosse »künstlicher Grundstücke« für Wohnzwecke enthielt. Diese Megastruktur lag im Schnitt über der durchschnittlichen Dachhöhe der Stadt.

Le Corbusiers phantasievoller Vorschlag führte direkt zu den Plänen für Algier, die er in den Jahren 1930 bis 1933 entwarf. Der erste Plan sah eine Megastruktur mit Autobahn auf der gesamten Länge einer ähnlich spektakulären *corniche* vor. Er erhielt die Bezeichnung »Plan Obus«, weil seine konkave Erschließung der Bucht der Flugbahn eines Geschosses ähnelte (auch hier wurde wieder ein militärischer Terminus angewendet). Mit sechs Geschossen unter der Straßenfläche und zwölf darüber entwickelte die Idee der »Viadukt-Stadt« ihre eigene Gesetzlichkeit. Jedes dieser Ge-

166 Le Corbusier, corniche *– Erweiterung für Rio de Janeiro, 1930.*

167 Le Corbusier und Jeanneret, »Plan Obus« für Algier, 1930.

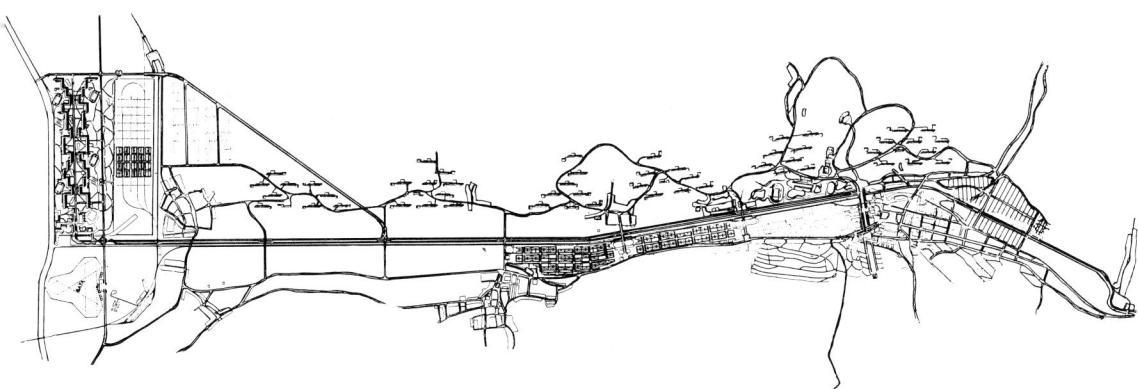

168 *Le Corbusier und Jenneret, Projekt für Zlin, Tschechoslowakei, 1935. Eine lineare Stadt mit parallelen Abschnitten.*

schosse war etwa fünf Meter hoch und bildete ein künstliches Grundstück, auf dem die einzelnen Eigentümer zweigeschossige Einheiten »in jedem beliebigen Stil« errichten sollten. Diese öffentliche, aber pluralistische Infrastruktur, für individuelle Nutzung gedacht, fand zahlreiche Anhänger unter der anarchistischen Avantgarde der Architekten nach dem Zweiten Weltkrieg (vgl. die städtischen Infrastrukturen, die Yona Friedman und Nikolaus Habraken vorschlugen).

Die »erotischen« Planfiguren, die Le Corbusier für Rio de Janeiro und Algier schuf, hingen offenbar mit Wandlungen in den Ausdrucksformen seiner Malerei zusammen: Nach 1926 ging er von puristischer Abstraktion zu sinnlich figurativen Kompositionen mit den sogenannten *objets à réaction poétique* über. Zum erstenmal tauchten in dieser Zeit weibliche Figuren in seinen Bildern auf. Ihre schweren, sinnlichen Formen machten seine Behauptung glaubwürdig, er habe wie Delacroix das Wesen der weiblichen Schönheit in der Kasbah von Algier wiederentdeckt.

Le Corbusiers Plan für Algier von 1930 war sein letztes städtebauliches Projekt in dieser überwältigenden Größenordnung. Sein ekstatischer Enthusiasmus, der in seiner Sinnlichkeit an Gaudí und dessen Park

Güell erinnert, scheint sich in einer leidenschaftlichen Eloge an die natürliche Schönheit des Mittelmeers erschöpft zu haben. Von nun an ging er im Städtebau pragmatischer vor, und seine städtischen Bautypen nahmen weniger idealisierte Formen an. Er gab den kreuzförmigen kartesianischen Wolkenkratzer zugunsten des Y-förmigen Büroblocks auf, bei dem sich das Sonnenlicht besser über die Gesamtfläche des Gebäudes verteilen ließ. Auch sein für die Villa Radieuse typischer *redent*-Block wurde im Plan Obus zu einer arabesken Form umgebogen und schließlich ganz fortgelassen. Diese Änderung führte zur Entwicklung der freistehenden Scheibe als Grundtyp für den Wohnungsbau (vgl. die *Unité* von 1952) und fiel mit seinen Projekten für die Städte Nemours in Nordafrika und Zlin in der Tschechoslowakei (1935) zusammen. Beide Vorschläge waren für steil abfallendes Gelände konzipiert, für das sich die freistehende Scheibe vorzüglich eignete. Das Schachbrettmuster des Gesamtplans, das mit den Steilhängen angemessen kontrastierte, wurde zu einer Formel, die bald überall ohne Rücksicht auf die Topographie Anwendung fand. Als typische Corbusier-Lösung für verdichtete Wohnbebauung wurde sie mit verheerenden Folgen bei vielen späteren Stadtentwicklungs-

projekten angewandt. Die Welt der Entfremdung, die in zahlreichen *grands ensembles* der Nachkriegszeit entstand, geht eindeutig zu einem großen Teil auf den Einfluß dieses Modells zurück.

Das Projekt für Zlin, das Le Corbusier für den Schuhfabrikanten Bata entwarf, war nicht nur deshalb wichtig, weil es den Kontext für die Entwicklung der *Unité*-Scheibe abgab, sondern auch, weil Miljutins Konzept der linearen Stadt hier ingeniös auf ein spezifisches Gelände angewendet wurde. Straße und Eisenbahn verbanden die Altstadt und das Industriezentrum Zlins am Grunde des Tales mit dem Firmenflughafen auf dem Plateau. Sie verliefen parallel das Tal entlang, wobei die neue Industrie auf der einen und die Firmenwohnungen auf der anderen Seite lagen. So wurde Zlin Le Corbusiers erste Formulierung der linearen Stadt nach sowjetischem Vorbild, ein Typus, den er später zu einer der drei Produktionseinheiten (das heißt *Etablissements humains*) ernannte. Die anderen beiden waren die traditionelle, radial geplante Stadt und die »landwirtschaftliche Kooperative«.

Le Corbusiers Argumente in *Les Trois Etablissements humains* von 1944 waren weitgehend eine Neuinterpretation jener Regionalplanungsthesen, die bereits der deutsche Geograph Walter Kristaller und der spanische Linearstadt-Theoretiker Soria y Mata vorgetragen hatten. Le Corbusier leitete sein Regionalmodell von Kristallers städtebaulichem Entwicklungsgesetz her, nach dem – wenn keine anderen Faktoren auftraten – städtische Ansiedlungen in Deutschland stets an den Schnittpunkten dreieckiger oder sechseckiger Raster entstanden waren. Er griff auf Soria y Matas Idee des linearen Vororts zurück und ergänzte Kristallers Analyse lediglich durch den Vorschlag, alle Verbindungen zwischen bestehenden radiozentrischen Städten als lineare Industrieansiedlungen auszubilden. Die Zwischenräume innerhalb des Rasters könnten dann als landwirtschaftliche Kooperativen genutzt werden. Für eine solche umfassende regionale Planung mußte eine neue Typologie in größerem Maßstab entwickelt werden. Zlin sollte das Vorbild der »linearen Industriestadt« werden, und die *ferme radieuse* sowie das *village radieuse,* die er 1933 für Norbert Bézard, einen Mitarbeiter der Landwirtschaftsgenossenschaft, entwarf, sollten Elemente der neuen landwirtschaftlichen Kooperative bilden.

Les Trois Etablissements humains, mit denen sich laut Le Corbusier Stadt und Land urbanisieren ließen, waren ein Versuch, den Konflikt zwischen den russischen Stadtplanern der späten zwanziger Jahre zu lösen – zwischen den Desurbanisten, denen es darum ging, die Bevölkerung über die gesamte Sowjetunion neu zu verteilen, und den Urbanisten, die für die Erhaltung bedeutender Städte und die Schaffung zusätzlicher städtischer Zentren eintraten.

Die Strahlende Stadt wurde zwar nie realisiert, doch sie übte als Entwicklungsmodell einen starken Einfluß auf die Stadtentwicklung in Europa und anderswo aus. Von zahllosen Wohnbauprojekten abgesehen, waren besonders zwei neue Hauptstadtprojekte deutlich den Ideen der Villa Radieuse verpflichtet: Le Corbusiers Generalplan für Chandigarh von 1950 und Lúcio Costas Plan für Brasilia von 1957. Le Corbusier akzeptierte in Chandigarh das bestehende Gartenstadt-Layout, das der amerikanische Planer Albert Mayer im gleichen Jahr geschaffen hatte. Daraus war zu ersehen, daß er inzwischen den Gedanken aufgegeben hatte, eine abgeschlossene Stadt mit einer charakteristischen Form zu entwerfen, und daß er dazu übergegangen war, Stadtmodelle mit dynamischem Wachstum in regionalem Maßstab zu fördern. Obwohl er Mayers Plan abänderte, blieb seine »Idealstadt« nun auf das Regierungszentrum beschränkt, auf das Kapitol von Chandigarh (1950). Eine ähnlich realistische Strategie hatte er schon bei seinem Plan für St. Dié von 1946 verfolgt. Offenbar war er

in dieser Zeit wie die Meister der Renaissance dazu bereit, anstelle des nicht realisierbaren Ganzen ein repräsentatives Element auf einen monumentalen Maßstab zu projizieren.

In der ersten Hälte der dreißiger Jahre verminderte diese latente Tendenz zur Monumentalität keineswegs Le Corbusiers Interesse an der Kultur des Maschinenzeitalters.

Er wandte sich weiterhin an Vertreter der Industrie und wies, wo immer es möglich war, auf seine Fähigkeit hin, jene *objetstypes* zu entwerfen, die seiner Meinung nach für die neue Ära unerläßlich waren.

Typisch für diese Einstellung waren die vier größeren Bauten, die er zwischen 1932 und 1933 realisierte:

das Mietshaus Clarté in Genf, der Schweizer Pavillon der Cité Universitaire in Paris und sein eigenes Appartementgebäude an der Porte Molitor in Paris. Bei allen Bauten wandte er die modulare Fassade aus Glas und Stahl an, um die Ästhetik des Maschinenzeitalters zu demonstrieren.

Er verzichtete nun auf den Betonrahmen und die verputzten Hohlblocksteine, die für die Villen der zwanziger Jahre charakteristisch waren.

Diese Verherrlichung der Ingenieurästhetik fiel paradoxerweise mit jenem Augen-

169 Le Corbusier, Appartementgebäude, Porte Molitor, Paris, 1933.

170 Le Corbusier und Jeanneret, Wohnhaus, Errazuris, Chile, 1930.

171 Le Corbusier, Titelblatt von Des canons, des munitions? Merci! Des logis . . . S.V.P., *1938.*

blick zusammen, in dem Le Corbusier seinen Glauben an den unvermeidlichen Triumph des Maschinenzeitalters zu verlieren begann. Bald nach 1933 wandte er sich gegen die rationalisierte Produktion der *machine à habiter,* doch ist schwer zu sagen, ob er von der modernen Technik als solcher enttäuscht war oder ob seine Skepsis angesichts einer von wirtschaftlicher Depression und politischer Reaktion zerrissenen Welt die Ursache war.

Wie Robert Fishman zutreffend bemerkte, hatte er der mechanisierten Massenproduktion gegenüber stets eine gewisse Reserve bewahrt:

»Le Corbusiers Forderung nach Autorität in den dreißiger Jahren spiegelt schließlich seine außerordentlich zwiespältige Einstellung gegenüber der Industrialisierung wider. Sein soziales Denken und seine Architektur beruhten auf dem Glauben, daß die Industriegesellschaft eine echte, freudig bejahte Ordnung bieten kann. Doch hinter diesem Glauben lauerte die Furcht, eine pervertierte, unkontrollierte Industrialisie-

rung könne die Kultur zerstören. Als junger Mann in La Chaux-de-Fonds hatte er erlebt, wie häßliche, in Massen produzierte Uhren aus Deutschland das Uhrmacherhandwerk buchstäblich auslöschten. Diese Lektion vergaß er nie.«

Ab 1930 traten in seinem Werk immer häufiger und immer freier artikuliert Elemente einer primitiven Technik auf: zunächst bei dem Wohnhaus mit Schrägdach aus Holz und Stein, das er 1930 für Errazuris in Chile plante, dann bei der Villa mit Bruchsteinmauern, die er 1931 für Mme. de Mandrot in der Nähe von Toulon baute, und schließlich bei zwei wichtigen Arbeiten von 1935 und 1937 – einem Wochenendhaus mit Betongewölben in einem Vorort von Paris und seinem in Leichtbauweise errichteten Pavillon des Temps Nouveaux aus Segeltuch, den er für die Weltausstellung in Paris von 1937 errichtete. Das Dach des Wochenendhauses erinnerte nicht nur an seine Maison Monol von 1919, sondern auch an die traditionellen Gewölbekonstruktionen des Mittelmeeres. Der Pavillon ließ dagegen nicht nur an nomadische Zelte denken, sondern auch an jene Rekonstruktion eines primitiven Tempels in der Wüste, den er in *Kommende Baukunst* als Illustrationsbeispiel für die *tracés régulateurs* gewählt hatte. Bei allen diesen Werken verlagerte sich der Ausdruck von der abstrakten Form auf die Konstruktion selbst. Le Corbusier schrieb über sein Wochenendhaus: »Die Planung eines solchen Hauses verlangte besondere Sorgfalt, die Konstruktionselemente waren die einzigen architektonischen Mittel.« Trotz archaischer und lokaler Anklänge wurden bei beiden Bauten die Möglichkeiten der modernen Technologie ausgenutzt: Bei dem Wochenendhaus machte Le Corbusier Gebrauch von Stahlbeton, Schichtholz und Glasbausteinen, während der Pavillon spektakulär die Aufhängung an Stahlkabeln demonstrierte und an die Montageverfahren erinnerte, die damals in den Bereich der Flugzeugtechnik gehörten. So wirkten beide Arbeiten wie

raffinierte Metaphern einer weniger doktrinären Zukunft, in der die Menschen, ihren Möglichkeiten und Bedürfnissen entsprechend, primitive und fortschrittliche Techniken frei miteinander verbinden würden (vgl. 25. Kapitel).

Wie Ressourcen im allgemeinen vom gesellschaftspolitischen Standpunkt her verteilt werden sollten, machte Le Corbusier in den Beiträgen deutlich, die er ab Januar 1931 in der monatlich erscheinenden Gewerkschaftszeitung *Plans* (herausgegeben von Philippe Lamour, Hubert Lagardelle, François Pierrefeu und Pierre Winter) publizierte. Im Dezember 1931 führte er in einem Aufsatz mit dem Titel »Décisions« aus, unter welchen politischen Umständen seine städtebaulichen Vorstellungen realisiert werden könnten. Seine Empfehlung, städtisches Land vom Staat beschlagnahmen zu lassen, lieferte jenen reaktionären Kräften Zündstoff, die ihn ohnehin als verkappten Bolschewisten sahen. Seine Forderung, der Staat solle die Herstellung nutzloser Verbrauchsgüter verbieten, muß dagegen jene rechten Technokraten verstört haben, die ihn sonst vielleicht als Vertreter ihrer Interessen betrachtet hätten.

Im Jahre 1932 brach Le Corbusier mit Lamour und wurde Mitglied des Comité de l'Action Régionaliste et Syndicaliste sowie Mitherausgeber der von Hubert Lagardelle publizierten Zeitschrift *Prélude.* Als Protegé von Sorel unterhielt Lagardelle enge Kontakte zum linken Flügel der italienischen faschistischen Bewegung und zeigte gewisse Sympathien gegenüber dem Faschismus. Der Text von *La Ville Radieuse,* der 1933 als Buch erschien, war zuvor unter dem Zeichen eines autoritären Syndikalismus kapitelweise erst in *Plans* und ab 1932 in *Prélude* erschienen. Le Corbusier, der zweifellos von den starken syndikalistischen Traditionen des Juragebiets beeinflußt war, schwankte wie die anderen Gewerkschafter zwischen dem autoritären utopischen Sozialismus Saint-Simons und den anarcho-sozialistischen Tendenzen, wie sie in den Schriften Fouriers deutlich wurden. In *La Ville Radieuse* trat Le Corbusier, den Grundsätzen der Gewerkschaft entsprechend, für ein direktes Regierungssystem durch die *métiers* (Handwerkergilden oder Gewerkschaften) ein. Wie die meisten Mitarbeiter von *Prélude* hatte er aber offenbar nur vage Vorstellungen, wie diese Herrschaft der *métiers* realisiert werden könnte.

Die französischen Syndikalisten der dreißiger Jahre akzeptierten zwar stillschweigend die Möglichkeit eines Generalstreiks als einziges Mittel, an die Macht zu gelangen, verschoben ihn aber immer wieder. Sie traten eher für die Rationalisierung des Staates als für seine Abschaffung ein. Zwar waren sie progressiv und der Industrie gegenüber positiv eingestellt, doch bewahrten sie eine Vorliebe für die vorindustrielle Harmonie. Sie waren Antikapitalisten, förderten aber dennoch eine technokratische Elite, denn obwohl sie gegen die Oligarchie des bolschewistischen Staates opponierten, befürworteten sie zugleich die technokratische Autorität. Konsequenter waren sie in ihrem leidenschaftlichen Internationalismus und Pazifismus und in ihrem Eintreten gegen Rüstungswettlauf und Konsumgesellschaft. Zu diesem Thema schrieb Le Corbusier sein polemischstes Buch mit dem prophetischen – wenn auch ironischen – Titel *Des canons, des munitions? Merci! Des logis ... S. V. P.* Aber trotz allem gelang es den Syndikalisten nicht, eine Basis im Volk zu finden. Die Kluft zwischen den Einrichtungen eines Wohlfahrtsstaates und der Möglichkeit einer qualitätvollen Massenkultur blieb Le Corbusier nicht verborgen. Mit der für ihn typischen Neutralität mißbilligte er die fast schon populistischen Wohnbauten nach den Lois Loucheur von 1929, Gesetzen, nach denen seine Minimalwohnungen für Arbeiter entworfen worden waren. Er beschloß seine Beschreibung des Projekts mit der resignierten Feststellung: »Wir werden kein einziges bauen ... Weil Euer Gesetz keine reale Grundlage hat. Es gibt keinen Berührungspunkt zwischen den beiden Seiten: meinem Plan (der eine Lebensweise ist) und jenen, für die das Gesetz gemacht wurde, den potentiellen Bewohnern, die ohne Bildung geblieben sind.«

21. Kapitel
Frank Lloyd Wright und die Auflösung der Stadt 1929–1963

»Zeitungsnachrichten zufolge erließ Henry Ford eine Anordnung, wonach alle verheirateten Arbeiter und Angestellten in ihrer Freizeit im eigenen Garten Gemüse nach genauer Anweisung von ihm verpflichteter Sachverständiger zu ziehen und damit den größten Teil des Eigenbedarfs zu decken hätten. Gartenland wird zur Verfügung gestellt. Ford erklärt, die Selbsthilfe sei das einzige Mittel gegen die wirtschaftliche Depression. Wer seinen Garten nicht bearbeitet, wird entlassen.«
Die Heimstätte, Nr. 10, 1931

Die zweite wichtige Phase in Wrights Schaffen setzte mit der Vollendung seines letzten Betonblockhauses in Tulsa, Oklahoma (1929) und mit seinen für Los Angeles geplanten Elizabeth Noble Apartments ein. Bei diesem Projekt nutzte er zum erstenmal voll die Möglichkeit, mit Stahlbeton auskragende Konstruktionen zu entwerfen. Ähnlich kristalline Formen wie dieses Mietshaus wies bereits sein Projekt für das National Life Insurance Building in Chicago von 1924 auf, dessen funkelnde Fassade aus Kupfer und Glas eine direkte Übertragung seiner Betonblock-Texturen auf Glas darstellte.

Die ökonomische Massenherstellung des Automobils durch Henry Ford und die Auswirkungen der Depression weckten Wright offenbar aus seinen idyllischen Träumen, aus der improvisierten Maya-Kultur seiner Häuser für reiche Ästheten, die sich in der üppigen Hügellandschaft Südkaliforniens ansiedelten. Er war beeindruckt von der Neuen Sachlichkeit Europas und suchte eine neue Rolle für die Architektur zu formulieren, indem er neue Strukturen für die Gesellschaftsordnung der Vereinigten Staaten vorschlug.

Seit seinem Vortrag »The Art and Craft of the Machine« (1901) hatte Wright erkannt,

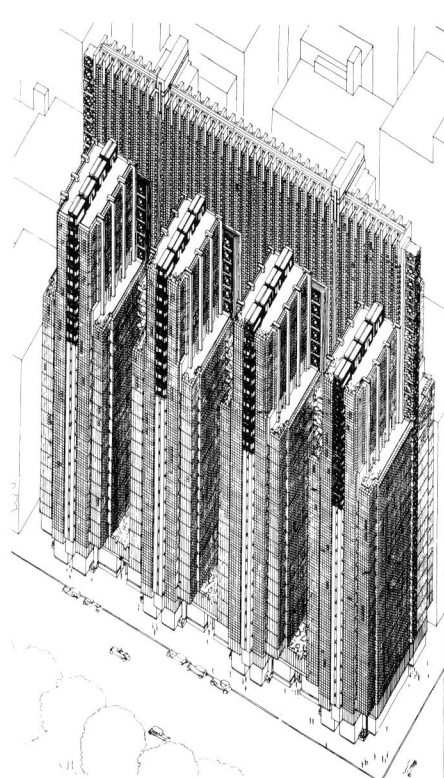

172 Wright, Entwurf für das National Life Insurance Building, Chicago, 1924.

daß die Maschine eine tiefgreifende kulturelle Wandlung bewirken würde. Bis 1916 hatte er die Maschine zunächst bei der Formulierung einer hochwertigen handwerklichen Kultur benutzt, das heißt, er hatte sich ihrer bei der Entwicklung seines Präriestils bedient. Obwohl für Wright der Ausdruck der »Technik« immer mit einer nahezu rhetorischen Verwendung auskragender Elemente verbunden war (ein typisches Beispiel dafür ist das Haus Robie von 1909), bestand er weiterhin auf der Vorherrschaft traditioneller Materialien und Methoden. Trotz einiger Vorwegnahmen wie dem Haus Coonley (1908) und den Midway Gardens (1914) wandte sich Wright erst in der Mitte der zwanziger Jahre der Konstruktion ganzer Bauten mit serienproduzierten synthetischen Elementen zu, zum Beispiel bei dem Betonblock-Mosaik seiner kalifornischen Häuser oder dem modularen Curtain-Wall-System, das er für die Außenhaut monolithischer Betonkonstruktionen entwickelte.

Die wirtschaftliche Situation zwang ihn, die Grenzen traditioneller Baumaterialien und -methoden zu erkennen, und so mußte Wright seinen erdgebundenen Präriestil aufgeben. Durch eine einzigartige Kombination von Stahlbeton und Glas schuf er nun eine prismatische, facettierte Architektur, deren gläserne Außenhaut, von einem System schwebender Geschoßflächen getragen, die Illusion völliger Schwerelosigkeit vermittelte. Es schien, als sei er, wie Scheerbart vor ihm, plötzlich von den Ausdrucksmöglichkeiten des Glases fasziniert

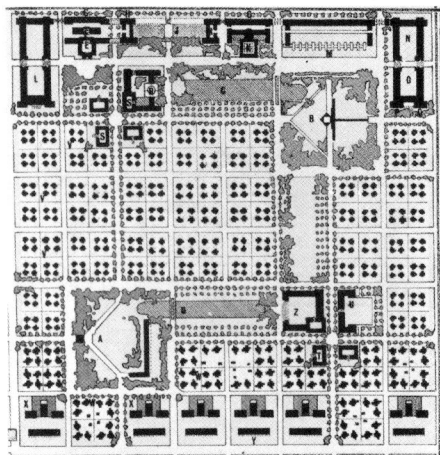

173 Wright, Plan für die Unterteilung eines typischen Geländeabschnitts, Chicago, 1916.

gewesen, dessen kristalline Transparenz sich am deutlichsten im stützenfreien Grundriß demonstrieren ließ. Zum erstenmal proklamierte Wright, der Meister des Mauerwerkbaus, in seinen berühmten Vorlesungen an der Princeton University im Jahre 1930 Glas zum modernen Material par excellence. In »Stil in der Industrie« stellte er fest:

»Das Glas hat jetzt eine vollkommene Durchsichtigkeit, es sind dünne Schichten kristallisierter Luft, welche die Luft außen von der Luft innen trennen. Glasflächen können so behandelt werden, daß sie der Blick bis hin zur Vollkommenheit durchdringen kann. Die Tradition hat für dieses Material als ein Mittel der perfekten Durchsichtigkeit keine Empfehlungen hinterlassen, deshalb ist der Sinn für Glas als Kristall in poetischer Form noch nicht in die Architektur eingedrungen. Auf die Würde von Farbe und Material, die jeder andere Stoff bietet, kann man für immer verzichten. Schatten waren der ›Pinselstrich‹ des früheren Architekten. Der moderne Architekt soll nun mit Licht arbeiten, diffusem Licht, reflektiertem Licht –

Licht um seiner selbst willen, Schatten, wenn sie sich ergeben. Die Maschine macht diese ungeahnten neuen Möglichkeiten in Glas *modern*.«

Im Jahre 1928 prägte Wright das Wort »Usonia«, um eine egalitäre Kultur zu bezeichnen, die spontan in den Vereinigten Staaten erstehen sollte. Er meinte damit offenbar nicht nur einen volkstümlichen Individualismus, sondern auch neue, breit gestreute Zivilisationsformen, wie sie seit kurzem durch die Nutzung des Autos als Massenverkehrsmittel möglich geworden waren. Das Auto als »demokratisches« Fortbewegungsmittel wurde zum *deus ex machina* von Wrights anti-urbanistischem Modell, seinem Projekt für Broadacre City, bei dem die konzentrierte Stadt des 19. Jahrhunderts auf einen regionalen, landwirtschaftlich bestimmten Raster umdisponiert werden sollte (wie bereits bei seinem Beitrag für den City-Club-Wettbewerb von Chicago, 1913, der eine Parzellierung in den Außenbezirken Chicagos vorsah). Zum erstenmal hatte er sich zu Beginn seiner letzten Vorlesung an der Princeton University gegen die traditionelle Stadt ausgesprochen: »Ist die Stadt eine fortdauernde Form gesellschaftlicher Krankheit, die schließlich in jenes Schicksal mündet, das alle Städte betroffen hat?« Es gehört zu den paradoxen Fakten unseres Jahrhunderts, daß Broadacre City mehr als jede andere Spielart des radikalen Urbanismus den Grundprinzipien des Kommunistischen Manifests von 1848 entsprach, das für die »Vereinigung des Betriebes von Ackerbau und Industrie« und ein »Hinwirken auf die allmähliche Beseitigung des Unterschieds von Stadt und Land« eintrat.

Wrights erste Entwürfe für diese neue usonische Kultur, das Appartementhochhaus St. Mark's und das Gebäude für das *Capitol Journal,* beide von 1931, wirkten freilich eher urban als ländlich. Die beiden Projekte, die schließlich als Price Tower in Bartlesville, Oklahoma (1952–1955) und als Verwaltungsgebäude für Johnson Wax in

Racine, Wisconsin (1936–1939) realisiert wurden, waren auskragende Stahlbetonsysteme mit kristalliner Außenhaut. Von der Symbolik her verkörperten sie jene Polarität, die sich in Wrights Werk schon seit seinem Haus Martin und dem Larkin Building von 1904 gezeigt hatte – die fundamentalistische Angleichung des Hausbaus an die Vorgänge der Natur und des Arbeitsplatzes an die Idee des Sakraments. Diese Dualität formulierte Wright in seiner usonischen Periode mit zwei höchst inspirierten und großzügigen Meisterwerken auf brillante Weise neu: mit dem Wochenendhaus Kaufmann in Bear Run, Pennsylvania, von 1936, bekannt als Falling Water, und mit dem im gleichen Jahr begonnenen Verwaltungsgebäude für Johnson Wax.

Für Wright bedeutete das Wort »organisch« (das er 1908 zum erstenmal auf die Architektur anwendete), daß er auskragende Betonelemente benutzte, als seien sie natürliche, baumähnliche Formen. Er betrachtete solche Formen offenbar als Erweiterung von Sullivans vitalistischer Metapher des »Samenkorns«, die nun die ganze Konstruktion umfaßte und nicht nur das Ornament. Kurz vor seinem Tod schrieb Wright über das vulvaförmige Becken im Foyer des Guggenheim-Museums: »Es ist bezeichnend für die Details dieses Gebäudes, daß die symbolische Form die ovale Samenhülse ist, die kugelförmige Elemente enthält.«

Bei dem Verwaltungsgebäude für Johnson Wax führte diese organische Metapher in

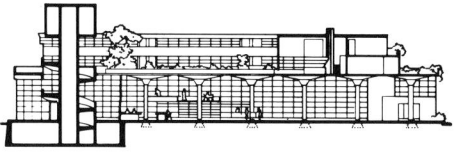

174 Wright, Entwurf für das Gebäude von Capital Journal, *Salem, Oregon, 1931. Schnitt.*

175, 176 Wright, Verwaltungsgebäude S.C. Johnson & Son, Racine, Wisconsin, 1936–1939. Nacht- und Innenansicht.

dem 9 Meter hohen offenen und klimatisierten Bürobereich zu schlanken, sich nach unten verjüngenden Pilzstützen. Die Stützen weiten sich in der Höhe der Decke zu kreisförmigen Betonelementen, zwischen die eine Membrane von Pyrex-Glasröhren »gewoben« ist. Diese horizontalen Oberlichter und die Stützen selbst (deren hohler Kern als Überlauf für Regenwasser dient und deren Basen mit Stiften in Bronzeschuhen gelenkig gelagert sind) stellen den Höhepunkt von Wrights technischer Phantasie dar. Hier kam Usonia zum Ausdruck – eine Eloge auf die Wunder der Technik, die mit der kühnen Umkehrung traditioneller Elemente arbeitete. Denn wo man Masse (Dach) erwartete, war Licht, und wo man Licht erwartete (Wände), war Masse. Wright schrieb darüber: »Alle Lichtflächen bestehen aus Glasröhren, die wie die Backsteine einer Wand verlegt sind. Das Licht tritt dort in das

Gebäude ein, wo sonst das Gesims war. Im Inneren verschwindet der kastenartige Raum vollständig. Die Wände, welche die Glasrippen tragen, sind aus rotem Klinker und rotem Kasota-Sandstein. Die Konstruktion besteht aus Stahlbeton, wobei für die Armierung kaltgezogenes Drahtgewebe verwendet wurde.«

Die Pilzkonstruktion führte dazu, daß Wright zum erstenmal gekurvte Eckenprofile und ein vorwiegend kreisförmiges Vokabular benutzte. Dank der Ausführung in harten, präzisen Materialien und der Belichtung durch transparente Glasröhren erhielt das Bauwerk einen Anstrich des Modernen, Stromlinienförmigen, von dem im Laufe der Zeit nur wenig verlorengegangen ist. Zugleich machte die Science-fiction-Atmosphäre das Johnson Wax Building zu einem autonomen, klosterartigen Arbeitsplatz. Henry Russell Hitchcock schrieb: »Man hat in gewisser Weise die Illusion, den Himmel vom Grund eines Aquariums zu sehen.« Wie bei dem Larkin Building hatte Wright auch hier eine hermetische Umgebung geschaffen, deren Isolation gegenüber der Außenwelt noch durch Form und Farbe der speziell für diesen Bau entworfenen Büroeinrichtung betont wurde.

Während bei Johnson Wax der Arbeitsplatz einen sakralen Charakter hatte, verkörperte Falling Water Wrights Ideal, das Wohnhaus mit der Natur zu verschmelzen. Auch hier ging er vom Stahlbeton aus, doch diesmal sind die auskragenden Elemente höchst extravagant eingesetzt, im Gegensatz zu der ausgeglichenen Ruhe der Pilzkonstruktion bei Johnson Wax. Falling Water ragt über einen natürlichen Felsen hinaus, in dem es verankert ist, als freie fließende Plattform über einem kleinen Wasserfall. Die dramatische Geste dieser Konstruktion, die Wright an einem einzigen Tag entwarf, war seine radikalste romantische Äußerung. Der Bau ist nicht mehr an die horizontalen, erdgebundenen Linien seines Präriestils gebunden. Die Terrassen des Hauses wirken wie ein En-

semble von Ebenen, die auf wunderbare Weise in der Luft schweben und in unterschiedlichen Höhen über den Bäumen eines dicht bewaldeten Tales angeordnet sind. Durch ihre Betonstützen sind die Terrassen im Fundament verankert. Falling Water entzieht sich der fotografischen Darstellung. Es verschmilzt völlig mit der Landschaft, denn trotz der großzügigen horizontalen Verglasung dringt die Natur überall in das Haus ein. Im Inneren wirkt es eher wie eine möblierte Höhle als ein Haus im traditionellen Sinne. Daß die rohen Steinwände und die Fliesenböden als Tribut an die natürliche Umgebung gedacht sind, bestätigt die Treppe im Wohnzimmer, die durch den Boden zum Wasserfall darunter führt und keine andere Funktion hat, als den Menschen in engeren Kontakt zur Wasserfläche zu bringen. Wrights zwiespältige Einstellung gegenüber der Technik drückte sich nirgendwo deutlicher aus als bei diesem Haus, denn obwohl Beton den Entwurf erst ermöglicht hatte, betrachtete er ihn immer noch als illegitimes Material – als ein »Konglomerat«, das »für sich allein wenige Qualitäten« besitzt. Ursprünglich wollte er die Betonflächen von Falling Water mit Goldblatt überziehen – ein kitschiger Einfall, vor der ihn die Diskretion des Auftraggebers bewahrte. So strich er die Flächen schließlich aprikosenfarben an! Von nun an entwickelte Wright – abgesehen von seinen bemerkenswert praktischen Usonienhäusern – eine merkwürdige Form von Science-fiction-Architektur, die, nach dem exotischen Stil seiner späten Schaubilder zu urteilen, für die Bewohner außerirdischer Planeten bestimmt schien. Bei seinem Marin County Courthouse in Kalifornien, das 1957 in Auftrag gegeben und 1963, vier Jahre nach seinem Tod, fertiggestellt wurde, ging diese Exotik in absoluten Kitsch über. Wright hatte bereits seinen Hang zum Phantastischen eingestanden, als er 1928 schrieb: »Die Tatsache bleibt bestehen, daß Usonia Romantik und Emotionen brauchte. Daß dies nicht erreicht wurde, ist weniger wichtig als die Tatsache, daß es angestrebt wurde.«

Wrights usonische Visionen, die sich zunächst in seinen Meisterwerken aus der Mitte der dreißiger Jahre kristallisiert hatten, erreichten ihren Höhepunkt mit dem Guggenheim Museum in New York von 1943. Die konstruktive Idee und das Konzept des Museums gehen auf seine Skizze für das Gordon Strong Planetarium von 1925 zurück – ein Science-fiction-Entwurf par excellence, eine Zikkurat, die für die halb religiöse Erbauung naturschwärmerischer Pilger gedacht war. Beim Guggenheim-Museum kehrte er einfach die sich verjüngende Spirale des Planetariums nach außen und verwandelte so die frühere Autorampe in eine spiralförmig gewundene innere Galerie, eine räumlich ausgreifende Spiralform, die Wright später als »ungebrochene Welle« bezeichnete. Das Guggenheim-Museum stellt den Höhepunkt in Wrights späterem Schaffen dar, denn es vereint die konstruktiven und räumlichen Prinzipien von Falling Water mit der durch Oberlichter erhellten Autarkie von Johnson Wax. Seine Erklärung, das Museum sei eher ein Tempel in einem Park als ein weltliches Geschäfts- oder Wohngebäude, läßt sich als ironische Anspielung auf die Herleitung des Bauwerks aus diesen beiden Projekten interpretieren.

In seinem ersten Buch über Stadtplanung, *The Disappearing City* (in der ersten Version *The Industrial Revolution Runs Away*), das 1932 nach der Vollendung seines Projekts Broadacre City publiziert wurde, erklärte Wright, die künftige Stadt werde überall und nirgends sein. »Es wird eine Stadt sein, die sich so stark von der alten oder von jeder heutigen Stadt unterscheidet, daß wir sie vielleicht gar nicht als Stadt erkennen.« An anderer Stelle bemerkte er: »Amerika braucht keine Hilfe, um Broadacre City zu bauen. Es wird von sich aus entstehen, durch Zufall.« Wright suchte weder eine zufriedenstellende Lösung für die inneren Widersprüche dieser Polemik,

noch fand er sie. Einerseits forderte er, die Menschen sollten bewußt ein neues, antiurbanes System der lockeren Landbesiedlung aufstellen; andererseits stellte er fest, dies sei kaum notwendig, weil es sowieso spontan geschehen werde.

In seinem historischen Determinismus betrachtete Wright die Maschine als das weiterführende Element, mit dem sich der Architekt zwangsläufig auseinandersetzen mußte. Doch das alte Dilemma blieb: Wie sollte er das tun, ohne gegen die Menschlichkeit zu handeln? Wright suchte während seiner gesamten langen Laufbahn nach einer Antwort auf diese Frage. So schrieb er in *The Living City* (1958): »Wunder der technischen Erfindungskraft, die nichts mit unserer ›Wegwerf‹-Kultur zu tun haben, sind – auch wenn sie mißbraucht werden – neue Kräfte, mit denen jede einheimische Kultur rechnen muß.«

Während er Dampfkraft und Eisenbahn dem sofortigen Vergessen anempfahl, begrüßte er (wie die sowjetischen Desurbanisten jener Zeit) die Elektrizität als geräuschlose Kraftquelle und das Automobil als Mittel unbegrenzter Fortbewegung. Die neuen Kräfte, durch die sich die gesamte Grundlage der westlichen Kultur verändern würde, definierte er so: 1. Elektrifizierung: Aufhebung von Entfernungen und ständige Beleuchtung menschlicher Arbeitsplätze, 2. Mechanische Mobilisierung: unendliche Ausweitung menschlicher Kommunikation dank der Erfindung des Flugzeugs und des Automobils und schließlich 3. Organische Architektur, die sich zwar immer jeder präzisen Definition entzog, für Wright aber offenbar gleichbedeutend war mit der ökonomischen Gestaltung gebauter Formen und Räume entsprechend den Prinzipien der Natur, wie sie sich in Stahlbetonkonstruktionen manifestieren können. Bei anderer Gelegenheit nannte Wright als Elemente, die Broadacre City formen würden, das Auto, das Radio, das Telefon, den Telegrafen und vor allem die standardisierte maschinelle Produktion.

177 Wright, Falling Water, Bear Run, Pennsylvania, 1936.

178 Wright, Erster Entwurf für das Solomon R. Guggenheim Museum, New York, 1943.

Für Wright waren die usonische Kultur und Broadacre City untrennbar miteinander verbunden. Das usonische Konzept stand hinter einer ganzen Reihe von Bauten, aus denen sich die architektonische Substanz Broadacre Citys zusammensetzte. Falling Water und das Johnson Wax Building hätten zweifellos in Broadacre City ihren Platz gefunden. Doch mit Usonia meinte Wright im Grunde etwas sehr viel Bescheideneres: warme, kleine Häuser mit offenem Grundriß, die praktisch, wirtschaftlich und kom-

179 Wright, Broadacre City, 1934–1958.

fortabel sein sollten. Das Herz des usonischen Hauses war die rationalisierte Küche, ein alkovenartiger Arbeitsbereich, der sich frei an den Wohnbereich anschloß. Wie Henry-Russell Hitchcock bemerkte, war diese Lösung ein wichtiger Beitrag zum amerikanischen Hausbau. Beinahe ebenso bedeutsam für die moderne Inneneinrichtung waren die durchgehenden, an den Wänden verlaufenden Sitzelemente, die Wright einführte, um in kleinen Häusern den Raum optimal zu nutzen. Die Usonien-Häuser waren zwar ursprünglich für die Wohnbebauung von Broadacre City geplant, wurden aber auch als vorstädtische Einfamilienhäuser realisiert, die Wright zwischen 1932 und 1960 in großer Zahl errichtete. Ein Beispiel dafür sind die in Form eines Windrades angeordneten Suntop Homes für vier Familien, die 1939 im Außenbezirk Philadelphias entstanden.

Der bei weitem wichtigste Bautyp, den Wright für seine Idealstadt entwarf, war freilich kein Haus, sondern die Walter Davidson Model Farm von 1932. Sie war so angelegt, daß Haus- und Landwirtschaft rationell betrieben werden konnten, und spielte eine wichtige Rolle im Gesamtkonzept von Broadacre City, wo jeder Bewohner auf einem Morgen Land seine eigenen Nahrungsmittel produzieren sollte. Das Land sollte für ihn bei seiner Geburt reserviert und ihm bei seiner Volljährigkeit übereignet werden.

Abgesehen von sozialen Ideen wie der Einheitssteuer oder Sozialkrediten – beides während der Depression populäre Vorschläge – war Broadacre City in erster Linie eine neue Version jener Wirtschaftsform mit Heimindustrie und Kleinlandbesitz, für die Peter Kropotkin mit *Factories, Fields and Workshops* (1898) zum erstenmal eingetreten war. Daß Wright diesen Vorschlag aufgriff, führte zumindest zu einem peinlichen Widerspruch, den anzuerkennen Wright sich ebenso hartnäckig wie Henry Ford weigerte: Eine individualistische, weitgehend landwirtschaftlich orientierte Ökonomie könnte einer industrialisierten Gesellschaft nicht unbedingt das Existenzminimum oder die Vorteile der Massenfabrikation garantieren. Industrielle Großproduktion erfordert trotz Automatisierung immer noch großen Aufwand an Arbeitskräften und Produktionsmitteln. Selbst Kropotkin sah die Notwendigkeit, diese beiden Faktoren auf die Schwerindustrie zu konzentrieren. Wrights Vision einer Stadt, in der teilzeitbeschäftigte Kleinlandbesitzer in gebraucht gekauften Fords des Modells T zur Arbeit in ländlichen Fabriken fahren würden, geht davon aus, daß eine Schar von Wanderarbeitern den wirtschaftlichen Erfolg von Broadacre gesichert hätte.

Meyer Schapiro wies damals darauf hin, daß Wright sich nicht mit dem Problem der Macht auseinandersetzte, das für das Broadacre-Konzept fundamentale Bedeutung hatte, so unermüdlich er auch Zinsen und Profite attackierte und die Auflösung der Städte verkündete. Wie Buckminster Fuller, der zu dieser Zeit bereits aktiv war, erkannte er nicht, daß Architektur und Planung zwangsläufig mit dem Klassenkampf befaßt sein müssen. Schapiro faßte Wrights utopische Vorstellungen zutreffend zusammen, als er 1938 schrieb:

»Wright ignoriert weitgehend die wirtschaftlichen Verhältnisse, die Freiheit und angemessene Lebensmöglichkeiten bestimmen. Er sieht im Grunde die Armut dieser neuen feudalen Siedlungen voraus, wenn er davon ausgeht, daß der Arbeiter Stück für Stück sein eigenes industriell hergestelltes Haus zusammensetzt, daß er je nach seinen Mitteln mit einer Toilette und einer Küche beginnt und andere Räume hinzufügt, entsprechend den Einkünften, die er durch seine Arbeit in der Fabrik verdient. Wrights Gleichgültigkeit gegenüber Besitzverhältnissen und dem Staat, seine Duldung von privater Industrie und gebraucht gekauften Fords in dieser idyllischen Welt der Nebenerwerbstätigkeiten verrät deren reaktionären Charakter. Schon unter der Diktatur Napoleons III. stellten Staatsfarmen, die teilweise von den alten Utopien inspiriert waren, die offizielle Lösung für die Arbeitslosigkeit dar. Der Demokrat Wright mag Zinsen und Profite angreifen, aber abgesehen von flüchtigen Anspielungen auf die Einheitssteuer vermeidet er die Frage von Klasse und Macht.«

22. Kapitel
Alvar Aalto und die nordische Tradition: Nationalromantik und dorisch-klassizistische Sensibilität 1895–1957

»Der erste wichtige Punkt ist die Einheitlichkeit der karelischen Architektur. In Europa gibt es wenig vergleichbare Beispiele. Es handelt sich um eine reine Waldsiedlungsarchitektur, bei der das Material Holz zu nahezu hundert Prozent dominiert. Vom Dach mit seinem massiven Balkensystem bis zu den beweglichen Hausteilen herrscht Holz vor, in den meisten Fällen roh, ohne den entmaterialisierenden Effekt, den eine Farbschicht verleiht. Außerdem wird Holz häufig in so natürlichen Proportionen wie möglich verwendet, in dem Maßstab also, der für das Material typisch ist. Ein verfallenes karelisches Dorf hat eine gewisse Ähnlichkeit mit einer griechischen Ruine, wo die Einheitlichkeit des Materials eine bedeutende Rolle spielt, wenn auch dort Marmor das Holz ersetzt ... Ein anderes wichtiges Charakteristikum ist die Entstehungsweise des karelischen Hauses, von der historischen Entwicklung wie von den Baumethoden her. Ohne weiter in ethnographische Details vorzudringen, können wir davon ausgehen, daß das innere Konstruktionssystem sich aus einer systematischen Anpassung an die Umstände ergibt. Das karelische Haus beginnt mit einer einzigen bescheidenen Zelle oder einem unvollständigen embryonalen Bau, der Mensch und Tieren Unterschlupf gewährt und der dann im übertragenen Sinne Jahr für Jahr wächst. Das ›erweiterte karelische Haus‹ läßt sich in gewisser Weise mit einer biologischen Zellformation vergleichen. Es ist immer möglich, das Haus zu vergrößern und zu vervollständigen. Diese bemerkenswerte Erweiterungs- und Anpassungsfähigkeit spiegelt sich am deutlichsten im architektonischen Hauptprinzip des karelischen Gebäudes, der Tatsache, daß die Dachneigung unterschiedlich ist.«
Alvar Aalto
Architecture in Karelia, 1941

In diesem einfühlsamen Essay über die ländlichen Häuser Ostfinnlands wies Aalto fast zufällig auf die beiden bedeutenden Strömungen der zweiten Hälfte des 19. Jahrhunderts hin, den romantischen Klassizismus und die Neugotik. Aaltos Bericht über eine ländliche Bauform mit variierenden Dachneigungen kommt Pugins Vorschlägen für die Neubelebung eines mittelalterlichen Hausbaustils nahe. Wenn er dagegen ein verfallenes karelisches Dorf wie eine aus Holz statt Stein bestehende

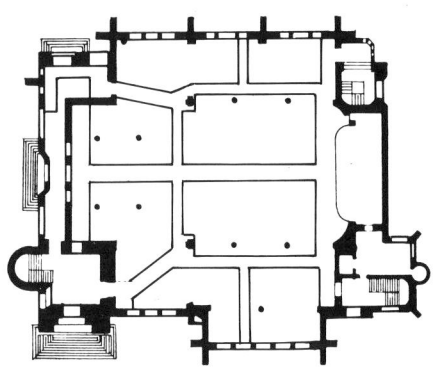

180 Sonck, Kathedrale, Tampere, 1902. Grundriß mit den blockhüttenartig ausgebildeten Ecken.

griechische Ruine beschreibt, spiegelt seine Schilderung Auguste Choisys These wider, die Metopen des Parthenon seien nichts als Restformen der Holzkonstruktion. Aaltos Text macht nicht nur sein eigenes klassisches Bewußtsein und sein Interesse an alten ländlichen Bauformen deutlich, sondern führt auch die beiden stilistischen Themen der nordischen Tradition ein: die Nationalromantik, die ab 1895 datiert, und die dorisch-klassizistische Sensibilität, die sich um 1910 in Skandinavien entwickelte. Aaltos lange, brillante Laufbahn läßt sich nur im Hinblick auf diese beiden Strömungen richtig bewerten, denn obwohl er sie niemals engagiert vertrat, zeugt sein Lebenswerk doch vom Einfluß sowohl der plastischen Greifbarkeit der Nationalromantik als auch der Strenge klassizistischer Formen.

Der Ursprung dieser Stilrichtungen ist nicht ohne Bedeutung: Die eine leitete sich über den amerikanischen Schindelstil H. H. Richardsons vom Gothic Revival her, die andere war aus dem romantischen Klassizismus Schinkels entstanden. Helsinki, das 1817 auf dem orthogonalen Raster J. A. Ehrenströms als Hauptstadt Finnlands gegründet wurde, war dem Einfluß des romantischen Klassizismus besonders stark ausgesetzt, denn es war um einen Kern repräsentativer klassischer Gebäude angelegt – Senatsgebäude, Universität und Kathedrale, alle nach 1818 von Schinkels Studienkollegen Carl Ludwig Engel errichtet. Was die nationale Romantik angeht, so ist Aalto dieser Bewegung so tief verhaftet, daß sich seine spätere Laufbahn ohne eine genauere Untersuchung ihrer Ursprünge und Ziele kaum einschätzen läßt.

Ursprünglich war die Nationalromantik in Schweden ebenso verbreitet wie in Finnland, vor allem durch die Arbeiten des Architekten Gustav Ferdinand Boberg, der mit seiner Feuerwehrwache in Gävle von 1890 das Werk Richardsons in Skandinavien einführte. Sonst waren die schwedischen Architekten freilich kaum in der Lage, diese neo-romantische Manier in einen überzeugenden nationalen Stil umzusetzen. Was für Schweden galt, traf noch stärker auf Dänemark zu. Martin Nyrops gefeiertes pseudomittelalterliches Rathaus in Kopenhagen (1892) war einer eklektizistischen, wenn auch populären Form des Historismus verhaftet und blieb völlig unberührt von der Konsequenz und Integrität, für die Richardson ein heroisches Beispiel gegeben hatte. Den Schweden und Dänen gelang die Wiederbelebung eines authentischen nationalen Stils erst zu einer Zeit, in der die Hauptimpulse der nationalistischen Kulturbewegung bereits erloschen waren. Beispiele sind Ragnar Östbergs schloßähnliches Rathaus in Stockholm (1909–1923) und P. V. Jensen-Klints proto-expressionistische Grundtvig-Kirche in Kopenhagen (entworfen 1913, aber erst 1921–1926 realisiert).

In Finnland spielte die Nationalromantik schon um 1895 eine wichtige Rolle, als eine Gruppe von Künstlern zur gleichen Zeit ihre ideologische und künstlerische Reife erreichte – der Komponist Jean Sibelius, der Maler Akseli Gallén-Kallela und die Architekten Eliel Saarinen, Herman Gesellius, Armas Lindgren sowie Lars Sonck. Sie alle waren inspiriert von dem finnischen Volksepos *Kalevala*, das Elias Lönnrot zu Beginn des 19. Jahrhunderts zusammengestellt hatte.

Treibende Kraft der Nationalromantik in Finnland war vor allem das Bestreben, eine andere nationale Formensprache zu entwickeln als den romantischen Klassizismus,

jenen imperialistischen Stil Helsinkis, der unter russischen Auspizien entstanden war. Ein weiterer Grund dafür, daß Finnland die Syntax Richardsons bereitwillig aufgriff und auf seine Weise variierte, war die Notwendigkeit, die reichlichen Granit-

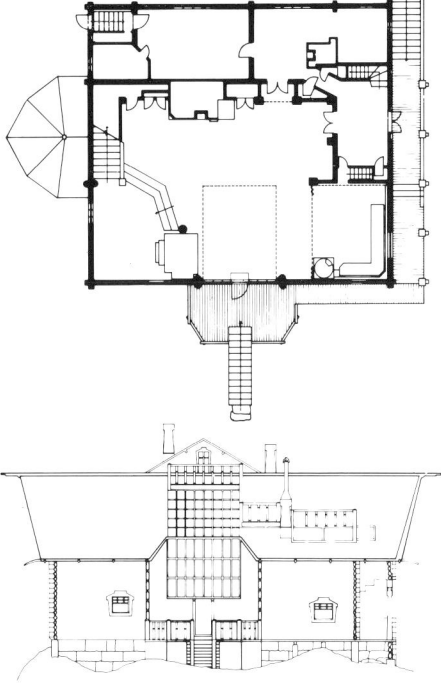

vorkommen des Landes zu nutzen. So wurde in den frühen neunziger Jahren des 19. Jahrhunderts eine Mission nach Aberdeen entsandt, um die schottischen Granitbautechniken zu studieren. Der erste nationalromantische Architekt, der Granit anwendete, war Lars Sonck. Seine neugotische Kirche St. Michael in Turku (1895) war mit Säulen und Einrichtungsgegenständen aus kunstvoll bearbeitetem Granit ausgestattet, die einen Kontrast zu dem sonst nüchternen und sparsam dekorierten Innenraum bildeten. Daß dieses Interieur in seiner gestochenen Präzision eine ähnliche Flächengliederung aufweist wie etwa Otto Wagners Kirche am Steinhof in Wien, die ein Jahrzehnt später entstand, mag teilweise darauf zurückzuführen sein, daß Soncks Generation am Finnischen Polytechnikum unter dem technokratischen, aber klassisch orientierten Carl Gustav Nyström ausgebildet worden war. Nyström hatte sich nicht nur mit bahnbrechenden Granitkonstruktionen hervorgetan, sondern sich vor allem mit seinem Nationalarchiv von 1890 einen Namen als wagnerianischer »Technokrat« gemacht. Später zeigte er sich als konstruktiver Rationalist, als er 1906 an die Rückseite von C. L. Engels Universitätsbibliothek ein exemplarisches Büchermagazin aus Beton und Stahl anbaute.

181 Gallén-Kallela, Atelier des Künstlers in Ruovesi, 1893. Grundriß und Aufriß.

182 Saarinen, Lindgren und Gesellius, Villa Hvitträsk bei Helsinki, 1902.

Soncks Hauptwerke, die Kathedrale in Tampere (1902) und das Telegraphengebäude in Helsinki (1905), waren deutlich von Richardson beeinflußt, dessen Mauerwerkskonstruktionen, wie Asko Salokorpi bemerkte, der mittelalterlichen Tradition Finnlands nahekamen. Auch Eliel Saarinen und Armas Lindgren ließen sich bei ihrem orientalisierenden, neoromanischen Finnischen Pavillon für die Pariser Ausstellung von 1900 durch Richardson inspirieren, ebenso wie bei ihrer höchst romantischen Villa Hvitträsk, die sie 1902 in Zusammenarbeit mit Gesellius entwarfen. Im Inneren war Hvitträsk freilich weniger von Richardson hergeleitet, sondern wirkte in mancher Hinsicht wie eine neue Version von Gallén-Kallelas Blockhausatelier in Ruovesi (1893). Die Innenausstattung von Hvitträsk bot eine geistreiche Interpretation der finnischen Holzbauweise und knüpfte an Gallén-Kallelas Versuch an, die verlorenen Formen und Bilder der finnisch-ugrischen Kultur heraufzubeschwören. Zwei Jahre später, 1904, fand das Handwerksgilden-Idyll von Saarinen, Gesellius und Lindgren – die Wrights Beispiel vorwegnahmen und nicht nur zusammenarbeiteten, sondern auch in Hvitträsk zusammenlebten – ein plötzliches Ende: Saarinen hatte sich allein an dem Wettbewerb für den Hauptbahnhof in Helsinki beteiligt und den ersten Preis gewonnen. Sein Entwurf reflektierte den »kristallisierten« Jugendstil von Bauten wie Hoffmanns Palais Stoclet in Brüssel (1905) und Olbrichs Hochzeitsturm in Darmstadt (1908). Saarinen war nicht der einzige Finne, der dem späten Jugendstil anhing. Onni Tarjanne, von der Wagnerschule beeinflußt, kam Saarinen in mancher Hinsicht gleich oder übertraf ihn sogar, vor allem mit seinem Sanatorium Takaharju von 1903. (Es spricht für Tarjannes Brillanz, daß er erst fünf Jahre zuvor das Finnische Nationaltheater in Helsinki in einem nationalromantischen, an Richardson erinnernden Stil entworfen hatte.) Den Schwanenge-

183 Asplund, Bibliothek, Stockholm, 1920–1928.

sang des finnischen Jugendstils bildeten die außerordentlich delikaten, von Hoffmann inspirierten Arbeiten Selim A. Lindquists, zum Beispiel das Kraftwerk Suvilhati (1908) und die Villa Ensi (1910), beide in Helsinki.

Da Finnland eine lange Geschichte als imperiale Kolonie – erst Schwedens, dann Rußlands – hinter sich hatte, war es nur natürlich, daß die Wiederbelebung des romantischen Klassizismus in Skandinavien, die sogenannte dorisch-klassizistische Sensibilität, ihren Ausgang nicht in Finnland, sondern in Dänemark nahm. Sie entstand dort unter dem Einfluß von Schriftstellern wie Vilhelm Wansher, dessen erster Artikel über Klassizismus 1907 erschien, und dem Deutschen Paul Mebes, dessen Buch *Um 1800* im Jahre 1908 publiziert wurde. Das Interesse dieser Autoren (und anderer wie H. Kampmann und E. Thompsen) an einer nicht-historischen, urtümlich-dorischen Einfachheit, die auf primäre, weder klassische noch lokal orientierte architektonische Elemente zurückging, lenkte die Aufmerksamkeit auf die dänische Schule des romantischen Klassizismus, auf die Arbeiten von Gottlieb Bindesbøll (1800–1856) und Christian Frederik Hansen (1756–1845). Diese Strömung etablierte sich im Jahre 1910, nachdem die Brauerei

Carlsberg öffentlich gefordert hatte, Hansens Fruekirche müsse noch einen Turm erhalten. Der Architekt Carl Petersen reagierte auf ihr arrogantes Ansinnen, indem er eine Ausstellung von Hansens Zeichnungen organisierte. Im folgenden Jahr solidarisierte sich eine Gruppe von Malern, indem sie Petersen mit dem Entwurf des Faaborg-Museums beauftragte. Allgemein gilt es als das erste Bauwerk des romantischen Neoklassizismus.

Es dauerte einige Zeit, bis diese Bewegung in Schweden Fuß faßte. Erste Einflüsse lassen sich in Carl Westmans Gerichtsgebäude in Stockholm (1915) erkennen, einem teils nationalromantischen, teils klassischen Bauwerk. Danach folgten Ivar Tengboms klassizistische Konzerthalle in Stockholm (1920–1926) und Gunnar Asplunds Stockholmer Bibliothek (1920–1928). In Finnland fand die Bewegung kurz vor ihrem Niedergang einen Höhepunkt in J. S. Siréns Finnischem Parlamentsgebäude (1926–1931). In Schweden wurde der romantische Klassizismus, der weit von Sachlichkeit und normativem Denken entfernt war, durch eine Tendenz zur Verformung des Grundrisses und eine Vorliebe für lokale Anspielungen verwässert, wie sie sich in den schiefwinkligen Plänen und der Ikonographie von Östbergs nationalromantischen Arbeiten manifestiert hatten. Es handelte sich hier um eine zurückhaltende, synthetische Ausdrucksform, die sich stets auf die Topographie und den Genius loci bezog. Dieser Drang zu Verformungen kennzeichnete besonders Gunnar Asplund, der an der Klara-Schule sowohl von Östberg als auch von Tengbom beeinflußt worden war und während seiner gesamten Laufbahn immer wieder versuchte, über den »Kampf der Stile« hinauszugelangen, indem er lokale Tradition und Klassik in eine primitive und authentischere Ausdrucksform verschmolz. Die erste Gelegenheit dazu bot ihm die Waldkapelle (1918–1920) auf dem Stockholmer Südfriedhof, die er 1915 mit Sigurd Lewerentz für einen Wettbewerb entworfen hatte. Dieser kleine klassische, einzellige Bau mit seinem exakt profilierten Schindeldach, das auf einem toskanischen Peristyl ruht, war von einer »Urhütte« hergeleitet, die Asplund zufällig in einem Garten in Liselund entdeckt hatte. Bis zu seiner kurzen »funktionalistischen« Periode, die von 1928 bis 1933 dauerte, unterlag sein Werk so unterschiedlichen und zeitlich so weit auseinanderliegenden Einflüssen wie dem französischen Klassizismus, Josef Hoffmann und vor allem Bindesbøll, dessen Thorwaldsen-Museum in Kopenhagen (1848) Asplund jene ägyptisierenden und klassizistischen Motive lieferte, die während der zwanziger Jahre in seinem Werk ständig wiederkehrten: zuerst bei der Carl-Johan-Schule (1915), dann bei dem Lichtspieltheater Skandia in Stockholm (1921) und schließlich bei der Stockholmer Bibliothek, die 1928 vollendet wurde.

Obwohl Aalto durch seinen Lehrer Nyström dem Einfluß der Wagnerschule ausgesetzt gewesen war, spielte in seiner frühen Laufbahn Asplund die Rolle des Katalysators. Als Aalto 1922 sein eigenes Büro eröffnete, verfolgte er, wie Asplund vor ihm, verschiedene Richtungen zur gleichen Zeit. Die vier Bauten, die er für die Industrieausstellung in Tampere im gleichen Jahr entwarf, beziehen sich offensichtlich auf völlig unterschiedliche Phasen der kulturellen Entwicklung. Selbst in seinen widersprüchlichen späteren Arbeiten gibt es keinen so starken Kontrast wie etwa den zwischen seinem »klassischen« Industriepavillon aus modularen Elementen, Otto Wagners Station am Karlsplatz von 1899 vergleichbar, und seinem mit Strohdach gedeckten Kiosk im einheimischen Stil, den er für die Ausstellung finnischer Handwerkskunst entwarf.

Aaltos frühe Arbeiten in Jyväskylä zwischen 1923 und 1927 umfaßten eine breite Skala, von Arbeiterwohnungen und einem Arbeiterklub (beide 1924) und einer überraschenden Zahl von Kirchen und Kirchen-

renovierungen bis zu zwei Häusern für die Zivilgarde, die er 1927 in Seinäjöki und Jyväskylä errichtete. Alle diese Bauten waren, unter dem Einfluß Asplunds, in einem leicht dorisierenden Stil ausgeführt, der

184 Aalto, Entwurf für die Bibliothek Viipuri, 1927.

teilweise auf die einheimische Holzbauweise zurückgriff, gleichzeitig aber auch Hoffmanns strenger Linienführung und Schinkels italienisierendem Stil verpflichtet war. Im Jahre 1927 unternahm Aalto mit seiner Kirche Viinikka und seinem Wettbewerbsentwurf für die Bibliothek Viipuri einen entscheidenden Schritt zum romantischen Klassizismus. Die Bibliothek (in veränderter Form 1935 realisiert) war eindeutig von Asplund inspiriert. Sie enthielt Elemente, die direkt von der Bibliothek in Stockholm übernommen waren. Den klassizistischen Grundriß mit seiner axialen *scala regia*, die atektonische Fassade mit ihrem Fries und das riesige ägyptisierende Tor hatte Asplund seinerseits von Bindesbøll übernommen. Erst Aaltos preisgekrönter Entwurf für das Sanatorium Paimio von 1928 legte die Grundlage zum funktionalistischen Stil seiner ersten reifen Schaffensperiode (1927–1934).

Abgesehen von Asplund spielte bei Aaltos Entwicklung auch der wenig ältere finnische Architekt Erik Bryggman eine wichtige Rolle. Mit ihm arbeiteten Aalto und seine Frau Aino nach ihrer Übersiedlung in die aufstrebende Stadt Turku in Südfinnland Ende 1927 für kurze Zeit zusammen. Doch Alvar Aalto übertraf mit seinem von

Asplund beeinflußten Gebäude der landwirtschaftlichen Genossenschaft in Turku (1928) bald den nackten Klassizismus von Bryggmans Appartementgebäude aus dem Jahre 1925. Das Farbschema des Theaters in Aaltos Bauwerk – ein dunkelblaues Auditorium, von dem sich graue und rosa Plüschpolster abheben – geht ebenso auf Asplunds Kino Skandia zurück wie der Fries, der unter dem äußeren Gesims verläuft. Aus der Zusammenarbeit mit Bryggman entstanden zunächst ein Projekt für ein Bürogebäude in der Stadt Vaasa und 1929 die Ausstellung »700 Jahre Turku«. Wie Asplund bei seinen Skizzen von 1928 für die Stockholmer Ausstellung mit ihren leichten, freiliegenden, auskragenden Trägern, den aufgehängten Schildern und »agitatorischen« Graphiken folgten auch Bryggman und Aalto bei diesem Auftrag der architektonischen Rhetorik des sowjetischen Agit-Prop.

Als Aalto sein konstruktivistisch orientiertes Zeitungsgebäude *Turun Sanomat* in Turku von 1928 (das an Wesnins *Prawda*-Projekt von 1923 erinnerte) vollendet hatte, konnte er dank seines wachsenden Ansehens an internationalen Konferenzen über die moderne Architektur teilnehmen. Auf einer Konferenz über Stahlbeton, die 1928 in Paris stattfand, begegnete er dem Werk des holländischen konstruktivistischen Architekten Johannes Duiker. Duikers Sanatorium Zonnestraal aus Stahlbeton wurde zum Ausgangspunkt von Aaltos Wettbewerbsentwurf für das Sanatorium Paimio, den er im Januar 1929 einreichte. Von nun an stand Aalto deutlich unter dem Einfluß des holländischen wie des russischen Konstruktivismus, vor allem, wie er sich im Werk Duikers und in den städtebaulichen Projekten von N. A. Ladowskis Gruppen Asnowa und ARU manifestierte. Die seriellen, geometrischen Entwürfe der ARU (Assoziation Urbanistischer Architekten) und Ladowskis Kostino-Viertel für Moskau von 1926 lieferten offensichtlich Anregungen für die Eingangslösung und die seriellen Landschaftsformationen von Paimio. Paimio reflektierte nicht nur die städtebaulichen Konzepte der ARU, sondern bezeichnete auch einen Wendepunkt in der Detaillierung, denn es wies eine Fülle konstruktivistischer Zitate auf.

Obwohl er sich von internationaler Polemik fernhielt, kam Aalto in dieser Zeit der ausschließlich ökonomisch begründeten Position überraschend nahe, wie sie 1929 auf dem Frankfurter CIAM-Kongreß über das »Existenzminimum« von den deutschen Architekten der Neuen Sachlichkeit vertreten wurde. Beispiele dafür sind seine Mietshausentwürfe für die Finnische Kunstgewerbegesellschaft von 1930 und

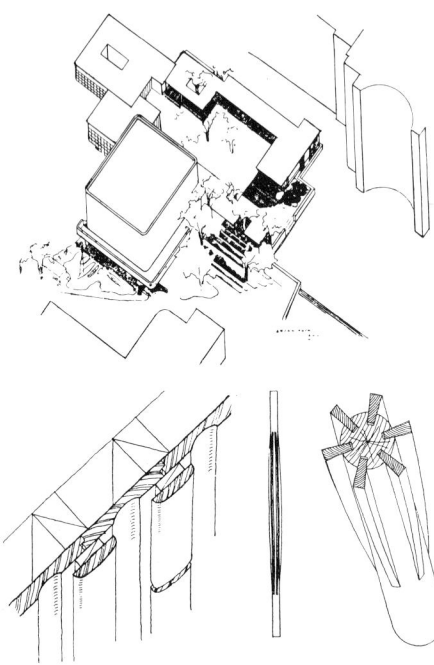

185 Aalto, Finnischer Pavillon, Weltausstellung, Paris, 1937. Die Details zeigen (von rechts nach links) die Lattenverkleidung, eine verstärkte Holzstütze der Loggia und den Teil einer Stütze mit vorspringenden Verstärkungsrippen.

sein Prototyp eines Minimal-Hauses für die Nordische Baukonferenz von 1932.

Ungefähr zur gleichen Zeit begegnete Aalto Harry und Mairea Gullichsen, eine Bekanntschaft, die ihn mit der Industrie in Verbindung brachte. Frau Gullichsen, Erbin des großen Holz-, Papier- und Zellulosekonzerns, hatte Aaltos frühe Möbel in einem Geschäft in Helsinki gesehen und lud ihn ein, Möbel für die Serienproduktion zu entwerfen. Unmittelbare Folgen dieser Beziehung waren die Gründung der Möbelfabrik Artek (für die Massenproduktion von Aaltos Möbeln) im Jahre 1935 und die Zellulosefabrik Sunila mit Arbeiterwohnungen, die zwischen 1934 und 1939 in Kotka entstand. Aaltos Möbelstücke eigneten sich glücklicherweise sehr gut zur Serienherstellung. Schon 1926 hatte er mit dem Entwurf von Sperrholzmöbeln begonnen, als er einen Stapelstuhl für den Arbeiterklub in Jyväskylä entwickelte. Nach diesem erfolgreichen Modell schuf er für Paimio einen Armsessel aus Schichtholz, einen Prototyp, der 1933 in Produktion ging. Interessanterweise übernahm Aalto die Technik für seinen Entwurf von den standardisierten Sitzmöbeln aus Bugholz, die Otto Korhonen Ende der zwanziger Jahre herstellte.

Da Aalto von der finnischen Holzindustrie gefördert wurde – die großen Konzerne Ahlström und Enso-Gutzeit blieben bis zum Ende seines Lebens Auftraggeber –, begann er Holz als ursprüngliches ausdrucksstarkes Material höher einzuschätzen als Beton. So kehrte er allmählich zu der stark strukturierten Expressivität der finnischen Nationalromantik zurück, zum Werk von Saarinen, Gallén-Kallela und Sonck. Der erste Schritt auf diesem Wege, der ihn vom internationalen Konstruktivismus entfernte, war sein eigenes Haus in Munkkiniemi, Helsinki (1936). Dem unregelmäßigen L-förmigen Gebäude, einer Collage aus geschlämmten Mauerwerk, gerillten Schalungen und freiliegendem Backstein, folgte sein preisgekrönter Wett-

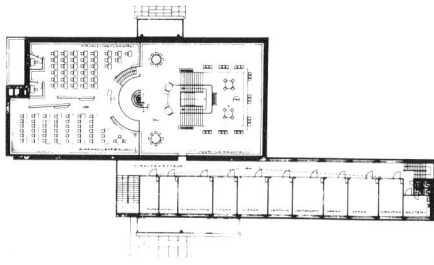

186 Aalto, Bibliothek Viipuri, 1927–1935. Ausleihe und Lesebereich auf höherem Niveau.

187 Aalto, Bibliothek Viipuri, 1927–1935. Grundriß des ersten Obergeschosses.

bewerbsentwurf für den Finnischen Pavillon auf der Pariser Weltausstellung von 1937, eine Holzkonstruktion mit dem beziehungsreichen Namen »Le Bois est en Marche«. Der Pavillon stellte ostentativ seine Holzbauweise zur Schau, und seine tragenden Elemente brachten die spezifischen Eigenschaften des Baustoffs Holz zum Ausdruck. Die Lattenverkleidung des Hauptpavillons und die Skelettkonstruktion des angrenzenden Ausstellungsbereichs demonstrierten virtuos die verschiedenen Techniken der Holzverbindung. Doch bei aller konstruktiven Meisterschaft war der Finnische Pavillon in erster Linie deshalb wichtig, weil er den für Aaltos spätere Arbeiten typischen Lageplan formulierte: Ein Bauwerk wird stets in zwei separate Elemente geteilt, und der Raum dazwischen wird als Bereich der menschlichen Begegnung genutzt (vgl. Villa Mairea, Rathaus in Säynätsalo und so weiter, S. 173/174). Aalto schrieb über den Pavillon:

»Eines der schwierigsten architektonischen Probleme besteht darin, das den Bau umgebende Gelände in menschlichem Maßstab zu gestalten. In der modernen Architektur, wo der Rationalismus des Skelettbaues und der Baukörper an sich zu dominieren drohen, entsteht oft in den Überbleibseln des Geländes ein architektonisches Vakuum. Es wäre gut, wenn man, anstatt dieses Vakuum mit dekorativen Gärten auszufüllen, die organische Bewegung des Menschen in die Gestaltung des Geländes mit einbeziehen würde. Im Falle des Pariser Pavillons konnte dieses Problem glücklich gelöst werden.«

In späteren Jahren betrachtete Aalto den Übergang von der Stahlbeton-Ästhetik zu Holz und natürlichen Materialien als entscheidenden Wendepunkt in der Entwicklung seiner Architektur. Er sah seine Schichtholzmöbel als Beispiele einer intuitiven, indirekten und kritischen Einstellung gegenüber dem Entwurf; dadurch entstand ein feiner abgestimmtes und variantenreicheres Ambiente, als es gewöhnlich mit linearer Logik erzielt wird. So schrieb er 1946 anläßlich einer Ausstellung seiner Möbel in Zürich:

»Um praktische Ziele und haltbare ästhetische Formen im Zusammenhang mit der Architektur zu erreichen, kann man nicht immer von einem rationellen und technischen Standpunkt ausgehen – vielleicht sogar nie. Die Phantasie des Menschen muß freien Spielraum haben. So war es meistens mit meinen Holzexperimenten. Rein spielerische Formen, ohne jeden Zweck, haben in einigen Fällen erst zehn Jahre später zu Gebrauchsformen geführt ... Die ersten Versuche, organische Volumen aus Holz zu konstruieren, ohne Anwendung von Schneidetechniken, führten später, nach fast zehn Jahren, zu triangulären Lösungen, unter Berücksichtigung der Faserrichtung des Holzes. Der vertikale, tragende Teil der Möbelformen ist gewissermaßen die kleine Schwester der Säule in der Architektur.«

Ein solches organisches Entwurfskonzept liegt auch den Details der Bibliothek in Viipuri und des Sanatoriums in Paimio zugrunde, jenen Meisterwerken der späten zwanziger Jahre, die zwar in Stahlbeton errichtet wurden, Aalto aber dennoch die Möglichkeit gaben, den Begriff des Funktionalismus zu erweitern und für die Befriedigung physischer und psychologischer Bedürfnisse zu sorgen (vgl. Neutras »biologisches« Konzept). Aaltos lebenslanges Interesse an der gesamten Umwelt eines Raumes und an seiner Gestaltung durch eine sensible Filterung von Wärme, Licht und Geräuschen wurde bei diesen Bauten zum erstenmal deutlich. In Paimio waren die Zweibettzimmer so eingerichtet, daß sie nicht nur den medizinischen Anforderungen entsprachen, sondern auch die Identität der Patienten respektierten und ihnen eine private Atmosphäre boten. So wurde direkte Licht- und Wärmestrahlung vom Kopf des Kranken ferngehalten, die Decken waren in dunkler Farbe gehalten, um Blendung zu vermeiden, und die Waschbecken waren so konstruiert, daß sie geräuschlos funktionierten. In der Bibliothek Viipuri waren die Hauptlesesäle durchgehend indirekt beleuchtet – bei Tag durch die trichterförmigen Oberlichter und nachts durch verstellbare Scheinwerfer, die ihr Licht jeweils auf die gegenüberliegende Wand warfen. Aalto verwendete auch besondere Sorgfalt auf die Akustik der Bibliothek, indem er die Lesesäle gegen den Straßenlärm isolierte und den rechteckigen Vortragssaal auf der ganzen Länge mit einer gewellten reflektierenden Holzdecke ausstattete. Die Prinzipien der »freien Planung«, die Aalto bei der Bibliothek und dem Sanatorium anwendete, führten zu einer organischen Architektur – die bei aller Freiheit der Formen – selten außer Kontrolle geriet. Sein Interesse an der naturbedingten Formung des architektonischen Environments und an den unverwechselbaren Gegebenheiten des Baugeländes verlieh seinem Werk eine einheitliche Prägung, von seiner funktionalistischen Periode in den späten zwanziger Jahren bis zu der expressiveren Phase, die Anfang der fünfziger Jahre begann. Über seine antimechanistische Einstellung schrieb er 1960:

»Die Architektur menschlicher zu machen, heißt bessere Architektur zu machen, also ein Funktionalismus, der viel mehr umfaßt als der rein technische. Dieses Ziel ist nur mit architektonischen Mitteln zu erreichen – durch den Entwurf und die Kombination unterschiedlicher technischer Dinge in solcher Weise, daß sie dem Menschen das harmonischste Leben ermöglichen.«

Im Jahre 1938 vollendete Aalto das Meisterwerk seiner Vorkriegslaufbahn, die Villa Mairea, ein Sommerhaus für Mairea Gullichsen in Noormarkku. Die Entwurfsskizze für dieses L-förmige Gebäude weist deutliche Bezüge zur Nationalromantik auf: Der Grundriß des Hauptwohnraums ist direkt von Gallén-Kallelas Atelier in Ruovesi (1893) hergeleitet. Beide Bauten verfügen auch über einen großen, skulpturenhaften, verputzten Kamin und eine abgestufte Wohnebene, die zu einer Zwischengeschoßtreppe führt. Wie sein Haus Munkkiniemi besteht die Villa Mairea aus Backstein, verputztem Mauerwerk und Holzverkleidungen.

Eindeutiger als jede andere Arbeit von Aino und Alvar Aalto stellt die Villa Mairea eine Verbindung zwischen der rational-konstruktivistischen Tradition des 20. Jahrhunderts und dem Erbe der nationalromantischen Bewegung her. Ihre Haupträume, die Eß- und Wohnzimmer, grenzen an einen geschützten Gartenhof, der in einer ungefähr kreisförmigen Waldlichtung liegt. Das »geologisch« geschichtete Haus und die unregelmäßigen Umrisse des Sauna-

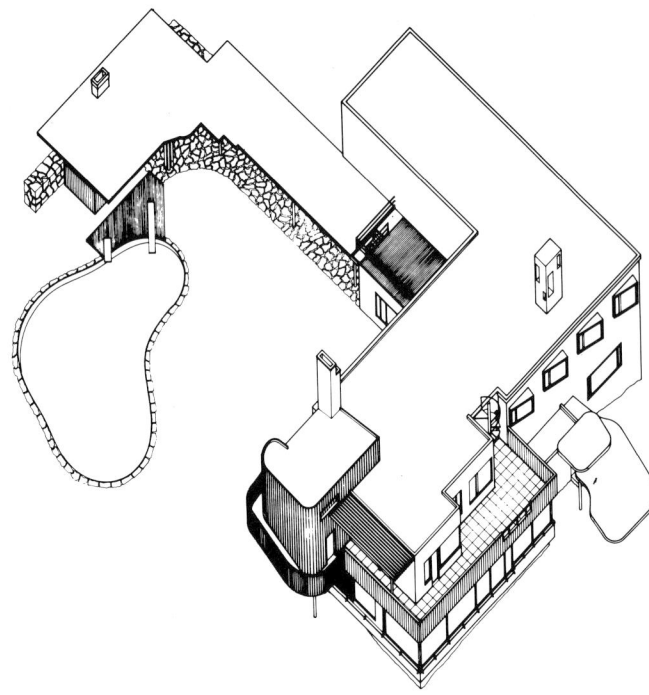

188 Aalto, Villa Mairea, Noormarkku, 1938–1939.

nes Pavillons für die New Yorker Weltausstellung im Jahre 1939 und dem etwas unentschlossener wirkenden Entwurf für das Baker Dormitory, das er 1947 für das Massachusetts Institute of Technology in Cambridge, Massachusetts, errichtete, herrschte in Aaltos Werk eine Phase der Unsicherheit. Erst 1949 begann mit dem Rathaus in Säynätsalo seine zweite wichtige Schaffensperiode. Während die Artikulierung des Bauvolumens bei der Villa Mairea von der Holzverkleidung ausgegangen war, wurde die Synkopierung der Formen in Säynätsalo von der rhythmischen Anordnung der Fenster und dem subtil modulierten Sichtmauerwerk aus Backstein bestimmt. Trotz aller Unterschiede beruhten die beiden Bauten freilich auf dem gleichen Konzept, der Unterteilung in zwei Elemente, die um ein Atrium angeordnet waren. Diese Elemente – bei der Villa Mairea ein L-förmiges Haus und ein Schwimmbecken – bestanden in Säynätsalo aus einem U-förmigen Verwaltungsgebäude und einem freistehenden Bibliotheksblock, die einen über dem Straßenniveau liegenden Hof umschlossen. Aalto benutzte diese Lösung später auch bei seiner Staatlichen Volkspensionsanstalt in Helsinki. Sie geht offenbar auf die traditionellen karelischen Bauernhof- und Dorfkomplexe zurück, über die er 1941 zum erstenmal geschrieben hatte. Eine weitere Quelle für die Dualität dieser Kompositionen war möglicherweise Aaltos charakteristische Auffassung vom architektonischen Schaffensprozeß, über den er in »Die Forelle und der Gebirgsbach« (1947) schrieb:
»Ich möchte hinzufügen, daß die Architektur und ihre Details in gewisser Weise mit der Biologie in Verbindung stehen. Sie sind vielleicht wie große Lachse oder Forellen. Sie werden nicht reif geboren, sie werden nicht einmal in dem Meer oder Gewässer geboren, in dem sie normalerweise leben. Sie werden viele hundert Meilen von ihrer eigentlichen Lebensumgebung entfernt geboren. Wo die Flüsse nur Bäche sind,

schwimmbeckens wirken wie ein metaphorischer Kontrast zwischen künstlicher und natürlicher Form, ein Prinzip der Dualität, das sich im gesamten Bau manifestiert. So liegt der »Kopf« von Mairea Gullichsens bugartigem Atelier dem »Schwanz« der Sauna gegenüber, und die Holzverschalung der öffentlichen Bereiche bildet einen starken Gegensatz zu den weiß verputzten Wänden der Privaträume. Im ganzen Haus finden sich zahlreiche Beispiele für ähnliche formale Lösungen, etwa die »Metonymie« des Eingangsdaches, dessen unregelmäßig angeordnete Holzstützen den unregelmäßigen Wuchs der Kiefern im Wald reflektieren, ein Zug, der sich beim Geländer der Innentreppe wiederholt. Bei Atelier, Eingangsdach und Schwimmbecken verwendete Aalto eine Grundrißform, die an die gekurvten Umrisse eines typischen finnischen Sees erinnert. Auch die Mate-

rialien des Erdgeschosses lassen sich als Landschaft im Inneren des Hauses verstehen: Der Wechsel von Fliesen zu Eichenparkett oder Pflastersteinen kennzeichnet stimmungs- und funktionsmäßige Veränderungen, wenn man sich zum Beispiel vom Kamin zum Wohnraum und zum Wintergarten bewegt. Auch die Bauten selbst werden symbolisch benutzt, um auf die Ursprünge hinzuweisen: Wie bei der Villa Hvitträsk repräsentiert die Sauna die einheimische Kultur. Sie ist durch eine trutzige Bruchsteinmauer mit dem Hauptgebäude verbunden und in traditioneller Bauweise mit Holz verkleidet und mit Grassoden überdeckt.
So entspricht die Sauna, im Gegensatz zu der raffinierten Tektonik des Wohnhauses, den Regeln der überkommenen finnischen Holzarchitektur.
Nach dem rhetorischen Überschwang sei-

189, 190 Aalto, Villa Mairea, Noormark-ku, 1938–1939. Blick in die Wohnhalle und Außenansicht.

schmale, glitzernde Gewässer zwischen den Bergen ... so weit von ihrer normalen Umgebung entfernt, wie das geistige Leben des Menschen und seine Instinkte von seiner täglichen Arbeit entfernt sind. Und wie die Entwicklung des Fischeis zum ausgereiften Organismus Zeit braucht, so braucht alles Zeit, was sich in unserer Welt des Denkens entwickelt und kristallisiert.

Die Architektur benötigt diese Zeit noch in stärkerem Ausmaß als jede andere schöpferische Arbeit.«

Alle diese Bauten symbolisieren die Dualität des architektonischen Schaffens. Die umschließende L- oder U-Form des Hauptvolumens, das »Fisch«-Element, kontrastiert mit der unabhängigen Form des benachbarten »Eis«. In der Villa Mairea und dem Rathaus von Säynätsalo nimmt die Fischform jeweils das prominenteste öffentliche Element auf – das Atelier und den Ratssaal.

Zu der hierarchischen Differenzierung gesellen sich Unterschiede des Materials und der Konstruktion. In Säynätsalo sind der »weltliche« Eingangskorridor und die Treppe mit Backstein gepflastert, während der darüberliegende »sakrale« Ratssaal mit einem Holzfußboden ausgestattet ist. Seine wichtige Funktion wird noch durch die kunstvolle offene Dachkonstruktion über dem Ratssaal betont, die unverkennbar auf die Baupraxis des Mittelalters hinweist. Ähnliche Veränderungen des symbolischen Inhalts treten bei dem »Ei«-Element auf: In der Villa Mairea ist das »Ei« das Schwimmbecken – ein Mittel der physischen Regeneration –, während es im Rathaus von Säynätsalo von der Bibliothek repräsentiert wird, dem Speicher geistiger Nahrung. Auch die Details der Atrien, vor allem in Säynätsalo und der Volkspensionsanstalt, spiegeln ähnliche mythische Intentionen wider. In beiden Fällen wird der Weg durch die »Akropolis« wie ein Initiationsritus zwischen dem hochzivilisierten städtischen Bereich auf der einen Seite des Komplexes und der traditionsgesättigten Rustizität auf der anderen Seite behandelt. In beiden Fällen trägt Wasser zur Belebung des Atriums bei, was wiederum an den Prozeß der Geburt und der Regeneration erinnert.

Die Staatliche Volkspensionsanstalt in Helsinki, 1948 für einen Wettbewerb entworfen und zwischen 1952 und 1956 errichtet, begründete Aaltos Ruf als eines Mei-sterarchitekten der Nachkriegszeit. Wie alle Bauten in den letzten fünfundzwanzig Jahren seiner Laufbahn vertrat dieser große Bürokomplex eine Architektur, die nach seinen eigenen Worten »dem Leben eine sensiblere Struktur« verleihen sollte. Diese Absicht zeigt sich in der Wärme und im Komfort der kleinsten Details, von den Sitzen im Foyer bis zur Besuchergarderobe und von den Lampen bis zur eingebauten Heizung. Besonders deutlich wird sie in den kleinen Kabinen für Einzelbesprechungen, die in der durch Oberlicht erhellten Halle in Reihen angeordnet sind. Diese mit schwarzem und weißem Marmor gepflasterte Halle stellt den hierarchischen »Schlüssel« für den Rest des Gebäudes dar. Die anderen Bereiche sind in bestimmten Farben gehalten, die ihren Status andeuten – der Haupteingang hat weiße und dunkelblaue Wandfliesen, die Kantine ist braun, weiß und beige und so weiter.

Aaltos Entschluß, dem gewöhnlichen Menschen zu dienen, fand auch in dem mehrgeschossigen Wohnhaus Ausdruck, das er 1955 für die Berliner Interbau im Hansaviertel errichtete und bei dem er sein Atrium-Konzept abwandelte. Zu diesem ungewöhnlichen Entwurf gehörte einer der wichtigsten Wohnungstypen, die seit dem Ende des Zweiten Weltkrieges erfunden wurden. Selbst Le Corbusiers berühmte *unité maisonnette* (die im sozialen Wohnungsbau in der ganzen Welt so häufig kopiert wurde), schneidet als Familienwohnung im Vergleich dazu relativ schlecht ab. Der größte Vorteil von Aaltos Wohnungstyp ist der, daß er innerhalb einer kleinen Mietwohnung Vorzüge des Einfamilienhauses bietet. Innerhalb des U-förmigen Grundrisses wird eine großzügige Atriumterrasse von Wohn- und Eßzimmer flankiert, und das Ganze ist auf zwei Seiten von privaten Bereichen wie Schlaf- und Badezimmern umgeben. Auch die Anordnung dieser Wohneinheiten innerhalb des Blocks ist überzeugend. Da sie sich um von Tageslicht erhellte Treppenhäuser grup-

191 Aalto, Rathaus, Säynätsalo, 1949–1952.

pierten, konnte Aalto den Eindruck einer unendlichen Zahl von Einheitswohnungen vermeiden, die in einem einzigen Hochhaus übereinandergestapelt sind.

Aaltos lebenslanges Bemühen, gesellschaftliche und psychologische Bedürfnisse zu befriedigen, unterschied ihn von den dogmatischen Funktionalisten der zwanziger Jahre, deren Laufbahn bereits gesichert war, als er seine ersten bedeutenden Werke entwarf. Obwohl er sich ursprünglich für die dynamischen Formen des sowjetischen Konstruktivismus interessiert hatte, legte Aalto stets Wert darauf, eine Umgebung zu schaffen, die dem Wohlergehen des Menschen diente. Selbst seine ausgeprägt funktionalistischen Bauten wie das Zeitungsgebäude *Turun Sanomat* von 1928 zeugen von Aaltos sensiblem Empfinden für die Wirkungen des Lichts, das hier ein sonst außerordentlich dogmatisches und strenges Bauwerk belebt.

Aaltos konsequente organische Architekturauffassung brachte ihn in die Nähe von Bruno Tauts Gläserner Kette, vor allem von den Arbeiten Hans Scharouns und Hugo Härings. So kann er jener »Gruppe« nordeuropäischer expressionistischer Architekten zugerechnet werden, die sich für ein dem Leben förderliches und nicht repressives Bauen einsetzten. Das bedeutete,

daß die Tyrannei des festgelegten orthogonalen Rasters immer dann durchbrochen wurde, wenn die Bedingungen des Grundstücks oder des Bauprogramms es verlangten. Leonardo Benevolo faßte 1960 die Leistung Aaltos so zusammen:

»Bei den ersten modernen Bauten dient die unveränderte Beibehaltung des rechten Winkels hauptsächlich der Verallgemeinerung des kompositorischen Verfahrens, indem sie a priori eine geometrische Beziehung zwischen allen Elementen herstellt. Dadurch können alle Gegensätze schon auf geometrischer Ebene, im Gleichgewicht der Linien, Flächen und Massen ausgeglichen werden. Die Verwendung der Schrägen (wie in Paimio) leitet einen entgegengesetzten Prozeß der Individualisierung und Konkretisierung der Formen ein, läßt Spannungen bestehen, die von der physischen Beschaffenheit der Elemente oder von der Umwelt ausgeglichen werden. Die Architektur verliert an didaktischer Strenge, erhält aber dafür mehr Wärme, Reichtum und Gefühl und erweitert letzten Endes ihren Aktionsradius, weil der Individualisierungsprozeß von der bereits erworbenen Verallgemeinerungsmethode ausgeht und sie voraussetzt.«

In ihren besten Beispielen war Aaltos Architektur diskret und äußerst sensibel. Sie setzte jene bedeutende nordische Tradition fort, einheimische mit klassischen Elementen – das Idiosynkratische mit dem Normativen – zu verschmelzen, die sich seit fünfzig Jahren ununterbrochen weiterentwickelt hatte, von Östbergs Villa Bonnier (1909) bis zu Aaltos Konzerthalle Finlandia (1968, sechs Jahre vor seinem Tod 1976 in Helsinki vollendet).

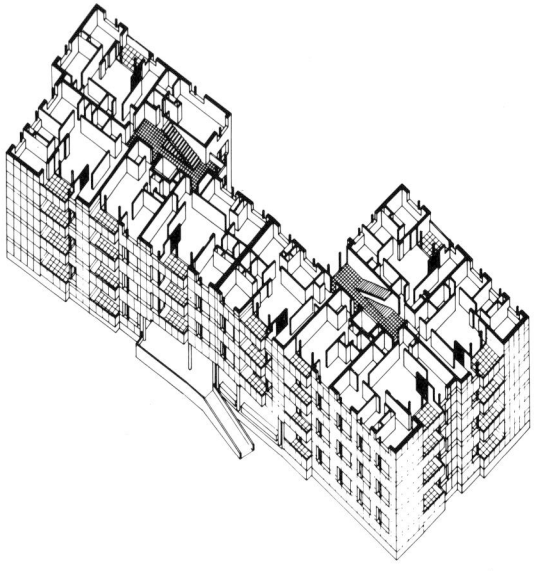

192 Aalto, Staatliche Volkspensionsanstalt, Helsinki, 1952–1956. Mittelteil der Südseite.

193 Aalto, Wohngebäude im Hansaviertel, Berlin, 1955.

23. Kapitel
Giuseppe Terragni und die Architektur des italienischen Rationalismus 1926–1943

»Wir fühlen, daß wir nicht länger die Menschen der Kathedralen, der Paläste und der Gerichtshallen sind, sondern die Menschen der großen Hotels, der Bahnhöfe, der ungeheuren Straßen, der riesigen Häfen, der Markthallen, der glitzernden Arkaden, des Wiederaufbaus und der Sanierung.«

Antonio Sant'Elia
Messaggio
Text für die Città Nuova, 1914

»Unsere Vergangenheit und Gegenwart sind nicht unvereinbar. Wir wollen das Erbe unserer Tradition nicht verleugnen. Die Tradition selbst verändert sich und nimmt neue Aspekte an, die nur von wenigen erkannt werden.«

gruppo 7
Note, in *Rassegna Italiana*, Dezember 1926

Die klassizistischen und zwanghaften Ausdrucksformen, die in Italien nach dem Ende des Ersten Weltkriegs auftraten – zunächst in der Malerei mit der von Giorgio de Chirico angeführten metaphysischen Bewegung Valori Plastici, dann in der Architektur mit der klassischen Novecento-Bewegung, die der Architekt Giovanni Muzio begründete – waren ebenso Ausgangspunkt für die Entwicklung des italienischen Rationalismus wie die futuristische Polemik der Vorkriegszeit.

Zu der rationalistischen »gruppo 7«, deren Mitglieder sich nach ihrem Studium am Mailänder Polytechnikum in der Zeitschrift *Rassegna Italiana* zu Wort meldeten, gehörten die Architekten Sebastiano Lar-

co, Guido Frette, Carlo Enrico Rava, Adalberto Libera, Luigi Figini, Gino Pollini und Giuseppe Terragni. Sie alle strebten nach einer neuen und rationaleren Synthese zwischen den nationalistischen Werten des italienischen Klassizismus und der konstruktiven Logik des Maschinenzeitalters. In ihren »Note« von 1926 plädierten sie für einen Mittelweg zwischen der »Geheimsprache« der Novecento-Bewegung – für die Muzios Mietshaus Ca'Brutta in Mailand von 1923 ein einflußreiches Beispiel war – und dem dynamischen Vokabular der Industrieformen, das ihnen von den Futuristen überkommen war. Die Gruppe zeigte auch gewisse Sympathien für den Deutschen Werkbund und für die Arbeiten des russischen Konstruktivismus. Doch bei allem Enthusiasmus für das technische Zeitalter legte die gruppo 7 mehr Wert auf eine Neuinterpretation der Tradition als auf Modernität per se. So merkte sie 1926 zu den Futuristen kritisch an:

»Kennzeichen der früheren Avantgarde waren ein intellektueller Impuls und ein fruchtloser, destruktiver Zorn, die gute und schlechte Elemente miteinander vermischten; Kennzeichen der heutigen Jugend ist ein Streben nach Klarheit und Weisheit ... Deutlich muß sein: ... wir beabsichtigen nicht, mit der Tradition zu brechen ... Die neue Architektur, die wahre Architektur sollte das Ergebnis einer engen Verbindung zwischen Logik und Rationalität sein.«

Trotz dieser Treueerklärung an die Tradition zeugten die frühen Werke der Ratio-

nalisten, vor allem die Giuseppe Terragnis, von einer Vorliebe für Kompositionen mit industriellen Themen. Terragnis Projekte für ein Gaswerk und eine Stahlrohrfabrik, die 1927 auf der III. Biennale in Monza ausgestellt wurden, haben mehr mit Ingenieurästhetik als mit Architektur zu tun – um die polaren Begriffe von Le Corbusiers *Kommende Baukunst* anzuwenden, einem Buch, das nach seiner Veröffentlichung 1923 einen starken Einfluß auf die Rationalisten ausübte. Eine frühe, naive Reaktion auf diesen Einfluß war Pietro Lingeris Bootshaus, 1926 in Como errichtet. Mit seinen Anspielungen auf den Schiffsbau war es eine stark vereinfachende Hommage an das Werk Le Corbusiers.

Terragni war dagegen eher von Muzio inspiriert. Er etablierte sich als Architekt mit seinem Mietshaus Novocum in Como (1928). Dieses symmetrische, fünfgeschossige Gebäude, allgemein als »Transatlantico« bekannt, zeugte von dem für die Rationalisten typischen Interesse an der rhetorischen Verteilung der Massen. Die Ecken des Bauwerks hätten nach dem klassischen Kanon verstärkt werden müssen, doch sie waren dramatisch weggeschnitten und zeigten Glaszylinder, über denen die massive Schwere des auskragenden obersten Geschosses lagert. Das Balkonprofil des dritten und die Masse des ersten Obergeschosses sind um die Zylinder geführt und binden sie in die Komposition ein. Diese Lösung war eher dem russischen Konstruktivismus als dem Purismus verpflichtet. Ein Vorbild war offenbar Golossows erster

Entwurf für den Arbeiterklub Zujew, der 1928 in Moskau fertiggestellt wurde.

Für eine kurze Zeit schlossen sich die italienischen Rationalisten offiziell zum Movimento Italiano per l'Architettura Razionale (MIAR) zusammen. Die Bewegung wurde 1931 gegründet, als die gruppo 7 ihre dritte Ausstellung in der Galleria Bardi in Rom veranstaltete. Sie war nur kurzlebig, weil sie bald von den Kräften der kulturellen Reaktion unterminiert wurde. Während frühere Manifestationen der Rationalisten sich nur selten gegen die konservativen Architekten gewandt hatten, war die Ausstellung in Rom von einer provokativen Streitschrift mit dem Titel »Rapporto a Mussolini sull'architettura« begleitet, die der Kunstkritiker Pietro Maria Bardi verfaßt hatte. Er vertrat die Ansicht, die rationalistische Architektur sei der einzige wahre Ausdruck der revolutionären faschistischen Prinzipien. Eine Erklärung des MIAR aus der gleichen Zeit äußerte sich ähnlich opportunistisch: »Unsere Bewegung kennt keine andere moralische Verpflichtung als die, in harter Zeit der (faschistischen) Revolution zu dienen. Wir rufen das Vertrauen Mussolinis an, damit er uns die Möglichkeit gibt, dieses Ziel zu verwirklichen.«

Mussolini eröffnete die Ausstellung, aber sein Vertrauen richtete wenig gegen die feindselige Reaktion der nationalen Architektenvereinigung aus, die unter dem Einfluß des klassizistischen Architekten Marcello Piacentini stand. Drei Wochen nach der Eröffnung der Ausstellung distanzierte sich die Architektenvereinigung von den Werken, die sie zuvor befürwortet hatte. Sie erklärte öffentlich, die rationalistische Architektur sei unvereinbar mit den theoretischen Ansprüchen des Faschismus. Piacentini blieb es überlassen, einen Mittelweg zwischen dem metaphysischen Traditionalismus der Novecentisten und dem Avantgardismus der Rationalisten zu finden und seinen eklektizistischen »Stile Littorio« als »offizielle« Ausdrucksweise der

Partei zu präsentieren. Erstes Beispiel dieser Manier war der Revolutionsturm in Brescia (1932 nach seinen Entwürfen vollendet). Bei dem Justizpalast in Mailand (Baubeginn 1932) hatte sich seine Formensprache bereits konsolidiert.

Piacentinis Position wurde durch die Gründung des faschistischen Ragruppamento Architetti Moderni in Italia bestärkt, das jede kategorische Verdammung der Novecentisten oder der Rationalisten vermied und den rudimentären Klassizismus des Stile Littorio unterstützte. Bei der Planung der neuen Universität in Rom im Jahre 1932 erlegte Piacentini den neun Architekten, die mit ihm zusammenarbeiten, Richtlinien auf, die in ihrer Wiederholung einfacher Elemente die Grundlage des offiziellen faschistischen Stils bildeten. Diese bemerkenswert konsequente Formensprache wurde fast immer auf viergeschossige Backstein- oder Steinvolumen angewendet, die von reduzierten Gesimsen überkrönt und lediglich durch den Wechsel der rechteckigen Öffnungen artikuliert wurden. Da in den Einzelplanungen eine gewisse Unregelmäßigkeit und Asymmetrie erlaubt war, blieb die Repräsentation weitgehend auf die Eingänge beschränkt, die mit Kolonnaden, Basreliefs und Buchstabenfriesen klassische Formen annahmen. Obwohl kein Mitglied der gruppo 7 an der Universität mitwirkte, wiesen drei Bauten des Piacentini-Teams rationalistische Züge auf: Gio Pontis Mathematisches Institut, Giovanni Micheluccis Mineralogie-Gebäude und vor allem Giuseppe Paganos elegantes, mit Backstein verkleidetes Physikalisches Institut.

Um 1932 hatte Pagano bereits seinen Beitrag zu der Polemik geleistet, die mit der Entwicklung eines angemessenen nationalen Stils verbunden war: 1930 hatte er zusammen mit dem Turiner Kunstkritiker und Designer Edoardo Persico die Zeitschrift Casabella gegründet. Die beiden Männer versuchten in ihren Leitartikeln, die unentschiedenen Mitglieder des Nove-

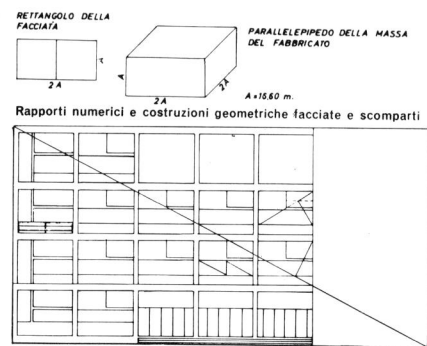

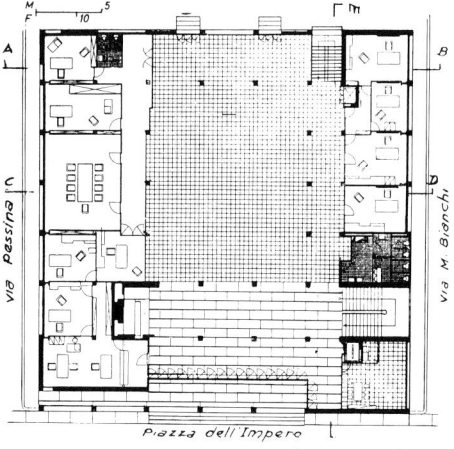

194 Piacentini und Mitarbeiter, Universität Rom, 1932. Rektoratsgebäude am Einweihungstag.

195 Terragni, Casa del Fascio, Como, 1932–1936. Proportionsschema der Fassade und Grundriß des Erdgeschosses.

196 Terragni, Casa del Fascio, Como, 1932–1936. Hauptversammlungsraum. Das Relief von Radice an der Stirnseite zeigt auch ein Porträt Mussolinis.

197 Persico und Nizzoli, Medaglio-d'Oro-Raum, Erste Italienische Luftfahrtschau, Mailand, 1934.

cento dazu zu bringen, daß sie den Stile Littorio Piacentinis zugunsten von Terragnis Rationalismus aufgaben. 1934 schrieb Persico über die schwierige Situation der Rationalisten: »Heute müssen die Künstler das dornigste Problem des italienischen Lebens aufgreifen: die Fähigkeit, an bestimmte Ideologien zu glauben, und der Wille, den Kampf gegen die Forderungen einer ›antimodernistischen‹ Mehrheit fortzuführen.«

Im Jahre 1932 schuf Terragni das maßgebliche Werk des italienischen Rationalismus, die Casa del Fascio (heute Casa del Popolo) in Como. Das Bauwerk war auf einem reinen Quadrat errichtet und halb so hoch wie die 33 Meter breite Front. Sein Halbkubus war von einer streng rationalen Geometrie bestimmt. Es legte nicht nur die Logik seiner Balkenkonstruktion offen dar, sondern auch den »rationalen« Kode, der der Fassadengliederung zugrunde lag. Auf allen Seiten (außer der Südostseite, an der die

Haupttreppe betont wird) sind die Fenster und die Wandelemente des Gebäudes so angeordnet, daß sie die Existenz eines inneren Hofes andeuten. Frühere Entwürfe für die Casa del Fascio bekunden, daß sie wie andere Werke Terragnis (etwa sein Kinderhort Sant'Elia von 1936) ursprünglich nach dem Vorbild des traditionellen Palazzo um einen offenen Hof geplant war. In späteren Entwurfsstadien wurde aus diesem *cortile* eine zentrale, zwei Geschosse hohe Versammlungshalle, die durch ein verglastes Betondach Oberlicht erhielt und auf vier Seiten von Galerien, Büros und Versammlungsräumen umgeben war. Wie bei Mies van der Rohes Barcelona-Pavillon von 1929 wird der monumentale Charakter des Bauwerks durch seinen steinernen Sockel betont, den Terragni als *piano rialzato* bezeichnete. Der eigentliche politische Zweck des Hauses drückt sich geradezu wörtlich in der Batterie von Glastüren aus, die das Eingangsfoyer von der Piazza tren-

nen. Wenn sie durch einen elektrischen Impuls gleichzeitig geöffnet wurden, sollten sie die innere Agora des *cortile* mit der Piazza verbinden, so daß der Fluß der Massendemonstrationen ununterbrochen von der Straße ins Innere strömen konnte (Abb. 24). Ähnliche politische Inhalte finden sich in dem Hauptversammlungsraum mit dem Fotomontage-Relief von Mario Radice und dem Schrein, der an die Gefallenen der Faschistenbewegung erinnert. Natürlich gibt es aber auch Aspekte, die über solche ideologische Erwägungen hinausgehen und zu metaphysischen räumlichen Effekten führen: Das Gebäude wird so behandelt, als sei es eine durchgehende Raummatrix ohne spezifische Orientierung wie oben oder unten, rechts oder links und so weiter. So werden die Spiegelungseffekte des Glases für die Verkleidung der Foyerdecke genutzt, um die Illusion einer nicht enden wollenden Balkenkonstruktion hervorzurufen, deren Volumen in

Wirklichkeit ganz anders besetzt sind. Die subtile Eingliederung der Casa del Fascio in einen historischen Stadtkern, ihre Verkleidung mit Bolticino-Marmor und die Verwendung von Glasbausteinen zur Kennzeichnung der wichtigsten Bereiche machen sie zu einem tektonischen, exakten und zugleich monumentalen Bauwerk.

Diese Idealisierung und Symbolisierung des Faschismus war keineswegs ein Einzelfall. Bevor sie schließlich nach 1940 endgültig ihre Illusionen verloren, machten die Rationalisten der Bewegung auch andere rhetorische Avancen. In diesem Zusammenhang muß vor allem das Gebäude für die »Mostra della Rivoluzione Fascista« erwähnt werden, die Rom 1932 zum zehnten Jahrestag des Marsches auf Rom veranstaltet hatte. Dieser temporäre Bau, der stark an die Arbeit Leonidows erinnert und nach den Entwürfen Liberas und de Renzis errichtet wurde, enthielt neben anderen Konstruktionen einen an das Jahr 1922 erinnernden Raum. Terragni schuf hier ein dynamisches Wandrelief mit plastischen, graphischen und fotografischen Elementen, dessen Stil sich mit Lissitzkys sowjetischer Internationalen Hygiene-Ausstellung in Dresden von 1930 vergleichen läßt.

Um die Mitte der dreißiger Jahre existierten viele Varianten der rationalistischen Architektur, vom stark intellektuellen Werk Terragnis bis zu dem glatten Internationalen Stil der Gruppe Comasco, deren Haus eines Künstlers auf der V. Mailänder Triennale von 1933 ausgestellt wurde. Daß Terragni in dem achtköpfigen Entwurfsteam mitwirkte, hatte offenbar wenig Einfluß auf die Qualität des Ergebnisses. Auch bei Figini und Pollini läßt sich ein Verlust an Intensität feststellen, wenn man ihr erstes Werk, die Casa Elettrica für die Mailänder Triennale von 1930, mit dem Haus eines Künstlers für die nächste Triennale vergleicht. Tatsächlich begann das Niveau des italienischen Rationalismus zur Zeit der V. Triennale bereits zu sinken, was

einerseits auf einen banalen Modernismus und andererseits auf einen reaktionären Historizismus zurückzuführen war.

Im Jahre 1934 entwarfen Persico und Marcello Nizzoli ihren berühmten Medaglio d'Oro-Raum für die Italienische Luftfahrtausstellung in Mailand. Ein eleganter Labyrinth aus weißen Holzlatten trug in einigem Abstand über dem Boden ein Gerüst mit Graphiken und Fotografien, die über dem Boden zu schweben und in der Tiefe der Halle vor- und zurückzutreten schienen. Diese aufgehängte Konstruktion setzte einen neuen Standard für die Ausstellungsgestaltung und übte bis in die Nachkriegszeit hinein einen starken Einfluß aus. Mit Ausnahme gelegentlicher Meisterwerke wie dieser ungewöhnlichen Arbeit von Persico und Nizzoli sah der italienische Rationalismus nun freilich seinem Niedergang entgegen. Das zeigt sich auch an den folgenden Arbeiten Persicos, der innerhalb von zwei Jahren von äußerst dynamischen und raffinierten Arbeiten zur kalten, atektonischen Monumentalität seines Salone d'Onore für die Triennale von 1936 überging (entworfen in Zusammenarbeit mit Nizzoli, Palanti und Fontana). Nur Terragni, der mit Pietro Lingeri und Cesare Cattaneo zusammenarbeitete, bewahrte die intellektuelle Intensität des rationalistischen Programms. Sein Interesse an der völligen Integration des Konzeptionellen, Konstruktiven und Symbolischen ließ nicht nach.

Nach Persicos frühem Tod im Jahre 1936 nahmen die politischen und kulturellen Schwierigkeiten der Rationalisten zu. Pagano, der immer offiziellen Kreisen nahestand, kompromittierte sich zusätzlich durch die Zusammenarbeit mit Piacentini bei der Planung der »Esposizione Universale Roma '42«, die 1942 in der Nähe Roms stattfinden sollte. Wie die neuen faschistischen Städte Littoria, Sabaudia, Carbonia und Pontinia (letztere wurde in den Pontinischen Sümpfen errichtet), waren die permanenten Bauten der EUR '42, die Muse-

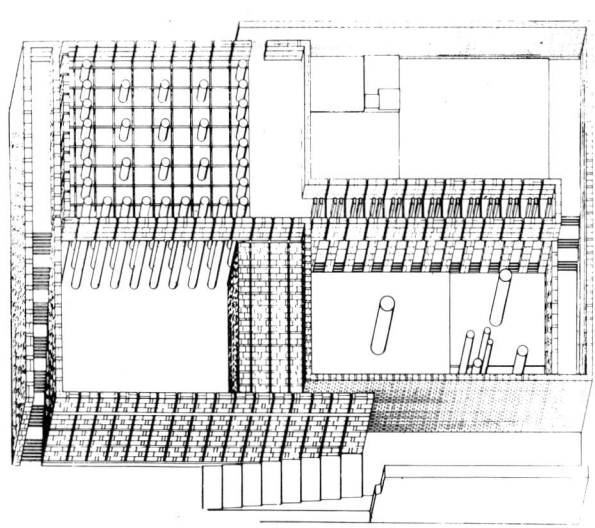

198 Terragni, Entwurf für das Danteum, Rom, 1938.

en, Denkmäler und Paläste, von Mussolini dazu bestimmt, den Kern des Dritten Rom zu bilden. Nicht einmal Paganos Intelligenz konnte verhindern, daß diese extravagante ideologische Geste zur banalsten Versammlung klassizistischer Formen ausartete. Das Paradestück der Anlage, der Palazzo della Civiltà Italiana von Guerrini, La Padula und Romano, stellte die äußerste Vulgarisierung der Valori-Plastici-Bewegung dar. Seine leeren, kubischen, von Arkaden ausgehöhlten Formen hätten höchstens jemanden erfreut, der über nicht mehr Sensibilität verfügte als de Chirico. Piacentinis Planung für die EUR '42 war vom gleichen Geist getragen wie Mussolinis Plan von 1932 für die »Haussmannisierung« Roms (ein Vorschlag für die Ausmerzung der gesamten mittelalterlichen Stadtstruktur im Bereich der antiken Ruinen). Wie die verschiedenen Architekturrichtungen einschließlich der Rationalisten war Piacentinis Projekt gefangen zwischen dem nachfuturistischen Bedürfnis, eine moderne Zivilisation zu schaffen, und dem

Bestreben, eben diese Zivilisation durch einen Appell an den Ruhm des römischen Reiches zu legitimieren. So war die Hauptachse des EUR-Komplexes dem Tyrrhenischen Meer zugewendet, und eines seiner Monumente trug die prophetische Inschrift:

»Das Dritte Rom wird sich über die Berge hinweg entlang des heiligen Flusses (Tiber) bis zu den Küsten des Meeres ausbreiten.« Über die Beteiligung der Rationalisten an diesem faustischen Unternehmen schrieb Leonardo Benevolo:

»So erweist sich, daß der von Pagano angestrebte Kompromiß nicht aufrechtzuerhalten ist; indem man der ›idealen Verbindung‹ zur römischen Welt nachjagt, erreicht man nur eins: einen neoklassizistischen Konformismus; die Nuancen der angewandten Vereinfachung von Foschini, die raffinierte Eleganz der jungen Römer und die berechneten Rhythmen der jungen Mailänder, die in den Entwürfen bedeutend erschienen, verschwinden endgültig bei der Ausführung. Was in Deutschland, Rußland, Frankreich geschehen ist, wiederholt sich: die *internationale des pompiers*.«

Dem reaktionären Klima in Architektur und Politik, das in der Mitte der dreißiger Jahre in Italien herrschte, suchte ein von Saint-Simon inspirierter Industrieller entgegenzuwirken: Adriano Olivetti, der seinem Vater als Direktor des berühmten Büromaschinenkonzerns 1932 nachgefolgt war. Im Jahre 1934 begann Adriano sein Interesse an dem Beitrag zu zeigen, den das moderne Design zum Aufstieg der Industrie leisten konnte. Er beauftragte nacheinander Figini und Pollini, eine Reihe von Bauten für die Firma Olivetti in Ivrea zu entwerfen, zunächst 1935 ein neues Verwaltungszentrum, danach zwischen 1939 und 1942 Arbeiterwohnungen und Gemeinschaftseinrichtungen. Im Jahre 1937 erweiterte er seine Patronage auf die Regionalplanung, indem er Figini und Pollini sowie BBPR (Banfi, Belgiojoso, Peressutti und Rogers) zu einem Planungskonzept für das Aostatal aufforderte.

Inzwischen gelangten aus Terragnis Atelier weiterhin eng miteinander verwandte Entwürfe an die Öffentlichkeit, darunter seine Wettbewerbsentwürfe für die Casa Littoria von 1937 und das EUR-Kongreßgebäude von 1938 (beide in Zusammenarbeit mit Cattaneo und Lingeri). In der gleichen Zeit entwarf Terragni auch das am stärksten metaphysische Werk seiner gesamten Laufbahn, das Danteum (1938), das als monumentaler Schmuck der von Mussolini durch die Altstadt geschnittenen Via del Impero konzipiert war. Das Projekt umfaßte rechteckige Raumvolumen abnehmender Dichte, die als Labyrinth angeordnet waren und die Stufen Inferno, Purgatorium und Paradies symbolisierten – in mancher Hinsicht eine Abstrahierung der Formensprache, die beim EUR-Gebäude verwendet worden war.

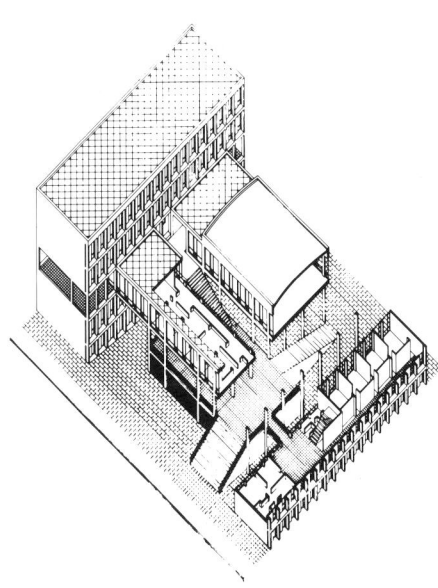

199 Cattaneo, Lingeri, Magnagni, Origoni und M. Terragni, Gewerkschaftsgebäude, Como, 1938–1943. Axonometrische Ansicht, teils im Anschnitt.

Daß Terragni von einer »transparenten« Architektur besessen war – eine Sublimierung des futuristischen Programms, die Straße in das Haus zu projizieren –, zeigte sich zum erstenmal bei seiner Casa del Fascio. Danach machte sich diese Tendenz immer wieder in seinen öffentlichen Arbeiten bemerkbar, von dem Sarfatti-Monument, das er 1934 in Col d'Echele errichtete, bis zu dem endgültigen Entwurf für das EUR-Kongreßgebäude. Das höchste Maß an »Luzidität« erreichte Terragni im Paradies-Bereich des Danteums mit seinen dreiunddreißig Glasstützen und seiner Glasdecke. Terragni erreichte Transparenz durch zwei Konzepte, die er bei seinem siebengeschossigen Mietshaus, der Casa Rustici in Mailand (1936–1937), geschickt miteinander verschmolz: 1. eine Dualität, die ähnlich wie bei seinem Kriegerdenkmal in Como von 1931 meist zwei parallele rechtwinklige Volumen mit einem Raumspalt dazwischen umfaßte, und 2. frontal orientierte, rechtwinklige Volumen oder Leerräume, die von einem bestimmten Blickpunkt aus wie verschiedene Bildebenen hintereinander zurücktreten, so etwa die schwebenden Balkons und Brücken der Casa Rustici oder die verglasten Büroscheiben der Casa Littoria, deren zurückgesetzte Raumschichten die Nebeneinrichtungen des Erdgeschosses, die Vortragssäle und so weiter aufnahmen.

Diese von der Frontalansicht ausgehende Formel wechselweise gebauter und nicht gebauter paralleler Volumen wurde in dem EUR-Projekt und in kondensierter Form in Terragnis letztem Bauwerk, seinem viergeschossigen Mietshaus Giuliani Frigerio in Como (vollendet 1940), asymmetrisch in Drehung versetzt. Wie bei der Casa del Fascio war es offenbar Terragnis Absicht, die Orientierung des Prismas zu reflektieren, indem er eine primäre und eine sekundäre Fassade im rechten Winkel zueinander anordnete. Eine ähnlich rotierende »kubistische« Komposition war bereits bei Terragnis frühen Villen aufgetreten. Das gleiche formale Muster benutzte Cattaneo bei seinem Mietshaus in Cernobbio von 1938.

Das letzte Werk dieser Reihe, an dem Terragni freilich nicht beteiligt war, ist das Faschistische Gewerkschaftsgebäude in Como, das zwischen 1938 und 1943 in der Nähe der Casa del Fascio nach den Entwürfen von Terragnis wichtigstem Schüler Cattaneo in Zusammenarbeit mit Lingeri, Augusto Magnagni, L. Origoni und Mario Terragni errichtet wurde. Diese orthogonale Balkenkonstruktion, die in einer Richtung um das palladianische Raster ABAB-ABABA und in der anderen Richtung nach einem regelmäßigen, aber teilweise synkopierten Modul organisiert ist, wirkt in vieler Hinsicht als die sublimste Lösung der kompositorischen und typologischen Themen, mit denen sich die Rationalisten von Como auseinandersetzten. Man könnte sogar behaupten, das Bauwerk sei eine der wichtigsten Inspirationsquellen der sogenannten »autonomen Architektur« der italienischen Tendenza, die in den siebziger Jahren entstand (vgl. Giorgio Grassis Entwurf für ein Studentenwohnheim in Chieti von 1974, in Zusammenarbeit mit Monestiroli, Conti und Guazzoni). Das Gewerkschaftsgebäude besteht aus zwei fünfgeschossigen Scheiben, die durch einen Hof voneinander getrennt sind. Im Hof erhebt sich ein zweigeschossiger Block mit einem Eingangspodium, einem Sekretariat und einem Auditorium für 500 Besucher.

Die Fertigstellung dieses Gebäudes im Jahre 1943 fiel mit dem frühen und immer noch einigermaßen mysteriösen Tod Terragnis wie Cattaneos zusammen. Obwohl diese Todesfälle der Bewegung ein plötzliches Ende setzten, zeugen ihre Werke noch immer von ihrem Bemühen, eine ideale Umgebung für eine Gesellschaft zu schaffen, die zugleich rational organisiert und kulturell klassenlos sein sollte. Sylvia Danesi wies darauf hin, daß dieses Ideal sich eher in der transparenten Logik ihrer Architektur als in der Gesellschaft selbst verwirklichte. Sie schrieb 1977 über die beiden Architekten:

»Beide hatten volles Vertrauen in die führende Rolle und Organisationsfähigkeit der Mittelklasse, in deren verwaltende Funktion als Mittelpunkt des sozialen Kontrakts. Sie spürten nicht die Krise, die über ihre Generation kommen sollte. Sie glaubten, die Klasse, der auch sie angehörten, sei durchaus imstande, die Aufgabe zu erfüllen, die ihnen das übrige Land übertragen hatte. Sie begriffen nicht, daß die einheimische industrielle Mittelklasse allmählich Boden an die neue Staatsbourgeoisie verlor, die durch die Krise von 1929 entstand (Nationalisierung von Banken, Gründung des IRI und so weiter) und die uns noch heute regiert; eine Klasse, die hervorragend mit den Interessen des Großkapitals zurechtkam und sich unter dem totalitären Regime wohlfühlte.«

24. Kapitel
Architektur und Staat: Ideologie und Repräsentation 1914–1943

»Die Straße beschreibt eine Kurve und beginnt unmerklich anzusteigen. Plötzlich hebt sich rechts die Silhouette von Türmen und Kuppeln vom Horizont ab, sonnenerhelltes Rosa und Hellgelb tanzt vor dem blauen Himmel, frisch wie eine Tasse Milch, großartig wie Rom. In der Nähe taucht ein weißer Bogen auf.

Das Auto verläßt die Hauptstraße, fährt an dem niedrigen roten Sockel des gigantischen Monuments vorbei und hält an. Dem Reisenden stockt der Atem. Vor seinen Augen steigt ein Kiesweg sanft an, in so unendlicher Perspektive, als sei er durch ein umgekehrtes Fernrohr gesehen; an seinem Ende glitzert über den grünen Baumspitzen der Sitz der Regierung, das achte Delhi, rechteckig auf einer Anhöhe – Kuppel, Turm, Kuppel, Turm, Kuppel, Turm, rot, rosa, cremefarben und weißgolden, strahlend in der Morgensonne.«

Robert Byron
New Delhi, in The Architectural Review,
1931

Die Tendenz der Moderne, alle Formen bis zur Abstraktion zu reduzieren, war wenig dazu geeignet, die Macht und die Ideologie des Staates zu repräsentieren. Diese ikonographische Unzulänglichkeit trug weitgehend dazu bei, daß eine historische Einstellung zum Bauen in der zweiten Hälfte des 20. Jahrhunderts überleben konnte. Henry-Russell Hitchcocks Verdiensten als Historiker ist es zu danken, daß er es vor langer Zeit für notwendig hielt, auf das Fortleben dieser Tradition hinzuweisen.

Dennoch hat sich seine Bezeichnung »Die Neue Tradition«, die er 1929 prägte, um einen gewissen konservativen Trend im Werk der Pioniere zu charakterisieren, nicht halten können. Die Attribute und die Chronologie, die er mit dieser Tradition verband, waren zu vage, um allgemeine Anerkennung zu finden. Immerhin hat das Bedürfnis, die Probleme der Repräsentation zu behandeln, im Laufe der Jahre eher zu- als abgenommen, und wir können die kulturellen Schwierigkeiten des Sozialistischen Realismus im weitesten Sinne nun nicht mehr von unserer kritischen Betrachtung ausschließen. Allgemein kann Hitchcocks Begriff als Beweis dafür gewertet werden, daß abstrakte Formen nicht ausreichend zur Kommunikation fähig waren. Hitchcock schrieb 1958: »Der Hirstoriker *muß* versuchen, in irgendeiner Form über Bauten wie das Rathaus von Stockholm oder das Woolworth Building zu berichten.«

Der Ursprung der Neuen Tradition liegt außerhalb der Hauptströmungen der Moderne in jenem bewußt »modernisierten« historischen Stil, der zwischen 1900 und 1914 in Erscheinung trat. Zunächst begann das charakteristische Vokabular des Establishments, das heißt die offizielle Manier des 19. Jahrhunderts, die ständig zwischen Neugotik und Neobarock schwankte, an Bedeutung zu verlieren. Vor allem in England und Deutschland degenerierte der Stil zu einem Eklektizismus, der kaum noch zu einem überzeugenden architektonischen Ausdruck führen konnte. Zur gleichen Zeit

ging die Hauptströmung des europäischen Klassizismus, die Beaux-Arts-Tradition, mit der Pariser Ausstellung von 1900 ihrem Ende entgegen. So war zum Beispiel die glanzvolle, aber übertriebene Rhetorik des Grand Palais offensichtlich wenig dazu geeignet, die progressive Ideologie einer fortschrittlichen Industriegesellschaft zu vertreten. Was symbolisierte schließlich Repression besser als im Grand Palais das Innere aus Stahl und Eisen, das in eine kunstvolle Kulisse aus Stein eingekerkert war? Der spätere Versuch, diese uralte Vorliebe für die Form aus Stein durch geschwungene, vom Art Nouveau hergeleitete florale Motive neu zu beleben, führte zu ähnlichen traurigen Beispielen eines fossilen Klassizismus mit starken symbolistischen Anklängen, wie etwa bei Boileaus Hôtel Lutetia in Paris (1911), das Le Corbusier so wenig schätzte.

Andererseits war der weitgehend gegen das Establishment gerichtete angelsächsische »Free Style« oder sein noch freierer Nachfolger auf dem Kontinent, allgemein als Art Nouveau bekannt, in der Zwischenzeit zu einer starren, formelhaften Ausdrucksweise degeneriert. Außerdem hatte gerade die Idee des Gesamtkunstwerks, wie Henry van de Velde 1908 feststellte, unglücklicherweise zur Folge, daß die soziale und kulturelle Bedeutung der betreffenden Bauten auf den privaten Bereich beschränkt blieb. Weder der präraffaelitische Mythos einer Rückkehr zu Landwirtschaft und Handwerk noch die urbane Exotik des Art Nouveau eigneten sich dazu, die parlamentarische Demokratie oder die ideologischen Ziele einer freien, fortschrittlichen Gesellschaft nach außen zu repräsentieren. Selbst Peter Behrens, der um 1910 an der Schwelle eines neuen, normativen, speziell für die Repräsentation des Kapitals, wenn nicht sogar des modernen Industriestaates (Max Webers Machtstaat) konzipierten Stils stand, hatte zur Zeit der Kölner Werkbund-Ausstellung von 1914 sein kreatives Feingefühl verloren und zog sich bei seiner Festhalle für den Werkbund in die Sicherheit der geradezu klassizistischen Formel zurück.

Ragnar Östberg nutzte bei seinem Rathaus in Stockholm (1909–1923) die Prinzipien des englischen »Free Style«, um eine öffentliche Institution zu repräsentieren – ein ikonographischer Triumph, der seinen ungewöhnlichen Erfolg offenbar der Tatsache verdankte, daß das Bauwerk eher den traditionellen Hort der Bürger als einen Industriestaat vertrat. In dieser Hinsicht kam das Rathaus der politischen Ideologie des Dritten Reiches nahe, die bestimmte Stile bestimmten ideologischen Zielen vorbehielt.

Kurz vor dem Ersten Weltkrieg entstanden zahlreiche Arbeiten im Stil der Neuen Tradition, »historische« Bauten, die in ihrer Gesamtkonzeption freilich keineswegs von der Historie bestimmt waren. So spielten die gotischen Details von Cass Gilberts Woolworth Building in New York (1913) nur eine untergeordnete Rolle, wenn man dagegenhält, daß seine konsequente Gliederung und seine exotischen Profile bereits die Wolkenkratzerprojekte Frank Lloyd Wrights und Raymond Hoods aus der Nachkriegszeit vorwegnahmen.

In Europa wurde die Neue Tradition mit mehr Konsequenz eingeführt, vor allem in Bauten, die folgerichtig mit dem überkommenen offiziellen Stil des Neobarock brachen, um im Geist, wenn auch nicht in der Form, auf die Klarheit und Strenge des alten Rom zurückzugreifen. Beispiele dafür sind der Hauptbahnhof in Stuttgart von

Paul Bonatz (1913–1927) und Edwin Lutyens' Projekt für Neu-Delhi, das 1912 in Auftrag gegeben, aber in seiner endgültigen Form erst 1931 realisiert war.

Die Proklamation Georgs V., der die Hauptstadt Neu-Delhi auf einem zu seinen Ehren abgehaltenen *durbar,* einer prunkvollen Massenveranstaltung, gründete, war wenig mehr als eine geschickte ideologische Geste. Sie sollte kaschieren, daß die Engländer aus reinen Zweckmäßigkeitsgründen ihre indische Hauptstadt 1911 von Kalkutta nach Delhi transferiert hatten. Offenbar hofften die Briten, daß die Wiederbelebung rituellen Prunks am Mogul-Hof – im Namen des Raj und im Herzen des Empire – es ihnen ermöglichen könnte, ihre widersprüchliche Politik aufrechtzuerhalten, die Selbstbestimmung propagierte, zugleich aber die Kolonialwirtschaft fortführte. Die Tatsache, daß viel vom königlichen Gepränge verlorenging, weil der König auf einem Pferd und nicht auf einem Elefanten in die Stadt einritt, ist nicht ohne Bedeutung: Die diplomatischen Bemühungen um einen liberalen Kompromiß hatten den traditionellen Kodex so einschneidend verändert, daß der König weitgehend unbeachtet die Tore Delhis passierte. Daß die Errichtung Neu-Delhis eine Konkretisierung solcher fragwürdigen ideologisch bedingten Gesten darstellte, zeigt sich daran, daß zwischen 1913 und 1918 immer wieder Anstrengungen unternommen wurden, zu einem überzeugenden anglo-indischen Stil zu gelangen, der für jeden annehmbar war. Vor allem mußte diese Stadt Lutyens selbst überzeugen, der schließlich zu der Überzeugung kam, die Mogul-Stadt Fatehpur Sikri repräsentiere die einzige einheimische Architektur, die in die humastische Tradition einbezogen werden könne.

Der Humanismus, das heißt der Klassizismus, war in der englischen Architektur nach der Jahrhundertwende sehr schnell neu bewertet worden, zunächst in der Architektur von Shaw und Lutyens, dann – auf theoretischer Ebene – in Geoffrey

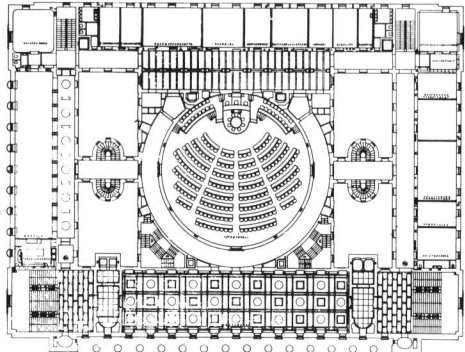

200 Lutyens, Residenz des Vizekönigs, Neu-Delhi, 1923–1931.

201 Sirén, Finnisches Parlamentsgebäude, Helsinki, 1926–1931. Grundriß des Hauptgeschosses.

Scotts Buch *The Architecture of Humanism,* das 1914 erschien.

Die Notwendigkeit, eine kraftvolle exotische Kultur zu assimilieren und zugleich den Prinzipien des Humanismus treu zu bleiben, führte bei Lutyens zu einer abstrakten Präzision und Ausgeglichenheit, die er nie zuvor erreicht hatte und zu der er später nur noch bei seinen Denkmälern für die Gefallenen des Ersten Weltkrieges fand – dem Kenotaph in London, enthüllt 1920, und dem Denkmal für die Gefallenen und Vermißten der Somme in Thiepval von 1924 (vgl. Abb. 30). Bei der Residenz des

202 Nénot, Broggi, Vago und Lefebvre, Völkerbundpalast, Genf. Ratssaal mit Wandbildern von J. M. Sert.

203 Iofan, Entwurf für den Palast der Sowjets, Moskau, 1934.

Vizekönigs in Neu-Delhi (erbaut 1923–1931) ging Lutyens über den kraftlos gewordenen Historismus seiner Landhäuser hinaus und postulierte wie Wright eine Kultur der Grenze, eine synthetisches Imperium, in dem die Sonne nie untergeht. Angesichts der Tatsache, daß Neu-Delhi der monumentalste Komplex war, den die Engländer je errichteten, ist es nicht ohne Ironie, daß die Geschichte ihnen nur noch

eine Regierungszeit von fünfzehn Jahren zubilligte. Allein die Residenz des Vizekönigs nahm trotz ihrer relativ intimen Innenräume ebensoviel Fläche ein wie Versailles.

Wie Versailles leitete auch das Projekt für Neu-Delhi von 1912 eine Phase ein, in der die Architektur für die Sache des Staates genutzt wurde – erstens, um neue Nationen zu repräsentieren, die als unabhängige Demokratien aus den Umwälzungen des Ersten Weltkrieges hervorgegangen waren, und zweitens, um das revolutionäre »Jahrtausend« zu feiern, das sich zwischen 1917 und 1933 in verschiedenen Formen manifestierte: zuerst in der Sowjetunion, dann 1922 im faschistischen Italien und schließlich im Dritten Reich. Allgemeiner gesehen, sollte diese Architektur von der neuen Macht und der Notwendigkeit des Monopolkapitals künden, sowohl vor dem Börsenkrach von 1929 als auch danach.

Die ideologische Betrachtung der offiziellen Architektur und die klassizistische, wenn nicht sogar von Beaux-Arts geprägte Konzeption der meisten beteiligten Architekten führte dazu, daß sich die gesamte Entwicklung von den progressiven Strömungen der Moderne isolierte. In vielen Fällen war diese Distanzierung anscheinend sogar beabsichtigt. Siréns Finnisches Parlamentsgebäude, 1926–1931 in Helsinki für den neuen unabhängigen Staat errichtet, setzte die neoklassizistischen Normen für die Neue Tradition. Sein brillant geplantes Riksolagshus war ein direktes Produkt des skandinavischen Neoklassizismus und in dieser Hinsicht eng mit Asplunds Stockholmer Bibliothek (1920–1928) verwandt. Siréns Bauwerk wirkt freilich im Vergleich zu Asplund geradezu theatralisch. Seine flache Säulenhalle ist nicht mehr als ein kulissenhaftes Relief vor einem straff organisierten Bauwerk, dessen strenge stereometrische Volumen sonst nicht aufgelockert worden wären.

Eine Konfrontation zwischen den Strömungen der Moderne und der Neuen Tra-

dition fand 1927 beim Wettbewerb für den Völkerbundpalast statt. Die Jury, die sich aus Beaux-Arts-Akademikern und Veteranen des Art Nouveau zusammensetzte – Männern wie John Burnet, Charles Lemaresquier und Carlos Gato aus dem einen Lager und Hoffmann, Victor Horta und Hendrik Berlage aus dem anderen –, wählte 27 Entwürfe, in denen sich die drei wichtigen Richtungen dieser Zeit widerspiegelten. Neun Preise wurden an Beaux-Arts-Projekte vergeben, acht an moderne Entwürfe (darunter die berühmten von Le Corbusier und Hannes Meyer, vgl. Abb. 144, 114), und die Neue Tradition mit Architekten wie L.-C. Boileau, Paul Bonatz und Marcello Piacentini erhielt zehn Preise. Drei der Beaux-Arts-Preisträger und Giuseppe Vago, dessen Arbeit die Neue Tradition vertrat, wurden mit dem Ausführungsentwurf beauftragt. Ihr Projekt kam dem schmucklosen Klassizismus des russischen Sozialistischen Realismus überraschend nahe.

Die Sowjetunion 1931–1938

Der Kampf zwischen der Moderne und der Neuen Tradition entbrannte noch einmal von neuem, als die Russen 1931 einen Wettbewerb für den Palast der Sowjets ausschrieben – eine Reaktion auf den Wettbewerb für den Völkerbundpalast in Genf. Der Wettbewerb übte einen starken Einfluß auf die sowjetische Architektur aus, denn er zog nicht nur Beiträge aus aller Welt an, unter anderem Projekte von Le Corbusier, Perret, Gropius, Poelzig und Lubetkin, sondern stimulierte auch die Aktivitäten innerhalb der Sowjetunion. Neben zahlreichen Einzelarchitekten nahmen auch die wichtigsten Architekturgruppen wie Asnowa, OSA und WOPRA teil.

Das Projekt Le Corbusiers (Abb. 144) war das am deutlichsten konstruktivistisch geprägte seiner ganzen Laufbahn. Das zeigt sich vor allem an der freiliegenden

Dachkonstruktion der großen Säle und an der völligen Transparenz der Außenhaut. Dennoch manifestierte sich der Symbolgehalt des Projekts zum Beispiel in der Rednertribüne vor der Stirnwand des Bibliotheksblocks; sie beherrscht die der *res publica* gewidmete Plattform, die sich bis zur Rückseite des größeren Saales erstreckt. Nur wenige Wettbewerbsbeiträge maßen den Funktionen der einzelnen Bauelemente einen so starken symbolischen Wert zu. Le Corbusiers Entwurf war in Organisation und Form ebenso didaktisch wie Gropius' Theater für Piscator, ein Projekt, das vier Jahre früher entstanden war. Die Jury befand jedoch, Le Corbusiers Beitrag gebe sich »einem zu starken Kultus der Technik und der Ästhetisierung hin«.

Diese Einschätzung hätte auch auf viele der russischen Projekte zugetroffen, die oft wenig mehr waren als kunstfertige Übungen in technologischer Rhetorik, Metaphern für den gerade erst industrialisierten sozialistischen Staat. Es zählt zu den Ironien dieses Wettbewerbs, daß nicht etwa linksgerichtete Teilnehmer wie die Proletkult-Gruppe oder der Allunionsverband Proletarischer Architekten jenen monumentalen Sozialistischen Realismus vertraten, der im April 1932 offiziell vom Zentralkommitee der Partei eingeführt wurde. Vielmehr trat der Sozialistische Realismus zum erstenmal in dem preisgekrönten Entwurf B. M. Iofans auf, dessen konstruktivistische Auditorien sich als halbkreisförmige Bauten präsentierten, die einen rechteckigen, klassischen Hof einfaßten. Aus dem Zentrum dieser Umschließung erhob sich ein ebenso klassischer Pylon, überragt von der Statue eines Arbeiters. Diese Figur war offensichtlich eine Anspielung auf die Freiheitsstatue; ihr emporgereckter Arm symbolisierte statt der Freiheit die Revolution. Bei der weiteren Ausarbeitung nach 1933 nahm der Entwurf (Iofan in Zusammenarbeit mit den Akademikern Helfreich und Stschuko) zunehmend rhetorische Züge an. Um 1934 waren die beiden Auditorien

204 *Plakat für die »Esposizione Universale«, Rom (EUR), 1942, mit Liberas Entwurf für einen Bogen, der auf das Gelände und in die Zukunft führt.*

der Originalversion zu einem »Hochzeitskuchen« mit Schichten von Kolonnaden und auf Pfeiler gestellten Statuen gediehen. Bekrönt wurde das Ganze von der gigantischen Figur Lenins, der in 450 Meter Höhe seine Hand dem Universum entgegenstreckte. Drei Jahre später war die Gesamtform zwar noch die gleiche geblieben, doch das Volumen war reduziert, und die Kolonnaden waren neu arrangiert.

Nach 1932 begannen Akademiker wie A. W. Stschussew (sein eklektizistischer, nationalromantischer Kasaner Bahnhof in Moskau war 1913 im Bau), die sich vor der Revolution etabliert und seitdem wenig

Resonanz gefunden hatten, ein pseudoklassizistisches Monument nach dem anderen zu bauen. Schuchows Lenin-Staatsbibliothek von 1938 ist charakteristisch für diesen Zwitterstil mit asymmetrischen Volumen, nackten Pilastern und inkonsequenten, durch Skulpturen angereicherten klassizistischen Zitaten. Daß die Neue Tradition in der Sowjetunion Fuß fassen konnte, hatte verschiedene Gründe. Zum einen vertrat die Gruppe WOPRA gegenüber den konstruktivistischen Intellektuellen die Doktrin, nur das Proletariat könne eine proletarische Kultur schaffen; zum anderen traten die rehabilitierten Akademiker der Vorkriegszeit auf den Plan, auf deren technische Fähigkeiten beim Bau man nicht verzichten konnte, die aber dem Konstruktivismus ablehnend gegenüberstanden; und schließlich wurde der Partei selbst deutlich, daß das Volk der abstrakten Ästhetik der modernen Architektur nichts abgewinnen konnte. Die absolute ideologische Nützlichkeit des Sozialistischen Realismus für die Parteilinie erklärt auch Anatol Lunatscharskis beredte Apologie von 1932, in der er zwar zugab, daß die hellenische Kultur weit entfernt liege, zugleich aber betonte, »diese Wiege von Kunst und Kultur« könne immer noch als Modell für die Architektur der Sowjetunion dienen. Den Erfolg dieser Staatskultur, die über vier Jahrzehnte konsequent gefördert wurde, hat kaum einer besser eingeschätzt als Lubetkin. 1956 schrieb er:

»Mit Posamenten behängt, in theatralische Marginalien drapiert und in belanglose Seiten aus einem monumentalen Maurerkatalog gehüllt, können einige sowjetische Bauten (wenn auch keineswegs alle) dennoch dank dynamischer Grundrisse, großzügiger Anwendung von Freiräumen und atemberaubender Maßstäbe imposante, klar geordnete Ensembles bilden. Ein westlicher Architekt aus der Epoche der pittoresken Kleinteiligkeit und der ›gemischten Bebauung‹ kann diesen Eindruck nicht so leicht vergessen.«

205 De Chirico, Das Rätsel der Stunde, *1911.*

Das faschistische Italien 1931–1942

Ein ähnlicher Konflikt zwischen Modernität und Tradition prägte die Architekturideologie der italienischen Faschistenbewegung zwischen Mussolinis Marsch auf Rom im Oktober 1922 und dem Jahr 1931, als die von der Regierung unterstützte Architektenvereinigung dem neugegründeten Movimento Italiano per l'Architettura Razionale (MIAR) seine Unterstützung entzog und sich unter Führung Marcello Piacentinis zusammenschloß, um die rivalisierenden Parteien zu einer einzigen ideologischen Formation zu vereinigen, dem Raggruppamento Architetti Moderni Italiani.

Die Entwicklung der faschistischen Ideologie nach dem Krieg gründete sich auf zwei unterschiedliche Aspekte der futuristischen Bewegung aus der Volksriegszeit: zum einen das revolutionäre Interesse an einer Neuordnung der Gesellschaft, zum anderen den Maschinenkult und die Verehrung der Technik. Beide Elemente ließen sich leicht in die faschistische Rhetorik eingliedern. Aber die Katastrophe des Krieges und seiner Nachwirkungen hatten auch den Futurismus in Frage gestellt, und die Idee einer »Maschinenkultur« traf nicht nur beim Volk, sondern auch bei den Intellektuellen auf eine gewisse Skepsis.

Die kulturelle Reaktion gegen den Futurismus war im Grunde schon formuliert worden, bevor der Futurismus selbst sich voll entfaltet hatte: zunächst mit Benedetto Croces Werk *Filosofia come scienza dello spirito* (1908–1917), das sich auf die absolute formale Vorherrschaft der Kunst berief, danach mit Giorgio de Chiricos Gemälde *Das Rätsel der Stunde* (1911), das einen Arkadengang im Zwielicht darstellte – ein beunruhigendes Bild, das die Formen und die Stimmung der italienischen Neuen Tradition vorwegzunehmen schien.

Unter dem Einfluß de Chiricos und der metaphysischen Maler der Novecento-Bewegung – Künstler, die der Moderne aufgeschlossen gegenüberstanden, ihrer Verführung aber nicht erlagen –, begann die Architekturavantgarde in Mailand unter der Führung von Giovanni Muzio die klassischen mittelmeerischen Formen als bewußte Antithese zum Maschinenkult der Futuristen neu zu interpretieren. Das erste Werk dieser Bewegung, Muzios Ca'Brutta in der Via Moscova in Mailand (1923), war ein Ausgangspunkt für die Arbeit der italienischen Rationalisten, beeinflußte aber auch Piacentinis Stile Littorio, der sich in dem unter seiner Leitung 1932 begonnenen Projekt für die Universitätsstadt Rom manifestierte. Muzios Verteidigungsschrift der klassischen Tradition, die er 1931 verfaßte, machte deutlich, daß seine Erkenntnisse über die Universalität der Neuen Tradition weit über die piranesischen Spielereien seines eigenen Stils hinausgingen. Die Novecento-Bewegung war für ihn von einer antifuturistischen Einstellung geprägt. Er argumentierte, die klassischen Schemata der Vergangenheit seien immer anwendbar, und fragte schließlich: »Nehmen wir nicht vielleicht eine Entwicklung voraus, die sich in ganz Europa durch zögernd auftretende, aber weitverbreitete Symptome ankündigt?«

Der Konflikt zwischen Tradition und Moderne wurde in Italien dadurch kompliziert, daß die jungen Rationalisten sich ebensosehr wie Muzio und Piacentini für eine Neuinterpretation der klassischen Tradition einsetzten. Doch der MIAR hatte eine außergewöhnlich intellektuelle Einstellung, und den strengen Werken der Gruppe fehlte eine leichtverständliche Ikonographie. Den Faschisten war klar, daß der Futurismus keine nationalistische Ideologie vertreten konnte. So entschieden sie sich 1931 für einen vereinfachten, leicht reproduzierbaren klassischen Stil, der seine Apotheose in dem unglückseligen EUR-Komplex von 1942 erreichte. Diese absichtsvolle Gründung einer neuen Hauptstadt außerhalb der Ewigen Stadt war ebenso utopisch und reaktionär wie Neu-Delhi. Die Monumentalität der Planung war weit von der sozialen Realität entfernt. So wurde de Chiricos *Rätsel der Stunde* nahezu buchstabengetreu im Palazzo della Civiltà Italiana realisiert, einem sechsgeschossigen, in Bögen gegliederten Prisma, das eine Hauptachse des Geländes begrenzte.

Das Dritte Reich 1923–1941

Der italienische Konflikt zwischen zwei unterschiedlichen Interpretationen der klassischen Tradition – Rationalisten gegen Historisten – fehlte in Deutschland. Hier war die rationalistische Strömung der Moderne gleich nach der Machtergreifung der Nationalsozialisten im Januar 1933 zum Untergang verurteilt. Die moderne Architektur wurde als kosmopolitisch und degeneriert abgelehnt, mit Ausnahme solcher Fälle, wo im Interesse der industriellen Leistungsfähigkeit und des Produktionsablaufs eine funktionalistische Planung erforderlich war. Doch die Frage nach der angemessenen Formensprache für Hitlers »soziale Revolution« konnte nicht wie in Italien oder der Sowjetunion durch einen offenen

206 Guerrini, La Padula und Romano, Palazzo della Civiltà Italiana, EUR, 1942.

207 Plakat für »Kraft durch Freude«, 1936. Der Volkswagen spielte eine wichtige Rolle in Leys Bewegung.

Jahrhunderts zum erstenmal als Gegensatz zwischen den utilitaristischen, universalen Standards der Industrieproduktion (materialisiert in klassizistischen Formen) und einem ursprünglichen christlichen Bedürfnis identifiziert hatte, zu den festverwurzelten Werten einer auf Landwirtschaft und Handwerk gründenden Ökonomie zurückzukehren. In dem einen Falle brauchten die Nazis nur auf die aufgeklärte preußische Kultur des autoritären Staates zurückzublicken, wie sie sich in der Philosophie Hegels und in der Architektur Schinkels ausdrückte; im anderen Fall konnten sie sich auf den germanischen Volksmythos berufen, auf jenen antiwestlichen Kult, wie ihn der preußische Patriot »Turnvater« Jahn 1808 vertreten hatte.

Jahns Philosophie wurde im nationalsozialistischen Sinne aktualisiert, als 1929 Richard Walter Darrés Buch *Das Bauerntum als Lebensquell der nordischen Rassen* erschien. Es führte die Idee einer »Blut und Boden«-Kultur ein und befürwortete eine Rückkehr aufs Land. Darré, der seine Laufbahn mit dem Studium der Agrarwissenschaft begonnen hatte, spielte eine entscheidende Rolle bei der Entwicklung der antistädtischen Rassenideologie des Nationalsozialismus. Obgleich die nationalsozialistische Elite sich sein Gedankengut niemals völlig zu eigen machte, prägte es jenen »Heimatstil«, der nach 1933 im Wohnungsbau von der Partei gefördert wurde.

Da die verschiedenen ideologischen Richtungen des Dritten Reiches sich nicht in zwei polarisierten Stilen ausdrücken ließen, mußten weitere Ausdrucksformen hinzugezogen werden. So wurden die politischen Schulen der Partei, die Ordensburgen, in pseudo-mittelalterlicher, kastellartiger Manier errichtet. Die Freizeiteinrichtungen von Robert Leys Kraft-durch-Freude-Bewegung verlangten eine ganz andere, eskapistische Gestaltung: Theater, Schiffe und andere Bauten, die der Erholung dienten, erhielten unterschiedslos einen volkstümlichen Dekor in Pseudo-Rokoko. Diese stilistische Schizophrenie führte häufig dazu, daß verschiedene Elemente des gleichen Komplexes völlig unterschiedlich behandelt wurden, etwa bei Herbert Rimpls Heinkel-Werken in Oranienburg 1936, wo die Ausdrucksformen vom klassizistischen Portikus des Verwaltungsgebäudes bis zum Heimatstil der Arbeiterwohnungen und dem Funktionalismus der Fabrik selbst reichten.

Die Wandlung im Stil des staatlich geförderten Wohnungsbaus – von den kubischen Flachdachformen der Weimarer Republik zu den Steildächern des Dritten Reiches – fand begeisterte Unterstützung bei dem Architekten Paul Schultze-Naumburg, der seiner eigenen kargen Handschrift zum Trotz schon lange gegen die funktionalistische Architektur polemisiert hatte. Zusammen mit Heinrich Tessenow hatte er einen

Konflikt gelöst werden, der in einem einzigen, nahezu überall verwendeten Stil endete. Die komplizierte Ideologie des Dritten Reiches ließ eine solche kategorische Lösung nicht zu.

Im öffentlichen Bereich ging es den Nazis darum, den Nationalsozialismus als heroische Erfüllung des deutschen Schicksals darzustellen. Sie wollten aber auch das Bedürfnis des Volkes nach einer Architektur der psychologischen Sicherheit erfüllen und es für eine Welt entschädigen, in der technisierte Kriegsführung, Inflation und politische Unruhe bereits die traditionelle Gesellschaft unterminiert hatten. Dieser anfängliche stilistische Zwiespalt spiegelte – in pervertierter Form – den ideologischen Zwiespalt wider, der die Geschichte der Moderne beherrscht hatte: jenen Konflikt, den Pugin in den dreißiger Jahren des 19.

Heimatstil mit weiß getünchten Steildachhäusern entwickelt, und schon in der Mitte der zwanziger Jahre war er gegen die internationalistischen und mechanistischen Tendenzen des modernen Lebens aufgetreten. Seine antirationalistische Einstellung gründete auf einer von Arts and Crafts beeinflußten Vorliebe für einfache, erdgebundene, organische Formen, die auch Tessenow, Häring und Scharoun auf ihre Weise teilten. Für Schultze-Naumburg hatte das Problem der Form jedoch auch politische Bedeutung. Seine Opposition zur Architektur der Neuen Sachlichkeit in der Weimarer Republik führte bald zu einer rechtsorientierten, um nicht zu sagen rassistischen Haltung, die sich leicht mit der reaktionären Ideologie der Partei vereinbaren ließ. Als Schultze-Naumburg schließlich 1930 Alfred Rosenbergs Kampfbund für deutsche Kultur beitrat, hatte Darré mit seiner Kritik an der industriellen Verstädterung und der Zerstörung der Bauernschaft bereits das Feld für eine Attacke gegen die moderne Kultur vorbereitet. Für Darré war die agrarische Siedlungsweise nicht nur ein Bollwerk des Patriotismus, sondern auch die hypothetische Wohnweise einer reinen nordischen Rasse.

Schultze-Naumburg bezog in seinem Kampfbund-Buch von 1932, *Kampf um die Kunst*, eine ähnliche Position. Er schmähte jene Nomaden der Großstadt, die jede Beziehung zum Heimatland verloren hatten. An anderer Stelle pries er – Darré geradezu paraphrasierend – das deutsche Steildachhaus, dessen Wurzeln sich tief in die Erde senkten, und stellte sie den Flachdachbauten eines entwurzelten Volkes gegenüber. Er hatte diese Ansichten bereits 1926 vertreten, als er schrieb, das Flachdach sei sofort als Kind anderer Himmel und eines anderen Blutes erkennbar. Sein Kommentar inspirierte offenbar die bekannte höhnische Fotomontage, auf der die Stuttgarter Weißenhofsiedlung als arabisches Dorf mit Beduinen und Kamelen dargestellt ist.

Schultze-Naumburgs Rassenvorurteile kamen in seinem Buch *Kunst und Rasse* (1928) zum Ausdruck, in dem er nachzuweisen suchte, daß die kulturelle »Dekadenz« Deutschlands einen biologischen Ursprung habe. In seinem zweiten theoretischen Werk, *Das Gesicht des deutschen Hauses* (1929), schrieb er,
»Bei dem deutschen Wohnhause, in dem wir bisher das Inbild erblickten, hatte man das Gefühl, es sei aus dem Boden gewachsen, gleichsam wie eines seiner natürlichen Erzeugnisse, wie ein Baum, der alle seine Wurzeln tief in das Innere des Bodens senkt und zu einer Einheit mit ihm verwächst. So konnte die Vorstellung der Heimat, des Verbundenseins mit Blut und Erde entstehen: für eine Art Menschen, nicht die schlechteste, die Bedingung ihres Lebens und der Sinn ihres Daseins.«
Ein »Blut und Boden«-Stil mochte sich zwar für den Wohnungsbau eignen, konnte aber kaum den Mythos des Tausendjähri

209 Kreis, Entwurf für ein Kriegerdenkmal, Kutno, 1942.

208 Rimpl, Werkssiedlung (oben) und Fabrikgebäude der Heinkel-Werke, Oranienburg, 1936.

gen Reiches repräsentieren. Für diese Zwecke beutete die Partei das klassische Erbe von Gilly, Langhans und Schinkel aus. Paul Ludwig Troost und Albert Speer, der Troosts Nachfolger als »Architekt des Führers« war, etablierten mit Erfolg eine reduzierte Version der Schinkeltradition als Repräsentationsstil des Staates. Überall herrscht der gleiche spartanische Klassizismus vor: von Troosts Umgestaltungen Münchens zur »Hauptstadt der Bewegung« bis zu Speers Kolossalentwürfen für die Weihestätten des Naziregimes, seinem Zeppelinfeld-Stadion für das Nürnberger Reichsparteitagsgelände von 1937 und seiner Neuen Reichskanzlei in Berlin, die im folgenden Jahr vollendet wurde.

Der Verzicht auf Schinkels delikate Proportionen im Namen des Tausendjährigen Reiches ging nur allmählich vonstatten, von Troosts kühler Variante der toskanischen Ordnung bis zu Speers glatten oder kannelierten rechteckigen Pfeilern. Dieser

210 Weltausstellung, Paris, 1937. Speers Repräsentation des Dritten Reiches (links) steht Iofans Pavillon der UdSSR (rechts) gegenüber.

sterile romantische Klassizismus – mit fanatischer Präzision gebaut – erwachte erst dann zum Leben, wenn die riesigen Monumente für Massenveranstaltungen benutzt wurden, für prunkvolle Szenerien, wie Speer sie selbst zum erstenmal 1933 auf dem Tempelhofer Feld in Berlin schuf und mit seinen sogenannten »Kathedralen aus Eis« fortsetzte, riesigen, aus Fahnenkolonnen und Scheinwerfern komponierten Aufmarschfeldern. Unter Goebbels' Leitung wurden solche Arenen zum Schauplatz für die Propagierung der Naziideologie, nicht nur in Berlin, sondern im ganzen Reich. Zum erstenmal konnte der »Staat als Kunstwerk« über die Massenmedien Rundfunk und Film vermittelt werden. Leni Riefenstahls Dokumentarfilm vom Nürnberger Parteitag 1934, *Triumph des Willens,* war das erste Beispiel dafür, daß Architektur – in der Form von Speers temporärer Szenerie – in den Dienst der Filmpropaganda gestellt wurde. Deshalb waren Speers Stadionentwürfe für Nürnberg ebensosehr von Kamerawinkeln bestimmt wie von architektonischen Kriterien. Eine solche filmische Ausnutzung der Architektur war völlig unvereinbar mit Speers Wunsch, tragendes Mauerwerk zu verwenden, um die Zukunft des Zeppelinfeldes als sublime Ruine zu gewährleisten.

Dieses »Gesetz der Ruinen«, das die Verwendung von Stahlarmierungen verbot, war ein nostalgischer Rückgriff auf die Aufklärung (so dachte Speer zum Beispiel an Piranesis Stiche in Paestum). Das gleiche gilt für Wilhelm Kreis' Auffassung, der Klassizismus drücke den Geist der deutschen Erde, den Heimatkult des Volkes aus.

Es gelang der nationalsozialistischen Version der Neuen Tradition nicht, in ihrer Öffentlichkeitsarchitektur über die reine Massenhysterie hinauszukommen. Alle realen Beziehungen blieben der Illusion des Films oder den theatralischen Riten der Thingstätten untergeordnet, jener Freiluftarenen, die nach 1934 zur Feier teutonischer Rituale erbaut wurden. Die Sprache des romantischen Klassizismus war nun, da Vorstellungswelt und Glauben der Aufklärung fehlten, zur bloßen Theaterkulisse herabgesunken. Mit Ausnahme von Werner Marchs Reichssportfeld für die Olym-

piade in Berlin (1936) und den Autobahnbrücken von Bonatz aus der gleichen Zeit degenerierte die Neue Tradition zur bedeutungslosen Megalomanie. Den Schlußpunkt setzten nach 1941 Kreis' »Totenburgen«, brillant konzipierte, an Boullée erinnernde Bauten, die überall in Osteuropa zu Ehren der Gefallen errichtet werden sollten.

Der modernistische Stil in Amerika 1923–1932

Jener Aspekt der Neuen Tradition, der die Form eines schmucklosen klassischen Stils annahm, herrschte in den dreißiger Jahren immer dort vor, wo die regierende Macht sich in einem positiven und progressiven Licht darzustellen suchte. Wie Speer bemerkte, war die pseudoklassische Syntax des Sowjetischen Pavillons für die Pariser Weltausstellung von 1937 nahezu identisch mit der des Deutschen Pavillons, den Speer für die gleiche Ausstellung entworfen hatte. Diese Vorliebe für klassizistische Monumentalität, war, wie Speer festellte, nicht auf totalitäre Staaten beschränkt, sondern konnte auch in Paris beobachtet werden, so bei Bauten wie J. C. Dondels Musée d'Art Moderne und Auguste Perrets Musée des Travaux Publics, die beide 1937 vollendet wurden. Sie war auch in den Vereinigten Staaten zu finden, wo sie sich allmählich aus dem Neoklassizismus der Beaux-Arts-Tradition entwickelte – dem »offiziellen« Stil der USA von der World's Columbian Exposition von 1893 bis zum Ersten Weltkrieg. Wie sich an den neoklassizistischen Monumenten Washingtons, etwa Henry Bacons Lincoln Memorial von 1917, ablesen läßt, war die Regierung zu konservativ, um die Neue Tradition zu fördern. Da die Universitäten nach der Jahrhundertwende mehr oder weniger die Gotik kopierten, war der einzige Bauherr, der einen etwas wagemutigeren Eklektizismus förderte, offenbar die Eisenbahn. Ihre

Bauten reichten vom römischen Pathos der New Yorker Bahnhöfe aus dem Jahrzehnt vor dem Ersten Weltkrieg – Grand Central Station von Warren und Wetmore (1903–1913) und Pennsylvania Station von McKim, Mead und White (1906–1910) – bis zu modernistischen Bauten wie der Cincinnati Union Station, 1929 von Feilheimer und Wagner entworfen.

Gefördert wurde eine modernere Auffassung natürlich auch durch die Entwicklung des Bürobaus. Seit Cass Gilberts Woolworth Building von 1913 zeigte die Neue Tradition zumindest im Hochhausbau eine Tendenz zur Gotik. Diese Strömung wurde nach dem Wettbewerb für die *Chicago Tribune* von 1922 noch stärker. Wieder einmal übten hier die prämierten Entwürfe eines internationalen Wettbewerbs einen entscheidenden stilbildenden Einfluß aus. Eliel Saarinens mit dem zweiten Preis bedachter Beitrag war ebenso wichtig für Raymond Hoods spätere Laufbahn wie Hood und Howells eigener preisgekrönter Entwurf. Das zeigt sich an der Entwicklung von Hoods »Wolkenkratzer«-Stil, von seinem schwarzgoldenen American Radiator Building in New York (1924) bis zu seinen frühesten Entwürfen für das Rockefeller Center in New York, die 1930 entstanden. Wie Jacques Greber 1920 bemerkte, ermöglichte es eine »purifizierte Gotik« dem Architekten, das Problem einer großen Zahl von Fenstern mit Hilfe »stark artikulierter Rippen« zu überwinden, »welche die Vertikalität und damit das eindrucksvolle Erscheinungsbild der Türme betonten«.

Die Synthese des Art Deco, des Modernistischen Stils in den Vereinigten Staaten, hatte ebenso viele Quellen in der Moderne selbst wie im Historismus der Jahrhundertwende. Vor allem war er dem deutschen Expressionismus (Poelzig, Höger und so weiter) verwandt, wie die New Yorker Arbeiten von McKenzie, Voorhees, Gemlin und Walker zeigen, von ihrem Barclay-Vesey Building (1923) bis zu ihrem We-

211 Van Alen, Chrysler Building, New York, 1928–1930, zwischen dem RCA Victor (heute G. E.) Building von Cross & Cross und dem Waldorf Astoria von Schultze und Weaver, beide 1930–1931.

stern Union Building (1928). Doch für diesen sehr synthetischen Stil, der offenbar aus dem spontanen Bedürfnis entstand, den Triumph der Demokratie und des Kapitalismus in der Neuen Welt zu feiern, läßt sich nie nur eine Quelle nennen. Vom amerikanischen Standpunkt aus hatte der Erste Weltkrieg ein günstiges Ende genommen: Amerika war als Gläubigernation daraus hervorgegangen, und der Boom der zwanziger Jahre stand an seinem Anfang. In welchem Stil ließ sich eine solche Begeisterung für den Fortschritt ausdrücken? Gewiß nicht in den historischen Stilen der schwindenden europäischen Macht und ebensowenig in der avantgardistischen Manier des neuen Europa. Seine Quellen mußten, wie Forrest F. Lisle anläßlich der

Century of Progress Exposition in Chicago von 1933 bemerkte, weiter gefaßt und deutlicher eklektizistisch sein:

»Die Pariser Ausstellung von 1925, Frank Lloyd Wright, der Kubismus, die Maschinenethik, Formen der Mayas, Muster der Pueblos, Dudok, die Wiener Secession, moderne Inneneinrichtung, das New Yorker *zoning law* mit seinen gestaffelten Baumassen. Diese große Zahl nur wenig miteinander im Zusammenhang stehender Quellen, die sich leicht als Ursprünge der Moderne in Amerika identifizieren lassen, zeugt von der lockeren, großzügigen, vieles einbeziehenden, weniger intensiven, teilweise wahllosen und also demokratischen Haltung der modernen Bewegung *hier* im Gegensatz zu der unpersönlichen, ausschließlichen, eher idealistischen und moralistischen Einstellung der europäischen Avantgarde in dieser Zeit.«

Welche Absichten sich hinter dem Modernismus verbargen, läßt sich an seiner Anwendung in der Praxis ablesen. Abgesehen von Inneneinrichtungen und ähnlichem war er dem weltlichen Bereich von Büros, städtischen Mietshäusern, Hotels, Banken und Kaufhäusern sowie Bauten für die modernen Medien wie Zeitungen, Verlage, Rundfunk und so weiter vorbehalten. Er war ein ausschließlich urbaner Stil: Die vorstädtischen Bauten modernistischer Architekten wie Ely-Jacques Kahn und Raymond Hood – ihre Einfamilienhäuser und ländlichen Klubgebäude – waren gewöhnlich im freien englischen Stil mit gelegentlichen kolonialen Portikos ausgeführt. Es gab in der Tat ein Gefühl für die Angemessenheit von Stilen, entsprechend der »Parteilinie« in totalitären Ländern: ein Stil für das Büro, ein anderer für das Vorstadthaus und noch ein weiterer für die Idylle der Universität – wobei letzterer zumeist aus dem mittelalterlichen Repertoire von Ralph Adams Cram entstammte.

Wie präzise der Modernismus freilich in das ideologische und historische Muster seiner Zeit verwoben war, zeigt vielleicht am deutlichsten die Entstehungsgeschichte des Rockefeller Center in New York. Es begann als großes städtebauliches Projekt, ausgehend vom Wunsch der Metropolitan Opera Company, an neuer Stelle ein neues Haus zu errichten. Vollendet wurde es als unsicheres Spekulationsobjekt auf dem Höhepunkt der Depression, bezeichnenderweise ohne die Oper, aber mit Hilfe der neu aufblühenden Kommunikationsindustrie, der Radio Corporation of America und ihrer Schwestergesellschaften NBC und RKO, der wichtigsten Bauherren. Statt sich also mit einer Plaza à la »City beautiful« vor einem Opernhaus mit Art-Deco-Fassade zu präsentieren, wie es der Entwurf von B. W. Morris aus dem Jahre 1928 vorsah, wurde das Center bald ideologisch und archiektonisch neu interpretiert – als Radio City, eine »Stadt in der Stadt«. Die Verwaltung des Rockefeller Center war sich durchaus darüber im klaren, daß das ökonomische Risiko eines so gigantischen Projekts während der Weltwirtschaftskrise dem Publikum als eindeutiger Beitrag zum Gemeinwohl präsentiert werden mußte. Deshalb brachte sie ihren Hauptauftraggeber dazu, den Varieté- und Rundfunkstar und Impresario Roxy (S. L. Rothafel) für die Zusammenarbeit mit den Architekten zu verpflichten. So entstanden die 6200 Plätze enthaltende Radio City Music Hall für Varieté- sowie Filmvorführungen und das Luxuskino mit 3500 Plätzen, das als Center Theater bekannt ist. Die Popularität von Radio City – einer Stadt der Illusion und Zerstreuung inmitten der Krise (Roxys Slogan war »Ein Besuch in Radio City ist so gut wie ein Monat auf dem Lande«) – wurde 1936 noch größer, als nach dem Scheitern der Läden in der abgesenkten Plaza ein offener Eislaufplatz mit Restaurants auf beiden Seiten eingerichtet wurde.

Es ist ein großes Verdienst Hoods, des Stardesigners in der Troika Reinhard & Hofmeister, Corbett Harrison & Macmurray und Hood & Fouilhoux, daß er nicht nur das Gesamtprojekt und die Details, sondern auch einen großen Teil des Programms unter Kontrolle behielt. So brachte er zum Beispiel als erster die Idee der Dachgärten vor. Unter seiner Leitung erhielt das Center, das schließlich acht Blocks und vierzehn Gebäude umfaßte, seinen repräsentativen Mittelpunkt – die siebzig Geschosse hohe RCA-Scheibe mit Plaza und die Radio City Music Hall. Die Bauten waren in achtzehn Monaten fertiggestellt, rechtzeitig zur festlichen Eröffnung Ende 1932.

Roxys Konzept – Revue plus Filmvorführung – war vom kulturellen Gehalt her ebenso improvisiert und leicht in Frage zu stellen wie das künstlerische Programm des gesamten Center. Allen Kunstwerken, seien es Plastiken oder Wandbilder, lagen Themen wie Licht, Ton, Radio, Fernsehen, Luftfahrt und allgemeiner Fortschritt zugrunde. Den Höhepunkt bildeten zwei größere Arbeiten in der Mittelachse des Komplexes: über der abgesenkten Plaza Paul Manships vergoldeter Prometheus, von den Tierkreiszeichen umgeben, und in der Eingangshalle des RCA Building Diego Riveras umstrittenes Wandbild *Man at the Crossroads*. Seine eindeutig revolutionäre Ikonographie einschließlich eines Bildes von Lenin hatte zur Folge, daß die Auftraggeber in der Öffentlichkeit in eine schwierige Position gerieten und schließlich auf seiner Entfernung bestehen mußten. Diese Widersprüchlichkeit des New Deal – das Monopolkapital gibt einem kommunistischen Künstler bewußt ein programmatisches Werk in Auftrag – erscheint heute, ein halbes Jahrhundert später, ähnlich fern und unwirklich wie Hugh Ferriss' Vision von Manhattan als endlose Reihe von Wolkenkratzer-Zikkurats in seinem Buch *The Metropolis of Tomorrow* von 1929. Seine Zeichnungen gaben Art-Deco-Wolkenkratzer wieder, die zu jener Zeit entweder fertiggestellt oder schon im Bau waren, und nahmen die Apotheose des Baubooms im Rockefeller Center vorweg.

212 Reinhard & Hofmeister; Corbett, Harrison & Macmurray; Hood & Fouilhoux, Rockefeller Center, New York, hauptsächlich 1932–1939. Das höchste Gebäude im Mittelpunkt ist das RCA Building. Rechts unten: Radio City Music Hall. Zwischen dem RCA Building und der Fifth Avenue (unten) sind der versenkte Garten und zwei niedrige Gebäude mit Dachgärten.

213 Ferriss, Geschäftszentrum, 1927, aus The Metropolis of Tomorrow, *1929.*

Diese Science-fiction-Version einer Stadt der Türme war ebenso theatralisch wie der Stil selbst – ein Neu-Babylon, entstanden aus Euphorie, Grundstückspreisen und den sich nach oben verjüngenden Bauvolumen, die auf das *zoning law* in New York City von 1916 zurückgingen.

Die neue Monumentalität 1943

Von Rußland abgesehen, fand die Neue Tradition durch Roosevelts New Deal und den Zweiten Weltkrieg ein plötzliches Ende, freilich nicht, bevor Architekten wie Oud durch ihren Einfluß berührt wurden (vgl. sein Shell-Gebäude in Den Haag von 1938). Nach dem Krieg war das allgemeine ideologische Klima im Westen ungünstig für jede Art von Monumentalismus. Der Völkerbund war unglaubwürdig geworden, die Briten hatten Indien in die Unabhängigkeit entlassen, und die Herrschaftssysteme, die aus der Neuen Tradition ein Instrument ihrer nationalen Politik gemacht hatten, waren unter den Bannfluch geraten. Außerdem erkannte man bald, daß es weniger dauerhafte, dafür aber billigere, flexiblere und wirksamere Mittel der ideologischen Repräsentanz gab, die bei weitem die Möglichkeiten der Architektur übertrafen. Wie schon die Propaganda des Dritten Reiches und die populären Massenveranstaltungen von RCA und Hollywood während der Depression Radio und Film geschickt und intensiv genutzt hatten, so interessierten sich auch die Regierungen nach dem Zweiten Weltkrieg zunehmend für Inhalt und Wirkung der Medien und weniger für gebaute Formen. Und während die Medien sich immer rhetorischer und eindringlicher gaben, wurde die Architektur immer abstrakter und verlor jeden ikonographischen Bezug. Ein Beispiel für diesen Prozeß ist der hochgradig abstrakte Erweiterungsbau des Rockefeller Center westlich der 6th Avenue für Time Inc., Exxon und McGraw-Hill von 1956.

Der Niedergang der modernistischen Neuen Tradition im Jahre 1939 hatte jedoch nicht nur ideologische Gründe. Zum einen wurde die hochentwickelte Technik, die der Errichtung so bemerkenswerter Bauten wie William van Alens Chrysler Building in New York (1930) noch ohne weiteres zur Verfügung stand, nun weitgehend für Zwecke der Kriegsführung eingesetzt. Zum anderen nahm nach Hitchcocks und Johnsons Ausstellung »The International Style« von 1932 die Begeisterung des amerikanischen Establishments für die Moderne von Jahr zu Jahr zu. Als 1945 der New Deal seinen Höhepunkt erreichte, war der Funktionalismus praktisch der herrschende Stil (vgl. die Arbeiten von Lescaze, Neutra, den Brüdern Bowman und anderen).

Paradoxerweise traf der Niedergang der Neuen Tradition und der Triumph der Moderne mit einer neuen Vorliebe für Monumentalität zusammen, die aus dem Herzen der Bewegung selbst kam. Nur fünf Jahre trennen Giedions Vorlesungen an der Harvard University (1938–1939, unter dem Titel *Space, Time and Architecture* 1954 veröffentlicht, deutsch: Raum, Zeit, Architektur, 1965) von seinen polemischen *Nine Points on Architecture* (1943), die er zusammen mit Fernand Léger und José Luis Sert vorlegte. Die wichtigsten Punkte dieses Dokuments lauten:

»1. Monumente sind menschliche Wahrzeichen, von Menschen geschaffen als Symbol für ihre Ideale, Ziele und Handlungen. Sie sollen über die Zeit hinaus, in der sie geschaffen wurden, fortbestehen, und ein Erbe für künftige Generationen darstellen. So bilden sie ein Verbindungsglied zwischen Vergangenheit und Zukunft.

2. Monumente drücken die höchsten kulturellen Bedürfnisse des Menschen aus. Sie müssen den ewigen Wunsch des Volkes erfüllen, die gemeinsame Kraft der Menschen in Symbole zu übertragen. Die wichtigsten Monumente sind jene, die das Fühlen und Denken dieser gemeinsamen Kraft – des Volkes – zum Ausdruck bringen . . .

4. In den letzten hundert Jahren hat die Monumentalität eine Abwertung erfahren. Das bedeutet nicht, daß es an formalen Monumenten oder an architektonischen Beispielen fehlte, die vorgeben, diesem Zweck zu dienen. Aber aus den sogenannten Monumenten neueren Datums sind mit wenigen Ausnahmen leere Hüllen geworden. Sie repräsentieren in keiner Weise den Geist und das kollektive Fühlen der modernen Zeit . . .

6. Ein neuer Schritt liegt vor uns. Veränderungen der gesamten wirtschaftlichen Struktur der Nationen, wie sie sich in der Nachkriegszeit ergeben werden, können zur Entstehung eines Gemeinschaftslebens in der Stadt führen, das bisher praktisch vernachlässig worden ist.

7. Das Volk wünscht, daß die Bauten, die sein soziales und gemeinschaftliches Leben ausdrücken, mehr als funktionale Erfüllung bieten.«

Dieses Grundsatzpapier – Basis der CIAM VIII von 1952 – brachte eine sehr charakteristische Einstellung zum Problem der Repräsentation zum Ausdruck, die heute ebenso gültig zu sein scheint wie damals. Zunächst erkannte es die Tatsache an, daß weder die Monumentalität der Neuen Tradition noch der Funktionalismus der Moderne die gemeinsamen Ziele der Menschen repräsentieren konnten. In den Jahren seit 1943 ist die Frage der Repräsentation – das fundamentale Problem der Bedeutung in der Architektur – immer wieder aufgetaucht. Man begegnete ihm durch Repression, durch Verleugnung oder durch den eskapistischen Rückzug in die angeblich spontane und deshalb populäre Welt der Reklame und der Medien in einer Konsumgesellschaft. Die Praxis der Architektur war nun von »Schweigen« umgeben (vgl. Manfredo Tafuris *Progetto e Utopia* von 1973) und geriet sogar in Mißkredit, weil eines der wichtigsten Themen, mit dem sie sich auseinandersetzen sollte, nämlich das Schicksal der Gesellschaft, ihr ständig vorenthalten wurde.

25. Kapitel
Le Corbusier und die Monumentalisierung des Regionalen 1930–1960

»Diese Konstruktion, von Arbeitern der Umgebung ausgeführt, besteht aus Stahlbetonböden, die von Sichtmauerwerk aus lokalem Stein getragen werden. Obwohl normales Mauerwerk verwendet wurde, treten auch hier wieder die Konzepte auf, die wir bei unseren Häusern anwenden. Das heißt, es wird ein sehr deutlicher Unterschied gemacht zwischen den tragenden Wänden, die als Stützen für die Böden betrachtet werden, und den verglasten Unterteilungen, die Freiräume füllen.

Die Komposition ist durch die Landschaft strukturiert. Das Haus liegt auf einem kleinen Hügel, der die Ebene hinter Toulon beherrscht und hinter dem sich die herrliche Silhouette der Berge erhebt. Um den Überraschungseffekt dieses weiten Landschaftsbildes zu erhalten, wurden die Räume auf der Aussichtsseite geschlossen gehalten und nur mit einer Tür versehen, die sich auf eine Veranda öffnet, so daß der plötzliche Ausblick wie eine Explosion wirkt. Steigt man die kleine Treppe zum Garten hinunter, so sieht man eine große Statue von Lipchitz, deren Palmette sich von dem Himmel über den Bergen abhebt.«

Le Corbusier
Oeuvre complète 1929–1934, 1935

Le Corbusier und Pierre Jeanneret hatten bereits bei ihren Hausbauten der späten zwanziger Jahre eine enge Verbindung zur natürlichen Umgebung angestrebt, waren jedoch nie zuvor davon ausgegangen, daß diese Beziehung einen so monumentalen Maßstab annehmen könnte. Doch mit ihrem Sommerhaus für Hélène de Mandrot, das 1931 außerhalb Toulons entstand, und mit ihrem Projekt für das Haus Errazuris in einem entlegenen Gebiet Chiles (1930) begannen sie ihre Bauten in Zusammenhängen zu planen, die Landschaften gigantischer Ausmaße umfaßten. Ihre zunehmende Sensibilität gegenüber der jeweiligen Topographie stand im Gegensatz zu ihrer offenbar spontanen Bejahung der »regionalen« Bauweise als Ausdrucksform. Tragende Wandschotten hatten sie schon zuvor verwendet, doch die expressiven Eigenschaften roh behauenen Mauerwerks hatten sie bis zu dieser Zeit noch nie ausgenutzt.

Dieser Bruch mit der dogmatischen Ästhetik des Purismus (den bereits Le Corbusiers Bilder von 1926 vorwegnahmen) fiel in Le Corbusiers Laufbahn mit dem Zeitpunkt zusammen, zu dem er seinen Glauben an die eindeutig wohltätigen Auswirkungen einer Kultur des Maschinenzeitalters zu verlieren begann. Er war enttäuscht von der industriellen Realität, und sein Stil entwickelte sich unter dem »brutalistischen« Einfluß Fernand Légers in zwei unterschiedliche Richtungen. Einerseits kehrte er, zumindest bei seinen Hausbauten, zur regionalen Formensprache zurück; andererseits bekannte er sich, wie bei seinem Projekt für Paul Otlets Cité Mondiale von 1929, zu einer Monumentalität von klassischer, wenn nicht gar an Beaux-Arts erinnernder Grandeur.

Wer jedoch diesen Zwiespalt lediglich als Differenzierung zwischen »Bauen« und »Architektur« interpretiert, stellt die Situation jener Tage allzu stark vereinfacht dar. Denn trotz »innerer Zweifel« hatte Le Corbusier sich nicht völlig von der Maschinenästhetik abgekehrt (wie die mit Curtain Walls versehenen Bauten seines Büros zwischen 1930 und 1933 beweisen), und Arbeiten wie das Penthouse Beistegui in Paris zeigten überraschende surrealistische Züge. Diese traumartige Wohnung – die an Adolf Loos' Innengestaltung für das Haus Tristan Tzara 1926 erinnert – bekundete ihre ästhetische Ungebundenheit in mehrfacher Hinsicht. Sie betonte die Fremdheit der Objekte im häuslichen Rahmen (so wirkte der Rasen des Dachgartens wie ein lebendiger Teppich!), rief aber auch unwirkliche städtische (topographische) Assoziationen hervor, etwa durch die formale Ähnlichkeit zwischen dem falschen Kamin des Solariums und dem Arc de Triomphe, der auf dem künstlichen Horizont der Begrenzungsmauer zu ruhen scheint. Eine solche surrealistische Sensibilität (vgl. Magritte und Piranesi) kennzeichnet ganz allgemein Le Corbusiers Rückkehr zum Regionalen, von dem Haus de Mandrot (1931) bis zur Pilgerkapelle Ronchamp, die in der Mitte der fünfziger Jahre entstand.

Bei vielen auf die Umgebung bezogenen Bauten vor Ronchamp wurde bereits die Entlegenheit des Bauplatzes entscheidend für die Bauweise. Ein extremes Beispiel dafür ist das sehr billige Haus in Mathes bei Bordeaux (1935), das nach Zeichnungen erbaut wurde, ohne daß der Architekt das Grundstück besichtigt hätte.

Le Corbusier schrieb:

»Die Unmöglichkeit, den Bau zu überwachen, und die Notwendigkeit, einen kleinen Bauunternehmer aus dem Dorf zu beschäftigen, führten sogar zum eigentlichen Konzept des Grundrisses. Das Haus entstand in drei aufeinanderfolgenden und absolut getrennten Phasen:
a) das gesamte Mauerwerk,
b) die gesamten Zimmermannsarbeiten,
c) die Tischlerarbeiten einschließlich Fenstern, Türen, Fensterläden und Schränken, alle im gleichen Standard und nach einem einheitlichen Konstruktionsprinzip, einzeln montiert und mit Paneelen aus Glas, Sperrholz oder Asbestzement.«

Eine ähnliche Rechtfertigung durch begrenzte Mittel konnte auch im Falle der Häuser Errazuris und de Mandrot gelten, kaum jedoch bei dem Wochenendhaus, das 1935 in einem Pariser Vorort entstand. Hier wurde der regionale Stil bewußt angewendet, weil er vom Material ausging und den abstrakten, strengen Purismus bereicherte. Le Corbusier schrieb:

»Der Entwurf eines solchen Hauses verlangte besondere Sorgfalt, da die Konstruktionselemente die einzigen architektonischen Mittel darstellten. Das architektonische Thema entwickelte sich um ein typisches Gewölbejoch und erstreckte seinen Einfluß bis zu dem kleinen Pavillon im

214 Le Corbusier und Jeanneret, Wochenendhaus, Paris, 1935.

215 Le Corbusier, Entwurf für Roq et Rob, Cap Martin, 1949. Eine Neuinterpretation des Wochenendhauses als Prototyp der Wohnbebauung.

Garten. Man begegnet hier freiliegendem Mauerwerk, außen natürlich belassen, innen weiß; Holz an den Wänden und Decken; einem Kamin aus rohen Ziegeln, weißen Keramikfliesen auf dem Boden, Wänden aus Nevada-Glasbausteinen und einem Tisch aus Cippolino-Marmor.«

Das Haus war also, wie die Bauten in Toulon und Mathes, eine ausdrucksvolle bricolage. Von nun an spielte die Konfrontation unterschiedlicher Materialien eine wichtige Rolle in Le Corbusiers Schaffen, nicht nur als expressive »Palette«, sondern auch als Möglichkeit des Bauens.

Dieser Übergang zu natürlichen Materialien und primitiven Baumethoden hatte Folgen, die über einen bloßen Wandel in Technik oder Stil hinausgingen. So wichen die klassischen Hüllen, die Le Corbusier bei den Villen der späten zwanziger Jahre verwendet hatte, der expressiven Kraft eines einzigen architektonischen Elements, sei es ein von Stützmauern getragenes Pultdach oder ein tonnengewölbtes Megaron. Die erstere (in Mathes vorweggenommene) Form trat bei den »Maisons Murondins« mit ihren Mauern aus Stampferde und den schrägen, sich anlehnenden Strohdächern auf, die Le Corbusier 1940 für die

Unterbringung von Flüchtlingen vorschlug, die zweite lag sowohl dem Wochenendhaus als auch dem Farmprojekt für Cherchell, Nordafrika (1942), zugrunde. Daß seine Vorliebe für das Mediterrane nach dem Zweiten Weltkrieg zu eher regionalen als klassischen Bauformen führte, zeigt eine Folge von Arbeiten, die sich aus dem Projekt in Cherchell entwickelten, von der Hangbebauung Roq et Rob in Cap Martin von 1949 bis zur Villa Sarabhai in Ahmedabad und den Maisons Jaoul in Paris (beide 1955 vollendet).

Wie James Stirling später darlegte, war der Entwurf für die Maisons Jaoul ein Affront für jene sensiblen Geister, die dem Mythos anhingen, die moderne Architektur müsse sich in glatten, maschinell hergestellten, ebenen Flächen innerhalb eines gegliederten Konstruktionsrahmens manifestieren. Es war für sie verwirrend, daß dieser Komplex »von algerischen Arbeitern mit Leitern, Hämmern und Nägeln gebaut« wurde

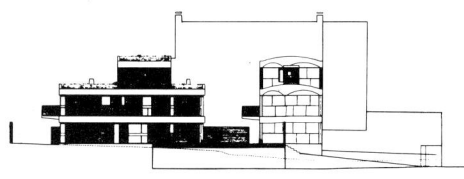

216 Le Corbusier, Maisons Jaoul, Paris, 1955. Aufriß der Nordostseite.

und daß mit Ausnahme von Glas kein synthetisches Material Verwendung fand. Für Stirling war schon die geradezu mittelalterliche Bautechnik Grund genug, den Komplex in den Bereich des l'Art pour l'Art zu verweisen, und er sah mit Recht einen klaren Widerspruch zur rationalen Tradition. Doch Le Corbusiers »Arationalität« ging über die anachronistische, wenn auch sinnvolle Anwendung von katalonischen Gewölben oder von Sichtmauerwerk und Be-

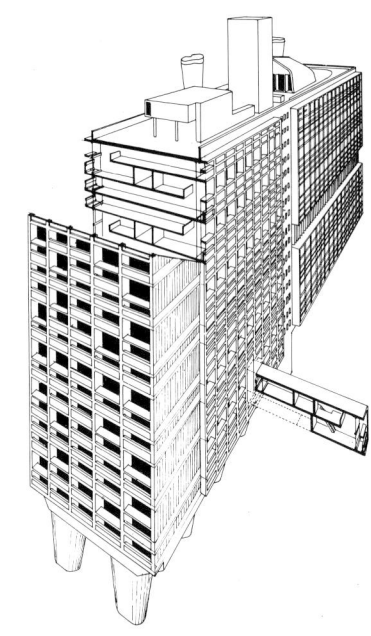

217 Le Corbusier, Unité d'Habitation, Marseille, 1947–1952.

218 Le Corbusier, Unité d'Habitation, Marseille, 1947–1952. Planschbecken auf dem Dach.

ton mit seinen Spuren der Holzschalung hinaus. Die Wasserspeicher aus Beton, die schmalen Öffnungen in den Wandschotten und das quer verlaufende Konstruktionsgerüst (das weitgehend mit Sperrholzplatten ausgefacht war) trugen dazu bei, daß der Eindruck einer bewußt feindlichen Haltung gegenüber der Außenwelt entstand. Das archetypische Fenster war nun nicht mehr das *fenêtre en longueur,* durch das man schaute, sondern ein gerahmtes, eingesetztes Element, das man seinerseits betrachten konnte. Stirling schrieb: »Das Auge findet an jedem Teil des Impasto der Flächen Interesse und sucht nicht, wie in Garches, eine Abwechslung zu den harten, strukturlosen Oberflächen, indem es Umrisse und Form der Ebenen untersucht.« Anstelle puristischer Formen boten die Maisons Jaoul eine sinnliche Realität, die weit von den utopischen Visionen der späten zwanziger Jahre entfernt war, einen Pragmatismus, der laut Reyner Banham die Widersprüche und Verwirrungen von Suburbia umfaßte.

Der Entwurf für die Maisons Jaoul war eine monumentale Neuinterpretation der mediterranen Formensprache. Seine Wirkung ging ebensosehr auf die nach innen gekehrte Feierlichkeit zurück wie auf den Maßstab. Eine solche surrealistische Syntax hätte Le Corbusier bei seiner achtzehngeschossigen Unité d'Habitation, die zwischen 1947 und 1952 in Marseille entstand, kaum verwenden können. Und doch war die Unité, die von der technischen Leichtbauweise der Vorkriegszeit abging, »brutalistischen« Baumethoden ebenso verpflichtet wie die Maisons Jaoul. Das zeigt sich besonders daran, daß die tragende Megastruktur aus Beton mit rohen Holzschalungen gegossen wurde, eine bewußte Darstellung des Bauvorgangs, die Le Corbusier mit geradezu existentiellen Gründen rechtfertigte.

Vom *béton brut* abgesehen, war die Unité sehr viel komplexer organisiert als der typische Ville-Radieuse-Block der Vorkriegs-jahre. Während die VR-Scheibe einen durchgehenden horizontalen Block darstellte, der hermetisch mit Glas geschlossen war, demonstrierte die Unité ihre Zellenstruktur durch Betonbalkons für den Sonnenschutz und durch waagerechte Platten, die aus dem Baukörper auskragten. Diese *brises-soleil* mit ihren Seitenwänden betonten das Volumen der zweigeschossigen Einheiten, die sich über die ganze Haustiefe erstreckten – Megaronformen, die als

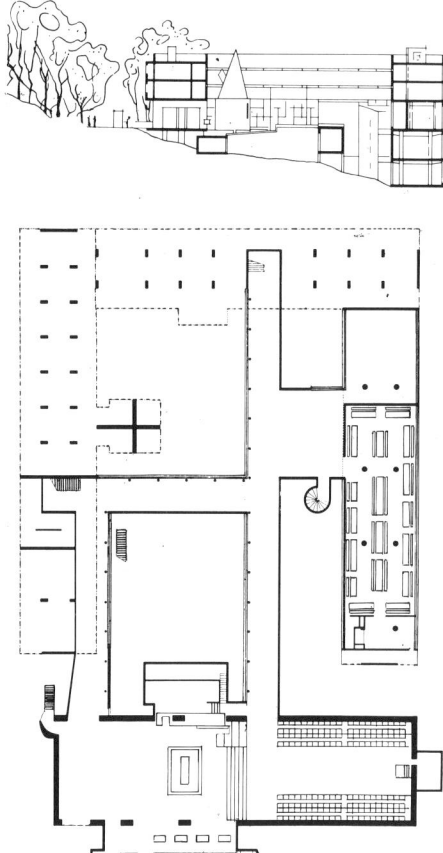

219 Le Corbusier, Kloster La Tourette bei Lyon, 1957–1960. Schnitt und Grundriß des zweiten Obergeschosses.

220 *Le Corbusier und Jeanneret, Pavillon des Temps Nouveaux, Weltausstellung, Paris, 1937.*

221 *Le Corbusier, Kapelle von Ronchamp bei Belfort, 1950–1955.*

unabhängige Elemente konstruiert und ähnlich wie Flaschen in ein Regal in den Betonrahmen eingehängt waren. Innere »Straßen« in jedem zweiten beziehungsweise dritten Geschoß sorgten für den horizontalen Zugang zu diesen ineinander verzahnten Wohneinheiten.

In dieser Zellenstruktur drückte sich auto-matisch die Ansammlung privater Wohnungen (vgl. Roq et Rob) aus, während die Ladenstraße und die Gemeinschaftseinrichtungen auf dem Dach den öffentlichen Bereich repräsentierten. Der besondere Status des großen Ganzen prägte im Erdgeschoß die sorgfältig profilierten Stützen, auf denen das Gebäude ruht. Diese *pilotis,* die entsprechend Le Corbusiers Modulor präzise proportioniert sind, stellten so etwas wie die Erfindung einer neuen klassischen Ordnung dar. Die Unité, zu deren 337 Wohnungen sich eine Einkaufsstraße, ein Hotel und ein Dachgarten, eine Aschenbahn, ein Planschbecken, ein Kindergarten und eine Turnhalle gesellten, war ebenso ein »sozialer Kondensator« wie die sowjetischen Kommuneblocks der zwanziger Jahre. Die Integration der Gemeinschaftseinrichtungen erinnert an Fouriers Phalanstère aus dem 19. Jahrhundert, nicht nur von der Größe her, sondern auch aufgrund ihrer Isolation von der unmittelbaren Umgebung. Und ebenso wie das Phalanstère den normalen Menschen in einem fürstlichen Ambiente unterbringen wollte (Fourier verachtete die Ärmlichkeit von Einzelhäusern), sollte die Unité nach dem Willen ihres Architekten auch der schlichtesten privaten Wohnung die Würde der Architektur wiedergeben.

Die Pilgerkapelle von Ronchamp (erster Entwurf 1950) und das Dominikanerkloster La Tourette, das 1960 in Eveux bei Lyon errichtet wurde, sind die beiden wichtigsten Bautypen – kirchliches Bauwerk und Refugium –, mit denen Le Corbusier sich in den fünfziger Jahren auseinandersetzte. Das Kloster vereinigte beide Typen in sich und erinnerte ihn an jenes Musterbeispiel von »Einsamkeit und Gemeinschaft«, das ihn so tief bewegt hatte, als er 1907 zum erstenmal die Kartause von Ema besuchte. In La Tourette wurde dieses Idealmodell lediglich als zweiteiliges Schema mit »öffentlicher« Kirche und »privatem« Kloster neu interpretiert. Der Komplex war vom Boden abgehoben und nicht dem

Abhang entsprechend abgestuft. So wurde der Kontrast zwischen dem vertikalen Volumen der Kapelle und dem horizontal gelagerten Klosterbereich durch das abfallende Gelände dramatisch akzentuiert. Colin Rowe schrieb:

»In La Tourette ist das Gelände alles und nichts. Es ist durch einen steilen Abhang und zufällig auch durch starkes Quergefälle charakterisiert. Das sind keineswegs Voraussetzungen, die vom Terrain her die Ansiedlung der Dominikaner, die hier offenbar auf jeden Fall geplant war, rechtfertigen würden. Eher ist es umgekehrt: Architektur und Landschaft als eindeutige und unterschiedliche Erfahrungen wirken wie rivalisierende Protagonisten in einer Diskussion, die jeweils der Bedeutung des anderen widersprechen oder sie erläutern.«

Nichts konnte weiter von dieser Lösung entfernt sein als die Beziehung zwischen Bauwerk und Umgebung in Ronchamp. Hier waren die an Krustentiere erinnernden Formen – das Schalendach mit seinem riesigen Wasserspeier, die Seitenkapellen und der Altar – ganz darauf angestellt, auf die »visuelle Akustik« einer welligen Landschaft zu antworten. Ronchamp führte Le Corbusier in die dreißiger Jahre zurück, nicht nur – wegen der Einfügung in die Umgebung – zum Haus de Mandrot, sondern auch zu dem Pavillon des Temps Nouveaux, den er für die Pariser Ausstellung von 1937 errichtete. So unwahrscheinlich es wirken mag: Das aus Drahtseilen und Leinwand konstruierte Hängedach war der Prototyp für Ronchamp, denn es war von der Rekonstruktion des »primitiven Tempels« in der Wüste inspiriert, den Le Corbusier zuvor in *Kommende Baukunst* abgebildet hatte. Der gleichen Metapher folgend, nahm das dominierende Schalendach von Ronchamp das Profil des Pavillondaches von 1937 auf. Dieses Profil kehrte auch beim Kapitol von Chandigarh und anderen späteren Werken wieder, was darauf schließen läßt, daß Le Corbusier solche Formen als modernes Gegenstück zur Kup-

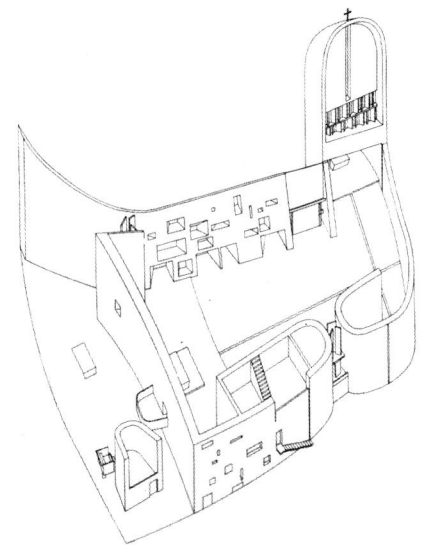

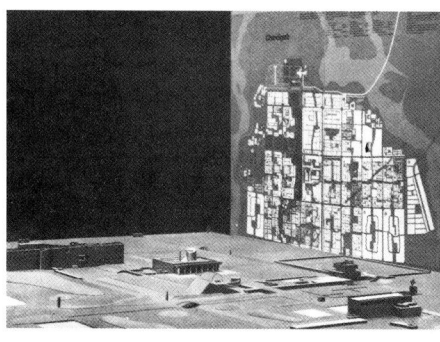

222 Le Corbusier, Kapelle von Ronchamp bei Belfort, 1950–1955.

223 Le Corbusier mit Jeanneret, Drew und Fry, Chandigarh, 1951–1965. Das Kapitol (auf dem Grundriß oben) ist im Vordergrund als Holzmodell dargestellt. Von links nach rechts: Sekretariat, Parlament, Gouverneurspalast und Oberster Gerichtshof.

pel der Renaissance betrachtete, das heißt als Symbol des Heiligen.

Darüber hinaus entzieht sich Ronchamp jeder Analyse. Die halbzylindrischen Seitenkapellen – teils von Malteser Grabstätten, teils von den Bauten Ischias hergeleitet –, die durch halbkugelförmige Hauben Oberlicht erhalten und nach dem Gang der Sonne orientiert sind, erinnern daran, daß auf dieser christlichen Stätte einst ein Sonnentempel gelegen war. Das Bauwerk ist um einen verborgenen Stahlbetonrahmen errichtet, so daß regionale Anklänge hier eher simuliert als in monumentalen Formen neu interpretiert sind. Wie bei der Villa in Garches sind die Ausfachungen aus rohem Mauerwerk »torkretisiert«, doch der Verputz hat nun nicht mehr die maschinelle Präzision des Purismus, sondern die unregelmäßige, getünchte Struktur mediterraner Hausbauten.

Le Corbusier formulierte sein Interesse an der skulpturalen Wirkung eines Bauwerks auf seine Umgebung zum erstenmal 1923, als er die Akropolis und ihre Propyläen als den Punkt bezeichnete, »wo nichts mehr fortgenommen werden konnte, wo nichts mehr bleiben würde als diese eng miteinander verbundenen, kraftvollen Elemente, die klar und tragisch klangen wie metallene Trompeten«. Dieses leidenschaftliche Bild von der Akropolis, das von einem Gefühl für Einheit kurz vor ihrem Zusammenbruch bestimmt scheint, taucht als Thema immer wieder in seinem Leben auf und mit besonderem Pathos gegen Ende seiner Laufbahn. Es lag ebenso dem Prinzip von Ronchamps »visueller Akustik« zugrunde wie den vulkanischen Gebirgsformen en miniature, die aus dem Dach der Unité hervorbrechen.

Chandigarh, die neue Verwaltungshauptstadt des Punjab (1951 gegründet), ging von einem eher kartesianischen Konzept aus. Da das Gelände hier flach war, wurde die Anordnung der Monumente durch einen proportionalen Raster bestimmt. Le Corbusier hatte solche *tracés régulateurs* in

städtischem Maßstab bereits bei seiner Cité Mondiale von 1929 und seiner Stadtplanung für St. Dié von 1945 verwendet. Seine Beschreibung des Kapitols macht deutlich, daß er überzeugt war, solche feinen Nuancen seien trotz der großen Entfernungen erkennbar.

»Die Komposition des Kapitolparks, so groß er auch ist, wird heute in nahezu allen Dimensionen, im Gesamten und im Detail, bis auf den Zentimeter geregelt. Das sind die Mittel, die Kräfte und die Ziele des ›Proportionierens‹.«

Daß Sir Edwin Lutyens beim Entwurf von Neu-Delhi ähnliche modulare Einheiten benutzt hatte, war Le Corbusier nicht entgangen. Anerkennend schrieb er über die neue Hauptstadt, daß sie »mehr als dreißig Jahre zuvor mit außerordentlicher Sorgfalt, großem Talent und wirklichem Erfolg von Edwin Lutyens geschaffen wurde. Die Kritiker mögen predigen, was sie wollen, aber die Leistung eines solchen Unternehmens verdient Respekt.

224 Le Corbusier, Chandigarh, ca. 1951. Skizzen von Vieh und einheimischen Bauformen und Schnitt durch das Sekretariat.

Im Gegensatz zu Neu-Delhi oder der Cité Mondiale erreichte Le Corbusier in Chandigarh Monumentalität, ohne sich direkt auf das traditionelle Vokabular des westlichen Klassizismus zu beziehen. Die auffallenden Formen der drei Monumente waren in erster Linie auf die klimatischen Besonderheiten zurückzuführen. Anders als Lutyens, der nur sekundäre Elemente der Mogul-Architektur herangezogen hatte, machte Le Corbusier sich das herkömmliche Sonnenschutzkonzept von Fatehpur Sikri zueigen. Er benutzte es als monumentales Erkennungszeichen, das er von einem Bau zum nächsten variierte. Dadurch, daß er diese Schalenform entweder als Präludium (Vorhalle des Parlaments) oder als Konstante (das überwölbte Dach des Obersten Gerichtshofes) oder als Dominante (der krönende Sonnenschutz des Gouverneurspalastes) anwendete, konnte er Charakter und Status jeder Institution andeuten. Die feinen Profile dieser Schalenformen waren teilweise von der Tierwelt und der Landschaft der Region hergeleitet. Offenbar war es Le Corbusiers Absicht, die moderne indische Identität darzustellen, frei von jedem Bezug zur kolonialen Vergangenheit.

Andererseits konnte das Kapitol wegen seiner riesigen Ausmaße nicht jene öffentlichen Qualitäten aufweisen, die das »Herz der Stadt« kennzeichnen und von denen Sert bei den CIAM VIII (1952 in Hoddesdon) sagte, sie seien abhängig von »Fußgängerentfernungen und vom Gesichtswinkel des Menschen«. Im Temenos des Kapitols, in dem man mehr als zwanzig Minuten braucht, um vom Sekretariat zum Obersten Gerichtshof zu gelangen, ist die Präsenz des Menschen eher metaphysisch als real (was wieder einmal an de Chirico erinnert). Le Corbusiers neoklassizistisches Erbe hatte die Landschaft des *genre terrible* heraufbeschworen: Die Bauten der »drei Gewalten« – Oberster Gerichtshof, Parlament und Sekretariat – waren nicht, wie auf der Akropolis, durch die Struktur

225 *Le Corbusier mit Jeanneret, Drew und Fry, Kapitol von Chandigarh, 1957–1965. Sekretariat (links) und Parlamentsgebäude.*

des Geländes miteinander verbunden, sondern durch abstrakte Sichtlinien, die sich in weiter Ferne verlieren – eine perspektivische Verkürzung, die nur die Berge am Horizont begrenzen.

Der Bau Chandigarhs nach einem abstrakten und wenig überzeugenden Plan läßt sich (wie Stanislaus von Moos bemerkte) kaum von den politischen Ambitionen Indiens nach seiner Unabhängigkeit trennen. Denn Chandigarh war mehr als die Hauptstadt des Punjab: Es war Symbol für das Neue Indien. Es verkörperte die Idee eines modernen Industriestaates, die utopischen Ziele, die Nehru im Gegensatz zu Gandhi für Indien ins Auge gefaßt hatte. So hatte der amerikanische Stadtplaner Albert Mayer Chandigarh bereits als pittoreske »automobile« Stadt angelegt, bevor es von Le Corbusier und seinen Mitarbeitern Pierre Jeanneret, Jane Drew und Maxwell Fry ein mehr oder weniger orthogonales Straßennetz erhielt. Die beginnende Krise der westlichen Aufklärung, ihre Unfähigkeit, eine bestehende Kultur zu befruchten oder auch nur den Sinn ihrer eigenen klassischen Formen zu erhalten, ihr Mangel an Zielvorstellungen, die über technische Neuerungen und optimales wirtschaftliches Wachs-

tum hinausgingen – alles das scheint sich in der Tragödie von Chandigarh widerzuspiegeln, einer für Autos projektierten Stadt in einem Land, wo viele noch nicht einmal über ein Fahrrad verfügen.

26. Kapitel
Mies van der Rohe und die Monumentalisierung der Technik 1933–1967

»In der Architektur gibt es nur einen Mann, den selbst die Jungen verteidigen können, und das ist Mies van der Rohe. Mies hat sich immer aus der Politik herausgehalten und sich stets gegen den Funktionalismus gewandt. Niemand kann den Häusern von Mies vorwerfen, daß sie wie Fabriken aussehen. Vor allem zwei Faktoren machen es möglich, daß Mies als der neue Architekt anerkannt wird. Erstens wird Mies von den Konservativen geschätzt. Selbst der Kampfbund für Deutsche Kultur hat nichts gegen ihn. Zweitens hat Mies gerade ... einen Wettbewerb für den Neubau der Reichsbank gewonnen. Die Jury bestand aus älteren Architekten und Vertretern der Bank.
Wenn Mies (und das kann lange dauern) dieses Gebäude errichten sollte, wäre seine Position gesichert. Eine gute moderne Reichsbank würde dem neuen Bedürfnis nach Monumentalität entgegenkommen, aber vor allem würde sie den deutschen Intellektuellen und dem Ausland beweisen, daß das neue Deutschland es nicht darauf absieht, all die großartige moderne Kunst zu zerstören, die in den letzten Jahren entstanden ist.«

Philip Johnson
Architecture in the Third Reich, Horn and Hound, 1933

Mies van der Rohes Beitrag zu dem Reichsbank-Wettbewerb von 1933 kündigte einen Wandel in seinem Werk an – von der informellen Asymmetrie zur symmetrischen Monumentalität. Diese Hinwendung zum Monumentalen führte schließlich zu stark rationalisierten Baumethoden, die in den fünfziger Jahren bei der amerikanischen Bauindustrie und ihren Bauherren, den Großfirmen, weite Verbreitung fanden. Der Reichsbank-Entwurf nahm diese Entwicklung in mehr als einer Hinsicht vorweg, denn er drückte nicht nur eine Vorliebe für Symmetrie aus, sondern auch für eine bestimmte Tektonik, die nur noch wenig mit den dynamischen räumlichen Effekten seiner früheren Laufbahn gemeinsam hatte. Außerdem war der Bauherr eine Institution – ein Auftraggeber jenes Typs, für den Mies während seiner Praxis in den USA immer wieder tätig wurde.
Der Entwurf für die Reichsbank war nicht allein eine Rückkehr zu Schinkel, der – die Arbeiten der frühen zwanziger Jahre ausgenommen – stets einen latenten Einfluß auf Mies ausgeübt hatte. Mehr noch bedeutete das Projekt eine Rückkehr zur Tektonik von Mies' Bürogebäude aus Beton, das 1923 zum erstenmal in der Zeitschrift *G* veröffentlicht worden war. In beiden Werken lag der Schwerpunkt auf den expressiven Eigenschaften einer objektiven Bautechnik, die logisch konzipiert und konsequent ausgeführt war. Im Jahre 1926 hatte Mies davon gesprochen, daß Architektur den Willen der Zeit in Raum übersetzte. Mit Hegel sah er diesen Willen als historisch determinierte Technik, als in sich schlüssiges Faktum, das nur durch den Geist veredelt werden müsse. Die Monumentalität seiner späteren Bauten ging auf eine solche Veredelung zurück. Für Mies war die Technologie die kulturelle Äuße-

226 Mies van der Rohe, Entwurf für die Reichsbank, Berlin, 1933.

rung des modernen Menschen, und so muß sein Reichsbank-Projekt als sein erster Versuch in der Monumentalisierung der Technik verstanden werden. Daraus erklären sich das lagerhausartige Äußere und der neutrale, kaum artikulierte Curtain Wall.
Zwischen 1933 und den frühen fünfziger Jahren schwankte Mies' Werk zwischen Asymmetrie und Symmetrie, zwischen vorgefundener Technik und Monumentalisierung der Technik als Form. Diese unterschiedliche Ausdrucksweise trat nicht nur bei verschiedenen Bauten, sondern auch innerhalb ein- und desselben Bauwerks auf.
Welche überragende kulturelle Bedeutung er der Technik beimaß, faßte er in seiner

Rede vor dem Illinois Institute of Technology von 1950 zusammen:

»Die Technik wurzelt in der Vergangenheit. Sie beherrscht die Gegenwart und reicht hinein in die Zukunft. Sie ist eine echte historische Bewegung – eine der großen Bewegungen, die ihre Epoche formen und repräsentieren.

Sie kann nur verglichen werden mit der Entdeckung der Persönlichkeit durch die Griechen, mit dem römischen Willen zur Macht und der religiösen Bewegung des Mittelalters.

Die Technik ist weit mehr als eine Methode, sie ist eine Welt für sich. Als Methode ist sie in beinahe jeder Hinsicht überlegen. Aber nur dort, wo sie ganz sich selbst überlassen bleibt, wie etwa in den gigantischen Bauten der Ingenieure, dort enthüllt die Technik ihre wahre Natur ...

Wo immer die Technik ihre wirkliche Erfüllung findet, dort erhebt sie sich in die Sphäre der Architektur. Es ist richtig, daß die Architektur von Fakten abhängig ist, aber ihr eigentliches Wirkungsfeld liegt im Bereich des Ausdrucks.«

Nach der Mitte der dreißiger Jahre suchte Mies zwei widersprüchliche Systeme miteinander zu vereinen: Das eine war der romantische Klassizismus, der, in Stahlgerüste übertragen, auf die Entmaterialisierung der Architektur zielte, auf die Verwandlung gebauter Formen in schwebende Flächen, die in den durchsichtigen Raum gehängt sind – die Bilderwelt des Suprematismus. Das andere war die vom Altertum überkommene Balkenarchitektur mit ihren unveränderlichen Elementen Dach, Balken, Stütze und Wand.

Mies war sozusagen zwischen »Raum« und »Konstruktion« gefangen und versuchte ständig, Transparenz und Körperlichkeit zur gleichen Zeit auszudrücken. Der Zwiespalt zeigte sich am deutlichsten in seiner Einstellung zu Glas: Er verwendete es so, daß die reflektierenden Flächen sich bei Lichteinfall in Flächen verwandelten, die in reiner Transparenz verschwanden – einer-

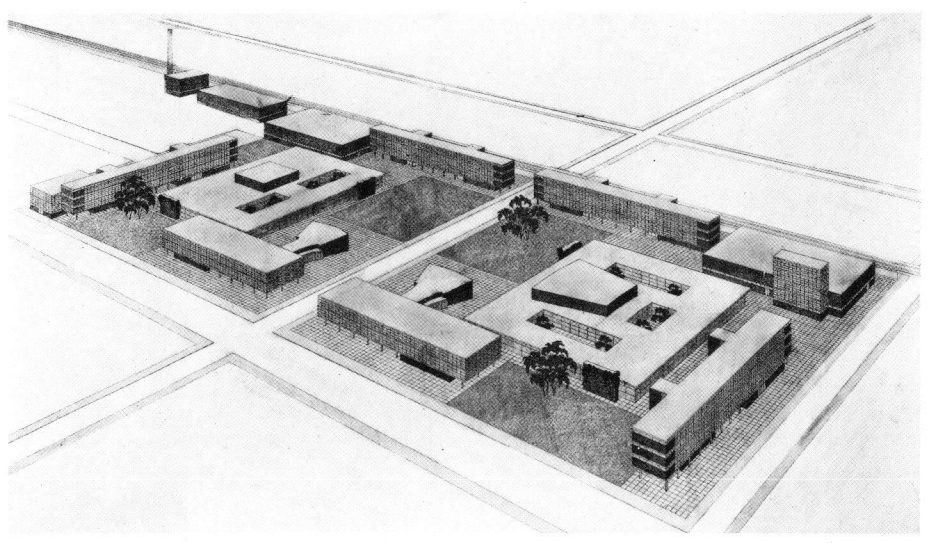

227 Mies van der Rohe, Vorentwurf für das Illinois Institute of Technology, Chicago, 1939.

seits die Erscheinung des Nichts, andererseits die erkennbaren Notwendigkeiten der Konstruktion.

Der Vorentwurf für das Illinois Institute of Technology (IIT) in Chicago von 1939, der zwei Jahre nach seiner Ankunft in den Vereinigten Staaten entstand, ist in dieser Hinsicht ebenso suprematistisch aufgefaßt wie Teile des Barcelona-Pavillons.

Wie bei dem Reichsbank-Projekt ist der Grundriß um eine einzige Symmetrieachse angelegt.

Alle Bauten sind vier Geschosse hohe Prismen mit an Millimeterpapier erinnernden Curtain Walls, deren Flächen durch Wolkenspiegelungen belebt werden. Diese Wände verbergen sich gelegentlich hinter Baumgruppen oder gehen in vortretende, mit Efeu bewachsene Backsteinmauern über, die an den Ecken der stereometrischen Volumen Akzente setzen. Abgesehen von der neoklassizistischen visuellen Betonung der Ecken durch Backsteinfelder, kommt der Komplex der suprematistischen Ästhetik Iwan Leonidows nahe, ins-

besondere dessen Projekt für den Kulturpark von 1930.

Mies scheint sich hier mit der Beziehung der Stütze zur Wand auseinanderzusetzen, vor allem dort, wo die Wand weitgehend aus Glas besteht. Die Lösung bestand beim ersten IIT-Entwurf (wie bei dem Reichsbank-Projekt) darin, die Stützen hinter die Glasfassade zu stellen, doch bei dem Ausführungsprojekt von 1940 waren sie in die Wand integriert.

Diese Entwicklung wird auch bei den ersten Bauten für das Universitätsgelände deutlich. Die Betonung des Stützensystems in Verbindung mit den verglasten Flächen wird mit jedem Bauwerk stärker idealisiert und monumentalisiert.

Diese fortschreitende Idealisierung hing damit zusammen, daß Mies den kreuzförmigen Stützenquerschnitt der frühen dreißiger Jahre durch den standardisierten amerikanischen I-Träger ersetzte. Die asymmetrischen, windmühlenförmigen Grundrisse des Barcelona-Pavillons und des Hauses Tugendhat in Brünn verlangten eine nicht richtungsbezogene Stützenform, ähnlich den Punktstützen, die Mies bei seinem Haus auf der Berliner Bauausstellung von 1931 verwendete. Da er von der Reichsbank an eine einzige Symmetrieachse bevorzugte, lag auch die Verwendung der ⊥-förmigen Stützen entsprechend ihrer richtungsbezogenen Achsen nahe. Die Entwicklung seiner Bauten für das IIT, von dem Forschungsinstitut für Mineralien und Metalle und der Bibliothek von 1942 bis zur Alumni Memorial Hall von 1945 führte zu einer Idealisierung des ⊥-Trägers und kulminierte in den quadratischen, mit Beton ummantelten Stahlstützen der Alumni Memorial Hall.

Mit der Bibliothek und der Alumni Memorial Hall formulierte Mies die konstruktive Syntax und die Bautypologie seiner späten Laufbahn. Zugleich schuf er mit der Bibliothek zum erstenmal ein Bauwerk, dessen Monumentalität von seiner Größe abhing – eine Gigantomanie, die seit dieser Zeit die architektonische Praxis Chicagos beherrscht (vgl. die neueren Arbeiten der Chefdesigner von Skidmore, Owings and Merrill sowie C. F. Murphy). Mies sah hier eine freie Spannweite der Konstruktion von 20 m vor, mit Glasflächen, die 5,5×3,7 m maßen. Das durchgehende drei Geschosse hohe Volumen (91×61×9 m) war nur von einem raumhohen Büchermagazin, einem umschlossenen Hof und einem abgehängten Zwischengeschoß unterbrochen. Die Bibliothek nahm damit Mies' späteren, weder von Geschossen noch von Stützen unterteilten Typus vorweg, den er zum erstenmal bei seinem Entwurf für ein Drive-in-Restaurant deutlich formulierte. Dagegen war die Alumni Memorial Hall eine Vorwegnahme seiner typischen vielgeschossigen Scheibe, bei der Verglasung, Sprossen und Konstruktion der Außenwand zusammen eine gegliederte Fassade bilden. Das Bibliotheksgebäude des IIT führte über das Drive-In-Restaurant zu Mies' Entwurf für das Nationaltheater in Mannheim von 1953 – ein technisches Mo-

nument par excellence, dessen großes Flachdach 162×81 m maß und von sieben Stahlbindern abgehängt war. Bei der Alumni Memorial Hall entwickelte Mies dagegen bereits Details, die er bald darauf beim Bau der 860 Lake Shore Drive Apartments anwendete.

Die Lake Shore Drive Apartments (erbaut zwischen 1948 und 1951) übernahmen die innenliegenden Küchen und Badezimmer und den Verkehrskern von Mies van der Rohes Wohnungen auf der Weißenhofsiedlung (1927) und faßten sie um zwei Aufzüge in der Mitte einer kompakten Scheibe zusammen. Man gelangte also durch Serviceräume einschließlich Küche und Badezimmer in einen offenen, umlaufenden Wohnbereich, der je nach Größe und Typus der Wohnung unterteilt werden konnte. Die Wand-Stützen-Gliederung der Alumni Hall wurde hier zu einer artikulierten Fassade ausgearbeitet, die einen subtilen Bezug zu der suprematistischen Gegeneinanderstellung der beiden Blocks aufweist. Peter Carter schrieb darüber:

»Der Konstruktionsrahmen und seine Glasfüllungen gehen architektonisch ineinander über, beides verliert einen Teil seiner Identität, indem es die neue architektonische Realität herstellt. Die Sprosse hat bei diesem Wandel als eine Art Katalysator gewirkt. Die Maße der Stützen und Sprossen bestimmten die Fensterbreiten. Die beiden mittleren Fenster (in jedem Konstruktionsjoch) sind deshalb breiter als die neben den Stützen liegenden. Diese Varianten führen zu einer außerordentlich raffinierten visuellen Abfolge sich erweiternder und sich verringender Abstände; Stütze – schmales Fenster – breites Fenster, dann umgekehrt breites Fenster – schmales Fenster – Stütze und so weiter. Dazu kommt noch der Wechsel zwischen dem massiven Stahl und dem reflektierenden Glas, der durch die irisierende Wirkung so vieler Sprossen entsteht.«

Mehr als bei jedem anderen Bau Mies van der Rohes ist die Wand also hier – Sempers

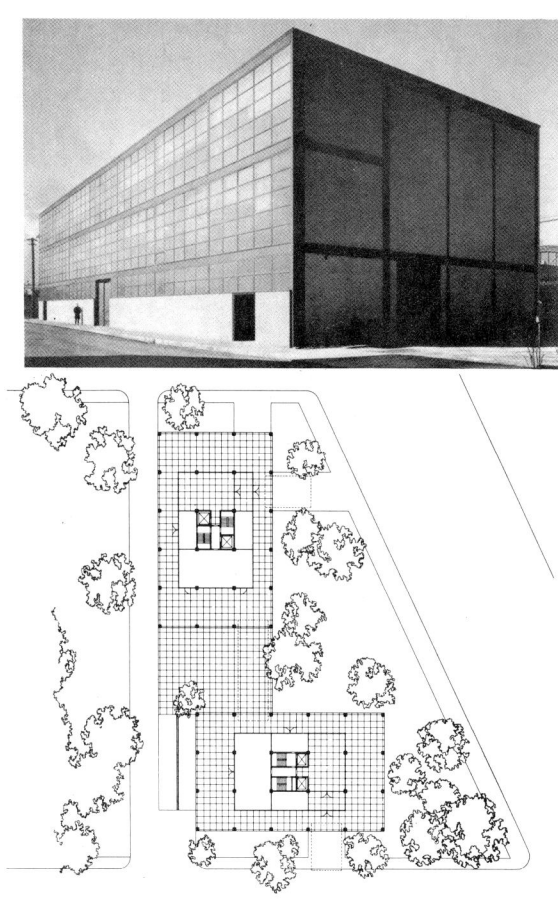

228 Mies van der Rohe, Forschungsinstitut für Mineralien, IIT, Chicago, 1942.

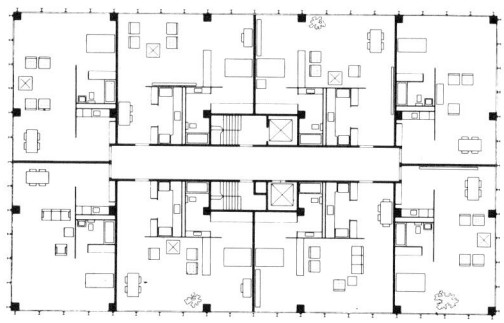

229 Mies van der Rohe, Lake Shore Drive 860, Chicago, 1948–1951. Grundriß der Türme und typischer Geschoßgrundriß.

230 *Mies van der Rohe, Lake Shore Drive 860, Chicago, 1948–1951.*

231 *Mies van der Rohe, Haus Farnsworth, Fox River, Plano, Illinois, 1946–1950.*

Vorschrift entsprechend – ein strukturiertes Gewebe, eine raffinierte Verbindung von Konstruktions- und Fensterelementen, die ebenso wie tragendes Mauerwerk die Ausdehnung des Raumes zu begrenzen vermögen.

Diese räumliche Begrenzung hat möglicherweise, wie Colin Rowe feststellte, dazu beigetragen, daß Mies sich intensiv mit der Schaffung stützenfreier, nicht durch Geschosse unterteilter, offener Bauvolumen beschäftigte, angefangen bei der Bibliothek des IIT. Als archetypische Form war der Bautyp für die Öffentlichkeit bestimmt, nahm aber nicht immer öffentliche Funktionen auf. Im Maßstab des Hauses kristallisierte sich der Typus zum erstenmal in dem Bau heraus, den Mies 1946 für Dr. Edith Farnsworth entwarf und vier Jahre später in Plano, Illinois, verwirklichte. Er preßte hier ein stützenfreies Volumen mit einer Grundfläche von 23×9 m sozusagen

zwischen Boden und Dachplatte und hob es auf äußeren, in Abständen von 6,70 m gesetzten T-Pfosten ca. 1,50 m über den Boden. Das kastenartige Haus war von einer Glashülle umschlossen – die Apotheose von Mies' Wahlspruch »beinahe nichts«.

Eine deutliche Asymmetrie, die teilweise vom Suprematismus herkam, wurde hier durch die Symmetrie der Schinkelschen Tradition wunderbar ausgeglichen. So steht die Eingangsplattform, eine von sechs Stützen getragene Fläche an der Basis des Hauses, im Gegensatz zu dem prismatischen Volumen, das von acht Stützen getragen wird, wobei die Asymmetrie durch die Überschneidung der beiden symmetrischen Elemente deutlich wird. Trotz seiner geringen Größe wurde das Haus dadurch in den Status eines Monuments erhoben. Podium, Stufen, Terrasse und der Boden selbst waren mit Travertin ausgelegt. Die

freiliegenden Stahlelemente waren geschliffen, um alle Schweißstellen zu entfernen, und danach weiß gespritzt. Die Vorhänge bestanden aus naturfarbener Schantungseide. Es überrascht kaum, daß die enormen Baukosten zu einem Bruch zwischen Mies und Edith Farnsworth führten. Heute ist das Haus Wochenenddomizil eines entfernt wohnenden Millionärs und angemessen möbliert, aber dennoch weitgehend unbenutzt, ähnlich einem gut erhaltenen, aber sonst vergessenen Shintoschrein.

Im öffentlichen Bereich war die am meisten »klassische« Realisierung von Mies' stützenfreien Volumen die Crown Hall des IIT, erbaut 1952–1956, und die monumentalste die Convention Hall für Chicago, entworfen 1953. Bei der Crown Hall entfernte Mies sich vom Suprematismus seiner amerikanischen Arbeiten zwischen 1939 und 1950, die Convention Hall jedoch kann als

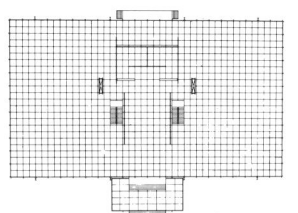

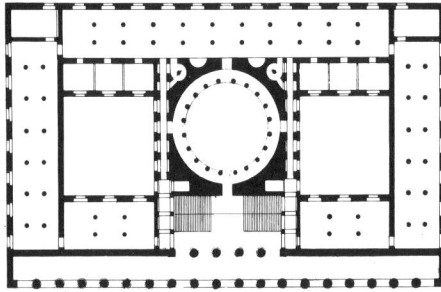

232 Mies van der Rohe, Crown Hall, IIT, Chicago, 1952–1956.

233 Mies van der Rohe, Crown Hall, IIT, Chicago, 1952–1956 (oben) und Schinkel, Altes Museum, Berlin, 1823–1830.

seine letzte suprematistische Äußerung gelten. Diese nicht ausgeführte 18 m hohe, mit Marmor verkleidete Stahlfachwerkkonstruktion erhob sich 6 m über dem Boden. Das räumliche Tragwerk ihrer Versammlungshalle sollte eine lichte Weite von 220 m erreichen. Die Crown Hall, die etwa zur gleichen Zeit geplant wurde wie das Nationaltheater in Mannheim, war ein klarer Rückgriff auf die Tradition Schinkels und insbesondere auf Schinkels Altes Museum in Berlin, das Mies immer bewundert hatte. Diese Schinkelsche Typenform beherrscht Mies van der Rohes Arbeiten der sechziger Jahre, vom Bacardi Building in Mexico City (1963) bis zur School of Social Service Administration an der Universität Chicago (1965). Natürlich ließ sich das Raumprogramm in einem so einfachen Grundrißmuster nicht immer angemessen unterbringen. Bei der School of Social Services mit ihrer Bibliothek an der Rückseite war es zwar möglich, Eingangsportikus und Rotunde des Alten Museums mehr oder weniger direkt zu übertragen, doch bei der Crown Hall spiegelten sich diese wichtigen Schinkelschen Elemente kaum noch wider, und wenn, dann auf Kosten des Programms.

Colin Rowe hat darauf hingewiesen, daß die gesamte Entwicklung des Internationalen Stils in der Architektur stark von einem Konflikt zwischen dem zentripetalen und dem zentrifugalen Raum beherrscht war. Das eine Prinzip ging auf den Palladianismus zurück, das andere letztlich auf die antimonumentalen Züge von Wrights Version des freien englischen Grundrisses. Dieser Konflikt äußert sich laut Colin Rowe in der Crown Hall (bezeichnenderweise die Architekturschule des IIT), deren verglaste, kastenförmige Konstruktion auf einem Grundriß von 67×37 m die zentralisierte Komposition nicht eindeutig erkennen läßt. Rowe schrieb:

»Wie die charakteristische palladianische Komposition ist die Crown Hall ein symmetrisches und möglicherweise nach mathematischen Regeln entstandenes Volumen. Doch im Gegensatz zu der charakteristischen Palladio-Komposition ist sie keine hierarchisch geordnete Organisation, die ihr Zentralmotiv in Form eines Pyramidendaches oder einer Kuppel vertikal nach außen treten läßt. Anders als die Villa Rotonda, aber wie so viele Bauten der zwanziger Jahre hat die Crown Hall keinen klar definierten zentralen Bereich, wo der Besucher stehen und das Ganze erfassen kann ... Im Inneren bietet das Gebäude anstelle eines räumlichen Höhepunktes einen zentralen Kern, der zwar nicht nachdrücklich festgelegt ist, dennoch aber einen isolierten Bereich bildet, den der Raum mit den Außenfenstern seitlich begrenzt. Auch die flache Dachscheibe übt einen gewissen Zug nach außen aus. Deshalb bleibt der Raum trotz der zentralisierenden Funktion des Eingangsvestibüls eine – wenn auch stark vereinfachte – Version der kreisenden, auf die Peripherie bezogenen Anordnung der zwanziger Jahre und entspricht weniger der vorwiegend zentralisierten Komposition des wahren palladianischen oder klassischen Grundrisses.«

Daß Mies alles unterdrückte, was vom Programm her nicht mit dem Monumentalen vereinbar war, zeigte sich am deutlichsten bei der Crown Hall, wo die Abteilung für Industriedesign in das Untergeschoß verbannt wurde, also in wörtlicher wie in symbolischer Bedeutung unter die Grandeur der Architekturabteilung. Doch trotz der Zwänge eines apriorischen Idealismus wurde Mies nie pompös, und seine Bauten waren relativ billig, vor allem, wenn sie sich aus repetitiven Zellenelementen zusammensetzten wie seine Büro- oder Wohnhochhäuser.

Der Stil Mies van der Rohes lieferte publicitybewußten Bauherren ein klares Image von Macht und Prestige. Nach der Vollendung der Lake Shore Drive Apartements (errichtet für den Bauunternehmer Herbert Greenwald) im Jahre 1951 arbeitete er immer häufiger für Firmen und Immobi-

lag. Die Scheibe selbst war etwa 27 m von der Straßenfront zurückgesetzt, entsprechend dem Racquets Club (1917) von McKim, Mead and White auf der anderen Seite der Park Avenue. Diese Konzession des Auftraggebers ermöglichte es Mies, sein einziges Monument in Manhattan zu errichten und an Größe jenem New Yorker Bauwerk nahezukommen, das er schon lange bewundert hatte – der George Washington Bridge.

Als Leiter der Architekturabteilung am Illinois Institute of Technology von 1939 bis 1959 hatte Mies viele Möglichkeiten, eine »Architekturschule« im breitesten Sinne zu entwickeln und eine Kultur des einfachen, logischen Bauens zu schaffen, die sich verfeinern ließ (»Baukunst«) und der optimalen Nutzung industrieller Techniken prinzipiell offen gegenüberstand. Leider konnte er nicht mit gleicher Kraft jene Schinkelsche Sensibilität vermitteln, die ihm zur zweiten Natur geworden war. Und während die Stärke der Schule in der Klarheit ihrer Prinzipien lag, waren Mies' Nachfolger, wie die jüngste Geschichte zeigt, weitgehend unfähig, jenes Gefühl für die präzisen Proportionen der Profile nachzuempfinden, das allein seine meisterhafte Beherrschung der Form garantierte.

234 Mies van der Rohe und Johnson, Seagram Building, New York, 1958.

lienunternehmen. Der endgültige Durchbruch kam 1958, als er durch Vermittlung von Phyllis Lambert den Auftrag erhielt, das 39geschossige Seagram Building in New York zu entwerfen. Bei diesem Büroturm aus Bronze und Glas erreichte Mies noch einmal die von Semper geforderte enge Verbindung von Fenstern und Konstruktion. Aber diesmal schuf er, anders als bei den Lake Shore Drive Apartments, eine frontal angelegte, axiale Komposition, die an einer mit Granit gepflasterten Piazza

27. Kapitel
Der Niedergang des New Deal: Buckminster Fuller, Philip Johnson und Louis Kahn 1934–1964

»Wer wie Kahn in einer Welt, in der Team-work immer mehr geschätzt wird, einen ausgeprägten Individualismus zeigt, wer in einer Welt der Konsumwirtschaft danach strebt, für die Ewigkeit zu bauen, ist in gewisser Weise den Zeitereignissen entrückt; und von dieser Position aus definiert sich seine Persönlichkeit. Kahns Persönlichkeit entspricht dem Bild eines Menschen, der auf meisterhafte Weise Elemente zusammenschweißt, die in der Antithese nebeneinander bestehen. Kahn ist zwar in der Stabilität und Symmetrie seiner Formen klassisch, in seiner Nostalgie für das Mittelalter jedoch romantisch. Er wendet immer wieder die fortschrittlichsten technischen Mittel an, aber das hindert ihn nicht daran, beim Haus Adler Stützen aus Stein zu verwenden. Er ist bei seinem Werk über die Schemata des Funktionalismus hinausgelangt, doch in vielen Fällen bedient er sich der funktionalistischen Ästhetik. Er verfolgt einen rationalistischen Kult der Stereometrie, dem die dünnen Hüllen und die völlige Transparenz seiner Blöcke zu widersprechen scheinen. Er beherrscht die entscheidenden Konzepte des Organischen, aber er teilt nicht seine verwirrende Morphologie.«
Enzo Fratelli, Zodiac 8, 1960

Die wirtschaftliche und politische Krise Europas in den dreißiger Jahren und die sozialen Maßnahmen von Roosevelts New Deal bescherten den Vereinigten Staaten nicht nur Flüchtlinge aus Kreisen der Intelligenz, sondern auch umfangreiche Programme für Sozialfürsorge und Reformen.

Bei der kulturellen Assimilation der Einwanderer spielten das Museum of Modern Art und die Harvard University eine entscheidende Rolle, während die Bundesregierung die Infrastruktur für die zahlreichen sozialen Leistungen lieferte, die zwischen Roosevelts Wohnbaugesetz von 1934 und dem Ende des Zweiten Weltkrieges realisiert wurden. Die bekanntesten Stadtplanungs- und Siedlungsprojekte des New Deal waren die Tennessee Valley Authority und Clarence Steins Greenbelt New Towns, die ab 1936 unter der Federführung der Federal Resettlement Administration entstanden. Im Gegensatz zu den bemerkenswerten Dämmen, Eisenbahnbrücken und Hellingen, die im Tennessee Valley gebaut wurden, zeichneten sich Steins New Towns nicht durch überragende architektonische Qualität aus. Überzeugendere Lösungen fanden sich in den Arbeiterdörfern, die zur gleichen Zeit von der Farm Security Administration finanziert wurden. Ein typisches Beispiel ist die Farmergemeinschaft mit Luftziegelhäusern, die 1937 nach den Entwürfen von Vernon de Mars errichtet wurden. Auch andere Siedlungen, von entsprechenden Regierungsbehörden finanziert, erreichten einen ähnlich hohen Wohnstandard, etwa New Kensington Village in Pennsylvania von Walter Gropius und Marcel Breuer (1940) und Channel Heights in San Pedro, Los Angeles, von Richard Neutra (1943).
Ein erstaunlich uneleganter Komplex, der unter vergleichbaren Voraussetzungen entstand, war die Siedlung Carver Court in

235 Architekten und Ingenieure der Tennessee Valley Authority, Norris-Staudamm, 1933–1937.

Coatesville, Pennsylvania, 1944 von George Howe, Oscar Stonorov und Louis Kahn entworfen.
Der Mangel an Qualität überrascht hier um so mehr, wenn man sich vor Augen hält, daß Kahn seine Fähigkeiten bereits unter Beweis gestellt hatte, als er für Alfred Kastner bei den Jersey Homesteads in Hightstown, New Jersey (1935–1937) mitwirkte. Unabhängig von ihren architektonischen Verdiensten kündeten alle diese Arbeiten von einer »Neuen Sachlichkeit« in den Vereinigten Staaten. Daß diese Bewegung keineswegs so selbstbewußt oder polemisch auftrat wie ihr europäisches Gegenstück,

war darauf zurückzuführen, daß keine entsprechende ideologische Basis existierte. Die »Bewegung« war außerdem stärker auf die Anerkennung der Öffentlichkeit angewiesen. Deshalb blieb sie antimonumental, verwendete lokale Materialien und berücksichtigte Topographie und Klima.

Richard Buckminster Fuller, eine originelle und umstrittene Figur der amerikanischen New-Deal-Avantgarde, hatte bereits 1927 eine erkennbar »sachliche« – um nicht zu sagen: konstruktivistische – Position bezogen, als er seine erste Version des freistehenden Dymaxion-Hauses entwarf; der Name war seine Erfindung und bedeutete »Dynamik plus Effizienz«. Fuller interessierte sich wie die extremeren Mitglieder der schweizerischen ABC-Gruppe nicht im geringsten für irgendwelche charakteristischen Zusammenhänge, sondern plante sein Haus, als sei es ein Prototyp für die Serienproduktion. Es hatte einen hexagonalen Grundriß, war zwischen zwei hohe Deckplatten eingefügt, nach dem Prinzip des Drahtspeichenrades konstruiert und an Zugkabeln von einem zentralen Mast abgehängt. In dieser Form wurde das Haus, wie das noch exzentrischer wirkende Dymaxion-Automobil von 1933, als die einzig mögliche Zukunftslösung vorgestellt. Fuller, der um Rhetorik nie verlegen war, beschrieb sein Leichtmetall-Haus in seiner Zeitschrift *Shelter* vom Mai 1932 als Synthese zwischen dem amerikanischen Wolkenkratzer und der orientalischen Pagode. Mit dem Dymaxion-Haus, dessen hohler hexagonaler Mast alle notwendigen Versorgungseinrichtungen enthielt, begann Fuller eine Serie zentralisierter Konstruktionen. Höhepunkt dieser Entwicklung war seine weitaus einfachere geodätische Kuppel, die er bei seinem eigenen Haus in Carbondale, Illinois (1959) zum erstenmal für Wohnzwecke verwendete. Die holperige Primitivmoral des individualistischen Pioniers geht auch aus den Knittelversen hervor, die Fuller nach der Melodie von »Home on the Range« konzipierte, als er in

der Mitte der fünfziger Jahre als Gastdozent an der Yale University lehrte:
»Rome home to a dome
Where Georgian and Gothic once stood
Now chemical bonds alone guard our blondes
And even the plumbing looks good.«
(Heimwärts zu einer Kuppel/ Wo einst Antikes und Gotisches standen/ Wachen nur noch chemische Verbindungen über unsere Blondinen/ Und sogar die Installationen sehen gut aus.)
Soviel Utilitarismus und Selbstgefälligkeit in einem scheinen weit entfernt von jenen Vorschlägen, die Fuller 1932 unterbreitete und die eine Umwandlung leerstehender Bürohochhäuser (leerstehend infolge der Depression) in Wohnraum für Bedürftige vorsahen. Fuller ging davon aus, daß am Ende des Jahres neunzig Prozent der Bevölkerung, die noch in der Stadt lebte, nicht in der Lage sein würde, Steuern zu zahlen oder Lebensmittel zu kaufen. Dieses Projekt bestätigte deutlicher als alle anderen, daß eine gewisse Verwandtschaft zwischen den Interessen der europäischen Neuen Sachlichkeit und der Gruppe Structural Study Associates – Simon Breines, Henry Churchill, Theodore Larsen und Knud Lönberg-Holm – bestand, die während Fullers kurzer Tätigkeit als Herausgeber von *Shelter* im Jahre 1932 seine Mitarbeiter waren.

Nach Kriegsende wurde das soziale Engagement des New Deal durch einen zunehmenden Trend zur Monumentalität verdrängt. Diese Strömung ging ebenso auf die Ansprüche Amerikas zurück, seinen Status als Weltmacht zu behaupten, wie auf die kulturelle Unsicherheit zu Ende des Zweiten Weltkrieges. Zwei im Jahre 1945 veröffentlichte Texte geben ein relativ genaues Bild von der Atmosphäre jener Zeit: *Built in USA 1932–1944*, herausgegeben von Elizabeth Mock, ein Katalog zu einer Ausstellung des Museum of Modern Art – in dem mehr als die Hälfte der Illustrationen den Arbeiten des New Deal gewidmet

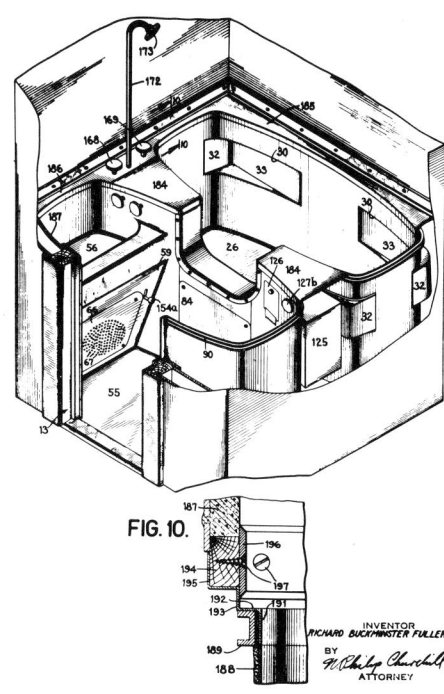

236 Fuller, Präfabriziertes Badezimmer, patentiert 1938–1940.

war –, und *New Architecture and City Planning*, herausgegeben von Paul Zucker, der Bericht über ein Symposium des gleichen Jahres. Dieses Symposium hatte sich mit dem wachsenden Bedürfnis nach monumentalen Ausdrucksformen auseinandergesetzt, einem Thema, das Sigfried Giedion in seinem Beitrag von 1944, *The Need for a New Monumentality*, höchst eindrucksvoll behandelt hatte. Kahn selbst argumentierte aus dem gleichen Anlaß:
»Monumentalität ist etwas Rätselvolles. Sie kann nicht bewußt geschaffen werden. Bei einem Bauwerk mit monumentalem Charakter ist weder das beste Material noch die fortschrittlichste Baumethode vonnöten, aus dem gleichen Grund, aus dem bei der Niederschrift der Magna Charta nicht die feinste Tinte benötigt wurde.«

237, 238 Johnson, Glashaus, New Canaan, Connecticut, 1949.

Das Thema wurde 1950 erneut in der ersten Ausgabe von *Perspecta – The Yale Architectural Journal*, begründet von George Howe, aufgenommen. Henry Hope Reed schrieb hier, der New Deal habe der Kultur des Überflusses einen schweren Schlag versetzt und die aus der Depression resultierenden Maßnahmen hätten jede Entfaltung von Monumentalität verhindert:

»Natürlich war der New Deal der größte Auftraggeber der Künste in jenem Jahrzehnt, doch niemals auf der Basis von Pomp und Zeremoniell oder aus Gründen nationalen Prestiges und demokratischer Grandeur. Statt dessen reichte die Regierung dem verhungernden Künstler eine wohltätige, philantropische Hand. Es war nicht die Geste eines selbstherrlichen und ›verschwenderischen‹ Mäzens. So überrascht es kaum, daß die Architekten und Stadtplaner reif für die Botschaft von jenseits des Ozeans waren, die Botschaft eines neuen Stils, der ›Verschwendung‹ ablehnte, nur das Funktionale duldete und das Haus zu einer Wohnmaschine erklärte, ein angemessenes Wort für ein technokratisches Zeitalter.«

Obwohl Reed schloß, die Werkzeuge für die Schaffung von Monumenten seien verlorengegangen, fand er sich bald widerlegt, denn Amerika wurde wenig später von einer Flut monumentaler Bauten überschwemmt. Die ersten Hinweise in Zuckers Symposium von 1944 bestätigten sich einige Jahre danach, als Philip Johnson 1949 sein kleines, aber monumentales Glashaus in New Canaan, Connecticut, errichtete. Das Haus war zwar von Mies van der Rohes Skizzen des Hauses Farnsworth (1945) inspiriert, ging aber nicht, wie bei Mies, von einem Interesse am Ausdruck der konstruktiven Logik aus. Daß es bereits Johnsons spätere Anwendung der Miesschen Formensprache zu dekorativen Zwecken vorwegnahm, läßt sich Johnsons Beschreibung aus dem Jahre 1950 entnehmen:

»Viele Details des Hauses sind von Mies übernommen, vor allem die Ausbildung der Ecken und die Verbindung der Stützen mit den Fensterrahmen. Die Verwendung standardisierter Stahlprofile, die der Fassade einen kraftvollen und zugleich dekorativen Akzent verleihen, ist typisch für Mies' Arbeiten in Chicago. Wenn es in unserer Architektur je ›Dekoration‹ geben soll, kann sie sich vielleicht von der Behandlung solcher vorgegebener Konstruktionsteile herleiten. (Wird dann nicht bald der Manierismus kommen?)«

Johnsons Neigung, Konstruktion durch Oberflächenbehandlung zu verschleiern, charakterisierte seine Arbeit während der nächsten zehn Jahre. Das erste monumentale Beispiel war seine Port Chester Synagogue in New York von 1954. Höhepunkte erreichte diese Entwicklung mit seinem New York State Theater im Lincoln Center, New York, und seinem Kline Laboratory Tower, den er für die Yale University in New Haven baute (beide 1963 vollendet).

239 Kahn, Kunstgalerie der Yale University, New Haven, Connecticut, 1950–1954.

Während die Graduate School of Design in Harvard (ab 1963 unter der Leitung von Walter Gropius) dem antihistoristischen, sachlichen, funktionalistischen Konzept des New Deal zur Entfaltung verhalf, spielte die School of Architecture in Yale, seit 1950 unter der Leitung George Howes, eine entscheidende Rolle für die Entwicklung von Monumentalität in der amerikanischen Nachkriegszeit. Howes eigene berufliche Laufbahn war ebenso vielseitig gewesen wie die von Gropius, von seinen erzkonservativen Landhäusern in Philadelphia bis zum avantgardistischen Funktionalismus seiner kurzen Partnerschaft mit William Lescaze im Jahre 1929. Howe förderte die Sache des Monumentalen nicht nur durch seine Tätigkeit als Herausgeber von *Perspecta*, sondern auch durch seinen Einfluß auf die Auswahl der Architekten für das Erweiterungsprogramm von Yale, das in den frühen fünfziger Jahren in Angriff genommen wurde. Als Reeds Artikel in *Perspecta* 1950 erschien, hatte Louis Kahn bereits den Auftrag für die Yale Art Gallery erhalten.

Mit der Kunstgalerie (fertiggestellt 1954) etablierte Kahn den amerikanischen Monumentalismus der Nachkriegszeit als eigenständige kulturelle Kraft. Sein Gebäude ließ sich kaum mit der vulgären Rhetorik vergleichen, die in der offiziellen amerikanischen Architektur der fünfziger Jahre so häufig anzutreffen war. Ein typisch »imperialistisches« Monument dieser Zeit war Edward Durell Stones US-Botschaft, 1957 in Neu-Delhi erbaut, deren dekorative, um nicht zu sagen gekünstelte Monumentalität in ihren autoritären Anklängen nur noch von Eero Saarinens weitaus überzeugenderer US-Botschaft in London (vollendet 1960) übertroffen wurde.

Die Yale Art Gallery verarbeitete wie Johnsons Glashaus subtil die Ästhetik des späteren Mies van der Rohe. Doch während Mies immer besonderen Wert auf den direkten Ausdruck des Konstruktionsgerüstes gelegt hatte, ließen Kahn und Johnson

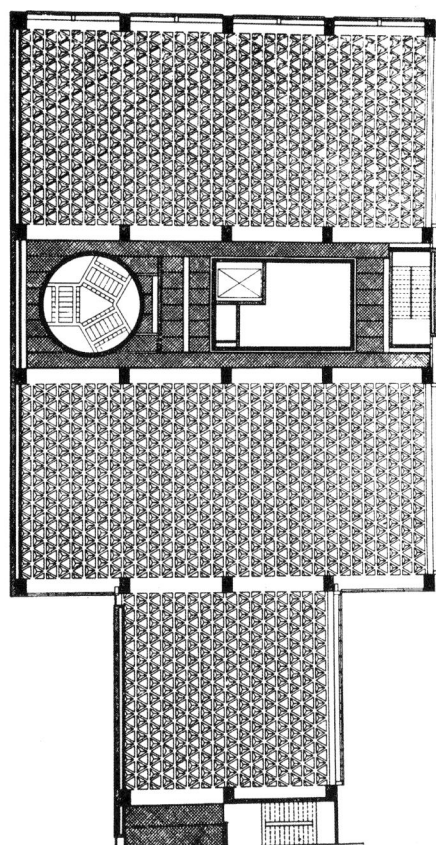

240 Kahn, Kunstgalerie der Yale University, New Haven, Connecticut, 1950–1954. Grundriß des Erdgeschosses mit projiziertem Deckenraster.

das Gerüst zumindest nach außen hin nicht sichtbar werden. Sie monumentalisierten nachdrücklich, was man als »sekundäre« Elemente bezeichnen könnte, wie Wände, Böden und Decken. Außerdem betonte Mies stets die Axialität seiner Kompositionen, während Kahn und Johnson die symmetrische Ordnung ihrer Bauten verbargen, indem sie das Gerüst nicht offenlegten. Kahn benutzte für seine Zwecke die greifbare Solidität des Ziegels, Johnson bevorzugte die Reflexionen des Glases, das,

241 Kahn und Tyng, Projekt für die Stadthalle von Philadelphia, 1952–1957. Modell.

bündig in die Fläche gesetzt, wie eine durchgehende Membrane wirkte. Es schien der gleichen metallischen Substanz und formalen Ordnung anzugehören wie das tragende Metallskelett. Doch diese beiden grundlegenden Werke hatten mehr gemeinsam als ihr »hermetisches« Verhältnis zur Oberfläche. In beiden Fällen wurde das orthogonale Hauptvolumen durch eine zylindrische Form belebt, die wichtige Serviceeinrichtungen aufnahm: die Haupttreppe in der Galerie sowie Kamin und Sanitärräume im Glashaus. Das Schema des Glashauses – nämlich ein Kreis in einem Rechteck – bestimmte also auch den Grundriß von Kahns Galerie. Doch es war Kahn und nicht Johnson, der den Begriff des Zylinders als des »dienenden« und des Rechtecks als des »bedienten« Elements zur Dialektik einer allgemeinen Architekturtheorie entwickelte.

Diese frühen Werke Johnsons und Kahns schufen eine Art post-Miesschen Raumes: eine asymmetrische Architektur des »beinahe nichts«, die nicht mehr von der Offenlegung des Konstruktionsgerüsts abhing,

sondern von der Behandlung der Oberfläche als dem wichtigsten Agens für die Darstellung von Licht, Raum und tragenden Elementen. So war der Raum in Kahns Kunstgalerie ebensosehr durch das tetraederförmige Betontragwerk bestimmt, das seine Decken bildete, wie durch den regelmäßigen Raster rechtwinkliger Stützen, die das innere Volumen in vier Bereiche teilten. Wie Reyner Banham bemerkte: »Die exakte, gleichmäßige Unterteilung des Grundrisses trägt wenig zu seiner funktionellen Organisation oder zur visuellen Erfahrung des Besuchers bei. Mit anderen Worten, aus dem Rhythmus des konstruktiven Rasters ist keine eindrucksvolle architektonische Promenade entstanden, oder zumindest keine, die in irgendeiner Weise über die sporadische, stets wechselnde Anordnung der Trennwände in der Galerie hinausginge.«

Von den frühen fünfziger Jahren an setzten sich zunächst Johnson und dann Kahn immer intensiver mit formalen Systemen der Vergangenheit auseinander. Johnsons »Historismus« – wie er sich in den neoklassizistischen Zügen des Glashauses äußerte – war direkt auf sein Verständnis des späten Mies und, wiederum Mies folgend, auf Schinkels romantischen Klassizismus zurückzuführen. Kahns Beziehung zur Vergangenheit ist schwieriger zu definieren. Er hatte in Philadelphia unter Paul Cret eine Beaux-Arts-Ausbildung erhalten. In den späten dreißiger und vierziger Jahren stand er dem Radikalismus von Architekten wie Buckminster Fuller und Frederick Kiesler nahe, doch nach dem New Deal kehrte Kahn zu einer fernen geschichtlichen Tradition zurück, da ihn die Entstehung hierarchischer Ordnungen aus schweren Konstruktionsformen interessierte. Gewiß ist, daß sich Kahns gesamte Einstellung mit dem Projekt für das Jüdische Gemeinschaftszentrum in Trenton von 1954 änderte, das zwei Jahre nach seiner Rückkehr von einem Urlaubsjahr an der American Academy in Rom entstand.

Um die Mitte der fünfziger Jahre wurden Kahns Bezugspunkte vielfältiger. Während Johnson sich von Schinkel zu Soane gewandt hatte und zugleich die völlig unabhängigen barocken Eskapaden im Auge behielt, die Oscar Niemeyer zu jener Zeit in Brasilia veranstaltete, begann Kahn sich mit dem Konzept einer allumfassenden Architektur zu beschäftigen, die historisch eher auf den Islam als auf die westliche Welt zurückging.

An diesem Punkt in Kahns Laufbahn wird man mit einer Paradoxie in Werk und Einfluß Buckminster Fullers konfrontiert. Denn obwohl er selbst und seine Anhänger seine Arbeiten als die einzigen wirklich funktionalistischen Lösungen dieser Zeit darstellten, ist inzwischen deutlich geworden, daß seine geodätischen Konstruktionssysteme in ihrer universalen Geometrie von einer Haltung sowohl der Form als auch dem Leben gegenüber zeugen, die von Grund auf mystisch ist. In Kahns folgenden Werken zeigte sich, daß diese Seite von Fullers Denken einen starken Einfluß auf seine Entwicklung ausübte, vor allem während seiner Zusammenarbeit mit Ann Tyng, der ein begeisterter Anhänger Fullers war. Die verschiedenen Versionen von Kahns vielgeschossiger, in Dreieckselementen aufgebauter Stadthalle für Philadelphia, die er zusammen mit Tyng zwischen 1952 und 1957 entworfen hatte, bezeichnen die Periode, in der er am stärksten von Fuller inspiriert war. Das Grundkonzept eines geodätischen Wolkenkratzers, der durch dreieckige Betonböden stabilisiert werden sollte – »ein vertikaler Fachwerkträger gegen den Wind«–, ermöglichte es Kahn, zu einem architektonischen Konzept zurückzukehren, das Viollet-le-Ducs Beifall gefunden hätte. Diese Wendung läßt sich aus einer der eindeutigsten Erklärungen ersehen, die er je abgegeben hat: »Zur Zeit der Gotik bauten die Architekten mit massiven Steinen. Heute können wir mit Hohlsteinen bauen. Die Räume, die durch die Elemente einer Konstruktion definiert werden, sind ebenso wichtig wie die Elemente selbst. Diese Räume variieren im Maßstab von den Hohlräumen einer Isolierplatte und den Hohlräumen für Belüftung, Beleuchtung und Wärmezirkulation bis zu Räumen, die so groß sind, daß man hindurchgehen und darin wohnen kann. Das Bedürfnis, Hohlräume im Entwurf positiv auszudrücken, wird in dem wachsenden Interesse an der Entwicklung von Raumtragwerken offenbar. Die Formen, mit denen experimentiert wird, ergeben sich aus einer genaueren Kenntnis der Natur und aus der ständigen Suche nach Ordnung. Entwurfskonzepte, die zur Verhüllung der Konstruktion führen, haben in dieser Ordnung keinen Platz. Solche Konzepte verzögern die Entwicklung einer Kunst. Ich glaube, daß der Künstler in der Architektur wie in allen Künsten instinktiv die Spuren bewahrt, die verdeutlichen, wie eine Sache gemacht wurde. Das Gefühl, daß unsere heutige Architektur Verschönerungen braucht, geht teilweise auf unsere Neigung zurück, Verbindungen zu verstecken und zu verbergen, wie die Teile zusammengesetzt sind. Es sollten Konstruktionen entworfen werden, die den technischen Bedürfnissen der Räume und Bereiche entsprechen ... Wenn wir uns darin übten, so zu zeichnen, wie wir bauen, von Grund auf, und unseren Stift anhielten, um die Verbindungen der gegossenen oder montierten Teile zu markieren, dann würde das Ornament aus unserer Liebe zum Ausdruck der Methode erwachsen. Es würde unerträglich werden, leichtes und akustisches Material zu verkleistern und unerwünschte Röhren und Leitungen zu verstecken. Der Wunsch auszudrücken, wie etwas gemacht worden ist, würde die gesamte bauende Gemeinschaft durchdringen, den Architekten, Ingenieur, Bauunternehmer und Zeichner.«

In dieser bemerkenswerten Aussage sind die Themen von Kahns späterem Werk festgelegt, von der Übertragung der Begriffe Massivität und Hohlraum in den Entwurf

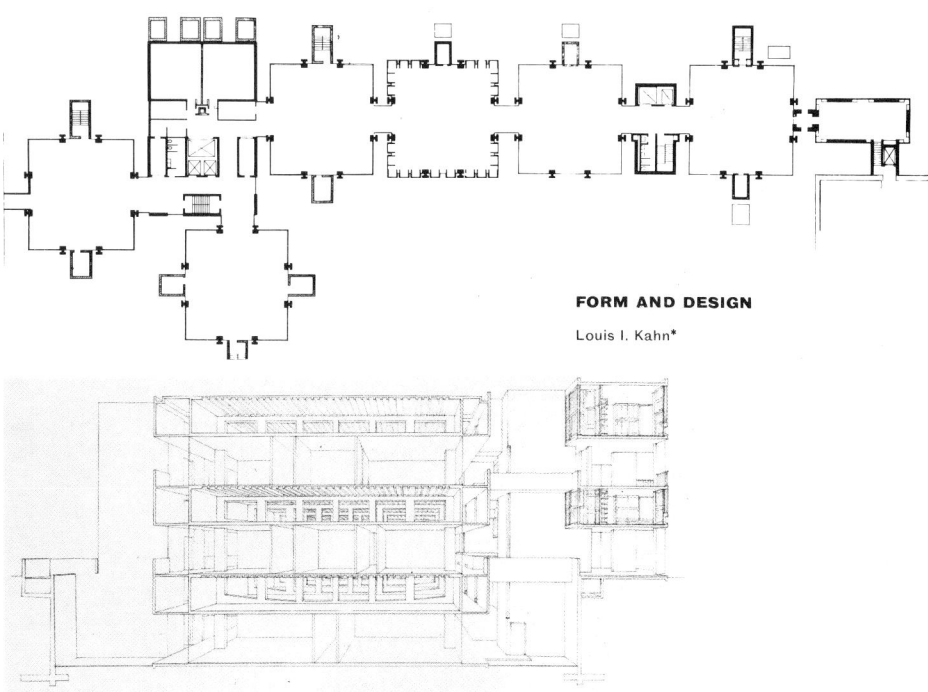

FORM AND DESIGN

Louis I. Kahn*

242 Kahn, A. N. Richards Laboratories für die Universität Pennsylvania, Philadelphia, 1957–1961. Grundriß des dritten Obergeschosses.

243 Kahn, Salk Institute of Biological Studies, La Jolla, Calif., 1959–1965. Schnitt durch den Laboratoriumsflügel.

(vgl. Kahns Hinweis auf Hohlblocksteine) bis zur Integration technischer Systeme in das Bauwerk und der wichtigen Folgerung, das universale Ordnungsprinzip (nämlich das, »was das Gebäude sein will«) könne sich nur in der Offenlegung des Konstruktionsprinzips manifestieren.

Mit der Entwicklung aller dieser Prinzipien von der Yale Art Gallery bis zu den Richards Laboratories für die Universität Pennsylvania (1957–1961) begann die erste Phase von Kahns später Reifezeit. Für beide Bauten verwendete Kahn Methoden und Ausdrucksformen, bei denen die empirischen Details des Programms wenig oder keine Auswirkungen auf die Gesamtform

haben. Die Funktion mußte sich – wie in der Vergangenheit – der Form anpassen, aber nur insofern, als die Form selbst von vornherein aus einem tiefen Verständnis der Bauaufgabe heraus entwickelt worden war. Bei den Richards Laboratories lag die Problematik von Kahns Verfahren in eben dieser Frage, ob die Gesamtform typologisch gerechtfertigt sei oder nicht. Die späteren Schwierigkeiten bei der Benutzung des Gebäudes legen den Schluß nahe, daß sie es nicht war. Wir finden uns hier mit dem typisch amerikanischen Impuls konfrontiert, den Arbeitsplatz zu idealisieren – den Produktionsbereich zu monumentalisieren, eine Absicht, die in den Richards

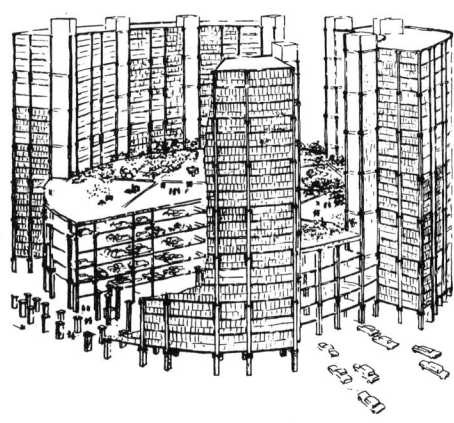

244 Kahn, »Dock«-Komplex, Projekt für *Philadelphia, 1956. Ein mehrgeschossiges Parkhaus ist von Appartement- und Bürogebäuden umgeben.*

Laboratories ebenso deutlich wird wie in Johnsons Kline Tower. Es überrascht kaum, daß in dieser Hinsicht Frank Lloyd Wright ein Vorbild war, zunächst mit seinem Larkin Building in Buffalo von 1904 und dann mit seinem Komplex für Johnson Wax, 1936–1939 in Racine, Wisconsin, erbaut. Paradoxerweis debattierten Kahn wie Johnson in *Perspecta 2* (1953) über Wrights späteren Erweiterungsbau für den Komplex in Racine, nämlich den Laboratoriumsturm von 1946. Mit deutlicher Gleichgültigkeit gegenüber dem Status des Turmes und seinem vom Programm her bestimmten Verhältnis zur Gesellschaft bemerkte Kahn: »Er hat mit dem komplexen Problem zu tun, die Architektur im psychologischen Sinne wirken zu lassen. Er wirkt, weil er von daher begründet ist. Er erfüllt die Wünsche und Bedürfnisse. Und so sollte der Turm wirken, als psychologische Befriedigung.
In einer stärker ästhetisch bestimmten Argumentation und mit größerem Überschwang brachte Johnson seine eigene Gleichgültigkeit gegenüber der Funktion zum Ausdruck:

»Für einen Mann, der ein großartiges Bauwerk errichten möchte, ist es ein riesiges Problem, wenn er nur ein Laboratorium bauen darf. Wright bringt es in einem Turm unter. Es funktioniert nicht; es muß nicht funktionieren. Wright hatte diese Form schon lange entwickelt, bevor er wußte, was hineinkommen sollte. Ich behaupte, daß hier die Architektur anfängt, beim Konzept.«
Es ist bezeichnend für Kahns Leistung und für den Einfluß, den er noch heute ausübt, daß für ihn die Architektur immer beim »Konzept« begann, selbst wenn er flexibel genug war zuzulassen, daß sich die ursprüngliche »Form« (Kahns Wort für »Typus«) durch die Anforderungen des Programms verwandelte. Für ihn blieb das Bauen ein geistiger Prozeß, und nicht zufällig entstanden seine besten Bauten für religiöse oder öffentliche Institutionen. Bei vielen der folgenden Aufträge wies er dem Programm eine starke geistige Bedeutung zu, ganz besonders bei dem Forschungszentrum, das er zwischen 1959 und 1965 für Dr. Jonas Salk in La Jolla, Kalifornien, entwarf. Hier hat die Unterteilung des Komplexes in Arbeits-, Versammlungs- und Wohnbereiche Kahn offenbar von dem Zwang befreit, den Laboratoriumsbereich auf eine ideale Form zu reduzieren. Bei dem endgültigen Entwurf der Salk Laboratories waren die Serviceeinrichtungen schließlich ebenso »unterdrückt« oder verborgen wie in irgendeinem Bürogebäude Mies van der Rohes. Das Servicegeschoß in voller Höhe unter jedem Laboratorium – eine Maßnahme, von der heute voller Gebrauch gemacht wird – ergab sehr viel flexiblere Bereiche, als er sie in Philadelphia erzielte. Der nicht verwirklichte Gemeinschaftskomplex des Forschungszentrums bot Kahn die Möglichkeit, zur Vermeidung von Sonnenblendung ein »Gebäude in ein Gebäude« zu setzen, ein Prinzip, über das er zum erstenmal 1959 bei seinen Skizzen für das Amerikanische Konsulat in Luanda nachgedacht hatte. Diese Idee wurde zwar

auch in La Jolla nicht ausgeführt, entwickelte sich aber zum Hauptthema seines großartigen National Assembly Building in Dacca, Ostpakistan (heute Bangladesch), erbaut 1965–1974.
Daß Kahn einen schlichten, wenn auch sozial engagierten Funktionalismus zugunsten einer Architektur verwarf, die über reine Nützlichkeit hinausging, führte ihn dazu, für den Städtebau gleiches zu fordern. Auch hier spiegelt sich wieder seine eigene Entwicklung wider, von der Projizierung der Ville Radieuse auf die Stadtmitte Philadelphias – in seinen sogenannten Rational City Studies von 1939–1948 – bis zu seinem späteren Postulat, eine deutliche Trennungslinie zwischen der Architektur des »Viadukts« und dem Bauen im menschlichen Maßstab zu ziehen. Seine Vorstellungen drückten sich wohl nie dramatischer aus als in seinem Plan für das Stadtzentrum Philadelphias von 1956, wo er versuchte, das Rom Piranesis von 1762 in den Dienst der modernen Stadt zu pressen. Doch bei aller rationalen Poesie dieses Vorschlags und bei aller Ingeniosität seiner behutsam neu angeordneten Verkehrsmuster (wie zum Beispiel seiner Unterscheidung zwischen den Schnellstraßen als »Flüssen« und den mit Verkehrsampeln kontrollierten Straßen als »Kanälen«) blieben Kahns städtebauliche Entwürfe paradoxerweise dort vage, wo es um die exakten Beziehungen zwischen Fußgänger- und Autoverkehr ging. Kahn war sich durchaus des Konflikts zwischen Automobil und Stadt und der fatalen Verbindung zwischen Konsumgesellschaft, vorstädtischen Einkaufszentren und verfallenden Stadtkernen im klaren. Aber ebensowenig wie allen anderen Architekten gelang es ihm, eine befriedigende Wechselbeziehung zwischen dem menschlichen Maßstab und dem Maßstab des Autos herzustellen. Die Grenzen von Kahns tiefgehendem Historismus zeigten sich besonders deutlich in der Art, wie er seinen Plan für das Zentrum Philadelphias an Carcassonne anglich.

Teil III
Kritische Betrachtung und Fortsetzung
bis zur Gegenwart 1925–1984

245 Foster Associates, Willis Faber & Dumas Building, Ipswich, 1974

1. Kapitel
Der Internationale Stil: Thema und Variationen 1925–1965

*»Die Wirkung der Masse, der statischen So-
lidität, bisher die wichtigste Eigenschaft der
Architektur, ist nahezu völlig verschwun-
den. An ihre Stelle ist die Wirkung des Volumens getreten oder, genauer gesagt, der ebenen Flächen, die ein Volumen begrenzen.
Hauptsymbol der Architektur ist nicht mehr
der massive Backstein, sondern die offene
Schachtel. Tatsächlich besteht die große
Mehrzahl der Bauten in der Realität wie
auch von der Wirkung her lediglich aus
Flächen, die ein Volumen umschließen.
Wenn die Skelettkonstruktion nur von einer
schützenden Hülle umgeben ist, kann der
Architekt kaum umhin, diese Wirkung von
Fläche, von Volumen zu erzielen, es sei
denn, daß er aus Respekt vor der Tradition
in der Massenbehandlung alles Erdenkliche
unternähme, um zum gegenteiligen Effekt
zu gelangen.«*

*Henry-Russell Hitchcock und
Philip Johnson
The International Style, 1932
(Ausstellungskatalog, Museum of Modern
Art, New York)*

In mancher Hinsicht war der »Internationale Stil« wenig mehr als eine bequeme
Bezeichnung für eine kubistische Ausdrucksform der Architektur, die sich bis
zum Zweiten Weltkrieg in der gesamten
westlichen Welt verbreitet hatte. Sie war
keineswegs so homogen, wie sie wirkte,
denn die strengen, flächigen Formen wurden jeweils den klimatischen und kulturellen Voraussetzungen entsprechend abgewandelt. Im Gegensatz zum Klassizismus,

der in der westlichen Welt im späten
18. Jahrhundert herrschte, wurde der Internationale Stil nie wirklich universal.
Dennoch setzte er eine gewisse Universalität der Methoden voraus: Leichtbauweise,
moderne synthetische Materialien und
standardisierte Elemente, die Herstellung
und Montage erleichterten. Meist tendierte
der Internationale Stil zur Flexibilität des
freien Grundrisses und zog deshalb die
Stahlskelettkonstruktion dem Mauer-
werksbau vor. Diese Tendenz führte zum
Formalismus, wenn bestimmte klimatische, kulturelle oder ökonomische Gegebenheiten nicht mit der Anwendung der
modernen Leichtbautechnologie zu vereinbaren waren. Le Corbusiers ideale Villen
aus den späten zwanziger Jahren nahmen
solche formalistischen Züge vorweg, indem
sie sich als weiße, homogene, von Maschinen hergestellte Formen maskierten, während sie in Wirklichkeit aus verputzten Betonsteinen in einem Gerüst aus Stahlbeton
bestanden.

Das Health House von Dr. Philip Lovell,
1927 nach dem Entwurf des österreichischen Emigranten Richard Neutra in Los
Angeles errichtet, kann als Höhepunkt des
Internationalen Stils gelten. Sein architektonischer Ausdruck leitet sich direkt von
dem Stahlskelett her, das mit einer leichten
synthetischen Haut verkleidet ist. Es liegt
an einem Steilhang über einer romantischen, halb verwilderten Parklandschaft
und erinnert in der asymmetrischen Komposition der dramatisch abgehängten Bo-
denplatten an die Betonstein-Architektur,

*246 Neutra, Lovell Health House, Griffith
Park, Los Angeles, 1927.*

die Wright in den zwanziger Jahren an der
Westküste errichtete. Diese formale Ähnlichkeit deutet bereits auf die Vielzahl der
Quellen hin, von denen sich die Homogenität des Internationalen Stils herleitete.
Der offene Grundriß des Hauses reflektierte mehr oder weniger zufällig Lovells ex-
pansive Persönlichkeit und seinen von Körperkultur bestimmten Lebensstil. Wie David Gebhard in seiner Studie über Neutras
Landsmann und früheren Partner Rudolph
Schindler (der ein Jahr zuvor ein Haus für
Lovell in Newport Beach errichtet hatte)
schrieb, konnte Lovell geradezu als Perso-
nifizierung der sportiven und progressiven
Attribute des Internationalen Stils gelten:

»Dr. Lovell war ein typisches Produkt Südkaliforniens. Es ist zweifelhaft, ob er seine Karriere anderswo hätte machen können. Durch seine Kolumne in der *Los Angeles Times*, ›Care of the Body‹, und durch ›Dr. Lovell's Physical Culture Center‹ übte er einen Einfluß aus, der weit über die physische Körperpflege hinausging. Er war progressiv und wünschte auch so eingeschätzt zu werden, sei es in der Körperkultur, der nicht-autoritären Erziehung oder der Architektur.«

Die Ideologie Lovells, die im Health House einen direkten Ausdruck fand, übte einen entscheidenden Einfluß auf Neutras weitere Laufbahn aus. Von nun an waren seine Arbeiten dort am überzeugendsten, wo das Bauprogramm einen unmittelbaren Beitrag zum psychologisch-physiologischen Wohlbefinden seiner Bewohner leistete. Zentrales Thema in Neutras Bauten und Schriften war die heilsame Wirkung einer wohlgeplanten Umgebung auf das menschliche Nervensystem. Sein sogenannter »Bio-Realismus« beruhte zwar weitgehend auf unbewiesenen Argumenten, die architektonische Formen mit der menschlichen Gesundheit in Verbindung brachten, doch fällt es schwer, seine ungewöhnliche Sensibilität und seine ultra-funktionalistische Einstellung in Frage zu stellen. Nichts konnte weiter von der ausschließlich formalen Motivation entfernt sein, die Hitchcock und Johnson dem Internationalen Stil zuschrieben, als die umfassenden biologischen Interessen, die Neutra in seinem Buch *Wenn wir weiterleben wollen ...* (1956) vertrat:

»Wenn wir den Grund und Untergrund der menschlichen Natur mit all ihren Möglichkeiten besser erkennen, werden wir den Kopf weit über das Durcheinander der täglichen ›Produktion‹ erheben und uns Überblicke über eine Erde verschaffen, deren grünendes Leben wir erhalten müssen, wenn wir gesund weiterleben wollen, und die nicht nur gesteckt voll ist vom Getriebe einer viel zu kommerziell ausgeschlachteten Technologie. Verläßliche Beobachtung, nicht abstrakte Spekulation wird der rechte Führer sein müssen, und mit Sichtreibenlassen ist es nicht länger getan.«

So war das Hauptproblem für Schindler wie für Neutra – die beide ihre amerikanischen Lehrjahre bei Wright absolviert hatten – nicht die abstrakte Form als solche, sondern die Modulation von Sonne und Licht und die sensible Anordnung der Pflanzenwände zwischen dem Bauwerk und seiner Umgebung. Dieser Hedonismus drückte sich besonders deutlich bei den Sachs Apartments aus, die 1929 nach Schindlers Entwürfen in Los Angeles errichtet wurden, oder in Neutras zweitem Meisterwerk, seinem Haus Kaufmann in Palm Springs, California (1946/47).

Für Alfred Roth, der während der dreißiger Jahre in Zürich praktizierte, war das wichtigste Charakteristikum des Internationalen Stils eine sensible und streng doktrinäre Einstellung gegenüber der gebauten Form. In seiner bemerkenswerten Anthologie *Die neue Architektur* von 1940 versuchte er zu zeigen, daß die Neue Sachlichkeit dort am meisten überzeugte, wo weder fortschrittliche Baumethoden noch der freie Grundriß zum Selbstzweck wurden. Roth wertete offenbar ein gut formuliertes Programm und das Interesse an der Wirkung der Details auf die Umgebung höher als spektakuläre räumliche oder technische Lösungen. So gab er traditionellen Techniken wie tragendem Mauerwerk ebensoviel Raum wie modernen Systemen der Rahmenkonstruktion in Holz und Stahl. Zu letzteren zählte Neutras schlichte, aber mit hervorragenden Details ausgestattete Freiluftschule in Los Angeles von 1934, zu ersteren die zweigeschossige Reihenhausbebauung aus luftgetrockneten Ziegeln in New Mexico von Vernon de Mars (1939) oder die Siedlung Neubühl in Zürich, 1932 nach den Entwürfen von Roths Landsleuten Max Haefeli, Carl Hubacher, Rudolf Steiger, Werner Moser, Paul Artaria und Hans Schmidt errichtet. Die Siedlung Neu-

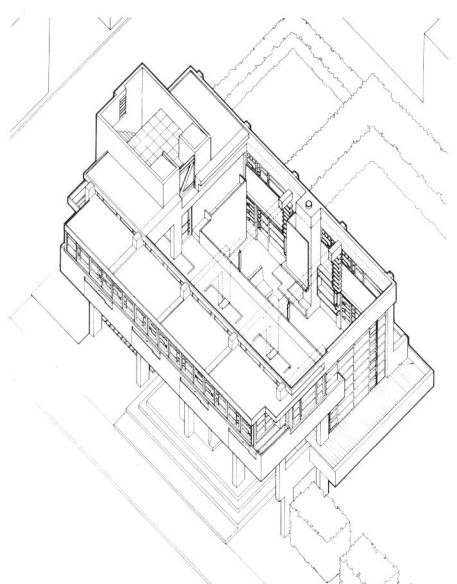

247 Schindler, Lovell Beach House, Newport Beach, California, 1925–1926.

248 Rudolf Schindler (rechts) mit Richard und Dione Neutra und ihrem Sohn in Schindlers Haus in der King's Road (1921–1922), Los Angeles, 1928.

bühl entsprach den unrhetorischen (anti-monumentalen) sozialen und technischen Kriterien der Gruppe ABC, von deren Mitgliedern sie weitgehend erbaut worden war. Außerdem humanisierte sie das rigorose Zeilenbaukonzept der Neuen Sachlichkeit, nicht nur durch die abgetreppte Anordnung der Reihenhauseinheiten auf dem abfallenden Gelände, sondern auch durch die behutsame Landschaftsgestaltung.

Mit diesen und anderen ähnlich zurückhaltenden, aber eleganten Bauten wie dem Schwimmbad Bad Allenmoos in Zürich von Werner Moser (1935) oder Roths eigenen Mehrfamilienhäusern im Doldertal, die er 1936 zusammen mit Marcel Breuer und seinem Vetter Emil Roth für Sigfried Giedion in Zürich baute, legte *Die Neue Architektur* Zeugnis von der Reife der Schweizer Moderne ab. Doch obwohl Roths Anthologie entschieden für die Mitglieder der CIAM eintrat, war sie ebenso kosmopolitisch wie Johnsons und Hitchcocks Veröffentlichung *The International Style*. Das Buch brachte Beispiele aus der Tschechoslowakei, England, Finnland, Frankreich, Holland, Italien und Schweden und erkannte damit an, daß sich die »Neue Architektur« (Roths eigene Bezeichnung) in den späten dreißiger Jahren in all diesen Ländern etabliert hatte. Frankreich war durch zwei Werke vertreten: die an Perret erinnernde Freiluftschule von Beaudouin und Lods in Suresnes bei Paris und Le Corbusiers protobrutalistisches Haus mit Holzdach und Bruchsteinmauern in Mathes von 1935. Für Holland stand die Gruppe Opbouw (der holländische CIAM-Flügel), vor allem die Arbeiten von Brinkman und van der Vlugt sowie van Tijen und Maaskant. England war durch das Meisterwerk des Ingenieurs Owen Williams repräsentiert, die berühmte Pharmazeutische Fabrik Boots, die 1932 in Beeston entstand. Williams war in der Anthologie ein Außenseiter, weil er weder Architekt war noch den CIAM angehörte. Dennoch

war seine Fabrik aus Glas und Stahlbeton ebenso brillant wie die Fabrik Van Nelle von Brinkman und van der Vlugt, die 1929 bei Rotterdam errichtet wurde. Williams' kühne Verwendung riesiger Pilzstützen, die Joche mit bis zu 9,75×11 m Grundfläche trugen, und die ingeniösen, an den Kanten in Winkeln von 45° abgeschrägten *Rücksprünge des Curtain Wall verliehen* diesem viergeschossigen Industriegebäude eine bemerkenswert präzise und dynamische skulpturale Form.

Die Tschechoslowakei ist ein Land, das in keinem Bericht über den Internationalen Stil angemessen dargestellt worden ist. Die Geschichte der tschechoslowakischen funktionalistischen Bewegung muß noch geschrieben werden. In Roths Buch war freilich das Versicherungsgebäude von J. Havliček und K. Honzik in Prag (1934) vertreten, und *The International Style* zeigte Otto Eislers »Doppelhaus« von 1926 und Bohuslav Fuchs' »formalistischen« Ausstellungspavillon von 1929, beide in Brünn. Vor allem bildeten beide Ludvik Kyselas achtgeschossiges Schuhgeschäft Bata in Prag von 1929 ab, das ganz mit Spiegelglas verkleidet war. Hitchcock und Johnson versäumten es jedoch, auf so brillante Persönlichkeiten wie Jaromir Krejcar hinzuweisen, dessen spektakulärstes Werk, der Tschechoslowakische Pavillon für die Pari-

ser Weltausstellung von 1937, zu dieser Zeit allerdings noch nicht entstanden war. Am schwersten wiegt wohl, daß sie nicht die entscheidende Rolle des Kritikers Karel Teige berücksichtigten, dessen Gruppe Devenstil die treibende Kraft hinter der linken funktionalistischen Bewegung der Tschechoslowakei war.

Wie in den Vereinigten Staaten, wo der Internationale Stil zuerst von den Wiener und Schweizer Emigranten praktiziert wurde, hatte er auch in England seinen Ursprung im Werk von Ausländern. An erster Stelle stand Peter Behrens' Haus für W. J. Bassett-Lowke, New Ways, das 1926 in

249 Neutra, Haus Kaufmann, Palm Springs, California, 1946–1947.

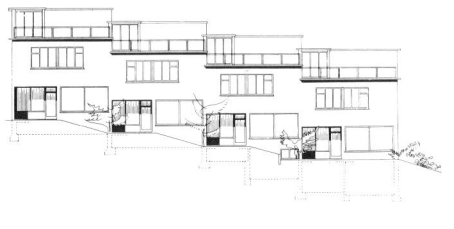

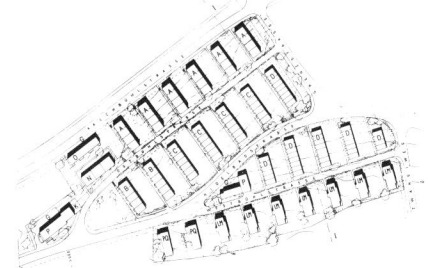

250 Haefeli, Hubacher, Steiger, Moser, Artaria und Schmidt, Siedlung Neubühl, Zürich, 1932. Aufriß einer gestaffelten Häuserzeile und Lageplan (Gefälle von oben nach unten).

251 Williams, Pharmazeutische Fabrik Boots, Beeston, Nottinghamshire, 1932.

252 Kysela, Schuhgeschäft Bata, Prag 1929.

Northampton gebaut wurde. Dann folgte Amyas Connells Haus High and Over, 1930 in Amersham für den Archäologen Bernard Ashmole errichtet. Connell war in den späten zwanziger Jahren von Neuseeland nach England gekommen und hatte bald darauf die Londoner Firma Connell, Ward und Lucas gegründet. Der bei weitem einflußreichste Emigrant, der sich in dieser Zeit in England niederließ, war der russische Architekt Berthold Lubetkin, dessen Wirkung auf die Entwicklung der modernen Architektur in England nie angemessen gewürdigt worden ist. Lubetkin, der eine bescheidene, aber erfolgreiche Laufbahn in Paris hinter sich hatte, gründete 1932 in London die Firma Tecton. Er führte das Unternehmen mit einer logischen Organisationsfähigkeit, wie sie in der englischen Architektur selten anzutreffen ist. Sein Wohnblock Highpoint 1 in Highgate, London, von 1935 ist auch nach heutigen Kriterien noch ein Meisterwerk, dessen inneres Layout und dessen Anordnung auf einem schwierigen Grundstück von Form und Funktion her vorbildlich sind. Trotz ihrer konsequenten späteren Arbeiten für die Zoos von London und Whipsnade erreichten Lubetkin und sein Tecton-Team – Chitty, Drake, Dugdale, Harding und Lasdun – dieses Niveau nie wieder. Ihr Wohnblock Highpoint 2, 1938 errichtet, hatte bereits deutliche manieristische Züge. Es läßt sich darüber spekulieren, inwieweit Lubetkin als Architekt mit anarchistisch-sozialistischen Überzeugungen sich vom Sozialistischen Realismus der Sowjetunion hatte inspirieren lassen, denn seine Essays über die sowjetische Architektur aus den fünfziger Jahren enthüllen eine gewisse Sympathie für diese Richtung. Der Wechsel der Ausdrucksformen von Highpoint 1 zu Highpoint 2 wurde seinerzeit wahrgenommen, und die daraus resultierende Diskussion lieferte die Grundlagen für die ideologischen Auseinandersetzungen der fünfziger Jahre. Das zentrale Problem, nämlich die Dominanz des Formalen

in der Architektur und die überragende Bedeutung der gebauten Form, deutete Anthony Cox 1938 an, als er über Highpoint 2 schrieb:

»Highpoint 1 steht auf Zehenspitzen und breitet seine Flügel aus. Highpoint 2 sitzt auf seinen Schenkeln wie Buddha. Daß diese Wirkung beabsichtigt ist, würde die Gruppe Tecton selbst wahrscheinlich als erste zugeben; man hat das Gefühl, daß den Räumen eine *Form* aufgezwungen wurde (was eine ganz andere Sache ist, als den *Räumen* Form zu geben). Es scheint, als seien in den drei Jahren, die zwischen den Bauten liegen, strenge Regeln für das festgelegt worden, was in der Architektur formal notwendig ist. Wichtig ist nicht, ob man diese formalen Lösungen persönlich schätzt oder nicht, sondern ob man glaubt, daß solche starre Formeln sinnvoll sind. Die intellektuelle Einstellung, die hervorgebracht hat, was wir als moderne Architektur kennen, ist im Grunde eine funktionalistische Einstellung. Ich gehe davon aus, daß die meisten von uns das nicht bestreiten würden. Funktionalismus ist eine klägliche Bezeichnung für die Antithese des Formalismus, weil sie an inhumane Ideen erinnert, die niemand zu verteidigen wünscht – doch in weiterem Sinne interpretiert, übermittelt das Wort die Arbeitsmethode, die dieser Bewegung zugrundeliegt ... Ich behaupte, daß die jüngste Arbeit der Gruppe Tecton von dieser Einstellung abweicht. Es geht um mehr als eine Abweichung der äußeren Form; es geht um eine Abweichung in der Zielsetzung. Es geht um mehr als eine Anpassung innerhalb vertretbarer Grenzen; die Architekten sind bereit, bestimmten formalen Werten den Vorrang vor Gebrauchswerten zu geben, so daß erneut die *Idee* als treibende Kraft in Erscheinung tritt.«

In dem Bemühen, eine allgemein zugängliche moderne Architektur zu schaffen, suchte Tecton nach 1938 offenbar bewußt die rhetorische Tradition des Barock in die Strenge einer kubistischen Syntax einzuführen. Die wohlwollend-kritische Aufnahme von Tectons manieristischem Neo-Corbusier-Stil, wie er sich im Finsbury Health Centre in London von 1938 äußerte, verhalf Lubetkin zu einer einflußreichen Position in der englischen Architektur der Nachkriegszeit. So herrschte in dem Jahrzehnt nach 1945 die Sprache vor, die Lubetkin und seine Kollegen in den Jahren zuvor erfunden hatten. Die Royal Festival Hall, um nur eines der prominentesten Beispiele zu nehmen, 1950 von einem Team mit Leslie Martin, Robert Matthew und Peter Moro entworfen, war deutlich dem Werk Lubetkins verpflichtet. Das gleiche gilt für die Arbeiten der früheren Tecton-Partner Lindsay Drake und Denys Lasdun, deren Siedlung Bishop's Bridge in Paddington, London (1953) an Lubetkins Fassadendenken anknüpfte und die Realität durch synkopierte Laubsäge-Fassaden und applizierte Säulen zu kaschieren suchte.

MARS (Modern Architectural Research Group), der englische Flügel von CIAM, wurde 1932 auf Anregung des kanadischen Emigranten Wells Coates gegründet, der MARS auf dem Kongreß von 1933 mit dem Thema »Die funktionale Stadt« vertrat. Die Gruppe MARS hatte zumindest anfänglich den notwendigen Elan, um Avantgardisten unter den britischen Architekten anzuziehen, wie zum Beispiel Connell, Ward und Lucas, Lubetkin, E. Maxwell Fry und den Historiker und Kritiker P. Morton Shand. Abgesehen von der Ausstellung »New Architecture« in den Burlington Galleries von 1938 war die einzige Leistung der Gruppe der brillante, wenn auch höchst utopische Plan für London, der zu Beginn der vierziger Jahre unter der Leitung des deutschen Architekten Arthur Korn und des Wiener Ingenieurs Felix Samuely entstand. Die MARS-Gruppe hoffte naiv auf eine Zukunft, die, nach den Worten von Coates, »geplant und nicht wie die Vergangenheit zurechtgeflickt werden muß«; doch im Gegensatz zu Tecton war sie nicht in der Lage, eine wirklich progressive Methodik für die Organisation dieser Zukunft zu liefern. Lubetkin war offenbar der erste, der diesen Mangel an Orientierung spürte. Ende 1936 verließ er MARS, um sich der linksorientierten ATO (Architects' and Technicians' Organization) anzuschließen, die sich bis in die frühen fünfziger Jahre ausschließlich mit dem Problem der Arbeiterwohnungen beschäftigte.

In Spanien entwickelte sich nach 1930 eine ähnlich polemische Bewegung unter der Leitung der sozialistischen Architekten José Luis Sert und Garcia Mercadal. 1929 als katalanische Kulturbewegung gegründet, wurde sie auf nationaler Basis als spanischer Flügel der CIAM mit der Bezeichnung GATEPAC (Grupo de Arquitectos y Técnicos Españoles para el Progreso de la Arquitectura Contemporánea) organisiert. Zu ihren Mitgliedern zählten wichtige Persönlichkeiten wie Sixte Yllescas, Germa Rodríguez Arias und Torres Clave. Diese Architekten brachten vor dem Spanischen Bürgerkrieg innerhalb von acht Jahren drei wichtige theoretische Studien heraus, darunter den zusammen mit Le Corbusier entwickelten Plan für Barcelona von 1933. Dieses bemerkenswerte Wohnbauprojekt erzielte die ungewöhnlich hohe Bebauungsdichte von 1000 Personen pro Hektar, ohne über zwei Geschosse hinauszugehen. Die bedeutendste Arbeit von GATEPAC war die Siedlung Casa-Bloc mit siebengeschossigen Häusern, zu der Maisonnettewohnungen, eine Bibliothek, eine Kinderkrippe, ein Kindergarten und ein Schwimmbad gehörten – ein Typus, der offenbar von dem *redent*-Prototyp in Le Corbusiers Ville Contemporaine hergeleitet war.

Das letzte bedeutende Werk der spanischen Moderne entstand als Auftrag der zum Untergang verurteilten Zweiten Republik: Serts Spanischer Pavillon für die Pariser Weltausstellung von 1937. In diesem Pavillon wurde zum erstenmal Picassos Bild *Guernica* gezeigt, das an den Luftangriff auf die baskische Stadt im April des

253 Lubetkin und Tecton, Highpoint 1, Highgate, London, 1935.

254 Sert, Spanischer Pavillon, Weltausstellung, Paris, 1937, mit Picassos Gemälde Guernica.

gleichen Jahres erinnerte. Das Gemälde war zum Gedenken an die Toten von Guernica von der republikanischen Regierung in Auftrag gegeben worden und sollte den internationalen Verrat an der republikanischen Sache anprangern.

Nach der Ausstellung von Hitchcock und Johnson im Jahre 1932 breitete sich der Internationale Stil jenseits von Europa und Nordamerika aus und trat sogar in so entfernten Gebieten wie Südafrika, Südamerika und Japan auf. Die Pionierleistung der südafrikanischen Bewegung, die von 1929 bis 1942 bestand, war insofern ein besonderer Fall, als Le Corbusier sich selbst direkt mit ihr in Verbindung brachte, indem er die zweite Auflage seines ersten Bandes von *Oeuvre complète* Rex Martienssen und seiner Transvaal-Gruppe widmete. Er begann seinen Dediktationsbrief von 1936 mit den Worten:

»Es ist ein sehr bewegendes Erlebnis, Ihre *South African Architectural Record* durchzublättern. Erstens, weil man erstaunt ist, daß eine solche Dynamik von einem fernen Punkt in Afrika ausgeht, der weit hinter den Wäldern des Äquators liegt, aber noch mehr, weil man darin so viel jugendlichen Glauben entdecken kann, ein solches Interesse an der Architektur und einen so brennenden Wunsch, zu einer kosmischen Philosophie zu gelangen.«

In dieser Zeit bestand bereits eine enge Beziehung zwischen Le Corbusier und der Gruppe Transvaal. Le Corbusier schrieb einen Artikel für die *South African Architectural Record*, und Männer wie Martienssen und Norman Hanson bauten in Johannesburg Häuser in einem außerordentlich raffinierten, von Le Corbusier inspirierten Stil. Doch im Jahre 1942, bevor die Gruppe zum südafrikanischen Flügel der CIAM werden konnte, war Martienssen gestorben, und Hanson hatte begonnen, die soziale und wirtschaftliche Gültigkeit von Le Corbusiers Planungen in Frage zu stellen und gegen die Abstraktion seines simplifizierten Urbanismus ins Feld zu ziehen.

255 *Niemeyer, Costa und Wiener, Brasilianischer Pavillon, Weltausstellung, New York, 1939.*

In Brasilien ging die Entwicklung der modernen Architektur auf die Partnerschaft Lúcio Costas und Gregori Warchavchiks in der Mitte der zwanziger Jahre zurück. Warchavchik war ein emigrierter russischer Architekt, der während seiner Studienzeit in Rom vom Futurismus beeinflußt worden war und die ersten kubistischen Häuser in Brasilien entworfen hatte. Nach der von Getúlio Vargas angeführten Revolution im Jahre 1930 und der Ernennung Costas zum Leiter der Kunstakademie wurde die moderne Architektur in Brasilien als Bestandteil der nationalen Politik begrüßt. Im Jahre 1936 übte Le Corbusier direkten Einfluß in Südamerika aus, als er nach Brasilien eingeladen wurde, um beim Entwurf eines neuen Gebäudes für das Erziehungsministerium in Rio de Janeiro beratend tätig zu sein. Im Laufe seiner Zusammenarbeit mit Costa und dessen Entwurfsteam ließ sich Le Corbusier offenbar von der Lösung der sechzehngeschossigen Scheibe überzeugen, die dramatisch von seinen ursprünglichen Skizzen abwich. Trotzdem bot das Bauwerk, das sich auf einer Säulenhalle von *pilotis* erhob, Gelegenheit für die monumentale Verwendung vieler für Le Corbusier charakteristischer Elemente einschließlich des *toit-jardin*, des *brise-soleil* und des *pan-verre*. Die jungen brasiliani-

schen Anhänger Le Corbusiers wandelten diese puristischen Komponenten sehr schnell in eine sehr sinnliche nationale Formensprache um, deren plastische Fülle an den brasilianischen Barock des 18. Jahrhunderts erinnerte. Der brillanteste Vertreter dieses rhetorischen Stils war Oscar Niemeyer, der mit Costa, Affonso Reidy, Jorge Moreira und anderen an dem Entwurf für das Erziehungsministerium mitgewirkt hatte. Niemeyers Brasilianischer Pavillon für die New Yorker Weltausstellung von 1939, zusammen mit Costa und Paul Lester Wiener entworfen, verhalf der brasilianischen Moderne zu weltweiter Anerkennung und bestätigte seine eigenen ungewöhnlichen Fähigkeiten. Niemeyer erweiterte Le Corbusiers Konzept des freien Grundrisses um eine neue Dimension des Raumflusses und der Raumdurchdringung. Ursprünglich war das Bauwerk um einen exotischen Gartenhof mit brasilianischer Flora und Fauna geplant, um eine amazonische Mikrolandschaft samt Orchideen und Schlangen; nun rief die skulpturale Architektur Assoziationen zur tropischen Buchtsituation der Stadt Rio hervor. Die Gartengestaltung war das Werk des Malers Roberto Burle Marx, dessen Landschaftsgärten nach 1936 eine wichtige Rolle in der Entwicklung der brasilianischen Moderne

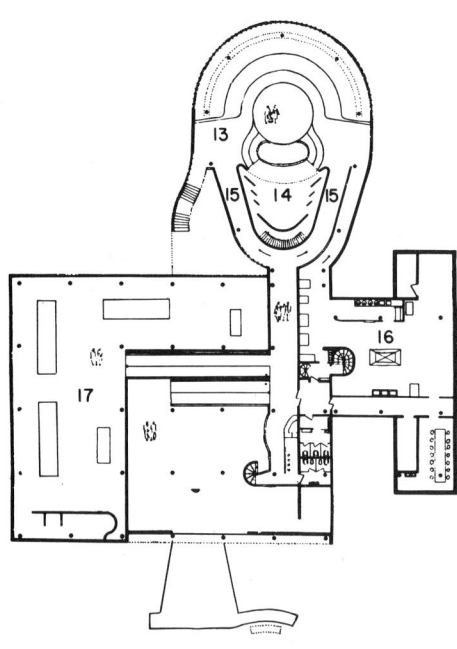

256 Niemeyer, Kasino, Pampulha, Minas Gerais, Brasilien, 1942. Grundriß des zweiten Obergeschosses.

spielten. Burle Marx griff auf das Purismus-Konzept der *mariage de contours* zurück und schuf »Paradiesgärten«, die häufig mit veredelten Wildpflanzen – von ihm selbst aus dem Dschungel geholt – ausgestattet waren. Durch die Landschaftsgestaltungen von Burle Marx entwickelte sich ein neuer nationaler Stil, der weitgehend auf die einheimische Vegetation Brasiliens zurückgriff.

Niemeyers Laufbahn erreichte einen Höhepunkt, als er 1942 im Alter von fünfunddreißig Jahren sein erstes Meisterwerk schuf, das Kasino in Pampulha. Er übertrug hier Le Corbusiers Begriff einer *promenade architecturale* in eine bemerkenswert ausbalancierte, lebendige räumliche Komposition. Das Bauwerk sprach in jeder Hinsicht eine eigene Sprache, von dem einladenden zwei Geschosse hohen Foyer bis zu

den lichten Rampen, die zum Spielbereich führten; von den elliptischen Korridoren, die den Besucher zum Restaurant leiteten, bis zu den ingeniösen rückwärtigen Eingängen in den Tanzsaal. Kurz, diese Promenade artikulierte den Innenraum des Bauwerks als Struktur eines kunstvollen Spiels, das ebenso komplex war wie die Gewohnheiten der Gesellschaft, denen es dienen sollte. Das Restaurant mit seinen komplizierten Zugängen, die aufeinander bezogen waren wie die Windungen eines Labyrinths, legte nicht nur die Routen fest, sondern auch die gesellschaftlichen Rollen der verschiedenen »Akteure«, der Besucher, Entertainer und des Bedienungspersonals. Insgesamt wirkte das Bauwerk kraftvoll und hedonistisch und strahlte eine strenge, aber dennoch theatralische Atmosphäre aus, ein Kontrast, der sich in der Präzision der mit Travertin und Juparana-Stein verkleideten Fassaden und der exotischen Innenausstattung mit rosafarbenem Glas, Satin und starkfarbigen Wandelementen aus traditionellen portugiesischen Fliesen niederschlug. Da das Gebäude aufgrund des späteren Verbotes von Glücksspielen nicht mehr als Kasino genutzt werden konnte, dient es heute als Kunstmuseum. Niemeyer war sich durchaus im klaren, welche Beschränkungen das Bauen für eine so unterentwickelte Gesellschaft mit sich bringt, als er 1950 schrieb:

»Die Architektur muß den Geist der technischen und gesellschaftlichen Kräfte ausdrücken, die in einer gegebenen Zeit vorherrschen; sind diese Kräfte aber nicht in der Balance, so entsteht ein Konflikt, der sich nachteilig auf den Inhalt des Werkes und auf das Werk als Ganzes auswirkt. Nur wer dies im Auge behält, kann die Pläne und Zeichnungen verstehen, die in diesem Band gezeigt werden. Ich hätte sehr gern eine realistischere Leistung präsentiert, eine Arbeit, die nicht nur Raffinement und Komfort widerspiegelt, sondern auch die positive Zusammenarbeit zwischen dem Architekten und der Gesellschaft.«

Obwohl der reformistische Präsident Juscelino Kubitschek, für den Niemeyer seit 1942 gearbeitet hatte, eine solche Zusammenarbeit ernsthaft anstrebte, ließ sich eine Balance nicht herstellen. Ein Schritt in dieser Richtung war Reidys Komplex Pedregulho (zwischen 1948 und 1954 außerhalb Rios erbaut), der Wohnungen, eine Grundschule, eine Turnhalle und ein Schwimmbad umfaßte; der Komplex bildete eine prototypische Nachbarschaftseinheit. Aber in Kubitscheks Amtszeit ab 1955 wurde insgesamt erstaunlich wenig Architektur im Namen der ganzen Gesellschaft realisiert.

Die Hauptstadt Brasilia, die Costa in der Mitte der fünfziger Jahre plante, führte zu einer Krise in der Entwicklung der brasilianischen Architektur. Diese Krise, die schließlich weltweit Reaktionen gegen die Konzepte der Moderne hervorrief, hatte Auswirkungen auf das gesamte Projekt, nicht nur auf die einzelnen Bauten, sondern auch auf den Maßstab der Planung. Der Konflikt, der sich bereits 1951 in Chandigarh gezeigt hatte – hier die isolierte Monumentalität des von Le Corbusier entworfenen Regierungszentrums, dort der Rest der Stadt –, wiederholte sich in Brasilia, wo der Gesamtplan etwas weniger systematisch konzipiert war. Während Chandigarh letztlich der altehrwürdigen Logik des kolonialen Rasters zumindest einen Lippendienst abstattete, basierte Brasilia trotz seines orthogonalen Musters von *supercuadras* auf einem kreuzförmigen Plan.

Es scheint, als hätten die mythischen Prinzipien des europäischen Humanismus, wie sie im Spätwerk Le Corbusiers neu interpretiert wurden, die Struktur Brasilias nachteilig beeinflußt, zumindest mit dem Blick auf die leichte Zugänglichkeit der Stadt. Darüber hinaus entwickelte sich Brasilia bald nach seiner Gründung zu *zwei* Städten: die monumentale Stadt der Regierung und des »big business«, in welche die Bürokraten mit dem Flugzeug aus Rio einflogen, und die Barackenstadt oder *favela*, deren Einwohner die niederen Dienste zum Ruhme der offiziellen Stadt beitrugen. Selbst innerhalb seiner eigenen Grenzen war Brasilia wie Le Corbusiers Ville Radieuse von 1933 eine geteilte Stadt, gespalten in verschiedene Zonen, die der Klassenstruktur entsprachen. Abgesehen von der daraus resultierenden sozialen Ungleichheit, produzierte Brasilia auch, gemessen an seinem eigenen Repräsentationsbedarf, formalistische und repressive Ergebnisse. In diesem Zusammenhang läßt sich argumentieren, daß Le Corbusiers Entwicklung in Chandigarh einen kritischen Punkt in Niemeyers eigener Laufbahn vorwegnahm, denn Niemeyers Arbeiten wurden nach der Veröffentlichung der ersten Skizzen für Chandigarh immer simpler und monumentaler.

Obwohl Niemeyer nicht mehr zum formalen Raffinement seines Kasinos in Pampulha zurückfand, entwickelte sich seine lyrische Behandlung der freien Form, die nicht zuletzt auf die ständige Zusammenarbeit mit Burle Marx zurückging, von dem Restaurant in Pampulha (1942) bis hin zu dem ungewöhnlichen »organischen« Haus in Gavea oberhalb Rios, das er 1953/54 für sich selbst baute. Freilich brach Niemeyer hier mit der informellen Funktionalität, auf der seine fließenden Grundrißformen beruht hatten. Statt dessen konzentrierte er sich auf die Reinheit der Formen und näherte sich damit der neoklassizistischen Tradition. Dieser Bruch läßt sich auf das Projekt für ein Museum moderner Kunst in Caracas von 1955 datieren, wo er eine dramatische umgekehrte Pyramide vorschlug, die sich am Rande eines stark abfallenden Geländes erheben sollte. Diese Verwendung der Pyramidenform, ob umgekehrt oder nicht, signalisierte offenbar seine Rückkehr zu absoluten klassischen Werten. Das gleiche gilt für seine Arbeiten in Brasilia, die im Verein mit Costas Raster eine Aura des *genre terrible* heraufbeschworen, die Behauptung der unerbittli-

257 Niemeyer und Costa, Brasilia, 1956–1963. Blick auf die Nordsüdachse zwischen den Ministeriumsgebäuden zum Platz der Drei Mächte. Rechts die Kathedrale.

chen Form gegenüber der unbarmherzigen Natur; denn hinter der Ordnung von Brasilias Kapitol, das von einem künstlichen See umgeben war, begann der unendliche Dschungel. In einer direkten Paraphrase Chandigarhs wurden an Brasilias Platz der Drei Mächte am Ende der Nordsüdachse die Exekutive, die Legislative und der Oberste Gerichtshof angeordnet, also im Inhalt, wenn auch nicht in der Form parallel zu Sekretariat, Oberstem Gerichtshof und Parlament in Chandigarh. In beiden Fällen lag das Kapitol genau in jener »Kopf«-Zone, die im ursprünglichen Projekt der Ville Radieuse Verwaltungszwecken zugeteilt war. Der »Kopf« Brasilias, den Niemeyers aus einer Doppelscheibe bestehendes Sekretariat repräsentierte, wirkt wie die Zielmarkierung einer Achse, welche die konvexe Kuppel des Senats von der konkaven Schale des Abgeordnetenhauses trennt.

Im Gegensatz zur Nordfassade des Erziehungsministeriums, die zwanzig Jahre zuvor mit verstellbaren *brises-soleil* ausgestattet worden war, blieben die Curtain Walls in Brasilia ohne Sonnenschutz, wenn auch mit hitzeabsorbierendem Glas verkleidet. Diese Gleichgültigkeit gegenüber den klimatischen Verhältnissen entstand offenbar aus dem Bedürfnis, die Institutionen der

Regierung durch platonische Formen darzustellen, deren Reinheit im Gegensatz zu den verglasten, gleichförmigen Scheiben der Ministerien stehen sollte. Daß die anfängliche Üppigkeit der modernen brasilianischen Kultur bereits den Keim zu einem solchen dekadenten Formalismus in sich trug, hat wohl am klarsten Max Bill erkannt. Über Niemeyers Palast der Industrie für São Paulo von 1954 urteilte er so: »In einer Straße hier in São Paulo habe ich ein Gebäude im Bau gesehen, bei dem die *pilotis*-Konstruktion zu Extremen geführt wird, wie man sie kaum für möglich hält. Ich sah dort erschütternde Dinge, moderne Architektur auf ihrem Tiefpunkt, eine riesige antisoziale Vergeudung ohne jedes Verantwortungsgefühl gegenüber dem Geschäftsinhaber oder seinen Kunden ... Dicke *pilotis*, dünne *pilotis*, *pilotis* in wunderlichen Formen ohne jeden konstruktiven Grund oder Rhythmus, überall im ganzen Gebäude ... Man ist bestürzt über eine solche Barbarei in einem Land, wo es eine CIAM-Gruppe gibt, in einem Land, in dem internationale Kongresse über moderne Architektur abgehalten werden, wo eine Zeitschrift wie *Habitat* veröffentlicht wird und wo eine Architekturbiennale stattfindet. Denn solche Bauwerke entstehen aus einem Geist, dem jeder Anstand und jedes

Verantwortungsgefühl für die menschlichen Bedürfnisse fehlen. Es ist der Geist des Dekorativen, der diametrale Gegensatz jenes Geistes, der die Architektur belebt, die eine Baukunst ist, die soziale Kunst vor allen anderen.«

Japan, schon seit mehr als fünfzig Jahren westlichen Einflüssen ausgesetzt, war gut auf die Übernahme des Internationalen Stils vorbereitet. Am Anfang stand Antonin Raymonds erstes Haus aus Stahlbeton, das er 1923 in Tokio für sich selbst baute. Auch hier wurde der Stil wieder in seiner ausgefeiltesten Form von einem Emigranten eingeführt. Raymond war ein weitgereister tschechoslowakischer Amerikaner, der Ende 1919 nach Tokio gekommen war, um als Bauleiter an Frank Lloyd Wrights Imperial Hotel zu arbeiten. Wie bei Neutra und Schindler in den Vereinigten Staaten entwickelte sich der Stil in den Händen eines Zentraleuropäers, der in Europa erzogen und danach von Wright ausgebildet worden war. Interessanterweise hatten sich sowohl Neutra und Schindler wie Raymond innerhalb weniger Jahre, nachdem sie Wright verlassen hatten, von seinem stilistischen Einfluß befreit.

Raymonds eigenes Haus war in mehrfacher Hinsicht bemerkenswert. Es war eine der ersten Rahmenkonstruktionen aus Stahlbeton, die der traditionellen japanischen Holzbauweise nachempfunden waren – ein Manierismus, der die japanische Architektur nach dem Zweiten Weltkrieg bestimmen sollte. Auch das Hausinnere war nach dem Standard des Internationalen Stils seiner Zeit weit voraus, denn Raymond verwendete als einer der ersten hinterbeinlose Stahlrohrmöbel, noch vor den bahnbrechenden Stühlen von Mart Stam und Marcel Breuer. Das Haus selbst hatte Metallfenster und Gitter aus Stahlrohr. Zugleich suchte Raymond aber auch Elemente aus der lokalen Formensprache zu integrieren, wie etwa Regenabflüsse aus Seilen anstelle der traditionellen westlichen Regenrinnen. Die Profile der Vorsprünge über den Fen-

stern erinnerten dagegen noch an Wrights Unity Temple von 1905.

Trotz der brillanten Neuinterpretation japanischer Kultur, die Wright zuvor in Amerika geleistet hatte, und trotz Paul Muellers ingeniöser Stahlbetonkonstruktionen ließ das Imperial Hotel in Tokio nicht erkennen, wie sein schwerfälliger Stil je zu einer intelligenten Neuorientierung der japanischen Leichtbauweise beitragen könnte. Es war eher der Palastarchitektur des 16. und 17. Jahrhunderts verwandt als den aristokratischen Shinto-Bauten der Heian-Zeit; im Gegensatz zu Louis Sullivans Äußerungen von 1924 war es weit von den Hauptströmungen der japanischen Kultur entfernt. Dennoch lieferte die Tatsache, daß das Bauwerk die Erdbebenkatastrophe in Tokio von 1923 spektakulär überstand, eine nachträgliche Rechtfertigung für die Kosten antiseismischer Konstruktionen, vor allem bei öffentlichen Bauten. Dieser Beweis für die Standfestigkeit monolither Stahlbetonbauten ermöglichte es Raymond, in seinen Hauptwerken der späten zwanziger Jahre die neuesten Erkenntnisse der Betonbautechnik voll auszunutzen, zum Beispiel bei seinem Bürogebäude für die Erdölgesellschaft »Sonnenaufgang« von 1926 oder seinem raffinierten Golfklub Tokio, den er 1930 außerhalb der Hauptstadt baute. An diesem Punkt griff Raymond offenbar auf Auguste Perret zurück, denn er spürte wohl, daß von Wright kaum eine angemessene Formensprache für offen gezeigten Stahlbeton herzuleiten war.

Mit den Häusern Akaboshi und Fukui von 1933–1935 erreichten Raymond und seine Frau Noemi Pernessin den Höhepunkt ihrer frühen Laufbahn im Dienste einer arrivierten industriellen Klasse. Sie legten gemeinsam das Design für alles und jedes fest, vom Gebäude selbst bis zu Möbeln und Textilien. In diesen Jahren bauten sie eine Reihe von Häusern für verschiedene Mitglieder der Familie Akaboshi und suchten ihre eigenen geschmackvollen Möbel

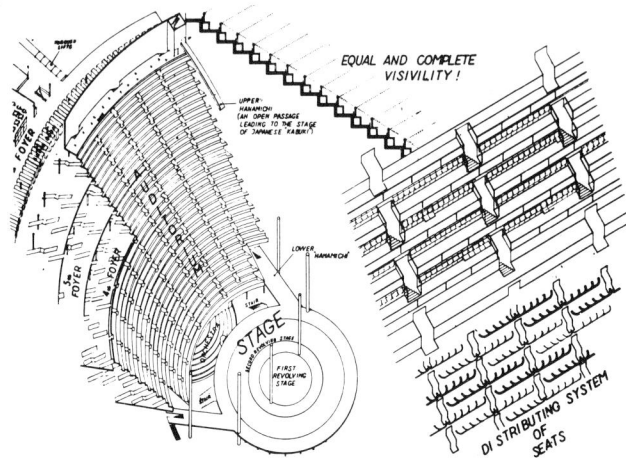

258 Raymond, Haus des Architekten, Reinanzaka, Tokio, 1923.

259 Kawakita, Entwurf für das Theater in Charkow, 1931.

mit der Strenge der traditionellen Tatami-Matte und der Flächigkeit des Shoji-Schirms in Einklang zu bringen. Ihr origineller eurasischer Stil erreichte seinen Höhepunkt bei einem Haus mit Badeanlage, das die Raymonds 1935 für die Familie Fukui in der Atami-Bucht errichteten. Sie

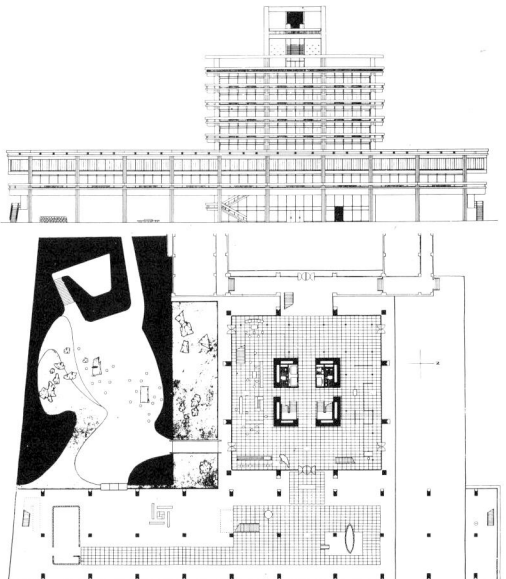

260 Tange, Olympische Stadien, Tokio, 1964. Luftaufnahme mit dem kleinen Basketball-Stadion und dem großen Schwimmstadion sowie Innenaufnahme des Schwimmstadions.

261 Tange, Präfektur Kagawa, Takamatsu, 1955–1958. Aufriß und Lageplan.

interpretierten hier die traditionellen Formen in einer Art und Weise neu, mit der sie sich offenbar endgültig vom Einfluß Wrights oder Perrets lösten.

Im Jahre 1926 begann sich eine relativ unabhängige japanische Bewegung im Umkreis der Japanischen Sezession zu entwickeln, zu deren frühen Mitgliedern Mamoru Yamada (Architekt der Telefonzentrale in Tokio von 1926) und Tetsuro Yoshida (Architekt des Hauptpostamtes in Tokio von 1931) zählten. Zur gleichen Zeit arbeiteten Angehörige einer noch jüngeren Generation wie Kunio Mayekawa und Junzo Yoshimura entweder für Raymond oder studierten im Ausland. Einige Japaner gingen sogar in den späten zwanziger Jahren ans Bauhaus, während andere wie Mayekawa und Junzo Sakakura in Le Corbusiers Atelier tätig wurden. Sakakura vollendete sogar seine europäische Lehrzeit mit einem Werk von internationaler Bedeutung, dem Japanischen Pavillon der Pariser Ausstellung von 1937, bei dem die architektonische Ordnung des traditionellen Teehauses in moderner, um nicht zu sagen corbusianischer Manier neu formuliert war. Sakakuras offener Grundriß, die klare Artikulierung der Konstruktion und die Rampenverbindung von Innen- und Außenbereich hatten nur wenig Ähnlichkeit mit der Raumorganisation traditioneller japanischer Architektur.

Eine weitaus zurückhaltendere Interpretation der Tradition lieferten die Wohnhausbauten Isoya Yoshidas. Im Gegensatz zu seiner konservativen Einstellung standen die kühnen Konzepte von Architekten wie Rentchitchiro Kawakita, dessen Beitrag zum Wettbewerb für das Theater in Charkow (1931) weit von dem Modernismus dieser Zeit entfernt war – das heißt, er wahrte ebenso Distanz zu konventionellen konstruktivistischen Motiven wie zur japanischen Tradition. Sein Entwurf fußte in erster Linie auf der Faszination der mechanischen Bewegung und auf konstruktiver Rhetorik in größtem Maßstab. Dieses

Projekt nahm die ungewöhnliche Kühnheit von Kenzo Tanges Entwürfen aus der Nachkriegszeit vorweg, deren Höhepunkt die beiden Olympischen Stadien für die Spiele in Tokio im Jahre 1964 bildeten. Tange interessierte sich freilich wenig für Bewegung. Die elliptischen und kreisförmigen Volumen dieser Stadien tragen vorgespannte Stahlnetzdächer, die von den bugartigen »Hörnern« über den elliptischen Ringbalken aus Beton abgehängt sind. Dieses System trägt auch die oberen Reihen der Sitze im Inneren.

Kurz vor seinem heute berühmten Friedenszentrum in Hiroshima von 1955 – das die Stelle bezeichnet, wo die erste Atombombe niedergegangen war – hatte Tange, ein früherer Mitarbeiter Mayekawas, seine Laufbahn mit einer Reihe von Regierungsaufträgen begonnen. Am Anfang standen seine etwas schematischen Rathäuser für Shimizu und Tokio (1952–1954), dann folgten die Präfektur Kagawa in Takamatsu (1955–1958) und das Rathaus in Kurashiki (1957–1960). Während das Rathaus in Tokio eine exakte, aber dennoch gezwungen wirkende Übertragung der Jomon-Holzbauweise in Beton darstellte, erreichte die Präfektur Kagawa einen nahezu klassischen Ausgleich. In ihrer klaren räumlichen Organisation verschmolzen Konzepte der Heian-Zeit mit diskret übernommenen Elementen aus dem Vokabular des Internationalen Stils. Dieses Werk machte Tange ungeachtet seines Historismus und der Bezüge zu buddhistischen wie shintoistischen Prototypen zu einem der wichtigsten japanischen Architekten nach dem Zweiten Weltkrieg. Zwar existierten gemeinsame Wurzeln im Werk Le Corbusiers, doch waren in den späten fünfziger Jahren keine zwei Entwürfe weiter voneinander entfernt als Niemeyers Platz der Drei Mächte in Brasilia mit seinem simplifizierenden Klassizismus und Tanges Präfektur Kagawa mit ihren außergewöhnlich stark artikulierenden Details. Tange hatte erkannt, welche Energien durch die intensive industrielle

262 Mayekawa, Harumi-Wohnblock, Tokio, 1957.

Entwicklung Japans freigesetzt wurden und welche zwiespältige Rolle die Tradition im Verhältnis zu dieser sozial »befreienden« Kraft spielte. Dafür spricht die klare Analyse, die er aufstellte, als die Präfektur ihrer Vollendung entgegenging:
»Bis vor sehr kurzer Zeit war Japan ständig unter der Kontrolle eines absoluten Staates, und die kulturelle Energie des ganzen Volkes – jene Energie, mit der es neue Formen hätte schaffen können – war eingeschränkt und unterdrückt. Das galt besonders für die Tukagawa-Zeit, wo die Regierung unerbittlich jede soziale Veränderung verhinderte. Erst in unserer Zeit beginnt diese Energie sich zu entwickeln. Es ist sicher, daß diese Energie viel dazu beitragen wird, die japanische Tradition in etwas Neues und Kreatives zu verwandeln.«
Die ältere Generation, die Männer, die um die Jahrhundertwende geboren waren, wie

Mayekawa und Sakakura, leisteten weiterhin wichtige, wenn auch weniger dramatische Beiträge. Mayekawas theoretische Arbeiten stellten die gesamte Orientierung der Architektur im 20. Jahrhundert und ihre verhängnisvolle Bindung an die Formensprache des Westens in Frage. Sowohl das Museum für Moderne Kunst in Kamakura von Sakakura (1951) als auch der Harumi-Wohnblock in Tokio von Mayekawa (1957) waren ambivalente Bauten und verrieten gewisse kulturelle Abhängigkeiten: Der eine war neoklassizistisch, der andere von Le Corbusiers Unité d'Habitation in Marseille hergeleitet. Tange verlor schließlich bei den riesigen Megastrukturen für Wohnungen, die er in den späten fünfziger Jahren zu planen begann, jeden Sinn für Ort und menschlichen Maßstab, vor allem bei seinen Projekten für die Boston Bay (1959) und die Bucht von Tokio (1961). Mayekawa unternahm dagegen den kühnen Versuch, in den übereinandergeschichteten Geschossen eines riesigen erdbebensicheren Gebäudes einen teils westlichen, teils japanischen Lebensstil anzusiedeln. Daß dem Harumi-Wohnblock samt dem synthetischen Lebensstil, der sich in ihm entwickeln sollte, nur ein im besten Falle bescheidener Erfolg vergönnt war, erkannte offenbar auch Mayekawa selbst. So kam er 1965 in einem Essay mit dem Titel »Gedanken über die Zivilisation in der Architektur« zu dieser ernüchternden Schlußfolgerung:
»Die moderne Architektur beruht zwangsläufig auf den soliden Leistungen der modernen Wissenschaft und Technik. Warum neigt sie dann so oft dazu, unmenschlich zu werden? Ich glaube, einer der Hauptgründe ist der, daß sie nicht immer nur geschaffen wird, um menschliche Bedürfnisse zu erfüllen, sondern eher aus anderen Motiven, zum Beispiel um des Profits willen. Oder es wird der Versuch unternommen, die Architektur in den Rahmen eines Budgets zu pressen, das durch die mechanischen Abläufe eines mächtigen bürokratischen Systems im modernen Staat festge-

legt wurde; dieses Budget hat nichts mit humanen Überlegungen zu tun. Eine andere Möglichkeit ist die, daß bereits in Wissenschaft und Technik selbst inhumane Elemente enthalten sind. Wenn der Mensch versucht, ein bestimmtes Phänomen zu verstehen, analysiert es die Wissenschaft und zerlegt es in die kleinstmöglichen Elemente. Will man also im Bauwesen ein bestimmtes Phänomen erfassen, so wird vereinfacht und abstrahiert. Es fragt sich, ob solche Methoden nicht zu einer Abkehr von der menschlichen Realität führen ... Die moderne Architektur muß sich wieder auf ihre Wurzeln besinnen, auf die ursprünglichen Prinzipien einer humanen Baukunst. Obwohl Wissenschaft und Technik Produkte des menschlichen Hirns sind, werden die moderne Architektur und die modernen Städte, die aus ihr entstehen, häufig inhuman. Was die Prinzipien der modernen Architektur überschattet hat, was ihren Missionsgeist zerstört, sind das heutige ethische System, von dem das Handeln des Menschen bestimmt wird, und die Skala der Werturteile, die sich hinter diesem ethischen System verbergen. Solche ethischen Kriterien und Wertvorstellungen sind die Kräfte, die der modernen Zivilisation Auftrieb geben, aber sie vernichten auch die menschliche Würde und machen die Erklärung der Menschenrechte lächerlich. Dieser Tragödie ein Ende zu setzen, ist keineswegs einfach. Wir müssen zu den Anfängen der westlichen Zivilisation zurückkehren und herausfinden, ob wir die Kraft zu einer ethischen Revolution tatsächlich im Inventar eben dieser Zivilisation finden können. Wenn nicht, müssen wir sie mit Toynbee im Orient oder vielleicht in Japan suchen.«
Mit dieser paradoxen Vorstellung, daß die traditionelle japanische Kultur als die einzige Kraft überleben könnte, die den technokratischen Exzessen des Westens entgegensteht, ging die Ära des Internationalen Stils endgültig zu Ende, nicht nur in Japan, sondern auch in der übrigen Welt.

2. Kapitel
New Brutalism und die Architektur des Wohlfahrtsstaates: England 1949–1959

»Im Januar 1940 teilte ich die Büroräume mit meinen verehrten Kollegen Bengt Edman und Lennart Holm. Diese Architekten entwarfen damals ein Haus in Uppsala. Auf Grund ihrer Pläne nannte ich sie in leicht sarkastischer Weise ›Neobrutalisten‹ (die schwedische Bezeichnung für ›Neue Brutalisten‹). Im folgenden Sommer wurde der Ausdruck anläßlich einer Festlichkeit mit einigen englischen Freunden, darunter Michael Ventris, Oliver Cox und Graeme Shankland, in scherzhafter Weise wieder erwähnt. Als ich die gleichen Freunde im vergangenen Jahr in London besuchte, erzählten sie mir, daß sie den Ausdruck nach England gebracht hätten, wo er sich wie ein Lauffeuer verbreitete, und daß – was einigermaßen erstaunlich ist – eine Gruppe jüngerer englischer Architekten ihn sich angeeignet hätte.«

Hans Asplund
Brief an Eric de Maré, Architectural Review, August 1956

Nach dem Zweiten Weltkrieg verfügte England weder über ausreichende materielle Voraussetzungen noch über das notwendige kulturelle Selbstbewußtsein, um irgendeine Form von monumentalem Ausdruck zu rechtfertigen. Die Tendenzen der Nachkriegszeit gingen sogar in die entgegengesetzte Richtung, denn Großbritannien erlebte in der Architektur wie in anderen Bereichen die letzten Phasen der Trennung von seiner imperialen Identität. Am Anfang der Auflösung des Empires stand die Unabhängigkeit Indiens im Jahre 1945.

Der Klassenkonflikt, der das Land während der Depression in verschiedene Lager geteilt hatte, verlor freilich durch die sozialen Maßnahmen der Labour-Regierung unter Attlee teilweise an Bedeutung. Der gesellschaftliche Wiederaufbau nach dem Krieg wurde besonders durch zwei wichtige Gesetze gefördert: den Education Act von 1944, der das Alter von Schulabgängern auf fünfzehn Jahre anhob, und den New Towns Act von 1946. Diese Gesetze waren wirksame Instrumente für ein umfangreiches Bauprogramm der Regierung, das innerhalb eines Jahrzehnts zum Bau von mehr als 2500 Schulen führte, und für die Errichtung von zehn New Towns nach dem Vorbild von Letchworth Garden City mit 20000 bis 69000 Einwohnern.

Abgesehen von progressiven Planungsbehörden wie dem Hertfordshire Country Council, der unter der Leitung von C. H. Aslin Pionierarbeit bei der Präfabrikation von Schulen leistete, wurden viele dieser Bauten entweder in der »reduzierten« neo-georgianischen Manier des Durchschnittsarchitekten oder im sogenannten »modernen Stil« ausgeführt, der sich weitgehend an der offiziellen Architektur im längst etablierten schwedischen Wohlfahrtsstaat orientierte. Zur Syntax dieses Stils – der wohl als »populär« genug für die Durchführung der sozialen Reformen in England galt – gehörten flach geneigte Dächer, Backsteinwände, vertikale Holzverschalungen und holzgerahmte, fast quadratische Fenster, entweder naturfarben oder weiß gestrichen. Dieses sogenannte »people's de-

tailing« wurde, mit einigen lokalen Ergänzungen, zum Vokabular der linksorientierten Architekten des London County Council. Es verbreitete sich vor allem durch den Einfluß der aktiveren Herausgeber von *The Architectural Review*, J. M. Richards und Nikolaus Pevsner, die zunächst für einen strengen Modernismus eingetreten waren, aber in den frühen fünfziger Jahren für eine weniger rigorose Einstellung gegenüber der gebauten Form plädierten. Pevsners Vorlesungen im Jahre 1955, »The Englishness of English Art«, stellten die pittoreske Informalität in den Mittelpunkt der britischen Kultur. Diese auf menschliches Maß gebrachte Version der Moderne wurde sogar unter der Bezeichnung »New Humanism« von den Herausgebern der *Architectural Review* propagiert.

Das Festival of Britain im Jahre 1951 verhalf dieser wenig anspruchsvollen Kulturpolitik zu progressiven, modernen Dimensionen, indem es die heroische Ikonographie des sowjetischen Konstruktivismus parodierte. Die beiden eindrucksvollsten Symbole des Festivals, der Skylon von Philip Powell und John Hidalgo Moya und der »Dome of Discovery« von Ralph Tubbs, stellten in ihrer konstruktiven Rhetorik im Grunde nur die »Spiele« des Lebens dar, für die das »Brot« wahrscheinlich bald nachgeliefert werden würde. Zwar war die Ausstellung keineswegs inhaltlos, doch der Inhalt präsentierte sich in willkürlicher Form.

Zwar hat möglicherweise die Arbeit von Edman und Holm zur Prägung der Be-

263 *Alison und Peter Smithson, Secondary School, Hunstanton, Norfolk, 1949–1954.*

zeichnung »New Brutalism« beigetragen, doch die radikale Einstellung, die dahinterstand, machte sich zum erstenmal in England bemerkbar. Alison und Peter Smithson, die ersten Verfechter des brutalistischen Ethos, lehnten die gefällige Volkstümlichkeit des Festival of Britain strikt ab. Zu ihren Anhängern und Kollegen zählten viele Angehörige der Nachkriegsgeneration, darunter Alan Colquhoun, William Howell, Colin St. John Wilson und Peter Carter, die zu Beginn der fünfziger Jahre alle in der Architekturabteilung des London County Council arbeiteten, ohne sich der »schwedischen Linie« zu verschreiben. Reyner Banham schrieb darüber:

»Die negativen Aspekte in der Haltung der jungen Generation mögen am besten in der verbitterten Äußerung von James Stirling zusammengefaßt werden: ›Seien wir ehrlich, William Morris war ein Schwede.‹ Die tatsächliche Richtigkeit dieser Aussage braucht uns hier nicht aufzuhalten; es ist ihre emotionale Wahrheit als totale Ablehnung aller Formen von Wohlfahrtsarchitektur, die von Bedeutung ist. Die ›William Morris Revival‹, ›People's Detailing‹, oder welche Bezeichnung auch im allgemeinen angewandt wurde, um die Versuche zur Wiederbelebung der Backsteinbauweise des 19. Jahrhunderts bis zu den kleinen, mit Brüstungslogen versehenen Fenstern etc. zu verspotten, wurde gelegentlich der großartigen Bezeichnung ›New Huma-

nism‹ gewürdigt, was an sich die Umformung einer (von der *Architectural Review* geprägten) Bezeichnung für die schwedische Abwendung von der Modernen Architektur darstellte: ›New Empiricism‹.«

Da der Brutalismus wahrnehmbar eine Tendenz zum Palladianismus einschloß, bestand die brutalistische Reaktion auf den »New Humanism« der *Architectural Review* in einer Bestätigung des alten Humanismus, der schon in den modernen Tendenzen der Vorkriegszeit stets latent gewesen war. Die Veröffentlichung von Rudolf Wittkowers Buch *Architectural Principles in the Age of Humanism* im Jahre 1949 (deutsch: *Grundlagen der Architektur im Zeitalter des Humanismus*, 1969) hatte die unerwartete Wirkung, daß die junge Generation sich für Methodik und Ziele Palladios zu interessieren begann. Dem »people's detailing« begegneten die Brutalisten, indem sie sich direkt auf die soziologischen und anthropologischen Wurzeln der Volkskultur bezogen und die kleinbürgerliche Wohlanständigkeit des schwedischen Empirizismus rundweg ablehnten.

Dieser anthropologische Ästhetizismus (vom Impuls her Jean Dubuffets antikünstlerischem Kult des *art brut* verwandt) brachte die Smithsons in den frühen fünfziger Jahren mit folgenden wichtigen Leuten in Verbindung:

dem Fotografen Nigel Henderson und dem Bildhauer Edoardo Paolozzi, denen

der Brutalismus viele seiner charakteristischen Züge verdankt.

Die architektonische Syntax der Brutalisten prägte sich vor allem in den Jahren zwischen 1951 und 1954 aus. Die Smithsons hatten mit ihrer an Palladio und Mies erinnernden Schule in Hunstanton (entworfen 1949, fertiggestellt 1954) bereits starken Anteil daran. Diesem frühen Erfolg schloß sich eine Reihe außerordentlich origineller Wettbewerbsentwürfe an – Projekte, die man, wie Banham bemerkte, nur als Versuche sehen kann, eine völlig »andersartige« Architektur zu erfinden. Tatsächlich sind die wenigen palladianischen Anklänge, die sich noch in ihren Entwürfen aus dieser Zeit finden, stark abgemildert, von der Kathedrale für Coventry (1951) bis zur Wohnbebauung Golden Lane in London (1952) oder der ebenso bemerkenswerten Erweiterung der Universität Sheffield im folgenden Jahr. Diese Projekte stehen eindeutig dem Konstruktivismus nahe, obwohl ihre zurückhaltende konstruktive Rhetorik im Rückblick eher aus japanischen als aus russischen Quellen zu stammen scheint. Daß keiner dieser Entwürfe preisgekrönt wurde, war ein Verlust für die englische Architekturszene, was sich an der absoluten Banalität jener Bauten ablesen läßt, die schließlich an ihrer Stelle errichtet wurden.

Die Ethik der ursprünglichen brutalistischen Bewegung – jenes kryptische Element, das über ihren Palladianismus hinausging – trat zum erstenmal bei der Ausstellung »Parallel of Life and Art« zutage, die 1953 im Londoner Institute of Contemporary Arts stattfand. Teil dieser Ausstellung war eine didaktische Fotosammlung, zusammengestellt und kommentiert von Henderson, Paolozzi und den Smithsons. Viele dieser Bilder, vom Agenturfoto bis zu Illustrationen aus archäologischen, anthropologischen und zoologischen Quellenwerken, »zeigten Gewaltszenen oder verzerrte oder anti-ästhetische Aufnahmen von Menschen, und alle hatten eine grobkörnige Struktur, die von den Mitarbeitern offenbar als das wichtigste Merkmal angesehen wurde«. Eine solche Ausstellung, in der die Welt als eine von Krieg und Verfall verwüstete Landschaft gezeigt wurde – unter deren Ascheschichten sich noch mikroskopische, unter den Ruinen pulsierende Lebensspuren entdecken ließen –, hatte eine existentielle Bedeutung. Henderson schrieb in dieser Zeit über seine Arbeit: »Ich fühle mich am wohlsten unter weggeworfenen Dingen, verschmähten Resten, die gleichgültig aus dem Leben entfernt wurden und noch sprudelnde Vitalität ausstrahlen. Darin liegt Ironie, und zumindest teilweise ist diese Haltung symbolisch für die Aktivität des Künstlers.«

Daß dies ein Motiv des Brutalismus in den fünfziger Jahren war, entging auch den Besuchern von »This is Tomorrow« nicht, einer Ausstellung, die 1956 von der Independent Group des Institute of Contemporary Arts unter der Leitung von Lawrence Alloway in der Whitechapel Art Gallery inszeniert wurde. Für diese Schau entwarfen die Smithsons, wiederum in Zusammenarbeit mit Henderson und Paolozzi, einen symbolischen Temenos – einen metaphorischen Schuppen in einem ebenso metaphorischen Hinterhof, eine ironische Neuinterpretation von Laugiers Urhütte aus dem Jahre 1753, bezogen auf die Realität der Hinterhöfe von Bethnal Green. Banham bemerkte darüber:

»Man wurde jedoch die Empfindung nicht los, daß dieser besondere Gartenschuppen mit verrosteten Fahrrädern, einer verbeulten Trompete und anderem häuslichen Trödel nach der atomaren Vernichtung ausgegraben und als Teil einer europäischen Tradition der Bebauung entdeckt sei, die bis auf das archaische Griechenland und noch weiter zurückging.«

Doch diese Haltung war keineswegs nur retrospektiv, denn in der kryptischen und nahezu beiläufigen Metapher des Schuppens verschmolzen die ferne Vergangenheit und die unmittelbare Zukunft miteinander.

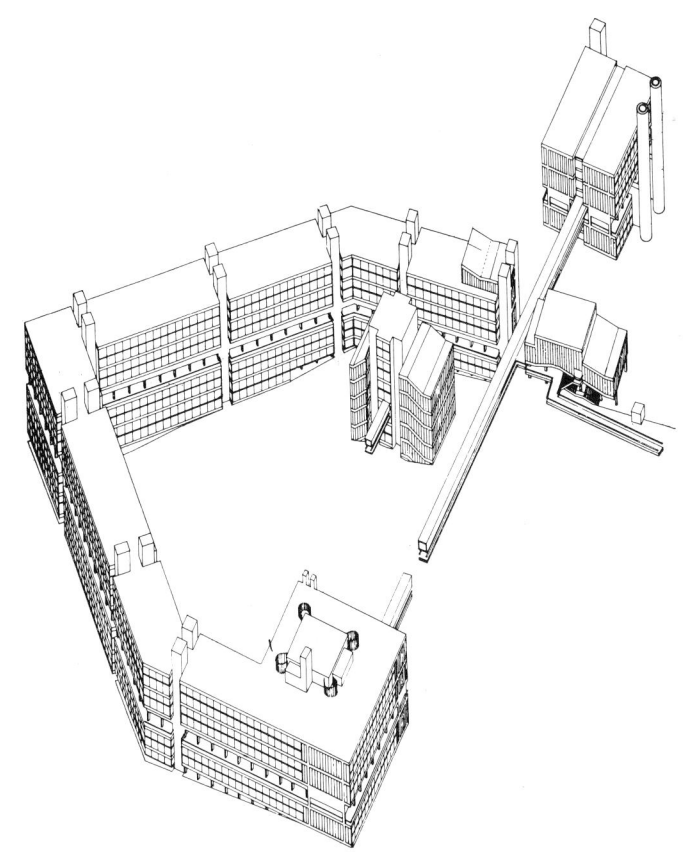

264 Alison und Peter Smithson, Erweiterung der Universität Sheffield, 1953.

So war der Patio des Pavillons nicht nur mit einem alten Wagenrad und einem Spielzeug-Flugzeug ausgestattet, sondern auch mit einem Fernsehgerät. Kurz, innerhalb einer verfallenen und zerstörten (das heißt ausgebombten) Stadtstruktur wurde bereits der »Wohlstand« einer mobilen Konsumgesellschaft vorausgesehen und sogar als Lebenselixier einer neuen Industriekultur begrüßt. Richard Hamiltons ironische Collage für diese Ausstellung mit dem Titel *Just what is it that makes today's home so different, so appealing* stand nicht nur am Anfang der Popkunst, sondern charakterisierte auch das Wohnkonzept der Brutalisten. Das von den Smithsons entworfene »Haus der Zukunft«, 1956 auf der Ideal Home Exhibition der Daily Mail ausgestellt, sollte offensichtlich das ideale Heim für Hamiltons muskulösen Naturburschen und seine kurvenreiche Gefährtin darstellen.

Die Smithsons schwankten zwischen der Sympathie und der altmodischen Solidarität mit der Arbeiterklasse und den Versprechungen der Konsumgesellschaft und gerieten dadurch in das Zwielicht eines scheinbaren Populismus. In der zweiten Hälfte der fünfziger Jahre rückten sie von ihrer früheren Vorliebe für den Lebensstil

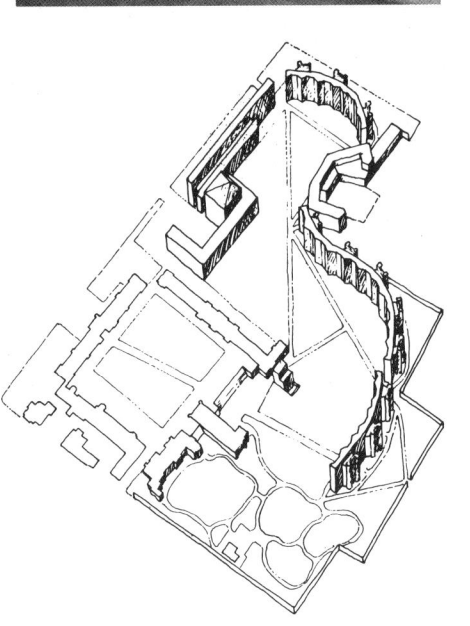

des Proletariats ab und wendeten sich den Idealen der Mittelklasse zu, deren Verwirklichung von starkem Konsum und dem verbreiteten Besitz von Automobilen abhing. Zugleich erkannten sie freilich, daß diese neue »Mobilität« auch die Strukturen der traditionellen Stadt zu zerstören vermochte. In ihrer Studie über die Straßen Londons von 1956 versuchten sie, dieses Dilemma zu lösen, indem sie die aufgeständerte Autostraße zum neuen städtebaulichen Rückgrat machten. Im Wohnbereich betrachteten sie allerdings weiterhin das verchromte Konsumprodukt im verfallenen Mietshaus oder die Einrichtung aus Kunststoff als die wichtigsten befreienden Symbole ihres vermittelnden Stils.

Bis zur Mitte der fünfziger Jahre blieb Materialtreue ein vorherrschendes Prinzip der brutalistischen Architektur. Sie äußerte sich anfangs in einem leidenschaftlichen Interesse an der expressiven Artikulierung technischer und konstruktiver Elemente, wie bei Alison und Peter Smithsons Schule in Hunstanton, und trat dann wieder eher normengerecht, aber dennoch mit antiästhetischen Zügen bei dem kleinen Haus in Soho in Erscheinung, das die Smithsons 1952 entwarfen. Dieses viergeschossige, kastenartige Gebäude war als Backsteinbau mit freiliegenden Betonstürzen und unverputzten Innenräumen entworfen. Es griff in mancher Hinsicht auf die englischen

Lagerhäuser des späten 19. Jahrhunderts zurück und nahm das ebenso brutalistische Projekt für Le Corbusiers Maisons Jaoul in Paris um ein Jahr vorweg. Auch war es ein Vorläufer der verschiedenen Entwürfe für Dorflückenbebauungen von James Stirling, William Howell und den Smithsons selbst, die 1953 auf dem CIAM-Kongreß in Aix-en-Provence vorgestellt wurden.

Um die Mitte der fünfziger Jahre erweiterte sich die Basis des Brutalismus über die hermetischen Konzepte der Smithsons, Hendersons und Paolozzis hinaus. 1955 waren sowohl Howell als auch Stirling dem Brutalismus verpflichtet, obwohl Stirling inzwischen einen solchen Einfluß weit von sich gewiesen hat. Sein Wettbewerbsentwurf für die Universität Sheffield von 1953 erinnerte in der Tat an Tecton. Aber mit seinem Hausprojekt aus dem gleichen Jahr griff Stirling auf die utilitaristische Backsteinästhetik des 19. Jahrhunderts zurück, wenngleich diese Arbeit in der neoplastischen Komposition ineinander verschachtelter Quadrate wenig Verwandtschaft mit der brutalistischen Antikunst des Smithson-Hauses in Soho aufwies. Inzwischen hatten im London County Council Architekten wie Colquhoun, Carter, Howell und John Killick mit einer Reihe von Le Corbusier beeinflußter Wohnbauprojekte begonnen. Höhepunkt war jene Parodie der »Strahlenden Stadt«, die Wohnbebauung Alton East, die 1958 in Roehampton errichtet wurde.

Zwar hatten Mies van der Rohes Bauten für das IIT anfänglich die Formensprache der Smithsons beeinflußt, doch die weitere Entwicklung des Brutalismus ging zu einem großen Teil auf das Spätwerk Le Corbusiers zurück. Seine Neuinterpretation des mediterranen Vokabulars, wie sie sich in seinem Projekt Roq et Rob von 1948 manifestierte, spielte eine wichtige Rolle bei der Ausbildung der brutalistischen Sensibilität. So gingen die Smithsons von ihrem Enthusiasmus für Mies zu einer eigenen Version von Le Corbusiers *béton brut* über; wie sie

265 *Stirling und Gowan, Wohnbebauung, Ham Common, Richmond, Surrey, 1955–1958.*

266 *Stirling und Gowan, Projekt für das Selwyn College, Cambridge, 1959.*

267 *Reynolds, Entwurf für ein Lagerhaus, Bristol, 1958.*

es 1959 formulierten: »Mies ist groß, aber Corb ist kommunikativ.« Auch der Schock, den Stirling empfand, als er 1955 zum erstenmal die Maisons Jaoul besichtigte, wich bald begeisterter Zustimmung und Nachahmung. Ein enger Zusammenhang zwischen der Syntax der Maisons Jaoul und Stirlings Wohnbebauung Ham Common von 1955 läßt sich kaum leugnen, obwohl die tragenden Wandschotten bei den beiden Projekten für völlig unterschiedliche architektonische Ziele eingesetzt wurden.

Die endgültige Integration der britischen brutalistischen Ästhetik – die Verschmelzung ihrer widersprüchlichen »formalistischen« und »populistischen« Aspekte zu einem für England typischen Glas- und Backsteinstil, der von den Industriebauten des 19. Jahrhunderts hergeleitet war – vollzog sich in den Arbeiten Stirlings und seines Partners James Gowan aus dem Jahre 1959: in dem Projekt eines Studentenwohnheims für das Selwyn College in Cambridge und in dem Ingenieurgebäude der Universität Leicester. An dieser Stelle muß auch die Arbeit des verstorbenen Edward Reynolds erwähnt werden, dessen konstruktiv expressive (um nicht zu sagen expressionistische) Entwürfe, die er noch als Student schuf, einen entscheidenden Einfluß auf die Architektur des Brutalismus ausübten, vor allem auf den Wettbewerbsbeitrag von Howell und Killick für das Churchill College in Cambridge (1958) und auf Stirlings Projekt für Leicester im folgenden Jahr.

Der Entwurf von Stirling und Gowan für das Selwyn College war nicht nur für die kristallinen Formen ihres Frühstils charakteristisch, sondern führte auch das Thema »Rückseite gegen Vorderseite« ein, das die Organisation ihrer Bauten kennzeichnete – ein Thema, das sich von dem Kontrast massiver und verglaster Elemente bei den Scheiben der Ville Radieuse herleitete. Reynolds' Entwurf für ein Lagerhaus von 1958 übte offenbar auch entscheidenden Einfluß auf das Ingenieurgebäude der Uni-

versität Leicester aus, bei dem Stirling und Gowan zu ihrer unverwechselbaren Formensprache fanden. Was zuvor bei Le Corbusiers Pavillon Suisse das Element der Scheiben gewesen war, wurde hier (auf dem Umweg über Reynolds' Lagerhausentwurf) in das horizontale Volumen eines Laboratoriumsblocks mit kristallinen Dachformen übertragen; aus Le Corbusiers freistehendem Zugangsturm wurde eine vertikale Gruppe mit Laboratorien, Vorlesungsräumen und Büros. Stirling und Gowan glichen die fundamentalen Widersprüche des frühen Brutalismus aus, indem sie den Formenkanon der Moderne mit industriellen und kommerziellen Bauelementen aus Stirlings Heimatstadt Liverpool verbanden (vgl. zum Beispiel die Pionierleistungen von Peter Ellis). Vom puristischen Konzept der späten zwanziger Jahre blieben nur noch die von der Marine hergeleiteten Details – jene Relings, Kajütentreppen und Schornsteine, die mit polemischer Absicht in *Kommende Baukunst* abgebildet waren. Im übrigen war Leicester eine eklektizistische *tour de force*, die in der Nebeneinanderstellung unterschiedlicher Elemente nicht nur an Telford und Brunel erinnerte, sondern auch an William Butterfields Kirche All Saints' in der Londoner Margaret Street von 1849. Welches andere Vorbild als die Neogotik hätte es erlaubt, formale Elemente des Purismus mit der romantischen Bilderwelt von Wrights Johnson Wax Building (1936–1939) zu vereinen und zugleich brutalistische konstruktive Details wie die freiliegenden, diagonal gerasterten Decken zu integrieren, die von Kahns Richards Laboratories (1958) inspiriert sind?

Während in Leicester ein Raster von 45° über eine sonst orthogonale Geometrie gelegt war, stellte bei Stirlings Geschichtsfakultät im Cambridge von 1964 die Diagonale die Hauptachse des Grundrisses dar. Außerdem war bei dem Geschichtsgebäude die Backstein-Glas-Syntax von Selwyn und Leicester so weit gefaßt, daß die kristalli-

268 Stirling und Gowan, Ingenieurgebäude, Universität Leicester, 1959.

nen Formen des Glases das Backsteingerüst zu überwuchern begannen. Dennoch verfügte der Bau immer noch über einen gekoppelten Aufzugs- und Treppenturm, der ähnlich Kahns »dienendem« Element (vgl. Richards Laboratories) den Zugang artikulierte und zugleich als typologisches Element Stirlings Stil charakterisierte. Dieses Element kehrte auch bei dem letzten und am wenigsten überzeugenden Bau der Backstein-Glas-Serie wieder, dem Wohnheim Florey für das Queen's College in Oxford (1966). Die wichtigsten Werke in dieser Reihe – Selwyn, Leicester, die Geschichtsfakultät und das Florey Building – stellten einen wahren Typenkatalog des modernen Universitätsbaus dar. Diese typologische Orientierung mit ihrer Tendenz zum Zerlegen und Zusammensetzen archi-

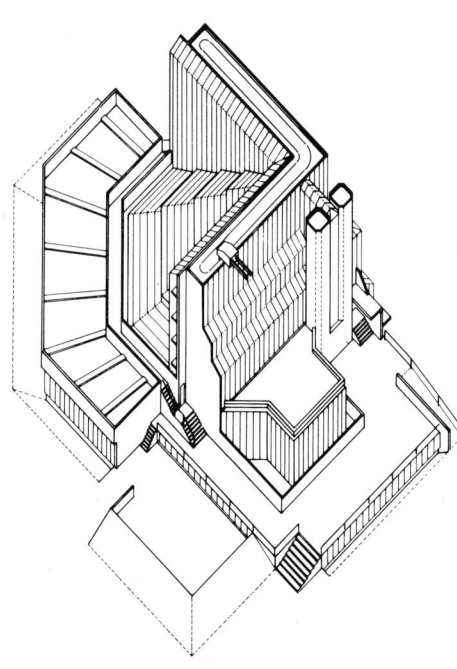

269 Stirling, Gebäude der Historischen Fakultät, Cambridge University, 1964.

male Meisterschaft seiner Syntax jenem kritischen »ortsstiftenden« Potential entgegengewirkt, das er selbst einst bei seiner Dorflückenbebauung Mitte der fünfziger Jahre eingesetzt hatte. Manfredo Tafuri schrieb über Stirlings spätere Bauten: »Stirling versetzt die Benutzer seiner Bauten in einen räumlichen Zwangszustand, der zwischen der Leere der Formen und einer Demonstration der Funktion angesiedelt ist. Das heißt, Architektur wird zur autonomen Maschine, wie sie sich im Gebäude der Historischen Fakultät in Cambridge und dem Projekt für die Siemens AG darstellt. Stirling ist grausam genug, jenen geheiligten Bereich aufzuheben, in den das semantische Universum der modernen Tradition eingeschlossen war. Der Betrachter wird von der selbstbewußten Artikulation Stirlingscher Formenapparate weder angezogen noch abgeschreckt. Er gerät zwangsläufig auf einen Schlingerkurs, der ebenso schwindelerregend ist wie das perverse Spiel des Architekten mit den Elementen seiner eigenen Sprache.«

tektonischer Komponenten – teils aufgrund empirischer Anforderungen und teils, um die überkommenen Formen der Moderne aufzubrechen – bestimmte solche späten »Monumente« des Brutalismus in weitaus stärkerem Maße als ein Interesse an den Eigenheiten des Ortes.

Obwohl Stirling stets die Ansprüche des Bauprogramms erfüllte, liegt seine Bedeutung eher in der überzeugenden Qualität seines Stils, in der brillanten Architektonik seiner Formen und nicht in der beständigen Verfeinerung jener »Ortsattribute«, die zwangsläufig unsere Lebensqualität bestimmen. Trotz seiner Bewunderung für Aalto sind Stirlings Arbeiten weit von der Sensibilität gegenüber der Umgebung und der respektvollen Zurückhaltung entfernt, die etwa Aaltos Rathaus in Säynatsalö kennzeichnen. Es scheint, als hätte die for-

3. Kapitel
Die Wandlungen der Ideologie: CIAM und Team X, Kritik und Gegenkritik 1928–1968

»1. Das Problem der Architektur im modernen Sinne fordert in erster Linie die intensive Verbindung ihrer Aufgabe mit den Aufgaben der allgemeinen Wirtschaft.

2. Wirtschaftlichkeit ist im technisch-produktiven Sinne zu verstehen und bedeutet den möglichst rationellen Arbeitsaufwand und nicht den möglichst großen Ertrag im geschäftlich-spekulativen Sinne.

3. Die Notwendigkeit der ökonomisch wirksamsten Produktion ergibt sich zwangsläufig daraus, daß wir heute und in der nächsten Zukunft mit allgemein verschärften Lebensbedingungen zu rechnen haben.

4. Die Konsequenzen der ökonomisch wirksamsten Produktion sind Rationalisierung und Standardisierung. Sie sind von entscheidendem Einfluß auf die Arbeit des heutigen Bauens.

5. Rationalisierung und Standardisierung äußern sich in dreifacher Hinsicht:

a) sie fordern vom Architekten eine intensive Reduktion und Vereinfachung der beim Bau notwendigen Arbeitsvorgänge;

b) sie bedeuten für das Bauhandwerk eine einschneidende Reduktion der heutigen Vielzahl der Berufe zugunsten weniger, auch für den ungelernten Arbeiter leicht anzulernender Fertigkeiten;

c) sie fordern vom Verbraucher, dem Besteller und Bewohner des Hauses, eine Klärung seiner Ansprüche im Sinne einer weitgehenden Vereinfachung und Verallgemeinerung der Wohnsitten. Dies bedeutet einen Abbau der heute überschätzten und durch gewisse Industrien empor-

getriebenen Einzelansprüche zugunsten einer möglichst allgemeinen und breiten Erfüllung der heute zurückgesetzten Ansprüche der großen Masse.«

Erklärung von La Sarraz,
Congrès Internationaux d'Architecture Moderne, 1928

Die CIAM-Erklärung von 1928 war von vierundzwanzig Architekten unterzeichnet, darunter sechs aus Frankreich, sechs aus der Schweiz, drei aus Deutschland, drei aus Holland, zwei aus Italien, zwei aus Spanien, einer aus Österreich und einer aus Belgien. Es ging ihnen weniger um Architektur als um Bauen, das sie als »eine ganze elementare Tätigkeit des Menschen« verstanden, die »an der gestalterischen Entfaltung unseres Lebens beteiligt ist«. Sie stellten fest, daß Architektur eng mit den politischen und wirtschaftlichen Fragen verknüpft sei und sich keineswegs von den Realitäten der industrialisierten Welt fernhalten dürfe. Ihre Qualität könne nicht von handwerklicher Arbeit abhängen, sondern nur von der allgemeinen Übernahme rationalisierter Produktionsverfahren. Während Hitchcock und Johnson vier Jahre später für die Vorherrschaft des von der Technik bestimmten Stils eintraten, betonten die CIAM die Notwendigkeit von Wirtschaftsplanung und Industrialisierung und lehnten zugleich Wirtschaftlichkeit als Mittel der Profitmaximierung ab. Statt dessen befürworteten sie die Einführung von Standardisierung und ökonomischen Produktionsmethoden als ersten Schritt zu einer Rationalisierung der Bauindustrie. Was also Ästheten als eine Vorliebe für die reguläre Form ansehen würden, war für CIAM die Voraussetzung für die Steigerung der Bauproduktion und die Überwindung von Methoden aus einer handwerklich orientierten Epoche. Das Dokument von La Sarraz nahm auch zur Stadtplanung eine ähnlich radikale Haltung ein:

»Stadtbau kann niemals durch ästhetische Überlegungen bestimmt werden, sondern ausschließlich durch funktionelle Folgerungen ... Der jetzt durch Kauf, Spekulation und Erbschaft chaotischen Zerstückelung der Bodenflächen ist durch eine planmäßig betriebene kollektive Bodenwirtschaft zu begegnen. Diese Entwicklung kann schon heute durch die Überführung des ungerechtfertigten Mehrwertgewinnes an die Allgemeinheit und durch den Ausbau des Erbbaurechtes eingeleitet werden.«

Zwischen der Erklärung von La Sarraz im Jahre 1928 und der letzten CIAM-Konferenz in Dubrovnik von 1956 machten die CIAM drei Entwicklungsphasen durch. Während der ersten Phase, die von 1928 bis 1933 dauerte und in mancher Hinsicht die doktrinärste war, fanden die Kongresse in Frankfurt (1929) und Brüssel (1930) statt. Bei diesen Zusammenkünften dominierten die deutschsprachigen, sozialistisch orientierten Architekten der Neuen Sachlichkeit. Themen waren in Frankfurt »Die Wohnung für das Existenzminimum« und in Brüssel (CIAM III) »Rationelle Bebauungsweisen«, das heißt Hoch- und Blockbauweisen, bei denen Grundstücke und Material optimal genutzt werden. Die CIAM II, vom Frankfurter Stadtbaurat Ernst May initiiert, bildeten auch einen Arbeitsausschuß, den CIRPAC (Comité International pour la Résolution des Problèmes Architecturaux Contemporains), dessen Hauptaufgabe darin bestand, Themen für künftige Kongresse vorzubereiten.

Die zweite Phase der CIAM zwischen 1933 und 1947 wurde von der Persönlichkeit Le Corbusiers beherrscht, der bewußt dem Städtebau den Vorrang einräumte. CIAM IV im Jahre 1933 war vom urbanistischen Standpunkt her zweifellos der umfassendste Kongreß, da hier vierunddreißig europäische Städte einer vergleichenden Analyse unterzogen wurden. Ergebnis waren die Artikel der Charta von Athen, die aus unerklärlichen Gründen erst ein Jahrzehnt später veröffentlicht wurden. Reyner Banham charakterisierte den Kongreß 1963 mit folgenden kritischen Worten:

»CIAM IV – mit dem Thema ›Die Funktionale Stadt‹ – fand im Juli und August 1933 an Bord der S.S. Patris in Athen und am Ende der Reise in Marseille statt. Es war der erste der ›romantischen‹ Kongresse, der sich vor einem prächtigen landschaftlichen Hintergrund abspielte und nicht in der Realität des industriellen Europas, und es war der erste *Congrès*, der von Le Corbusier und den Franzosen und nicht von den hartnäckigen deutschen Realisten beherrscht wurde. Die Kreuzfahrt auf dem Mittelmeer war eine willkommene Abwechslung gegenüber der sich verschlimmernden Situation in Europa. Während dieses kurzen Urlaubs von der Realität produzierten die Delegierten das am meisten olympische, rhetorische und letzten Endes destruktive Dokument, das je aus den CIAM hervorging: die Charta von Athen. Die hundertelf Artikel der Charta bestehen teils aus Feststellungen über den Zustand der Städte und teils aus Vorschlägen für die Verbesserung dieser Verhältnisse mit den

fünf Hauptthemen Wohnen, Erholung, Arbeit, Verkehr und historische Bauten. Der Ton bleibt dogmatisch, aber zugleich auch allgemein gehalten und weniger deutlich auf direkte praktische Probleme bezogen als die Berichte von Frankfurt und Brüssel. Die Verallgemeinerung hatte ihre Vorzüge, wo sie zu einem größeren Überblick führte und deutlich machte, daß Städte nur im Zusammenhang mit den umgebenden Regionen gesehen werden sollten. Doch diese überzeugende Allgemeingültigkeit, die der Charta von Athen die Aura universaler Anwendbarkeit verleiht, enthüllte auch eine sehr begrenzte Konzeption von Architektur und Städtebau und legte die CIAM eindeutig fest auf: a) strenge funktionale Zonierung der Städte mit Grüngürteln zwischen Bereichen, die unterschiedlichen Funktionen vorbehalten waren, und b) einen einzigen Typ städtischer Wohnbebauung, nach den Worten der Charta ›hohe, weit auseinanderliegende Appartementblocks, wo immer die Notwendigkeit besteht, eine hohe Bevölkerungsdichte unterzubringen‹. In einem Abstand von dreißig Jahren erscheint uns dies lediglich als Ausdruck ästhetischer Vorlieben, aber damals hatte es die Kraft eines mosaischen Gesetzes und lähmte die Suche nach anderen Formen des Wohnbaus.«

Die allgemeine Übereinstimmung in der Charta von Athen mag zwar tatsächlich jede weitere Untersuchung alternativer Wohnbaumodelle verhindert haben, doch insgesamt war eine deutliche Verschiebung der Akzente zu verzeichnen. Die radikalen politischen Forderungen der Frühzeit waren fallengelassen worden. Der Funktionalismus blieb allgemeines Credo, aber die Sätze der Charta lasen sich wie ein neokapitalistischer Katechismus, dessen Edikte auf idealistische Weise »rationalistisch« und zugleich weitgehend unrealisierbar waren. Diese idealistische Haltung wurde vor dem Zweiten Weltkrieg auf dem fünften Kongreß formuliert, der dem Thema Wohnen und Freizeit gewidmet war und 1937 in

Paris stattfand. Hier erkannten die CIAM die Bedeutung nicht nur historischer Strukturen an, sondern auch der Region, in der die Stadt lag.

In der dritten und letzten Phase der CIAM gewann der liberale Idealismus endgültig die Oberhand über den Materialismus der Frühzeit. Im Jahre 1947 auf CIAM VI in Bridgwater, England, suchten die CIAM-Mitglieder die abstrakte Sterilität der »funktionalen Stadt« zu überwinden, indem sie feststellten, es sei »das Ziel der CIAM, für die Entstehung einer physischen Umgebung zu arbeiten, die den emotionellen und materiellen Bedürfnissen des Menschen entspricht«. Dieses Thema wurde auf Initiative der englischen MARS-Gruppe weiterentwickelt, die für CIAM VIII in Hoddesdon, England (1951) das Thema »Der Stadtkern« vorbereitet hatte. Mit der Wahl des Tagungstitels »Das Herz der Stadt« brachte MARS den Kongreß auf ein Sujet, das Sigfried Giedion, José Luis Sert und Fernand Léger bereits in ihrem Manifest von 1943 angesprochen hatten. Sie schrieben: »Die Menschen wollen, daß Bauten, die ihr soziales und gemeinschaftliches Leben repräsentieren, eine stärkere funktionelle Befriedigung vermitteln. Sie möchten ihr Bedürfnis nach Monumentalität, Freude, Stolz und Dynamik befriedigt sehen.«

Für Giedion wie für Camillo Sitte war der Raum der öffentlichen Begegnung zwangsläufig mit der monumentalen Gegenform jener öffentlichen Institutionen verbunden, die ihn umschlossen – und umgekehrt. Aber trotz ihres nun deutlich gewordenen Interesses an den konkreten Qualitäten des Ortes ließ sich bei der alten CIAM-Garde nicht erkennen, daß sie in der Lage war, die komplexen städtebaulichen Probleme der Nachkriegszeit in den Griff zu bekommen. Das Ergebnis war, daß neue Mitglieder aus der jüngeren Generation zunehmend enttäuscht und beunruhigt waren.

Der entscheidende Bruch fand bei CIAM IX in Aix-en-Provence im Jahre 1953 statt,

270 Alison und Peter Smithson, System der Wohnbebauung Golden Lane, angewendet auf das Zentrum Coventrys (links die Pfarrkirche und die zerstörte Kathedrale).

als eben diese Generation, von Alison und Peter Smithson und Aldo van Eyck angeführt, die vier funktionalistischen Kategorien der Charta von Athen in Frage stellte: Wohnen, Arbeiten, Erholung und Verkehr.

Statt ihrerseits mit einem alternativen Satz von Abstraktionen aufzuwarten, forschten die Smithsons, van Eyck, Jacob Bakema, Georges Candilis, Shadrach Woods, John Voelcker sowie William und Jill Howell nach den Prinzipien städtischen Wachstums und der nächsten wichtigen Einheit oberhalb der Zelle Familie.

Ihr Unbehagen an dem gemäßigten Funktionalismus der alten Garde – an dem »Idealismus« Le Corbusiers, van Eesterens, Serts, Ernesto Rogers', Alfred Roths, Kunio Mayekawas und Gropius' – spiegelte sich in ihrer kritischen Reaktion auf den Bericht von CIAM VIII. Sie reagierten auf das simplifizierende Modell des Stadtkerns mit einem komplexeren Muster, das ihrer Ansicht nach dem Bedürfnis nach Identität näherkam. Sie schrieben:

»Der Mensch mag sich leicht mit seinem eigenen Heim identifizieren, aber nicht ohne weiteres mit der Stadt, in dem es sich befindet. Irgendwo ›hinzugehören‹ ist ein grundlegendes emotionales Bedürfnis – die Assoziationen, die sich damit verbinden, sind von der einfachsten Art. Von ›Hingehören‹, von Identität kommt das bereichernde Gefühl der Nachbarschaft. Die kurze, schmale Straße des Slums hat Erfolg, wo großzügige Sanierungen häufig scheitern.«

Mit dieser sehr eindeutigen Äußerung sprachen sie sich nicht nur gegen die von Sitte inspirierte Sentimentalität der alten Garde aus, sondern auch gegen den Rationalismus der »funktionellen Stadt«. Ihre kritische Suche nach einer präziseren Beziehung zwischen physischer Form und sozialpsychologischen Bedürfnissen wurde zum Thema von CIAM X in Dubrovnik im Jahre 1956 – dem letzten CIAM-Treffen –, für das diese Gruppe, später als Team X bekannt, verantwortlich zeichnete. Die offizielle Auflösung der CIAM und die Nachfolge von Team X wurde in einer weiteren Versammlung bestätigt, die 1959 in der elegischen Umgebung von Henry van de Veldes Museum in Otterlo in Gegenwart des alten Meisters stattfand. Doch die entscheidende Grabrede war bereits geschrieben. In Le Corbusiers Brief an den Kongreß in Dubrovnik heißt es:

»Jene, die nun vierzig Jahre alt sind, um 1916 inmitten von Kriegen und Revolutionen geboren, und jene damals noch nicht Geborenen, heute fünfundzwanzig Jahre alt, die um 1930 während der Vorbereitungen für einen neuen Krieg und in einer schweren wirtschaftlichen, sozialen und politischen Krise zur Welt kamen, sind in der jetzigen Zeit die einzigen, die aktuelle Probleme persönlich und intensiv erfassen. Sie fühlen, welche Ziele verfolgt werden müssen, mit welchen Mitteln man sie erreicht und wie dringlich die heutige Situation ist. Sie wissen Bescheid. Anders ihre Vorgänger, sie sind nicht mehr im Bilde, sie sind den direkten Auswirkungen der Situation nicht mehr unterworfen.«

Das besondere kulturelle Klima Londons in der Mitte der fünfziger Jahre, das vom Pariser Existentialismus geprägt war, übte nicht nur einen entscheidenden Einfluß auf das Ethos der britischen brutalistischen Bewegung aus, sondern trug auch zur Polemik des mit ihr eng verbundenen Team X bei. In diesem Zusammenhang muß auf den Fotografen Nigel Henderson hingewiesen werden, dessen Aufnahmen vom Londoner Straßenleben in Aix-en-Provence ausgestellt wurden. Seine Wahrnehmungsfähigkeit und Lebenseinstellung spielten eine wichtige Rolle für die Entwicklung der Smithsonschen Sensibilität. Daß diese Sensibilität schließlich in Konflikt mit der Tabula rasa von Le Corbusiers CIAM-Raster geriet, der noch 1952 propagiert wurde, ist nicht zuletzt auf Hendersons Reportage über die soziale und physische Realität des Londoner East End zurückzuführen, auf seine Fotos vom Leben in Bethnal Green. Die Smithsons besuchten Henderson ab 1950 regelmäßig in seinem Haus in Bethnal Green. Aus ihren unmittelbaren Erfahrungen des Straßenlebens in diesem Gebiet (das heute durch die Wohnhochhäuser des Wohlfahrtsstaates ausgelöscht ist) leiteten sie ihre ersten Begriffe von »Identität« und »Gemeinschaft« ab. So wurde die Bye-Law Street, obgleich sie auch bei den Smithsons einer Rationalisierung unterworfen wurde, zum konzeptionellen »Rückgrat« ihres Entwurfs für die Wohnbebauung Golden Lane von 1952.

Trotz seiner Ähnlichkeit mit Le Corbusiers Projekt »Ilot Insalubre« von 1937 enthielt Golden Lane eindeutig Kritik an der Ville Radieuse und der Einteilung der Stadt in die vier Zonen Wohnen, Arbeiten, Freizeit und Verkehr. Die Smithsons setzten diesen Funktionen die eher phänomenologischen

Kategorien Haus, Straße, Bezirk und Stadt entgegen, doch die Bedeutung dieser Bezeichnungen wurde mit größerem Maßstab zunehmend vager. Das Haus war in Golden Lane die Familien-Wohneinheit; die Straße war ein über den Boden gehobenes Deck von großzügigem System mit Wohnungszugängen auf einer Seite. Der Bezirk und die Stadt wurden realistischerweise als variable Bereiche angesehen, die sich der physischen Definition entzogen.

Aber obwohl sie den Determinismus der »funktionellen Stadt« aus der Vorkriegszeit ablehnten, verstrickten sich die Smithsons bei ihrem Projekt Golden Lane in einen ähnlichen Rationalisierungsprozeß wie die CIAM. Zwar waren diese »Höfe« im Golden-Lane-Schema den Straßen zugeordnet, doch das »Haus in der Luft« hatte keinen Hof, der in irgendeiner Weise dem Hinterhof der Bye-Law Street verwandt war. Die Straße selbst, die nun vom Boden getrennt war, konnte kein Gemeinschaftsleben mehr aufnehmen. Vor allem konnte die einseitige Anordnung nur die lineare Straßenführung betonen und ließ kein Gefühl für den Ort entstehen. Daß die Bye-Law Street auf beiden Seiten bewohnt war, hatte eindeutig zu ihrer sozialen Vitalität beigetragen (wie eine frühe Skizze der Smithsons zeigt). Doch das Konzept von Golden Lane – hohe Wohndichte auf kleinem Grundstück – und die von den Smithsons übernommenen funktionalistischen Normen schlossen eine Lösung aus, die ein solches Leben gefördert hätte.

Da die Smithsons dieses Wohnbaumodell als prototypische Lösung vorstellten, muß man folgern, daß sie sich der Widersprüche kaum bewußt waren. Sie präsentierten weiterhin ihren Entwurf für Golden Lane und wiederholten ihn über den gesamten Stadtbereich ad infinitum, als sei er die eindeutige kritische Alternative zu Le Corbusiers Ville Radieuse. Die lockere, »zweigartige« Anordnung ließ sich zweifellos als Polemik gegen rücksichtslosen Abriß und als Argument zugunsten einer allmählichen Ent-

wicklung interpretieren. Aber ihre Collage des Prototyps als Phantom-Axonometrie inmitten der Ruinen Coventrys verwies die Smithsons wieder auf das Hauptdilemma der CIAM. Golden Lane, über das zerstörte Coventry gelegt, schien ebenso gegen die Kontinuität der bestehenden Stadt zu verstoßen wie die an Haussmann erinnernden Projektionen von Le Corbusiers Plan Voisin aus dem Jahre 1925. Im Entwurf waren die Ränder zwischen dem alten Straßenmuster und dem neuen Bauwerk als Serie unvermeidlicher Kollisionen dargestellt. Als das Golden-Lane-Konzept 1961 am Park Hill in Sheffield nach den Entwürfen von Jack Lynn und Ivor Smith verwirklicht wurde, stellte sich heraus, daß es – anders als bei der Randblockbebauung, wie sie Brinkman 1919 in Spangen, Rotterdam, verwirklicht hatte (ein den Smithsons wohlbekanntes Projekt) – wenig Möglichkeiten gab, eine Kontinuität zwischen den erhöhten Decks und den Straßen auf der Erde zu erzielen.

Das Team X setzte sich für die Stadt auf mehreren Ebenen ein – eine Idee, die über Le Corbusier auf Hénards Visionen aus dem Jahre 1910 zurückging. Doch es sprach für die Smithsons, daß sie sich der Grenzen dieses Konzepts bewußt blieben und bald eine der kritischsten Skizzen ihrer Laufbahn produzierten: eine Zeichnung, die demonstrierte, daß man über dem sechsten Geschoß jeden Kontakt zum Boden verlor. Die Smithsons wollten mit ihrer Zeichnung eine Rechtfertigung für Megastrukturen liefern. Daß sie aber mit der Baumhöhe als einer Kategorie der Erfahrung argumentierten, mag in den sechziger Jahren im Familienwohnungsbau zur allgemeinen Akzeptanz niedriger Bebauung bei hoher Wohndichte geführt haben. Das kritische Bewußtsein der Smithsons äußerte sich auch in ihren eigenen Entwürfen für Dorflückenbebauungen Mitte der fünfziger Jahre – ihren *close-and-fold*-Häusern – und in ihrer These, den »ökologischen« Argumenten ihres Doorner Manifests von 1954

271 Lynn und Smith, Park Hill, Sheffield, 1961.

entsprechend, das Habitat solle »in die Landschaft integriert und nicht als ein Objekt in ihr isoliert werden«.

Die soziale und kulturelle Herausforderung von Bethnal Green fand wenig Echo bei Bakema, obwohl er sich zu Beginn der vierziger Jahre gegen den Funktionalismus geäußert hatte. Er war dasjenige Mitglied des Team X, das nur wenig von den städtebaulichen Prinzipien der Neuen Sachlichkeit abwich – des Reihenhausprinzips mit fortlaufenden Blocks gleicher Höhe in optimalem Abstand. Bakema bezog sich offenbar immer wieder auf den Plan für Amsterdam-Süd von 1934 und auf die Vorkriegsarbeiten holländischer Funktionalisten wie Merkelbach, Karsten und Stam. Dennoch entfernten sich die Opbouw-Studien für Pendrecht (1949–1951) und für den Alexander-Polder (1953–1956), an denen Bakema beteiligt war, von dem strengen Prinzip der Blockbebauung in gleicher Höhe und Orientierung. Sie zeigten eine lockerere Anordnung, einschließlich »Hakenkreuz«-Konstellationen, und die Bauten waren in »Nachbarschaften« um Komplexe mit öffentlichen Einrichtungen wie Schwimmbäder, Schulen und so weiter gruppiert.

Das Projekt Kennermerland, von Bakema zusammen mit J. M. Stokla entworfen und 1959 beim Kongreß in Otterlo vorgestellt, war ein Höhepunkt dieser Studien, wie Bakema erklärte, als Kenzo Tange ihn über die Ursprünge des Entwurfs befragte. Doch es zeugt von der Konfusion jener Zeit, daß sowohl Tange als auch Bakema den Rationalismus Le Corbusiers zum Ausgangspunkt des Entwurfs erklärten, denn Kennermerland leitete sich eindeutig von dem abstrakten »Nachbarschaftskonzept« her, das deutsche Städtebauer wie Ernst May und Arthur Korn entwickelt hatten. Sogar in den frühen sechziger Jahren schlug Bakema noch eine stark hierarchische Form der Nachbarschaftsplanung vor, wie sie zum erstenmal in Korns MARS-Plan für London von 1942 aufgetreten war.

Bakema geriet erst bei seinem Projekt für Tel Aviv von 1963 tatsächlich unter den Einfluß Le Corbusiers: Er verwendete hier die Megastruktur des »Plan Obus« für Algier von 1931 (Abb. 167), um der zerfließenden Stadtform Ordnung zu verleihen. Paradoxerweise trug dieser fortlaufende Superblock nicht dazu bei, Bakema von seinen deterministischen Tendenzen zu befreien; denn obwohl der Fiktion der Nachbarschaftseinheit weniger Bedeutung beigemessen wurde, ersetzte er ihre strukturierende Funktion durch Megaformen, die entweder die Topographie durchschnitten, wie bei seinem Wettbewerbsentwurf für die Universität Bochum (1962), oder wie in Tel Aviv parallel zur Trasse einer Autobahn mitten durch die Stadt verliefen.

Es gehört zu den paradoxen Erscheinungen des Team X, daß Bakema den Megabau als psychologischen »Fixpunkt« für die groß-

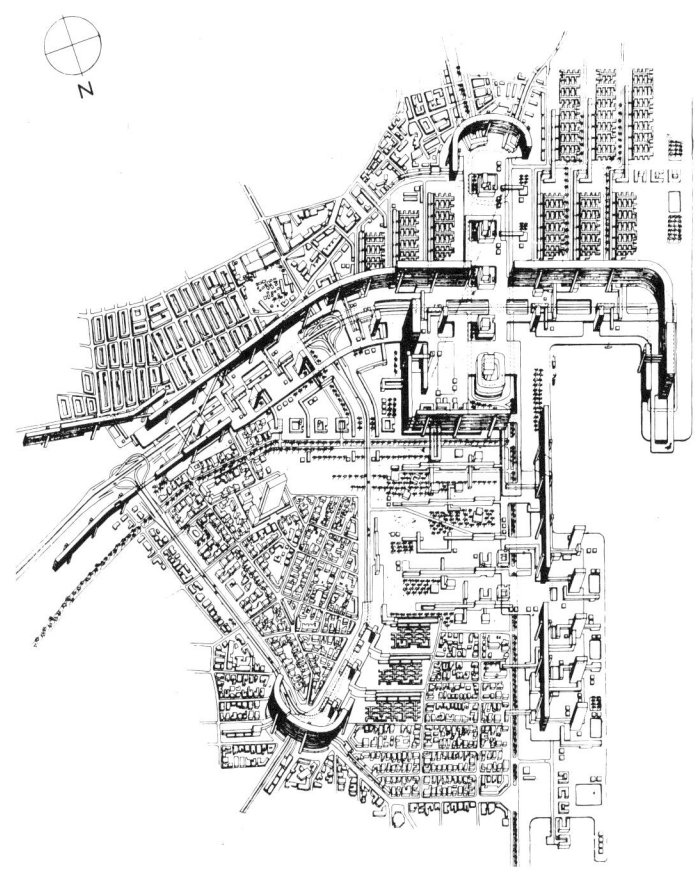

272 Bakema und Van den Broek, Projekt für Megastrukturen in Tel Aviv, 1963.

städtische Landschaft vorschlug, während die Smithsons gerade begonnen hatten, Zweifel am Wert solcher Konstruktionen zu hegen. Ihre These von der »offenen Stadt«, durch die städtebaulichen Konzepte Louis Kahns inspiriert, trugen die Smithsons erstmals nach ihrem Besuch in den Vereinigten Staaten im Jahre 1958 vor. Im gleichen Jahr entwarfen sie auch (mit Peter Sigmond) ihren Wettbewerbsbeitrag für die Hauptstadt Berlin. In diesem Projekt (das dem Scharouns merkwürdig ähnlich ist) führten sie den Begriff der auf immer zerstörten Stadt ein – zerstört in dem Sinne,

daß der beschleunigte Wandel im 20. Jahrhundert sich nicht mehr mit irgendeiner zuvor bestehenden Struktur in Verbindung bringen ließ.

Sowohl Bakema als auch die Smithsons setzten sich mit dem Begriff des »städtischen Fixpunktes« auseinander, mit dem Gefühl für den Ort, das in der »endlosen Weite« Motopias die Architektur vermitteln soll. Doch die Smithsons befürworteten nicht mehr die Megastruktur, sondern verkehrsfreie lokale Enklaven, seien es die erhöhten Podien ihres Projektes Hauptstadt Berlin oder der an Schinkel erinnern-

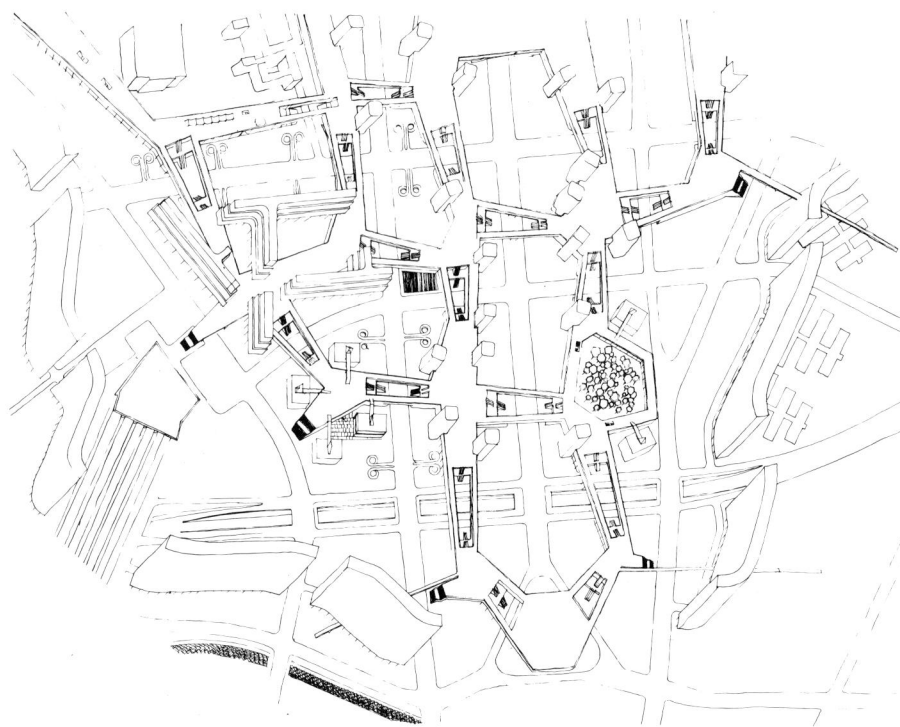

273, 274 Alison, und Peter Smithson und Sigmond, Projekt Hauptstadt Berlin, 1958. Oben südlicher Teil des Fußgängernetzes mit Brücken und Plattformen über das alte Straßenraster; unten Rolltreppen zu Einkaufsbereich und Dach.

de »Paradeplatz« ihres Entwurfes für den Mehringplatz in Berlin von 1962. Bakema wie die Smithsons waren freilich in dieser Zeit fasziniert von der Freiheit versprechenden Massenmobilität, die sie mit angemessenen architektonischen Formen feiern wollten.

Von den unterschiedlichen Strategien, die in diesem Zusammenhang entwickelt wurden, erwies sich die der Smithsons offenbar als die am besten durchführbare, wie sich in der teilweisen Realisierung ihrer Prototypen für die Wettbewerbe Hauptstadt Berlin und Mehringplatz zeigt: Der eine tauchte im Bürokomplex des *Economist* in London 1965 wieder auf, der andere in ihrer Wohnbebauung Robin Hood Gardens in London 1969. Die sterilen Umweltbedingungen dieser Projekte, vor allem in Robin Hood Gardens, das ebensosehr vom städtischen Zusammenhang isoliert war wie die Türme irgendeiner »funktionalen Stadt«, führen freilich zu dem Schluß, daß die

Smithsons sich noch mit den städtebaulichen Folgen ihres »Landschloß«-Konzeptes auseinandersetzen mußten.

Der Pluralismus des Team X spiegelte sich in der völlig andersartigen Einstellung Aldo van Eycks wider. Van Eyck hatte seine gesamte Laufbahn der Entwicklung einer auf den Ort bezogenen Form gewidmet, die der zweiten Hälfte des 20. Jahrhunderts angemessen sein sollte. Von Anfang an befaßte er sich mit Problemen, die die meisten Mitglieder von Team X lieber unformuliert belassen hätten. Während Team X dank seines naiven Optimismus seine anfängliche Dynamik beibehielt, war van Eyck von einem kritischen Impuls motiviert, der an Pessimismus grenzte. Kein anderes Mitglied des Team X war offenbar geneigt, die Verfremdung und Abstraktion der modernen Architektur von Grund auf zu attackieren, vielleicht, weil keiner von ihnen wie van Eyck von »anthropologischen« Erfahrungen profitieren konnte. Seine Beschäftigung mit »primitiven« Kulturen und mit den zeitlosen Aspekten der gebauten Form, wie sie in solchen Kulturen immer auftreten, ging bis in die frühen vierziger Jahre zurück. So hatte er bereits seine eigenen Gedanken entwickelt, als er sich dem Team X anschloß. Seine Erklärung auf dem Kongreß in Otterlo von 1959, in der er sein Prinzip von der Zeitlosigkeit des Menschen vertrat, war dem Denken des Team X fast ebenso fremd wie der Ideologie des CIAM:

»Der Mensch ist immer und überall derselbe. Sein Geist bleibt unverändert, obwohl er ihn, je nach seiner sozialen und kulturellen Stellung, je nach der Eigenart der Umwelt, in die er zufällig hineingeboren wurde, verschieden entwickeln wird. Die moderne Architektur hat sich ganz und gar danach ausgerichtet, der andersartigen, der neuen Architektur zu entsprechen, und ist dabei so weit gegangen, daß ihr Blick für das verlorenging, was nicht andersartig und neu, sondern alt und ewig gültig ist.«

Van Eycks Interesse am Übergang, an der

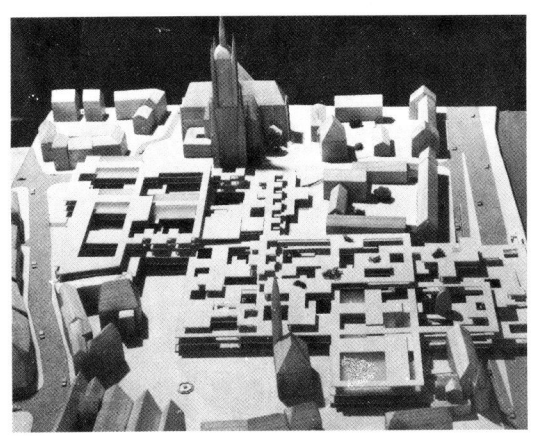

275 Candilis, Josic und Woods, Entwurf für den Römerberg in Frankfurt, 1963. Modell (Projektbearbeitung Woods und Schiedhelm).

Erweiterung der »Schwelle«, um symbolisch zwischen so universalen Doppelphänomenen wie »innen gegen außen« und »Haus gegen Stadt« zu vermitteln, wurde in seiner eigenen Arbeit in den späten fünfziger Jahren deutlich, vor allem in seinem Waisenhaus in Amsterdam, das damals gerade vollendet wurde. In dieser Schule demonstrierte van Eyck seinen Begriff der »labyrinthischen Klarheit« (vgl. S. 247) durch eine miteinander verbundene Folge überkuppelter »Familieneinheiten«, die alle unter einem durchgehenden Dach vereinigt sind.

Um 1966 wurde das, was vorher Begeisterung hervorgerufen hatte, zum Anlaß von Verzweiflung. In fünf Jahren intensiver städtebaulicher Tätigkeit hatte van Eyck sich davon überzeugt, daß die Architekten, wenn nicht sogar der westliche Mensch überhaupt, sich bisher als unfähig erwiesen hatten, eine Ästhetik oder eine Strategie zu entwickeln, die den städtebaulichen Realitäten einer Massengesellschaft entsprach. Van Eyck sagte: »Wir wissen nichts von großen Massen – wir können nicht damit fertig werden – nicht als Architekten, Planer oder sonst jemand.« An anderer Stelle charakterisierte van Eyck diese Situation als kulturelle Leere, die durch den Verlust lokaler Traditionen entstanden sei. In seinen Schriften aus dieser Zeit wies er darauf hin, welche Rolle die moderne Architektur bei der Ausrottung von *Stil* und *Ort* gespielt hat. Seiner Ansicht nach hatte die holländische Architektur der Nachkriegszeit nichts hervorgebracht als das organisierte, unbewohnbare Nirgendwo der »funktionalen Stadt«. Seine Zweifel an der Fähigkeit der Architekten, die pluralistischen Forderungen der Gesellschaft ohne die vermittelnde Rolle des Regionalen zu befriedigen, brachten ihn dazu, die Gesellschaft selbst in Frage zu stellen. Im Jahre 1966 fragte er: »Wenn die Gesellschaft keine Form hat – wie können Architekten dann ihre Gegenform bauen?«

Im Jahre 1963 hatte das Team X bereits die Phase der Zusammenarbeit und des fruchtbaren Austausches überschritten, eine Veränderung, der die Smithsons bereits in ihrem 1962 veröffentlichten *Team X Primer* Rechnung trugen. Von nun an bestand das Team X als Bewegung nur noch dem Namen nach, denn was durch eine kreative Kritik an den CIAM bewirkt werden konnte, war bereits erreicht. Auf dem Wege einer kritischen Neuinterpretation konnte nur noch wenig geleistet werden, ausgenommen vielleicht das Werk zweier Männer, die bis dahin mehr am Rande gestanden hatten – der Amerikaner Shadrach Woods und der Italiener Giancarlo de Carlo.

Der neue Weg, den Woods bei seinem Wettbewerbsentwurf für den Frankfurter Römerberg von 1963 einschlug, war eine direkte Antwort auf van Eycks Aufruf zu »labyrinthischer Klarheit«: Denn in dem Entwurf für Frankfurt schlug er eine »Miniaturstadt« vor. An der Stelle des im Kriege zerstörten mittelalterlichen Stadtkerns plante Woods (in Zusammenarbeit mit Manfred Schiedhelm) eine ebenso labyrinthische Ansammlung von Läden, öffentlichen Bereichen, Büros und Wohnungen über einem zweigeschossigen Basement, das Parkraum und Serviceeinrichtungen enthielt. Wenn Frankfurt ein städtebauliches »Ereignis« war, so unterschied es sich gewiß von den Konzepten der Smithsons oder Bakemas. Es präsentierte eine orthogonale *Gegenform* im Kontrast zu der mittelalterlichen *Form* der Stadt, enthielt aber auch ein dreidimensionales, durch Aufzüge erschlossenes »Loft«-System, dessen Zwischenräume nach Bedarf besetzt werden konnten. Daß diese Idee bereits in den Infrastrukturen von Yona Friedmans *L'Ar-*

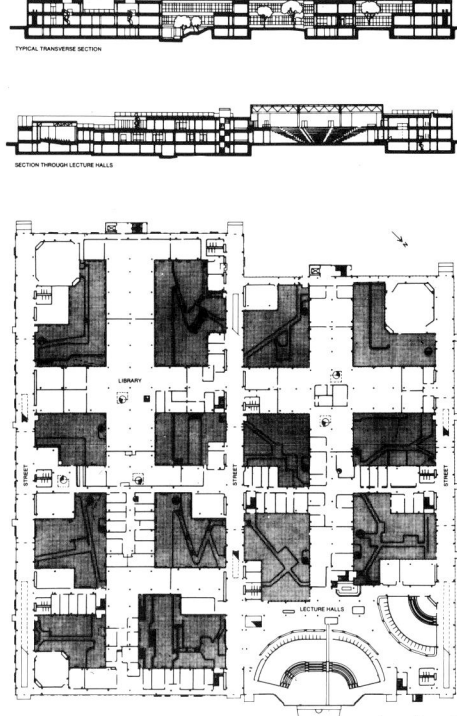

276 Woods und Schiedhelm, Freie Universität, Berlin-Dahlem, 1963–1973. Schnitte und Grundriß des Erdgeschosses in der ersten Phase.

277 *Woods und Schiedhelm, Freie Universität, Berlin-Dahlem, 1963–1973. Fassade aus CorTen-Stahl (Details von Prouvé).*

chitecture Mobile (1958) vorweggenommen war, schmälert Woods' Verdienste nicht.
Der Römerberg blieb zwar Projekt, stellte aber ohne Zweifel die größte Leistung in Woods' Laufbahn dar und ist vielleicht eine der wichtigsten Prototypen des Team X. Der Entwurf bezog sich auf den Kontext einer bestehenden Stadt und vermied den Eskapismus der »funktionalen« und »offenen« Stadt. Er versuchte, das Auto an seinen Platz zu verweisen und die Tradition der Stadtkultur fortzusetzen.
Daß dieses Frankfurter Konzept bei seiner teilweisen Realisierung in der Freien Universität Berlin (1973) viel von seiner Überzeugungskraft verlor, geht weitgehend auf das Fehlen eines städtischen Zusammenhangs zurück. In Berlin-Dahlem existierte

nicht jene städtische Kultur, für die der Komplex entworfen war und auf die er sich in Frankfurt bezogen hätte. Auch wenn eine Universität vielleicht wie eine Stadt im Mikrokosmos funktioniert, kann sie nicht die lebendige Vielfalt der eigentlichen Stadt erzeugen. Außerdem wurde die räumliche Flexibilität Frankfurts durch eine Idealisierung der technischen Flexibilität ersetzt – durch die »poetischen«, aber nicht sonderlich praktischen Details von Jean Prouvés modularer, ausbaufähiger Fassade aus CorTen-Stahl.
Im Jahre 1964 fand die Ideologie von Woods' Frankfurter Projekt ihre Ergänzung in de Carlos Plan für Urbino. Diesem Plan waren gründliche topographische Studien vorausgegangen. Er räumt der Erhal-

tung und Erneuerung mehr Bedeutung ein als der Lokalisierung neuer Entwicklungen. Mit de Carlos Urbino erreichte das Team X schließlich die völlige Antithese zu den kartesianischen Projektionen der Ville Radieuse. De Carlos Vorliebe für die Wiederverwendung bestehender Bausubstanz, wo immer dies möglich ist, wird durch neuere Untersuchungen unterstützt. Sie weisen nach, daß es trotz der gewöhnlich höheren Wohndichte bis zu fünfzig Jahre dauern kann, bis die neue Bebauung den statistischen »Wohnungsverlust« ausgleicht, der durch den Zeitaufwand für Zerstörung und Aufbau entsteht.
Argumente wie dieses trieben das Team X schließlich in einen Bereich, den es immer streng gemieden hatte: die Politik. Besonders deutlich wurde diese neue Haltung auf der Mailänder Triennale von 1968, als Woods aus Sympathie für radikale Studenten mithalf, seine eigenen Werke zu entfernen. Nur ein Jahr zuvor hatte er geschrieben:
»Worauf warten wir? Auf die Nachricht von einem neuen bewaffneten Angriff mit noch esoterischeren Waffen, eine Nachricht, die durch die Luft zu uns kommt, eingefangen von unseren prächtigen Transistorgeräten irgendwo in unseren immer primitiveren Wohnungen? Unsere Waffen werden komplizierter, unsere Wohnungen immer viehischer. Ist das die Bilanz der reichsten Kultur seit Beginn aller Zeiten?«
Das gleiche Thema nahm de Carlo im Jahre 1968 auf, als er seine synoptische Analyse der ideologischen Entwicklung in der modernen Architektur mit dem Titel *Legitimizing Architecture* schrieb. Über die Folgen der CIAM-Erklärung von 1928 hieß es:
»Heute, vierzig Jahre nach dem Kongreß, sehen wir, daß aus diesen Vorschlägen Häuser und Nachbarschaften und Vororte und dann ganze Städte geworden sind, greifbare Manifestationen eines Mißbrauchs, der zuerst mit den Armen und dann sogar mit den nicht so Armen getrie-

ben wurde, kulturelle Alibis für ungezügelte wirtschaftliche Spekulation und törichte politische Ineffektivität. Und doch haben es die ›warums‹, die in Frankfurt so beiläufig übergangen wurden, immer noch schwer, offen an die Oberfläche zu gelangen. Dabei haben wir ein Recht zu fragen, ›warum‹ Wohnen so billig wie möglich und nicht zum Beispiel eher teuer sein sollte, warum wir die Häuser, statt sie mit größter Mühe auf ein Minimum an Flächen, Dicke und Materialien zu reduzieren, nicht geräumig, geschützt, isoliert, komfortabel, gut ausgestattet machen sollten, mit vielen Möglichkeiten für Intimität, Kommunikation, Austausch, persönliche Kreativität. Niemand kann sich mit einer Antwort zufriedengeben, die auf die Knappheit der verfügbaren Mittel hinweist, wenn wir alle wissen, wieviel für Kriege ausgegeben wird, für den Bau von Raketen und Raketenabwehrsystemen, für Mondprojekte, für Forschungen über die Entlaubung von Wäldern, in denen sich Partisanen festgesetzt haben, und über chemische Einsatzmittel gegen Demonstranten aus den Gettos, für ›heimliche Verführung‹, für die Erfindung künstlicher Bedürfnisse und so weiter.«

Für de Carlo war die Studentenrevolte von 1968 nicht nur ein notwendiger Höhepunkt in der Krise der Studentenbildung, sondern sie reflektierte auch die tieferen und bedeutsameren Konflikte zwischen architektonischer Praxis und Theorie – wobei letztere häufig die wahren Machtverhältnisse und die Ausbeutung in der Gesellschaft verschleiert. Als Beispiel zitierte de Carlo das Protokoll von CIAM VIII, dessen sentimentale Überlegungen zum »Herzen der Stadt« weitgehend für jene Ideologie verantwortlich waren, durch die der traditionelle Stadtkern später zerstört wurde (ein ironischer, wenn nicht sogar zynischer Vorgang, der erst ein Jahrzehnt später seine volle Dynamik entwickelte). Wie de Carlo argumentierte, blieb der offiziöse Anstrich dieses Unternehmens bei den Kritikern der westlichen Gesellschaft nicht völlig unbemerkt: Sie begannen den Prozeß der städtischen Erneuerung als eine Umschreibung für die Vertreibung der armen Bevölkerung zu betrachten.

In der Mitte der sechziger Jahre war dieses Problem den meisten Mitgliedern von Team X noch nicht bewußt. Mit Ausnahme von Woods, van Eyck und de Carlo zogen sie es offenbar vor, die Zerstörung unseres städtischen Erbes im Namen der Spekulation zu ignorieren. Angesichts der schwierigen Situation erlahmten ihre Formulierungsgabe und schöpferische Phantasie. Was heute von ihrem Werk überdauert, ist paradoxerweise weniger ihr architektonisches Konzept als die suggestive Kraft ihrer Kulturkritik.

4. Kapitel
Ort, Produktion und Architektur: internationale Theorie und Praxis seit 1962

»Was dieses Wort ›Raum‹ nennt, sagt seine alte Bedeutung. Raum, Raum heißt freigemachter Platz für Siedlung und Lager. Ein Raum ist etwas Eingeräumtes, Freigegebenes, nämlich in eine Grenze, die griechische peras. Die Grenze ist nicht das, wobei etwas aufhört, sondern, wie die Griechen es erkannten, die Grenze ist jenes, von woher etwas sein Wesen beginnt. *Darum ist der Begriff: horismos, d. h. Grenze. Raum ist wesenhaft das Eingeräumte, in seine Grenze Eingelassene. Das Eingeräumte wird jeweils gestaltet und so gefügt, d. h. versammelt durch einen Ort, d. h. durch ein Ding von der Art der Brücke.* Demnach empfangen die Räume ihr Wesen aus Orten und nicht aus ›dem‹ Raum.«

Martin Heidegger
Bauen Wohnen Denken, 1954

In einem Überblick über die neueren Entwicklungen der Architektur muß auch die Rede darauf kommen, welche ambivalente Rolle der Architektenberuf im letzten Jahrzehnt gespielt hat. Zwiespältig war diese Rolle nicht nur, weil die Architekten behaupteten, im öffentlichen Interesse zu handeln, manchmal aber unkritisch an der Förderung hochspezifizierter Technologien mitwirkten. Zwiespältig war sie auch, weil viele intelligentere Vertreter dieses Standes der Praxis den Rücken kehrten, um entweder zur direkten sozialen Aktion überzugehen oder die Architektur als Kunstform zu propagieren. Was den letzteren Aspekt betrifft, so kann man nicht umhin, ihn als Wiederkehr einer unterdrück-

ten Kreativität zu betrachten, als Implosion von Utopia in sich selbst. Die Architekten haben sich natürlich auch schon früher mit solchen nicht realisierbaren Projekten befaßt, aber selten – mit der klassischen Ausnahme Piranesis und viel später der Phantasmagorien von Bruno Tauts »Gläserner Kette« – ihre Vorstellungen in so esoterische Formen gekleidet. Vor und nach dem Ersten Weltkrieg bargen die positiven Ziele der Aufklärung noch eine gewisse Überzeugungskraft. An der Schwelle des 19. Jahrhunderts hätten wahrscheinlich selbst die grandiosesten Visionen Boullées verwirklicht werden können, wenn genügend Mittel zur Verfügung gestanden hätten. Ledoux war im gleichen Maße Baumeister wie Visionär. Das trifft auch auf Le Corbusier zu, dessen gigantischen städtebaulichen Projekte zweifellos sämtlich hätten realisiert werden können, wenn er genügend Macht gehabt hätte. Das 412 m hohe World Trade Center in New York von Minoru Yamasaki (1972), eine Stahlrohrkonstruktion in Form von Zwillingstürmen, oder der 30 m höhere Sears Tower in Chicago, entworfen 1971 von Bruce Graham und Fazlur Khan bei Skidmore, Owings and Merrill, demonstrieren beide, daß vielleicht sogar Wrights 1600 m hoher Wolkenkratzer von 1956 realisierbar gewesen wäre. Solche Megastrukturen sind freilich zu ungewöhnlich, um als Modell für die allgemeine Praxis zu gelten. Inzwischen sucht die einstige Avantgarde entweder, wie Manfredo Tafuri feststellte, Rechtfertigung durch die Medien oder sühnt ihre

Schuld im Ritus eines isolierten kreativen Exorzismus. Wieweit dies eine subversive Taktik (Archigrams »Injektion von Lärm in das System«) oder eine kunstvolle Metapher mit kritischen Nuancen darstellt, hängt natürlich von der Vielschichtigkeit der damit zusammenhängenden Ideen und Ziele zusammen.

Die englische Archigram-Gruppe, die kurz vor der ersten Ausgabe ihrer Zeitschrift *Archigram* im Jahre 1961 neofuturistische Modelle entworfen hatte, orientierte sich offensichtlich an der technokratischen Ideologie des amerikanischen Architekten Buckminster Fuller und an der seiner britischen Apologeten John McHale und Reyner Banham. Im Jahre 1960 hatte Banham, angeregt von McHale, im letzten Kapitel seines Buches *Die Revolution der Architektur* Fuller bereits als den Helden der Zukunft gefeiert. Die Hinwendung Archigrams zum *high-tech*, einer Leichtbauweise mit Infrastrukturen (also jener nicht festgelegten Strukturen, die im Werk Fullers angedeutet sind und noch deutlicher in Yona Friedmans *L'Architecture mobile* von 1958 auftreten), führte paradoxerweise zu ironischen Zitaten der Science-fiction.

Archigram schlug keine Lösungen vor, die tatsächlich unfixiert waren oder von der Gesellschaft übernommen und realisiert werden konnten. Vor allem darin unterscheidet sich Archigram vom anderen prominenten Anhänger Fullers in England, Cedric Price. Sein Fun Palace von 1961 und die Potteries Thinkbelt von 1964 waren durchaus realisierbar und zumindest theo-

retisch so flexibel, daß sie unterschiedliche
Bedürfnisse sowohl populärer Unterhal-
tung als auch eines anspruchsvollen Ausbil-
dungssystems befriedigen konnten.

Abgesehen von einem gewissen subversi-
ven Erotizismus (wie er sich etwa in der
biologisch-funktionalistischen Parodie von
Michael Webbs »Sin Centre« von 1962 äußert), interessierte sich Archigram besonders für die verführerische Bilderwelt des
Raumzeitalters. Wie bei Fuller standen
eher die endzeitlichen Aspekte der Überle-
benstechnologie im Mittelpunkt als die
Produktionsverfahren oder die Bedeutung
solcher komplizierter Techniken für die
Aufgaben des Augenblicks. Trotz aller
oberflächlichen Ironie waren Ron Herrons
»Walking Cities« von 1964 offensichtlich
dazu entworfen, nach einem Atomkrieg
durch eine in Trümmern liegende Welt zu
stolzieren. Wie Howard Hughes' »Glomar
Explorer« deuteten sie eine alptraumartige
Errettung der Menschen und Artefakte
vom endgültigen Untergang an. Diese Le-
viathane zeigen Parallelen zu Fullers Vorschlag von 1968, eine riesige Kuppel über
Manhattan zu errichten. Die eiserne Lunge
der Stadt war als geodätischer Schutz gegen
den Smog gedacht, konnte aber zweifellos
in dem unwahrscheinlichen Fall eines nu-
klearen Zwischenfalls auch zur Abschir-
mung gegen radioaktive Strahlung dienen.
Die Gruppe Archigram war ähnlich non-
chalant und sah keinen Grund, sich mit den
soziologischen und ökologischen Folgen ihrer Megastrukturen zu beschäftigen. Ein
typisches Beispiel war Peter Cooks »Plug-
In-City« von 1964. Auch Dennis Cromp-
ton, Michael Webb, Warren Chalk und
David Greene, die von schwebenden
Raumkapseln fasziniert waren, fühlten sich
nicht veranlaßt zu erklären, warum man in
so kostspieliger und komplizierter Hardware und in so beengten räumlichen Verhältnissen leben sollte. Wie Banham in seiner
solipsistischen, aufblasbaren Kugel, die mit
High Fidelity und anderem Komfort ausgestattet war, die narzistischen Gesten Wi-

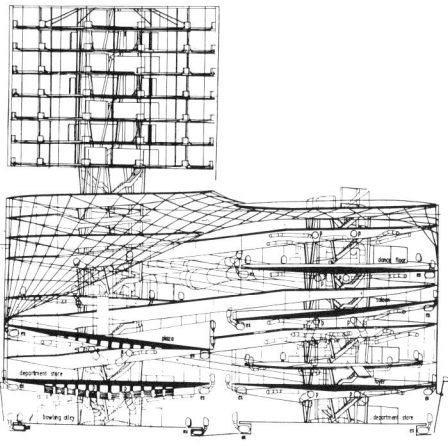

278 Herron, Projekt »Walking City«, 1964.

279 Webb, Projekt »Sin Centre«, 1962.

schnus ausführte, schlugen sie Raumstandards vor, die weit unter dem »Existenzminimum« der von ihnen verachteten Funktionalisten aus der Vorkriegszeit lagen.
Wenn etwas die Architektur »auf das Niveau der Aktivitäten gewisser Spezies von
Insekten und Säugetieren« reduzieren
konnte – um Berthold Lubetkins Attacke
auf die Reduktionsbemühungen der sowjetischen Konstruktivisten zu zitieren (er
zielte auf Ginzburgs OSA-Gruppe) –, so
waren es diese von Archigram vorgeschla-

genen Wohnzellen. Nach dem Vorbild von
Fullers Dymaxion-Haus von 1927 oder seinem ein Jahrzehnt später entworfenen Badezimmer (vgl. S. 205) sollten diese Einheiten »autonome Pakete« sein, das heißt, sie
waren vor allem für Einzelpersonen oder
Paare bestimmt – möglicherweise verbor-
gene Kritik an der bürgerlichen Familie.
Die Arbeiten von Archigram waren denen
der japanischen Metabolisten erstaunlich
verwandt. Angeregt durch Kenzo Tanges
Projekt für die Bucht von Tokio, hatten die
Metabolisten im Hinblick auf die Übervöl-
kerung Japans seit den späten fünfziger
Jahren ständig wachsende, veränderbare
»Plug-In«-Megastrukturen entworfen. Die
Wohnzellen dieser Projekte sind, etwa bei
Noriaki Kurokawa, auf präfabrizierte Hül-
sen reduziert, die an spiralförmigen Wol-
kenkratzern befestigt werden. Sie konnten
auch, so bei den Projekten Kiyonori Kikutakes, wie Schnecken an den Innen- oder
Außenflächen großer Zylinder kleben, die
im Meer oder auf dem Meer schwimmen.
Kikutakes schwimmende Städte gehören
zweifellos zu den poetischsten Visionen des
Metabolismus. Doch trotz der Bohrvor-
richtungen, die der Gewinnung von Energie dienen, sind Kikutakes Marine Cities
noch weiter vom täglichen Leben entfernt
als die Megastrukturen von Archigram. Es
zeugt vom rhetorischen Charakter dieser
Bewegung, daß die meisten Metabolisten
danach relativ konventionell weiterarbeite-

280 Fuller, Entwurf für eine geodätische Kuppel über das Zentrum Manhattans (von Fluß zu Fluß, 64th bis 22nd Street), 1968.

281 Kikutake, Projekt »Marine City«, 1958.

282 Kurokawa, Capsule Tower Nagakin, Tokio, 1971.

ten. Mit Ausnahme von Kikutakes Sky House (1958) und Kurokawas Capsule Tower mit Junggesellenappartements, 1971 an der Ginza in Tokio errichtet (vgl. Kurokawas Wohnkapseln von 1962), wurden nur sehr wenige metabolistische Konzepte verwirklicht.

Solche ekstatischen Zukunftsvisionen sind sehr deutlich von den intelligenten additiven Städtebaukonzepten zu unterscheiden, die moderate Architekten wie Fumihiko Maki und Masato Otaka vorlegten. Gunther Nitschke schrieb 1966 in einem Aufsatz über die Metabolisten:

»So lange die heutigen Bauten immer schwerer, härter und monströser im Maßstab werden, so lange die Architektur als Ausdruck der Macht benutzt wird, sei es der eigenen oder irgendeiner banalen Institution, die der Gesellschaft dienen und sie nicht beherrschen sollte, ist das Gerede über größere Flexibilität und veränderbare Strukturen reine Polemik. Vergleicht man etwa Akira Shibuyas Projekt für eine Metabolische Stadt von 1966 mit traditionellen japanischen Bauten oder mit modernen Methoden, wie sie Wachsmann, Fuller oder Ekuan in Japan vorschlagen, so wirkt

es wie reiner Anachronismus, um tausend Jahre zu spät gekommen. Es stellt, gelinder ausgedrückt, keinen Fortschritt der modernen Architektur in ihrer Theorie und Praxis dar.«

Der Niedergang des Metabolismus in Japan kam im Gefolge der ideologischen Leere, die auf der Expo '70 in Osaka offenbar wurde. Danach ging die kritische Führung in der japanischen Architektur von den älteren Metabolisten auf die Mitglieder der sogenannten japanischen Neuen Welle über, deren Arbeit hauptsächlich durch zwei Architekten der mittleren Generation, Arata Isozaki und Kazuo Shinohara, bekannt wurde. Während Shinohara sich fast ausschließlich auf den Wohnhausbau beschränkt, genießt Isozaki einen Ruf sowohl als kritischer Intellektueller wie auch als Architekt öffentlicher Bauten. Seine Laufbahn begann mit der Oita-Filiale der Fukuoka Mutual Bank, die 1966 in Kyushu entstand. Der Erfolg dieses Gebäudes führte zu einer ganzen Reihe größerer öffentlicher Bauten, darunter das Gunma-Präfekturmuseum in Takasaki von 1974. Internationales Ansehen errang Isozaki 1968 mit seinem kritischen Beitrag zur 14. Triennale in Mailand, dem »Elektrischen Labyrinth«. Mit dieser Multimedia-Präsentation der apokalyptischen Katastrophe in Hiroshima etablierte sich Isozaki in der europäischen Avantgarde. Die Triennale brachte ihn in Kontakt mit Archigram und Hans Hollein, deren Einfluß sich danach in manchen Aspekten seiner Arbeit bemerkbar machte. Von Archigram übernahm er mit seinem Roboter für Kenzo Tanges Festival Plaza auf der Expo '70 in Osaka die Begeisterung für High-Tech, von Hollein die Mischung von Materialien und die Vorliebe für hochstilisierte Objekte und ironische Anspielungen, wie sie zum ersten Mal bei der Hauptverwaltung der Fukuoka Sogo Bank in Kitakyushu (1968–1971) auftraten. Wie Kahn ließ sich Isozaki von Ledoux' *architecture parlante* inspirieren. Von dessen emblematischer neoplatonischer

Geometrie ausgehend, entwickelte er in den frühen siebziger Jahren bei einer Reihe von Bankfilialen eine gerasterte High-Tech-Architektur, deren Höhepunkt das Gunma-Museum darstellte. Mit diesem schimmernden Bauwerk, das wie eine Fata Morgana wirkt, suchte Isozaki den Verlust des traditionellen japanischen »Raumes der Dunkelheit« auszugleichen – jenes schwach beleuchteten häuslichen Innenraums, dem Junichiro Tanizaki in seinem Essay »Zum Lobe des Schattens« (1933) als einer der ersten nachgetrauert hatte. Isozaki ging es darum, jede kulturelle Nostalgie zu vermeiden und statt dessen ein modernes Äquivalent für diesen traditionellen illusionistischen Raum zu schaffen. Über die Nagamsami Home Bank (1971) schrieb er:

»Dieses Gebäude hat nahezu keine Form, es ist lediglich eine graue Fläche. Das vielgeschossige räumliche Raster leitet den Blick, konzentriert ihn aber nicht auf bestimmte Punkte. Bei der ersten Betrachtung wirkt die unbestimmte graue Fläche unentzifferbar und äußerst seltsam. Das Raster ... absorbiert alle individuellen Räume, die eine strenge Ordnung bilden. Es verbirgt sie, und wenn dieser Verhüllungsprozeß vorüber ist, bleibt nur die graue Fläche.«

Seit den frühen siebziger Jahren finden sich in Isozakis Werk einerseits gerasterte, atektonische Ensembles (graue Flächen), die wie bei dem Gunma-Präfekturmuseum und dem Shukosha-Gebäude in Fukuoka (1974–1975) von kubischen Formen beherrscht werden, andererseits tonnengewölbte tektonische Gebäude wie das Klubhaus Fujimi bei Oita (1972–1974) und die Zentralbibliothek in Kitakyushu (1972–1975). Eine neuere Version dieses Modells ist das Museum of Contemporary Art in Los Angeles (1981–1986), vielleicht seine beste jüngere Arbeit.

Anders als die Metabolisten akzeptieren Isozaki, Shinohara und andere Mitglieder der japanischen »Neuen Welle« die Tatsa-

283 Isozaki, Gunma Präfekturmuseum, Takasaki, 1974.

284, 285 Piano und Rogers, Centre Pompidou, Paris, 1972–1977.

che, daß heutzutage kaum eine sinnvolle Beziehung zwischen individuellen Bauten und der städtischen Gesamtstruktur herzustellen ist. Diese kritische Position manifestierte sich in einer Reihe extrem formaler, nach innen orientierter Häuser von Architekten wie Tadao Ando, Hiromi Fujii, Hiroshi Hara, Itsuko Hasegawa und Toyo Ito ebenso wie in ähnlich introvertierten Arbeiten von Isozaki und Shinohara (vgl. S. 270–271 und 283–285).

Ito, der gleicherweise von Isozaki und Shinohara beeinflußt wurde, läßt sich als Stellvertreter der japanischen Neuen Welle betrachten: Sein Werk ist sowohl hochästhetisch als auch ideologiekritisch. Wie Isozaki und Shinohara nimmt er eine fatalistische Position gegenüber der Megalopolis ein, die für ihn ein sinnentleertes Monstrum ist. Die einzige Möglichkeit für kulturelle Signifikanz sieht er in umschlossenen poetischen Bereichen, die einen Gegensatz zu dem Chaos und der Willkür der Großstadtstruktur bilden. Seine bisher größte städtebauliche Arbeit, das PMT Building in Nagoya (1978), ist ein »papierdünner« Bau, dessen hermetisches, weitgehend durch Oberlicht erhelltes Volumen eine stoische, herbe Schönheit besitzt. Hier handelt es sich um die aristokratische Gegenform (Isozaki) und nicht um einen gönnerhaften Populismus (Venturi).

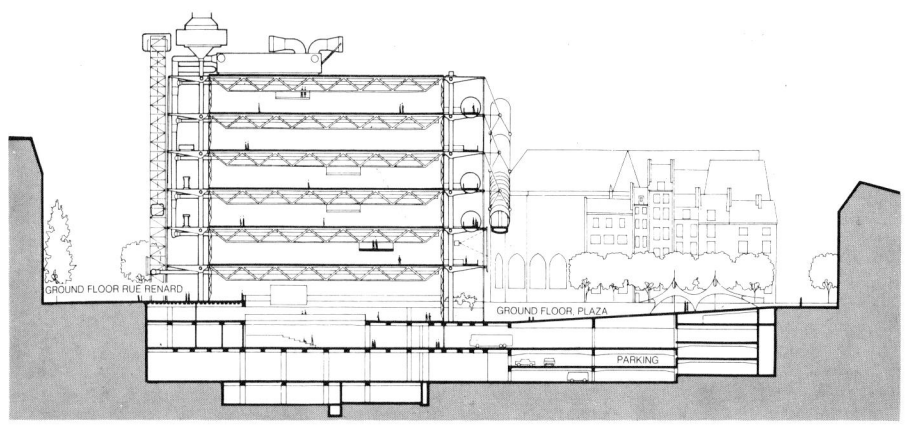

Abgesehen von der geodätischen Kuppelkultur der »Drop-outs« im amerikanischen Westen und von der Rolle, die Buckminster Fuller bei der Entstehung einer mystischen Schule des geometrischen Entwerfens spielte (mit so unterschiedlichen Architekten wie Moshe Safdie, Alfred Neumann, Zvi Hecker, Eldar Sharon und Nader Adalon) übte Fuller den größten *ideologischen* Einfluß zweifellos in Japan und England aus. In England reichen die von Fuller inspirierten Konzepte von der reinen Ideologie Archigrams bis zu den jüngeren Werken von Foster Associates und dem Centre Pompidou, Paris, vollendet 1977 nach Entwürfen des anglo-italienischen Teams Richard Rogers und Renzo Piano. Es ist offensichtlich, daß in diesem »Centre National d'Art et de Culture« im Hinblick auf Technologie und Infrastruktur die Ideen Archigrams verwirklicht wurden. Das Bauwerk ist ein großer Publikumserfolg geworden, hauptsächlich wegen seines sensationellen Charakters. Es stellt eine brillante *tour de force* in moderner Technik dar und wirkt auf den Betrachter wie die Ölraffinerie, deren Technologie es nahezukommen sucht. Auf die speziellen Anforderungen des Gebäudes – die Unterbringung von Kunstwerken und Büchern – ist freilich wenig Rücksicht genommen worden. Das Prinzip der optimalen Flexibilität und der freien Nutzung wurde hier zum Extrem geführt. Zum einen war es notwendig, ein weiteres »Gehäuse« in das Gerüst einzubauen, um genügend Wandfläche und umschließenden Raum für die Kunstausstellungen zu erhalten. Zum anderen wurden zwar überall 50 m überspannende Fachwerkbinder verwendet, um eine optimale Flexibilität zu gewährleisten, aber inzwischen hat sich herausgestellt, daß diese Konstruktion übertrieben war – zu viel Flexibilität und zu wenig Wandflächen. Die Tatsache, daß der Maßstab des Gebäudes den städtischen Kontext völlig außer acht läßt und es seinen Status als Institution nicht darzustellen vermag, entspricht seiner ideologischen Herkunft. Denn solche Überlegungen waren der englischen Dymaxion-Schule stets fremd. Einer der unbeabsichtigten ironischen Züge des Bauwerks hängt mit dem spektakulären Ausblick auf die Stadt zusammen, den man von den verglasten Rolltreppenröhren an der Westseite genießen kann. Diese Zugangswege reichen heute kaum noch aus, um die täglich mehr als 20 000 Besucher aufzunehmen – von denen dreißig Prozent niemals die kulturellen Einrichtungen benutzen.

Ein ebenso undefiniertes Konzept lag dem Entwurf von Milton Keynes (1972), einer englischen neuen Stadt, zugrunde. Der Plan basierte auf einem leicht unregelmäßigen Straßenraster und sollte offensichtlich einen Extrakt von Los Angeles über die landwirtschaftlichen Flächen Buckinghamshires legen. Das leere, ungleichmäßige System, das der Topographie entsprechend angelegt war, stellte eine weitere bis zur Absurdität getriebene Lektion in offener Planung dar. Trotz des neoklassizistischen, an Mies erinnernden Einkaufszentrums vermag die Stadt bis heute noch nicht, ihre Identität auszudrücken. Man hat hier – abgesehen von den graphischen Hinweisen an der Stadtgrenze – nicht das Gefühl, irgendwo angekommen zu sein. Dem zufälligen Besucher erscheint Milton Keynes lediglich als eine willkürliche Ansammlung mehr oder weniger gut gelungener Wohnblocks. Im Gegensatz dazu steht etwa die Präzision von Wrights Broadacre City, wo die Bereiche trotz der rücksichtslosen Auflösung der Stadtstruktur durch ihre orthogonalen Begrenzungen definiert worden wären. In Milton Keynes entsprechen die wenigen vorhandenen Begrenzungen keiner klar erkennbaren Ordnung. Das ist kaum überraschend, denn die Struktur der Stadt wurde von den Planungstheorien Melvin Webbers beeinflußt, dessen Slogan »Non-Place Urban Realm« von den offiziellen Architekten der New Town, Llewelyn-Davies, Weeks, Forestier-Walker und Bor übernommen wurde.

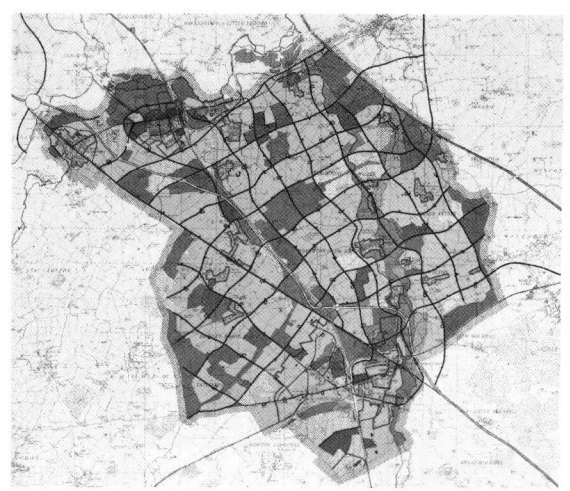

286 Llewelyn-Davies, Weeks, Forestier-Walker und Bor, Strategischer Plan für Milton Keynes New Town, Buckinghamshire, 1972. Über die Landschaft gelegter schematischer Straßenraster. Wohnbereiche (hell) und Arbeitsbereiche (dunkel) sind unregelmäßig verteilt.

287 Bill, Hochschule für Gestaltung, Ulm, 1953–1955. Von links nach rechts: Werkstattblock, Bibliothek, Verwaltungsgebäude und Studentenwohnheim. Im Hintergrund das Ulmer Münster.

In der Ulmer Hochschule für Gestaltung (HfG), die der Schweizer Architekt und Künstler Max Bill ursprünglich als Nachfolgeinstitution des Bauhauses konzipiert hatte, legte eine rigorose Haltung gegenüber Design und Technologie innerhalb eines Jahrzehnts die fundamentalen Widersprüche bloß, die sich beim Entwerfen für eine Verbrauchergesellschaft ergeben. Als Bill 1956 vom Posten des Direktors zurücktrat, begann die HfG, den Designprozeß zu verwissenschaftlichen, und entwickelte eine Methodologie, nach der die Formen der Gegenstände entsprechend einer präzisen Analyse ihres Verwendungszwecks und ihrer Produktion entwickelt werden sollten. Leider degenerierte dieses Verfahren bald zu einer Idolatrie der Methodik. Der »Purist« hätte lieber auf eine Lösung verzichtet, als zu einem Entwurf zu gelangen, der nicht ergonomisch gesichert war. In Herbert Ohls Abteilung für industrialisiertes Bauen führte diese Haltung dazu, daß der Entwurf industrieller Elemente den Vorrang erhielt und keine umfassende Analyse spezifischer Bauaufgaben stattfand. Häufig wurden wirkliche Bedürfnisse übersehen und statt dessen außerordentlich raffinierte, wenn auch relativ einfache Prototypen für die Rationalisierung des Bauens entwickelt. Mitte der sechziger Jahre erkannten die kritischeren Fakultätsmitglieder Tomás Maldonado, Claude Schnaidt und Gui Bonsiepe, daß diese Idealisierung des Produktdesigns in eine Sackgasse führte und um der Methodologie und der funktionalen Ästhetik willen die Widersprüche der kapitalistischen Gesellschaft geflissentlich übersah. Für die Architektur drückte dies besonders nachdrücklich Claude Schnaidt aus, der 1967 in seinem Aufsatz »Architecture and Political Commitment« schrieb: »Als die Pioniere der modernen Architektur jung waren, glaubten sie wie William Morris, die Architektur solle eine ›Kunst des Volkes für das Volk‹ sein. Statt sich dem Geschmack der wenigen Privilegierten zu beugen, wollten sie die Bedürfnisse

288 Superstudio, »A Journey from A to B«, 1969. »Straßen oder Plätze werden nicht mehr nötig sein.«

der Allgemeinheit befriedigen. Sie wollten Bauten errichten, die den menschlichen Anforderungen entsprachen, eine Cité Radieuse. Aber sie hatten nicht mit den kommerziellen Instinkten der Bourgeoisie gerechnet, die ihre Theorien sofort für sich selbst beanspruchte und zu gewinnbringenden Zwecken nutzte. Zweckmäßigkeit wurde bald zum Synonym für Einträglichkeit. Antiakademische Formen wurden zum neuen Dekor der Oberschicht. Das rationale Wohnen wurde zum Wohnen für das Existenzminimum verwandelt, die Cité Radieuse wurde zur städtischen Konglomeration und die Strenge der Linie zur Armut der Form. Die Architekten der Gewerkschaften, Genossenschaften und sozialistischen Stadtverwaltungen traten in den Dienst der Whiskyhersteller, der Waschmittelfabrikanten, der Bankiers und des Vatikans. Die moderne Architektur, die durch eine lebenswerte neue Umwelt zur Befreiung der Menschheit beitragen wollte, wurde zu einem gigantischen Unternehmen für den Niedergang des menschlichen Habitat.«

Doch obwohl man die Effektivität der Avantgarde-Architekten in den sechziger Jahren anzweifeln mag, hatten sie sich nicht gänzlich von ihrer sozialen Verantwortung freigesprochen. Es gab viele Gruppen, die eindeutige politische Positionen einnahmen und sich gegenüber der

modernen Technik keineswegs unkritisch äußerten. Wichtig ist in diesem Zusammenhang vor allem die Gruppe Superstudio, die zu den poetischsten Vertretern der Richtung zählte. Sie stand unter dem Einfluß von Constant Nieuwenhuys, der bei seinem Neuen Babylon von 1960 eine ständig wechselnde Stadtstruktur vorgeschlagen hatte, die den »spielerischen« Instinkten des Menschen entsprechen sollte. Unter der Leitung von Adolfo Natalini produzierte Superstudio ab 1966 Arbeiten, die Monumente als schweigende städtische Zeichen darstellten oder aber Vignetten für eine Welt lieferten, in der Konsumgüter abgeschafft waren. Ihre Entwürfe variierten von gigantischen, undurchdringlichen, mit Spiegelglas verkleideten Megalithen bis zu Science-fiction-Landschaften, in denen die Natur eine positive Rolle spielte – kurz, eine Quintessenz der antiarchitektonischen Utopie.

Jenseits des Leistungsprinzips, das der Philosoph Herbert Marcuse bereits als Definition des Lebens durch Technologie und Konsumgüter charakterisiert hatte, schuf Superstudio ein stilles, antifuturistisches und technologisch optimistisches Utopia. Bezeichnenderweise stellte Superstudio diese nicht-repressive Welt durch eine Architektur dar, die praktisch unsichtbar oder dort, wo sie sichtbar wurde, völlig nutzlos und vom Entwurf her selbstzerstörerisch war (wie etwa der sich selbst auflösende Spiegelglasdamm für die Niagarafälle). Obwohl sie das »Kontinuierliche Moment« als eine undurchdringliche Masse darstellten, die an Boullée erinnert, war es ein metaphysisches Bild, so fließend und kryptisch wie die suprematistischen Monumente Malewitschs oder die »eingepackten« Gebäude Christos, eines Künstlers, der nach der Verpackung der Berner Kunsthalle im Jahre 1968 in seinen Entwürfen viele institutionelle Monumente des Westens verhüllte und damit zum »Schweigen« brachte.

Als in den frühen sechziger Jahren immer deutlicher wurde, daß sich in der Praxis eine tiefe Kluft zwischen den Vorstellungen des Architekten und den Bedürfnissen und Gepflogenheiten des Benutzers auftat, entstand eine ganze Reihe reformistischer Bewegungen, die gegen die Utopie Stellung nahmen und diese Absonderung des Architekten von der normalen Gesellschaft überwinden wollten. Sie stellten nicht nur die weltfremde, abstrakte Syntax der modernen Architektur in Frage, sondern suchten auch nach Wegen, jene Gesellschaftsschichten zu versorgen, mit denen sich die Architekten normalerweise nicht befaßten. Nikolaus J. Habraken setzte sich in seinem Buch *Supports: An Alternative to Mass Housing* (1972) zum erstenmal mit dem Problem von Mietwohnungen auseinander, die den unterschiedlichen Bedürfnissen der Benutzer entsprechen sollten. John Turner und William Mangin schrieben 1963 über ihre Erfahrungen als Berater der spontanen »Squatter«-Städte, die damals am Rande amerikanischer Großstädte entstanden. Die folgende Situation, die Mangin beschrieb, mag als typisches Beispiel für viele Städte des Kontinents gelten: »Das enorme Bevölkerungswachstum in Peru und die Zentralisierung von Politik, Wirtschaft und Kultur in der Hauptstadt Lima haben in letzter Zeit zu einem verstärkten Zustrom aus den Provinzen nach Lima geführt. Man kann sicherlich sagen,

daß mindestens eine Million von den zwei Millionen Einwohnern Limas außerhalb der Stadt geboren worden ist. Die steigende Zahl der Zuwanderer und die anschließende dramatische Umsiedlung vieler von ihnen in nicht unterstützte, auf Selbsthilfe angewiesene Squatter-Siedlungen, die *barriadas*, haben im In- und Ausland beträchtliches Aufsehen erregt und den Peruanern die Situation zum erstenmal bewußt gemacht. Wahrscheinlich ist die Stadt auch in der Vergangenheit auf ähnliche Weise gewachsen, aber das sichtbare Ausmaß des Zustroms in der jüngsten Zeit hat ihn wie ein neues Phänomen erscheinen lassen. Die Zuwanderer kommen praktisch aus allen Regionen, allen sozialen Klassen und allen ethnischen Gruppen der Bevölkerung.«

Probleme dieser Größenordnung gehen natürlich weit über die Reichweite der Architektur als autonome Disziplin hinaus und auch über den Prozeß der Landbesiedlung und -bebauung, wie er allgemein verstanden wird. Dennoch schufen die Dringlichkeit des Problems und die Notwendigkeit, den Squatters zu besseren Wohnbedingungen zu verhelfen (wobei es meist um Wasserversorgung und Abwässerbeseitigung ging), ein Klima, in dem die vierzig Jahre alte Forderung der Neuen Sachlichkeit nach Slumsanierung und anschließender dichter Neubebauung zum erstenmal wieder neu überdacht wurde. Habraken argumentierte, die allgemeine Einstellung müsse sich ändern, nicht nur im Hinblick auf die dritte Welt, sondern auch wegen der wachsenden Unzufriedenheit der Benutzer in industrialisierten Ländern.

Die alternativen Methoden, die entwickelt wurden, um dieser Situation in den Industrie- wie in den Entwicklungsländern zu begegnen, haben sich als wenig hilfreich erwiesen. Auch das Stichwort »Partizipation der Nutzer« (schwierig zu definieren und noch schwieriger zu realisieren) hat nur um so deutlicher gemacht, wie kompliziert das Problem ist. Es kann nur schritt-

289 De Carlo, Mateotti-Siedlung, Terni, 1974–1977.

weise behandelt werden, indem spezifische Situationen jeweils den Verhältnissen entsprechend geklärt werden. Doch die »advocacy planning« bleibt uns als Erbe der sechziger Jahre. Die Ergebnisse variieren stark, von der politischen Manipulation der Unterprivilegierten bis zu der Wohnbebauung in Terni im Norden Roms von Giancarlo de Carlo, deren Planung auf ausführliche Diskussionen mit der örtlichen Gewerkschaft zurückgeht. Dieses Unternehmen brachte zweifellos bemerkenswert qualitätvolle und variationsreiche Ergebnisse hervor. Wie die Wünsche der Benutzer interpretiert wurden, bleibt jedoch unklar.

Habraken und seine Stiftung für Architekturforschung (SAR) in Eindhoven taten im technokratischen Sinne ihr Bestes, um Yona Friedmans offene Infrastrukturen, seine »mobile Architektur«, zu einem logischen Schluß zu führen. So schlugen sie eine niedrige, mehrgeschossige Rahmenbebauung vor, deren Grundrisse undefiniert blieben, mit Ausnahme der festgelegten Zugangs-, Badezimmer- und Küchenbereiche. Außerhalb dieser Zonen sollte der Benutzer den ihm zugewiesenen Raum nach eigenen Wünschen einteilen. Leider wollte Habraken dieses räumliche Modell mit industrialisierten, modularen Elementen ausstatten. Nach dem Beispiel der Autoindustrie sollten sie ein technisch kompliziertes, bisher noch nicht realisierbares Niveau erreichen, wie es nicht einmal bei den präfabrizierten Bauprogrammen der Sowjetunion festzustellen ist. Im übrigen übersah Habraken wie Friedman, daß viel von der »Freiheit« des Systems verlorenging, sobald es unter die Regeln des Monopolkapitals fiel. Dennoch steht und fällt das SAR-Projekt nicht allein mit seiner Technologie. Habraken hat uns einen Weg eröffnet, der noch weiter erforscht werden muß.

Offensichtlich von seinem Denken beeinflußt ist die hervorragende »veränderbare« Wohnhausgruppe in der Genter Straße in München, die Otto Steidle 1971 mit Doris und Ralph Thut errichtete.

Populismus

Mitte der sechziger Jahre realisierten die Architekten allmählich, daß der strenge Kodex der modernen Architektur zu einer Verarmung der städtischen Umgebung geführt hatte. Wie es im einzelnen zu dieser Verarmung kam – wieweit sie auf abstrakte Tendenzen der kartesianischen Rationalität oder aber auf rücksichtslose ökonomische Ausbeutung zurückging –, ist eine komplexe und schwierige Frage, die noch nicht zufriedenstellend beantwortet worden ist.

Freilich läßt sich nicht leugnen, daß die Tabula-rasa-Einstellung der Moderne eine schwerwiegende Rolle bei der Zerstörung der städtischen Kultur gespielt hat. So kann man der »postmodernen« Kritik, die sich vor allem für die Respektierung des bestehenden städtischen Kontexts einsetzt, kaum ihre Berechtigung absprechen. Solche antiutopischen, vom urbanen Zusammenhang ausgehenden Argumente wurden bereits vor einiger Zeit vorgetragen, zuerst in Colin Rowes an Sitte erinnerndem Konzept von der städtischen Form (nach Vorlesungen an der Cornell University 1979 unter dem Titel Collage City veröffentlicht) und danach in Robert Venturis Buch Complexity and Contradiction in Architecture von 1966 (dt. Komplexität und Widerspruch in der Architektur, 1978). Venturi schrieb: »Die beste Rechtfertigung des Vulgären als Teil der Architektur ist zunächst seine bloße Existenz. Es gibt diese Dinge eben. Die Architekten können das beklagen und versuchen, darüber hinwegzusehen. Sie können sogar versuchen, sie zu eliminieren. Ein Erfolg wäre wohl zweifelhaft, jedenfalls auf Dauer. Die Architekten verfügen gar nicht über die Macht, das Vulgäre zu ersetzen (sie wüßten auch gar nicht womit); und außerdem befriedigen diese ubiquitären Scheußlichkeiten ein bestehendes Bedürfnis nach Abwechslung und Ungewohntem. Konventionelle Lösungen, ganz gleich, ob ihr Inhalt banal oder würdevoll ist, werden wohl auch weiterhin das Erscheinungsbild unserer Architektur prägen, und unsere neue Architektur wird umgekehrt solche Konventionen ausbilden. Ich gestehe gern, hier nur eine bescheidene Perspektive zu umreißen; sie hat aber, auch wenn die Architekten oft meinten, sie für beschränkt halten zu müssen, die gleiche Bedeutung wie die visionäre Zukunftsschau, der dieselben Architekten wohl doch etwas zuviel Wichtigkeit beimessen wollten und die sie im übrigen ja auch in keiner Weise verwirklichen konnten. Eine realistische Planung der nächsten Jahre, die pragmatisch Alt und Neu verknüpft, muß neben die langfristig orientierte Zukunftsplanung treten. Architektur ist ebenso evolutionär wie revolutionär. Als Kunst muß sie das bereits Existierende genauso ernst nehmen wie das, was sein sollte, das unmittelbar Gegebene wie das vielleicht Mögliche.«

Als 1972 Learning from Las Vegas von Venturi, Denise Scott Brown und Steve Izenour (dt. Lernen von Las Vegas, 1979) erschien, schwenkte Venturi von der sensiblen, vernünftigen Einschätzung der kulturellen Realität in der alltäglichen Praxis, von der Notwendigkeit, Ordnung gegen Unordnung zu setzten und umgekehrt, und von einer Akzeptierung der »vulgären« Architektur über zu ihrer Glorifizierung. Wo er zuvor Main Street als »nahezu in Ordnung« bezeichnet hatte, pries er den Strip mit seinen Reklametafeln als neues Utopia der Aufklärung, das wie ein Produkt der Science-fiction inmitten der Wüste lag!

Diese Rhetorik, nach der uns Parkplätze von Supermärkten wie die tapis verts von Versailles erscheinen müßten oder Caesar's Palace in Las Vegas wie das moderne Gegenstück der Hadriansvilla, ist Ideologie in reinster Form. Die zwiespältige Art, in der Venturi und Scott Brown diese Ideologie ausbreiten und den grausamen Kitsch von Las Vegas als Beispiel brutaler Maskierung unserer eigenen Umgebung darstellen, zeugt von den ästhetisierenden Tendenzen ihrer These. Ihre kritische Distanz erlaubt es ihnen, das typische Kasino als einen Bereich rücksichtsloser Kontrolle und Verführung darzustellen – sie weisen besonders auf das von der Rückseite her durchsichtige Spiegelglas der Decken und die dunkle, desorientierende Zeitlosigkeit des Inneren hin. Dennoch stellen sie es als Modell für die Neustrukturierung der Stadt dar:

»Längs der Ausfallstraßen aus der Stadt besteht der einzige Übergang vom Strip zur Mojave-Wüste aus einer von rostigen Bierdosen übersäten Zone ... Am Rand des städtischen Weichbildes ist der Übergang völlig unvermittelt. Casinos, die sich vorne mit so viel Raffinesse gegen den Highway wenden, kehren ihrer direkten Nachbarschaft eine völlig vernachlässigte Rückseite zu, bieten nur die nackten Formen der Installationen und liebloser Anbauten.«

Die Ironie und der Witz, mit denen Architekten von Lutyens bis Venturi schwierigen Baubedingungen gerecht wurden, scheinen hier völligem Defätismus zu weichen; und der modische Kult des »Häßlichen und Ordinären« unterscheidet sich nicht mehr von den Auswirkungen der modernen Marktwirtschaft auf die Umwelt. Zwischen den Zeilen geben die Autoren zu, daß Architektur in einer nur von rücksichtslosen ökonomischen Interessen motivierten Gesellschaft überflüssig wird. Die Gesellschaft hat nicht mehr zu repräsentieren, als auf den riesigen, neonbeleuchteten Schildern der normalen Hauptverkehrsstraßen zu lesen ist. Am Ende ihrer Analyse wird den Autoren mehr oder weniger deutlich bewußt, daß der Verlust des Monuments kaum durch die Sophismen des »dekorierten Schuppens« kompensiert werden kann:

»Das Casino von Las Vegas ist ein großer, flacher Raum.

Es ist der Archetypus aller Innenräume mit öffentlichem Charakter, deren Höhe aus ökonomischen Erwägungen, zur Senkung der Kosten der Klimatisierung, möglichst gering gehalten wird ...

Heute ist es einfach geworden, große Weiten zu überspannen, und eine Begrenzung des Rauminhalts erfolgt durch eine technisch und ökonomisch begründete Reduzierung der Höhe. Bahnhöfe, Restaurants und Ladengalerien von kaum drei Metern Höhe bezeugen also, daß sich die Einstellung zur Monumentalität gewandelt hat ...

Wir haben den monumentalen Raum der Pennsylvania Station durch einen U-Bahnhof ersetzt, und der des Grand Central Terminal hat sich nur dadurch erhalten, daß er die staunenswerte Verwandlung zu einem Werbeträger durchmachte.«

Venturi ist darauf bedacht, Las Vegas als authentischen Ausbruch der populären Phantasie darzustellen. Aber wie Maldonado schon in seinem Buch *La Speranza Progettuale* von 1970 darlegte, ist in Wirklichkeit das Gegenteil der Fall.

Las Vegas ist der pseudokommunikative Höhepunkt von »mehr als einem halben Jahrhundert maskierter, manipulatorischer Gewalt, die sich auf die Entstehung einer scheinbar freien, spielerischen städti-

schen Umgebung richtet, in der die Menschen über keinerlei Erfindungskraft mehr verfügen.«

Die Venturi-Fraktion stand mit ihren populistischen Vorstellungen freilich keineswegs allein. Im Gegenteil, sie gewann bald Anhänger in akademischen und professionellen Kreisen, angefangen bei Vincent Scully, der ihre Sache mit seiner lobenden Einführung zu Venturis *Komplexität und Widerspruch* gefördert hatte und sie mit seiner polemischen Schrift *The Shingle Style Revisited* (1974) weiter unterstützte. Auch Architekten wie Charles Moore und Robert Stern, die eigentlich vielfältigere *ad hoc*-Lösungen bevorzugten, waren offen für die Möglichkeiten des atektonischen amerikanischen »balloon frame«.

Das Resultat war, zumindest im angelsächsischen Bereich, daß eine kritiklose Reaktion gegen alle Formen der Moderne in der Architektur einsetzte, eine Situation, die der Kritiker Charles Jencks prompt als »Postmoderne« identifizierte. In seinem Buch *The Language of Post-Modern Architecture* von 1977 (dt. *Die Sprache der postmodernen Architektur*, Stuttgart 1978) charakterisierte Jencks die Postmoderne treffend als populistisch-pluralistische Kunst der direkten Kommunikation. Am Ende der ersten Ausgabe erhob er Gaudis »prämodernes« Casa Battló (1906) zu einem exemplarischen Werk, das leicht zugänglich sei, weil die Bevölkerung seine Ikonographie des katalanischen Separatis-

290 Stern, Haus Ehrmann, Armonk, N.Y., 1975.

291 Jahn, Bank of the South West, Houston, 1982 ff.

292 Moore, Piazza d'Italia, New Orleans, 1975–1979.

mus entziffern und sich damit identifizieren konnte. (Jencks bezog sich hier auf den lanzenartigen Turm und das Drachenrükken-Dach, die den Triumph des katalanischen Helden St. Georg über den »Drachen« Madrid darstellen.) Nationalistische Mythologien lassen sich freilich nicht über Nacht erfinden, und es bleibt die ernüchternde Tatsache, daß viele sogenannte populistische Werke nicht mehr zu übermitteln haben als gefällige Heimeligkeit oder einen ironischen Kommentar zur Absurdität des vorstädtischen Kitschs. Meist nutzen postmoderne Architekten private Bauten, um ihren höchst persönlichen Obsessionen nachzugehen, wie die Trivialität von Stanley Tigermans Hot-Dog- und Daisy-Häusern aus der Mitte der siebziger Jahre zeigt.

Von Jahr zu Jahr wurde der amerikanische Populismus zunehmend diffuser in seinen eklektischen Parodien, von Art-Déco-Anspielungen wie bei Venturis Haus Brant in Greenwich, Connecticut (1971), und Sterns verwandtem Haus Ehrmann in Armonk, New York (1975), bis zum stilisierten »Popular Machinism« (im Grunde Neo-Art-Déco) von Helmut Jahns typischem Wolkenkratzer, jenem Hochhaus mit Curtains Walls, das wie eine riesige Wurlitzer-Orgel aussieht. Diese und andere populistische Verirrungen machen

deutlich, daß die reinigende Einfachheit des »Simplen und Ordinären« (wie Venturi sagte) ebenso der Vergangenheit angehörte wie die sparsam-eleganten Häuser Trubeck und Wislocki, die Venturi 1970 in Cape Cod errichtet hatte.

Durch die szenographische Simulation klassischer und traditioneller Modelle und durch die Reduzierung der architektonischen Konstruktion auf eine bloße Parodie unterminierte der Populismus die Fähigkeit der Gesellschaft, eine signifikante Kultur der gebauten Form weiterzuentwikkeln. Die Folge war eine starke Tendenz zu einer Art »flitterhaftem Pathos«, um Jencks' zutreffendes, wenn auch ambivalentes Urteil über die theatralischen Effekte zu zitieren, die Moore und Turnbull bei dem Kresge College auf dem Campus der University of California in Santa Cruz (1974) schufen. Wie zynisch solche architektonischen Inszenierungen manchmal motiviert sind, hat Moore inzwischen offen zugegeben, vor allem in seinem Bericht über den Entwurfsprozeß, der zur Piazza d'Italia in New Orleans (1979) führte. 1981 schrieb er:

»Ich erinnerte mich daran, daß die architektonischen Ordnungen italienisch waren, mit ein wenig Hilfe von den Griechen, und deshalb dachten wir, wir könnten toskanische, dorische, ionische und korinthische

Säulen über dem Brunnen errichten, aber sie überschatteten ihn und beeinträchtigten die Umrisse von Italien. So wählten wir statt dessen eine ›Delikatessen-Ordnung‹, ähnlich wie Würste, die in einem Schaufenster hängen, um die transalpine Lage zu verdeutlichen. Aber nun denke ich, es wird ein italienisches Restaurant geben und keine Würste ... Es war ein bißchen Geld übrig, deshalb dachten wir, wir könnten vorn einen Tempel hinknallen, um zu zeigen, daß unsere Piazza dahinter liegt. Es gab auch noch genug Geld für einen Campanile neben dem Tempel, um unsere Existenz zu demonstrieren und stärkere Muster mit den Vertikalen der Wolkenkratzer dahinter zu schaffen. Eines Tages werden ringsumher Läden sein, wie am Ghirardelli Square, aber im Augenblick steht er ganz für sich da, ein bißchen einsam.«

Im Gegensatz zum schlaffen Eklektizismus Charles Moores (der den konstruktiven Purismus seines Sea-Ranch-Komplexes in Sonoma County, California, von 1964–1966 gleich nach dessen Vollendung aufgegeben hatte) führten Frank Gehrys Wohnhausbauten, vor allem sein eigenes dekonstruktivistisches »Anti-Haus« in Santa Monica von 1979, ein neues subversives Element in die gefällige Dekadenz der amerikanischen populistischen Architektur ein. In Europa jedoch wurde der amerikanische Populis-

293 Gehry, Haus Gehry, Santa Monica, Calif., 1979.

mus völlig kritiklos aufgenommen – nicht zuletzt dank Paolo Portoghesis Architektursektion der Biennale in Venedig von 1980, die den reizvollen Doppeltitel »Die Gegenwart der Vergangenheit« und »Das Ende der Prohibition« trug. Es ist bezeichnend, daß die Fassaden von Portoghesis »Strada Novissima« im Arsenale (Abb. 311) von Kulissenbauern der italienischen Filmindustrie errichtet wurden. Die einzige Ausnahme war der Entwurf Leon Kriers, der – zweifellos aus »moralischem« Respekt für seinen verehrten Heinrich Tessenow (vgl. dessen *Handwerk und Kleinstadt* von 1910) – darauf bestand, seine Fassade aus echten Materialien zu bauen.

Rationalismus

Nichts war weiter vom Populismus der Postmoderne entfernt als die neorationalistische Bewegung in Italien in den siebziger Jahren, die sogenannte »Tendenza«, die den Versuch unternahm, Architektur und Städtebau vor den allgegenwärtigen Kräften des Konsumismus zu schützen.

Zwei grundlegende Texte spielten dabei eine wichtige Rolle: Aldo Rossis Buch *L'architettura della città* von 1966 und Giorgio Grassis Werk *La construzione logica dell'architettura* von 1967. Rossi wies darauf hin, daß etablierte Bautypen die morphologische Struktur der städtischen Form im Laufe ihrer Entwicklung bestimmen; Grassi versuchte, die notwendigen kompositorischen oder kombinatorischen Regeln der Architektur zu formulieren, also jene Logik, durch die er selbst zu seinen äußerst zurückhaltenden Ausdrucksformen gelangt war. Beide bestanden darauf, alltägliche Bedürfnisse zu befriedigen, verwarfen aber das Prinzip, nach dem die Form der Funktion folgen muß – Ergonomik – und setzten sich statt dessen für die *relative* Autonomie der architektonischen Ordnung ein. Rossi war sich darüber im klaren, daß der Rationalismus dazu neigt, jede bedeutende kulturelle Leistung zu absorbie-

ren und zu entstellen. So baute er sein Werk auf historischen Architekturelementen auf, die an die rationalen, wenn auch willkürlichen Paradigmen der Aufklärung erinnerten und darüber hinausgingen – die reine Form, die in der zweiten Hälfte des 18. Jahrhunderts von Piranesi, Ledoux, Boullée und Lequeu gefordert wurde. Ein mysteriöser, um nicht zu sagen hermetischer Aspekt seines Denkens besteht darin, daß er sich mit dem Panopticon auseinandersetzte (vgl. Michel Foucaults Werk *Surveiller et Punir* von 1975), ein Begriff, zu dem er – nach Pugins *Contrasts* von 1843 – zweifellos auch Schule, Krankenhaus und Gefängnis zählte. Rossi scheint sich geradezu obsessiv diesen regelmarkierenden, um nicht zu sagen zwanghaften Institutionen zugewendet zu haben. Zusammen mit dem Monument und dem Friedhof sind es für ihn die einzigen Programme, in denen sich die Werte der Architektur per se verkörpern. Entsprechend der These, die Loos zum erstenmal in seinem Essay *Architektur* von 1910 äußerte, hat Rossi erkannt, daß die meisten modernen Bauprogramme keine angemessenen Vehikel für die Architektur sind. So griff er auf eine sogenannte analogische Architektur zurück, deren Elemente im weitesten Sinne von der einheimischen Formensprache abstrahiert sind. Sein Appartementblock Gallaratese, den er innerhalb von Carlo Aymoninos Wohnkomplex im Außenbezirk Mailands (1973) errichtete, war eine Gelegenheit, auf die Architektur der traditionellen Mailänder Mietwohnung zurückzugreifen. Auch sein Rathaus für Triest, 1973 in der Form einer Strafanstalt entworfen, war sowohl eine Hommage an die lokale Bautradition des 19. Jahrhunderts als auch ein sarkastischer Kommentar zum eigenen Charakter der modernen Bürokratie. Wie Leon Krier, der inzwischen einen ähnlichen Weg eingeschlagen hat, sucht Rossi den beiden Chimären der Moderne – positivistische Logik und blinder Fortschrittsglaube – zu entgehen, indem

294 Rossi, Appartementblock Gallaratese, Mailand, 1968–1976.

295 Rossi, Projekt für den Friedhof in Modena, 1971. Vogelschau.

er zur Bautypologie und zu den Konstruktionsformen der zweiten Hälfte des 19. Jahrhunderts zurückkehrt.

Dieses analoge Konzept, das, wie Rossi selbst sagte, zwischen »Bestandsaufnahme und Erinnerung« angesiedelt ist, durchzieht sein gesamtes Werk, von dem bunkerartigen Denkmalentwurf für Widerstandskämpfer in Cuneo (1962) bis zu dem Friedhof in Modena (1971), der sich nicht nur auf das traditionelle Beinhaus bezieht, sondern auch Assoziationen zur Fattoria und dem traditionellen bäuerlichen Anwesen in der Lombardei hervorruft.

Andere Architekten, die wichtige Beiträge zur Tendenza leisteten, waren Vittorio Gregotti, dessen Buch *Il territorio dell' architettura* einen enormen Einfluß ausübte, und Enzo Bonfanti, der in der zweiten Hälfte der sechziger Jahre mit Massimo Scolari die neorationalistische Zeitschrift *Contraspazio* herausgab. Auch Manfredo Tafuri und seine Schriften spielten eine wichtige Rolle, ebenso Franco Purini und Laura Thermes, deren theoretische Projekte die Möglichkeiten der neorationalistischen Syntax sondierten. Paradoxerweise hat die Tendenza in Italien sehr wenig realisieren können. Dennoch hatte sie Auswirkungen auf die italienische Stadtplanung und die Erhaltung historischer Zentren. Ein Musterbeispiel dafür ist die analytische Studie Bolognas von Cervellati und Scannarini, die in den siebziger Jahren die Entwicklung der Stadt stark beeinflußte.

Außerhalb Italiens gewann die Tendenza vor allem im Tessin an Bedeutung, wo schon seit den frühen sechziger Jahren eine dynamische »rationalistische« Schule florierte. Während Bruno Reichlin und Fabio Reinhart sich eng an Rossi anschlossen (vgl. ihr Haus Tonini in Torricella, 1974), hingen andere Architekten der Tessiner Schule einem sehr viel weiter gefaßten rationalistischen Konzept an. Typisch dafür ist Aurelio Galfettis von Le Corbusier inspiriertes Haus Rotalinti in Bellinzona (1961), das schon fast ein Jahrzehnt vor

296 Reichlin und Reinhart, Haus Tonini, Torricella, 1974.

297 Ciriani, Detail von Noisy 2, Marne-la-Vallée, 1980.

298 Kleihues, Blockrandbebauung, Berlin-Wedding, 1978. Dieser Wohnhaustypus bildet sowohl Höfe als auch Straßenräume.

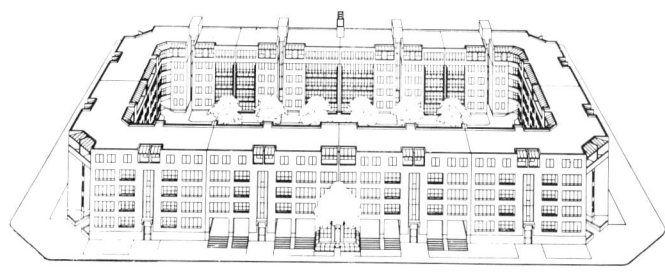

dem Auftreten der Tendenza entstand. Zudem hatten die Tessiner Architekten Verbindungen mit der rationalistischen Bewegung Italiens in der Vorkriegszeit, vor allem mit Alberto Sartoris und Rino Tami. Seit den späten sechziger Jahren fand der Neorationalismus in Westeuropa eine große Anhängerschaft. In Frankreich zeigt sich sein Einfluß etwa bei H. E. Cirianis Wohnkomplex Noisy 2 in Marne-la-Vallée bei Paris (1980). In Deutschland manifestierte er sich vor allem in den typologischen Arbeiten von Oswald Mathias Ungers, Jürgen Sawade und J. P. Kleihues. Neuere Beispiele sind Ungers' Messehalle 9 und Galleria (1983) und sein Deutsches Architekturmuseum (1984), beide in Frankfurt. In Berlin lassen sich Kleinhues' Blockrandbebauung im Wedding (1978) und die Megastruktur seines Krankenhauses in Neukölln (1984) dem Rationalismus zuordnen.

Besonders bedeutsam für die Entwicklung in Deutschland war Ungers' Konzept,

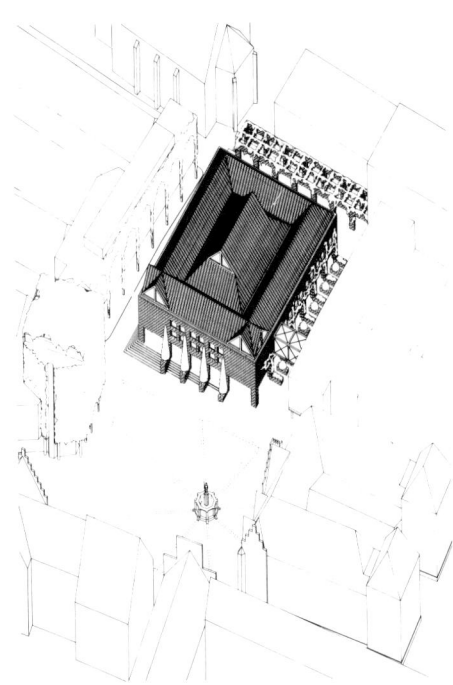

299 Ungers, Projekt für eine »Stadtloggia«
am Marktplatz von Hildesheim, 1980.

niaturstadt« am historischen Lützowplatz in einer zerstörten städtischen Umgebung entwarf, suchte er in Hildesheim den alten Typus der mittelalterlichen Markthalle neu zu interpretieren. Realisieren konnte er ein »Bauen im Kontext« erst mit seiner Wohnbebauung in der Berliner Schillerstraße, die 1982 fertiggestellt wurde.

Ungers ist ein wichtiger Theoretiker und Lehrer des Neorationalismus. Zuerst lehrte er an der Technischen Universität in Berlin und dann an der Cornell University, wo er acht Jahre lang (1967–1974) die Architekturabteilung leitete. Daß er das Prinzip der typologischen Transformation in Lehre und Praxis konsequent anwendete, verlieh seiner pädagogischen Methode große Überzeugungskraft. Über »Die Morphologie der Gestalt« schrieb er:

»Wenn man das Bauen als einen kontinuierlichen Prozeß versteht, in dem sich These und Antithese dialektisch ergänzen, oder als einen Prozeß, an dem die Geschichte ebenso beteiligt ist wie die Antizipation der Geschichte, in der der Anteil der Vergangenheit die gleiche Bedeutung hat wie die Vorwegnahme der Zukunft, dann ist die transformatorische Verwandlung nicht nur das Mittel der Gestaltung, sondern Gegenstand der Gestaltung selbst. Gleichzeitig gibt sie auch die Möglichkeit, auf die jeweiligen Gegebenheiten des Ortes, an dem Architektur entstehen soll – auf den Genius loci also –, einzugehen, die Poesie des Ortes zu entdecken und zum Ausdruck zu bringen und damit den Ort zu überhöhen.

In allen Bereichen der Natur, des Lebens und der Kunst ist das Prinzip der Transformation wirksam. Es ist ein Gestaltungsprinzip, das in der Lage ist, divergierende Elemente gestalterisch zu einer Gesamtheit zu ordnen. So verwandelt das Prinzip der Transformation – wie z. B. aus den historischen Veränderungen des Stadtplans von Trier ablesbar ist – gesetzte Ordnung in Chaos und schließlich, dem Gesetz der Zufälligkeit folgend, wieder in eine

neue Ordnung . . . Differenzierte und geplante Ordnung wird im Laufe der Zeit überwuchert von Zufall und Spontaneität, die schließlich eine andere, authentische, zum ersten entgegengesetzte Ordnung erzeugen, nämlich die der Unmittelbarkeit und der pragmatischen Notwendigkeit«.

Diese Dialektik der typologischen Transformation übte einen starken Einfluß auf den Luxemburger Architekten Robert Krier aus, der einige Jahre in Ungers' Kölner Atelier gearbeitet hatte. Doch während Ungers dem freien Austausch und der Verwendung von Typus und Technik einschließlich der Bautechnologie aufgeschlossen gegenübersteht, traten Robert Krier und vor allem sein Bruder Leon für eine ausschließlich mit handwerklichen Methoden verwirklichte Architektonik ein. So schrieb Leon Krier 1976:

»Die Diskussion, die Robert Krier und ich mit unseren Projekten entfachen wollen, geht um die städtische Morphologie im Gegensatz zur Zonierung der Planer, die Wiederherstellung präziser urbaner Formen im Gegensatz zu der Öde, die durch Zonierung geschaffen wird. Der Entwurf von Stadträumen – für Verkehr und Fußgänger, linear und auf einen Mittelpunkt bezogen – ist einerseits allgemein genug, um Flexibilität und Abwechslung zu ermöglichen, und andererseits präzise genug, um räumliche und gebaute Kontinuität innerhalb der Stadt zu schaffen . . . Wir suchen in unseren Projekten die Dialektik des Bauwerks und des öffentlichen Bereichs wiederherzustellen, des Massiven und des Leeren, des gebauten Organismus und der Räume, die notwendigerweise in seinem Umkreis entstehen . . . Die architektonische Sprache, die wir für relativ große Stadtbereiche benutzen, ist zugleich einfach und mehrdeutig. In Echternach (1970) wendeten wir die gleichen handwerklichen Techniken an, mit denen nach dem Krieg die Stadt, die Abtei und die anschließenden Gebäude wieder aufgebaut wurden.«

einen gemäßigten Neorationalismus den Strukturen der Stadt einzufügen, ein Konzept, das er nach seiner Rückkehr aus den Vereinigten Staaten (1975) entwickelte. Seine damalige These, daß wir in Zukunft häufig eher mit einem geplanten städtischen Schrumpfungsprozeß als mit Erweiterung oder Erneuerung konfrontiert sein würden, besaß eine gewisse Dringlichkeit. Ungers empfiehlt eine Strategie der städtebaulichen Fragmentierungen, die von den topographischen und institutionellen Anforderungen einer bestimmten Bauaufgabe bedingt und in den Kontext eingebunden wird. Beispiele dafür sind der Entwurf für das Hotel Berlin von 1976 oder sein Vorschlag für ein Mehrzweckgebäude im Zentrum Hildesheims (1978). Während er mit dem Hotel Berlin eine abgeschlossene »Mi-

300 L. Krier, Projekt für Echternach, Luxemburg, 1970. Das durchgehende Schrägdach (Mitte bis rechts unten) überdeckt Läden, Wohnungen und eine Schule.

Strukturalismus

Das Kredo der Brüder Krier, daß die »Funktion der Form folgt«, ihre antitechnokratische Einstellung und ihr Bestehen auf der kulturellen Bedeutung des Ortes finden eine Parallele in Werk und Denken des holländischen Architekten Herman Hertzberger, eines Architekten, der sonst in jeder Hinsicht weit vom Ethos der Tendenza entfernt war. Hertzberger war besonders von Aldo van Eyck beeinflußt, einem der konsequentesten und qualifiziertesten Kritiker der modernen Architektur. Im Jahre 1962 trug van Eyck eine äußerst scharfe Attacke gegen die Zentrierung auf Europa und den Bankrott der imperialistischen Kultur vor:

»Die westliche Zivilisation identifiziert sich gewöhnlich mit Zivilisation als solcher, aus der päpstlichen Überzeugung heraus, daß alles, was anders ist, eine Abweichung darstellt, weniger fortschrittlich, primitiv oder im besten Falle aus sicherer Entfernung auf exotische Weise interessant.«

Fünf Jahre später nahm van Eyck in seiner Zeitschrift *Forum* viele Argumente vorweg, die später von den Kriers vorgetragen wurden, unter anderem auch eine gewisse Skepsis gegenüber dem Begriff des Fortschritts:

»Mir scheint, daß Vergangenheit, Gegenwart und Zukunft im Inneren unseres Geistes als Kontinuum wirken müssen. Geschieht dies nicht, so fehlt es den Artefakten, die wir herstellen, an zeitlicher Tiefe oder assoziativer Perspektive ... Der Mensch hat sich schließlich seit Tausenden von Jahren physisch in dieser Welt eingerichtet. Sein natürlicher Genius hat sich in dieser Zeit weder vermehrt noch verringert. Es ist klar, daß wir den vollen Umfang dieser enormen Umwelterfahrungen nur erfassen können, wenn wir in die Vergangenheit blicken ... Die Architekten sind heute auf pathologische Weise von Veränderungen besessen ... Deshalb trennen sie die Vergangenheit von der Zukunft, mit

dem Erfolg, daß die Gegenwart emotional unzugänglich bleibt, ohne zeitliche Dimension. Ich lehne eine sentimentale, antiquarische Einstellung gegenüber der Vergangenheit ebenso ab wie eine sentimentale, technokratische Einstellung zur Zukunft. Beide gründen sich auf einen statischen, mechanischen Zeitbegriff ..., so daß wir zur Abwechslung einmal mit der Vergangenheit beginnen und die unveränderlichen Verhältnisse des Menschen entdecken sollten.«

Das vereinheitlichende Konzept, mit dem der holländische Strukturalismus die strengen Aspekte des Funktionalismus zu überwinden suchte, bezeichnete van Eyck als »labyrinthische Klarheit« – ein Begriff, den seine Schüler · weiterentwickelten. So schrieb Hertzberger 1963 über ihre gemeinsame Vorstellung vom »polyvalenten« Raum:

»Anstelle von Prototypen, die kollektive Interpretationen individueller Lebensmuster sind, müssen wir Prototypen suchen, die individuelle Interpretationen der kollektiven Muster ermöglichen, mit anderen Worten, wir müssen Häuser bauen, die auf besondere Weise gleichartig sind, so daß jeder seine eigene Interpretation des kollektiven Musters einbringen kann ... Da es unmöglich ist (und schon immer war), die individuelle Umgebung zu schaffen, die jedem genau entspricht, müssen wir die Gelegenheit zur persönlichen Interpretation bieten, indem wir die Dinge so gestalten, daß sie tatsächlich interpretierbar sind.«

Dieses Konzept war der Ausgangspunkt von Hertzbergers weiteren Arbeiten. Höhepunkt war das Versicherungsgebäude Centraal Beheer in Apeldoorn, das 1974 nach seinen Entwürfen als »Stadt innerhalb einer Stadt« entwickelt wurde. Dieser Bau aus Stahlbetonrahmen und Betonsteinen bildet eine unregelmäßige Gruppe von Arbeitsplattformen. Die Plattformen sind ihrerseits in ein *regelmäßiges* orthogonales Karoraster eingesetzt, das Decken, Stüt-

301 Hertzberger, Versicherungsgebäude Centraal Beheer, Apeldoorn, Holland, 1974.

zen, Lichtschlitze und Installationen umfaßt. Von Oberlichtern erhellte Räume unterschiedlicher Höhe trennen diese quadratischen Plattformen von 7,5 m Seitenlänge und lassen das Tageslicht bis in die untersten öffentlichen Ebenen eindringen. Die eingehängten Plattformen bilden ein Netz von Aktionsbereichen, die durch die Umstellung modularer Elemente wie Schreibtische, Stühle, Beleuchtungskörper, Schränke, Sofas, Espressomaschinen und so weiter für Einzel- oder Gruppentätigkeiten genutzt werden können. Laut Hertzberger wurde dieses bunkerartige Labyrinth bewußt unfertig belassen, um den Benutzern die »spontane« Inbesitznahme und Dekoration der Räume zu ermöglichen. Hertzbergers Antipathie gegen die mechanistische Flexibilität, wie sie in den komplizierten Infrastrukturen Habrakens oder Friedmans vorgesehen ist, wird hier durch die offenbare Spontaneität und

Leichtigkeit gerechtfertigt, mit der die Arbeitsräume angenommen und umgeändert wurden.

Die Architekten der Tendenza würden sicherlich mit Hertzbergers Argument übereinstimmen, daß die funktionalistische Einteilung von Wohneinheiten in streng getrennte Bereiche für Wohnen, Essen, Kochen, Waschen und Schlafen eine Tyrannei darstellt und daß wir zur vorindustriellen Norm miteinander verbundener Räume zurückkehren sollten (vgl. Hertzbergers »Diagoon«-Experimentalhäuser in Delft von 1971). Andererseits würden die Tendenza-Architekten zweifellos sein »Kasbah«-Konzept, vor allem wie es bei Centraal Beheer auftritt, entschieden ablehnen, weil ein so introvertierter Bautypus keinen repräsentativen öffentlichen Bereich im städtischen Maßstab bietet. Centraal Beheer nimmt in der Tat wenig Rücksicht auf den urbanen Zusammenhang. Die Tatsache, daß diese islamischen »Bazar«- oder Patio-Typen nicht über architektonische Elemente verfügen, in denen sich der hierarchische Status des Eingangs ausdrückt, bestätigt sich auch bei Centraal

Beheer: Die Gesellschaft mußte Schilder aufstellen, um Besuchern den Weg zum Eingang zu weisen.

Seit der Mitte der siebziger Jahre hat Hertzberger seine Syntax weiter entwickelt, nicht nur bei dem labyrinthischen, nach innen orientierten Modell, das er inzwischen in einer ebenso komplexen, aber räumlich großzügigen Version mit dem Arbeits- und Sozialministerium in Den Haag (1990) realisierte, sondern auch bei den Bauten für Berlin – das nicht gebaute Filmzentrum für die Esplanade (1984) und die ausgeführte Wohnbebauung in der Lindenstraße (1986) –, die durch kreis- oder halbkreisförmige Volumen vereinheitlicht sind. Ähnlich entwickelte sich der Schultyp, den er 1980 für seine Apollo-Schule in Amsterdam entworfen hatte, durch übereinandergelegte kreisförmige Grundrisse zur Ambonplein-Schule, ebenfalls in Amsterdam (1986) und dann zu den gekurvten und abgeschrägten Klassenflügeln der Schulerweiterung in Aerdenhout (fertiggestellt 1989), die von fern an Duiker erinnert.

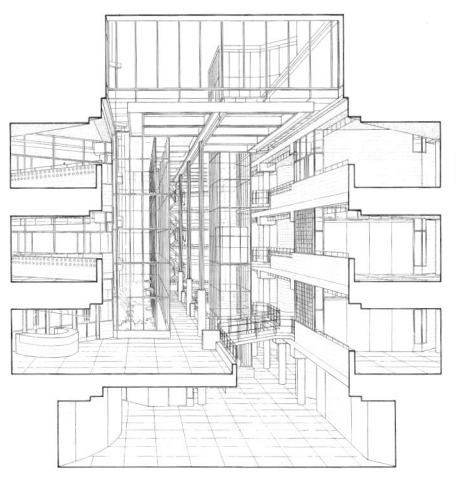

302 Hertzberger, Sozial- und Arbeitsministerium, Den Haag, 1990. Querschnitt.

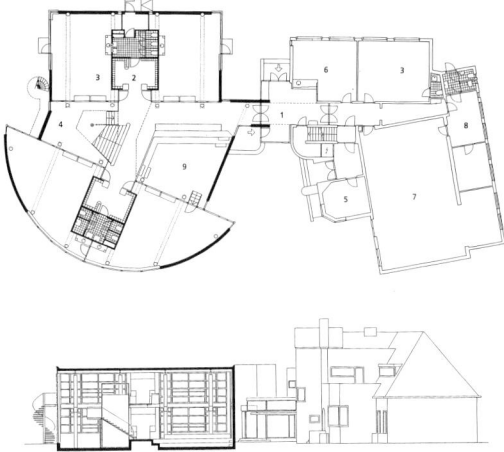

303, 304 Hertzberger, Schulerweiterung, Aerdenhout, 1889. Grundriß und Schnitt.

Produktivismus

Nichts könnte weiter von Centraal Beheer entfernt sein als das dreigeschossige, mit Glas verkleidete Versicherungsgebäude Willis-Faber and Dumas, das 1974 von Foster Associates in Ipswich errichtet wurde. Hier wurde die Betonung auf die Eleganz des Produkts selbst gelegt, es wurde das verwirklicht, was Max Bill einst als »Produktform« bezeichnet hat. Interessanterweise zitiert Norman Foster eben solche Produktformen als Vorbilder für seine Arbeit, zum Beispiel Paxtons Kristallpalast, Bills Ausstellungspavillon in Lausanne von 1963 und die Marine Gunnery School in Great Lakes, Illinois (1954) von SOM. Im Gegensatz zur These Venturis ist Willis-Faber der »undekorierte Schuppen« par excellence, eine Form, deren einzige Differenzierung – abgesehen von dem facettierten, gekruvten Curtain Wall – in dem Schwimmbecken im Erdgeschoß und dem Terrassenrestaurant auf dem Dach besteht. Wenn Centraal Beheer ein hybrides Bauwerk ist – teils von der Arkade des 19. Jahrhunderts und teils von der mittelöstlichen Kasbah hergeleitet –, so liegt Willis-Faber mit seiner zentralen Aufzugshalle irgendwo zwischen dem Büroturm des 20. Jahrhunderts und dem Kaufhaus des 19. Jahrhunderts. Man könnte mit Giulio Carlo Argan argumentieren, daß Bautypen bestimmte Werke verkörpern, die von Anfang an vorhanden sind und jeden späteren Wandel überstehen. Für die kulturelle Bedeutung dieser Bauten ist sicherlich charakteristisch, daß in beiden Fällen die tertiäre Industrie des Informationsaustausches in Raumtypen untergebracht ist, die früher zumindest teilweise Bereiche des Konsums waren – Kasbah und Kaufhaus. So kann man Centraal Beheer als den Versuch sehen, die bürokratische Arbeitsteilung durch die »anthropologische« Besetzung der labyrinthischen Bürolandschaft zu überwinden. Wie in der traditionellen Kasbah fördert Hertzbergers fragmentierte Bürolandschaft ein Verhaltensmuster, das

305 Foster Associates, Verwaltungsgebäude Willis-Faber & Dumas, Ipswich, 1974.

306 Skidmore, Owings and Merrill, Marine Gunnery School, Great Lakes, Ill., 1954.

ständig zwischen Momenten der Arbeit und Momenten der Entspannung fluktuiert. Bei Willis-Faber sind wir dagegen mit einer Bürolandschaft konfrontiert, die Benthams Panopticon von 1791 nachfolgt, einer offenen Grundrißform, deren strenges Ordnungsprinzip durch zentralisierte Einrichtungen wie Kantine und Schwimmbecken kompensiert werden soll. Da auch diese Einrichtungen der Kontrolle der Gesellschaft unterliegen, erscheint der allgemein einsehbare Bereich universal.

Der Gegensatz zwischen diesen Bauten reicht bis zu der Umgebung, die sie durch ihre Detailgestaltung schaffen. Die unverputzten Trennwände aus Betonblöcken, die im Centraal Beheer überall verwendet wurden, sollen zu einer »anarchistischen« Aneignung des Raumes auffordern. Dagegen ruft Willis-Faber durch die absolute Makellosigkeit von Außenhaut und Innenorganisation das Bild einer hypothetisch egalitären Wohlstandsgesellschaft hervor. Der gewellte Curtain Wall von Willis-Faber erinnert an Mies van der Rohes Entwürfe für Glashochhäuser aus den zwanziger Jahren, doch die angewandte Technik – rahmenlose Glasplatten, vom Dach abgehängt und durch wetterfeste Neopren-Dichtungen verbunden – verweist eher auf jene amerikanischen Minimalisten, die bei Eero Saarinen in die Schule gegangen waren und in den siebziger Jahren bekannt wurden: Kevin Roche (Ford Foundation Building, New York, 1968, und United Nations Plaza Hotel, New York, 1973); Gunnar Birkerts (Federal Reserve Bank, Ninneapolis, 1967); Cesar Pelli (Pacific Design Center, Los Angeles, 1971, und San Bernardino City Hall, 1972) und der talentierte, aber unterschätzte Anthony Lumsden, dessen brillanteste Projekte nicht ausgeführt wurden (wie sein Entwurf für das Beverly Wilshire Hotel, Los Angeles, 1973).

Das Willis-Faber Building entspricht Mies van der Rohes »beinahe nichts«, wenn es auch frei von dessen klassizistischen Zügen

307 Pelli, Pacific Design Center, Los Angeles, 1971.

308 Frei Otto, Deutscher Pavillon auf der Expo '67, Montreal, 1967.

Murata mit seinem Fuji Pavillon für die Expo '70 in Osaka, oder auf von Kabeln abgehängte Zeltkonstruktionen, deren führender Vertreter der deutsche Architekt und Ingenieur Frei Otto ist. Ottos früheste Zeltbauten entstanden schon in der Mitte der fünfziger Jahre, doch berühmt wurde er erst mit den großen Zelten für die Internationale Gartenbauausstellung in Hamburg (1963) und mit dem Deutschen Pavillon für die Weltausstellung in Montreal von 1967. Verständlicherweise beschränkten sich diese Konstruktionen zumeist auf temporäre Bauten. Der bisher größte war Ottos Dach für das Stadion der Olympiade in München von 1972.

Die Prinzipien des Produktivismus lassen sich wie folgt zusammenfassen: Erstens sollte das »Bauprogramm« in einem undekorierten Schuppen oder Hangar untergebracht werden, der so offen und flexibel wie möglich sein muß (nach dem Vorbild der nach dem Zweiten Weltkrieg so populären »Bürolandschaft«). Zweitens sollte die Anpassungsfähigkeit dieses Volumens durch ein homogenes, integriertes Netzwerk von Serviceeinrichtungen – Strom, Licht, Wärme und Ventilation – gesichert werden. Und drittens sollten sowohl Konstruktion als auch Serviceeinrichtungen deutlich zum Ausdruck gebracht werden, was gewöhnlich nach Kahns berühmtem Modell einer Trennung von *dienenden* und *bedienten* Bereichen vor sich ging. Beispiele dafür sind die größeren Bauten Richard Rogers', sein Centre Pompidou sowie das spätere Verwaltungsgebäude für Lloyds of London, das 1976 entworfen und acht Jahre später fertiggestellt wurde. Zurückhaltender ist Fosters Sainsbury Center for the Visual Arts an der University of East Anglia nahe Norwich (1978). Hier ist der »dienende« Raum präzise in die Tiefe des räumlichen Stahlfachwerks eingepaßt, das die Portalrahmen mit ihrer Spannweite von 33 m bilden (vgl. Kahns Salk Institute in La Jolla von 1965, Abb. 243). Der vierte und wichtigste Programmpunkt des Pro-

ist. Dank des Spiegelglases ist es nicht nur in Struktur und Maßstab dem städtebaulichen Zusammenhang angepaßt – in diesem Fall, indem es ihn lediglich reflektiert –, sondern es fällt auch in die modernistische Kategorie der architektonischen Sprache (das heißt Aufhebung überkommener Zeichen, alter wie moderner). Willis-Faber bietet eine Vielfalt ständig wechselnder kinästhetischer Erlebnisse: opak und funkelnd bei bedecktem Himmel, reflektierend bei Sonnenschein und transparent in der Nacht. Paradoxerweise fehlt dem Bauwerk wie seinem holländischen Gegenstück jede natürliche konsequente Syntax, so daß sein Eingang fast ebenso unsichtbar bleibt wie der von Centraal Beheer.

Produktivismus im reinsten Sinne ist als »modernistische« Position kaum von der

These zu unterscheiden, daß eine authentische moderne Architektur nicht mehr sein könnte und sollte als elegante Konstruktion oder ein Produkt des Industrial Design in riesigem Maßstab. Diese Position findet sich in der Geschichte der modernen Architektur häufig, nicht zuletzt im bahnbrechenden Werk des Ingenieurarchitekten Jean Prouvé: dem Curtain Wall des Aeroclub Roland Garros in Paris von 1935 und dem Maison du Peuple in Clichy, das 1939 in Zusammenarbeit mit dem Ingenieur Vladimir Bodiansky und den Architekten Marcel Lods und Eugène Beaudouin entstand.

Ein Flügel des Produktivismus nahm Mies beim Wort (das heißt, seinen Kult des »beinahe nichts«) und konzentrierte sich auf pneumatische Konstruktionen, wie Yutaka

309 Foster Associates, Hauptverwaltung Hongkong and Shanghai Banking Corporation, Hongkong, 1979–1984 (Modell).

duktivismus ist natürlich die »ungehinderte« Manifestation der Produktion selbst, also der Ausdruck aller Elemente als Produktformen – eine strenge Regel, die bei den Bauten amerikanischer Minimalisten selten befolgt wird (weil sie wenig Interesse an offengelegten Konstruktionen haben). Amerikanische wie britische Produktivisten tendieren freilich zu einer glatten, alles umhüllenden Außenhaut. Andrew Peckham schrieb über das Sainsbury Center: »[Fosters] Fähigkeit, uns zu überzeugen, hängt nicht von der traditionellen Sprache der Architektur ab, sondern vielmehr von der Sprache der modernen materiellen Welt – von industrieller Produktion und konsumfreundlichem Finish.«

Einige der wenigen Variationsmöglichkeiten des Produktivismus ist die mehr oder weniger starke Dominanz von Haut oder Skelett. Bis vor einiger Zeit ließ sich anhand dieser Differenzierung die Rhetorik von Foster und Rogers unterscheiden: Foster bevorzugte die Außenhaut, während Rogers die Konstruktion in den Vordergrund rückte. Doch inzwischen wandten sich Foster Associates mehr und mehr dem Ausdruck der Konstruktion zu, vor allem bei ihrer Renault-Fabrik in Swindon, Wiltshire (fertiggestellt 1983) und ihrem Verwaltungsgebäude für die Hongkong and Shanghai Banking Corporation in Hong Kong (entworfen 1979). Mehr noch als die phantastischeren Projekte von Archigram oder Buckminster Fuller erinnert dieser aufgeschichtete Wolkenkratzer (mit seinen Portalrahmen im 11., 28., 35. und

41. Geschoß) an die Raketenabschußrampen von Cape Canaveral – nicht wegen seiner Gesamtgröße, sondern wegen des gigantischen Maßstabs seiner zwei Geschosse hohen freiliegenden Fachwerkträger aus Stahlrohr, die 38,40 m überspannen. Von ihnen sind in Gruppen die Geschosse abgehängt, sieben unten, dann sechs, dann fünf und schließlich ganz oben vier. Fosters eigene Worte beschwören eine merkwürdige Mischung von Realität und Technoromantik, aus der die Form des Gebäudes hervorging:

»Das Problem, schnell und lärmarm auf einem beengten Grundstück zu bauen, wurde durch eine Kombination verschiedener Technologien gelöst, von einheimischen Handwerkerfamilien bis zu Nebenerzeugnissen der Raumfahrt und anderer fortschrittlicher Industrien. Zum Beispiel ist der schnellste Weg, Caissons zu plazieren, sie von Hand einzugraben – eine lokale Methode, die zudem keinen Lärm verursacht. Ähnlich sind die elegantesten und effizientesten Konstruktionen in der Kolonie die spinnennetzartigen Bambusgerüste, die praktisch alle Baustellen markieren. Doch wegen der importierten Hardware und dem sehr realen Verhältnis zwischen Gewicht und Leistung war der Entwurf stark von Quellen außerhalb der traditionellen Bauindustrie beeinflußt. Sie reichen vom Entwicklungsteam der Concorde bis zu Militäreinheiten mit mobilen Brücken, die Tankladungen zu den Subunternehmern der Luftfahrt bringen, vor allem in den Vereinigten Staaten.«

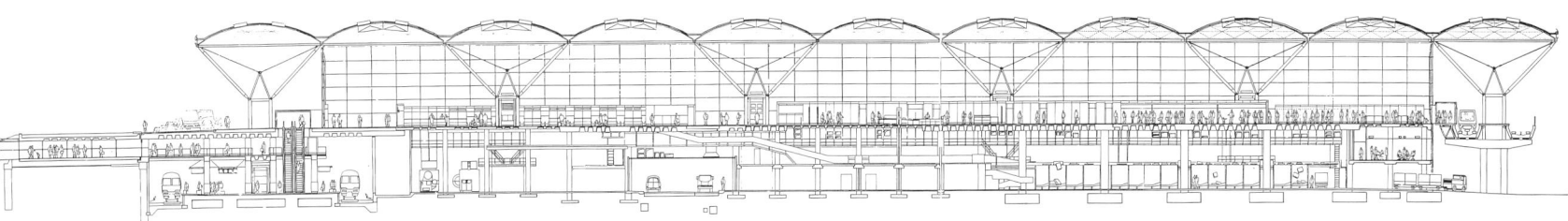

310 Foster Associates, Flughafen Stansted, 1991. Nord-Süd-Schnitt. Links die Straßenseite, rechts das Flugfeld.

Fosters neuere Arbeiten erreichen ihre höchste Qualität, wenn sich die Wiederholung der Konstruktionselemente und das Gesamtbild des Gebäudes gegenseitig ergänzen, so daß eine konstruktiv ausdrucksvolle, aber dennoch autonome Form entsteht, wie bei dem Renault-Zentrum und dem Sportstadion, das er 1986 für Frankfurt plante. Das Stadion ist mit einem 70 m breiten, flachen Tonnengewölbe überdacht. Dessen doppelt verstärktes Metallskelett bildet sechseckige Zellen, die reichlich Fläche und Zwischenräume für natürliche oder künstliche Belichtung und für die Unterbringung der Belüftung bieten. Die Lasten dieses Metalldachs werden über Gelenke auf eine Reihe von Betonrippen übertragen, die *in situ* zusammen mit den Sitzreihen des Stadions auf dem Erdaushub gegossen werden sollten.

Auch bei dem dritten Londoner Flughafen in Stansted (1991 vollendet) spielt das Thema Dach gegen Erdwerk eine wichtige Rolle. Das Volumen des Flughafengebäudes erhebt sich über einem unterirdischen Bereich, der Gepäckabfertigung und Zugstationen der Hauptverkehrslinien enthält. Das mit Glas verkleidete Terminal, ingeniös mit zweiundzwanzig flachen Kuppeln überdacht, ist durch niedrige Trennwände in Ankunfts- und Abflugzone unterteilt. Wie bei den Bahnhöfen des 19. Jahrhunderts wurde jeder Versuch unternommen, den Passagieren freie Zirkulation zu ermöglichen und ihnen visuellen Zugang zu ihrem Transportmittel zu gewähren – in diesem Fall einen Ausblick auf das Flugzeug. In der Länge kann der Terminal beliebig erweitert werden, doch die beiden Fronten zur Straße und zum Flugfeld sind als Festpunkte konzipiert, so daß Erscheinungsbild und Zugang zum Flughafen als stabile Faktoren erhalten bleiben. Hier wie auch sonst bei ihren High-Tech-Projekten wurden Foster Associates brillant durch die Ingenieurbaukunst von Ove Arup und Partnern unterstützt.

311 Teil der »Strada Novissima« auf der Biennale in Venedig, 1980. Von rechts nach links die Fassaden von Hollein, Kleihues, Leon Krier und Venturi, Rauch & Scott Brown.

Postmoderne

Die Architekturabteilung der Biennale in Venedig von 1980, »Die Gegenwart der Vergangenheit«, kündigte das Aufkommen der Postmoderne auf globaler Ebene an. Mit spezifischen stilistischen oder ideologischen Merkmalen ist die Postmoderne nicht zu definieren. Doch die Tatsache, daß sie ihre Legitimität ausschließlich auf formelle – um nicht zu sagen oberflächliche – Argumente gründete und nicht auf konstruktive, organisatorische oder soziokulturelle (wie sie noch für den Revisionismus des Team X wichtig waren), unterscheidet sie als *modus operandi* von der architektonischen Produktion im dritten Viertel des Jahrhunderts. Trotz Portoghesis Biennale-Titel war freilich die Vergangenheit bei den bedeutendsten Bauten dieser Zeit bereits zur Gegenwart geworden.

Die prominentesten amerikanischen Architekten der vorhergehenden Jahrzehnte, Mies van der Rohe und Louis Kahn, hatten dieses historische Erbe in Frage gestellt und seine Konzepte und Komponenten mit den technologischen Möglichkeiten ihrer

Epoche in Einklang gebracht: Ihre Arbeit blieb Ausdruck der Zeit, auch wenn gewisse tektonische Elemente und Kompositionsmodelle deutlich von historischen Vorbildern bestimmt waren. Beispiele dafür sind Mies van der Rohes Neue Nationalgalerie in Berlin (1961 in Auftrag gegeben, 1965–1968 erbaut) und Kahns Kimbell Art Museum in Fort Worth, Texas (1967–1972). Das eine ist Schinkel und dem ingenieursmäßigen Eisen-Glas-Bau des 19. Jahrhunderts verpflichtet, das andere mittelmeerischen Gewölbekonstruktionen und der Tektonik des Stahlbetons. Sowohl Mies als auch Kahn hätten jedoch die Postmoderne als kulturelle Dekadenz empfunden. Wir wissen sogar, daß Kahn Venturi vorwarf, als er dessen Entwurf für den »Strip« der Philadelphia Bicentennial sah: »Farbe ist keine Architektur.«

Keine Meisterarchitekten in der Geschichte sind wohl von Schülern und Erben so mißverstanden worden wie Mies und Kahn. Mies war zwar befriedigt darüber, daß er zwischen 1950 und 1975 das Bild des amerikanischen Firmengebäudes normativ geprägt hatte und daß seine Formensprache zum Standard eines bestimmten Bausektors in der Nachkriegsphase geworden war (vgl. Arthur Drexlers »Buildings for Business and Government«, Museum of Modern Art, New York, 1959). Aber wie Kahn fand er, daß die latenten Qualitäten seines Werks in Europa besser geschätzt wurden. So folgte die Chicagoer Schule, von Skidmore, Owings and Merril dominiert, dem Vorbild Mies van der Rohes mit Elan und Einfallsreichtum, während es Architekten wie Myron Goldsmith (United Airlines, Des Plaines, Illinois, 1962), Gene Summers (McCormick Place, Chicago, 1971) und Arthur Takeuchi (Wendell Smith Elementary School, Chicago, 1973) nicht gelang, einen neuen Ausgangspunkt zu finden. Vielleicht waren sie nicht in der Lage, den romantischen Klassizismus und die suprematistischen Elemente, die in Mies' Werk verborgen lagen, richtig einzuschätzen. Auch Kahn fand trotz seiner Anhänger der Schule von Philadelphia (Moore, Venturi, Vreeland und Giurgola) letztlich sensiblere Nachfolger im italienischen Neorationalismus und dem holländischen Strukturalismus.

Dieser Niedergang der Spätmoderne in Amerika zeigt sich besonders deutlich in der mangelnden Anerkennung Frank Lloyd Wrights, der immerhin als einer der fruchtbarsten Architekten dieses Jahrhunderts gelten kann. Vom antiquarischen Kunstmarkt abgesehen, wird er von den amerikanischen Protagonisten der Postmoderne ignoriert, obwohl Charles Jencks in seinem Buch *Kings of Infinite Space* (1983) Michael Graves mit Hilfe von Wright aufzuwerten suchte.

Der Grund für diese Interesselosigkeit ist leicht zu finden, denn Wright zählt zu jenen Modernisten (Aalto wäre ein anderer), deren Werk keinesfalls als hermetisch oder unzugänglich bezeichnet werden kann. Das Gegenteil beweisen nicht zuletzt die 200 Usonia-Häuser, die Wright zu seinen Lebzeiten baute.

Es ist schwierig, das Phänomen der Postmoderne zu definieren, das sich in der Architektur und in fast allen anderen kulturellen Bereichen ausgebreitet hat. Einerseits ist die Postmoderne eine verständliche Reaktion auf die Zwänge der Modernisierung und somit eine Flucht aus den Lebensverhältnissen unserer Zeit, die völlig von wissenschaftlichen und industriellen Interessen beherrscht wird. Doch obwohl die utopischen emanzipatorischen Ziele der Aufklärung nun wohl zugunsten effektiverer und *beruhigenderer* Formen des Realismus aufgegeben werden müssen, besteht andererseits wenig Aussicht, daß die moderne Gesellschaft auf die »Segnungen« der Modernisierung verzichten kann oder es auch nur will. Habermas wies in seiner Rede zum Adorno-Preis 1980 darauf hin, daß weniger die avantgardistische Kultur als vielmehr die Geschwindigkeit und Rücksichtslosigkeit der modernen Entwicklung verantwortlich sei für Enttäuschung und Zerrissenheit und damit für die populäre Ablehnung des Neuen. Doch letztlich muß selbst der unerschütterlichste Neokonservative zugeben, daß es wenig Chancen gibt, dem unaufhaltsamen Fortschritt der Modernisierung zu widerstehen.

Wenn sich die postmoderne Architektur durch ein allgemeines Prinzip charakterisieren läßt, so ist es die bewußte Ruinierung des Stils und die Kannibalisierung der architektonischen Form, als könne kein traditioneller Wert lange dem Zyklus von Produktion und Verbrauch widerstehen, alles auf irgendeine Art von Konsumerismus zu reduzieren und jede überkommene Qualität zu unterminieren. Heute haben Arbeitsteilung und die Imperative der monopolisierten Wirtschaft dazu geführt, daß sich die Architekturpraxis auf »Verpakkung im großen Maßstab« beschränkt. Und zumindest ein postmoderner Architekt, Helmut Jahn, hat offen bekannt, daß er seine Rolle so definiert. Im äußersten Falle bestimmt im postmodernen Bauen das vom Developer arrangierte »Vereinbarungspa

ket« Gerüst und Substanz des Bauwerks, während dem Architekten nur noch übrigbleibt, für eine möglichst verführerische Umhüllung zu sorgen. So jedenfalls sieht die Lage in der heutigen amerikanischen Stadtentwicklung aus, wo Hochhäuser entweder auf das »Schweigen« ihrer vollverglasten, reflektierenden Hüllen reduziert oder mit pseudohistorischem Pomp aufgeputzt sind. Gleichgültig, ob dieser entmaterialisierte Historizismus sich auf echten Stein beruft und deshalb vor ein entsprechend kräftig ausgebildetes Stahlskelett gehängt werden muß, wie bei Philip Johnsons Verwaltungsgebäude AT&T in New York (1978–1984), ob es nur ein bescheidenerer Curtain Wall aus Glas und Stahl ist, oder ob es sogar wie bei Michael Graves' Portland Building in Portland, Oregon (1979–1982), eine bemalte »Anzeigentafel« aus Beton ist, die das graphische Bild einer »ruinierten« und damit idealisierten Gartenfolly auf einen monumentalen Maßstab vergrößert: Das Resultat ist im Grunde immer gleich, das heißt, es ist die populistische Version von Venturis »dekoriertem Schuppen«.

In allen drei Fällen spielen szenographische und nicht tektonische Elemente eine Hauptrolle, so daß nicht nur eine Diskrepanz zwischen Inhalt und äußerer Form entsteht, sondern auch die Form selbst ihren konstruktiven Ursprung verleugnet. In der postmodernen Architektur sind klassische und lokale »Zitate« auf irritierende Weise miteinander vermischt. Da sie stets als unscharfe Bilder verwendet werden, lösen sie sich leicht auf und verbinden sich mit abstrakteren, gewöhnlich kubistischen Formen, für die der Architekt kaum mehr Respekt hat als für seine extrem willkürlichen historischen Anspielungen.

Eine symptomatische Figur dieser ganzen Entwicklung ist Michael Graves. Seine postkubistischen Collagen (seien sie gemalt oder gebaut) änderten sich um 1975 radikal, als er dem Einfluß von Leon Kriers neoklassizistischen »Spekulationen« ver

312 Graves, Portland Building, Portland, Oregon, 1979–1982.

die aufgemalten Formen an den Fassaden ins Gerede gerieten. Am Anfang hatten die Bauherren energisch gegen die überwiegend quadratischen eingeschnittenen Fenster protestiert, mit der Begründung, der Himmel sei in Oregon im allgemeinen bedeckt. So wurden die Fensteröffnungen ein wenig vergrößert. Nach der Fertigstellung wurde das Gebäude aus architektonischen Gründen wegen des Taschenspielertricks seiner scheinbar großen Fenster kritisiert, die weitgehend aus stark gefärbtem Spiegelglas bestanden – illusionistisch über massive Betonwände gezogen. Außerdem – und das ist wohl einer der ernsthaftesten Einwände – geriet das Portland Building wegen seiner überraschend unsensiblen Nutzung des Grundstücks in die Diskussion.

Anders als die Beaux-Arts-Bauten zu beiden Seiten – Rathaus und Amtsgericht – bietet es (mit Ausnahme eines Nebeneingangs) keinen Zugang zu dem Park an der Südseite. Und trotz der Arkaden im Erd-

geschoß wirkt die Front den umliegenden Straßen gegenüber merkwürdig abweisend.

Inzwischen hat Graves Aufträge erhalten, die seiner bilderreichen Syntax besser entsprechen, wie etwa die kleine Bibliothek in San Juan Capistrano, California (1983), mit ihren gebogenen Dächern im spanischen Kolonialstil. Auch hier stellt sich freilich das Gefühl ein, daß er wie Olbrich, mit dem sich sein erstaunliches Talent eher vergleichen läßt als mit Wright, eher ein Entwerfer von Kunstobjekten ist als ein Architekt. Bei Graves ist, wie Peter Eisenman es ausdrückte, »ein Haus zum Beispiel nicht mehr als Haus konzipiert (eine soziale oder ideologische Einheit) oder als Objekt (als solches), sondern als das Bild eines Objekts«.

Was für Graves gilt, gilt auch für viele Architekten, die bis dahin spätmoderne Positionen eingenommen hatten – nicht nur James Stirling, Philip Johnson und Hans Hollein, sondern auch jüngere, zur

fiel und als Krier selbst alle Spuren einer modernen Syntax aus seinem Werk zu entfernen begann. (Vgl. Kriers Projekt für den Royal Mint Square von 1974 mit seiner winzigen Schule in St. Quentin-en-Yvelines von 1978, wo dieser Reinigungsprozeß seinen logischen Abschluß fand.) Ähnlich ging Graves von seinem noch »modernistischen« Entwurf für das Haus Crooks (1976) zur neoklassizistischen »Folly« seines Kulturzentrums Fargo-Moorhead über, das er 1977 für die Zwillingsstädte zu beiden Seiten der Staatsgrenze zwischen Minnesota und North Dakota entwarf. Seitdem herrschen in seinen Bauten an Ledoux erinnernde Motive vor, vermischt mit episodischen Fragmenten aus der Arbeit Kriers, Hoffmanns, Gillys und Schinkels, dem Kubismus und selbst dem Art Déco.

Graves' bis dahin größter Bau, das Portland Building, rückte ihn sogleich in den Mittelpunkt des postmodernen Spektrums – ein öffentliches Gebäude, bei dem vor allem

313 Stirling, Staatsgalerie, Stuttgart, 1980–1983.

Postmoderne konvertierte Architekten wie Romaldo Giurgola, Moshe Safdie und Kevin Roche. Sie alle pflegen in mehr oder weniger starkem Maße einen »dematerialisierten« Historizismus, der beliebig mit modernistischen Fragmenten vermischt ist. Meist ist das Ergebnis eine wenig überzeugende, wirre »Kakophonie«, in der der Architekt die Herrschaft über sein Material verloren zu haben scheint.

Diese neue Version vom »Verschwinden des Autors« zeigt sich in Stirlings Werk, vor allem in seiner Stuttgarter Staatsgalerie, dem wohl bedeutendsten öffentlichen Bauwerk seiner letzten Schaffensphase.

Es ging aus drei aufeinanderfolgenden »neoklassizistischen« Entwürfen für deutsche Museen in der zweiten Hälfte der siebziger Jahre hervor und wirkt merkwürdig zusammengewürfelt und widersprüchlich.

Die Staatsgalerie ist zwar keineswegs szenographisch, dennoch aber in ihrem Gesamtbild atektonisch, das heißt, sie ist näher an Hoffmann und Asplund, vor allem an Asplunds Waldkrematorium in Stockholm von 1939, als an den avantgardistischen, konstruktivistischen Ideen, die Stirling zu Beginn seiner Laufbahn inspirierten. Doch auch die Unterschiede zwischen Stirling und Asplund sind signifikant, vor allem zwischen Asplunds Sinn für liberale *civitas* – eine egalitäre bürgerliche Identität – und Stirlings »klassischem Populismus«. Denn Stirling ist davon überzeugt, zweifellos dank dem modernen Museumsmanagement, daß ein Museum heute nicht nur ein Ort der Erbauung ist, sondern auch der Zerstreuung und des Amüsements. Deshalb ist die Monumentalität der Staatsgalerie durch gewisse konstruktivistisch beeinflußte Episoden gemildert, durch einen dramatisch gewellten Curtain Wall, übergroße Geländer aus Stahlrohr, eine symbolische Aedicula und überhaupt eine Überfülle von buntfarbigen, spielzeugartigen Elementen, die dem Mann auf der Straße gefallen sollen.

314 Hollein, Reisebüro am Opernring, Wien, 1976–1978.

Ähnliches findet sich in anderen Museumsbauten Stirlings, der Erweiterung des Fogg Museums in Harvard und dem Erweiterungsbau der Londoner Tate Gallery. Bei der Tate Gallery scheint es, als würde die Tradition der tektonischen Kultur vor unseren Augen durch die modische Wiederentdeckung der architektonischen Zeichnung ersetzt.

Eine andere Form des »Verschwindenlassens« besteht darin, das Gebäude in der Erde zu vergraben, so daß es zum introvertierten Innenraum wird und nicht zum Zeugnis bürgerlicher Tugend. Holleins Museum in Mönchengladbach (1983) und Giurgolas neues Australisches Parlamentsgebäude in Canberra (fertiggestellt 1988) sind nur zwei jüngere Beispiele dafür.

Hollein ist offenbar der einzige postmoderne Architekt, der seine Vorliebe für kunsthandwerklichen Ästhetizismus mit offener kritischer Distanz zu verbinden weiß. Diese brillante Doppelgleisigkeit demonstrierte er deutlich mit seiner »Anti-Fassade« für die Biennale in Venedig von 1980, wo er den Wechsel von »Realität« zu »Illusion« und von »Kunst« zu »Natur« mit dem Thema der archetypischen Säule verband (Abb. 311).

Ein weiteres Feld für Witz und höchst qualitätvolle Details hatte Hollein schon drei Jahre zuvor gefunden, als er eine erlesene Glas- und Keramikausstellung im Museum von Teheran einrichtete (1977).

Diese Ausstellung trug dazu bei, seinen höchst metaphernreichen Stil zu kristallisieren, den er zwischen 1976 und 1978 auch bei seinen israelischen und österreichischen Reisebüros in Wien demonstrierte. Friedrich Achleitner schrieb 1981, Holleins Stärke sei der Entwurf von Innenräumen. Hollein verkörpere die Wiener Tradition einer »ästhetischen Überhöhung der Realität« mit »Techniken der Montage, Collage, Entfremdung, überraschenden Anspielungen und entwaffnenden Zitaten«.

315 Bofill und Taller de Arquitectura, »Palacio«, Les Espaces d'Abraxas, Marne-la-Vallée, 1979–1983.

Welten trennen Holleins Spiel mit verschiedenen Realitätsebenen von Taller de Arquitecturas sozialrealistischen, megaklassizistischen Bauten, die aus vorfabrizierten Stahlbetonelementen errichtet sind. Wer mit Ricardo Bofills großen Wohnbauprojekten in einer Reihe französischer Vorstädte konfrontiert ist – etwa Les Arcades du Lac in St. Quentin-en-Yvelines (1974–1980) oder der theatralischen Wohnbebauung Abraxas in Marne-la-Vallée (1979–1983) –, kann sich kaum einen anderen westlichen Architekten vorstellen, der eine so enge Beziehung zur Staatsmacht unterhielte oder der sich so simplizistisch mit der Macht identifizierte. Eine solche Identifizierung führt unweigerlich zu weltlichem Erfolg, doch sie legitimiert nicht die »Einkerkerung« von Bewohnern in ein mit kitschigem Klassizismus verbrämtes Gerippe. Es ist zwar keineswegs das erste Mal, daß Massenwohnbau eine monumentale Form erhielt (vgl. Karl Ehns Karl-Marx-Hof in Wien, 1927, und Le Corbusiers Unité d'Habitation in Marseille, 1952), doch seit der Zeit der Ringstraße in Wien – Loos' *Potemkinsche Stadt* – ist eine Ansammlung von Wohneinheiten nie mehr auf so szenographische Weise realisiert worden. Es ist sicherlich symptomatisch für unsere reaktionäre Zeit, vom gesellschaftlichen wie vom architektonischen Standpunkt, daß in Bofills Werk wenig von jenen »sozialen Kondensatoren« – Kindergärten, Clubräume, Waschküchen, Swimming Pools – zu sehen ist, die im öffentlichen Wohnungsbau eingeschlossen sein müßten. Daß solche Einrichtungen fehlen, ist ebenso reaktionär wie der brutale Charakter der Standardwohnungen, die zwischen falsche Architrave und hohle Säulen eingezwängt sind. Balkons fehlen, weil sie das Bild der Fassade stören würden, und so muß sich der Bewohner mit der Illusion zufriedengeben, in einem Palast zu wohnen.

Neo-Avantgarde

Obwohl Aldo Rossi in den Vereinigten Staaten großen Anklang fand, übte der Neorationalismus dort keinen nennenswerten Einfluß aus. Das mag zum Teil daran liegen, daß er für die amerikanischen Städte wenig Bedeutung hatte, weil sie nirgendwo die gleiche typologische und morphologische Komplexität aufweisen wie die traditionellen europäischen Städte. Die These der Tendenza von der »Kontinuität des Monuments« ist wenig glaubwürdig in einer Gesellschaft, deren städtischer Zusammenhang selbst so unstabil ist. Andererseits wurde in der zweiten Hälfte der sechziger Jahre der Versuch unternommen, auf theoretischem und künstlerischem Gebiet eine ebenso rigorose Position zu erreichen wie die europäische Avantgarde der Vorkriegszeit. Eine wichtige Rolle spielte hier die Arbeit der »Five Architects«, einer losen Vereinigung New Yorker Architekten unter der Führung von Peter Eisenman. Zwei Mitglieder dieser Gruppe beriefen sich auf die avantgardistische Ästhetik der Vorkriegszeit, nämlich Eisenman und John Hejduck, die jeweils Giuseppe Terragni und Theo van Doesburg zum Vorbild wählten. Die anderen drei, Michael Graves, Charles Gwathmey und Richard Meier, nahmen Le Corbusiers puristische Periode als Ausgangspunkt. Die Vorstellungen der New York Five von einer autonomen Architektur, weit entfernt von dem, was sie als kargen Funktionalismus der Neuen Sachlichkeit sahen, drückten sich am deutlichsten in Eisenmans Haus VI aus, dem Haus Frank in West Cornwall, Connecticut (1972), und in einigen polemischen Projekten Hejducks – seiner Serie von Diamond Houses (1963–67) und vor allem seinem Projekt Wall House (1970).

Hejduck hat inzwischen seinen frühen Formalismus aufgegeben, um seine Energie einer Reihe mythischer szenischer Erfindungen zu widmen, wie den Berliner »Masken« von 1981. Graves ließ seinen

316 Meier, High Museum, Atlanta, 1980–1983.

317 Koolhaas (OMA), Entwurf für ein Fährenterminal, Zeebrugge, 1990. Modell.

Neopurismus zugunsten einer dekorativeren postmodernen Formensprache hinter sich (z. B. sein Disney Hotel in Orlando, Florida, von 1991). Gwathmey und Meier blieben dagegen ihren puristischen Quellen treu, vor allem Meier, dessen High Museum in Atlanta, Georgia (1980–1983), und Museum für Kunsthandwerk in Frankfurt (1979–1984) ihm internationales Ansehen verschafften. Inzwischen entstehen in den neunziger Jahren große öffentliche Bauten nach seinen Plänen in so verschiedenen Städten wie Los Angeles, Paris und Barcelona.

Die New York Five waren nicht die einzigen Architekten der späten sechziger Jahre, die sich auf die ästhetischen und ideologischen Konzepte der Avantgarde stützten. In London war zur gleichen Zeit die Gruppe OMA (Office for Metropolitan Architecture) tätig, der Rem Koolhaas, Elia und Zoe Zenghelis und Madelon Vriesendorp angehörten. Wie Hejduck, dessen Frühwerk gleichermaßen vom Neoplastizismus und dem späten Mies beeinflußt war, ließen sich Koolhaas und Zenghelis bei ihren städtebaulichen Projekten von der suprematistischen Architektur Iwan Leonidows inspirieren, benutzten aber zugleich surrealistische Praktiken, um das zu erzielen, was Roland Barthes eine »répétition différente« nannte.

Dank der Lehre des OMA trat eine neue Generation von Neosuprematisten in den Vordergrund, darunter vor allem Laurinda Spear von Arquitectonica (Haus Spear, Miami, 1979) und Zaha Hadid (erster Preis beim Internationalen Wettbewerb für das Hongkong-Peak-Projekt, 1983). Außerdem entwickelte OMA in den frühen achtziger Jahren größere urbane Projekte wie eine Villenkolonie auf der griechischen Insel Antiparos und eine Wohnbebauung an der Kochstraße in Berlin.

Inzwischen hatte Eisenman bereits seinen radikalen Vorschlag für Cannareggio in Venedig (1978) vorgelegt. Statt auf die bestehenden Strukturen einzugehen, legte er ein willkürliches Raster über die Stadt, das von Le Corbusiers nicht realisiertem Entwurf für das Hospital in Venedig (1964) hergeleitet war. Er plazierte verschieden große Versionen seines im Jahr zuvor entworfenen Hauses XIa in die Lücken, wo Schnittpunkte des Rasters mit bestehenden offenen Bereichen im Bezirk Cannareggio zusammenfielen. Sein antihumanistisches Spiel mit unterschiedlichen Maßstäben, für das Eisenman später die Bezeichnung »scaling« prägte, sollte alle überkommenen Vorstellungen von einem anthropomorphen Maßstab oder urbanen Dimensionen

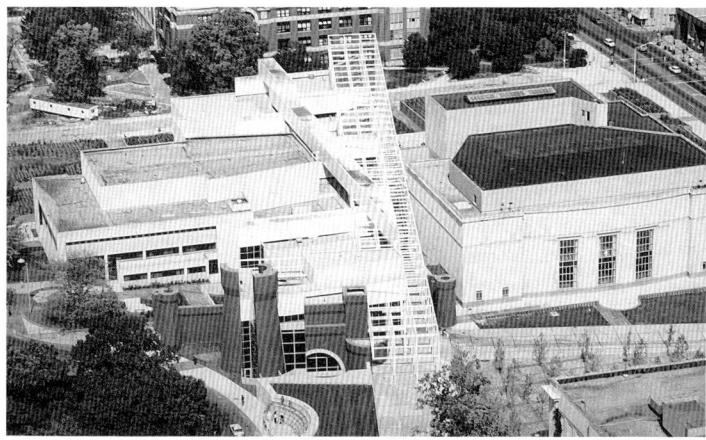

318 Eisenman, Wexner Center for the Visual Arts, Columbus, Ohio, 1983–1989. Luftansicht mit der Einfügung des neuen Gebäudes in die bestehende Campusstruktur.

319 Tschumi, Parc de la Villette, Paris, 1982–1985.

außer Kraft setzen. Mit diesem nahezu apokalyptischen Projekt führte Eisenman den quasi-dadaistischen *modus operandi* ein, den er seitdem unbeirrt weiterverfolgt – die Ableitung der Form von mehr oder weniger willkürlichen Überlagerungen unterschiedlicher Raster, Achsen und Maßstäbe ohne jede Rücksicht auf den realen Kontext. Beispiele sind seine Wohn- und Geschäftsbebauung in der Berliner Friedrichstraße (1982–1986) und sein Wexner Center for the Visual Arts in Columbus, Ohio (1983–1989).

Das Jahr 1983 war entscheidend für den Neo-Avantgardismus, da Rem Koolhaas und der in Amerika arbeitende Schweizer Architekt Bernard Tschumi in der Schluß-

phase des Wettbewerbs für den Parc de la Villette in Paris, einen prototypischen Stadtpark für das 21. Jahrhundert, miteinander konkurrierten. Angesichts des bald danach aufkommenden »Dekonstruktivismus« ist es bezeichnend, daß Tschumis preisgekrönter Entwurf von 1984 von drei Ordnungsprinzipien ausging: Eisenmans Projekt für Cannareggio, Wassily Kandinskys didaktische These von »Punkt, Linie und Fläche«, wie im *Bauhausbuch 9* postuliert, und schließlich diskontinuierliche räumliche Sequenzen ähnlich den abrupten Schnittechniken des avantgardistischen sowjetischen Filmregisseurs Lew Kuleschow. Den russischen Konstruktivisten war Tschumi ebenso verpflichtet wie der *mariage de contour,* die sich in den frühen Landschaftsgestaltungen von Roberto Burle-Marx und Oscar Niemeyer findet. Er strebte eine antiklassische Architektur an, die mit ihren roten, regelmäßig über den Park verteilten »Follies« ungewöhnliche Konstellationen und Nutzungsmöglichkeiten hervorrufen sollte. Die kubischen Follies unterscheiden sich durch abgewandelte Prismen, Zylinder, Rampen, Treppen und Vordächer, die in begrenztem Maße die inneren Funktionen ausdrücken.

Ähnlich »dekonstruktivistische« Strategien wendeten in dieser Zeit auch andere Architekten an, von Frank Gehrys eigenem Haus in Los Angeles (1978) bis zu Arbeiten der späten achtziger Jahre, darunter Eisenmans Entwurf für ein Biozentrum der Universität Frankfurt, der Wohnblock von OMA am Checkpoint Charlie in Berlin, Daniel Libeskinds apokalyptisches Projekt »Stadtkante«, ebenfalls für Berlin, und Koolhaas' Tanztheater in Den Haag von 1987. Mark Wrigley schrieb in seinem Katalog zur Ausstellung *Deconstructivist Architecture* im New Yorker Museum of Modern Art (1988):

»Die Form verzerrt sich selbst. Doch diese Verzerrung zerstört die Form nicht. Auf seltsame Weise bleibt sie intakt. Es ist eher eine Architektur der Spaltung, des Verrückens, der Ablenkung, der Abweichung als eine Architektur der Zerstörung, der Demontage, des Verfalls oder der Auflösung. Sie verschiebt die Struktur, statt sie zu zerstören. Verwirrend an dieser Art Bau ist letztendlich die Tatsache, daß die Form ihre Martern nicht nur übersteht, sondern stärker daraus hervorgeht. Vielleicht wird die Form sogar von ihnen erzeugt. Es ist unklar, was zuerst da war – Form oder Verzerrung, Wirt oder Parasit … Keine Operationstechnik könnte die Form befreien; kein klarer Schnitt kann gelegt werden. Den Parasiten entfernen, hieße den Wirt töten. Beide bilden eine symbiotische Einheit.«

Bei aller kritischen Schärfe sind viele theoretische Erläuterungen des Dekonstruktivismus elitär und zeugen von der Selbstentfremdung einer Avantgarde, die kein Anliegen mehr hat. Der holländische Kritiker Arie Grafland wies darauf hin, daß es dem Konstruktivismus um eine Synthese ging – eine neue Architektur für eine neue Gesellschaft. Die Antithese des Dekonstruktivismus leite sich dagegen zumindest teilweise von der Erkenntnis her, daß die globalen Modernisierungsprozesse die sogenannte technokratische Ordnung über ihre rationalen Grenzen hinaustreibe. Dieses Dilemma spiegelt sich auch im Denken des Begründers der Dekonstruktion, des Philosophen Jacques Derrida, wider, der mit Eisenman und Tschumi am Projekt eines kleinen Gartens im Parc de la Villette zusammenarbeitete. Derrida ist enttäuscht vom idealistischen Erbe der Aufklärung und wie die Architekten gefangen zwischen den widersprüchlichen Forderungen des Praktischen und des Poetischen. Er scheint einen aporetischen Mittelpunkt zu suchen, irgendwo zwischen Heideggers existentialistischer Kritik und einer Form des sozialen Pragmatismus, die mit der unüberwindlichen Doppelsinnigkeit der Sprache zusammenhängt.

5. Kapitel
Kritischer Regionalismus: moderne Architektur und kulturelle Identität

»Das Phänomen der Universalisierung stellt zwar einen Fortschritt der Menschheit dar, zugleich aber auch einen allmählichen Niedergang, nicht nur der traditionellen Kulturen, was nicht unbedingt ein irreparables Übel wäre, sondern auch dessen, was ich zunächst den schöpferischen Kern der großen Zivilisationen und Kulturen nennen möchte ... Diese Bedrohung drückt sich unter anderem darin aus, daß sich vor unseren Augen eine mediokre Zivilisation ausbreitet, das Gegenstück dessen, was ich als elementare Kultur bezeichnet habe. Überall in der Welt findet man den gleichen schlechten Film, die gleichen Spielautomaten, die gleichen Scheußlichkeiten aus Plastik oder Aluminium, die gleichen Sprachverstümmelungen durch Werbung und so weiter. Es scheint, als wäre die Menschheit, indem sie sich en masse *einer Konsumentenkultur näherte, auch* en masse *auf dem Niveau einer Subkultur angelangt. So kommen wir zu dem wichtigen Problem jener Nationen, die sich aus dem Status unterentwickelter Länder befreien. Müssen sie, um auf dem Weg der Modernisierung fortzuschreiten, ihre alte kulturelle Vergangenheit aufs Spiel setzen, die bis dahin die* raison d'être der *Nation war? ... Die Situation ist paradox: Wie kann man modern werden und zu den Quellen zurückkehren, wie eine alte, schlummernde Kultur wiederbeleben und Anteil an der allgemeinen Zivilisation nehmen? ... Niemand kann sagen, was aus unserer Zivilisation wird, wenn sie tatsächlich ohne den Schock der Eroberung und Herrschaft mit anderen Kulturen zusammentrifft. Aber wir müssen zugeben, daß eine solche Begegnung noch nicht auf dem Niveau eines authentischen Dialoges stattgefunden hat. Deshalb befinden wir uns in einer Art Interregnum, in dem wir nicht mehr den Dogmatismus einer einzigen Wahrheit praktizieren und noch nicht unseren Skeptizismus überwinden können. Wir sind in einem Tunnel, in der Abenddämmerung des Dogmatismus und der Morgendämmerung wirklicher Dialoge.«*

Paul Ricœur
Universal Civilization and
National Cultures, 1962

Mit der Bezeichnung kritischer Regionalismus ist nicht der regionale Stil gemeint, der einst spontan durch das Zusammenwirken von Klima, Kultur, Mythos und Handwerk entstand. Sie bezieht sich vielmehr auf jene neueren regionalen »Schulen«, deren Ziel es ist, die begrenzten Gesellschaften, in denen sie begründet sind, im kritischen Sinne zu repräsentieren und zu bedienen. Ein solcher Regionalismus hängt in gewissem Maße von dem Zusammenhang zwischen der politischen Identität einer Gesellschaft und dem Architektenberuf ab. Zu den Vorbedingungen für regionale Ausdrucksformen gehört nicht nur eine gewisse Prosperität, sondern auch eine dezentralistische Einstellung – ein Streben nach kultureller, ökonomischer und politischer Unabhängigkeit.

Der Philosoph Paul Ricœur vertritt die These, daß eine hybride »Weltkultur« nur durch eine gegenseitige Befruchtung von fest verwurzelter *Kultur* einerseits und universaler *Zivilisation* andererseits entstehen kann. Die paradoxe Vorstellung, regionale Kultur müsse auch eine Form der Weltkultur sein, beruht auf der Annahme, daß die Modernisierung bereits die hermetische Reinheit der eingewurzelten Kultur zerstört habe. In seinem Essay »Universal Civilization and National Cultures« von 1962 schreibt Ricœur, letztlich hänge alles davon ab, ob die regionale Kultur eine neue regionale Tradition zu schaffen und gleichzeitig kulturelle und zivilisatorische Einflüsse von außen zu verarbeiten vermag. Ein solcher Prozeß der Befruchtung und Neuinterpretation prägt das Werk des dänischen Meisters Jørn Utzon, vor allem seine Bagsvaerd-Kirche bei Kopenhagen von 1976. Repetitive Produktionstechniken wie vorgefertigte Betonelemente, die in ein Stahlbetongerüst gesetzt sind, wurden hier mit frei geschwungenen Schalengewölben aus Stahlbeton kombiniert, die zwischen ein ähnliches Gerüstsystem gespannt sind. Eine solche Kombination modularer Trockenmontage und nasser, handwerklicher Bauweise in situ kann man als bloße Ausnutzung unserer heutigen technischen Möglichkeiten betrachten. Und doch wollte Utzon offenbar wohl auch eine »Weltkultur« schaffen. Die präfabrizierte Ausfachung, die Dachverkleidung mit Asbest und die Treibhausverglasung erinnern zwar an die westliche Tradition landwirtschaftlicher Bauten, doch die Gewölbe, die den sakralen Hauptbereich überspannen, spielen nicht nur auf die abendländische

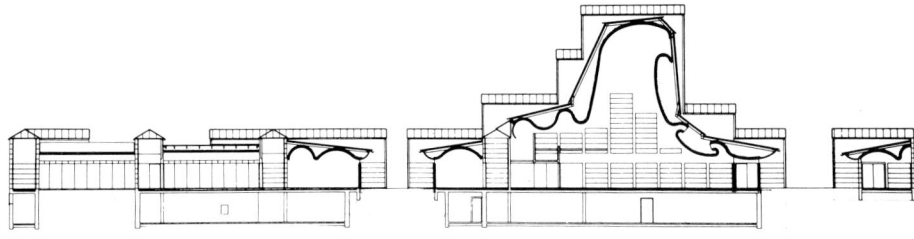

320 Utzon, Bagsvaerd-Kirche, Kopenhagen, 1976. Längsschnitt.

Gotik an, sondern auch auf die wolkenartige orientalische Pagodenform, die über einer erhöhten Plattform schwebt (vgl. Utzons grundlegenden Essay »The pagoda and the pyramid«, *Zodiac* 10/1959).

Eine ähnliche Synthese abendländischer und orientalischer Elemente findet sich auch bei den hölzernen Fenstern, Türen und Details, die zugleich an die nordische Tradition der Stabkirche und an die traditionellen Holzarbeiten Chinas und Japans erinnern. Das schwierige Problem, wie ein religiöses Bauwerk in einem weltlichen Zeitalter darzustellen ist, löste Utzon in Bagsvaerd, indem er das Hauptvolumen als theatralischen Raum gestaltete: Er versah die schmalen Seitenschiffe mit Lichterketten, die Assoziationen zur Theaterbeleuchtung hervorrufen, und behandelte den Altar als dreiteilige Bühne. Wie Behrens bei der scheunenartigen AEG-Turbinenfabrik von 1908 hat Utzon eine agrarische Metapher gewählt, um die Bedeutung einer quasi-profanen, sozialen Institution zu betonen. Die Bagsvaerd-Kirche demonstriert, welcher Unterschied zwischen dem kritischen Regionalismus und einem sentimentalen Heimatstil liegt, der heute als längst überfälliger Rückgriff auf die Substanz der Populärkultur verstanden wird. Im Gegensatz zum Regionalismus hat der Populismus das Ziel, als *instrumentales Zeichen* zu wirken, als ein Bild, das nicht die kritische Wahrnehmung der Realität widerzuspiegeln sucht, sondern mangelnde Erfahrung

durch Simulation und die bloße Vermittlung von Information sublimiert. Der Populismus will so ökonomisch wie möglich einen Grad sozialer Befriedigung erreichen, der rein behavioristisch definiert ist. Deshalb nähert er sich den rhetorischen Techniken der Reklame an. Der kritische Regionalismus ist dagegen eine dialektische Ausdrucksform. Er sucht den universalen Modernismus in Werte und Bilder zu zerlegen, die lokale Geltung besitzen, und reichert gleichzeitig autochthone Elemente mit Zitaten aus fremden Quellen an. Jeder Versuch, die Dialektik dieses schöpferischen Prozesses durch eklektizistische Verfahren zu umgehen, kann nur zu einer konsumorientierten Ikonographie führen, die sich als Kultur verkleidet.

Ein typisches Beispiel für einen stark dezentralistischen Regionalismus war die nationalistische neue katalonische Bewegung, die in den frühen fünfziger Jahren von der neugegründeten Gruppe »R« ins Leben gerufen wurde. Diese Gruppe, die von J. M. Sostres und Oriol Bohigas angeführt wurde, fand sich von Beginn an in einer schwierigen kulturellen Situation. Einerseits mußte sie das rationalistische, antifaschistische Konzept von GATEPAC (dem spanischen CIAM-Flügel der Vorkriegszeit) mit neuem Leben erfüllen. Andererseits war sie sich darüber im klaren, daß sie die politische Verantwortung trug, einen realistischen Regionalismus zu schaffen, der dem Volk zugänglich war. Bohigas

verkündete dieses Doppelprogramm zum erstenmal in seinem Essay »Possibilities for a Barcelona Architecture«, der 1951 erschien. Die unterschiedlichen Impulse, aus denen der heterogene katalonische Regionalismus entstand, zeugen vom hybriden Charakter einer authentischen modernen Kultur. Zum einen gab es die katalonische Backsteintradition, die auf die heroische Periode des Modernismo zurückging, zum anderen den Einfluß des Neoplastizismus, der von Bruno Zevis Buch *La poetica dell' architettura neoplastica* (1953) ausging, und schließlich den revisionistischen Stil des italienischen Neorealisten Ignazio Gardella, vor allem seiner Casa Borsalino in Alexandria (1951–1953). Hinzu kam noch, vor allem bei Mackay, Bohigas und Martorell, der Einfluß des britischen New Brutalism (vgl. Mietshaus am Paseo de la Bonanova in Barcelona von 1973).

Die Arbeit des Architekten J. A. Coderch aus Barcelona war insofern typisch regionalistisch, als sie bis vor kurzem zwischen der mediterran inspirierten Backstein-Moderne, etwa des achtgeschossigen Mietshauses am Paseo Nacional in Barcelona (1951) – einem nach dem Vorbild der Casa Borsalino konzipierten Bau mit geschoßhohen Fensterläden und dünnen auskragenden Gesimsen –, und der avantgardistischen, neoplastischen, an Mies erinnernden Komposition seiner Casa Catasus in Sitges (1956) schwankte.

Die Unterschiede des katalonischen Regionalismus werden im Werk von Ricardo Bofill und Taller de Arquitectura deutlich. Denn während Bofills Mietshaus an der Calle Nicaragua von 1964 dem neuinterpretierten regionalen Backsteinstil Coderchs verwandt war, ging die Gruppe Taller in den siebziger Jahren zu einer stärker übertreibenden Rhetorik über. Mit ihrem Komplex Xanadu in Calpe (1967) verschrieb sie sich einem schwelgerischen Romantizismus. Dieser Burgenstil erreichte seinen Höhepunkt bei ihrem heroischen, prahlerischen, mit Fliesen verkleideten Komplex

Walden 7 in Sant-Juste Desvern (1975). Mit seinen zwölf Geschosse hohen Lufträumen, den schlecht belichteten Wohnzimmern, den winzigen Balkonen und der sich bereits ablösenden Keramikverkleidung stößt Walden 7 an jene Grenze, wo ein ursprünglich kritischer Impuls zum Populismus degeneriert – einem Populismus, dessen Ziel es nicht ist, eine emanzipatorische Umgebung zu schaffen, sondern eine möglichst fotogene Szenerie. Walden 7 stellt trotz einiger Anklänge an Gaudí eine Architektur des Narzismus par excellence dar, denn die formale Rhetorik orientiert sich an der Haute Couture und an der Vermarktung von Bofills barocker Persönlichkeit. Die hedonistische mediterrane Utopie, zu der sich der Bau bekennt, bricht bei näherer Betrachtung zusammen, vor allem angesichts der Dachlandschaft, wo eine relativ vielseitige Umgebung sich in der Realität der Nutzung nicht bewährt hat (vgl. Le Corbusiers Dachlandschaft auf der Unité in Marseille von 1952).

Nichts liegt Bofills Konzept ferner als die Architektur des portugiesischen Meisters Alvaro Siza y Viera, dessen Arbeiten – beginnend mit seinem Schwimmbad in der Quinta da Conceição, Matosinhos, von 1965 – alles andere als fotogen sind. Das geht nicht nur aus dem fragmentarischen Charakter der veröffentlichten Fotos hervor, sondern auch aus einem Text, den er 1979 schrieb:

»Die meisten meiner Bauten wurden nie veröffentlicht; einige wurden nur teilweise ausgeführt, andere wurden völlig verändert oder zerstört. Das ist nur zu erwarten. Ein architektonisches Konzept, das in die Tiefe gehen will ..., ein Konzept, das mehr als eine passive Materialisierung anstrebt, kann nicht diese Realität reduzieren und jeden Aspekt einzeln analysieren. Ein solches Konzept kann sich nicht auf ein fixiertes Bild stützen, kann nicht einer linearen Entwicklung folgen ... Jeder Entwurf muß mit äußerster Konsequenz einen präzisen Augenblick des schwankenden Bildes ein-

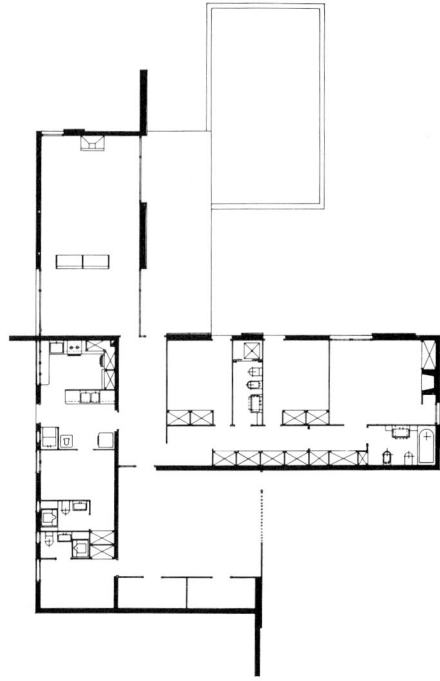

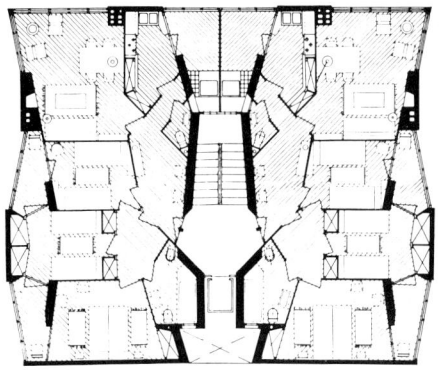

321, 322 Coderch, ISM-Appartementblock, Barcelona, 1951. Ansicht und typischer Geschoßgrundriß.

323 Coderch, Casa Catasus, Sitges, 1956. Grundriß Erdgeschoß.

fangen, . . . und je besser man diese Schwankungen in der Realität erkennt, desto klarer wird der Entwurf.«

Diese Hypersensitivität gegenüber einer fließenden und dennoch spezifischen Umgebung macht Sizas Arbeiten vielschichtiger als die der Schule von Barcelona mit ihren eklektizistischen Tendenzen. Von Aalto ausgehend, gründete Siza seine Bau-

ten auf der jeweiligen Topographie und der Feinstruktur des lokalen Kontexts. Deshalb sind seine Arbeiten direkte Reaktionen auf Stadt, Land und See im Gebiet um Porto. Andere wichtige Faktoren sind seine Vorliebe für Materialien der Umgebung, das Handwerk und die Besonderheiten der örtlichen Lichtverhältnisse, ohne daß er sich die Sentimentalität erlaubt, auf

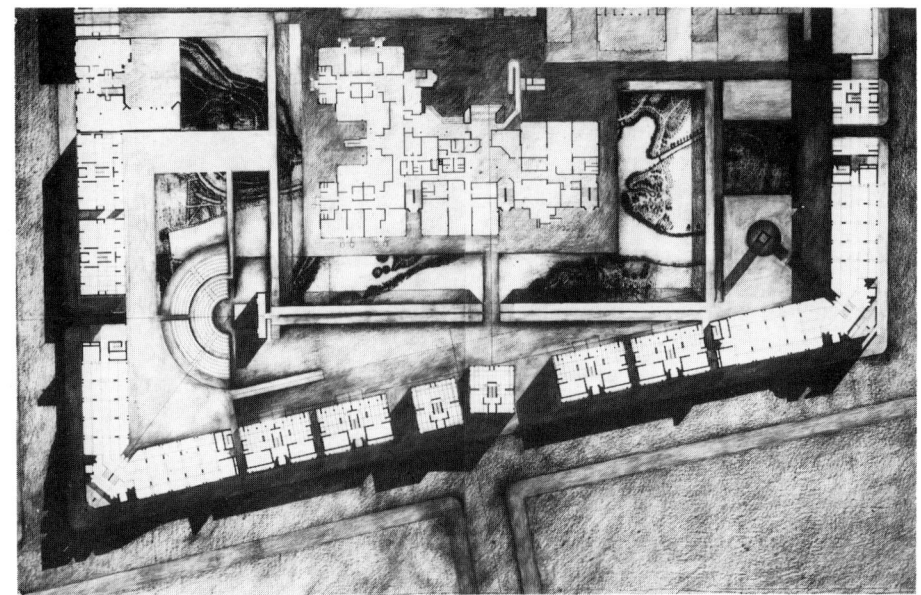

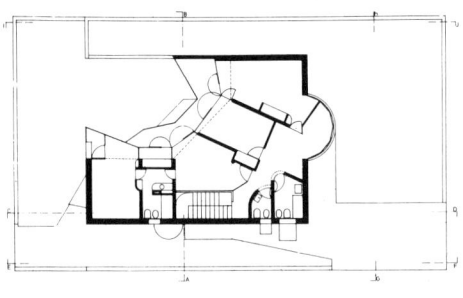

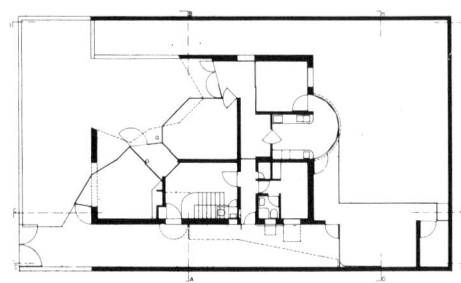

324, 325, 326 Siza, Haus Beires, Póvoa de Varzim, 1973–1977. Ansicht und Grundriß des Obergeschosses und Grundriß des Erdgeschosses (links).

327 Abraham, Projekt für die Südliche Friedrichstadt, Berlin, 1981. Detail mit der Hälfte des Geländes.

rationale Formen und moderne Technik zu verzichten. Wie Aaltos Rathaus in Säynätsalo sind alle Bauten Sizas eng in die Topographie eingebunden. Sie sind eher handfest und materialistisch als visuell und graphisch orientiert, von seinem Haus Beires in Póvoa de Varzim (1976) bis zu dem Wohngebäude Bouça von 1977. Selbst seine kleineren städtischen Gebäude, deren bestes wohl die Zweigstelle der Pinto-Bank in Oliveira de Azemeis von 1974 ist, sind von der topographischen Lage her entwickelt.

Auch die theoretischen Arbeiten des in New York ansässigen österreichischen Architekten Raimund Abraham können insofern als latente regionalistische Äußerungen angesehen werden, als er stets für die Schaffung von Orten und die topographischen Aspekte der gebauten Umgebung eintrat. Das »Haus mit drei Wänden« (1972) und das »Haus mit Blumenwänden« (1973) sind typisch für seine ontologischen, »avantgardistischen« Bauten aus den frühen siebziger Jahren. Der spezifische Charakter des Ortes wurde ebenso berücksich-

tigt wie die unvermeidliche Materialität der gebauten Form. Dieses Gefühl für den tektonischen Charakter des Bauens zeigt sich auch in Abrahams Entwürfen für die Internationale Bauausstellung in Berlin, vor allem in seinem Projekt für die südliche Friedrichstadt von 1981.

Noch stärker regionalistisch orientiert sind die Arbeiten des mexikanischen Architekten Luis Barragán, dessen beste Häuser (viele von ihnen im Vorort Pedregal) eindeutig von der Topographie bestimmt wurden. Barragán ist ebensosehr Landschaftsgestalter wie Architekt und hat stets eine sinnliche, erdgebundene Architektur bevorzugt – eine Architektur mit Umfriedungen, Stelen, Brunnen und Wasserläufen in vulkanischem Felsen und üppiger Vegetation, eine Architektur, die sich indirekt auf die mexikanische *estancia* bezieht.

Als Barragán 1947 sein erstes Haus mit Studio in Tacubaya, Mexiko, baute, begann er sich bereits von der universalen Syntax des sogenannten Internationalen

Stils zu entfernen. Dennoch blieben seine Arbeiten stets jener abstrakten Formensprache verpflichtet, die für die Kunst unserer Zeit charakteristisch ist. Barragáns Vorliebe für große, schwer identifizierbare abstrakte Flächen, die in die Landschaft gesetzt sind, zeigt sich am deutlichsten bei seinen Gärten für Las Arboledas und Los Clubes von 1961–1964 und bei seinem Monument Satellite City Towers, das er 1967 zusammen mit Mathias Goeritz entwarf.

Der Regionalismus trat natürlich auch in anderen amerikanischen Ländern auf: in Brasilien während der vierziger Jahre im Frühwerk Oscar Niemeyers und Affonso Reidys; in Argentinien im Werk von Amancio Williams, vor allem bei seinem Brückenhaus in Mar del Plata von 1945, und in neuerer Zeit bei Clorindo Testas Bank of London and South America, Buenos Aires (1959); in Venezuela bei der Ciudad Universitaria, die zwischen 1945 und 1960 nach den Entwürfen von Carlos Raúl Villanueva erbaut wurde; an der Westküste der Vereinigten Staaten zunächst in den späten zwanziger Jahren in den Arbeiten von Neutra, Schindler, Weber und Gill und danach bei der sogenannten Bay Area School, die von William Wurster begründet wurde, und bei den südkalifornischen Bauten von Harwell Hamilton Harris. Niemand hat wohl die Idee eines kritischen Regionalismus deutlicher ausgedrückt als Harwell Harris in seinem Vortrag »Regionalism and Nationalism«, den er 1954 vor dem North West Regional Council des American Institute of Architects in Eugene, Oregon, hielt.

Bei dieser Gelegenheit trug er zum erstenmal seine treffende Unterscheidung zwischen eingegrenztem und freiem Regionalismus vor:

»Dem Regionalismus der Begrenzung steht eine andere Art von Regionalismus gegenüber – der Regionalismus der Befreiung. Es handelt sich hier um die Manifestation einer Region, die *besonders eng mit dem Denken ihrer Zeit verbunden ist*. Wir nen-

328 Barragán und Goeritz, Satellite City Towers, Mexico City, 1957.

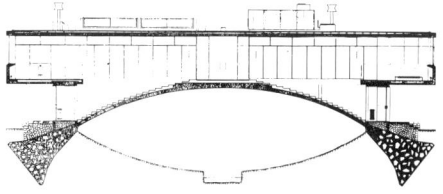

329 Williams, Brückenhaus, Mar del Plata, 1943–1945.

nen eine solche Manifestation nur deshalb ›regional‹, *weil sie anderswo noch nicht aufgetreten ist*. Es liegt am Genius dieser Region, daß sie wacher und freier als gewöhnlich ist ... Um diesen Regionalismus architektonisch auszudrücken, müssen möglichst viele Bauten zur gleichen Zeit entstehen. Nur dann wird die Ausdrucksform so allgemein, so vielfältig und so kraftvoll, daß sie die Phantasie der Menschen anregt und ein freundliches Klima fördert, in dem sich allmählich eine neue Schule der Architektur entwickeln kann.

San Francisco war wie geschaffen für Maybeck. Pasadena war wie geschaffen für Greene and Greene. Keiner von ihnen hätte seine Leistungen an einem anderen Ort oder zu anderer Zeit vollbringen können. Beide benutzen die Materialien der Umgebung; aber ihr Werk wird nicht durch die Materialien bestimmt ... Eine Region kann Ideen entwickeln. Eine Region kann Ideen aufnehmen. In beiden Fällen sind Phantasie und Intelligenz vonnöten. In Kalifornien begegneten in den späten zwanziger und dreißiger Jahren die modernen europäischen Ideen einem Regionalismus, der noch in der Entwicklung begriffen war. In Neuengland dagegen traf der europäische Modernismus auf einen starren, restriktiven Regionalismus, der zunächst Widerstand leistete und dann nachgab. Neuengland akzeptierte die europäische Moderne völlig, weil sein Regionalismus nur noch aus einer Ansammlung von Einschränkungen bestand.«

Trotz scheinbarer Freiheit des Ausdrucks ist ein freier Regionalismus heute in Nordamerika kaum zu finden. Unter den äußerst individualistischen Arbeiten, die häufig eher zynisch, überheblich und eitel als kritisch sind, gibt es zur Zeit nur wenige, die sich einer regionalen amerikanischen Kultur verpflichtet fühlen. Ein Beispiel dafür sind die einfachen, auf die Umgebung bezogenen Häuser, die Andrew Batey und Mark Mack für das Napa Valley in Kalifornien entwarfen. Ein weiteres Beispiel ist

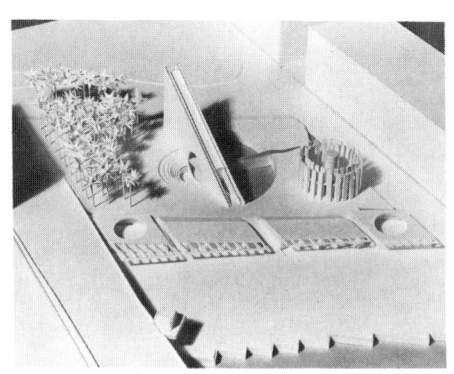

330 *Wolf, Modell für die Riverfront Plaza in Fort Lauderdale, 1982.*

te ... Um die Sonne als Symbol darzustellen, ist eine große Sonnenuhr in die Plaza graviert, und der Gnomon der Uhr teilt die Plaza in der Nord-Süd-Achse ... Auf dem großen Zeiger der Sonnenuhr sind alle wichtigen Daten aus der Geschichte Fort Lauderdales festgehalten.«

In Europa kann man das Werk des italienischen Architekten Gino Valle insofern als regionalistisch bezeichnen, als sein gesamtes Schaffen sich auf die Stadt Udine konzentriert. Von Valle stammt eine der frühesten Neuinterpretationen des lombardischen Stils in der Nachkriegszeit: die Casa Quaglia, die er 1954 in Sutrio errichtete.

Abgesehen von der Westküste der Vereinigten Staaten trat der Regionalismus nach dem Zweiten Weltkrieg zum erstenmal in

einigen Ländern Europas auf. Zu den Architekten der Vorkriegsgeneration, die dem Regionalismus mehr oder weniger verpflichtet blieben, zählen Ernst Gisel in Zürich, Jørn Utzon in Kopenhagen, Vittorio Gregotti in Mailand, Sverre Fehn in Oslo, Aris Konstantinidis in Athen und schließlich der verstorbene Carlo Scarpa in Venedig.

In der Schweiz mit ihren verschiedenen Sprachbereichen und ihrer kosmopolitischen Tradition hat es stets regionalistische Tendenzen gegeben. Das Wechselspiel von Abweisung und Aufnahme hat die Entstehung außerordentlich dichter Ausdrucksformen innerhalb begrenzter Gebiete gefördert. Obwohl das Kantonalsystem die Erhaltung regionaler Kulturen begünstigt,

das Werk des Architekten Harry Wolf, der sich bisher hauptsächlich in North Carolina betätigt hat. Sein Gefühl für die spezifische Eigenart des Ortes äußerte sich besonders polemisch bei seinem Wettbewerbsentwurf für die Riverfront Plaza in Fort Lauderdale (1982).

Die Entwurfsbeschreibung zeugt von seinem Interesse sowohl an dem Ort selbst wie auch an der geschichtlichen Position Fort Lauderdales:

»Die Anbetung der Sonne und die Zeitmessung nach ihrem Licht reichen bis in die Frühgeschichte der Menschheit zurück. Interessanterweise würde man im Falle Fort Lauderdales, wenn man dem 26. Breitengrad um die Erdkugel herum folgte, die Stadt in der Gesellschaft des alten Theben finden – wo der Thron des ägyptischen Sonnengottes Ra stand. Weiter im Osten stieße man auf Dschaipur in Indien, wo in alter Zeit die größte äquinoktiale Sonnenuhr der Welt gebaut wurde, hundertzehn Jahre vor der Gründung von Fort Lauderdale.

Eingedenk dieser hervorragenden historischen Vorbilder suchten wir ein Symbol, das für Vergangenheit, Gegenwart und Zukunft von Fort Lauderdale sprechen soll-

331 *Valle, Casa Quaglia, Sutrio, 1954–1956.*

332 *Scarpa, Kunstgalerie Querini Stampalia, Venedig, 1961–1963.*

333 *Schnebli, Haus Castioli, Campione d'Italia, 1960.*

erleichtert die Helvetische Föderation auch das Eindringen und die Assimilation fremder Ideen. Dolf Schneblis an Le Corbusier erinnernde Villa in Campione d'Italia nahe der italienisch-schweizerischen Grenze (1960) ist ein frühes Beispiel für den Widerstand der Schweizer Kultur gegen die Richtung Mies van der Rohes. Dieser Widerstand artikulierte sich bald darauf auch in anderen Teilen der Schweiz, etwa bei Aurelio Galfettis ebenfalls von Le Corbusier beeinflußten Haus Rotalinti in Bellinzona oder bei der Version von Le Corbusiers *béton brut,* die das Atelier 5 mit der Siedlung Halen bei Bern (1960) lieferte. Die Wurzeln des heutigen Tessiner Regionalismus gehen auf die Pioniere des italienischen Rationalismus in der Schweiz zurück, vor allem auf die Arbeit des Italieners Alberto Sartoris und des Tessiners Rino Tami. Sartoris' Hauptwerke waren im Wallis entstanden, darunter eine Kirche in Lourtier (1932) und zwei kleine Häuser in Stahlbetonskelett-Bauweise (zwischen 1934 und 1939 errichtet), von denen das Wohnhaus Morand-Pasteur in Saillon das bekanntere ist. Über die Vereinbarkeit von Rationalismus und ländlichem Bauen schrieb Sartoris: »Ländliche Architektur mit ihren im wesentlichen regionalen Zügen ist ohne weiteres mit dem heutigen Rationalismus in Einklang zu bringen. Tatsächlich verkörpert sie in der Praxis alle jene funktionalen Kriterien, auf denen die modernen Baumethoden basieren.« Während Sartoris in erster Linie ein Polemiker war, der den Rationalismus während des Zweiten Weltkriegs und danach lebendig erhielt, interessierte sich Tami eher für die Praxis des Bauens. Die Tessiner Architekten der sechziger Jahre sahen in seiner Kantonalbibliothek in Lugano (1936–1940) ein exemplarisches Beispiel des Rationalismus.

Um die Mitte der fünfziger Jahre orientierten sich die Tessiner Architekten mit Ausnahme Galfettis freilich eher an Frank Lloyd Wright als an den italienischen Ra-

tionalisten der Vorkriegszeit. Tita Carloni schrieb über seine Anfänge: »Unsere naive Zielvorstellung war ein ›organisches‹ Tessin, in dem sich die Werte der modernen Kultur in natürlicher Weise in die lokale Tradition einflechten sollten.« Und über den Tessiner Neorationalismus der frühen siebziger Jahre: »Die alten wrightianischen Schemata waren überwunden, das Kapitel der ›großen Aufträge‹ für den Staat mit den guten reformistischen Vorsätzen geschlossen. Es war wieder von unten zu beginnen: Wohnungsbau, Schulen, kleine didaktische Restaurierungen, Teilnahme an Wettbewerben als Gelegenheit, die Inhalte und Formen der Architektur zu untersuchen und kritisch zu überprüfen. Inzwischen hatten die kulturelle Auseinandersetzung in Italien, das politische Engagement und die mühevolle Auseinandersetzung mit einigen einheimischen Intellektuellen, vor allem mit Virgilio Gilardoni, Geschichtsbücher und als wichtigstes die Forderung auf unsere Zeichentische gebracht, die Entwicklung der Moderne, vor allem der zwanziger und dreißiger Jahre, kritisch neu zu lesen.«

Die Kraft der provinziellen Kultur beruht auf ihrer Fähigkeit, das künstlerische Potential der Umgebung zusammenzufassen und zugleich Einflüsse von außen zu verarbeiten. Exemplarisch ist in dieser Hinsicht das Werk Mario Bottas, das sich direkt auf den spezifischen Ort bezieht, aber auch fremde Methoden und Konzepte verwertet. Botta hatte bei Carlo Scarpa gelernt und arbeitete, wenn auch nur kurz, für Kahn wie für Le Corbusier, als beide ihre monumentalen Projekte für Venedig entwarfen.

Offenbar unter dem Einfluß dieser beiden Architekten wandte sich Botta dem italienischen Neorationalismus zu, bewahrte aber zugleich dank Scarpa eine ungewöhnliche Sensibilität für das Handwerkliche. Ein überzeugendes Beispiel dafür ist seine Verwendung von *intonacolucido* (poliertem Stuck) für die Kamingestaltung

334 Botta, Haus in Riva San Vitale, 1972–1973.

eines umgebauten Bauernhauses, die 1979 nach seinen Entwürfen in Ligrignano entstand.

Zwei andere Züge in Bottas Werk können als kritisch-regionalistisch bezeichnet werden: seine ständige Beschäftigung mit dem, was er »das Gebäude ausbauen« nennt, und seine Überzeugung, daß der Verlust der historischen Stadt nur durch Städte en miniature ersetzt werden kann. So ist Bottas Schule in Morbio Inferiore als mikro-urbaner Bereich zu interpretieren – als kultureller Ausgleich für den offensichtlichen Verlust an Urbanität in Chiasso, der nächsten größeren Stadt. Assoziationen zur Tessiner Landschaft ruft Botta auch in typologischer Hinsicht hervor, etwa bei dem Haus in Riva San Vitale, das an das früher so verbreitete Sommerhaus auf dem Lande oder »rocoli« erinnert.

Bottas Bauten sind zugleich auch Merkzeichen in der Landschaft – sie geben an, wo Grenzen sind. Sein Haus in Ligornetto bezeichnet zum Beispiel die Grenze, an der das Dorf aufhört und der landwirtschaftliche Bereich beginnt; die Hauptöffnung des Hauses wendet sich von den Feldern ab und dem Dorf zu. Bottas Häuser wirken oft wie eine Kombination von Bunker und Belvedere: Die Fenster öffnen sich auf ausgewählte Ausblicke in die Landschaft und lassen nichts von den architektonischen Verheerungen erkennen, die seit 1960 im Tessin angerichtet worden sind. Bottas Häuser sind nicht in die Landschaft eingegraben, sondern »bebauen das Gelände«, entsprechend Vittorio Gregottis These von 1966: *l'architettura è territoria*. Sie zeigen sich als Primärformen, die gegen Topographie und Himmel abgesetzt sind. Daß sie mit dem teilweise landwirtschaftlichen Charakter der Region harmonisieren, liegt an ihrer analogen Form und Ausführung, das heißt, an ihren hellen Betonblöcken und ihren scheunen- oder siloähnlichen Gehäusen, die auf die traditionelle Agrarstruktur des Gebiets anspielen.

Doch trotz seiner sensiblen Wohnhausbauten, die Moderne und Tradition vereinen, finden sich die kritischen Aspekte seines Schaffens eher in seinen öffentlichen Projekten, vor allem bei den beiden Großprojekten, die er zusammen mit Luigi Snozzi entwarf. Es handelt sich hier um »Viadukt«-Bauten, die an Kahns Entwurf für eine Kongreßhalle in Venedig von 1968 und an Rossis erste Skizzen für Gallaratese von 1970 erinnern. Bottas und Snozzis Projekt für das Centro Direzionale di Perugia (1971) ist als »Stadt innerhalb der Stadt« konzipiert und ließe sich auf viele großstädtische Situationen in der ganzen Welt anwenden. Wäre dieses Zentrum, das als riesige Galerie mit Arkaden geplant war, tatsächlich realisiert worden, so hätte es sich im städtischen Bereich behaupten können, ohne die historische Stadt zu beeinträchtigen oder mit dem Chaos der vorstädtischen Bebauung zu verschmelzen. Eine ähnliche Klarheit und Angemessenheit zeichnet auch ihren Entwurf für den Zürcher Hauptbahnhof von 1978 aus. Diese vielgeschossige Brückenkonstruktion sollte nicht nur über vier getrennte Zugangsebenen mit Läden, Büros und Restaurants verfügen, sondern hätte auch ein neues Kopfgebäude am Ende der überdeckten Bahnsteige dargestellt, ohne die historischen Züge des alten Bahnhofs zu beeinträchtigen.

Es ist kein Zufall, daß Tadao Ando, in Japan einer der Architekten mit dem stärksten regionalen Bewußtsein, nicht in Tokio, sondern in Osaka ansässig ist. Seine theoretischen Schriften formulieren deutlicher als die jedes anderen Architekten aus seiner Generation eine Reihe von Forderungen, die der Idee des kritischen Regionalismus nahekommen. So sieht er eine starke Spannung zwischen dem Prozeß der allgemeinen Modernisierung und den Besonderheiten der eingewurzelten Kultur. In einem Essay mit dem Titel »From Self-Enclosed Modern Architecture toward Universality« schreibt er:
»Ich bin in Japan geboren und aufgewachsen und arbeite hier. Und man könnte wohl sagen, daß meine Methode darin besteht, das Vokabular und die Techniken eines offenen, universalistischen Modernismus auf einen begrenzten Bereich individueller Lebensstile und regionaler Differenzierung anzuwenden. Dennoch erscheint es mir schwierig, die Empfindungen, Gebräuche, ästhetischen Bedürfnisse, kulturellen Merkmale und gesellschaftlichen Traditionen eines Volkes in dem offenen, internationalistischen Vokabular der Moderne auszudrücken.«
Für Ando hat eine begrenzte moderne Architektur zwei Bedeutungen. In erster Linie meint er ganz wörtlich die Schaffung von Enklaven oder, genauer gesagt, Hofhäusern, in denen der Mensch sich erholen und noch einen Rest seiner früheren Bindungen an Natur und Kultur bewahren kann. Bei Andos kleinen Hofhäusern, die oft in dichte Stadtstrukturen eingefügt sind, ist Beton so verwendet, daß der Akzent eher auf der straffen Homogenität der Oberflächen liegt als auf der Massivität. Beton ist für Ando das Material, das sich am besten eignet, »um Flächen zu realisieren, die von Sonnenstrahlen geschaffen werden ... (und wo) ... die Wände abstrakt negiert sind und die äußerste Grenze des Raumes erreichen. Sie besitzen keine Präsenz mehr, und nur der Raum, den sie

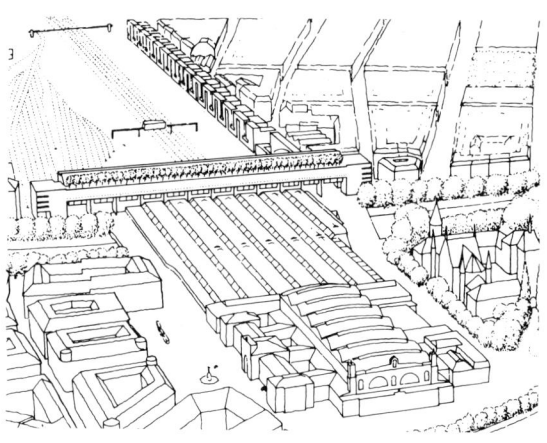

335 Botta und Snozzi, Entwurf für die Bahnhofserweiterung Zürich, 1978, mit dem bestehenden Bahnhofsgebäude (unten) und der Brücke über die Gleise.

umschließen, gibt ein Gefühl wirklichen Existierens.«
Die große Bedeutung des Lichts wird auch in theoretischen Schriften Kahns und Le Corbusiers hervorgehoben. Ando glaubt dagegen, daß das Paradoxon der vom Licht ausgehenden räumlichen Transparenz typisch für Japan ist. Daraus ergibt sich die zweite, weiter gefaßte Bedeutung, die er dem Konzept einer in sich selbst geschlossenen Modernität zumißt:
»Räume dieser Art werden im Alltagsgeschäft übersehen und treten selten nach außen in Erscheinung. Trotzdem stimulieren sie die Erinnerung an ihre eigenen innersten Formen und rufen zu neuen Entdeckungen auf. Das ist das Ziel dessen, was ich ›geschlossene‹ moderne Architektur nenne. Eine solche Architektur wandelt sich je nach der Gegend, in die sie ihre Wurzeln aussendet, und wächst in unterschiedlichen, individuellen Formen. Aber obwohl sie geschlossen ist, bin ich sicher, daß sie als Methode universal und offen bleibt.«

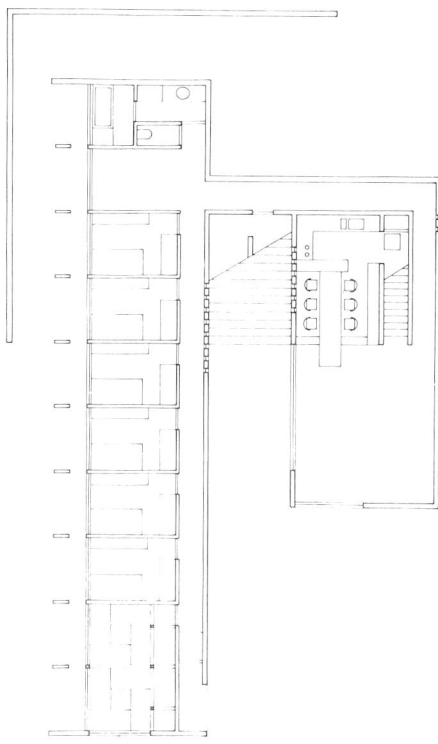

336, 337 Ando, Haus Koshino, Osaka, 1981. Ansicht und Grundriß.

Ando dachte dabei an die Entwicklung einer Architektur, bei der die Taktilität des Werkes über die ursprüngliche Auffassung seiner geometrischen Ordnung hinausgeht. Für die Enthüllung der Form unter der Einwirkung des Lichts sind Präzision und klare Details besonders wichtig. So schrieb Ando über sein Haus Koshino von 1981: »Das Licht verändert seinen Ausdruck mit der Zeit. Ich glaube, daß die Materialien der Architektur nicht mit Holz und Beton aufhören, die greifbar sind, sondern darüber hinaus auch Licht und Wind einschließen, die an unsere Sinne appellieren ... Das Detail ist das wichtigste Element, das Identität ausdrückt ... Deshalb ist für mich das Detail ein Element, das die physische Komposition der Architektur herbeiführt, zugleich aber ein Bild der Architektur entstehen läßt.«

In ihrem Artikel über den kritischen Regionalismus der griechischen Architekten Dimitris und Susana Antonakakis mit dem Titel »The Grid and the Pathway« (*Architecture in Greece,* 1981) wiesen Alex Tzonis und Liane Lefaivre auf die zwiespältige Rolle hin, welche die Schinkelschule bei der Bebauung von Athen und der Gründung des griechischen Staates spielte:

»In Griechenland war der historische Regionalismus in seiner neoklassizistischen Version bereits vor der Einführung des Wohlfahrtsstaates und der modernen Architektur auf Widerstand gestoßen. Er war durch eine Krise entstanden, die gegen Ende des 19. Jahrhunderts ausbrach. Der historische Regionalismus ist hier nicht nur aus einem Befreiungskrieg hervorgegangen. Er erwuchs auch aus dem Interesse, eine städtische Elite zu entwickeln, die sich gegen die Welt der Bauern und ihre ländliche ›Rückständigkeit‹ absetzen und eine Vorherrschaft der Stadt über das Land begründen sollte: Daraus erklärt sich die besondere Anziehungskraft des historischen Regionalismus, der eher auf Theorien als auf Erfahrungen beruhte und dessen Monumentalität an eine andere ferne

338 Pikionis, Pflasterung im Park auf dem Philopappos, Athen, 1957.

und verlorene Elite erinnerte. Der historische Regionalismus vereinte das Volk, aber er trennte es auch.«

Die Reaktionen, die dem Triumph des griechischen nationalistischen, neoklassizistischen Stils im 19. Jahrhundert folgten, variierten von einem regionalen Historismus in den zwanziger Jahren bis zu dem engagierten Modernismus der dreißiger Jahre, der sich im Werk von Architekten wie Stamo Papadaki und J. G. Despotopoulos manifestierte. Wie Tzonis feststellte, faßte der kritische Regionalismus in Griechenland mit den frühesten Arbeiten von Aris Konstantinidis Fuß, mit seinem Haus in Eleusis von 1938 und der Gartenbauausstellung in Kifissia von 1940. In den fünfziger Jahren entwickelte Konstantinidis seine Ideen weiter, mit verschiedenen Wohnprojekten für niedrige Einkommensgruppen und mit den Hotels, die er zwischen 1956 und 1966 für die nationale Touristenorganisation Xenia entwarf. Bei allen öffentlichen Arbeiten zeigt sich eine gewisse Spannung zwischen der Rationalität des Stahlbetongerüsts und der Taktilität des einheimischen Steins, der als Ausfachung verwendet ist. Weitaus eindeutiger regionalistisch geprägt ist die Parkanlage, die Dimitris Pikionis 1957 für den Berg Philopappos in der Nachbarschaft der Athener Akropolis schuf. Tzonis schreibt darüber:

»Pikionis' Werk ist frei von technologischem Exhibitionismus und künstlerischer Eitelkeit (die so typisch für die Architekturtendenzen der fünfziger Jahre waren), eindeutig und nahezu entmaterialisiert – eine Komposition von ›Orten, die für diesen Zweck geschaffen wurden‹ und sich um den Hügel herum aneinanderreihen, für einsame Kontemplationen, für intime Diskussionen, für kleinere Treffen, für eine große Versammlung.

Um diese ungewöhnliche Kette von Nischen, Passagen und Situationen zu verbinden, übernimmt Pikionis passende Elemente aus den Wohnbereichen der Volksarchitektur, doch diese Anknüpfung an das Regionale hat keine emotionalen Gründe. Diese Abläufe konkreter Vorgänge werden im Gegenteil mit kühlen empirischen Methoden untersucht, als habe sie ein Archäologe dokumentiert. Weder ihre Auswahl noch ihre Anordnung soll spontane oberflächliche Emotionen auslösen. Es sind Plattformen, die im alltäglichen Sinne genutzt werden sollen, aber zugleich liefern, was der Alltag in der modernen Architektur eben nicht bietet. Die Erforschung des Lokalen ist Voraussetzung dafür, daß man zum Konkreten und Realen gelangt und die Architektur wieder human macht.«

Tzonis sieht die Arbeiten des Büros Antonakakis irgendwo zwischen dem autochthonen Prinzip von Pikionis und dem Universalismus von Konstantinidis. Auch hier spiegelt sich wieder die Dialektik zwischen Kultur und Zivilisation wider. Ein Beispiel für diese Dualität ist das Mietshaus in der Benakis-Straße in Athen von Antonakakis (1975), in dem eine von den griechischen Inseln inspirierte, labyrinthische Wegführung in den rationalen, regelmäßigen Raster eines Stahlbetongerüsts eingefügt ist. Wie ich aufzuzeigen versuchte, ist der kritische Regionalismus weniger ein Stil als eine kritische Kategorie, die sich an bestimmten gemeinsamen Merkmalen orientiert (auch wenn sie in den genannten Beispielen nicht

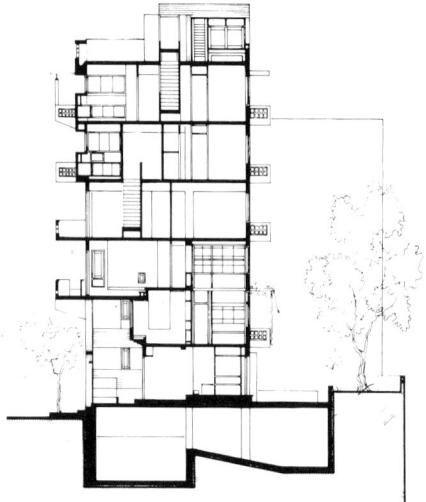

339, 340 Antonakakis, Appartementhaus in der Benaki-Straße, Athen, 1975. Querschnitt und Ansicht.

immer erkennbar sind). Diese Merkmale lassen sich vielleicht am besten wie folgt zusammenfassen:

1) Der kritische Regionalismus steht zwar dem Prozeß der Modernisierung kritisch gegenüber, verzichtet aber nicht auf die emanzipatorischen und progressiven Aspekte des modernen architektonischen Erbes. Sein fragmentarischer und marginaler Charakter hält ihn von normativer Optimierung ebenso fern wie vom naiven Utopismus der frühen Moderne. Im Gegensatz zu der Linie, die von Haussmann bis zu Le Corbusier führt, zieht er den kleinen Plan dem großen Plan vor.

2) Der kritische Regionalismus manifestiert sich als bewußt begrenzte Architektur, die weniger das Gebäude als freistehendes Objekt betont als den Ort, der durch die Errichtung des Bauwerks entsteht. Diese »Platz-Form« bedeutet, daß der Architekt die physische Grenze seines Werks als eine Art zeitliche Begrenzung erkennen muß – der Punkt, an dem der Akt des Bauens aufhört.

3) Der kritische Regionalismus faßt das Bauen als tektonisches Faktum auf und nicht als Reduzierung der gebauten Umgebung auf eine Reihe schlecht zusammenpassender szenographischer Episoden.

4) Der kritische Regionalismus ist regional in dem Sinne, daß er für das Grundstück spezifische Faktoren berücksichtigt, von der Topographie – einem dreidimensionalen Gefüge, in die das Bauwerk eingepaßt wird – bis zum Wechselspiel des Lichts am Orte. Das Licht gilt stets als das wichtigste Mittel, Volumen und tektonische Werte eines Gebäudes zu offenbaren. Damit ist zwangsläufig eine Einbeziehung der klimatischen Verhältnisse verbunden. Deshalb wendet sich der kritische Regionalismus gegen die Tendenz der »universalen Zivilisation«, die Verwendung von Klimaanlagen und so weiter an allen Orten zu propagieren. Alle Öffnungen sollen vielmehr als delikate Übergangszonen behandelt werden, die den spezifischen Voraussetzungen

des Grundstücks, des Klimas und des Lichts entsprechen.

5) Der kritische Regionalismus legt auf Taktilität ebenso viel Wert wie auf Visualität, denn er geht davon aus, daß die Umgebung sich nicht nur optisch erfahren läßt: Hinzu kommen Wahrnehmungen wie unterschiedliche Lichtverhältnisse, wechselnde Empfindungen von Wärme, Kälte, Feuchtigkeit und Luftbewegung, Gerüche und Geräusche, die je nach den Materialien und Volumen variieren, und sogar unwillkürliche Veränderungen der Körperhaltung und des Schritts beim Wechsel des Bodenbelags. In einer Zeit, die von den Medien beherrscht wird, wendet sich der kritische Regionalismus dagegen, daß Erfahrung durch Information ersetzt wird.

6) Der kritische Regionalismus steht zwar der sentimentalen Simulation einer lokalen Formensprache ablehnend gegenüber, verwendet aber gelegentlich neu interpretierte regionale Elemente als isolierte Episoden innerhalb des Ganzen. Manchmal leitet er solche Elemente auch von Quellen anderer Länder her. Er will also, mit anderen Worten, eine zeitgenössische, am Ort orientierte Kultur pflegen, ohne hermetisch zu werden, weder auf formaler noch auf technologischer Ebene. Insofern tendiert er zum Paradoxon einer regional begründeten »Weltkultur«, als sei dies die Voraussetzung, relevante Formen für die heutige Praxis zu finden.

7) Der kritische Regionalismus floriert vor allem in jenen kulturellen Zwischenräumen, die sich in irgendeiner Weise dem Drang nach universaler Zivilisation zu entziehen vermögen. Die Existenz des Regionalismus macht deutlich, daß der Begriff eines dominanten kulturellen Zentrums, von abhängigen, untergeordneten Satelliten umgeben, letztlich kein adäquates Modell mehr darstellt, an dem sich der gegenwärtige Stand der modernen Architektur einschätzen ließe.

6. Kapitel
Weltarchitektur und reflektive Praxis

»Die Idee der reflektiven Praxis ist eine Alternative zur traditionellen Auffassung von Praxis. Sie führt ... zu neuen Konzepten in der Beziehung zwischen Fachleuten und ihren Klienten, in der Partnerschaft von Forschung und Praxis und in den Lernsystemen professioneller Institutionen. Vielleicht könnte sie uns auch dazu bringen, die Rolle der Fachleute in der öffentlichen Politik und ihren Platz in der Gesellschaft neu zu überdenken. Ähnlich wie die radikale Kritik und doch auf andere Weise hat die reflektive Praxis eine Entmystifizierung des professionellen Expertentums zur Folge. Wir erkennen also, daß beim Fachmann wie beim Nicht-Fachmann Spezialwissen in Systeme eingebettet ist, die den Stempel menschlicher Werte und Interessen tragen. Außerdem erkennen wir, daß der Anwendungsbereich des technischen Expertentums durch Situationen der Unsicherheit, der Instabilität, der Einmaligkeit und des Konflikts begrenzt wird. Sind auf Forschung basierende Theorien und Techniken nicht anwendbar, kann sich der Fachmann legitimerweise nicht auf sein Expertentum berufen, sondern lediglich darauf, daß er besonders gut darauf vorbereitet ist, seine Aktionen zu reflektieren ...«

Donald A. Schön
The Reflective Practitioner, 1983

Individuelle Architekten von hohem Rang finden sich überall. Doch in den achtziger Jahren entstanden in Ländern des gleichen fortschrittlichen Niveaus Bauten von höchst unterschiedlicher architektonischer Qualität, während in den sogenannten Entwicklungsländern häufig überraschend originelle und kreative Ideen entwickelt wurden. In den Vereinigten Staaten etwa ist es trotz der vielgelobten Leistungen etablierter Praktiker – so unterschiedlicher Persönlichkeiten wie Harry Wolf einerseits und Steven Holl andererseits – fraglich, ob irgendein amerikanischer Architekt in dieser Zeit Arbeiten aufzuweisen hat, die sich in ihrer sozialen Relevanz mit den neueren Bauten mancher führender indischer Architekten vergleichen lassen. Ich denke dabei insbesondere an Balkrishna Doshi mit

341 Wolf, Hauptverwaltung NCNB-Bank, Tampa, Florida, 1989.

seiner Stadtplanung für Vidhyadhar Nagar von 1984, Raj Rewal mit seinem verdichteten flachen Wohnungsbau, den er 1982 für die Asiatischen Spiele in Neu-Delhi realisierte, Uttam Jains Arbeiten für die Universität in Dschaipur oder Charles Correas Projekte für das Neue Bombay (1979ff.) und sein späteres Kulturzentrum Jawahar Kala Kendra in Dschaipur (1986–1990).

Die Gründe für diese Qualitätsunterschiede sind komplex, denn gute Architektur hängt ebenso sehr von aufgeklärten Bauherren ab wie von den Architekten, was für Staaten ebenso gilt wie für Einzelpersonen. In irgendeiner Form gehen alle in diesem Kapitel behandelten Bauten auf staatliche, städtische oder körperschaftliche Förderung zurück, die durch private oder institutionelle Unterstützung ergänzt wurde. Ohne angemessene Förderung läßt sich ein hoher Qualitätsstandard weder erreichen noch erhalten, denn Bauen ist eine öffentliche Kunst, die großes soziales Engagement und zugleich beträchtliche Investitionen verlangt.

Warum aber in der einen Situation fruchtbare Ergebnisse entstehen und in der anderen nicht, ist schwer zu erklären. Das zeigt sich in Deutschland, wo sich trotz Wohlstand und hohem technischem Niveau keine Baukultur entwickelt hat, die mit jener der Weimarer Republik zu vergleichen wäre – trotz brillanter Nachkriegsarchitekten wie Hans Scharoun, Egon Eiermann, Ludwig Leo und in jüngerer Zeit Hans Kollhoff mit seinen IBA-Bauten in Berlin (1985) und Behnisch & Partner mit ihrem Postmuseum in Frankfurt (1990). Die neorationalistische Formensprache, der sich O. M. Ungers und J. P. Kleihues unabhängig voneinander verschrieben, führte zu typologisch rationalen, häufig aber eher schematischen, zu wenig detaillierten Resultaten. Ihre Bauten übten zwar eine didaktische Wirkung auf den städtebaulichen Zusammenhang aus, erwiesen sich aber von architektonischen Gesichtspunkten her als enttäuschend. Trotz der kritischen Linie, die Ulrich Conrads in seiner Zeitschrift *Bauwelt* jahrelang verfolgte, und trotz der ambitionierten Bemühungen des Deutschen Architekturmuseums in Frankfurt und der Internationalen Bauausstellung in Berlin fehlt in Deutschland immer noch die Fähigkeit, eine umfassende und überzeugende architektonische Kultur zu schaffen.

In England ist die allgemeine Situation im letzten Jahrzehnt trotz der bemerkenswerten Leistungen von High-Tech-Büros wie Richard Rogers und Norman Foster und der ebenso wichtigen Arbeit kleinerer Firmen wie David Chipperfield oder McCormick und Jameson extrem diffus geworden. Grund dafür ist einerseits eine offensichtliche Abwehrhaltung gegenüber der Moderne, andererseits die mangelnde Unterstützung der Institutionen. So ist es höchst bedauerlich, daß ein moderner Staat mehr als zwanzig Jahre brauchte, um eine neue Nationalbibliothek zu bauen.

Ein ähnlicher Mangel an nationaler und lokaler Förderung, der sich überwiegend auf wirre politische Verhältnisse zurückführen läßt, ist die Ursache dafür, daß in Italien keine Kultur des zeitgenössischen Bauens entstehen konnte. Auch hier zeigten einzelne Architekten ihre Begabung – man denke etwa an Adolfo Natalinis Bank in Alzate Brianza (1983) oder an Alessandro Anselmis Rathaus für Rèze-Nantes in Frankreich (1989) im Stil des Neo-Art-Déco. Doch nur ein italienischer Architekt war in der Lage, eine allgemeine Architekturtheorie zu entwickeln und zu demonstrieren, die im Prinzip der gesamten Gesellschaft zugänglich sein sollte: Vittorio Gregotti. Als Chefredakteur der Zeitschriften *Casabella* und *Rassegna* und auch mit seinem eigenen Büro hat er sich immer wieder für eine konstruktiv artikulierte Architektur eingesetzt, die sich dem Klima und der Topographie anpaßt. Allerdings liegt Gregottis Stärke vielleicht eher in seinem kritischen Denken als in der didaktischen Rationalität seiner Architektur. In seinem Vortrag vor der New York Architectural League (1983) sagte er:

»Der schlimmste Feind der modernen Architektur ist die Idee eines Raumes, der nur durch ökonomische und technische Anforderungen definiert wird, ohne Rücksicht auf die Idee des Ortes.
Unsere gebaute Umgebung ist die physische Darstellung ihrer Geschichte, die Überlagerung verschiedener Bedeutungsebenen, aus denen die spezifische Qualität des Ortes entsteht ...
Tatsächlich wird die Umgebung durch das Konzept des Ortes und das Prinzip der Besiedlung zum Inhalt der architektonischen Produktion. Von diesem Ausgangspunkt lassen sich neue Prinzipien und Methoden für die Planung finden. Prinzipien und Methoden, die auf die Lage in einem bestimmten Gebiet Rücksicht nehmen ...
Der Ursprung der Architektur ist nicht die primitive Hütte, die Höhle oder das mythische ›Haus Adams im Paradies‹.
Bevor der Mensch eine Stütze in eine Säule verwandelte, ein Dach in ein Tympanon, bevor er Stein auf Stein schichtete, legte er einen Stein auf den Boden, um inmitten eines unbekannten Universums einen Ort zu erkennen, in Besitz zu nehmen und zu verändern.«
International gesehen hat niemand mehr für das Prestige der italienischen Architektur getan als der High-Tech-Architekt Renzo Piano, dessen neuere Projekte – ein Sportpalast für Ravenna und ein Museum für Newport, California, beide von 1986, und ein preisgekrönter Entwurf für den

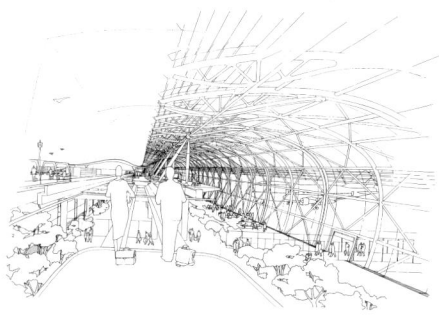

342 Piano, Projekt für den Flughafen Kansai, Osaka, 1989. Ankunftshalle.

Flughafen von Osaka (1989) – jeweils in ihrer konstruktiven Form den spezifischen Grundstücken angepaßt sind und damit, wie es Gregotti forderte, der Topographie den ersten Rang einräumen.
Wenn irgendein europäisches Land auf nationaler wie auf lokaler Ebene eine reflektive Praxis aufrechterhalten hat, so sind es die Niederlande. Doch mit Ausnahme der Delfter Strukturalistischen Schule konnte sich auch hier keine konsequente architektonische und städtebauliche Kultur entwickeln, denn seit den siebziger Jahren wirkten private Spekulation und eine allzu tolerante Kulturpolitik immer stärker auf das holländische Alltagsleben ein. Vielleicht kam Rem Koolhaas' spektakuläre neomoderne Architektur gerade wegen dieses Wandels in der Politik zur Geltung – man denke nur an sein raumschiffartiges, an Science Fiction erinnerndes Fährenterminal, das er 1990 für Zeebrugge entwarf (Abb. 317). Inzwischen hat die holländische Regierung freilich ihre frühere Initiative zum Teil zurückgewonnen: Sie vergab Aufträge für öffentliche Bauten mittlerer Größe an jüngere Architekten, mit dem Ergebnis, daß in letzter Zeit Büros wie Benthem und Crouwel, Mecanoo und Cees Dam in den Vordergrund traten. Neue Bauten wie das Nationale Architekturmu-

seum in Rotterdam (1993) von Jo Coenen werden zweifellos dazu beitragen, das Prestige des holländischen Staates auf dem Gebiet der Architekturförderung wiederherzustellen.

In Portugal hat der Staat nach dem Ende des portugiesischen Frühlings in der Mitte der siebziger Jahre wenig mit Architektur zu tun gehabt. Doch der Norden des Landes spielte eine bedeutende Rolle bei der Entwicklung einer kritisch-modernen, aber dennoch dem Kontext verpflichteten Architektur, die Topographie, Licht und lokale Materialien einbezieht. Diese sogenannte Schule von Porto unter der Führung Fernando Távoras ist auf vielen Ebenen tätig geworden, nicht nur im Werk des meisterhaften Alvaro Siza, sondern auch bei jüngeren Architekten wie Adalberto Dias, Maria de Graça Nieto, José Manuel Soares und Eduardo Souto de Moura. Allerdings war Souto de Moura auch gegenüber außerportugiesischen Einflüssen offen, darunter Mies und Barragán. Er nimmt mit seinen minimalistischen Bauten eine Sonderstellung in der einheimischen Szene ein. Die organischere Linie der Schule von Porto feierte 1991 ihre eigene Tradition mit der Vollendung von Sizas Neubau für die Architekturfakultät am Ufer des Douro, einem Gebäude, das eine

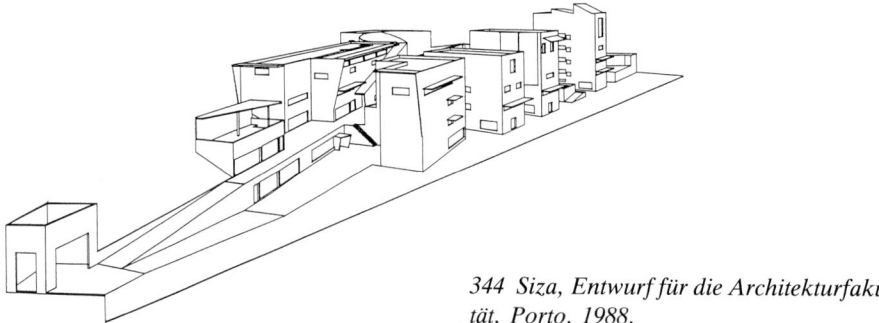

344 Siza, Entwurf für die Architekturfakultät, Porto, 1988.

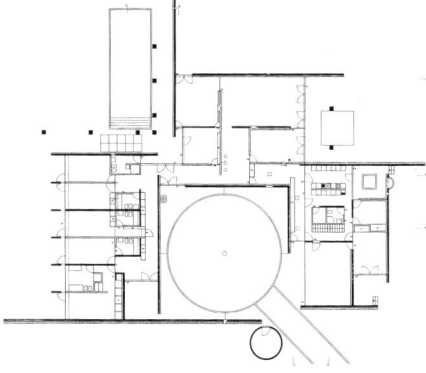

343 Souto de Moura, Haus Alcanena, Torres Novas, 1987–1990. Grundriß.

spezifische ideologische Kultur zum Ausdruck bringt. Dieser Komplex ist die dritte didaktische Architekturinstitution, die in diesem Jahrhundert entstand – neben dem Bauhaus in Dessau und der Hochschule für Gestaltung in Ulm.

Finnland

In den letzten Jahren zeigten sich in Finnland zwei Haupttendenzen: einerseits die Fortentwicklung und Abwandlung von Aaltos organischer Architektur, andererseits eine konstruktivistische Abkehr von dem übermächtigen Einfluß Aaltos. Bei Aaltos Erbe bestand das größte Problem immer darin, die finnische organische Tradition weiterzuverfolgen, zugleich aber Distanz zur höchst persönlichen Formensprache des Meisters zu halten. Dieser Konflikt führte offenbar zu einem geometrisch abgewandelten, reduktiven organischen Bauen, wie es in Kaija und Heikki Sirens Kirche in Otaniemi (1957) und später in Käpy und Sino Paavilainens Kirche in Olari (1976) zu finden ist. Eine ähnliche Linie verfolgt auch Juha Leiviskä mit der Kirche St. Thomas in Oulu (1975) und seiner Kirche in Myyrmäki (1985), die beide dem expressionistischen Architekten der Mittelgeneration Reima Pietilä ebenso sehr verpflichtet sind wie Aalto selbst. Doch darüber hinaus erinnern Leiviskäs spätere synkopenreiche formale Kompositionen an gewisse Strömungen der neoplastischen

Kunst, wie sie sich etwa in den Reliefskulpturen des französischen Künstlers Jean Gorin zeigen. Leiviskä geht es in erster Linie um die Modulation des Lichts – kein Wunder also, daß er von Erik Bryggmans Kapelle in Turku (1941) fasziniert ist. Zugleich ist er äußerst sensibel gegenüber dem Umfeld seiner Bauten. Das zeigt sich in seiner Beschreibung eines Zeitungsgebäudes, das er 1987 für die Stadt Västerås in Schweden entwarf, in einem Viertel zwischen dem historischen Stadtzentrum und einem neueren, dynamischeren Geschäftsdistrikt. Eine Kollision wäre unvermeidbar gewesen, wenn es Leiviskä nicht gelungen wäre, eine maßstäbliche Verbindung zwischen den existierenden Bauten und dem Neubau herzustellen. Er schrieb darüber:

345 Leiviskä, Entwurf für ein Zeitungsgebäude, Västerås, 1987.

346 Helin & Siitonen, Siedlung Torpparin-mäki, Helsinki, 1981.

347 Gullichsen, Kairamo und Vormala, Siedlung Liinasaarenkuja, Westend, Espoo, 1982.

»Das Gelände in Västerås hatte große archäologische Bedeutung. Normale Konstruktionsmethoden hätten umfangreiche, langwierige und kostspielige Ausgrabungen und Untersuchungen erfordert. So berührt mein Gebäude den Boden nur an einigen Stellen. Auf diesem kostbaren Grund sind fünf Stützenpaare errichtet, und alle Ebenen, selbst die kleinen Raumeinheiten an der Seite des alten Zentrums, sind von den Hauptstützen abgehängt, wie Wäsche auf der Leine.«

Mit dem kühn auskragenden, minimalistischen Bau seiner Druckerei in Tapiola von 1964 war Aarno Ruusuvuori der erste, der sich von Aalto entfernte. Danach verfolgte vor allem das Büro der Architekten Kristian Gullichsen, Erkki Kairamo und Timo Vormala diese konstruktionsbetonte Richtung. Ihr Neokonstruktivismus, der sich schon in den frühen unabhängigen Arbeiten von Kairamo und Gullichsen angekündigt hatte, stellt eine bewußte Rückkehr zur Syntax der niederländischen und russischen Avantgarde vor dem Ersten Weltkrieg dar, ohne in ästhetischen Manierismus zu verfallen.

Heute lassen sich im finnischen Neokonstruktivismus drei verschiedene Tendenzen erkennen. Die erste, repräsentiert im Werk von Gullichsen, Kairamo und Vormala, vereint den neoplastischen Elementarismus der holländischen Konstruktivisten mit einem offensichtlichen Hang zu

deutlich artikulierter modularer Montage. Diese Tendenz, gefiltert durch den deutsch-schweizerischen Rationalismus, wird besonders sichtbar in ihrer Wohnbebauung Westend in Espoo von 1982 und ihrem Büroturm für das Einkaufszentrum Häkeskus am Rande Helsinkis (1983–87). Eine zweite, eher eklektische konstruktivistische Variante zeigt sich im Werk von Pekka Helin und Tuomo Siitonen, vor allem in ihrer Siedlung Torpparinmäki außerhalb Helsinkis (1981) und ihrem Flughafengebäude in Jyväskylä (1988), das kühler und technischer wirkt und an die Arbeiten der britischen High-Tech-Architekten erinnert. Die dritte Richtung wird durch das Werk von Mikko Heikkinen und Markku Komonen charakterisiert, vor allem durch ihr Wissenschaftszentrum, das 1986 in Vantaa entstand. Dieser Komplex hat gewisse Anklänge an Science Fiction, die an den Minimalismus von Rem Koolhaas denken lassen, allerdings mit sehr viel klarer definierten Details.

Außer dem allgemeinen Wohlstand gibt es noch andere Gründe dafür, daß in einem so kleinen Land so viele Talente zu finden sind. In erster Linie ist dafür der starke Einfluß einer der striktesten Architekturschulen in der Welt verantwortlich, der Technischen Universität Helsinki, deren Traditionen bis in die Direktorenzeit Carl Gustav Nyströms zurückreichen. Andere Faktoren sind erstens das enorme nationale

Prestige, das Aalto zu seinen Lebzeiten genoß; zweitens das lang etablierte Prinzip, für praktisch jedes öffentliche Gebäude einen offenen Wettbewerb abzuhalten; und drittens der hohe Designstandard, den Möbelfirmen wie Marimekko und Artek geschaffen hatten. Hinzu kam noch die didaktische Unterstützung des Finnischen Architekturmuseums unter der sukzessiven Leitung von Juhani Pallasmaa, Asko Salokorpi, Aarno Ruusuvuori, Markku Komonen und Marja Riitta Norri. Die Positionen dieser Direktoren kamen jeweils in den Zeitschriften zum Ausdruck, mit denen das Museum eng verbunden war, nämlich *Abacus* und *Arkkitehti*. Internationalen Einfluß übten der Aalto-Preis und das dazugehörige Aalto-Symposion aus, das alle drei Jahre in Jyväskylä abgehalten wird. Die Auswahl der letzten Preisträger, Tadao Ando (1987) und Alvaro Siza (1989) zeugt von der Vitalität der Architekturdebatte in Finnland und vom Qualitätsgefühl der Finnen.

Frankreich

Die Neubelebung der Architektur in Frankreich geht in mancher Hinsicht auf die Studentenunruhen im Mai 1968 zurück. Doch letztlich hatte die Modernisierung des Landes unter Charles de Gaulle den Staat dazu gebracht, auf dem Gebiet der Architektur zu intervenieren, sowohl theoretisch durch Förderung der Forschung als auch praktisch durch große öffentliche Aufträge. Außerdem wurde 1968 die zentralisierte und moribunde École des Beaux-Arts in eine Reihe von »unités pédagogiques« unterteilt, nicht nur in Paris, sondern auch in Versailles, Clermont-Ferrand, Bordeaux und Marseille. Diese Reorganisation führte zu einer Neuordnung der Architekturausbildung in Frankreich und zur Entstehung von rigorosen *unités* wie UP 8 und UP 3 in Paris, deren Leiter die engagierten Architekten Henri Ciriani und Henri Gaudin waren. In dieser Zeit wurden auch neue Institutionen gegründet, darunter das Institut Français d'Architecture unter der Präsidentschaft von Valéry Giscard d'Estaing.

Der internationale Wettbewerb für das Centre Pompidou in Paris von 1962 stand am Anfang eines Regierungsprogramms für öffentliche Bauten, das seinen Höhepunkt in den »Grands Travaux« fand, die in den achtziger Jahren unter dem Präsidenten François Mitterand in Paris und anderen französischen Städten realisiert wurden. Besonders stechen dabei zwei große Bauten an den beiden Enden der Hauptstadtachse hervor, eine Glaspyramide für den Louvre, die der amerikanische Architekt I. M. Pei 1988 vollendete, und ein Bürogebäude in Form eines riesigen Bogens, das 1983–1989 nach den Plänen des dänischen Architekten Johan Otto von Spreckelsen entstand. Andere wichtige ausgeführte Wettbewerbsentwürfe aus der ersten Hälfte der achtziger Jahre sind Bernard Tschumis Parc de la Villette und die neue Opéra de la Bastille des wenig bekannten kanadischen Architekten Carlos Ott. Zu diesen prominenten kulturellen Einrichtungen muß noch das Musée d'Orsay gezählt werden, das die italienische Architektin Gae Aulenti in der restaurierten Hülle des Gare d'Orsay einrichtete. Nachdem Paris nahezu fünfundzwanzig Jahre lang Ausländern seine Gunst geschenkt hatte, gibt es nun wichtige öffentliche Bauten einer neuen Generation französischer

348 Johan Otto von Spreckelsen und Paul Andreu, Grande Arche de La Défense, Paris, 1983–1989.

Architekten in Auftrag. Zu den jüngsten Früchten dieser Politik zählen Jean Nouvels technologische *tour de force,* das Institut du Monde Arabe (1983–1987), Christian de Portzemparcs sehr skulpturale Cité de la Musique am Eingang des Parc de la Villette (1991) und Dominique Perraults Projekt für die neue Bibliothèque de France, die 1995 fertiggestellt werden soll.

Die staatliche Förderung von Ausbildung und Forschung wirkte sich auch auf die führenden Architekturzeitschriften aus, nämlich *L'Architecture d'Aujourd'hui* (1974–1977 unter der Leitung von Bernard Huet) und *AMC, Architecture, mouvement et continuité* (1978–1986 unter Jacques Lucan). Diese beiden Herausgeber regten eine Neubewertung der modernen Tradition in Frankreich an, von den Pionieren des Betonbaus, den *grands constructeurs* Perret, Garnier und dem Ingenieur Eugène Freyssinet, bis zum Art-Déco von Michel

Roux-Spitz und Pierre Patout und der verwandten Version des Funktionalismus von Robert Mallet-Stevens. Sie lenkten die Aufmerksamkeit auch auf Leichtbauweisen in Metall und Glas, wie sie Jean Prouvé und Edouard Albert eingeführt hatten, und auf die Pariser neokubistische Tradition, die Künstler wie Jean Ginsberg, Bruno Elkouken, Eileen Gray, Charlotte Perriand und vor allem Le Corbusier in den dreißiger Jahren entwickelten.

Die Wiederentdeckung des Corbusierschen Erbes manifestierte sich in den achtziger Jahren in unterschiedlicher Weise. Einerseits schufen die letzten Mitarbeiter von Le Corbusiers Atelier eine Reihe wichtiger Bauten, darunter die Französische Botschaft in Rabat von Jullian de la Fuente (1985) und das Französische Kulturzentrum in Damaskus von José Ouberie (1986). Andererseits interpretierte Ciriani Le Corbusiers Formensprache und Methodik neu, nicht nur in seinen eigenen Werken, wie etwa in Noisy 2 (Abb. 297), sondern indirekt auch durch die Arbeit seiner Schüler, zum Beispiel Michel Kagans Ateliers für Kunsthandwerker im Pariser Außenbezirk (1990).

Für das Auftreten der »pièce urbaine« in der französischen Architekturdiskussion war zweifellos die typologische Richtung der italienischen Tendenza verantwortlich. Unter *pièce urbaine* verstand Ciriani einen relativ großen, aber einheitlichen Mehrzweckkomplex, der sowohl im Inneren als auch außerhalb seiner Umgrenzung eine urbane Situation zu schaffen vermochte. Dieses unsentimentale Verhältnis zur Umgebung zeigt sich in allen Bauten Cirianis, von der halbkreisförmigen Wohnbebauung in Lognes bei Évry (1986) bis zu dem Archäologischen Museum, das er 1991 in Arles fertigstellte. Aus der gleichen Schule stammt das gelungenste Werk von Cirianis früheren Kollegen Paul Chemetov und Borja Huidobro, ihr monumentaler, viaduktartiger Block für das neue Finanzministerium in Paris (1989), das allerdings ein

349 Ouberie, Französisches Kulturzentrum, Damaskus, 1986. Aufriß.

350 (oben rechts) Ciriani, Archäologisches Museum, Arles, 1991.

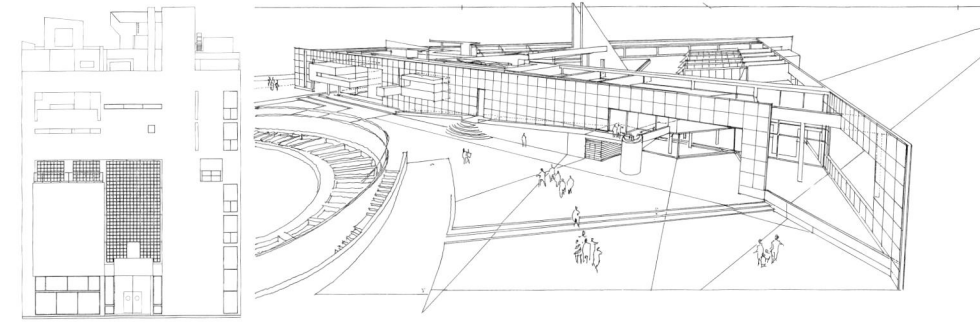

351 Devillers, Parking Municipal des Chaumettes, St. Denis, 1981–1983.

352 Beaudouin, Rousselot und Roussel, Appartementblock in der Rue des Fabriques, Nancy, 1981–1983.

sehr viel weniger auf den städtischen Kontext bezogenes *pièce urbaine* darstellt.

Yves Lion mit seinem Palais de Justice in Draguignan (1983) und Christian Devillers mit seiner in Glasbaustein verkleideten Parkgarage in St.-Denis (1983) ahmen die Monumentalität der *grand constructeurs* nach. Dagegen folgen Henri Gaudins organische Wohnbebauung in Évry (1986) und der Eckblock in Nancy von Laurent Beaudoin, Christine Rousselot und Jean-Marie Roussel (1983) der topographisch inspirierten Architektur Alvaro Sizas.

Die bemerkenswerte Blockrandbebauung Roland Simounets, die er in zwei Phasen zwischen 1976 und 1986 im Zentrum von St.-Denis realisierte, ist von seiner eigenen nordafrikanischen Herkunft ebenso beeinflußt wie von Vladimir Bodianskys AT-BAT Afrique in Marokko aus den fünfziger Jahren und der labyrinthischen Morphologie der Kasbah. Das Museum aus Backstein und Stahlbeton, das er 1983 in Lille-Est fertigstellte, macht deutlich, daß er zu einem der wenigen Architekten gehört, deren tektonisches Raffinement sich mit dem von Louis Kahn vergleichen läßt.

Spanien

Die hohe Qualität der heutigen Architektur in Spanien geht auf die frühen fünfziger Jahre zurück. Damals begannen die Architekten nach einem Jahrzehnt der Stagnation, das auf Francos Sieg im Bürgerkrieg folgte, wieder an die verlorene moderne Kultur anzuknüpfen, zuerst mit Francisco Cabreros monumentalem Edificio Sindicatos in Madrid von 1949 und dann mit J. A. Coderchs an Gardella erinnerndem Appartementblock, der 1951 in Barcelona entstand. Ebenfalls von Italien, aber diesmal von Terragnis Casa del Fascio beeinflußt war Alejandro de la Sotas Gouverneurspalast, der 1957 in Tarragona fertiggestellt wurde. Der Reiz von de la Sotas Bauten liegt in der Flexibilität seiner Methode, das heißt, in den räumlichen Variationen innerhalb des gegebenen Rahmens und in der Artikulation der konstruktiven Form. Er selbst sieht den Gouverneurspalast als eine Manifestation des Übergangs, sowohl in der Kulturpolitik als auch im tektonischen Ausdruck. Für ihn bezeichnet der Bau einen Augenblick, in dem die von den Faschisten so hoch geschätzte traditionelle Monumentalität des Steins sich wieder als dynamische, schirmartige Wand darstellen ließ, ähnlich den scheinbar gewichtslosen Steinflächen, die Mies beim Barcelona-Pavillon verwendete. Der katalanische Architekt Josep Antoni Llinàs schrieb:

»Nichts hier, nichts dort ... Mal sieht man es, mal sieht man es nicht: ein Gebäude! Oder ein Stück Bindfaden wird zum Re-

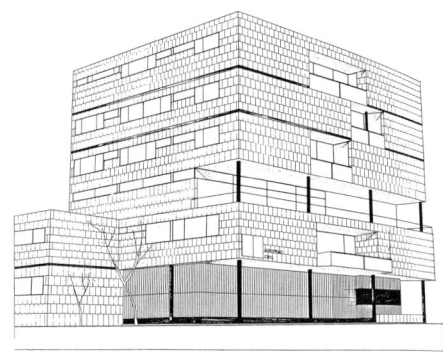

353 De la Sota, Gouverneurspalast, Tarragona, 1956–1957.

genschirm. John Cage sagte, er komponiere nicht mit Noten, sondern mit Geräuschen. Von Alejandro de la Sota könnte man sagen, daß er nicht mit Kompositionssystemen entwirft, sondern mit Materialien. Wie bei Mies kann man deshalb die Architektur vergessen und sich auf die Form der Komposition konzentrieren. Doch Alejandro geht ein bißchen weiter; er hüllt die Materialien ein. Er verwandelt das Stück Bindfaden in einen Regenschirm.«

Ob es an seiner Lehrtätigkeit in Madrid liegt oder an seiner brutalistischen Turnhalle für das Colegio Maravillas, die er 1961–1962 in derselben Stadt errichtete – de la Sotas zurückhaltende, aber dynamische Architektur ist im letzten Jahrzehnt in Spanien nahezu zu einer Norm geworden. Unter seinen Anhängern in Madrid wurden vor allem die Partner Victor López Cotelo und Carlos Puente bekannt, insbesondere wegen ihrer Bibliothek in Saragossa (1990).

In Katalonien zeigt sich der Einfluß de la Sotas etwa in Victor Roholas Hotelschule in Cambrils (1988) oder Llinàs Ingenieurschule, die er 1990 in Barcelona errichtete. Selbst das sehr viel weniger tektonische Hospital Mora d'Ebre in Tarragona (1982–1988), von dem katalanischen Team

Elias Torres Tur und José Antonio Martínez Lapeña entworfen, scheint auf diese Quelle zurückzugehen. Die Architekten lösten sich von der üblichen High-Tech-Gestaltung therapeutischer Einrichtungen und schufen damit eines der humansten Krankenhäuser, das je seit dem Ende des Zweiten Weltkrieges gebaut wurde.

Innerhalb der Schule von Madrid existierten freilich auch noch zwei separate organische Tendenzen: einerseits die Neo-Aalto-Richtung, wie sie Antonio Fernández Alba praktizierte, vor allem mit seinem Kloster El Rollo, das 1962 in Salamanca entstand; andererseits die an Wright erinnernden Arbeiten von Francisco Javier Sáenz de Oíza, angefangen bei seiner Wohnbebauung Torres Blancas am Rande Madrids (1962) bis hin zu seiner meisterhaften Banco de Bilbao im Zentrum der Stadt von 1971–1981. Der mit Cortenstahl verkleidete Turm dieser Bank erinnert von fern an Wrights Johnson Wax Building. Er zählt zu den wenigen neueren Hochhäusern, die nicht dem Vorbild des rechtwinkligen, minimalistischen, vollverglasten Bürogebäudes mit zentralem Servicekern im Stile Mies van der Rohes folgten.

Unter den spanischen Architekten, die im letzten Jahrzehnt zu internationalem Anse-

355 Sáenz de Oíza, Banco de Bilbao, Madrid, 1971–1981. Links im Vordergrund die Turnhalle des Colegio Maravillas von de la Sota, 1961–1962.

354 Martínez Lapeña und Torres, Spital Mora d'Ebre, Tarragona, 1982–1988.

hen gelangten, ist José Rafael Moneo wohl der facettenreichste. Er studierte bei de la Sota und Sáenz de Oíza und lernte danach bei Jørn Utzon, ist also ebenso wie Alba vor ihm stark von der nordischen Baukunst beeinflußt. Moneo entwickelte eine unverwechselbare Formensprache, die Aalto und Asplund ebenso viel verdankt wie Utzon und Wright. Das früheste Beispiel ist seine mit Backstein verkleidete Bankinter in Madrid, die er in Zusammenarbeit mit Ramón Bescós 1977 vollendete. Seine Fähigkeit, völlig unterschiedliche Traditionen in eine neue Form zu integrieren, erreichte ihren Höhepunkt mit dem Nationalmuseum für Römische Kunst in Mérida (1980–1985), wo er eine Substruktur aus Stahlbeton innen und außen mit Ziegeln in römischen Maßen verkleidete. Dieses Material erinnert nicht nur an Méridas antike

356 Moneo, Nationalmuseum für Römische Kunst, Mérida, 1980–1985. Luftansicht des Museums während der Bauzeit, die seine Beziehung zum Stadtzentrum und zum römischen Amphitheater und Theater zeigt.

und mittelalterliche Vergangenheit, sondern läßt bei den Strebepfeilern auch an die Industriearchitektur eines Peter Behrens denken. Das wie ein Lagerhaus konzipierte Museum erhebt sich über einer archäologischen Ausgrabung, so daß die ziegelverkleideten Wandschotten aus Beton, die den Boden als Pfeiler berühren, die antiken Grundmauern scheinbar willkürlich durchbrechen und damit die Überreste der römischen Stadt zugleich verletzen, enthüllen und schützen. Dank seiner unterirdischen Verbindung zu dem nahegelegenen römischen Theater und dem Amphitheater ist das Museum in vorbildlicher Weise in den städtebaulichen Zusammenhang eingebunden. Allerdings hat es trotz der Anpassung an die Straßenführung und die allgemeine Traufhöhe wenig Beziehung zur heutigen Struktur Méridas.

Moneo lehrte in Barcelona, Madrid und Harvard, und so gibt es inzwischen eine Reihe von Schülern, die ihre eigene Laufbahn begonnen haben. Dazu zählt vor allem das in Sevilla ansässige Büro von Antonio Cruz und Antonio Ortiz mit Arbeiten wie einer Wohnbebauung in Madrid (1989) und einem großen, weitgespannten Bahnhof in Sevilla (1991). Ebenfalls von Moneo beeinflußt ist das Büro von Gabriel Ruiz Cabrero und Enrique Perea, deren Colegio de Arquitectos in Sevilla (1982) in mancher Hinsicht eine verkleinerte Variante von Moneos Bankinter darstellt.

Während Madrid sich überwiegend auf einzelne freistehende Bauten konzentrierte, setzte sich die Schule von Barcelona mit zwei anderen Themen auseinander: Zum einen eine kritische Architekturdiskussion, die in der 1974 gegründeten Architekturzeitschrift *Arquitecturas Bis* geführt wurde, zum anderen der Versuch, die Struktur der Stadt zu erneuern. Treibende Kraft bei beiden Tendenzen war der unermüdliche Oriol Bohigas, unterstützt von früheren Fakultätsmitgliedern der Architekturschule, darunter Federico Correa, Manuel de Solà-Morales, Luis Domenech, Helio Piñón, Rafael Moneo und der Philosoph Tomás Llorens. Schon in den späten siebziger Jahren wandten sie ihre Aufmerksamkeit der Restaurierung und Reorganisation der Stadt zu, was 1982 zur Veröffentlichung eines offiziellen Plans mit dem Titel *Plans i Projectes per Barcelona* führte.

Dieses Sanierungsprogramm zeichnete sich dadurch aus, daß es eine behutsame Erneuerung mit Lückenbebauung vorsah und daß die Stadtverwaltung eine ungewöhnliche Entschlossenheit zeigte, den Plan in die Realität umzusetzen. Als seien die Prinzipien von Joseph Stübbens *Der Städtebau* (1890) direkt in die Tat umgesetzt worden, hat der Barcelona-Plan inzwischen zur Entstehung von mehr als zehn Parks, zwei größeren Alleen und mehr als dreißig Plätzen unterschiedlicher Größe geführt, darunter der brillant-minimalistische Vorplatz des Bahnhofs Sants, der 1986 nach dem Entwurf von Helio Piñón und Albert Viaplana in Zusammenarbeit mit Enric Miralles und Carme Piñós fertiggestellt wurde. Hier ist Kandinskys These von »Punkt, Linie, Fläche« im urbanen Kontext angewendet. Laternen, Masten, Sitze und Dächer, alle aus Stahlrohr, schaffen mit sparsamen Mitteln eine dreidimensionale Umgebung, um die Öde des Platzes mit seiner formlosen Begrenzung auszugleichen. Die sorgfältige Abstufung der Anlage, die die verschiedenen Bewegungsrichtungen betont, zeugt vom Interesse der modernen spanischen Tradition an topographischen Elementen. Ein weiteres Beispiel dafür ist die Plaza del Tennis in San Sebastian von 1976, die von Luis Peña Ganchegui und Eduardo Chillida stammt.

Die Wahl Barcelonas zum Austragungsort für die Olympischen Spiele von 1992 hatte zur Folge, daß sich der Stadtplan erweiterte. So entstand nicht nur ein völlig neues Wohnquartier für zehntausend Menschen, das zunächst einmal als Olympisches Dorf diente, sondern auch eine Küstenstraße, die von diesem Viertel im Norden zu dem südlich gelegenen Sportpark Montjuic führt.

Einige katalanische Architekten, die zu Entwürfen für Sportanlagen der Olympischen Spiele aufgefordert waren, besannen sich offensichtlich auf die Tradition der *grands constructeurs*. Das zeigt sich besonders deutlich bei der Basketball-Arena in Badalona (1991) von Esteban Bonell und Francesco Rius und ihrer früheren Radrennbahn, die 1984 in Vall d'Hebron errichtet wurde. Beide Bauten zählen zweifellos zu den elegantesten Stadien, die in den letzten fünfzig Jahren entstanden sind. Bei der Radrennbahn offenbart sich die Stärke des Konzepts in dem Gegensatz zwischen der reinen Form des umgebenden Kreises und der elliptischen Figur der geböschten Bahn und natürlich auch in der

357 Bonell und Rius, Horta Velodrom, Vall d'Hebron, Barcelona, 1984.

engen Beziehung zwischen Funktion, Volumen, Material und Konstruktion. Darauf weist auch Bonell in seiner Projektbeschreibung hin:

»Die äußeren Umschließungswände bestehen bis zu einer gewissen Höhe aus perforierten Ziegeln und sind oben mit weißen Fliesen verkleidet. Darin befinden sich die kleinen Öffnungen für Lüftung und Beleuchtung der öffentlichen Bereiche (Toiletten, Bars etc.)

Die Böden der öffentlichen Zonen und die Tribüne bestehen aus Kunststein und künstlichem Granit. Im Bereich der Umkleidekabinen sind die inneren Trennwände aus unverputzten Stahlbetonblökken errichtet ... Jedes Material wird entsprechend seiner eigenen konstruktiven Logik verwendet. Damit soll die visuelle Qualität des Endprodukts verbessert werden. So treten in den Backsteinwänden mehrere Lagen der gleichen Ziegelsorte, aber anderer Farbgebung auf. Bei den Stahlbetonstützen bleiben die Markierungen der Schalformen als Element visuellen Interesses erhalten.«

Von Antonio Vázquez de Castros Wohn-

bebauung Caño Roto in Madrid (1961) bis zu J. A. Coderchs neuem Blocktypus im Sarria-Bezirk von Barcelona (1974) zwangen die öffentlichen und privaten Wohnbauprogramme der sechziger, siebziger und achtziger Jahre die spanischen Architekten, neue Wohnmodelle zu entwerfen und ihre bereits stark ausgeprägte Fähigkeit zur Organisation von Wohnraum noch weiter zu entwickeln. Einen entscheidenden Einfluß auf den Standardwohnungsbau dieser Zeit hatte die italienische Tendenza, für die sich besonders das Magazin *2C Ciudad* einsetzte. Beispiele sind Francisco Barrionuevos Blockrandbebauung in Sevilla (1980) oder die Hochhäuser, die Estanislao Pérez Pita und Jerónimo Junquera im Palomeras-Bezirk von Madrid errichteten (1983). Ähnliche rationalistische Konzepte fanden sich auch bei institutionellen Bauten wie der Ikastola (Schule) in Fuenterrabia (1978) von Miguel Garay und José Ignacio Linazasoro und dem Colegio San Fermin in Madrid (1986) von Alberto Campo Baeza. Dieses Colegio weist mit seiner modulierten Lichtführung und seinen minimalistischen Formen im Rückblick auf nahezu

unheimliche Weise Verwandtschaft mit dem Werk Tadao Andos auf.

In diesem Zusammenhang sollte kurz vor der nützlichen Rolle des Gildesystems die Rede sein, das sich aus alten Zeiten erhalten hat und unter der anachronistischen Bezeichnung *colegios* in ganz Spanien verbreitet ist. Diese Institutionen haben dem Berufsstand einen Schutz gewährt, wie er in kaum einem anderen Land existiert. In Spanien, wo kein Bauwerk ohne Architekten errichtet werden darf, üben die regionalen *colegios* Einfluß auf die gesamte Industrie aus. Sie sind zuständig nicht nur für Baugenehmigungen, sondern auch für die Honorare, von denen sie einen bestimmten Prozentsatz erhalten. Dieses Monopol ermöglicht es ihnen, die lokale Architekturszene indirekt zu unterstützen, etwa durch Ausstellungen und Vorträge und vor allem durch die Subventionierung von Zeitschriften. Daß Spanien heute in der Architekturkritik eine führende Rolle spielt, geht weitgehend auf diese Förderung zurück, was sich auch in hervorragenden Publikationen wie *Quaderns d'Arquitectura i urbanisme* (Barcelona), *Arquitectura* (Madrid) und *Arquitectónia* (Vasco Navarro) zeigt. Die Pflege der Lehre in den *colegios* hat den spanischen Architekten nicht nur zu ihrem Prestige verholfen, sondern sie auch ermutigt, ihre Arbeit mit einem direkten Bezug zur Realität zu leisten, statt mit Nostalgie in eine unerreichbare Zukunft oder eine ebenso ferne Vergangenheit zu blicken.

Japan

Die japanischen Großstädte sind ebenso chaotisch und entfremdet wie die im Westen. Dennoch hat Japan eine ungewöhnlich reiche architektonische Kultur entfaltet, seit 1957 Kenzo Tanges Rathaus in Tokio fertiggestellt wurde, ein Gebäude, das nach den Zerstörungen des Zweiten Weltkriegs eine urbanere Phase des Wiederaufbaus einleitete. Die japanische Regierung spielte direkt oder indirekt eine wichtige Rolle beim Wiederaufbau des

Landes, von dem umfangreichen Programm, das die japanische Wohnbaubehörde 1945 in Gang gesetzt hatte, bis zu den jüngsten staatlichen Förderungsmitteln, die für den Bau eines internationalen Flughafens inmitten der Bucht von Osaka und den neuen Terminal von Renzo Piano (Abb. 342) bereitgestellt wurden. Hier kommt die eine Hälfte der Mittel von der Regierung, während die andere Hälfte von der Stadtverwaltung getragen wird. Wie dieses Beispiel zeigt, ist die lokale Förderung ebenso wichtig wie die des Staates. Ähnliche Projekte sind das riesige Ausstellungszentrum Makuhari in der Präfektur Chiba von Fumihiko Maki (1989) und das Tokio-Forum des argentinischen, in New York ansässigen Architekten Rafael Vinoly. Bei beiden Unternehmungen war die Regionalverwaltung von Tokio die wichtigste Finanzquelle. In dieser ganzen Zeit wurde die öffentliche Förderung durch private Aufträge der Industrie ergänzt, die von mehr Bürgersinn und Sozialbewußtsein zeugten, als es gewöhnlich im Westen der Fall ist.

Zur Qualität der japanischen Architektur trug auch die Fähigkeit der Bauindustrie bei, handwerkliche Produktion mit rationalisierten Industriesystemen zu vereinen und bei der Entwicklung neuer Materialien und Methoden einen hohen Forschungsstandard aufrechtzuerhalten. Viele Unternehmen verfügen zudem über ihre eigenen Architektur- und Ingenieurbüros. Für ideologische Unterstützung sorgen eine Reihe einflußreicher Zeitschriften wie *Shinkenchiku, Kenchiko Bunka, A + U, Telescope, GA* und *SD* und die kulturellen Aktivitäten der größeren Universitäten. Zwar hat die modische Postmoderne hier ebenso Fuß gefaßt wie in allen anderen Industrienationen, häufig mit verheerenden Ergebnissen. Doch Japan ist immer noch imstande, eine beträchtliche Zahl von Bauten zu produzieren, die auf höchstem Niveau stehen und oft sowohl kritische als auch poetische Aspekte aufweisen.

358 Shinohara, Centennial Hall des Tokyo Institute of Technology, Tokio, 1988.

Typisch dafür ist die Arbeit Kazuo Shinoharas, der dem staatlich geförderten normativen Bauen schon immer mißtrauisch gegenüberstand und sich dann nicht nur von dem Corbusier-nahen Stil Tanges und Maekawas distanzierte, sondern auch von der wiederbelebten japanischen Wohnbautradition, mit der er sich in den frühen sechziger Jahren auseinandergesetzt hatte. Bei den zahlreichen Privathäusern, die er seitdem errichtete, spielte er wie der Schriftsteller Kobe Abe subtil auf das Chaos und die Gewalt an, die unter der Oberfläche einer allzu homogenen und scheinbar friedlichen technologischen Gesellschaft lauern. Einen Höhepunkt seiner bisherigen Arbeit bildet die mit Metall verkleidete Centennial Hall, die 1988 gegenüber dem Haupteingang des Tokyo Institute of Technology errichtet wurde. Dissonante Formen sind hier locker verwendeten technologischen Elementen gegenübergestellt. Das Bauwerk zeugt von Shinoharas ambivalenter Einstellung gegenüber dem funktionalistischen Erbe der Moderne, eine Position, die er in seinem Essay »Towards Architecture« von 1981 klar darstellt:

»Ich war sehr beeindruckt von einem Foto eines der wichtigsten Jagdflugzeuge, die von der US Naval Air Force benutzt werden, der Tomcat. Auf die Produktion dieses Flugzeugs wurde jedes erdenkliche Fachwissen verwendet, damit es seine speziellen Kampffunktionen erfüllen kann. Doch in der Silhouette fehlt dem Jäger jene glatte Stromlinienform, die man gewöhnlich mit Flugzeugen assoziiert . . . Ein weiteres Beispiel für diese Art von Plumpheit ist die Raumkapsel, die den Menschen zum Mond trug . . . Obwohl der Zusammenhang von Form und Funktion seine absolute Autorität verloren hat, ist er heute keineswegs wirkungslos. Allerdings hat ein halbes Jahrhundert technischer Entwicklung die Voraussetzungen für dieses fundamentale Thema der Architektur verändert. In den beiden zuvor erwähnten Beispielen entdeckte ich eine Lösung für mein Problem . . ., doch die Maschinenobjekte meiner Analogie sind nicht die mechanischen Körper selbst, sondern nur Teile davon . . . Neue technische Produkte besitzen eine gewisse Frische der Form und nähren unsere Vorstellung von Funktion und Form. Während die Architekten der zwanziger Jahre die Maschine als Ganzes analog verwendeten, ziehe ich es vor, nur einen Teil zu benutzen und selbst dann nicht immer visuelle Analogien herzustellen.«

Ein ähnlicher kritischer Impuls verbirgt sich hinter dem High-Tech-Ästhetizismus von Shinoharas bekanntesten Anhängern, Kazunari Sakamoto, Itsuko Hasegawa und Toyo Ito. Bei Itos eigenem Wohnhaus in Nakano (1984), bekannt als »Silberhütte«, ist der Hof von einer Halbtonne aus Metallgliedern überdeckt. Es vereint auf ironische Weise hochentwickelte Technologie mit einem Bezug auf primitive Nomadenzelte.

Nichts könnte weiter von dieser ironischen Manier entfernt sein als die Arbeit Fumihiko Makis, der sich abgesehen von seinen ästhetischen Interessen immer mit den städtebaulichen Möglichkeiten dessen auseinandergesetzt hat, was er als »Gruppenform« bezeichnet. In seinem Essay »Some Thoughts on Collective Forms« von 1964 schreibt er:

»Seit langem beklagen wir die Trennung von Architektur und Stadtplanung. Vielleicht sind die statischen Kompositionsmethoden der Vergangenheit nun durch die Anforderungen einer neuen Technologie und einer neuen gesellschaftlichen Organisation völlig überholt ... Man stellt statische Kompositionen von einzelnen Bauten her, und erst danach können sie Teile im Muster der Stadt werden. Das lebendige Bild der Gruppenform leitet sich dagegen vom dynamischen Gleichgewicht der einzelnen Elemente her und ist keine Komposition stilisierter fertiger Objekte.«

Makis Konzept der »metabolischen« Stadtstruktur war dem Strukturalismus des Team X ebenso verpflichtet wie dem Metabolismus. Doch seine spezifische Formensprache geht letztlich auf die Graduate School of Design an der Harvard University zurück, der Maki zwischen 1954 und 1968 als Student wie als Lehrer verbunden war. Aus dieser methodologischen Beziehung erklärt sich vielleicht, warum er so mühelos von der kompakten Form seiner Wohnbebauung Previ in Lima, Peru (1972) zu der kubistischen Collage des Medienzentrums Wacoal in Tokio (1985) übergehen konnte.

Makis Stil änderte sich in den achtziger Jahren beträchtlich, als er die dekorative Phase seiner Hillside Terrace Apartments (1966–1979) hinter sich gelassen hatte und mit der Sporthalle Fujisawa (1987) und mit dem Ausstellungszentrum Makuhari (1989) Bauten von ungeahnter konstruktiver Kühnheit schuf. Er nahm sich Tanges Stadien zum Vorbild und verwendete Metallfachwerk und Platten aus rostfreiem Stahl, um die weitgespannten, mit dünnen Metallschuppen bedeckten Schalenformen zu erzielen, die das hyperbolisch profilierte Endwerk der Sporthalle überdecken. Wie Serge Lalat bemerkte, führte diese leichte Außenschale zu einer sehr guten Belich-

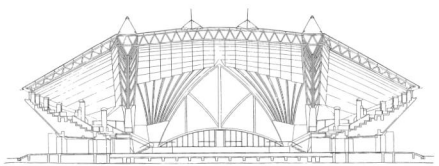

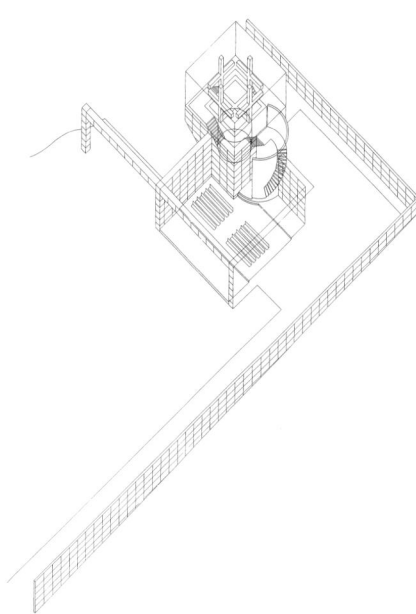

359 Maki, Sporthalle Fujisawa, Tokio, 1987. Schnitt durch die Hauptarena.

360 Ando, Kapelle auf dem Wasser, Tomamu, 1985–1988.

361 Ando, Kindermuseum, Himijei, 1990.

tung des Innenraums. »Das große Dachgewölbe hat eine stützenfreie Spannweite von 80 m. Es besteht aus einem Netz von stählernen H-Profilen, die eine 0,4 mm dicke Hülle aus rostfreiem Stahl stützen. Im Inneren bildet die große Arena ... einen weiten Raum, dessen Wandflächen von der Mitte des Gebäudes zurücktreten. Vier straffe, dynamische Lichtbüschel teilen die Membran der Haupthalle in gekurvte Flächen, deren imaginäre Fortsetzung den Raum vergrößert und erweitert.«

Makis Ästhetik der Fragmentierung geht heute in zwei verschiedene Richtungen, die sich aber gegenseitig ergänzen: einerseits strenge orthogonale Volumen, von dünnen Metallhäuten umschlossen, die an den Enden in papierdünne Lamellen oder gerasterte Rahmenformen auslaufen, wie beim Tepia Pavillon, Tokio (1990); andererseits facettierte, mit Metall verkleidete Schalenformen, die paradoxerweise mehr mit der gotischen Tradition zu tun haben als mit irgendeinem östlichen Vorbild.

Der andere berühmte Architekt in Japan ist fraglos Tadao Ando, dessen landschaftlich gestaltete Arbeiten zu den besten der achtziger Jahre gehören, vor allem seine Kapelle auf dem Wasser in Tomamu, Hokkaido (1985–1988) und sein Kindermuseum in Himijei, Präfektur Hyogo (1990). Hier dienen die ununterbrochenen Betonwände, die zum Kennzeichen seines Stils geworden sind, zur Integration monumentaler öffentlicher Bauten in ihre unmittelbare Umgebung und weiten zugleich den Vordergrund in die Ferne aus, der japanischen Tradition des *shakkei*, der »geliehenen Landschaft«, folgend. Kapelle wie Museum öffnen sich auf große Wasserflächen. Das Wasser wird durch Zuflüsse, die über niedrige Staustufen geführt sind, in ständiger Bewegung gehalten. Diese Bauten erinnern an den traditionellen japanischen Begriff des *oku*, ein Verfahren, mit dem eine Reihe glückverheißender Orte konzeptuell über große Entfernungen hinweg verbunden werden kann, ebenso wie der

362 *Atelier 5, Siedlung Halen, Bern, 1960.*

tokonoma oder Hausschrein sich durch eine Folge von Schreinen oder *torii* mit der Spitze eines heiligen Berges verbinden ließ. Jedes tektonische Element der Kapelle – die Schiebewand, das freistehende Kreuz und das reflektierende Wasserbecken außerhalb – schafft ein Gefühl jenes *oku*, das Künstliches auf mystische Weise in die natürliche Umgebung integriert. Ando selbst sagte 1989:

»Mein Ziel war es nicht, mit der Natur als solcher zu kommunizieren, sondern die Bedeutung der Natur durch Architektur zu verändern. Ich glaube, wenn das geschieht, wird der Mensch eine neue Beziehung zur Natur finden.«

Postskriptum

Vom menschlichen, ökonomischen und ökologischen Standpunkt aus gibt es vielleicht keinen Bereich, der eine neue Beziehung zur Natur dringender brauchte als unsere planlos errichteten Vorstädte – die raumverschwenderische, willkürliche Bebauung, der »Strip«, die Einkaufsstraße und die unzähligen Hektar relativ offener Landschaft, die jedes Jahr an die ausufernden Städte verlorengehen. Obwohl eine niedrige, stark verdichtete Bebauung all-

gemein als wünschenswertes Modell für vorstädtische Wohnquartiere des späten 20. Jahrhunderts anerkannt wird, gibt es nur sehr wenige Wohnbebauungen, die nach diesen Prinzipien ausgeführt wurden. Es ist irritierend, daß schon vor mehr als dreißig Jahren (1963) Serge Chermayeff und Christopher Alexander in ihrem Buch *Community and Privacy* die niedrige, stark verdichtete Bebauung als Reformstrategie für die neokapitalistische Wucherung der Städte empfahlen und daß seitdem kaum Gesetze gegen die Zerstörung der Umwelt auf den Weg gebracht wurden, die auf das Massenverkehrsmittel Automobil und die zügellose Grundstücksspekulation zurückgeht.

Daß niedrige Bebauung mit hoher Verdichtung sowohl praktisch als auch äußerst bewohnerfreundlich ist, haben seit dem Ende der fünfziger Jahre etliche Beispiele überzeugend bewiesen, vor allem die Siedlung Halen bei Bern (1960) und die spätere Thalmatt-Siedlung (1985), beide von dem schweizerischen Atelier 5. Solche kooperativen Unternehmungen waren keineswegs auf die Schweiz beschränkt, wie es Roland Rainers Gartenstadt Puchenau bei Linz in Österreich (in zwei Phasen zwischen 1969 und 1978 erbaut) und Neave Browns exemplarischer innerstädtischer Fleet Road Estate in London (1975) zeigen. Weiter entfernt, aber in beiden Fällen näher an einer einheimischen Tradition der flachen Teppichsiedlung sind Kamran Dibas Neue Stadt Shushtar, Iran (1978) und Tadao Andos Hangbebauung Rokko bei Kobe, Japan (fertiggestellt 1983). Aus jüngerer Zeit stammt Alvaro Sizas Malaguiera-Distrikt in Evora, Portugal, eine Reihe von zweigeschossigen Wohnhausenklaven, die zwischen 1975 und 1989 entstanden.

Abgesehen von solchen Einzelbeispielen geht die ungeregelte Verstädterung der Welt so rapide vor sich, daß es im Jahr 2000 schätzungsweise fünfzig Städte mit jeweils mehr als zehn Millionen Einwohnern ge-

ben wird, davon zwei Drittel in der Dritten Welt. Unsere unergiebigen Diskussionen über eine der Zeit angemessene Architektur schrumpfen zur Bedeutungslosigkeit angesichts der apokalyptischen Aussicht dieser Explosion der Großstädte, deren negative Auswirkungen mit der Zerstörung des Regenwaldes und der Abnahme der Ozonschicht zu vergleichen sind. Bauindustrie oder Architekten haben natürlich keine Möglichkeit, städtische Migrationen dieser Größenordnung zu handhaben.

Trotz ihres relativ permanenten Charakters bleibt der Architektur keine andere Wahl, als in ihrem eigenen historischen Augenblick zu existieren. Sie hat die Aufgabe, das Hier und Jetzt zu realisieren. Das bedeutet, daß sie nicht mehr die Idealvorstellungen der Aufklärung anstreben kann, sondern vielmehr zur Verkörperung bewohnbarer Orte werden muß. In einer Konsumgesellschaft lassen sich ausgeglichene öko-ontologische Verhältnisse vielleicht nur dann erreichen, wenn an verschiedenen Stellen Enklaven geschaffen werden, das heißt, umgrenzte fragmentarische Plätze, die trotz des umgebenden Chaos eine gewisse kulturelle und ökologische Symbiose aufrechterhalten.

Zweifellos ist der Verlust der *begrenzten* Stadt als signifikantes Kulturobjekt mitverantwortlich für den Mangel an avantgardistischem Denken und für die Erkenntnis, daß Architektur heute nicht mehr in globalem Maßstab eingreifen kann. Durch unsere Unfähigkeit, klar definierte städtische Bereiche zu schaffen, und zwar zusammen mit den Institutionen, die sie einst verkörperten, ist eine Leere entstanden. Diese Leere verbarg sich bis vor relativ kurzer Zeit hinter den optimistischen Illusionen des »operational planning«, einer positivistischen Disziplin, die auf die Konsumgesellschaft einwirken konnte, weil sie gegenüber kulturellen Belangen mehr oder weniger gleichgültig blieb. Dagegen könnte sich die urbane Enklave nun als mögliche alternative Strategie behaupten, wenn man davon ausgeht, daß der Bankrott der Planung sich in der Zukunft fortsetzt.

Doch die Enklave ist nur eine Frage des »was« in einer Zeit, in der die Architektur ihren Standort wieder neu bestimmen muß, um einen Sinn für Kontinuität und eine Beziehung zum gesamten Umfeld zu erhalten. Wer eine Generalregel für die gesamte Architekturpraxis finden wollte, müßte dem »wie« eine gleiche Bedeutung einräumen. Wie schon Hans Sedlmayr sagte, gibt es einen Augenblick, in dem Ort und Produktion verschmelzen und jene Qualität entstehen lassen, aus der wir unsere Identität empfangen. Christian Norberg-Schultz schrieb in seiner Studie über das Werk von Portoghesi und Gigliotti, *Alla ricerca dell'architettura perduta* (1975):

»Während sich räumliche Organisation beschreiben läßt, ohne daß von einer bestimmten technischen Lösung die Rede wäre, sind persönliche Merkmale nicht vom Prozeß der Produktion zu trennen. Darin liegt die Bedeutung von Mies van der Rohes wohlbekanntem Ausspruch ›Gott ist in den Details‹. Deshalb ist die technische Revolution der letzten hundert Jahre mehr als eine *technische* Revolution. Im Grunde dient die moderne Technik nicht nur dazu, quantitative und ökonomische Probleme zu lösen, sondern kann uns, richtig verstanden, auch zu einem Ersatz für die entwerteten historischen Motive verhelfen, die unsere Umgebung prägten und sie zu einem realen Ort machten.«

Der Schleier, den die Fotografie über die Architektur zieht, ist nicht neutral. Hochgeschwindigkeitsverfahren in Fotografie und Reproduktion haben sicherlich nicht nur mit der politischen Ökonomie des Zeichens zu tun, sondern bilden auch einen heimtückischen Filter, durch den unsere Umgebung ihre unmittelbare Begreifbarkeit zu verlieren droht. Wer moderne Bauten dann tatsächlich erlebt, macht die Erfahrung, daß ihre fotogene Qualität durch die Armseligkeit und Brutalität ihrer Details widerlegt wird. Immer wieder führt

eine kostspielige und demonstrative Zurschaustellung von Konstruktion oder Form zu einem Mangel an Intimität, zu dem, was Heidegger als »Verlust der Nähe« bezeichnet hat. Wie selten begegnen wir einem modernen Bauwerk, bei dem die gewählte Technik in die innerste Struktur eingeht, nicht als gewalttätige Überformung, sondern als Äußerung einer besonderen Sensibilität. Daß die moderne Gesellschaft noch immer zu solchen Verwandlungen fähig ist, bestätigt sich in den besten Arbeiten Alvar Aaltos. Hier wird die Kunst des Bauens zu einer Art »Reservat des Wirklichen«, wie Ignasi de Solà-Morales es ausdrückte, zu einem Ort, an dem der Mensch noch immer geistige und körperliche Ruhe finden kann – eine Art Enklave, die als das *Andere* den zerstörerischen Attacken der technologischen Modernisierung standhält.

Nachbemerkung

Die Zahl derer, die bei der Vorbereitung dieses Buches halfen, ist inzwischen zu groß, als daß sie alle genannt werden könnten. Dennoch müssen jene besonders erwähnt werden, ohne die dieser Text niemals entstanden wäre, vor allem die Mitarbeiter des Verlages Thames and Hudson. Dank gebührt auch Julia Bloomfield und Silvia Kolbowski für ihre Arbeit an den ersten Versionen des Textes und meinen Studenten in London und New York, deren Zeichnungen viel zur Illustration beigetragen haben.

Für Kritik und Ratschläge, die ich beim Schreiben von Teil I dieses Buches erhielt, bin ich besonders dankbar: Robin Middleton und Anthony Vidler für das 1. Kapitel, Anthony Sutcliffe für das 2. Kapitel und Pedro Guedes für das 3. Kapitel. Zu Dank verpflichtet bin ich auch Reyner Banham für seine Pionierarbeit auf dem Gebiet der futuristischen Architektur, die er in seinem Buch *Theory and Design in the First Machine Age* (1960; deutsch: *Die Revolution der Architektur*, 1964) publizierte.

Außerdem möchte ich meinen Dank allen jenen Kollegen – Architekten wie Architekturhistorikern – abstatten, mit denen ich im letzten Jahrzehnt zusammengearbeitet habe, vor allem Diana Agrest, Alan Colquhoun, Peter Eisenman, Kurt Forster, Mario Gandelsonas, Leon Krier, Tomas Maldonado, Demetrius Porphyrios und John Miller. Es bleiben noch jene, die Einfluß aus der Ferne ausübten: Colin Rowe, Joseph Rykwert, Dalibor Vesely und Manfredo Tafuri.

Bildquellen

AEG-Telefunken 90; Albertina, Wien 71, 72, 73, 75; Aéroports de Paris 348; Tadao Ando 336, 337, 360, 361; Atelier 66 339, 340; Archigram 279; Architects Collaborative 93; The Architectural Association 315; Architectural Design 257, 272, 279; Architectural Review 80, 253, 263, 265 (Foto de Burgh Galwey); Arkkitehti 184; Artemis Verlag 132, 133, 134, 137, 139, 141, 143, 144, 145, 147, 163, 164, 165, 166, 167, 168, 169, 214, 215, 216, 219, 220, 221, 222, 223, 224, 225, 229, 246, 249; Bauhaus-Archiv 105, 109, 111, 114, 123; Laurent Beaudouin 352; Bibliothèque Nationale, Paris 2, 6, 8; Archives Henry van de Velde, Brüssel 77; Bildarchiv Foto Marburg 79; Brecht-Einzig Ltd. 268; Bundesarchiv Koblenz 207; Burkhard-Verlag 120; Georges Candilis 275; Chicago Historical Society 43; Henri Ciriani 350; Country Life 30, 200; Roger Cranshawe 173; Christian Devillers 351; John Donat 305; Peter Eisenman 318; Fiat 21; FISA Industrias Graficas 47; Foster Associates 309, 310; Henry Fuermann 39; Buckminster-Fuller-Archiv 236, 280; Yukio Futagawa 260, 262, 283; Keith Gibson, Hamlyn Group 57; Michael Graves (Foto Proto Acme Photo) 312; Glasgow School of Art 58; Heinz L. Handsur 59; Heikki Havas 192; Hedrich Blessing 151, 177, 232, 306; Hermann Hertzberger 301–304; Hessisches Landesmuseum, Darmstadt 61; Hochschule für Gestaltung, Ulm, Archiv 287; Historic American Buildings Survey (Foto Jack E. Boucher) 35; Studio Hollein 314; IBA, Berlin 327; Jahn & Murphy 291; The Japan Architekt Co., Ltd. 358; S. C. Johnson & Son 175; Philip Johnson 237, 238; Pierre Joly & Vera Cardot 277; Kaiser-Wilhelm-Museum, Krefeld 88; A. F. Kersting 1, 25; KLM Aerocarto 119; Rem Koolhaas 317; Kunstgewerbemuseum, Zürich 48, 78; Museum of Finnish Architecture 191, 346, 347; Mas 10; Collection Martioli, Mailand 205; Milton Keynes Development Corporation 284; José Rafael Moneo 356; Moore Grover Harper (Foto Norman McGrath) 292; Museo Civico, Como 68; Museum Bellerive, Zürich 76; Museum of Finnish Architecture 189; Museum of Modern Art, New York, Mies-van-der-Rohe-Archiv 146, 149, 226, 227; Museum of the City of the New York 14; Österreichische Nationalbank, Wien, Bildarchiv 64; Dione Neutra 248; Novosti Press Agency 158; Tomio Ohashi 282; Sir Nikolaus Pevsner 20; Stefanos Polyzoides 247; Radio Times Hulton Picture Library 17; Marvin Rand 307; F. Rausser 362; Retoria Tokyo (Foto T. Kijajima) 293, (Foto W. Fujii) 311; Cervin Robinson 211, 239; Rockefeller Center, Inc. 212; Roger-Violett 16, 210; Rogers (Foto Martin Charles) 284; Royal Institute of British Architects, London 27, 29; Royal Netherlands Embassy 117; Bernard Rudofsky 206; City of Sheffield, Departement of Planning and Design 271; Alison und Peter Smithson 264, 270, 273, 274; Staatliche Museen zu Berlin 5; Stadt- und Universitätsbibliothek, Frankfurt 126; Stedelijk Museum, Amsterdam 127; E. Stoecklein 296; Franz Stoedtner 89, 95; Esto/Ezra Stoller 316; Tim Street-Porter 245; Swedish Institute, Stockholm 183; Salvador Tarragó 46; Richard Tschumi 319; Universitätsbibliothek der Technischen Universität Berlin 96, 97; Tennessee Valley Authority 235; United States Information Office 234; Van-Abbe-Museum, Eindhoven 131; Gustav Velin 186; Welin – Museum of Finnish Architecture 190; Harry Wolf 341.

Abbildungen wurden reproduziert aus: Antonin Raymond, An Autobiography, Tokio 1973: 258; Colin Rowe, The Mathematics of the Ideal Villa, Cambridge/Mass. 1977: 141; Roger Sherwood, Modern Housing Prototypes, Cambridge/Mass. 1978: 85, 138; Helmut Weber, Walter Gropius und das Faguswerk, München 1961: 92.

Die Frank Lloyd Wright Foundation gewährte die Erlaubnis, folgende Abbildungen zu veröffentlichen: 36, 38, 40, 41, 172, 178, 179.

Die Illustrationen 240, 241, 243, 244 sind mit Genehmigung der Trustees of the University of Pennsylvania wiedergegeben.

Ausgewählte Bibliographie

Diese Bibliographie, die vor allem für Studenten bestimmt ist, enthält nicht alle Standardnachschlagewerke. Allerdings habe ich jene besonders verdienstvollen Arbeiten aufgenommen, die hervorgehoben werden müssen, und sei es nur, weil sie meine Behandlung des Materials beeinflußt haben. Eine Vorrangstellung gebührt meiner Meinung nach trotz polemischer Verzerrungen immer noch Sigfried Giedions Pionierwerk *Space, Time and Architecture* (1941; deutsch: *Raum, Zeit, Architektur*, 1965), vor allem den Abschnitten über die Entwicklung im 19. Jahrhundert. Erwähnt werden sollte auch sein unterschätztes Werk *Mechanization Takes Command* (1948). Zu den wichtigsten Architekturhistorikern der nächsten Generation zählt Henry-Russell Hitchcock mit seinem enzyklopädischen Band *Architecture: Nineteenth and Twentieth Centuries* (1958). Auf den Einfluß, den Reyner Banham auf meine Arbeit ausgeübt hat, weise ich in meiner Nachbemerkung hin. Wer Architekturgeschichte lehrt, wird als didaktische Werkzeuge die Publikationen von Timothy und Charlotte Benton für die British Open University schätzen, eine Buchreihe über Architektur und Design. Abgesehen von diesen Werken Schweizer und angelsächsischen Ursprungs entstanden die bisher besten allgemeinen Überblicke über die Geschichte der modernen Architektur in Italien: erstens die Schriften von Leonardo Benevolo, dessen Bücher *Origini dell'urbanistica moderna* (1968; deutsch: *Die sozialen Ursprünge des modernen Städtebaus*, 1971) und *Storia dell'Architettura Moderna* (1960; deutsch: *Geschichte der Architektur des 19. und 20. Jahrhunderts*, 1964) als Klassiker angesehen werden müssen; zweitens – auf mehr polemischer Ebene – die Studie von Francesco dal Co und Manfredo Tafuri mit dem Titel *Architettura Contemporanea* (1976; deutsch: *Architektur der Gegenwart*, 1977). (Vgl. auch Tafuris *Teorie e storia dell'architettura*, 1968). Nicht zuletzt sollte auch Tafuris Buch *Kapitalismus und Architektur*, 1977, erwähnt werden. Diese dichte und brillante kritische Interpretation kann man immer wieder lesen, ohne je seine gründlichen Analysen voll auszuloten.

AA	Architectural Association
AAJ	Architectural Association Journal
AAQ	Architectural Association Quarterly
AB	Art Bulletin
AD	Architectural Design
AIAJ	American Institute of Architects Journal
AMC	Architecture, Mouvement et Continuité
AR	Architectural Review
A&U	Architecture and Urbanism
RIBAJ	RIBA Journal
JSAH	Journal of the Society of Architectural Historians
JW&CI	Journal of the Warburg and Courtauld Institutes

Literatur

Teil I

1. Kapitel

R. Banham, *Theory and Design in the First Machine Age* (London 1960; dt. *Die Revolution der Architektur,* Reinbek bei Hamburg 1964); vor allem Kap. I–III.

L. Benevolo, *Storia dell'architettura moderna,* Bari 1960; dt. *Geschichte der Architektur des 19. und 20. Jahrhunderts,* München 1964; vor allem Vorwort und Kap. 1.

A. Choisy, *Histoire de l'architecture* (Paris 1899).

A. Dickens, ›The Architect and the Workhouse‹, *AR,* Dez. 1976, 345–52.

A. Drexler, Hrsg., *The Architecture of the Ecole des Beaux-Arts* (New York 1977): mit Essays von R. Chafee, N. Levine, D. van Zanten.

R. Evans, ›Bentham's Panopticon: An Incident in the Social History of Architecture‹, *AAQ,* III, Nr. 2, Apr./Juli 1971, 21–37.

– ›Regulation and Production‹, *Lotus,* 12. Sept. 1976, 6–14.

B. Fortier, ›Logiques de l'équipment‹, *AMC,* 45, Mai 1978, 80–85.

E. Gilmore-Holt, *From the Classicists to the Impressionists* (New York 1966).

M. Girouard, ›Neo-classicism‹, *AR,* Sept. 1972, 169–80.

J. Guadet, *Eléments et théorie de l'architecture* (Paris 1902).

W. Herman, *Laugier and Eighteenth-Century French Theory* (London 1962).

A. Hernandez, ›J. N. L. Durand's Architectural Theory‹, *Perspecta,* 12, 1969.

Q. Hughes, ›Neo-Classical Ideas and Practice: St George's Hall, Liverpool‹, *AAQ,* V, Nr. 2, 1973, 37–44.

E. Kaufmann, *Three Revolutionary Architects, Boullée, Ledoux and Lequeu* (Philadelphia 1953).

– *Architecture in the Age of Reason* (New York 1968).

K. Lankheit, *Der Tempel der Vernunft* (Basel und Stuttgart 1968).

G. Mezzanotte, ›Edilizia e politica. Appunti sull'edilizia dell'ultimo neoclassicismo‹, *Casabella,* 338, Juli 1968, 42–53.

R. Middleton, ›The Abbé de Cordemoy: The Graeco-Gothic Ideal‹, *JW & Cl,* 1962, 1963.

W. Oechslin, ›Monotonie von Blondel bis Durand‹, *Werk-Archithese,* Jan. 1977, 29–33.

J. M. Pérouse de Montclos, *Etienne-Louis Boullée 1728–1799* (Paris 1969).

N. Pevsner, *Academies of Art, Past and Present* (Cambridge 1940): Untersuchung über die Ausbildung in Architektur und Design.

– *Studies in Art, Architecture and Design,* I (London 1968).

H. G. Pundt, *Schinkel's Berlin* (Cambridge, Mass. 1972).

A. Rietdorf, *Gilly: Wiedergeburt der Architektur* (Berlin 1943).

R. Rosenblum, *Transformations in Late Eighteenth Century Art* (Princeton, N. J. 1967).

A. Rowan, ›Japelli and Cicogarno‹, *AR,* März 1968, 225–28: Über die klassizistische Architektur des 19. Jahrhunderts in Padua.

J. Rykwert, ›Classic and Neo-Classic‹, *Oppositions,* 7, Winter 1976, 39–53.

P. Saddy, ›Henri Labrouste: architecte-constructeur‹, *Les Monuments Historiques de la France,* Nr. 6, 1975, 10–17.

J. Starobinski, *The Invention of Liberty* (Genf 1964): engl. Übers.

M. Tafuri, *Architecture and Utopia: Design and Capitalist Development* (Cambridge, Mass. 1976).

J. Taylor, ›Charles Fowler: Master of Markets‹, *AR,* März 1964, 176–82.

G. Teyssot, *Città e utopia nell'illuminismo inglese: George Dance il giovane* (Rom 1974).

A. Valdenaire, *Friedrich Weinbrenner* (Karlsruhe 1919).

A. Vidler, ›Architecture of the Lodges: Ritual Form and Associational Life in the Late Enlightenment‹, *Oppositions,* 5, Sommer 1976.

– ›The Idea of Type: The Transformation of the Academic Ideal 1750–1830‹, *Oppositions,* 8, Frühjahr 1977. (Die gleiche Ausgabe enthält Quatremère de Quincys wichtigen Artikel über den Typus aus *Encyclopédie Méthodique,* III, Teil 2, Paris 1825.)

D. Watkin, *Thomas Hope and the Neo-classical Idea* (London 1968).

2. Kapitel

L. Balmer, S. Erni und U. von Gunten, ›Co-operation between Capital and Labour‹, *Lotus,* 12, Sept. 1976, 59–71.

L. Benevolo, *Le origine dell'urbanistica moderna,* Bari 1968; dt. *Die sozialen Ursprünge des modernen Städtebaus,* Gütersloh 1971.

– *Storia dell'architettura moderna,* vgl. 1. Kapitel; Kap. 2–5.

A. Brauman, *Le Familistère de Guise ou les équivalents de la richesse* (Brüssel 1976).

S. Buder, *Pullman: An Experiment in Industrial Order and Community Planning 1880–1930* (New York 1967).

D. Burnham und E. H. Bennett, *Plan of Chicago* (Chicago 1909).

I. Cerdá, ›A Parliamentary Speech‹, *AAQ,* IX, Nr. 7, 1977, 23–26.

F. Choay, *L'Urbanisme, utopies et réalites* (Paris 1965).

– *The Modern City: Planning in the 19th Century* (New York 1969): wichtiger Einführungstext.

G. Collins, ›Linear Planning throughout the World‹, *JSAH,* XVIII, Okt. 1959, 74–93.

– ›Cities on the Line‹, *AR,* Nov. 1960, 341–45.

C. C. und G. R. Collins, *Camillo Sitte and the Birth of Modern City Planning* (London 1965).

W. L. Creese, *The Legacy of Raymond Unwin* (Cambridge, Mass. 1967).

G. Darley, *Villages of Vision* (London 1976).

J. Fabos, G. T. Milde und V. M. Weinmayr, *Frederick Law Olmstead, Sr.* (University of Massachusetts 1968).

K. W. Forster, ›Sozialer Wohnbau: Geschichte und Gegenwart‹, *Archithese*, 8, 1973, 2–8.

A. Fried und P. Sanders, *Socialist Thought* (New York 1964): Enthält sozial-utopische Texte von Fourier, Saint-Simon etc.

A. Grumbach, ›The Promenades of Paris‹, *Oppositions*, 8, Frühjahr 1977.

A. J. Jeffery, ›A Future for New Lanark‹, *AR*, Jan. 1975, 19–28.

A. Lopez de Aberasturi, *Ildefonso Cerdá: la théorie générale de l'urbanisation* (Paris 1979).

H. Meyer und R. Wade, *Chicago: Growth of a Metropolis* (Chicago 1969).

B. Miller, ›Ildefonso Cerda‹, *AAQ*, IX, Nr. 7, 1977, 12–22.

N. Pevsner, ›Early Working Class Housing‹, nachgedruckt in *Studies in Art, Architecture and Design*, II (London 1968).

F. Rella, *Il Dispositivo Foucault* (Venedig 1977) mit Essays von M. Cacciari, M. Tafuri und G. Teyssot.

J. P. Reynolds, ›Thomas Coglan Horsfall and the Town Planning Movement in England‹, *Town Planning Review*, XXIII, Apr. 1952, 52–60.

C. Sitte, *Der Städtebau nach seinen künstlerischen Grundsätzen*, Wien 1889.

M. de Sola-Morales, ›Towards a Definition: Analysis of Urban Growth in the Nineteenth Century‹, *Lotus*, 19, Juni 1978, 28–36.

J. N. Tarn, ›Some Pioneer Suburban Housing Estates‹, *AR*, Mai 1968, 367–70.

– *Working-Class Housing in 19th-Century Britain*, AA Paper Nr. 7 (London 1971).

P. Wolf, ›City Structuring and Social Sense in 19th and 20th Century Urbanism‹, *Perspecta*, 13/14, 1971, 220–33.

3. Kapitel

T. C. Bannister, ›The First Iron-Framed Buildings‹, *AR*, CVII, Apr. 1950.

– ›The Roussillon Vault: The Apotheosis of a Folk Construction‹, *JSAH*, XXVII, Nr. 3, Okt. 1968.

P. Beaver, *The Crystal Palace 1851–1936* (London 1970).

M. Bill, *Robert Maillart: Brücken und Konstruktionen* (Zürich 1949).

D. P. Billington, *Robert Maillart's Bridges* (Princeton, N. J. 1979).

B. Bradford, ›The Brick Palace of 1862‹, *AR*, Juli 1962, 15–21: Dokumentation über den britischen Nachfolgebau des Kristallpalastes.

P. Chemetov, *Architectures, Paris 1848–1914* (Paris 1972): Ausstellungskatalog und Forschungsarbeit in Zusammenarbeit mit M.-C. Gagneux, B. Paurd und E. Girard.

P. Collins, *Concrete: The Vision of a New Architecture* (London 1959).

C. W. Condit, *American Building Art: The Nineteenth Century* (New York 1960).

A. Corboz, ›Un pont de Robert Maillart à Leningrad?‹, *Archithese*, 2, 1971, 42–44.

E. de Maré, ›Telford and the Gotha Canal‹, *AR*, Aug. 1956, 93–99.

E. Fratelli, *Architektur und Komfort* (Winterthur 1967).

E. Freyssinet, *L'Architecture Vivante*, Frühling/Sommer 1931; Überblick über Freyssinets Arbeiten bis zu diesem Zeitpunkt, Hrsg. J. Badovici.

M. Gayle und E. V. Gillon, *Cast-Iron Architecture in New York* (New York 1974).

J. F. Geist, *Passagen, ein Bautyp des 19. Jahrhunderts* (München 1969): grundlegender Text über die Entwicklung der Passage.

S. Giedion, *Space, Time and Architecture* (Cambridge, Mass., 1941; dt. *Raum, Zeit, Architektur*, Ravensburg 1965; trotz Irrtümern im Detail immer noch ein klassisches Werk.

J. Gloag und D. Bridgwater, *History of Cast Iron Architecture* (London 1948).

– *Mr Loudon's England* (Newcastle 1970).

A. Grumbach, ›The Promenades of Paris‹, *Oppositions*, 8, Frühjahr 1977, 51–67.

G. Günschel, *Große Konstrukteure 1: Freyssinet, Maillart, Dischinger, Finsterwalder* (Berlin 1966).

R. Günter, ›Der Fabrikbau in zwei Jahrhunderten‹, *Archithese*, 3/4, 1971, 34–51.

H.-R. Hitchcock, ›Brunel and Paddington‹, *AR*, CIX, 1951, 240–46.

J. Hix, ›Richard Turner: Glass Master‹, *AR*, Nov. 1972, 287–93.

– *The Glass House* (Cambridge, Mass. 1974).

D. Hoffmann, ›Clear Span Rivalry: The World's Fairs of 1889–1893‹, *JSAH*, XXIX, 1, März 1970, 48.

H. J. Hopkins, *A Span of Bridges* (Newton Abbot 1970): hervorragende Geschichte des Brückenbaus von einem qualifizierten Ingenieur.

A. L. Huxtable, ›Reinforced Concrete Construction. The Work of Ernest L. Ransome‹, *Progressive Architecture*, XXXVIII, Sept. 1957, 139–42.

R. A. Jewett, ›Structural Antecedents of the I-beam 1800–1850‹, *Technology and Culture*, VIII, 1967, 346–62.

J. C. Loudon, *Remarks on Hot Houses* (London 1817).

D. McCullough, *The Great Bridge* (New York 1972): eine populäre Geschichte über den Bau der Brooklyn Bridge.

C. Meeks, *The Railroad Station* (New Haven, Conn. 1956).

J. M. Richards, *The Functional Tradition* (London 1958).

G. Roisecco, R. Jodice and V. Vannelli, *L'architettura del ferro: la Francia 1715–1914* (Rom 1973).

L. T. C. Rolt, *Isambard Kingdom Brunel* (London 1957).

– *Thomas Telford* (London 1958).

C. Rowe, ›Chicago Frame. Chicago's Place in the Modern Movement‹, *AR*, Nov. 1956.

H. Schaefer, *Nineteenth Century Modern* (New York 1970).

A. Scharf, *Art and Industry* (Bletchley, Bucks. 1971).

E. Schild, *Zwischen Glaspalast und Palais des Illusions: Form und Konstruktion im 19. Jahrhundert* (Berlin 1967).

P. Morton Shand, ›Architecture and Engineering‹, ›Iron and Steel‹, ›Concrete‹, *AR*, Nov. 1932: Diese wichtigen Artikel wurden nachgedruckt in *AAJ*, Nr. 827, Jan. 1959, Hrsg. B. Housden.

A. W. Skempton, ›Evolution of the Steel Frame Building‹, *Guild Engineer*, X, 1959, 37–51.

– ›The Boatstore at Sheerness (1858–60) and its Place in Structural History‹, *Trans. of the Newcomen Soc.*, XXXII, 1960, 57–78.

A. W. Skempton und H. R. Johnson, ›William Strutt's Cotton Mills 1793–1812‹, *Trans. of the Newcomen Soc.*, XXX, 1955–57, 179–203.

– ›The First Iron Frames‹, *AR*, CXXXI, 1962.

T. Turak, ›The Ecole Centrale and Modern Architecture: The Education of William Le Baron Jenney‹, *JSAH*, XXIX, 1970, 40–47.

K. Wachsmann, *Wendepunkt im Bauen* (Wiesbaden 1959): Erkenntnisse eines modernen Architekten über die Bedeutung von Paxton, Eiffel, Roebling, Baker etc.

Teil II

1. Kapitel

C. R. Ashbee, *Where the Great City Stands: A Study in the New Civics* (London 1917): umfassende ideologische Stellungnahme eines Arts-and-Crafts-Entwerfers.

E. Aslin, *The Aesthetic Movement* (London und New York 1969).

A. Bøe, *From Gothic Revival To Functional Form* (Oslo 1957).

I. Bradley, *William Morris and his World* (London 1978).

J. Brandon-Jones, ›The Work of Philip Webb and Norman Shaw‹, *AAJ*, LXXI, 1955, 9–21.

– ›C. F. A. Voysey‹, *AAJ*, LXXII, 1957, 238–62.

– (und andere), *C. F. A. Voysey: Architect and Designer* (London 1978).

K. Clark, *Ruskin Today* (Harmondsworth 1967): sicherlich die beste Einführung in Ruskins Schriften.

D. J. DeWitt, ›Neo-Vernacular/Eine Moderne Tradition‹, *Archithese*, 9, 1974, 15–20.

D. Gebhard, ›The Vernacular Transformed‹, *RIBAJ*, März 1971, 98–102.

C. Grillet, ›Edward Prior‹, *AR*, Nov. 1952, 303–08.

N. Halbritter, ›Norman Shaw's London Houses‹, *AAQ*, VII, Nr. 1, 1975, 3–19.

E. Howard, *Tomorrow: a Peaceful Path of Real Reform* (London 1898).

A. Johnson, ›C. F. A. Voysey‹, *AAQ*, IX, Nr. 4, 1977, 26–35.

W. R. Lethaby, *Architecture, Mysticism and Myth* (London 1892, Neudruck 1975).

– *Form and Civilization* (London 1922).

– *Philip Webb and His Work* (London 1935).

– *Architecture, Nature and Magic* (London 1935).

R. Macleod, *Style and Society: Architectural Ideology in Britain 1835–1914* (London 1971): wichtiger Überblick über diese Zeit.

H. Muthesius, *Das englische Haus* (Berlin 1904).

N. Pevsner, *Pioneers of Modern Design* (New York 1949; dt. Wegbereiter moderner Formgebung, Köln 1983).

– ›William Morris and Architecture‹, *RIBAJ*, 3. Serie, LXIV, 1957.

– *Some Architectural Writers of the Nineteenth Century* (Oxford 1962): enthält Nachdruck von Morris' ›The Revival of Architecture‹ (1888).

– *The Sources of Modern Architecture and Design* (London 1968; dt. *Der Beginn der modernen Architektur und des Design* (Köln 1971)).

– ›Arthur H. Mackmurdo‹ (*AR* 1938) und ›C. F. A. Voysey 1858–1941‹ (*AR* 1941), nachgedruckt in *Studies in Art, Architecture and Design*, II (London 1968; dt. *Architektur und Design*, München 1971).

A. Saint, *Richard Norman Shaw* (Princeton und London 1978).

A. Service, *Edwardian Architecture and its Origins* (London 1975).

– *Edwardian Architecture* (London 1977).

P. Stanton, *Pugin* (London 1971).

F. A. Walker, ›William Lethaby‹, *AAQ*, IX, Nr. 4, 1977, 45–53.

R. Watkinson, *William Morris as Designer* (New York und London 1967).

2. Kapitel

A. Bush-Brown, *Louis Sullivan* (New York 1960).

D. Crook, ›Louis Sullivan and the Golden Doorway‹, *JSAH*, XXVI, Dez. 1967, 250.

H. Dalziel Duncan, *Culture and Democracy* (Totowa, N. J. 1965).

D. D. Egbert und P. E. Sprague, ›In search of John Edelman, Architect and Anarchist‹, *AIAJ*, Febr. 1966, 35–41.

H.-R. Hitchcock, *The Architecture of H. H. Richardson* (New York 1936, Neuauflage 1961).

D. Hoffmann, ›The Setback Skyscraper of 1891: An Unknown Essay by Louis Sullivan‹, *JSAH*, XXIX, Nr. 2, Mai 1970, 181.

G. C. Manson, ›Sullivan and Wright, an Uneasy Union of Celts‹, *AR*, Nov. 1955, 297–300.

H. Morrison, *Louis Sullivan, Prophet of Modern Architecture* (New York 1935, nachgedruckt 1952).

J. F. O'Gorman, *The Architecture of Frank Furness* (Philadelphia 1973).

L. Sullivan, *A System of Architectural Ornament According with a Philosophy of Man's Powers* (Washington 1924).

– ›Reflections on the Tokyo Disaster‹, *Architectural Record*, Febr. 1924: ein später Text mit einer Würdigung von Wrights Imperial Hotel.

– *The Autobiography of an Idea* (New York 1926 und 1956): ursprünglich als Serie in *AIAJ*, 1922–23.

– *Kindergarten Chats and Other Writings* (New York 1947).

D. Tselos, ›The Chicago Fair and the Myth of the Lost Cause‹, *JSAH*, XXVI, Nr. 4, Dez. 1967, 259.

F. L. Wright, *Genius and the Mobocracy* (New York 1949): Wrights Würdigung von Sullivans Kunst der Ornamentik.

3. Kapitel

H. Allen Brooks, *The Prairie School* (Toronto 1972).

A. M. Fern, ›The Midway Gardens of Frank Lloyd Wright‹, *AR*, Aug. 1963, 113–16.

H. de Fries, *Frank Lloyd Wright* (Berlin 1926).

J. Griggs, ›The Prairie Spirit in Sculpture‹, *The Prairie School Review*, II, Nr. 4, Winter 1965, 5–23.

H.-R. Hitchcock, *In the Nature of Materials 1887–1941. The Buildings of Frank Lloyd Wright* (New York 1942): immer noch der beste *catalogue raisonné* von Wrights Werk 1887–1941.

– ›Frank Lloyd Wright and the Academic Tradition‹, *JW & CI*, Nr. 7, 1944, 51.

D. Hoffmann, ›Frank Lloyd Wright and Viollet-le-Duc‹, *JSAH*, XXVIII, Nr. 3, Okt. 1969, 173.

A. Izzo und C. Gubitosi, *Frank Lloyd Wright Dessins 1887–1959* (Paris 1977): französisch-italienischer Ausstellungskatalog mit vielen unveröffentlichten Zeichnungen.

C. James, *The Imperial Hotel* (Rutland, Vt. und Tokio 1968): Komplette Dokumentation des Hotels vor seiner Zerstörung.

E. Kaufmann und B. Raeburn, *Frank Lloyd Wright: Writings and Buildings* (New York 1960): wichtige Sammlung von Wrights Schriften, einschließlich seines grundlegenden Aufsatzes *The Art and Craft of the Machine*.

N. Kelly-Smith, *Frank Lloyd Wright: A Study in Architectural Content* (Englewood Cliffs, N. J. 1966).

R. Kosta, ›Frank Lloyd Wright in Japan‹, *The Prairie School Review*, III, Nr. 3, Herbst 1966, 5–23.

G. C. Manson, ›Wright in the Nursery: The Influence of Froebel Education on the Work of Frank Lloyd Wright‹, *AR*, Juni 1953, 349–51.

– ›Sullivan and Wright, an Uneasy Union of Celts‹, *AR*, Nov. 1955.

– *Frank Lloyd Wright to 1910: The First Golden Age* (New York 1958): eine der intelligentesten Interpretationen von Wrights Frühwerk.

L. M. Peisch, *The Chicago School of Architecture* (London 1964).

V. Scully, *The Shingle Style* (New Haven, Conn. 1955).

– *Frank Lloyd Wright* (New York 1960).

D. Tselos, ›Frank Lloyd Wright and World Architecture‹, *JSAH,* XXVIII, Nr. 1, März 1969, 58 ff.

F. L. Wright, *Ausgeführte Bauten und Entwürfe von Frank Lloyd Wright* (Berlin 1910).

– *An Autobiography* (New York 1932, Neuausgabe, London 1946).

– *On Architecture,* Hrsg. F. Gutheim (New York 1941): Auswahl von Schriften 1894–1940.

4. Kapitel

T. G. Beddall, ›Gaudi and the Catalan Gothic‹, *JSAH* XXXIV, Nr. 1, März 1975, 48.

O. Bohigas, ›Luis Domenech y Montaner 1850–1923‹, *AR,* Dez. 1967, 426–36.

F. Borsi und P. Portoghesi, *Victor Horta* (Brüssel 1977).

F. Borsi und H. Weiser, *Bruxelles Capitale de l'Art Nouveau* (Rom 1971).

Y. Brunhammer und G. Naylor, *Hector Guimard* (London 1978): die beste englischsprachige Monographie über Guimard.

E. Casanelles, *Antonio Gaudi, A Reappraisal* (New York 1967).

J. Castex und P. Panerai, ›L'Ecole d'Amsterdam architecture urbaine et urbanisme social-démocratie‹, *AMC,* 40, Sept. 1976, 39–54.

G. Collins, *Antonio Gaudi* (London 1960).

M. Culot und L. Grenier, ›Henri Sauvage, 1873–1932‹, *AAQ,* X, Nr. 2, 1972, 16–27.

M. Culot und andere, *Henri Sauvage 1893–1932* (Brüssel 1976): Werkübersicht mit Essays von L. Grenier, F. Loyer und L. Miotto-Muret.

R. Delevoy, *Victor Horta* (Brüssel 1958).

R. Descharnes und C. Prévost, *Gaudi, The Visionary* (New York 1971): enthält viel interessantes, sonst nicht veröffentlichtes Material.

D. Gifford, *The Literature of Architecture* (New York 1966): mit engl. Übersetzung von Berlages Artikel ›Neuere amerikanische Architektur‹.

L. F. Graham, *Hector Guimard* (New York 1970).

G. Grassi, ›Un architetto e una città: Berlage ad Amsterdam‹, *Casabella-Continuità,* 1961, 39–44.

J. Gratama, *Dr H. P. Berlage Bouwmeester* (Rotterdam 1925).

H. Guimard, ›An architect's opinion of l'Art Nouveau‹, *Architectural Record,* Juni 1902, 130–33.

M.-A. Leblond, ›Gaudi et l'architecture méditérranéenne‹, *L'Art et les artistes,* II, 1910.

D. Mackay, ›Berenguer‹, *AR,* Dez. 1964, 410–16.

S. T. Madsen, ›Horta: Works and Style of Victor Horta Before 1900‹, *AR,* Dez. 1955, 388–92.

C. Martinell, *Gaudi: His Life, His Themes, His Work* (Barcelona 1975).

F. Mazade, ›An »Art Nouveau« Edifice in Paris‹, *Architectural Record,* Mai 1902: zeitgenössischer Bericht über das Theater Humbert de Romans.

N. Pevsner und J. M. Richards, Hrsg., *The Anti-Rationalists* (London 1973).

R. Schmutzler, ›The English Origins of the Art Nouveau‹, *AR,* Febr. 1955, 109–16.

– ›Blake and the Art Noveau‹, *AR,* Aug. 1955, 91–97.

– *Art Nouveau* (Stuttgart 1962): immer noch die umfassendste Untersuchung der gesamten Entwicklung.

J. L. Sert und J. J. Sweeny, *Antonio Gaudi* (London 1960).

P. Singelenberg, *H. P. Berlage: Idea and Style* (Utrecht 1972).

J. Summerson, ›Viollet-le-Duc and the Rational Point of View‹, in *Heavenly Mansions* (London 1948): noch heute eine der besten kurzen Einführungen in das Werk Viollet-le-Ducs.

F. Vamos, ›Lechner Ödön‹, *AR,* Juli 1967, 59–62.

5. Kapitel

F. Alison, *Le sedie di Charles Rennie Mackintosh* (Mailand 1973; dt. Der Stuhl als Kunstwerk, Stuttgart 1983): *catalogue raisonné* mit Zeichnungen und Fotos von Mackintoshs Möbeln.

R. Billcliffe, *Architectural Sketches and Flower Drawings by Charles Rennie Mackintosh* (London 1977).

T. Howarth, *Charles Rennie Mackintosh and the Modern Movement* (London 1952, Neuausgabe 1977): immer noch der wichtigste englische Text.

E. B. Kalas, ›L'art de Glasgow‹, in *De la Tamise à la Sprée* (Rheims 1905).

R. Macleod, *Charles Rennie Mackintosh* (London 1968).

A. Service, ›James MacLaren and the Godwin legacy‹, *AR,* Aug. 1973, 111–18.

D. Walker, ›Charles Rennie Mackintosh‹, *AR,* Nov. 1968, 355–63.

G. White, ›Some Glasgow Designers and their Work‹, *Studio,* XI, 1897, 86 ff.

6. Kapitel

P. Behrens, ›The Work of Josef Hoffmann‹, *Architecture* (Journal of the Society of Architects, London) II, 1923, 589–99.

F. Cellini, ›La villa Asti di Josef Hoffmann; *Contraspazio,* IX, Nr. 1, Juni 1977, 48–51.

J. R. Clark, ›J. M. Olbrich 1867–1908‹, *AD,* XXXVII, Dez. 1967: nach wie vor die einzige kurze, aber umfassende englischsprachige Darstellung von Olbrichs Werk.

H. Czech, ›Otto Wagner's Vienna Metropolitan Railway‹, *A & U,* 76.07, Juli 1976, 11–20.

H. Geretsegger, M. Peintner und W. Pichler, *Otto Wagner 1841–1918* (New York und London 1970).

O. A. Graf, *Die Vergessene Wagnerschule* (Wien 1969).

A. J. Lux, *Otto Wagner* (München 1914).

W. Mrazek, *Die Wiener Werkstätte* (Wien 1967).

N. Pevsner, ›Secession‹, *AR,* Jan. 1971, 73–74.

N. Powell, *The Sacred Spring: The Arts in Vienna 1898–1918* (New York 1974).

C. Schorske, ›The Transformation of the Garden: Ideal and Society in Austrian Literature‹, ist in Englisch publiziert in *Dargestellte Geschichte in der europäischen Literatur des 19. Jahrhunderts* (Frankfurt am Main 1970).

E. Sekler, ›The Stoclet House by Josef Hoffmann‹, in *Essays in the History of Architecture Presented to Rudolph Wittkower* (London 1967).

– ›Art Nouveau Bergerhöhe‹, *AR,* Jan. 1971, 75–76.

P. Vergo, *Art in Vienna 1898–1918* (London 1975).

O. Wagner, *Moderne Architektur* (Wien: I 1896, II & III 1898–1902).

– *Die Baukunst unserer Zeit* (Wien 1914).

– *Ein Dokument deutscher Kunst 1901–1976* (Darmstadt 1976): fünfbändiger Ausstellungskatalog. Bd. V berichtet über die drei wichtigsten Bauphasen der Kolonie zwischen 1901 und 1914.

7. Kapitel

U. Apollonio, *Futurist Manifestos* (London 1973): enthält alle wichtigen Manifeste.

R. Banham, *Theory and Design in the First Machine Age* (London 1960, dt. Die Revolution der Architektur, Reinbek 1964, insbesondere Kap. 8–10.

G. Brizzi und C. Guenzi, ›Liberty occulto e G. B. Bossi‹, *Casabella*, 338, Juli 1968, 22–23.

L. Caramel und A. Longati, *Antonio Sant'Elia* (Como 1962).

R. Clough, *Futurism* (New York 1961).

J. Joll, *Three Intellectuals in Politics* (New York 1960): Untersuchungen über Blum, Rathenau und Marinetti.

G. Kahn, *L'Esthétique de la rue* (Paris 1901).

F. T. Marinetti, *Marinetti: Selected Writings* (New York 1971).

C. Meeks, *Italian Architecture 1750–1914* (New Haven und London 1966): Das letzte Kapitel bezieht sich vor allem auf den Stile Floreale.

J.-A. Moilin, *Paris en l'an 2000* (Paris 1869).

J. Taylor, *Futurism* (New York 1961).

C. Tisdall und A. Bozzolla, *Futurism* (London 1977).

8. Kapitel

F. Amendolagine und M. Cacciari, *Oikos: da Loos a Wittgenstein* (Rom 1975).

V. Behalova, ›Die Villa Karma von Adolf Loos‹, *Alte und moderne Kunst*, Nov.–Dez. 1970.

C. A. und T. J. Benton, *Form and Function*, hrsg. mit Dennis Sharp (London 1975).

H. Czech und W. Mistelbauer, *Das Looshaus* (Wien 1976): über das Haus Goldmann & Salatsch.

– ›The Loos Idea‹, *A & U*, 78.05, 1977, 47–54.

P. Engelmann, *Letters from Ludwig Wittgenstein* (Oxford 1967), vor allem Kapitel 7.

J. P. Fotrin und M. Pietu, ›Adolf Loos. Maison Pour Tristan Tzara‹, *AMC*, 38, März 1976, 43–50.

J. Gubler, ›Loos, Ehrlich und die Villa Karma‹, *Archithese*, 1, 1971, 46–49.

J. Gubler und G. Barbey, ›Loos's Villa Karma‹, *AR*, März 1969, 215–16.

A. Janik und S. Toulmin, *Wittgenstein's Vienna* (New York 1974).

H. Kulka, *Adolf Loos, Das Werk des Architekten* (Wien 1931).

A. Loos, *Das Andere* (Wien 1903).

– *Ins Leere gesprochen* (Paris 1921): Artikel aus den Jahren 1897–1900.

– *Trotzdem* (Innsbruck 1931): Artikel aus den Jahren 1903–30.

– *Sämtliche Schriften* (Wien 1962).

E. Altman Loos, *Adolf Loos, der Mensch* (Wien und München 1968).

9. Kapitel

M. Culot, *Henry van de Velde Theatres 1904–14* (London und Brüssel 1974).

– ›Réflexion sur la »voie sacrée«, un texte de Henry van de Velde‹, *AMC*, 45, Mai 1978, 20–21.

R. Delevoy und andere, *Henry van de Velde 1863–1957* (Brüssel 1963): Katalog mit Essays von Delevoy, Verwilghen, Lebeer, Baudin, Risselin.

D. D. Egbert, *Social Radicalism in the Arts* (New York 1970).

A. M. Hammacher, *Le Monde de Henry van de Velde* (Antwerpen 1967).

K.-H. Hüter, *Henry van de Velde* (Berlin 1967).

P. Morton Shand, ›Van de Velde to Wagner‹, *AR*, Okt. 1934, 131–34.

– ›Van de Velde, Extracts from Memoirs 1891–1901‹, *AR*, Sept. 1952, 143–45.

L. Tannenbaum, ›Henry van de Velde: A Re-evaluation‹, *Art News Annual*, XXXIV (New York 1968).

H. van de Velde, ›Déblaiement d'art, in *La Société nouvelle* (Brüssel 1894).

– *Les Formules de la beauté architectonique* (Weimar 1916–17).

– ›Vernunftgemäßer Stil. Vernunft und Schönheit‹, *Frankfurter Zeitung*, LXXIII, Nr. 21, Jan. 1929.

– *Geschichte meines Lebens* (München 1962).

W. Worringer, *Abstraktion und Einfühlung* (München 1908).

10. Kapitel

J. Badovici, ›L'Oeuvre de Tony Garnier‹, *L'Architecture Vivante*, Herbst/Winter 1924.

J. Badovici und A. Morancé, *L'Oeuvre de Tony Garnier* (Paris 1938).

R. de Souza, *L'Avenir de nos villes, études pratiques d'esthétiques urbaine, Nice: capitale d'hiver* (Paris 1913).

T. Garnier, *Une Cité industrielle. Etude pour la construction des villes* (Paris 1917; 2. Aufl. 1932).

– *Les Grands Travaux de la ville de Lyons* (Paris 1920).

C. Pawlowski, *Tony Garnier et les débuts de*

l'urbanisme fonctionnel en France (Paris 1967).

D. Wiebenson, *Tony Garnier: The Cité Industrielle* (New York 1969).

P. M. Wolf, *Eugène Hénard and the Beginning of Urbanism in Paris 1900–1914* (Paris 1968).

11. Kapitel

J. Badovici, Artikel in *L'Architecture Vivante*, Herbst/Winter 1923, Frühjahr/Sommer 1924, Frühjahr/Sommer 1925, und Herbst/Winter 1926.

A. Bloc, *L'Architecture d'Aujourd-hui*, VII, Okt. 1932, Sondernummer über das Werk Perrets mit Artikeln von Astruc, Jourdain, Hilberseimer, Le Corbusier, Sarfatti und Vago.

B. Champigneulle, *Auguste Perret* (Paris 1959).

P. Collins, *Concrete: The Vision of a New Architecture* (London 1959).

V. Gregotti, ›Classicisme et rationalisme d'A. Perret‹, *AMC*, 37, Nov. 1975, 19–20.

B. Jamot, *Auguste Perret et l'architecture du béton armé* (Brüssel 1927).

A. Perret, *Contribution à une théorie de l'architecture* (Paris 1952).

G. E. Pettengill, *Auguste Perret: A Partial Bibliography* (unveröffentlichtes Manuskript, AIA Library, Washington 1952).

P. Saddy, ›Perret et les idées reçues‹, *AMC, op. cit.*, 21–30.

P. Valéry, *Eupalinos ou l'architecte* (Paris 1923): aufschlußreich für die französische Einstellung gegenüber der Architektur nach dem Ersten Weltkrieg.

12. Kapitel

S. Anderson, ›Peter Behrens's Changing Concept of Life as Art‹, *AD*, XXXIX, 39, Febr. 1969, 72–78.

– ›Modern Architecture and Industry: Peter Behrens and the Cultural Policy of Historical Determinism‹, *Oppositions*, 11, Winter 1977.

P. Behrens, ›The Turbine Hall of the AEG 1910‹, *Documents* (The Open University Press, Milton Keynes 1975), 56–57.

T. Benton, S. Muthesius und B. Wilkins, *Europe 1900–14* (The Open University Press, Milton Keynes 1975).

K. Bernhardt, ›The New Turbine Hall for AEG 1910‹, *Documents* (The Open University Press, Milton Keynes 1975), 54–56.

R. Bletter, ›On Martin Fröhlich's Gottfried Semper‹, *Oppositions,* 4, Okt. 1974, 146–53.

T. Buddensieg und H. Rogge, ›Peter Behrens and the AEG Architecture‹, *Lotus,* 12, Sept. 1976, 90–127.

J. Campbell, *The German Werkbund – The Politics of Reform in the Applied Arts* (Princeton, N. J. 1978).

U. Conrads, *Programme und Manifeste zur Architektur des 20. Jahrhunderts,* Frankfurt/Berlin 1964, eine wichtige Anthologie von Manifesten zwischen 1903 und 1963, vor allem *Werkbundziele* (1911) und *Werkbund-Thesen und -Gegenthesen* (1914).

H. Eckstein, Hrsg. *50 Jahre Deutscher Werkbund* (Frankfurt und Berlin 1958).

L. D. Ettlinger, ›On Science, Industry and Art, Some Theories of Gottfried Semper‹, *AR,* Juli 1964, 57–60.

W. Gropius, ›Die Entwicklung moderner Industriebaukunst‹, *Jahrbuch des Deutschen Werkbundes,* 1913.

– ›Der stilbildende Wert industrieller Bauformen‹, *Jahrbuch des Deutschen Werkbundes,* 1914.

F. Hoeber, *Peter Behrens* (München 1913).

F. Meinecke, *The German Catastrophe* (Cambridge, Mass. 1950, Neuauflage 1963).

S. Müller, *Kunst und Industrie – Ideologie und Organisation des Funktionalismus in der Architektur* (München 1974).

H. Muthesius, ›The Task of the Werkbund in the Future‹, *Documents* (The Open University Press, Milton Keynes 1978), 7–8; mit Auszügen aus der Werkbunddebatte in Köln, 1914.

H. Muthesius, F. Naumann und andere, *Der Werkbund-Gedanke in den germanischen Ländern* (Jena 1914). Protokoll der Werkbunddebatte in Köln, 1914.

F. Naumann, ›Werkbund und Handel‹, *Jahrbuch des Deutschen Werkbundes,* 1913.

N. Pevsner, ›Gropius at Twenty-Six‹, *AR,* Juli 1961, 49–51.

J. Posener, ›Muthesius as Architect‹, *Lotus,* 9, Febr. 1975, 104–15.

F. Very, ›J. M. L. Lauweriks: architecte et théosophe‹, *AMC,* 40, Sept. 1976, 55–58.

H. Weber, *Walter Gropius und das Faguswerk* (München 1961).

13. Kapitel

J. Badovici, ›Erich Mendelsohn‹, *L'Architecture Vivante,* Herbst/Winter 1932 (Sondernummer).

R. Banham, ›Mendelsohn‹, *AR,* 1954, 85–93.

O. Beyer, Hrsg., *Erich Mendelsohn: Letters of an Architect* (London 1967).

R. Bletter, ›Bruno Taut and Paul Scheerbart‹ (unpublizierte Dissertation, Avery Library, Columbia, New York 1973).

U. Conrads und H. G. Sperlich, *Phantastische Architektur,* Stuttgart 1963.

K. Frampton, ›Genesis of the Philharmonie‹, *AD,* März 1965, 111–12.

H. Häring, ›Approaches to Form‹ (1925), *AAQ,* X, Nr. 7, 1978.

J. Joedicke, ›Häring at Garkau‹, *AR,* Mai 1960, 313–18.

– *Hugo Häring, Schriften, Entwürfe, Bauten* (Stuttgart 1965).

P. Blundell Jones, ›Organic versus Classic‹, *AAQ,* X, Nr. 7, 10–20.

– ›Late Works of Scharoun‹, *AR,* März 1975, 141–54.

K. Junghans, ›Bruno Taut‹, *Lotus,* 9, Febr. 1975, 94–103.

W. Pehnt, *Die Architektur des Expressionismus* (Stuttgart 1973): die bislang gründlichste Darstellung.

J. Posener, ›Poelzig‹, *AR,* Juni 1963, 401–05.

– Hrsg., *Hans Poelzig: Gesammelte Schriften und Werke* (Berlin 1970).

G. Rumé, ›Rudolf Steiner‹, *AMC,* 39, Juni 1976, 23–29.

P. Scheerbart, *Glasarchitektur* (Berlin 1914; Neuausgabe München 1971).

W. Segal, ›About Taut‹, *AR,* Jan. 1972, 25–26.

D. Sharp, *Modern Architecture and Expressionism* (London und New York 1966).

– ›Park Meerwijk – an Expressionist Experiment in Holland‹, *Perspecta,* 13/14, 1971.

M. Staber, ›Hans Scharoun. Ein Beitrag zum organischen Bauen‹, *Zodiac,* 10, 1952, 52–93.

B. Taut, ›The Nature and the Aims of Architecture‹, *Studio,* März 1929, 170–74.

M. Taut und O. M. Ungers, *Die Gläserne Kette. Visionäre Architektur aus dem Kreis um Bruno Taut 1919–1920* (Berlin 1963).

A. Whittick, *Erich Mendelsohn* (London 1970).

14. Kapitel

G. Adams, ›Memories of a Bauhaus Student‹, *AR,* Sept. 1968, 192–94.

H. Bayer, W. Gropius und I. Gropius, *Bauhaus 1919–1928* (Boston 1952).

M. Franciscono, *Walter Gropius and the Creation of the Bauhaus in Weimar* (Chicago und London 1971).

S. Giedion, *Walter Gropius: Work and Teamwork* (New York 1954).

P. Green, ›August Endell‹, *AAQ,* IX, Nr. 4, 1977, 36–44.

W. Gropius, *The New Architecture and the Bauhaus* (London 1935; dt. *Die neue Architektur und das Bauhaus,* Mainz 1965).

– *The Scope of Total Architecture* (London 1956; dt. *Architektur,* Frankfurt am Main 1956).

R. Kostelanetz, *Moholy-Nagy* (New York 1970).

L. Lang, *Das Bauhaus 1919–1923. Idee und Wirklichkeit* (Berlin 1965).

L. Moholy-Nagy, *Von Material zu Architektur* (München 1928).

– *Vision in Motion* (Chicago 1947).

S. Moholy-Nagy, *Moholy-Nagy. An Experiment in Totality* (New York 1950).

E. Neumann, *Bauhaus and Bauhaus People* (New York 1970).

W. Schedig, *Crafts of the Weimar Bauhaus 1919–1924* (London 1967).

O. Schlemmer, L. Moholy-Nagy und F. Molnar, *Die Bühne im Bauhaus, Bauhausbücher 4* (München 1925).

H. Wingler, *Das Bauhaus, 1919–1933 Weimar, Dessau, Berlin und die Nachfolge in Chicago seit 1937* (Bramsche 1962): wichtigste Dokumentation über das Bauhaus.

15. Kapitel

E. Bertonati, *Aspetti della ›Nuova Oggettività‹* (Florenz 1968): Ausstellungskatalog der neuen Sachlichkeit in der Malerei, Rom und München, 1968.

O. Birkner, J. Herzog und P. de Meuron, ›Die Petersschule in Basel (1926–1929)‹, *Werk-Archithese,* 13/14, Jan.–Febr. 1978, 6–8.

J. Buckschmitt, *Ernst May: Bauten und Planungen,* Bd. 1 (Stuttgart 1963).

G. Fanelli, *Architettura moderna in Olanda* (Florenz 1968).

J. Gubler, *Nationalisme et internationalisme dans l'architecture moderne de la Suisse* (Lausanne 1975): sehr detaillierter Bericht über die Neue Sachlichkeit in der Schweiz, 145–238.

O. Haesler, *Mein Lebenswerk als Architekt* (Berlin 1957).

B. Housden, ›Arthur Korn‹, *AAJ* (Sondernummer), LXXIII, Nr. 817, Dez. 1957, 114–35.

– ›M. Brinckman, J. A. Brinckman, L. C. van der Vlugt, J. H. van den Broek, J. B. Bakema‹, *AAJ,* Dez. 1960: Dokumentation über die Entwicklung dieser wichtigen Firma über vier Generationen.

E. J. Jelles und C. A. Alberts, ›Duiker 1890–1935‹, *Forum voor architectuur en daarmee verbonden kunsten,* Nr. 5 & 6, 1972.

S. Lissitzky-Küppers, *El Lissitzky* (London 1968).

D. Mackintosh, *The Modern Courtyard,* AA Paper Nr. 9 (London 1973).

B. Miller-Lane, *Architecture and Politics in Germany 1918–1945* (Cambridge, Mass. 1968).

L. Murad und P. Zylberman, ›Esthétique du taylorisme‹, in *Paris/Berlin rapports et contrastes/france-allemagne* (Paris 1978), 384–90.

G. Oorthuys, *Mart Stam: Documentation of his work 1920–1965* (London 1970).

M. B. Rivolta und A. Rossari, *Alexander Klein* (Mailand 1975).

F. Schmalenbach, ›The Term Neue Sachlichkeit‹, *AB,* XXII, Sept. 1940.

H. Schmidt, ›The Swiss Modern Movement 1920–1930‹, *AAQ,* Frühjahr 1972, 32–41.

C. Schnaidt, *Hannes Meyer. Bauten, Projekte und Schriften* (Stuttgart 1965).

G. Uhlig, ›Town Planning in the Weimar Republic‹, *AAQ,* XI, Nr. 1, 1979, 24–38.

J. B. van Logham, *Bouwen, Bauen, Bâtir, Building* (Amsterdam 1932): zeitgenössischer Überblick über die Nieuwe Zakelijkheid in Holland.

P. K. Zygas, ›The Magazine Veshch/Gegenstand/Object‹, 1922 (Kommentierte Bibliographie), *Oppositions,* 5, Sommer 1976, 113–28.

16. Kapitel

J. Baljeu, *Theo van Doesburg* (London 1974).

T. M. Brown, *The Work of G. Rietveld, Architect* (Utrecht 1958).

H. L. C. Jaffé, *De Stijl 1917–1931. The Dutch Contribution to Modern Art* (Amsterdam 1956).

– *De Stijl* (London 1970).

J. Leering, L. J. F. Wijsenbeck und P. F. Althaus, *Theo van Doesburg 1883–1931* (Eindhoven 1969).

P. Mondrian, ›Plastic Art and Pure Plastic Art‹, *Circle,* Hrsg. J. L. Martin, B. Nicholson und N. Gabo (London 1937).

S. Polano, ›Notes on Oud‹, *Lotus,* 16, Sept. 1977, 42–49.

M. Seuphor, *Piet Mondrian* (New York 1958).

J. H. van der Broek, C. van Eesteren und andere, *De Stijl* (Amsterdam 1951): Diese Publikation, die einige der Manifeste enthält, weckte in der Nachkriegszeit das Interesse an der Bewegung.

T. van Doesberg, ›L'Evolution de l'architecture moderne en Hollande‹, *L'Architecture Vivante,* Herbst/Winter 1925 (Sondernummer über De Stijl).

C. St. John Wilson, ›Gerrit Rietveld 1888–1964‹, *AR,* Dez. 1964, 399–402.

B. Zevi, *Poetica dell'architettura neoplastica* (Mailand 1953).

17. Kapitel

G. Baird, ›A Critical Introduction to Karel Teige's »Mundaneum« and Le Corbusier's »In the Defence of Architecture«‹, *Oppositions,* 4, Okt. 1974, 80–81.

R. Banham, *Theory and Design in the First Machine Age* (London 1960; dt. *Die Revolution der Architektur,* Reinbek 1964).

M. Besset, *Who Was Le Corbusier?* (Cleveland 1968).

P. Boudon, *Pessac de Le Corbusier* (Paris 1969).

P. Dermée, Hrsg. (mit A. Ozenfant und Le Corbusier), *L'Esprit Nouveau,* 1, 1920–25. (Faksimilenachdruck, New York 1969).

K. Frampton, ›The Humanist vs. Utilitarian Ideal‹, *AD,* XXXVIII, 1968, 134–36.

R. Gabetti und C. Olmo, *Le Corbusier et l'esprit nouveau* (Turin 1977).

P. Goulet und C. Parent, ›Le Corbusier‹, *Aujourd'hui,* 51 (Sondernummer), Nov. 1965: frühe Korrespondenz, Dokumentation etc.

C. Green, ›Léger and l'esprit nouveau 1912–1928‹, *Léger and Purist Paris,* Katalog, hrsg. mit J. Golding (London 1970), 25–82.

E. Gregh, ›Le Corbusier and the Dom-Ino System‹, *Oppositions,* 15/16, Jan. 1980.

G. Gresleri, *80 Disegni di Le Corbusier* (Bologna 1977).

A. Izzo und C. Gubitosi, *Le Corbusier* (Rom 1978), Katalog bisher unveröffentlichter Zeichnungen.

Le Corbusier (pseud. C. E. Jeanneret), *Etude sur le movement d'art décoratif en Allemagne* (La Chaux-de-Fonds 1912).

– *La Peinture moderne* (Paris 1925).

– *L'Art décoratif d'aujourd'hui* (Paris 1925).

– *Une Maison – un palais* (Paris 1928).

– ›In the Defence of Architecture‹, *Oppositions,* 4, Okt. 1974, 93–108: zuvor in Tschechisch veröffentlicht in *Stavba,* I. (Prag 1929) und in Französisch in *L'Architecture d'Aujourd'hui,* 1933.

– *Le Corbusier et Pierre Jeanneret, Oeuvre complète 1918–1929* (Zürich 1935). Auch die anderen Bände (Zürich 1929–65) sollten für das 20. und 25. Kapitel herangezogen werden.

– Vers une architecture (Paris 1923).

– ›Purism‹ (1920), in *Modern Artists on Art,* Hrsg. R. C. Herbert (Englewood Cliffs, N. J. 1964), 58–73.

– *Le Voyage d'orient* (Paris 1966): Bericht über eine Reise nach Böhmen, Serbien, Bulgarien, Griechenland und in die Türkei (1914 zur Publikation vorbereitet).

Le Corbusier und A. Ozenfant, *Après le Cubisme* (Paris 1918).

J. Lowman, ›Corb as Structural Rationalist: The Formative Influence of the Engineer Max du Bois‹, *AR,* Okt. 1976, 229–33.

J. Petit, *Le Corbusier lui-même* (Genf 1969): wichtiger Katalog über Le Corbusiers Malerei 1918–54.

N. Pevsner, ›Time and Le Corbusier‹, *AR,* März 1951: frühe Würdigung von Le Corbusiers Arbeit in La Chaux-de-Fonds.

J. Ritter, ›World Parliament – The League of Nations Competition‹, *AR,* CXXXVI, 1964, 17–23.

C. Rowe, *The Mathematics of the Ideal Villa and Other Essays* (Cambridge, Mass. 1977).

C. Rowe und R. Slutzky, ›Transparency: Literal and Phenomenal‹, *Perspecta,* 8, 1963, 45–54.

M. P. Sekler, ›The Early Drawings of Charles-Edouard Jeanneret (Le Corbusier) 1902–1908‹, Dissertation, Harvard 1973 (New York 1977).

P. Serenyi, ›Le Corbusier, Fourier and the Monastery of Ema‹, *AB,* XLIX, 1967, 277–86.

– *Le Corbusier in Perspective* (Englewood Cliffs, N. J. 1975): Kritische Kommentare mehrerer Autoren über mehr als ein halbes Jahrhundert, beginnend mit Piacentinis Essay über die Serienproduktion von Häusern aus dem Jahre 1922.

B. B. Taylor, *Le Corbusier et Pessac,* I & II (Paris und Cambridge, Mass. 1972).

K. Teige, ›Mundaneum‹, *Oppositions,* 4, Okt. 1974, 83–91: zuvor veröffentlicht in *Stavba,* 7 (Prag 1929).

P. Turner, ›The Beginnings of Le Corbusier's Education 1902–1907‹, *AB,* LIII, Juni 1971, 214–24.

– *The Education of Le Corbusier* (New York 1977).

R. Walden, Hrsg., *The Open Hand: Essays on Le Corbusier* (Cambridge, Mass. 1977): wichtige Essays von M. P. Sekler, M. Favre, R. Fishman, S. von Moos und P. Turner.

18. Kapitel

J. Bier, ›Mies van der Rohe's Reichspavillon in Barcelona‹, *Die Form,* Aug. 1929, 23–30.

M. Bill, *Mies van der Rohe* (Mailand 1955).

H. T. Cadbury-Brown, ›Ludwig Mies van der Rohe‹, *AAJ*, Juli–Aug. 1959: Dieses Interview gibt Aufschluß über Mies' Verhältnis zu seinen Bauherren, bei Haus Tugendhat wie bei der Weißenhofsiedlung.

L. Glaeser, *Ludwig Mies van der Rohe: Drawings in the Collection of the Museum of Modern Art* (New York 1969).

– *The Furniture of Mies van der Rohe* (New York 1977).

L. Hilberseimer, *Mies van der Rohe* (Chicago 1956).

H.-R. Hitchcock, ›Berlin Architectural Show 1931‹, *Horn and Hound,* V, Nr. 1, Okt.–Dez. 1931, 94–97.

P. Johnson, ›Architecture in the Third Reich‹, *Horn and Hound,* 1933 (nachgedruckt in *Oppositions,* 2, 1974, 92–93).

– ›The Berlin Building Exposition of 1931‹, *T square,* 1932 (nachgedruckt in *Oppositions,* 2, 1974, 87–91).

– *Mies van der Rohe* (New York 1947; dt. Stuttgart 1956): immer noch die beste Monographie über Mies mit ausführlicher Bibliographie und Schriften 1922–43.

L. Mies van der Rohe, ›A Tribute to Frank Lloyd Wright‹, *College Art Journal,* VI, Nr. 1, Herbst 1946, 41–42.

– ›Two Glass Skyscrapers 1922‹, in Johnson, *Mies, op. cit.,* 182; zuvor veröffentlicht als ›Hochhausprojekt für Bahnhof Friedrichstraße im Berlin‹, in *Frühlicht,* 1922.

– ›Arbeitsthesen‹, 1923, *Programme und Manifeste zur Architektur des 20. Jahrhunderts,* Hrsg. U. Conrads, Frankfurt/Berlin 1964: publiziert in *G,* 1. Ausgabe, 1923, zusammen mit seinem Bürohaus aus Beton.

– ›Industrielles Bauen‹, 1924, *ibid.:* aus *G,* 3. Ausgabe, 1924.

– ›Über die Form in der Architektur‹, 1927, *ibid.:* zuvor als Brief veröffentlicht in *Die Form* 1927, Heft 2.

N. M. Rubio Tuduri, ›Le Pavillion de l'Allemagne à l'exposition de Barcelone par Mies van der Rohe‹, *Cahiers d'Art,* 4, 1929, 408–12.

A. und P. Smithson, *Mies van der Rohe. Veröffentlichungen zur Architektur* (Berlin 1968): kurze, aber einfühlsame Würdigung, die zum erstenmal die bis dahin unpublizierte Krefelder Fabrik berücksichtigt.

– *Without Rhetoric* (London 1973): kritische Würdigung und Fotos der Krefelder Fabrik.

P. Westheim, ›Mies van der Rohe: Entwicklung eines Architekten‹, *Das Kunstblatt,* II, Febr. 1927, 55–62.

– ›Umgestaltung des Alexanderplatzes‹, *Die Bauwelt,* 1929.

– ›Der Wettbewerb der Reichsbank‹, *Deutsche Bauzeitung,* 1933.

F. R. S. Yorke, *The Modern House* (London 1934, 4. Aufl. 1943): mit Details der Panoramafenster im Haus Tugendhat.

C. Zervos, ›Mies van der Rohe‹, *Cahiers d'Art,* 3, 1928, 35–38.

– ›Projet d'un petit musée d'art moderne par Mies van der Rohe‹, *Cahiers d'Art,* 20/21, 1946, 424–27.

19. Kapitel

C. Abramsky, ›El Lissitzky as Jewish Illustrator and Typographer‹, *Studio International,* Okt. 1966, 182–85.

P. A. Aleksandrov und S. O. Chan-Magomedov, *Ivan Leonidov* (Mailand 1975): italienische Übersetzung des unpublizierten russischen Textes.

T. Anderson, *Vladimir Tatlin* (Stockholm 1968).

– *Malevich,* catalogue raisonné der Berliner Ausstellung von 1927 (Amsterdam 1970).

J. Billington, *The Icon and the Axe* (New York 1968).

M. Bliznakov, ›The Rationalist Movement in Soviet Architecture of the 1920s‹, *20th-Century Studies,* 7/8, Dez. 1972, 147–61.

C. Borngräber, ›Foreign Architects in the USSR‹, *AAQ,* XI, Nr. 1, 1979, 50–62.

S. O. Chan-Magomedov, *Moisej Ginzburg* (Mailand 1975): italienische Übersetzung des 1972 publizierten russischen Textes.

– ›Nikolaj Ladavskij: An Ideology of Rationalism‹, *Lotus* 20, Sept. 1978, 104–26.

J. Chernikov, *Arkhitekturnye Fantasii* (Leningrad 1933).

J. L. Cohen, M. de Michelis und M. Tafuri, *URSS 1917–1978. La ville l'architecture* (Paris 1978).

F. Dal Co, ›La poétique »a-historique« de l'art de l'avant-garde en Union Soviétique‹, *Archithese,* 7, 1973, 19–24, 48.

V. de Feo, *URSS Architettura 1917–36* (Mailand 1962).

E. Dluhosch, ›The Failure of the Soviet Avant Garde‹, *Oppositions,* 10, Herbst 1977, 30–55.

K. Frampton, ›Notes on Soviet Urbanism 1917–32‹, *Architects' Year Book,* XII, 1968, 238–52.

– ›The Work and Influence of El Lissitzky‹, *ibid.,* 253–68.

R. Fülöp-Müller, *The Mind and Face of Bolshevism* (London und New York 1927, Neuausgabe New York 1962).

N. Gabo, *Gabo* (Cambridge, Mass. 1957).

C. Gray, *The Great Experiment: Russian Art 1863–1922* (London 1962).

E. Krichenko, *Moscow Architectural Monuments of the 1830s–1910s* (Moskau 1977).

A. Kopp, *Town and Revolution. Soviet Architecture and City Planning 1917–1935* (New York und London 1970).

– *Architecture et mode de vie* (Grenoble 1979).

J. Kroha und J. Hruza, *Sovĕtská architektonicá avantgarda* (Prag 1973).

El Lissitzky, *Rußland. Die Rekonstruktion der Architektur in der Sowjetunion* (Wien 1930; Neuausgabe *Rußland: Architektur für eine Weltrevolution* (Berlin 1965).

I. G. Liudkovsky, ›On the Choice of the Optimum Types of Suspended Roofs and of their Bearing Contours‹, *The Russian Engineer,* 26, Mai 1972: enthält Informationen über die Hängedächer von W. G. Schuchow, 1894.

B. Lubetkin, ›Soviet Architecture: Notes on Developments from 1917–32‹, *AAJ,* Mai 1956.

K. Malevich, ›Recent Developments in Town Planning‹, in *The Non-Objective World* (Chicago 1959).

– *Essays on Art,* I 1915–28, II 1928–33 (Kopenhagen 1968).

V. Markov, *Russian Futurism* (London 1969).

N. A. Milyutin, *Sotsgorod. The Problem of Building Socialist Cities* (Cambridge, Mass. 1974): Übersetzung aus dem Russischen.

M. F. Parkins, *City Planning in Soviet Russia* (Chicago 1953).

V. Quilici, *L'architettura del costruttivismo* (Bari 1969).

– ›The Residential Commune, from a Model of the Community Myth to Productive Module‹, *Lotus,* 8, Sept. 1974, 64–91, 193–96.

B. Schwan, *Städtebau und Wohnungswesen der Welt* (Berlin 1935).

F. Starr, *Kasimir Melnikov. Solo Architect in a Mass Society* (Princeton, N. J. 1978).

M. Tafuri, Hrsg., *Socialismo città architettura URSS 1917–1937* (Rom 1972): Sammlung von Essays.

– ›Les premières hypothèses de planification urbaine dans la Russie soviétique 1918–1925‹, *Archithese,* 7, 1973, 34–91.

– ›Towards the »Socialist City«: Research and Realization in the Soviet Union between NEP and the First Five-Year Plan‹, *Lotus*, 9, Febr. 1975, 76–93, 216–19.

J. Wolin, ›Multi-Media Machine Building‹, *Perspecta*, 13/14, 1971.

P. K. Zygas, ›Tatlin's Tower Reconsidered‹, *AAQ*, VIII, Nr. 2, 1976, 15–27.

20. Kapitel

P. M. Bardi, *A Critical Review of Le Corbusier* (São Paulo 1950): ein Versuch, Le Corbusiers Philosophie zu analysieren, auch in Bezug auf seine städtebaulichen Vorstellungen.

F. Choay, *Le Corbusier* (New York 1960).

R. de Fusco, *Le Corbusier designer immobili del 1929* (Mailand 1976).

M. di Puolo, *Le Corbusier/Charlotte Perriand/ Pierre Jeanneret. ›La machine à s'asseoir‹* (Rom 1976).

Le Corbusier, *La Charte d'Athènes* (1942); dt. *Die ›Charte d'Athènes‹* (Reinbek 1962).

N. Evenson, *Le Corbusier: The Machine and the Grand Design* (New York 1969).

R. Fishman, *Urban Utopias in the Twentieth Century* (New York 1977).

K. Frampton, ›The City of Dialectic‹, *AD*, XXXIX, Okt. 1969, 515–43, 545–46.

E. Girard, ›Projeter‹, *AMC*, 41, März 1977, 82–87.

Le Corbusier (pseud. für C. E. Jeanneret), *Urbanisme* (Paris 1925).

– *Quand Les Cathédrales étaient blanches* (Paris 1937).

– *Des canons, des munitions? Merci! Des logis . . .* S. V. P. (Paris 1938).

– *Les Trois Etablissements humains* (Paris 1944).

– *Sur Les 4 Routes* (Paris 1941).

– (mit F. de Pierrefeu): *Les Maisons des hommes* (Paris 1948).

– *La Ville radieuse* (Paris 1933).

M. Macleod, ›Le Corbusier's Plans for Algiers 1930–1936‹, *Oppositions*, 16/17, 1980.

C. S. Maier, ›Between Taylorism and Technocracy: European Ideologies and the Vision of Industrial Productivity in the 1920s‹, *Journal of Contemporary History*, 5, 1970, 27–61.

S. von Moos, ›Von den Femmes d'Alger zum Plan Obus‹, *Archithese*, 1, 1971, 25–37.

– *Le Corbusier, Elemente einer Synthese* (1968).

J. Pokorny und E. Hud, ›City Plan for Zlin‹, *Architectural Record*, CII, Aug. 1947, 70–71.

A. Vidler, ›The Idea of Unity and Le Corbusier's Urban Form‹, *Architects' Year Book*, XII, 1968, 225–37.

21. Kapitel

B. Brownell und F. L. Wright, *Architecture and Modern Life* (New York 1937): aufschlußreiche ideologische Diskussion jener Zeit.

W. Chaitkin, ›Frank Lloyd Wright in Russia‹, *AAQ*, V, Nr. 2, 1973, 45–55.

C. W. Condit, *American Building Art: The 20th Century* (New York 1961): über Wrights konstruktive Neuerungen vgl. 172–76, 185–87.

R. Cranshawe, ›Frank Lloyd Wright's Progressive Utopia‹, *AAQ*, X, Nr. 1, 1978, 3–9.

A. Drexler, *The Drawings of Frank Lloyd Wright* (New York und London 1962).

F. Gutheim, Hrsg., *In the Cause of Architecture – Wright's Historic Essays for Architectural Record 1908–1952* (New York 1975).

H.-R. Hitchcock, *In the Nature of Materials 1887–1941. The Buildings of Frank Lloyd Wright* (New York 1942).

A. Izzo und C. Gubitosi, *Frank Lloyd Wright Dessins 1887–1959* (Paris 1977).

E. Kaufmann, Hrsg., *An American Architecture: Frank Lloyd Wright* (New York 1955).

E. Kaufmann, ›Twenty-Five Years of the House on the Waterfall‹, *L'Architettura*, 82, VIII, Nr. 4, Aug. 1962, 222–58.

M. Schapiro, ›Architects' Utopia‹, *Partisan Review*, 4, Nr. 4, März 1938, 42–47.

J. Sergeant, *Frank Lloyd Wright's Usonian Houses* (New York 1976).

N. K. Smith, *Frank Lloyd Wright. A Study in Architectural Contrast* (Englewood Cliffs, N. J. 1966).

S. Stillman, ›Comparing Wright and Le Corbusier‹, *AIAJ*, IX, Apr.–Mai 1948, 171–78, 226–33: Wrights Broadacre City im Vergleich mit Le Corbusiers städtebaulichen Vorstellungen.

E. Tafel, *Apprenticed to Genius* (New York 1979).

F. L. Wright, *Modern Architecture* (Princeton 1931): die Vorlesungen von 1930.

– *The Disappearing City* (New York 1932).

– *When Democracy Builds* (Chicago 1945).

– *The Future of Architecture* (New York 1953).

– *The Natural House* (New York 1954).

– *The Story of the Tower. The Three that Escaped the Crowded Forest* (New York 1956).

– *A Testament* (New York 1957; dt. *Ein Testament*, München 1966).

– *The Living City* (New York 1958).

– *The Solomon R. Guggenheim Museum* (New York 1960).

– *The Industrial Revolution Runs Away* (New York 1969): Faksimile von Wrights Exemplar der Originalausgabe (1932) von *The Disappearing City*.

B. Zevi,. ›Alois Riegl's Prophecy and Frank Lloyd Wright's Falling Water‹, *L'Architettura*, 82, VIII, Nr. 4, Aug. 1962, 220–21.

22. Kapitel

A. Aalto, *Postwar Reconstruction: Rehousing Research in Finland* (New York 1940).

– *Synopsis* (Stuttgart 1970).

– *Sketches*, Hrsg. G. Schildt (Cambridge, Mass. 1978).

H. Ahlberg, *Swedish Architecture in the Twentieth Century* (London 1925).

G. Baird, *Alvar Aalto* (London 1970).

R. Banham, ›The One and the Few‹, *AR*, Apr. 1957, 243–59.

W. R. Bunning, ›Paimio Sanitorium, an Analysis‹, *Architecture*, XXIX, 1940, 20–25.

A. Chris-Janer, *Eliel Saarinen* (Chicago 1948).

L. K. Eaton, *American Architecture Comes of Age: European Reaction to H. H. Richardson and Louis Sullivan* (Cambridge, Mass., und London 1972).

K. Fleig, *Alvar Aalto 1963–1970* (New York 1971): mit Aaltos Artikel ›The Architect's Conscience‹.

S. Giedion, ›Alvar Aalto‹, *AR*, CVII, Nr. 38, Febr. 1950, 77–84.

K. Fleig (Hrsg.), *Alvar Aalto*, 3 Bde. (Zürich 1963–78).

R. Glanville, ›Finnish Vernacular Farm Houses‹, *AAQ*, IX, Nr. 1, 36–52: ein bemerkenswerter Artikel über die Form des karelischen Bauernhauses, der auf die konstruktive Bedeutung des Bautypus hinweist.

F. Gutheim, *Alvar Aalto* (New York 1960).

M. Hausen, ›Gesellius-Lindgren-Saarinen vid sekelskiftet‹, *Arkkitehti-Arkitekten*, 9, 1967, 6–12.

Y. Hirn, *The Origins of Art* (London 1962).

H.-R. Hitchcock, ›Aalto versus Aalto: The Other Finland‹, *Perspecta*, 9/10, 1965, 132–66.

P. Hodgkinson, ›Finlandia Hall, Helsinki‹, *AR*, June 1972, 341–43.

G. Labò, *Alvar Aalto* (Mailand 1948).

L. Mosso, *L'Opera di Alvar Aalto* (Mailand 1965): wichtiger Ausstellungskatalog.

– *Alvar Aalto* (Helsinki 1967).

– Hrsg., ›Alvar Aalto‹, *L'Architecture d'Aujourd'hui* (Sondernummer), Juni 1977: Artikel aus dem Centro Studi Alvar Aalto, Turin.

E. Neuenschwander, *Finnish Buildings* (Zürich 1954).

G. Pagano, ›Due ville di Aalto‹, *Casabella,* 12, 1940, 26–29.

P. D. Pearson, *Alvar Aalto and the International Style* (New York 1978).

D. Porphyrios, ›Reversible Faces: Danish and Swedish Architecture 1905–1930‹, *Lotus,* 16, 1977, 35–41.

A. Salokörpi, *Modern Architecture in Finland* (London 1970).

P. Morton Shand, ›Tuberculosis Sanatorium, Paimio, Finland‹, *AR,* Sept. 1933, 85–90.

– ›Viipuri Library, Finland‹, *AR,* LXXIX, 1936, 107–14.

J. B. Smith, *The Golden Age of Finnish Art* (Helsinki 1975).

M. Trieb, ›Gallén-Kallela: A Portrait of the Artist as an Architect‹, *AAQ,* VII, Nr. 3, Sept. 1975, 3–13.

– ›Lars Sonck‹, *JSAH,* XXX, Nr. 3, Okt. 1971, 228–37.

O. Warner, *Marshall Mannerheim and the Finns* (London 1967).

J. Wood, Hrsg., ›Alvar Aalto 1957‹, *Architects' Year Book,* VIII, 1957, 137–88.

S. Wrede, *The Architecture of Eric Gunnar Asplund* (Cambridge, Mass. 1979).

23. Kapitel

G. Accasto, V. Fraticelli und R. Nicolini, *L'architettura di Roma Capitale 1870–1970* (Rom 1971).

D. Alfieri und L. Freddi, *Mostra della rivoluzione fascista* (Bergamo 1933).

L. Benevolo, *Geschichte der Architektur des 19. und 20. Jahrhunderts,* II (München 1964).

M. Carrà, E. Rathke, C. Tisdall und P. Waldberg, *Metaphysical Art* (London 1971).

G. Cavella und V. Gregotti, *Il Novecento e l'Architettura Edilizia Moderna,* 81 (Sondernummer über das Novecento), 1962.

S. Danesi, ›Cesare Catteneo‹, *Lotus,* 16, 1977, 89–121.

S. Danesi und L. Patetta, *Rationalisme et architecture en Italie 1919–1943* (Venedig 1976).

P. Eisenman, ›From Object to Relationship: Giuseppe Terragni/Casa Giuliani Frigerio‹, *Perspecta,* 13/14, 1971, 36–65.

V. Gregotti, *Directions in Italian Architecture* (New York 1968).

B. Huet und G. Teyssot, ›Politique industrielle et architecture: le cas Olivetti‹, *L'Architecture d'Aujourd'hui,* Nr. 188, Dez. 1976 (Sondernummer): dokumentiert das Mäzenatentum von Olivetti und bringt Artikel über die Familie Olivetti und die Firmengeschichte von A. Restucci und G. Ciucci.

S. Kostof, *The Third Rome* (Berkeley, Calif. 1977).

P. Koulermos, ›The work of Terragni, Lingeri and Italian Rationalism‹, *AD,* März 1963 (Sondernummer).

N. Labó, *Giuseppe Terragni* (Mailand 1947).

T. G. Longo, ›The Italian Contribution to the Residential Neighbourhood Design Concept‹, *Lotus,* 9, 1975, 213–15.

E. Mantero, *Giuseppe Terragni e la città del razionalismo italiano* (Bari 1969).

– ›For the »Archives« of What City?‹, *Lotus,* 20, Sept. 1978, 36–43.

C. Melograni, *Giuseppe Pagano* (Mailand 1955).

L. Moretti, ›The Value of Profiles, etc.‹, 1951/52, *Oppositions,* 4, Okt. 1974, 109–39.

L. Patetta, ›The Five Milan Houses‹, *Lotus,* 20, Sept. 1978, 32–35.

E. Persico, *Scritti di architettura 1927–1935,* Hrsg. G. Veronesi (Florenz 1968).

– *Tutte le opere 1923–1935,* I & II, Hrsg. G. Veronesi (Mailand 1964).

A. Pica, *Nuova architettura italiana* (Mailand 1936).

V. Quilici, ›Adalberto Libera‹, *Lotus,* 16, 1977, 55–88.

B. Rudolfsky, ›The Third Rome‹, *AR,* Juli 1951, 31–37.

A. Sartoris, *Gli elementi dell'architettura funzionale* (Mailand 1941).

– *Encyclopédie de l'architecture nouvelle – ordre et climat mediterranéens* (Mailand 1957).

T. Schumacher, ›From Gruppo 7 to the Danteum: A Critical Introduction to Terragni's Relazione Sul Danteum‹, *Oppositions,* 9, 1977, 90–93.

G. R. Shapiro, ›Il Gruppo 7‹, *Oppositions,* 6 und 12, Herbst 1976 und Frühjahr 1978.

M. Tafuri, ›The Subject and the Mask: An Introduction to Terragni‹, *Lotus,* 20, Sept. 1978, 5–29.

E. G. Tedeschi, *Figini e Pollini* (Mailand 1959).

G. Terragni, ›Relazione sul Danteum 1938‹, *Oppositions,* 9, 1977, 94–105.

L. Thermes, ›La casa di Luigi Figini al Villaggio dei giornalisti‹, *Contraspazio,* IX, Nr. 1, Juni 1977, 35–39.

G. Veronesi, *Difficoltà politiche dell'architettura in Italia 1920–1940* (Mailand 1953).

B. Zevi, Hrsg., *Omaggio a Terragni* (Mailand 1968): Sondernummer von *L'Architettura.*

24. Kapitel

R. H. Bletter, ›King-Kong en Arcadie‹, *Archithese,* 20, 1977, 25–34.

R. H. Bletter und C. Robinson, *Skyscraper Style – Art Deco New York* (New York 1975).

D. Brounlee, ›Wolkenkratzer: Architektur für das amerikanische Maschinenzeitalter‹, *Archithese,* 20, 1977, 35–41.

E. Clute, ›The Chrysler Building, New York‹, *Architectural Forum,* 53, Okt. 1930.

C. W. Condit, *American Building Art: The 20th Century* (New York 1961): über Woolworth Tower und Empire State Building vgl. 1. Kapitel.

F. Dal Co und S. Polano, ›Interview with Albert Speer‹, *Oppositions,* 12, Frühjahr 1978.

R. Delevoy und M. Culot, *Antoine Pompe* (Brüssel 1974).

Finlands Arkitekförbund, *Architecture in Finland* (Helsinki 1932): Diese Publikation der Finnischen Architektenvereinigung gibt einen guten Überblick über die Neue Tradition in Finnland.

S. Fitzpatrick, *The Commissariat of Enlightenment* (Cambridge, England 1970).

P. T. Frankl, *New Dimensions: The Decorative Arts of Today in Words and Pictures* (New York 1928).

D. Gebhard, *The Richfield Building 1926–1928* (Los Angeles 1970).

– ›The Moderne in the U.S. 1910–1914‹, *AAQ,* II, Nr. 3, Juli 1970, 4–20.

S. Giedion, *Architecture You and Me* (Cambridge, Mass. 1958): vor allem 25–61.

R. Grumberger, *The 12-Year Reich* (New York 1971).

H.-R. Hitchcock, ›Some American Interiors in the Modern Style‹, *Architectural Record,* 64, Sept. 1928, 235.

– *Modern Architecture: Romanticism and Reintegration* (New York 1929).

R. Hood, ›Exterior Architecture of Office Buildings‹, *Architectural Forum,* 41, Sept. 1924.

– ›The American Radiator Company Building, New York‹, *American Architect,* 126, Nov. 1924.

C. Hussey und A. S. G. Butler, *Lutyens Memorial Volumes* (London 1951).

W. H. Kilham, *Raymond Hood, Architect* (New York 1973).

R. Koolhaas, *Delirious New York* (New York und London 1978).

A. Kopp, *L'Architecture de la période Stalinienne* (Grenoble 1978).

C. Krinsky, *Rockefeller Center* (London und New York 1978).

C. Krinsky, *The International Competition for a New Administration Building for the Chicago Tribune MCMXXII* (Chicago 1923).

– *Rockefeller Center* (London und New York 1978).

L. O. Larsson, *Die Neugestaltung der Reichshauptstadt/Albert Speers Generalbebauungsplan für Berlin* (Stuttgart 1978).

F. F. Lisle, ›Chicago's Century of Progress Exposition: The Moderne or Democratic, Popular Culture‹, *JSAH,* Okt. 1972.

A. Lunacharsky, *On Literature and Art* (Moskau 1973).

W. March, *Bauwerk Reichssportfeld* (Berlin 1936).

B. Miller-Lane, *Architecure and Politics in Germany 1918–1945* (Cambridge, Mass. 1968).

W. Oechslin, ›Mythos zwischen Europa und Amerika‹, *Archithese, 20,* 1977, 4–11.

E. A. Park, *New Background for a New Age* (New York 1927).

A. G. Rabinach, ›The Aesthetics of Production in the Third Reich‹, *Journal of Contemporary History,* 11, 1976, 43–74.

H. Hope Reed, ›The Need for Monumentality?‹, *Perspecta,* 1, 1950.

H. Rimpl, *Ein deutsches Flugzeugwerk. Die Heinkel-Werke Oranienburg,* Text von H. Mackler (Berlin 1939).

D. Rivera, *Portrait of America* (New York 1963): Abb. von Riveras RCA-Wandbild 40–47.

P. Schultze-Naumburg, *Kunst und Rasse* (München 1928).

A. von Senger, *Krisis der Architektur* (Zürich 1928).

– *Die Brandfackel Moskaus* (Zürich 1931).

– *Mord an Apollo* (Zürich 1935).

A. Speer, *Erinnerungen* (Berlin 1969).

– *Spandauer Tagebücher* (Berlin 1975).

– *Architektur 1933–1942* (Berlin 1978). Dokumentation über Speers Werk mit Essays von K. Arndt, G. F. Koch und L. O. Larsson.

A. Speer und R. Wolters, *Neue deutsche Baukunst* (Berlin 1941).

M. Tafuri, ›Neu Babylon‹, *Archithese,* 20, 1977, 12–14.

– ›La dialectique de l'absurde Europe–USA: les avatars de l'idéologie du gratte-ciel 1918–1974‹, *L'Architecture d'Aujourd'hui,* Nr. 178, März/Apr. 1975, 1–16.

R. R. Taylor, *The Word in Stone. The Role of Architecture in National Socialist Ideology* (Berkeley, Calif., 1974).

A. Teut, Hrsg., *Architektur im Dritten Reich 1933–1945* (Berlin 1967): die bisher umfangreichste Dokumentation.

G. Troost, *Das Bauen im neuen Reich* (Bayreuth 1943).

J. Tyrwhitt, J. L. Sert und E. N. Rogers, *The Heart of the City* (London 1952).

G. Veronesi, *Style and Design 1909–29* (New York 1968).

A. Voyce, *Russian Architecture* (New York 1948).

G. Wangerin und G. Weiss, *Heinrich Tessenow, Leben, Lehre, Werk 1876–1950* (Essen 1976).

W. Weisman, ›A New View of Skyscraper History‹, *The Rise of an American Architecture,,* E. Kaufmann Jr., Hrsg. (New York 1970).

B. Wolfe, *The Fabulous Life of Diego Rivera* (New York 1963): Einzelheiten über Riveras Arbeit am RCA Building 317–34.

25. Kapitel

S. Adshead, ›Camillo Sitte and Le Corbusier‹, *Town Planning Review,* XIV, Nov. 1930, 35–94.

C. Correa, ›The Assembly, Chandigarh‹, *AR,* Juni 1964, 404–12.

M. A. Couturier, Brief an Le Corbusier, 28. Juli 1953, abgedruckt in J. Petit, *Un couvent de Le Corbusier* (Paris 1961), 23.

N. Evenson, *Chandigarh* (Berkeley, Calif. 1966).

– *Le Corbusier: The Machine and the Grand Design* (New York 1969).

M. Ghyka, ›Le Corbusier's Modular and the Conception of the Golden Mean‹, *AR,* CIII, Febr. 1948, 39–42.

A. Gorlin, ›Analysis of the Governor's Palace at Chandigarh‹, *Oppositions,* 16/17, 1980.

A. Greenberg, ›Lutyens' Architecture Restudied‹, *Perspecta,* 12, 1969, 148.

S. K. Gupta, ›Chandigarh. A Study of Sociological Issues and Urban Development in India‹, Occasional Papers, Nr. 9, Univ. of Waterloo, Canada 1973.

F. G. Hutchins, *The Illusion of Permanence. British Imperialism in India* (Princeton, N. J. 1967).

R. Furneaux Jordan, *Le Corbusier* (London 1972), vor allem 146–47, ›Building for Christ‹.

Le Corbusier (Pseud. für C. E. Jeanneret). *Des canons, des munitions? Merci! Des logis . . . S. V. P.* (Paris 1938).

– *L'Unité d'habitation de Marseilles* (Souillac 1950).

S. Nilsson, *The New Capitals of India, Pakistan and Bangladesh* (Lund 1973).

A. Roth, *Die neue Architektur* (Zürich 1940).

C. Rowe, ›Dominican Monastery of La Tourette, Eveux-sur-Arbresle, Lyons‹, *AR,* Juni 1961, 400–10.

J. Stirling, ›From Garches to Jaoul. Le Corbusier as domestic architect in 1927 and in 1953‹, *AR,* Sept. 1955.

– ›Le Corbusier's Chapel and the Crisis of Rationalism‹, *AR,* März 1956, 161.

James Stirling, RIBA Drawings Collection catalogue (London 1974).

R. Walden, Hrsg., *The Open Hand: Essays on Le Corbusier* (Cambridge, Mass. 1977).

26. Kapitel

R. Banham, ›Almost Nothing is Too Much‹, *AR,* Aug. 1962, 125–28.

J. F. F. Blackwell, ›Mies van der Rohe – Bibliography‹ (Diplombibliothekararbeit, Universität London, 1964, British Architectural Library, London).

P. Blake, *Mies van der Rohe: Architecture and Structure* (New York 1960).

W. Blaser, *Mies van der Rohe – Die Kunst der Struktur* (Zürich 1965).

P. Carter, *Mies van der Rohe at Work* (London und New York 1974).

A. Drexler, *Ludwig Mies van der Rohe* (New York 1960, dt. Ravensburg 1960).

L. W. Elliot, ›Structural News: USA, The Influence of New Techniques on Design‹, *AR,* Apr. 1953, 251–60.

D. Erdman und P. C. Papademetriou, ›The Museum of Fine Arts, Houston, 1922–1972‹, *Architecture at Rice,* 28 (Houston 1976).

L. Hilberseimer, *Contemporary Architecture. Its Roots and Trends* (Chicago 1964).

S. Honey, ›Mies at the Bauhaus‹, *AAQ,* X, Nr. 1, 1978, 51–59.

D. Lohan, ›Mies van der Rohe: Farnsworth House, Plano, Illinois 1945–50‹, *Global Architecture Detail,* Nr. 1, 1976; kritischer Essay und vollständige Details des Hauses.

L. Mies van der Rohe, ›Mies Speaks‹, *AR,* Dez. 1968, 451–52.

– ›Technik und Architektur‹, *Programme und Manifeste . . . ,* Hrsg. U. Conrads (Frankfurt/Berlin 1964): Auszug aus einer Rede vor dem IIT, 1950.

R. Miller, Hrsg., *Four Great Makers of Modern Architecture: Gropius, Le Corbusier, Mies van der Rohe, Wright* (New York 1963): vervielfältigtes Protokoll eines Seminars an der Columbia University, wichtig wegen des Hinweises auf Mies van der Rohes Verpflichtung gegenüber der russischen Avantgarde.

C. Norberg-Schulz, ›Interview with Mies van der Rohe‹, *L'Architecture d'Aujourd'hui,* Sept. 1958.

M. Pawley, *Mies van der Rohe* (London 1970): enthält auch das selten publizierte McCormik House und das Social Services Administration Building, Univ. of Chicago.

C. Rowe, ›Neoclassicism and Modern Architecture‹, *Oppositions,* 1, 1973, 1–26.

J. Winter, ›Dominion Development, *AR,* Jan. 1972, 48–57.

– ›The Maesure of Mies‹, *AR,* Febr. 1972, 95–105.

27. Kapitel

R. Banham, ›On Trial 2, Louis Kahn, the Buttery Hatch Aesthetic‹, *AR,* März 1962, 203–06.

M. Emery, Hrsg., ›Louis I. Kahn‹, *L'Architecture d'Aujourd'hui,* Nr. 142, Febr.–März 1969 (Sondernummer).

R. B. Fuller, ›Dymaxion House‹, *Architectural Forum,* März 1932, 285–86.

R. Giurgola und J. Metha, *Louis I. Kahn* (Boulder, Colo. 1975).

H.-R. Hitchcock, ›Current Work of Philip Johnson‹, *Zodiac,* 8, 1961, 64–81.

J. Huxley, *TVA, Adventure in Planning* (London 1943).

J. Jacobus, *Philip Johnson* (New York und London 1962).

P. Johnson, *Machine Art* (New York 1934).

– ›House at New Canaan, Connecticut‹, *AR,* Sept. 1950, 152–59.

R. Furneaux Jordan, ›US Embassy, Dublin‹, *AR,* Dez. 1964, 420–25.

W. H. Jordy, ›The Formal Image: USA‹, *AR,* März 1960, 157–64.

– ›Medical Research Building for Pennsylvania University‹, *AR,* Febr. 1961, 99–106.

– ›Kimbell Art Museum Fort Worth Texas/Library Philips Exeter Academy, Andover, New Hampshire‹, *AR,* Juni 1974, 318–42.

– ›Art Centre, Yale University‹, *AR,* Juli 1977, 37–44.

L. Kahn, ›Form and Design‹, *AD,* Nr. 4, 1961, 145–54.

A. Komendant, *18 Years with Architect Louis Kahn* (Englewood, N. J. 1975).

R. W. Marks, *The Dymaxion World of Buckminster Fuller* (New York 1960): die umfassendste Dokumentation über Fullers Werk.

J. McHale, Hrsg., ›Richard Buckminster Fuller‹, *AD,* Juli 1967 (Sondernummer).

J. Mellor, Hrsg., *The Buckminster Fuller Reader* (London 1970).

E. Mock, *Built in USA: 1932–1944* (New York 1945).

D. Myhra, ›Rexdorf Guy Tugwell: Initiator of America's Greenbelt New Towns 1935–1936‹, *Journal of the American Institute of Planners,* XL, Nr. 3, Mai 1974, 176–88.

T. Nakamura, Hrsg., *Louis I. Kahn ›Silence & Light‹* (Tokio 1977): gründliche Dokumentation über Kahns Werk mit Artikeln von Kahn, Scully, Doshi, Maki, etc.

H. Hope Reed, ›The Need for Monumentality?‹, *Perspecta,* 1, 1950.

H. Ronner, S. Jhaveri und A. Vasella, *Louis I. Kahn, Complete Works 1935–74* (Basel und Stuttgart 1977): unhandliches Format, bislang aber die umfassendste Dokumentation über Kahns Werk.

P. Zucker, Hrsg., *New Architecture and City Planning* (New York 1945), insbesondere 577–88.

Teil III

1. Kapitel

R. Banham, *The New Brutalism* (New York 1966; dt. *Brutalismus in der Architektur,* Stuttgart 1966).

M. Bill, ›Report on Brazil‹, *AR,* Okt. 1954, 238, 239.

W. Boesiger, *Richard Neutra, Bauten und Projekte,* 3 Bde. (Zürich 1951–66).

O. Bohigas, ›Spanish Architecture of the Second Republic‹, *AAQ,* III, Nr. 4, Okt.–Dez. 1971, 28–45.

A. H. Brooks, ›PSFS: A Source for its Designs‹, *JSAH,* XXVII, Nr. 4, Dez. 1968, 299.

L. Campell, ›The Good News Days‹, *AR,* Sept. 1977, 177–83.

J. L. Cohen, ›Mallet Stevens et l'U.A.M. Comment frapper les masses?‹, *AMC,* 41, März 1977, 19.

A. Cox, ›Highpoint Two, North Hill, Highgate‹, *Focus,* 11, 1938, 79.

W. Curtis, ›Berthold Lubetkin‹, *AAQ,* VIII, Nr. 3, 1976, 33–39.

E. M. Czaja, ›Antonin Raymond: Artist and Dreamer‹, *AAJ,* LXXVIII, Nr. 864, Aug. 1962 (Sondernummer).

O. Dostál, J. Pechar und V. Procházka, *Modern Architecture in Czechoslovakia* (Prag 1970): beste neuere Dokumentation über die tschechische Moderne.

D. Gebhard, *An Exhibition of the Architecture of R. M. Schindler 1887–1953* (Santa Barbara, Calif. 1967).

S. Giedion, *A Decade of New Architecture* (Zürich 1951).

M. Gold, ›Sir Owen Williams KBE‹, *Zodiac,* 18, 11–29.

G. Herbert, ›Le Corbusier and the South African Movement‹, *AAQ,* IV, Nr. 1, Winter 1972, 16–30.

H.-R. Hitchcock und C. K. Bauer, *Modern Architecture in England* (New York 1937).

H.-R. Hitchcock und P. Johnson, *The International Style: Architecture Since 1922* (New York 1932).

– ›England and the Outside World‹, *AAJ,* LXXII, Nr. 806, Nov. 1956, 96–97.

B. Housden und A. Korn, ›Arthur Korn. 1891 to the present day‹, *AAJ,* LXXIII, Nr. 817, Dez. 1957, 114–35 (Sondernummer; mit Einzelheiten des MARS-Projekts für London).

R. Ind, ›The Architecture of Pleasure‹, *AAQ,* VIII, Nr. 3, 51–59.

A. Jackson, *The Politics of Architecture* (London 1967).

R. Furneaux Jordan, ›Lubetkin‹, *AR,* Juli 1955, 36–44.

J. C. Martin, B. Nicholson und N. Gabo, *Circle* (New York 1971).

K. Mayekawa, ›Thoughts on Civilization in Architecture‹, *AD,* Mai 1965, 229–30.

E. McCoy, ›Letters between R. M. Schindler and Richard Neutra 1914–1924‹, *JSAH,* XXXIII, Nr. 3, Okt. 1974, 219.

A. Morancé, *Encyclopédie de l'architecture de construction moderne,* XI (Paris 1938): enthält wichtige Pavillons der Pariser Ausstellung von 1937, insbesondere die der katalanischen Architekten Sert und Lacasa und des tschechischen Architekten Kreskar.

R. Neutra, *Wie baut Amerika?* (Stuttgart 1927).

– *Amerika – Neues Bauen in der Welt,* Nr. 2 (Wien 1930).

– *Mystery and Realities of the Site* (New York 1951).

– *Survival Through Design* (New York 1954).

– ›Human Setting in an Industrial Civilization‹, *Zodiac,* 2, 1957, 68–75.

– *Life and Shape* (New York 1962).

D. O'Neil, ›The High and Low Art of Rudolf Schindler‹, *AR,* Apr. 1973, 242–46.

S. Papadaki, *The Work of Oscar Niemeyer,* I (New York 1950).

– *Oscar Niemeyer: Works in Progress* (New York 1956).

S. Polyzoides und P. Koulermos, ›Schindler: 5 Houses‹, *A & U,* Nov. 1975.

A. Raymond, *Antonin Raymond. Architectural Details* (New York 1947).

– *Antonin Raymond. An Autobiography* (Tokio 1973).

J. M. Richards, ›Criticism/Royal Festival Hall‹ *AR,* Juni 1951, 355–58 (Sondernummer).

A. Roth, *La Nouvelle Architecture/Die neue Architektur* (Zürich 1940).

J. L. Sert, *Can Our Cities Survive?* (Cambridge, Mass. 1947).

M. Steinmann, ›Neuer Blick auf die »Charte d'Athènes«‹, *Archithese,* 1, 1972, 37–46.

– ›Political Standpoints in CIAM 1928–1933‹, *AAQ,* IV, Nr. 4, Okt.–Dez. 1972, 49–55.

T. Stevens, ›Connell, Ward and Lucas, 1927–1939‹, *AAJ,* LXXII, Nr. 806, Nov. 1956, 112–13 (Sondernummer über diese Firma mit Werkverzeichnis ihrer gesamten Arbeiten).

L. Wodehouse, ›Lescaze and Dartington Hall‹, *AAQ,* VII, Nr. 2, 1976, 3–14.

F. R. S. Yorke, *The Modern House* (London 1934).

– *The Modern Flat* (London 1937): allgemeiner Überblick über Wohnbauten des Internationalen Stils einschließlich des GATEPAC-Blocks in Barcelona.

2. Kapitel

L. Alloway, *This is Tomorrow,* Ausstellungskatalog, Whitechapel Art Gallery, London 1956.

R. Banham, ›The New Brutalism‹, *AR,* Dez. 1955, 355–62: wichtig wegen der neopalladianischen Analyse des Projekts der Smithsons in Coventry.

T. Crosby, Hrsg., *Uppercase,* 3 (Tonbridge 1954): wichtiges Zeitdokument, das den Beitrag der Smithsons auf dem CIAM-Kongreß in Aix-en-Provence würdigt; enthält auch einen kurzen Text und Fotos von N. Henderson.

P. Eisenman, ›Real and English: The Destruction of the Box. 1‹, *Oppositions,* 4. Okt. 1974, 5–34.

K. Frampton, ›Leicester University Engineering Laboratory‹, *AD,* XXXIV, Nr. 2, 1964, 61.

– ›The Economist and the Hauptstadt‹, *AD,* Febr. 1965, 61–62.

– ›Stirlings' Building‹, *Architectural Forum,* Nov. 1968.

– ›Andrew Melville Hall, St Andrews University, Scotland‹, *AD,* XL, Nr. 9, 1970, 460–62.

M. Girouard, ›Florey Building, Oxford‹, *AR,* CLII, Nr. 909, 1972, 260–77.

W. Howell und J. Killick, ›Obituary: The Work of Edward Reynolds‹, *AAJ,* LXXIV, Nr. 289, Febr. 1959, 218–23.

P. Johnson, ›Comment on School at Hunstanton, Norfolk‹, *AR,* Sept. 1954, 148–62.

A. und P. Smithson, ›The New Brutalism‹, *AR,* Apr. 1954, 274–75.

M. Tafuri, ›L'Architecture dans le boudoir‹, *Oppositions,* 3, Mai 1974, 37–62.

3. Kapitel

K. Frampton, ›Des Vicissitudes de l'idéologie‹, *L'Architecture d'Aujourd'hui,* Nr. 177, Jan.–Febr. 1975, 62–65.

A. Smithson, *Team 10 Primer* (Cambridge, Mass. 1968).

A. und P. Smithson, ›Louis Kahn‹, *Architects' Year Book,* IX (London 1960), 102–18.

– *Ordinariness and Light: Urban Theories 1952–60* (Cambridge, Mass. 1970).

– *Urban Structuring* (London 1970).

M. Steinmann, ›Political Standpoints in CIAM 1928–1933‹, *AAQ,* Herbst 1972, 49–55.

S. Woods, ›Urban Environment: The Search for a System‹, in *World Architecture/One* (London 1964), 150–54.

– ›Frankfurt: The Problems of A City in the Twentieth Century‹, in *World Architecture/One* (London 1964), 156.

4. Kapitel

D. Agrest, ›Design versus Non-Design‹, *Oppositions,* 6, Herbst 1976, 45–68.

Y. Alain-Bois, ›On Manfredo Tafuri's »Theories et histoire de l'architecture«‹, *Oppositions,* 11, Winter 1977, 118–23.

H. Arendt, *The Human Condition* (Chicago 1958).

G. C. Argan, ›On the Typology of Architecture‹, *AD,* Dez. 1963, 564, 565.

C. M. Aris und A. Renna, ›Giorgio Grassi: Documentation‹, in *Construccion de la ciudad,* X, Dez. 1977.

C. Aymonino, *Origine e sviluppo della urbanistica moderna* (Venedig 1965).

R. Banham, *Theory and Design in the First Machine Age* (London 1960; dt. *Die Revolution der Architektur,* Reinbek 1964).

J. Baudrillard, *Le Miroir de la Production,* Paris 1972.

– *L'Effet Beaubourg: implosion et dissuasion* (Paris 1977).

M. Bill, ›The Bauhaus Idea From Weimar to Ulm‹, *Architects' Yearbook,* 5 (London 1953).

W. Blaser, *After Mies: Mies van der Rohe – Teaching and Principles* (New York 1977).

G. Bonsiepe, ›Communication and Power‹, *Ulm,* 21, Apr. 1968, 16.

G. Broadbent, ›The Taller of Bofill‹, *AR,* Nov. 1973, 289–97.

N. S. Brown, ›Siedlung Halen and the Eclectic Predicament‹, in *World Architecture/One* (London 1964), 165–67.

P. L. Cervellati und R. Scannarini, *Bologna: politica e metodologia del restauro nei centri storici* (Bologna 1973).

S. Chermayeff und C. Alexander, *Community and Privacy: Towards a New Architecture of Humanism* (New York 1963).

A. Colquhoun, ›The Modern Movement in Architecture‹, *The British Journal of Aesthetics,* 1962.

– ›Literal and Symbolic Aspects of Technology‹, *AD,* Nov. 1962.

– ›Typology and Design Method‹, in *Meaning in Architecture,* Hrsg. Jencks & Baird (London 1969), 279.

– ›Central Beheer‹, *Architecture Plus,* Sept./Okt. 1974, 49–54.

P. Cook, *Architecture: Action and Plan* (London 1967).

G. de Carlo, *An Architecture of Participation* (Melbourne 1972).

– ›Reflections on the Present State of Architecture‹, *AAQ,* X, Nr. 2, 1978, 29–40.

R. Delevoy, *Rational Architecture/Rationelle 1978: The Reconstruction of the European City 1978* (Brüssel 1978).

G. della Volpe, *Critica del gusto* (Mailand 1960).

P. Drew, *Die dritte Generation, Architektur zwischen Produktion und Prozeß* (Stuttgart 1972).

– *Frei Otto: Form und Konstruktion* (Stuttgart 1976).

R. Evans, ›Regulation and Production‹, *Lotus,* 12, Sept. 1976, 6–15.

– ›Figures, Doors and Passages‹, *AD,* Apr. 1978, 267–78.

M. Foucault, *Surveiller et punir, naissance de la prison* (Paris 1975).

K. Frampton, ›America 1960–1970. Notes on Urban Images and Theory‹, *Casabella,* 359–360, XXV, 1971, 24–38.

– ›Criticism‹, *Five Architects* (New York 1972).

Kritische Analyse der New Yorker neorationalistischen Schule zur Zeit ihrer Entstehung. P. Eisenman, M. Graves, C. Gwathmey, J. Hejduk und R. Meier.

– ›Apropos Ulm: Curriculum and Critical Theory‹, *Oppositions*, 3, Mai 1974, 17–36.

– ›John Hejduk and the Cult of Humanism‹, *A & U,* 75:05, Mai 1975, 141, 142.

Y. Friedman, ›Towards a Mobile Architecture‹, *AD,* Nov. 1963, 509, 510.

M. Gandelsonas, ›Neo-Functionalism‹, *Oppositions*, 5, Sommer 1976.

S. Giedion, ›Jørn Utzon and the Third Generation‹, *Zodiac*, 14, 1965, 34–47, 68–93.

G. Grassi, *La Costruzione logica dell'architettura* (Padua 1967).

V. Gregotti and O. Bohigas, ›La passion d'Alvaro Siza‹, *L'Architecture d'Aujourd'hui*, Nr. 185, Mai/Juni 1976, 42–57.

J. Guillerme, ›The Idea of Architectural Language: A Critical Inquiry‹, *Oppositions*, 10, Herbst 1977, 21–26.

J. Habermas, *Technik und Wissenschaft als Ideologie* (Frankfurt 1968).

N. J. Habraken, *Supports: An Alternative to Mass Housing* (New York 1972).

M. Heidegger, ›Bauen Wohnen Denken‹, Vortrag in Darmstadt 1951. In *Vorträge*, Aufsätze, Pfullingen 1959.

H. Hertzberger, ›Place, Choice and Identy‹, in *World Architecture/Four* (London 1967), 73–74.

– ›Architecture for People‹, *A & U*, 77:03, März 1977, 124–46.

B. Huet und M. Gangneux, ›Formalisme, Realisme‹, *L'Architecture d'Aujourd'hui*, Nr. 190, 1970.

M. Jay, *The Dialectical Imagination* (Boston 1973).

C. Jencks, *The Language of Post-Modern Architecture* (London 1977; dt. *Die Sprache der postmodernen Architektur*, Stuttgart 1978).

N. Kawazoe, ›Dream Vision‹, *AD*, Okt. 1964.

– *Contemporary Japanese Architecture* (Tokio 1965).

L. Krier, ›The Reconstruction of the City‹, *Rational Architecture 1978* (Brüssel 1978), 28–44.

R. Krier, *Stadtraum in Theorie und Praxis* (Stuttgart 1975).

N. Kurowkawa, *Metabolism in Architecture* (London 1977).

A. Luchinger, ›Dutch Structuralism‹. *A & U*, 77:03, März 1977, 47–65.

A. Lumsden und T. Nakamura, ›Nineteen Questions to Anthony Lumsden‹, *A & U,* Nr. 51, 75:03, März 1975, 106–11.

A. Mahaddie, ›Why the Grid Roads Wiggle‹, *AD,* Sept. 1976, 539–42.

F. Maki, *Investigations in Collective Form* (St. Louis 1964).

F. Maki und Ohtaka, ›Some Thoughts on Collective Form‹, in *Structure in Art and Science*, Hrsg. G. Kepes (New York 1965).

T. Maldonado, *Max Bill* (Buenos Aires 1955).

– *Avantguardia e razionalità* (Turin 1974).

T. Maldonado und G. Bonsiepe, ›Science and Design‹, *Ulm*, 10/11, Mai 1964, 8–9.

– *Design, La Speranza Progettuale* (Turin 1970).

W. Mangin, ›Urbanisation Case History in Peru‹, *AD*, Aug. 1963, 366–70.

H. Marcuse, *Eros and Civilization: A Philosophical Enquiry into Freud* (New York 1962).

G. Marinelli, *Il Centro Beaubourg a Parigi: ›Macchina‹ e segno architettonico* (Bari 1978).

J. Meller, *The Buckminster Fuller Reader* (London 1970).

A. Moles, ›Functionalism in Crisis‹, *Ulm*, 19/20, Aug. 1967, 24.

– *Information Theory and Aesthetic Perception* (Urbana und London 1966).

R. Moneo, ›Aldo Rossi: The Idea of Architecture and the Modena Cemetery‹, *Oppositions*, 5, Sommer 1976, 1–30.

J. Mukarovsky, ›On the Problem of Functions in Architecture‹, in *Structure, Sign and Function* (New Haven und London 1978).

T. Nakamura, ›Foster & Associates‹, *A & U*, 75:09, Sept. 1975 (Sondernummer mit Essays von R. Banham, C. Jencks, R. Maxwell, etc.).

A. Natalini und Superstudio, ›Description of the Micro-Event and Micro-Environment‹, in *Italy: The New Domestic Landscape*, Hrsg. Emilio Ambasz (New York 1972), 242–51.

C. Nieuwenhuys, ›New Babylon: An Urbanism of the Future‹, *AD*, Juni 1964, 304, 305.

G. Nitschke, ›The Metabolists of Japan‹, *AD*, Okt. 1964.

– ›MA – The Japanese Sense of Place‹, *AD*, März 1966.

– ›Akira Shibuya‹, *AD*, 1966.

C. Norberg-Schulz, ›Place‹, *AAQ*, VIII, Nr. 4, 1976, 3–9.

H. Ohl, ›Industrialized Building‹, *AD*. Apr. 1962, 176–85.

R. Piano, ›Architecture and Technology‹, *AAQ*, II, Nr. 3, Juli 1970, 32–43.

A. Pike, ›Failure of Industrialised Building/ Housing Program‹, *AD*, Nov. 1967, 507.

C. Price, ›Potteries Thinkbelt‹, *AD*, Okt. 1966, 483.

A. Rossi, *L'architettura della città* (Padua 1966).

– ›An Analogical Architecture‹, *A & U*, 76:05, Mai 1976, 74–76.

– ›Thoughts About My Recent Work‹, *A & U*, 76:05, Mai 1976, 83.

C. Rowe und F. Koetter, *Collage City* (Cambridge, Mass. 1979).

M. Safdie, *Beyond Habitat* (Cambridge, 1970).

V. Savi, *L'architettura di Aldo Rossi Franco Angeli* (Mailand 1978).

– ›The Luck of Aldo Rossi‹, *A & U*, 76:05, Mai 1976, 105–06.

C. Schnaidt, ›Prefabricated Hope‹, *Ulm*, 10/11, Mai 1964, 8–9.

– ›Architecture and Political Commitment‹, *Ulm*, 19/20, Aug. 1967, 30–32.

H. Skolimowski, ›Technology: The Myth Behind the Reality‹, *AAQ*, II, Nr. 3, Juli 1970, 21–31.

A. Smithson, ›Mat-Building‹, *AD*, Sept. 1974, 573–90.

M. Steinmann, ›Reality as History – Notes for a Discussion of Realism in Architecture‹, *A & U*, 76:09, Sept. 1976, 31–34.

M. Tafuri, ›Design and Technological Utopia‹, in *Italy: The New Domestic Landscape*, Hrsg. E. Ambasz (New York 1972), 388–404.

– ›L'architecture dans le boudoir: The Language of Criticism and the Criticism of Language‹, *Oppositions*, 3, Mai 1974, 37–62.

– *Architecture and Utopia: Design and Capitalist Development* (Cambridge, Mass. 1976).

– ›Main Lines of the Great Theoretical Debate over Architecture and Urban Planning 1960–1977‹, *A & U*, 79:01, Jan. 1979, 133–54.

J. Utzon, ›Platforms and Plateaux: Ideas of a Danish Architect‹, *Zodiac*, 10, 1962, 112–40.

A. van Eyck, ›Labyrinthine Clarity‹, in *World Architecture/Three* (London 1966), 121–22.

R. Venturi, *Complexity and Contradiction in Architecture* (New York 1966; dt. *Komplexität und Widerspruch in der Architektur*, Braunschweig 1978).

R. Venturi, D. Scott-Brown und S. Izenour, *Learning From Las Vegas* (Cambridge, Mass. 1972; dt. *Lernen von Las Vegas*, Braunschweig 1979).

D. Veseley, ›Surrealism and Architecture‹, *AD*, Nr. 2/3, 1978, 87–95.

K. Wachsmann, *Wendepunkt im Bauen* (Wiesbaden 1959).

S. Woods, ›Urban Environment: The Search for a System‹, in *World Architecture/One* (London 1964), 151–56.

– *The Man in the Street: A Polemic on Urbanism* (Baltimore 1975).

5. Kapitel

A. Alves Costa, ›Oporto and the Young Architects: Some Clues for a Reading of the Works‹, *9H,* Nr. 5, 1983, 43–60

E. Ambasz, *The Architecture of Luis Barragán* (1976)

E. Antoniadis, *Greek Contemporary Architecture* (1979)

– ›Pikionis' Work Lies Underfoot on Athens Hill‹, *Landscape Architecture,* März 1979

T. Ando, ›From Self-Enclosed Modern Architecture toward Universality‹, *Japan Architect,* 301, Mai 1962, 8–12

– ›A Wedge in Circumstances‹, *Japan Architect,* Juni 1977

– ›New Relations between the Space and the Person‹, *Japan Architect,* Okt.–Nov. 1977 (Sondernummer über die Japanische Neue Welle)

– ›The Wall as Territorial Delineation‹, *Japan Architect,* Juni 1978

– ›The Emotionally Made Architectural Spaces of Tadao Ando‹, *Japan Architect,* April 1980: Diese Ausgabe enthält eine Anzahl kurzer, grundlegender Texte über Ando

– ›Description of my Works‹, *Space Design,* Juni 1981 (Sondernr. über Andos Werk)

S. Arango (Hrsg.), *La Arquitectura en Colombia* (1985)

– *Architectures à Porto* (1990): Übersicht zeitgenössischer Architektur, von der Ecole d'Architecture von Clermont-Ferrand

K. Axelos, *Alienation, Praxis and Techné in the Thought of Karl Marx* (1976)

C. Banford-Smith, *Builders in the Sun: Five Mexican Architects* (1967)

E. Battisti und K. Frampton, *Mario Botta: Architecture and Projects in the 70s* (1979)

S. Bettini, ›L'architettura di Carlo Scarpa‹, *Zodiac,* 6, 1960, 140–87

T. Boga, *Tessiner Architekten, Bauten und Entwürfe 1960–1985* (1986)

B. Bognar, ›Tadao Ando – A Redefinition of Space, Time and Existence‹, *AD,* Mai 1981

O. Bohigas, ›Diseñar para un público o contra un público‹, in *Contra una arquitectura adjetivida,* ed. Seix Barral (1969)

M. Botero, ›Italy: Carlo Scarpa the Venetian, Angelo Mangiarotti the Milanese‹, *World Architecture,* 2 (1965)

M. Botta, ›Architecture and Environment‹, *A + U,* Juni 1979, 52

– ›Architecture and Morality: An Interview with Mario Botta‹, *Perspecta,* 20, 1983, 199–38

– und M. Zardini, *Aurelio Galfetti* (1989)

E. Bru und J. L. Mateo, *Spanish Contemporary Architecture* (1984)

M. Brusatin, ›Carlo Scarpa, architetto veneziano‹, *Contraspazio,* 3–4, März–April 1972

T. Carloni, ›Notizen zu einer Berufschronik. Entwurfs Kollektive 2‹, in *Tendenzen: Neuere Architektur im Tessin* (1975), 16–21

M. A. Crippa, *Carlo Scarpa Theory, Design, Projects* (1986)

P. A. Croset, *Gino Valle* (1982)

F. Dal Co, *Mario Botta-Architecture 1960–1985* (1987)

– und G. Mazzariol, *Carlo Scarpa: The Complete Works* (1986)

A. Dimitracopoulou, ›Dimitris Pikionis‹, *AAQ,* 2/3, 1982, 62

L. Dimitriu, ›Interview‹, *Skyline,* März 1980

S. Fehn und O. Feld, *The Thought of Construction* (1983)

L. Ferrario und D. Pastore, *Alberto Sartoris / La Casa Morand-Pasteur* (1983)

F. Fonatti, *Elemente des Bauens bei Carlo Scarpa* (1984)

K. Frampton, ›Prospects for a Critical Regionalism‹, *Perspecta,* 20, 1983, 147–62

– ›Towards A Critical Regionalism: Six Points for an Architecture of Resistance‹, in *The Anti-Aesthetic. Essays on Post-Modern Culture,* hrsg. von H. Foster (1983), 16–30

– (Hrsg.), *Tadao Ando: Projects, Buildings, Writings* (1984)

– (Hrsg.), *Atelier 66* (1985): über die Bauten von Dimitris und Susana Antonakakis

– und andere, *Manteola, Sánchez, Gómez, Santos, Solsona, Vinolv* (1978)

– und andere, *Alvaro Siza Esquissos de Vagem: Documentos de Arquitectura* (1988)

M. Frascari, ›The True and Appearance. The Italian Facadism and Carlo Scarpa‹, *Daidalos,* 6, Dez. 1982, 37–46

– ›The Tell-the-Tale Detail‹, *Via* (Cambridge), 7, 1984

G. Grassi, ›Avantgarde and Continuity‹, *Oppositions,* 21, 1980

– ›The Limits of Architecture‹, in *Classicism is not a Style* (AD, LII, 5/6, 1982)

V. Gregotti, ›Oswald Mathias Ungers‹, *Lotus,* 11, 1976

H. H. Harris, ›Regionalism and Nationalism‹ (Raleigh, N. C., Student Public., XIV, Nr. 5)

H. Huyssens, ›The Search for Tradition: Avantgarde and Post-modernism in the 1970s‹, *New German Critique,* 22, 1981, 34

D. I. Ivakhoff (Hrsg.), *Eladio Dieste* (1987): eine Darstellung des Werks eines wichtigen Architekten / Ingenieurs

E. Jones, ›Nationalism and Eclectic Dilemma: Notes on Contemporary Irish Architecture‹, *9H,* Nr. 5, 1983, 81–86

C. Jourdain und D. Lesbet, ›Algeria: Village Project and Critique‹, *9H,* Nr. 1, 1980, 2–5

L. Knobel, ›Interview with Mario Botta‹, *AR,* July 1981, 23

A. Konstantinidis, *Elements for Self Knowledge: Towards a True Architecture* (1975)

– *Aris Konstantinidis: Projects and Buildings* (1981)

P. Koulermos, ›The Work of Konstantinidis‹, *AD,* Mai 1964

K. Liaska und andere, *Dimitri Pikionis 1887–1968* (AA Mega publication, 1989): maßgebliche Studie

L. Magagnato, *Carlo Scarpa a Castelvecchio* (1982)

– ›Scarpa's Museum‹, *Lotus,* 35, 1982, 75–85

R. Malcolmson und andere, *Amancio Williams* (1990): Spanische Ausgabe des Gesamtwerks

R. Murphy, *Carlo Scarpa and the Castelvecchio* (1990)

P. Nicolin, *Mario Botta 1961–1982* (1984)

C. Norberg-Schulz, ›Heidegger's Thinking on Architecture‹, *Perspecta,* 20, 1983, 61–68

– und J. C. Vigalto, *Livio Vacchini* (1987)

T. Okumura, ›Interview with Tadao Ando‹, *Ritual, The Princeton Journal, Thematic Studies in Architecture,* I, 1983, 126–34

S. Özkun, *Regionalism in Architecture* (1985)

D. Pikionis, ›Memoirs‹, *Zygos,* Jan.–Feb. 1958, 4–7

D. Porphyrios, ›Modern Architecture in Greece: 1950–1975‹, *Design in Greece,* X, 1979

P. Portoghesi, ›Carlo Scarpa‹, *Global Architecture* (Tokyo), L, 1972

J. M. Richards und andere, *Hassan Fathy* (1985)

P. Ricoeur, ›Universal Civilization and National Cultures‹, in *History and Truth* (1965), 271–84

J. Salgado, *Alvaro Siza em Matosinhos* (1986): gründliche Darstellung von Sizas Anfängen in der Stadt, die den Anstoß zu seinen frühesten Bauten gab

A. Samona, F. Tentori und J. Gubler, *Progetti e assonometrie di Alberto Sartoris* (1982)

E. Sanquineti und andere, *Mario Botta: La casa rotonda* (1982)

P. C. Santini, ›Banco Popolare di Verona by Carlo Scarpa‹, *GA Document* 4 (Tokyo 1981)

C. Scarpa, ›I Wish I Could Frame the Blue of the Sky‹, *Rassegna,* 7, 1981

J. Silvetti, *Amancio Williams* (1987)

– und W. Seligman, *Mario Campi and Franco Pessina, Architects* (1987)

Y. Simeoforidis, ›The landscape of an architectural competition‹, *Tefchos*, Nr. 5, März 1991, 19–27: nachträgliche Analyse des Akropolis-Museums-Wettbewerbes

A. Siza, ›To Catch a Precise Moment of the Flittering Image in all its Shades‹, *A + U*, 123, Dez. 1980

E. Soria Badia, *Coderch de Sentmenat* (1979)

J. Steele, *Hassan Fathy* (1988)

M. Steinmann, ›Wirklichkeit als Geschichte. Stichworte zu einem Gespräch über Realismus in der Architektur‹, in *Tendenzen: Neuere Architektur im Tessin* (1975), 9–14

K. Takeyama, ›Tadao Ando: Heir to a Tradition‹, *Perspecta*, 20, 1983, 163–80

F. Tentori, ›Progetti di Carlo Scarpa‹, *Casabella*, 222, 1958, 15–16

P. Testa, ›Unity of the Discontinuous: Alvaro Siza's Berlin works‹, *Assemblage 2*, 1987, 47–61

– ›Tradition and Actuality in the Antonio Carlos Siza House‹, *JAE*, Bd. 40, Nr. 4, Sommer 1987, 27–30

R. Tevisiol, *La casa rotonda* (Milan 1982): Dokumente zur Entwicklung von Bottas Haus

A. Tzonis und L. Lefaivre, ›The Grid and the Pathway: An Introduction to the Work of Dimitris and Susana Antonakakis‹, *Architecture in Greece*, 15, 1981, 164–78

J. Utzon, ›Platforms and Plateaus: Ideas of a Danish Architect‹, *Zodiac*, 10, 1962, 112–14

F. Vanlaethem, ›Pour une architecture épurée et rigoureuse‹, *ARQ*, 14, Modernité et Régionalisme, Aug. 1983, 16–19

D. Vesely, ›Introduction‹, in *Architecture and Continuity* (AA Themes Nr. 7, London, 1982)

W. Wang (Hrsg.), *Emerging European Architects* (1988)

– und A. Siza, *Souto de Moura* (1990)

H. Yatsuka, ›Rationalism‹, *Space Design*, Okt. 1977, 14–15

– ›Architecture in the Urban Desert: A Critical Introduction to Japanese Architecture after Modernism‹, *Oppositions*, 23, 1981

I. Zaknic, ›Split at the Critical Point: Diocletian's Palace, Excavation vs. Conservation‹, *Journal of Architectural Education*, XXXVI, Nr. 3, Frühjahr 1983, 20–26

G. Zambonini, ›Process and Theme in the Work of Carlo Scarpa‹, *Perspecta*, 20, 1983, 21–42

6. Kapitel

W. Attoe, *The Architecture of Ricardo Legoretta* (1990)

M. Benedikt, *For an Architecture of Reality* (1987)

W. Blaser, (Hrsg.), *Santiago Calatrava: Engineering and Architecture* (1989)

B. Bognar, *Die neue japanische Architektur* (1991)

O. Bohigas, *Garcés / Soria* (1987)

E. Bru und J. L. Mateo, *Spanish Contemporary Architecture* (1984)

A. Capitel und I. de Solà-Morales, *Contemporary Spanish Architecture* (1986)

P. Cook und G. Rand, *Morphosis: Buildings and Projects* (1989)

C. Correa, *The New Landscape* (1985): Correa's New Bombay plan

W. Curtis, *Balkrishna Doshi, An Architecture for India* (1988)

– *Carlos Ferrater* (1989)

M. Alonso del Val, ›Spanish Architecture 1939–1958: Continuity and Diversity‹, *AA Files*, Nr. 17, Frühjahr 1989, 59–63

C. Devillers, ›Entretiens avec Henri Gaudin‹, *AMC*, Mai 1983, 78–101

– ›Entretiens avec Roland Simounet‹, *AMC*, Mai 1983, 52–73

– ›Le Sublime et le quotidien‹, *AMC*, Mai 1983, 102–9

– ›Une Maison de Verre . . . pour automobiles‹, *AMC*, März 1984, 42–49

P. Drew, *Leaves of Iron. Glen Murcutt: Pioneer of an Australian Architectural Form* (1985)

K. Frampton, *The Architecture of Hiromi Fujii* (1987)

– und P. Drew, *Harry Seidler Complete Works 1955–1990* (1991): maßgebliche Studie über Seidlers Werk

Y. Futagawa (Hrsg.), *Tadao Ando* (1987): Gesamtwerk bis 1987

F. Higueras, *Fernando Higueras 1959–1986* (1985)

S. Holl, *Anchorings* (3. Aufl. 1991)

R. Holod und D. Rastorfer (Hrsg.), *Architecture and Community. Building in the Islamic World Today* (1983)

D. Jenkins, *Mound Stand, Lord's Cricket Ground* (1991)

M. Kawamukai und M. Zardini, *Tadao Ando* (1990)

H. U. Khan, *Charles Correa* (1986)

J. Kipnis, ›Architecture: The Sacred and the Suspect‹, *JAE*, 40, Nr. 2, 33–35

A. Kurosaka und andere, *Space Design*, Nr. 172, Jan. 1979: Sondernummer über Shinoharas Werk 1955–79 mit Schlüsselaufsätzen des Architekten

W. Lesnikowski, *Die neue französische Architektur* (1991)

R. C. Levene, F. M. Cecilia und A. R. Barbarin,

Arquitectura Española Contemporánea 1975–1990, 2 Bände (1989): maßgebliche Übersicht der spanischen Architektur dieser Zeit

S. M. Levy, *Japanese Construction: An American Perspective* (1990). Analyse der japanischen Bauindustrie

Y. Lion, ›La Cité judiciaire de Draguignan‹, *AMC*, März 1984, 6–19

J. Llinàs und A. de la Sota, *Alejandro de la Sota* (1989): die bislang einzige Monographie

B. Lootsma, *Cees Dam* (1989)

J. Lucan, ›Une morale de la construction. Le museé d'art moderne du Nord de Roland Simounet‹, *AMC*, Mai 1983, 40–49

J. Manser, *The Joseph Shops, London 1983–1989* (1991)

S. Marchán Fiz, *José Ignacio Linazasoro* (1990)

R. Moneo, ›Museum for Roman Artifacts, Mérida, Spain‹, *Assemblage 1*, 1986, 73–83

– *Cruz / Ortíz* (1988)

A. Natalini, ›Deux variations sur un thème‹, *AMC*, März 1984, 28–41

– *Figures of Stone: Quaderni di Lotus* (1984): Übersicht über das Werk dieses wichtigen italienischen Architekten

M. Riitta Norri, *An Architectural Present: 7 Approaches* (Helsinki, 1990): maßgeblicher Ausstellungs-Katalog über zeitgenössische finnische Architekten

M. Pawley, *Eva Jiricna, Design in Exile* (1990)

N. Pertuiset, ›Reflective Practice‹, *JAE*, 40, Nr. 2, 59–61

S. Poole, *Die neue finnische Architektur* (1992), umfassende Übersicht über die zeitgenössische Praxis

J. Quetglas, *M. Lapeña / Torres* (1990)

S. Roulet und S. Soulié, *Toyo Ito* (1991): Gesamtwerk 1971–90

S. Salat und F. Labbé, *Fumihiko Maki* (1988)

– *Paul Andreu* (1990) bedeutender französischer Flughafen-Designer

V. Sari, *Bach / Mora* (1987)

U. J. Schulte Strathaus, ›Modernism of a Most Intelligent Kind: A Commentary on the Work of Diener & Diener‹, *Assemblage 3*, 1987, 72–107

D. Stewart und H. Yatsuka, *Arata Isozaki 1960–1990* (1991)

A. Vázquez de Castro und A. F. Alba, *Trente œuvres d'architecture espagnole années 50 – années 80* (Katalog einer wichtigen Ausstellung in Hasselt, Belgien, 1985)

M. Vigier (Hrsg.), ›Edouard Albert 1910–1968‹, *AMC*, Okt. 1986, 76–89

W. Wang, *Jacques Herzog and Pierre de Meuron* (1990)

Index

Kursiv gedruckte Seitenziffern stehen für Abbildungen.